Dagmar Ehling

Handbuch Chinesische Kräuterrezepte

D1919285

Rhabarber

Oktober 02

Dagmar Ehling

Handbuch Chinesische Kräuterrezepte

unter Mitarbeit von Steve Swart

Übersetzung von Renate Schilling, Wiesbaden

URBAN & FISCHER München · Jena

Zuschriften und Kritik an:
Urban & Fischer, Lektorat Ganzheitsmedizin, Karlstraße 45, 80333 München

Titel der Originalausgabe:
„The Chinese Herbalist's Handbook"
Published by InWord Press, Santa Fe, NM, USA
© 1996

Wichtiger Hinweis für den Benutzer
Die Erkenntnisse in der Medizin unterliegen laufendem Wandel durch Forschung und klinische Erfahrungen. Herausgeber und Autoren dieses Werkes haben große Sorgfalt darauf verwendet, dass die in diesem Werk gemachten therapeutischen Angaben (insbesondere hinsichtlich Indikation, Dosierung und unerwünschten Wirkungen) dem derzeitigen Wissensstand entsprechen. Das entbindet den Nutzer dieses Werkes aber nicht von der Verpflichtung, anhand der Beipackzettel zu verschreibender Präparate zu überprüfen, ob die dort gemachten Angaben von denen in diesem Buch abweichen und seine Verordnung in eigener Verantwortung zu treffen.

Die Deutsche Bibliothek – CIP-Einheitsaufnahme

ISBN 3-437-56150-2

Alle Rechte vorbehalten
1. Auflage Juli 2001
© 2001 Urban & Fischer Verlag München · Jena

01 02 03 04 05 5 4 3 2 1

Das Werk einschließlich aller seiner Teile ist urheberrechtlich geschützt. Jede Verwertung außerhalb der engen Grenzen des Urheberrechtsgesetzes ist ohne Zustimmung des Verlages unzulässig und strafbar. Das gilt insbesondere für Vervielfältigungen, Übersetzungen, Mikroverfilmungen und die Einspeicherung und Verarbeitung in elektronischen Systemen.

Um den Textfluss nicht zu stören, wurde bei Patienten und Berufsbezeichnungen die grammatikalisch maskuline Form gewählt. Selbstverständlich sind in diesen Fällen immer Frauen und Männer gemeint.

Planung und Lektorat: Christl Kiener, München
Redaktion: Dr. med. Gabriele Schmid, München
Herstellung und Layout: Marion Kraus, München
Satz, Druck und Bindung: Laupp & Göbel, Nehren
Fotos: Dagmar Ehling
Umschlaggestaltung: prepress ulm GmbH, Ulm
Quelle Titelbild: Corbis
Gedruckt auf 80 g/qm h'frei weiß Juwel-Offset

Aktuelle Informationen finden Sie im Internet unter den Adressen:
Urban & Fischer: http://www.urbanfischer.de

Hinweis

Dieses Buch ist als medizinisches Handbuch konzipiert, nicht als Anleitung zur Selbstbehandlung. Wir möchten Laien ausdrücklich davor warnen, ohne kompetente professionelle Unterstützung die Diagnose oder Selbstbehandlung einer ernsthaften Erkrankung zu versuchen. Die Informationen sind auch nicht dazu gedacht, eine Behandlung, die durch einen Arzt verschrieben wurde, zu ersetzen.
Die Informationen in diesem Buch wurden nach bestem Wissen zusammengestellt, doch Autoren und Verlag übernehmen keine Verantwortung für eventuelle Fehler oder Auslassungen sowie für jede Form der Behandlung, die aufgrund der hier enthaltenen Informationen unternommen wird. Im Zweifelsfall sollten Sie einen qualifizierten Therapeuten der Traditionellen Chinesischen Medizin konsultieren.

Dank

Ich möchte allen meinen Lehrern danken, die es mir möglich gemacht haben, dieses Buch zu schreiben. Besonders möchte ich Dr. Nancy Zeng danken, die meine Perspektive der TCM erweiterte und mir ihr enormes Wissen über Arzneimitteltherapie zukommen ließ, sowie Dr. Jake Paul Fratkin, der die Grundlagen für mein Interesse an der chinesischen Arzneimitteltherapie legte. Ich danke Steve Swart für seine Geduld und seine kenntnisreichen Beiträge zu Teil 2 und 3.

Dagmar Ehling

Mein Dank geht an meine Lehrer der chinesischen Arzneimitteltherapie, Dr. Daoshing und Dr. Maoshing Ni, die mich durch ihr Beispiel und durch ihre Geduld mit meinen endlosen Fragen so viel lehrten. Außerdem an Dr. Nancy Zeng, die mein Verständnis für die Kunst der chinesischen Arzneimitteltherapie erweiterte. Ein ganz besonderer Dank geht an Li Hua Chuang, der mir mit viel Geduld die chinesischen Schriftzeichen der Kräuter beibrachte. Schließlich möchte ich noch meinen Respekt für meine Kollegin Dagmar Ehling ausdrücken, für ihre stets hervorragenden Leistungen, ihre Freundschaft und dafür, dass sie mich eingeladen hat, an diesem Projekt mitzuarbeiten.

Steve Swart

Wir möchten uns außerdem bei Drs. Skya und Anthony Abbate, Ted Krueger, Caylor Wadlington, Rory Kerr, Kelly Corbet, Astrid Brouwer und Daniel Santos bedanken.

Unseren chinesischen Lektoren Dr. Xiaorong Li und Dr. Chunyan Teng gilt unser tiefster Dank für ihre sorgfältige Arbeit und die Konsultation zahlreicher chinesischer Texte für Teil 1 und 3. Vielen Dank an Dr. Bruce Sturgeon für die gewissenhafte Überarbeitung von Teil 4.
Danke auch an das Team von InWord Press, das die ersten beiden Ausgaben dieses Buches betreute: Michelle Emmons, Barbara und Dan Raker, David Talbott, Carol Leyba, Lynne Egensteiner, Betsy Fogelman, Margaret Burns, Cary Cascio, Julie Mullen, Tierney Tully und Dennis Jarrett.
Ein ganz besonderer Dank geht an Dan Oldenburg sowie an Helga und Dr. med. Jakob Ehling.

Die Autoren

Dagmar Ehling, Dr. of Oriental Medicine, M.Ac., Dipl.-Ac. & CH, praktiziert seit 1989 Traditionelle Chinesische Medizin. Sie beendete ihr Studium am Southwest Acupuncture College in Santa Fe als Master of Acupuncture, lehrte fünf Jahre lang am International Institute of Chinese Medicine und hält derzeit Vorträge in den USA und in der ganzen Welt. In ihrer Praxis hat sie sich auf Gynäkologie und innere Medizin spezialisiert.

Steve Swart, Dr. of Oriental Medicine, M.Ac., Dipl.-Ac., studierte am Southwest Acupuncture College, Santa Fe. Seine Ausbildung in Traditioneller Chinesischer Medizin begann mit dem Interesse an Arzneimittelkunde im Jahr 1983 am Oriental Healing Arts Institute in Los Angeles. Steve lehrt am International Institute of Chinese Medicine in Santa Fe und arbeitet als Therapeut in eigener Praxis.

Die Illustrationen

Die Illustrationen in Teil 1 des Buches sind traditionelle chinesische Scherenschnittmotive. Sie sind kombiniert mit chinesischen Schriftzeichen, die die verschiedenen Disharmoniemuster in Teil 1 repräsentieren. Wir bedanken uns bei Robert Zeng für die Kalligraphien.

Inhaltsverzeichnis

Einführung

Der historische Hintergrund

Innerhalb der östlichen Medizin ist die chinesische Arzneimitteltherapie die älteste Behandlungsform. Obwohl sie im Westen noch relativ wenig bekannt ist, gewinnt sie heute doch rasch an Popularität.
Vor rund 5000 Jahren soll der legendäre Kaiser Shen Nong (2737–2697 v. Chr.) sich für die Verwendung verschiedener Pflanzen und ihrer medizinischen Eigenschaften interessiert haben. Es heißt, er habe persönlich zahlreiche Medikamente getestet, darunter auch viele giftige. Die Mehrzahl der Arzneimittel stammte aus dem Pflanzenreich, die übrigen aus dem Tier- und Mineralreich. Das *Shen Nong Ben Cao Jing*, die klassische Materia Medica, enthielt etwa 360 Arzneimittel.
Um 2700 v. Chr. wurden im *Huang Di Nei Jing* – Der Innere Klassiker des Gelben Kaisers – die grundlegenden Gedanken der chinesischen Philosophie konzeptualisiert. Es enthält die Prinzipien des Taoismus sowie Beobachtungen der Wirkungsmechanismen des Universums und ihre Anwendung auf die Funktion des Körpers. Dieser Text legte die Grundlagen der östlichen Medizin und in diesem Zusammenhang auch der chinesischen Arzneimitteltherapie.
Während der folgenden Jahrhunderte wurden die jeweils neu entdeckten Wirkungen verschiedener Heilmittel von Generation zu Generation weitergegeben. Mit dem Auftauchen schriftlicher Dokumente erschien das *Nei Jing* während der Zeit der streitenden Reiche (Zhanguo, 475–221 v. Chr.). Verschiedene Gelehrte haben zu jener Zeit auch das *Shen Nong Ben Cao Jing* in schriftliche Form übertragen. Gleichzeitig schrieb der berühmte chinesische Arzt Zhang Zhong Jing, der Zeuge zahlreicher Todesfälle infolge infektiöser Erkrankungen wurde, das *Shan Han Lun*, eine Abhandlung über kälteinduzierte fiebrige Erkrankungen.
Um ca. 200 n. Chr. setzte Hua Tuo als Erster „narkotisierende Tees" bei Schmerzpatienten ein. Narkotisierende Suppen für kleinere chirurgische Eingriffe wurden ab etwa 1200 n. Chr. verwendet. Zur Zeit der Song-Dynastie (960–1279 n. Chr.) umfasste die Pharmakopoe rund 1000 Substanzen aus dem Pflanzen-, Tier- und Mineralreich. Sie enthielt Kräuterrezepturen, Informationen zum Sammeln und Zubereiten der Heilmittel, Angaben zur Toxizität, Anweisungen zum Herstellen von Kräuterpasten, Pillen und Umschlägen sowie ihre Anwendung bei verschiedenen Leiden. Von China aus verbreitete sich die Arzneimitteltherapie über das restliche Asien, wo sie jeweils unterschiedliche Formen annahm.
Während der Ming-Dynastie erschien um 1590 n. Chr. das *Ben Cao Gang Mu*, die große Materia Medica von Li Shi Zhen, die einen Meilenstein der chine-

sischen Arzneimitteltherapie darstellte. Dieses monumentale Werk wurde in zahlreichen anderen Ländern veröffentlicht.
Als protestantische Missionare um 1700 n. Chr. während der Qing-Dynastie die westliche Medizin nach China brachten, verlor die uralte heimische Medizin an Popularität. Erst mit der Gründung der Volksrepublik China im Jahre 1949 kehrte die Traditionelle Chinesische Medizin in das offizielle Gesundheitssystem zurück. Seither hat sie eine Renaissance erfahren.
Das *Zhong Yao Da Ci Dian*, eine Enzyklopädie der Substanzen der Traditionellen Chinesischen Medizin, herausgegeben vom Jiangsu College of New Medicine im Jahre 1977, enthält ca. 5700 einzelne Arzneimittel und ist ein Ergebnis jahrtausendelanger Forschung. Jedes Heilmittel wird in diesem Werk monographisch behandelt, unter anderem mit Beschreibungen von Geschmack, Temperaturverhalten, Dosierung, Zubereitung, Kontraindikationen, Wirkungen und Indikationen.

Die chinesische Arzneimitteltherapie heute

In China wurde eine komplette Integration der traditionellen chinesischen und der westlichen Medizin erreicht. Therapeuten sind gewöhnlich in beiden Richtungen ausgebildet und Patienten werden kontinuierlich mit beiden Systemen begleitet. Sie werden als komplementär betrachtet, wobei entweder jedes der beiden Systeme jeweils für bestimmte Erkrankungen oder aber beide gleichzeitig eingesetzt werden.
In China werden etwa 80 % aller Patienten der Traditionellen Chinesischen Medizin mit Arzneimitteltherapie behandelt, die restlichen 20 % mit Akupunktur oder einer anderen östlichen Heilmethode. Die Arzneimitteltherapie ist besonders wirksam in der Behandlung chronischer Erkrankungen.
In den USA erhielt die Akupunktur in der Öffentlichkeit sehr viel mehr Aufmerksamkeit, nicht zuletzt aufgrund des Berichts von James Reston, der seine persönlichen Erfahrungen mit der Schmerztherapie nach einer Appendektomie während einer Chinareise mit Präsident Nixon im Jahre 1972 beschreibt und in der New York Times veröffentlicht wurde. Auch wenn es bisher noch relativ wenige Therapeuten der chinesischen Arzneimittelkunde gibt, so nimmt ihre Zahl doch rasch zu. Zertifikate und Lizenzen für Akupunktur gibt es in den meisten Staaten der USA bereits seit etlichen Jahren. Eine einheitliche Prüfung für Chinesische Kräuterheilkunde, die mit einem Diplom abschließt, wurde erst 1995 eingeführt.
In Deutschland wird die Traditionelle Chinesische Medizin von Akupunkturgesellschaften gelehrt. Diese kooperieren innerhalb eines Dachverbandes hinsichtlich ihrer Lehrpläne. Bis Ende 2000 genügten 140 Ausbildungsstunden, damit ein Arzt im Bereich der TCM Versicherungsleistungen abrechnen

konnte, ab 2005 sollen 350 Ausbildungsstunden Pflicht werden. Die Phytotherapie wird innerhalb dieser Stundenzahl abgehandelt.

Warum dieses Buch geschrieben wurde

Dieses Handbuch entstand aus meiner eigenen Erfahrung als westliche Studentin und Therapeutin der östlichen Medizin. Ich erinnere mich an die ersten Vorlesungen in chinesischer Arzneimittelkunde, die ich besuchte. Gewöhnlich wurde ein Patient hereingebracht und ein Student stellte den Fall vor. Nach gründlicher Diskussion des Falles, in deren Verlauf die Disharmoniemuster und Behandlungsprinzipien herausgearbeitet wurden, fragte der Lehrer: „Welches Rezept würden Sie verwenden?" Darauf folgte in der Regel langes Schweigen. Den meisten Studenten fehlte das Wissen und die klinische Erfahrung, um rasch Rezepte verschreiben zu können oder um sie entsprechend zu modifizieren.
Als klinische Supervisorin und Lehrende treffe ich immer noch auf zahlreiche Studenten, die sich schwer damit tun, chinesische Arzneimittel als Behandlungsform zu integrieren. Es existiert eine Kluft zwischen Lehrbuchwissen und klinischer Anwendung.
Chinesische Studenten lernen die Rezepte auswendig, wobei sie Reime verwenden, um sich die genauen Bestandteile jedes Rezeptes zu merken. Für die Ausbildung in westlichen Ländern ist diese Methode nicht geeignet, da es keine entsprechenden Reime gibt.
Dieses Handbuch gibt eine Einführung in die praktische Anwendung einzelner Kräuter im Rahmen einer chinesischen Arzneimitteltherapie. Es unterstützt den Lernenden oder Therapeuten im Auffinden der geeigneten Rezepturen, sobald eine entsprechende Differenzialdiagnose erstellt wurde. Es soll dazu beitragen, die chinesische Arzneimitteltherapie zu entmystifizieren, und Therapeuten bei der Umsetzung von Lehrbuchwissen in die effektive klinische Anwendung unterstützen.

Der kulturelle Kontext

Ganzheitliche Behandlungsmethoden haben in den vergangenen zwanzig Jahren im Westen zunehmend Beachtung gefunden und das Interesse nimmt weiter zu.[1] In dem Maße, in dem die Arzneimitteltherapie stärker in die all-

[1] Eisenberg D, Davis R, Ettner S et al. Trends in Alternative Medicine Use in the United States 1990–1997: Results of a Follow-up National Survey. JAMA, 1998; 280: 1569–1577

gemeine Medizin integriert und mehr Forschung dazu durchgeführt wird, wird ihr Beliebtheitsgrad voraussichtlich weiter steigen.[2]

Mehr und mehr westliche Patienten wenden sich bei der Behandlung ihrer Leiden der Kräuterheilkunde zu. Bei den Chinesen sind Kräuter bereits seit 3000 v. Chr. in Verwendung. Chinesische Kinder wachsen mit Kräutern auf, die in vielen Läden leicht erhältlich sind. Die Einnahme von Kräutern wie auch ihre Kombination mit moderner medizinischer Behandlung ist ein integraler Bestandteil der chinesischen Kultur.

Im Westen wachsen wir mit dem Versprechen auf eine schnelle Heilung durch pharmazeutische Drogen auf. Doch viele Patienten sind es leid, viel Geld für teure Medikamente mit zahlreichen unerwünschten Nebenwirkungen auszugeben und dann weitere Medikamente einzunehmen, um diese Nebenwirkungen zu lindern. So wertvoll und hilfreich Pharmazeutika in vielen Fällen sein können, so suchen doch viele Patienten nach Alternativen, vor allem zur Behandlung chronischer Störungen. Auch ist die östliche Medizin besonders günstig bei prämorbiden Störungen, wenn ein Patient sich krank fühlt und unter bestimmten Symptomen leidet, aber eine medizinische Untersuchung nach westlichem Standard keine objektiven Laborwerte oder diagnostischen Daten zutage fördert, sodass der Patient ohne konstruktive Lösung für die Beschwerden nach Hause geschickt wird.

Kräuter und Pharmazeutika

Von größter Bedeutung ist die Unterscheidung zwischen dem chinesischen Arzneimittelsystem, bei dem die pflanzliche/tierische/mineralische Substanz im Ganzen eingenommen wird, und dem westlichen pharmazeutischen Zugang, bei dem eine Substanz auf ihre aktiven Bestandteile reduziert wird. Westliche Pharmakologen nehmen eine Pflanze, suchen nach dem aktiven Inhaltsstoff zur Behandlung einer bestimmten Krankheit und extrahieren ihn. Diese aktiven Inhaltsstoffe werden anschließend konzentriert, patentiert und als Pharmazeutika verkauft.

Im Gegensatz dazu wird in China ein Heilmittel, das zur Behandlung vieler verschiedener Krankheiten eingesetzt werden kann, viel höher bewertet. Je mehr Krankheiten es behandelt, desto wertvoller ist es. *Ren Shen*/Radix Ginseng z. B. wird als besonders wertvoll betrachtet, weil es viele Körpersysteme tonisiert. In der westlichen Medizin existiert der Begriff des Tonikums dagegen überhaupt nicht. Bestimmte Drogen, die von der östlichen Medizin als wertvoll betrachtet werden, hält die westliche Medizin für unwichtig, und

[2] Bensoussan A, Talley N, Hing M, Menzies R, Guo A, Ngu M. Treatment of Irritable Bowel Syndrome with Chinese Herbal Medicine, JAMA, Nov 11, 1998; 280: 1585–1589

umgekehrt. Die chinesische Medizin geht den Weg der Natur und sucht den Behandlungserfolg auf einer breiteren, kontinuierlicheren Basis.
Ein gutes Beispiel dafür ist Ephedrin. Es wird aus dem chinesischen Kraut *Ma Huang*/Herba Ephedrae gewonnen und wurde in der westlichen Medizin zu einem Medikament zur Behandlung von Asthma konzentriert. In seiner pharmazeutischen Form kann Ephedrin das Herz überstimulieren und zu Hypertonie, Herzrasen und erhöhter Nervosität beitragen. In der chinesischen Medizin dagegen wird Ephedra in seiner natürlichen Form verwendet, wobei das Ephedrin in einer Konzentration von weniger als 1 % vorliegt. Auch wenn die positiven Wirkungen langsamer eintreten, so sind doch auch sehr viel weniger negative Nebenwirkungen zu beobachten. Ephedra in der natürlichen Form wird langsam metabolisiert, da die Pflanze Puffersysteme enthält, die Nebenwirkungen verhindern. Doch auch in der chinesischen Medizin ist Ephedra eines der Heilmittel, das mit Vorsicht einzusetzen ist. Überdosierung und langfristiger Einsatz, wie bei verschiedenen gewichtsreduzierenden Pillen und Kräuterstimulanzien, sind nicht zu empfehlen.

Östliche Verschreibungsprinzipien

Im Allgemeinen sind Kräuter sanfter und langsamer in ihrer Wirkung, mit Ausnahme von Akutsituationen, wo die Wirkung auch dramatisch sein kann. Viele Patienten, die sich an die Kräuterheilkunde wenden, leiden unter chronischen Beschwerden. Dabei ist es wichtig zu wissen, dass Kräuter langsam und allmählich wirken, denn die chronischen Störungen und ihre zugrunde liegenden energetischen Disharmonien haben sich ebenso über Jahre hinweg aufgebaut.
Die östliche Diagnose des Disharmoniemusters verlangt eine bestimmte Behandlungsstrategie. Die Rezeptur dafür wird sorgfältig maßgeschneidert. Keine zwei Patienten sind vollkommen identisch; dies spiegelt sich auch in der Verschreibung der Heilmittel wider. Fünf Patienten mit derselben westlichen Diagnose „Kopfschmerzen" werden vermutlich alle unterschiedliche Rezepte verschrieben bekommen, je nach dem zugrunde liegenden Disharmoniemuster nach östlicher Diagnose. Daher können chinesische Arzneimittel nicht ohne sorgfältige Untersuchung und Analyse des Patienten verschrieben werden. Sie werden auch kaum jemals einzeln gegeben; ein maßgeschneidertes Rezept enthält gewöhnlich eine Vielzahl von getrockneten Zweigen, Wurzeln, Rinden, Samen, Blättern, Blüten und Früchten – in der Regel zwischen sechs und zwanzig verschiedene Kräuter.
Die besten chinesischen Heilkräuter wachsen in freier Natur in China. Etwa 90 % der chinesischen Arzneimittel basieren auf Pflanzen. Kultivierte Heilkräuter, die der künstlichen Samenselektion, Düngung und Bewässerung bedürfen, gedeihen gut in der gemäßigten feuchten Zone im Süden des Landes.

Der Anbau von Medizinalpflanzen ist ein bedeutender Landwirtschaftszweig in China. Die für medizinische Zwecke verwendeten Pflanzenteile sind je nach Heilkraut unterschiedlich. Bei manchen Pflanzen haben nur die Wurzeln eine medizinische Bedeutung, bei anderen nur die Stengel, Blüten, Samen oder Blätter. Manche Pflanzen werden auch ganz genutzt. Nach der Ernte werden die Pflanzen getrocknet. Manche Substanzen müssen auf bestimmte Weise geschnitten oder ganz speziell vorbehandelt werden, z. B. durch Kochen in Ingwer oder Essig oder Braten in Honig, sodass sie die geringste Toxizität und den höchsten medizinischen Wert aufweisen.
Tierische Substanzen werden in der chinesischen Arzneimitteltherapie weniger häufig verwendet, obwohl sie als medizinisch wirksamer betrachtet werden. Im modernen China werden große Anstrengungen unternommen, um gefährdete Arten zu schützen und möglichst Ersatzstoffe zu verwenden. Tierische Substanzen finden sich meist in Patentheilmitteln – Kräutern in Pillenform –, da man sie nur in kleinen Mengen einsetzt.
Die Disharmoniemuster und die entsprechenden Behandlungspläne bestimmen, wie der individuelle Krankheitsprozess eines Patienten behandelt wird. Ein chinesisches Arzneimittelrezept ist das Ergebnis dieses Prozesses. Andere Behandlungsformen wie Akupunktur, Moxibustion, Schröpfen, Ernährungstherapie oder *Tui Na* können gleichzeitig eingesetzt werden. Alle Behandlungsmethoden zielen darauf ab, den Patienten in einen Zustand der Homöostase oder des energetischen Gleichgewichts zurückzuführen und dadurch Gesundheit in Körper, Seele und Geist wiederherzustellen.

Die Unterweisung der Patienten

Westliche Therapeuten, die die chinesische Arzneimitteltherapie als Behandlungsform einsetzen, verwenden etwa 200 bis 350 verschiedene Kräuter. Die Kräuter werden einzeln zusammengestellt und zu einem Rezept für das Diagnosemuster des einzelnen Patienten maßgeschneidert. Aus den Kräutern wird ein Dekokt hergestellt, das der Patient täglich trinkt. Dabei werden die Inhaltsstoffe rasch absorbiert und können sofort wirksam werden. Die Anwendung von Kräutern erlaubt es, den Patienten täglich zu behandeln, wodurch die Gesamtkosten in Grenzen gehalten werden, da weniger Akupunktur-Behandlungen nötig sind. Arzneimitteltherapie kann die gesamte Behandlung in ihrer Wirksamkeit verstärken und damit die Genesung beschleunigen, vor allem wenn das Gleichgewicht der Körperflüssigkeiten gestört ist, wie z. B. bei *Yin*-Mangel, Blut-*Xue*-Mangel oder Feuchtigkeitsretention.
Eine angemessene Unterweisung der Patienten ist eine der wichtigsten Voraussetzungen für eine erfolgreiche Behandlung und von entscheidender Bedeutung in westlichen Ländern, wo die Menschen an Pillen und Sirups gewöhnt sind, die leicht einzunehmen sind. Wenn den Patienten lose Kräu-

ter verschrieben werden, sind sie mit Beuteln seltsamer Ingredienzien konfrontiert, aus denen sie ein Dekokt herstellen müssen. Der fertige Tee ist fremdartig und schmeckt und riecht in der Regel unangenehm. Im Gegensatz zu chinesischen Patienten, für die Kräuter ein integraler Bestandteil der Kultur sind, sträuben sich westliche Patienten möglicherweise gegen diese Behandlungsmethode. Entsprechende Aufklärung und Information ist daher entscheidend.

Es ist hilfreich, den Patienten schriftliche Anweisungen für die Zubereitung der Arzneimittel mitzugeben (siehe Anhang D). Der Therapeut bzw. Apotheker sollte Zubereitung, Dosierung und Lagerung genau erklären, da es zahlreiche Fehlerquellen geben kann. Wenn ein Patient zum ersten Mal Kräuter verschrieben bekommt, ist es unter Umständen günstig, ihm erst einmal nur eine Tüte für 2–3 Tage mitzugeben, um zu prüfen, ob er bereit und in der Lage ist, das Dekokt regelmäßig zuzubereiten.

Die Dosierungen in diesem Buch beziehen sich auf tägliche Einnahmemengen. Die meisten chinesischen Patienten bekommen ein Paket mit 100 bis 120 g Kräutern pro Beutel, die sie täglich frisch kochen. Im Westen wäre es meist zu viel verlangt, dass Patienten ihren Tee täglich zubereiten. Daher geben die meisten Therapeuten ihren Patienten zwei Beutel pro Woche mit jeweils etwa 200 g Kräutern. Diese werden mit 1 Tasse Wasser (250 ml) je 30 g Kräuter zweifach aufgekocht. Ein Beispiel: Für einen Beutel mit 210 g nimmt man 7 Tassen Wasser und kocht sie eine gewisse Zeit lang; nach dem Abseihen des Tees nimmt man für das zweite Dekokt eine Tasse Wasser weniger als beim ersten Mal und kocht für eine bestimmte weitere Zeit. Durch das Mischen der beiden Dekokte erhält man etwa 11 Tassen Tee, da ein Teil der Flüssigkeit verdampft. Je nach Tagesdosis reicht ein Beutel also für etwa 3 bis 5 Tage.

Informationsbroschüren, die die Vor- und Nachteile der Arzneimitteltherapie sowie alle Details erklären, haben sich als hilfreich erwiesen. Sie können als generelle Einführung in die Prinzipien der Arzneimitteltherapie und ihre Anwendung dienen.

Wenn die Patienten ihre Kräuter kochen, sie richtig aufbewahren und ihre Dosierung entsprechend einhalten, übernehmen sie eine aktive Rolle in ihrem Genesungsprozess. Wie die Entscheidung, sich gut zu ernähren, sich ausreichend zu bewegen und richtig zu atmen oder eine Sucht einzudämmen, so können auch Heilkräuter als Teil eines generellen Bewusstseinsprozesses betrachtet werden, der zu besserer Gesundheit führt.

Patienten sollten sich darüber im Klaren sein, dass sie für ihren Heilungsprozess verantwortlich sind. Veränderungen im Lebensstil und die Befriedigung körperlicher und psychologischer Bedürfnisse sind wichtige Komponenten der Genesung. Durch die Anamnese der „Zehn Fragen" bekommen die Patienten ein neues Bewusstsein für ihren Körper, das ihnen hilft, besser auf ihre körperlichen und emotionalen Bedürfnisse zu achten. Dieser Prozess steigert insgesamt das Wohlbefinden.

Fertigpräparate

Viele Therapeuten verwenden vorgefertigte Arzneimittel in Pillenform, da die Einnahme dadurch erleichtert wird. Die individuelle Anpassung einer Rezeptur auf den Patienten ist dabei jedoch nicht möglich. Außerdem sind sie in der Wirkung schwächer als Dekokte. Heilkräuter können auch als Granulat gegeben werden, besonders bei Kindern, älteren Menschen oder bei allen, die keine Kräutertees mögen. Granulate lassen sich leicht einnehmen und können sogar zu Kapseln verarbeitet werden. Ein Nachteil ist, dass die Zubereitung den Preis erhöht. Die üblichen Fertigarzneimittel sind Patentmittel, Tinkturen, Kapseln und Granulate.

Einige Arzneimittelfirmen bieten auch einzelne Kräuter in Granulatform an. Auf diese Weise können Therapeuten die Rezepturen individuell anpassen – und gleichzeitig sind sie leicht einzunehmen. Eine weitere Alternative ist das Mahlen loser Kräuter und die Einnahme in Form von Pulver, Kapseln oder als Trunk, wobei das Pulver nur kurz in einer kleinen Menge Wasser gekocht wird. Der erhaltene Tee wird abgeseiht und getrunken. Manche Therapeuten stellen auch mit Hilfe verschiedener Extraktionsprozesse individuelle alkoholische Tinkturen her.

Gelegentlich ist es sinnvoll, Fertigpräparate zusammen mit losen Kräutern einzusetzen, vor allem bei der Anwendung teurer, seltener oder tierischer Substanzen. Weitere Informationen dazu finden sich in *Chinese Herbal Patent Formulas* von Jake Paul Fratkin und *Outline Guide to Chinese Herbal Patent Medicines* von Margaret Naeser.

Die Verunreinigung bestimmter in China hergestellter Patentmittel hat 1998 zu einigen Negativschlagzeilen geführt. In den USA hergestellte chinesische Kräuterprodukte sind nicht verunreinigt, da sie vielfach getestet werden. Die meisten europäischen Länder haben sehr strenge Einfuhr- und Drogengesetze, sodass dort keine verunreinigten Arzneimittel in den Handel kommen.

Der Aufbau des Buches

Um die klinische Anwendung zu erleichtern, sind die traditionellen Arzneimittelrezepte nach den diagnostischen Disharmoniemustern sortiert.

In Teil 1, „Arzneimittelrezepte nach Syndromen", sind die Rezepturen eingeteilt nach ihrer Wirksamkeit in Bezug auf die Syndrome der *Zang-Fu*-Organe, der Vier Stadien (*Wen Bing*), der Sechs Schichten (*Shang Han*) und der Körpersäfte (*Jin Ye*). Ausgewählte Störungen der inneren Medizin und sonstige Muster sind ebenfalls aufgenommen.

Innerhalb jeder diagnostischen Gruppe sind die Rezepte alphabetisch nach *Pinyin*-Namen aufgelistet. Die wichtigsten Rezepte für jedes Syndrom sind speziell gekennzeichnet. Jede Rezeptangabe umfasst die entsprechenden Indikationen, die Bestandteile mit den empfohlenen Dosierungen, Zungen- und Pulsbefunde, Kontraindikationen und Zubereitungsmethoden. Die aufgeführten Kontraindikationen und Warnungen bezüglich der Verwendung in der Schwangerschaft sind sehr konservativ und erscheinen nicht unbedingt in der traditionellen Literatur. Sie dienen vor allem dazu, weniger erfahrene Therapeuten vor möglichen Gefahren beim Einsatz bestimmter Rezepturen während der Schwangerschaft zu warnen.

Teil 2 gibt eine „Kurzcharakteristik der Einzelkräuter". Es handelt sich um eine Auswahl der gängigsten Mittel, die nach den traditionellen Kategorien aufgelistet und darüber hinaus in Untergruppen mit spezifischen Wirkungen unterteilt sind. Sie soll den Therapeuten bei der Auswahl von Substituten und bei der Modifizierung von Rezepten unterstützen.

Teil 3 gibt eine „Übersicht über die Zubereitungsmethoden" für einzelne Kräuter. Sie enthält alle wichtigen Informationen zum Herstellen von Rezepturen, z. B. welche Mittel gemahlen oder geschnitten werden, welche längere oder kürzere Zeit gekocht werden müssen etc., außerdem Angaben zu Toxizität und Kontraindikationen sowie Standarddosierungen Mittel.

In Teil 4 sind die Arzneimittel jeweils nach *Pinyin*-Bezeichnungen, botanischen, pharmazeutischen und deutschen Namen alphabetisch sortiert und ermöglicht damit einen vollständigen Überblick über die unterschiedlichen Nomenklatursysteme.

Die Anhänge enthalten Informationen für Therapeuten, einen Vorschlag zum Aufbau einer Kräuterapotheke und eine Liste mit Bezugsquellen.

Bezeichnungen

Im ganzen Buch werden für die Rezepturen die Standard-*Pinyin*-Bezeichnungen verwendet, daneben auch die deutschen Namen. Die Übersetzungen wurden, soweit vorhanden, aus dem Werk *Chinesische Arzneimittelrezepte und Behandlungs-Strategien* von Bensky/Barolet übernommen. Alle dort nicht aufgeführten Rezepte wurden aus der englischen Textvorlage übersetzt und sind mit einem Stern * gekennzeichnet.

Die chinesische Arzneimitteltherapie wird in den verschiedenen Schulen unterschiedlich gelehrt. Teilweise werden *Pinyin*- und pharmazeutische Bezeichnungen für die Einzelsubstanzen verwendet, andere beschränken sich auf die deutschen Namen. Dieses Buch gebraucht die *Pinyin*-Bezeichnungen und die botanischen Gattungsbegriffe. Für tierische und mineralische Substanzen werden die zoologischen bzw. pharmazeutischen Begriffe verwendet. Bei Unsicherheiten bezüglich des verwendeten Heilmittels oder der spezifischen Substanz konsultieren Sie bitte Teil 4, in dem detaillierte Informationen enthalten sind.

Die praktische Anwendung des Handbuchs

Nachdem für einen Patienten das Disharmoniemuster und die Behandlungsstrategie festgelegt wurden, schlagen Sie unter der entsprechenden Überschrift in Teil 1 nach und prüfen die Indikationen der aufgeführten Rezepte. Meist werden mehrere Rezepturen für Ihren Patienten in Frage kommen.

Anschließend vergleichen Sie die Bestandteile der Rezepte und verringern dabei die Anzahl der Möglichkeiten, bis Sie bei der bestmöglichen Rezeptur angelangt sind. Je nach Ihrer persönlichen Erfahrung entwickeln Sie vielleicht auch ein individuelles Rezept, das zwei oder sogar drei traditionelle Rezepturen kombiniert. Teil 2 unterstützt Sie bei der weiteren Modifikation solcher individueller Rezepte.

Bei der Herstellung des Rezeptes prüfen Sie Teil 3 bezüglich der spezifischen Zubereitungsmethoden für die einzelnen Mittel.

Gehen wir beispielsweise davon aus, dass Ihr Patient unter Feuchtigkeit und *Qi*-Stagnation im mittleren Erwärmer sowie unter Milz- und Magen-*Qi*-Mangel leidet. Die Symptome sind Appetitmangel, abdominale Schmerzen und Völlegefühl nach dem Essen, Flatulenz, Aufstoßen, weiche Stühle und Energiemangel. Der Puls ist schwach und schlüpfrig. Die Zunge ist blass, geschwollen mit Zahnabdrücken und dickem weißem Belag.

Bei der Behandlung geht es darum, die Feuchtigkeit zu beseitigen, das *Qi* im mittleren Erwärmer zu regulieren und Milz- und Magen-*Qi* zu stärken.

In Teil 1 schlagen Sie nun nach unter „Feuchtigkeits- und Schleimretention (*Tan Yin*)" und prüfen die verschiedenen Indikationen. Sie finden hier mehrere Rezepte, die für diesen Patienten in Frage kommen könnten:

Liu Jun Zi Tang/„Sechs Gentlemen Dekokt" dient zur Behandlung von Milz-*Qi*-Mangel mit leichter Feuchtigkeit. Dieses Rezept kann die Feuchtigkeitsretention jedoch nicht ausreichend wirksam behandeln und ist nicht stark genug für die *Qi*-Stagnation.

Ping Wei San/„Beruhige den Magen Pulver" wirkt gegen Milz-*Qi*-Mangel mit Feuchtigkeit und *Qi*-Stagnation, die zu Völle- und Spannungsgefühl führt. Wenn Sie die Zutatenliste betrachten, werden Sie feststellen, dass dieses Rezept besonders wirksam ist im Austrocknen von Feuchtigkeit, aber weniger hilfreich in Bezug auf die angestrebte Stärkung und Regulierung des Milz-*Qi*. Sie müssen Ihre Suche also weiter fortsetzen.

Shen Ling Bai Zhu San/„Radix Ginseng, Sclerotium Poriae Cocos und Radix Atractylodis Macrocephalae Pulver" wirkt auf Milz-*Qi*-Mangel mit Feuchtigkeit, die zu Diarrhö führt, ist aber nicht ausreichend wirksam bei *Qi*-Stagnation im mittleren Erwärmer.

Xiang Sha Liu Jun Zi Tang/Sechs Gentlemen Dekokt mit Radix Aucklandiae Lappae und Fructus Amomi wirkt gegen Milz-*Qi*-Mangel, Feuchtigkeitsretention und *Qi*-Stagnation im mittleren Erwärmer. Sie stellen fest, dass die

Bestandteile dieser Rezeptur alle drei Disharmoniemuster ansprechen, und wählen also diese aus.

Ihr Patient hat zeitweise heftige abdominale Schmerzen, daher möchten Sie die *Qi* regulierende Wirkung verstärken. Prüfen Sie also in Teil 2 den Abschnitt „Substanzen, die das *Qi* regulieren". Die erste Untergruppe enthält Substanzen, die auf den mittleren Erwärmer wirken. Die drei passendsten Mittel sind: *Zhi Shi*/Citrus, *Zhi Ke*/Citrus und *Da Fu Pi*/Areca. Je nach Ihren Arzneimittelkenntnissen können Sie eine dieser Substanzen dem traditionellen Rezept hinzufügen (eventuell sollten Sie dafür eine Materia Medica konsultieren).

Anschließend überprüfen Sie jede einzelne Zutat nach den Angaben in Teil 3 auf spezielle Hinweise zur Zubereitung. *Ban Xia*/Pinellia wird in vorbehandelter Form als *Fa Ban Xia* geliefert, ist aber immer noch leicht giftig. Daher ist während der Schwangerschaft Vorsicht angezeigt. *Sha Ren*/Amomum sollte beim Mischen des Rezepts klein zerstoßen werden. *Mu Xiang*/Saussurea und *Sha Ren*/Amomum werden während der letzten fünf Minuten des ersten Kochprozesses zugefügt, um ihre aromatischen Eigenschaften optimal zu erhalten. Diese Kräuter sollten daher beim Mischen des Rezepts getrennt eingetütet werden.

Es ist nicht Absicht dieses Handbuchs, eine gründliche Analyse von Rezepturen, einzelnen Substanzen oder Wirkungen vorzunehmen. Auch sind keine traditionellen Modifikationen enthalten. Hier geht es in erster Linie um ein rasches und klinisch leicht einsetzbares Nachschlagewerk.

Die Beherrschung von Diagnosemethoden, Behandlungsstrategien und die Anwendung einzelner Mittel sind unerlässliche Voraussetzungen für die Verwendung dieses Handbuchs. Tiefergehende Erläuterungen würden den Rahmen sprengen und sind daher nicht enthalten.

Weitere Informationen über Rezepte geben die folgenden umfassenden Veröffentlichungen: *Chinesische Arzneimittelrezepte und Behandlungs-Strategien* von Dan Bensky und Randall Barolet oder *Handbook of Chinese Herbs and Formulas*, Vol. 2, von Him-che Yeung. Weitere Informationen über einzelne Arzneimittel finden Sie in *Chinese Herbal Medicine: Materia Medica* von Dan Bensky und Andrew Gamble und im *Handbook of Chinese Herbs and Formulas*, Vol. 1, von Him-che Yeung.

Allgemeine Hinweise für die Verschreibung von Arzneimitteln

Wie bereits erläutert, sind für die wirksame Anwendung von chinesischen Arzneimitteln eine korrekte Diagnose und die richtige Behandlungsstrategie von größter Bedeutung. Innerhalb der östlichen Medizin gibt es zahlreiche komplexe Zusammenhänge und da die überwiegende Mehrheit der Patienten

keine Lehrbuchfälle sind, muss immer sorgfältig auf ein Gleichgewicht geachtet werden.
Qi stärkende Rezepte können Hitze verursachen, da die meisten *Qi* stärkenden Substanzen warm sind. Wenn dieser Effekt nicht gewünscht wird, sollten stattdessen kühle *Qi*-Tonika gewählt werden. Jede *Qi*-Stärkung kann zu einer *Qi*-Stagnation führen; daher müssen immer auch *Qi* regulierende Kräuter zugefügt werden.
Die meisten Heilmittel, die das *Yin* nähren, sind klebrig oder wirken übersättigend; daher können sie eine bereits bestehende Feuchtigkeit verschlimmern. Ebenso können Kräuter, die Feuchtigkeit austrocknen, das *Yin* schädigen.
Mittel, die das Blut-*Xue* nähren, können ebenfalls zu Feuchtigkeit beitragen, wenn auch in geringerem Maß als *Yin* nährende Kräuter.
Langfristige *Yang*-Stärkung kann Hitze verursachen. Daher sollten Hitze klärende oder *Yin* nährende Substanzen zu einer *Yang* stärkenden Rezeptur hinzugefügt werden, vor allem wenn der Patient beginnende Hitze-Anzeichen und -Symptome aufweist.
Die Bewegung des Blutes in Fällen von Blut-*Xue*-Stase (*Xue Yu*) verbraucht *Qi*. Es braucht *Qi*, um *Qi* und Blut-*Xue* zu bewegen. In geringerem Umfang kann auch starke *Qi*-Regulierung *Qi* verbrauchen.
Hitze klären schädigt das Milz-*Qi*, da die meisten entsprechend wirksamen Mittel kalt und/oder bitter sind.
Um eine Kälte-Stagnation aufzulösen, werden meist warme und scharfe Kräuter verwendet. Diese können das *Yin* schädigen.
Übermäßige Verwendung von Wind-Hitze und Wind-Kälte klärenden Mitteln verbraucht *Qi* und schädigt das *Yin*.
Kräuter, die die Diurese fördern und Wind-Feuchte-Hitze auflösen, können das *Yin* austrocknen.
Adstringentien können zu Stauungen beitragen, da sie die Retention von Flüssigkeiten und Stuhl fördern.
Stark tranquilierende Mineralsubstanzen und nach unten abführende Substanzen können die Milz schädigen, da sie meist kalt und schwer verdaulich sind.
Bei Frauen können während der follikulären Phase – zwischen Beginn der Menstruation und Ovulation – Mangelzustände verschlimmert werden, während der lutealen Phase – zwischen Ovulation und Menstruation – sind oft Stagnationsprobleme vorherrschend.
All diese Zusammenhänge sind beim Verschreiben der Heilmittel zu beachten. Mit zunehmender klinischer Erfahrung entwickelt sich diese Fähigkeit immer stärker.
Während des Behandlungsverlaufs muss der Zustand des Patienten laufend überprüft werden. Es ist entscheidend für den Behandlungserfolg, dass Symptombild, Puls, Zunge und alle auftretenden Veränderungen genauestens be-

achtet werden. Solch eine Neubewertung sollte etwa alle zwei Wochen durchgeführt werden. Es kann notwendig sein, einzelne Substanzen hinzuzufügen oder wegzulassen oder sogar das Rezept komplett zu wechseln.
Bei rund 5% der Fälle tauchen negative Reaktionen auf die Kräuter auf, selbst wenn das Rezept entsprechend angepasst wurde. Dies ist auf Nahrungsmittelallergien, Geruchsempfindlichkeiten oder umweltbedingte Störungen zurückzuführen. Bei solchen Patienten ist ein intensiveres Akupunkturprogramm notwendig, eventuell auch eine andere Behandlungsform. Doch in den meisten Fällen lässt sich eine wöchentliche Akupunktur-Behandlung erfolgreich mit Kräutern kombinieren, wodurch auch Kosten eingespart werden können.

Zusammenfassung

Die chinesische Pharmakopoe ist eine der umfangreichsten weltweit. Bei der Arbeit mit der östlichen Tradition ist die Verbindung zwischen natürlichen Substanzen und der menschlichen Gesundheit besonders stark spürbar. Chinesische Arzneimittel zu berühren und zu riechen ist eine zutiefst befriedigende Erfahrung. Ich genieße meine Kräuterapotheke sehr (die Kräuter werden in den USA vom Therapeuten privat verkauft) und habe das Gefühl, dass ich zu jedem Mittel eine ganz persönliche Beziehung habe. Der Umgang mit den Kräutern hat eine Schönheit, die weit über intellektuelles Wissen hinausgeht.
Manche Therapeuten haben Lieblingskräuter, die sie häufiger als andere einsetzen. Das ist teilweise subjektiv begründet und teilweise auf die Ausbildung zurückzuführen. Dasselbe gilt für Ersatzstoffe in Rezepturen. Bei der Arbeit mit chinesischen Arzneimitteln ist Raum für unterschiedliche Interpretationen und für die Intuition.
Die hier in der Einführung erwähnten Punkte sollen die wichtigsten Zusammenhänge bei der Arbeit mit der chinesischen Arzneimitteltradition erläutern und damit dem Therapeuten den Umgang mit dieser Behandlungsmethode erleichtern. Chinesische Arzneimitteltherapie kann eine sehr bereichernde Erfahrung sein und stellt einen immerwährenden Lernprozess dar. Bei der Verschreibung von Kräutern verwenden wir einen Teil unserer Mutter Erde als Medium, durch das wir das Leben anderer Menschen berühren. Ein Gleichgewicht zwischen Ost und West, Himmel und Erde, innen und außen, Körper und Geist, *Yin* und *Yang* zu finden – das bedeutet, das *Tao* zu erfahren.
Ich wünsche Ihnen viel Erfolg bei Ihrer Arbeit mit den Kräutern.

Dagmar Ehling
Februar 1993
Überarbeitete Neuausgabe November 2000

Teil 1

Arzneimittelrezepte nach Syndromen

In diesem Kapitel sind alle Rezepte aufgelistet, sortiert nach TCM-Syndromen, mit Zutaten, Dosierungen, Zungen- und Pulsdiagnosen, Zubereitungsmethoden und Kontraindikationen. Im grauen Kasten wird die jeweilige Syndromsymptomatik kurz beschrieben kurz beschrieben, und darunter allopathische Krankheiten aufgeführt, sofern diese in den TCM-Rahmen eingestuft werden können.

Die Rezepte sind innerhalb des jeweiligen Syndroms in alphabetischer Reihenfolge nach Pinyin-Bezeichnungen sortiert. Jedes Rezept hat einen fett gedruckten Abschnitt, welcher eine kurze Zusammenfassung der Indikationen und wichtigsten Symptome angibt. In der linken Spalte der Rezeptur stehen die Pinyin-Bezeichnungen, in der rechten die botanischen Gattungsnamen. Bei tierischen und mineralischen Substanzen sind die zoologischen oder pharmazeutischen Bezeichnungen angegeben. Kräuter, die in eckigen Klammern aufgeführt sind, werden im traditionellen Rezept nur manchmal verwendet. Innerhalb eines Syndroms sind wichtige Rezepte mit einem speziellen Hinweis und einem Stern * gekennzeichnet. Falls nicht anders angegeben, wird bei allen Rezepten ein Dekokt hergestellt, außer man verwendet Granulate oder Einzelextrakte der Mittel.

Die deutschen Übersetzungen der Rezeptnamen richten sich nach dem Werk *Chinesische Arzneimittelrezepte und Behandlungs-Strategien* von Dan Bensky und Randoll Barolet. Dort nicht aufgeführte Rezepturen wurden aus der englischen Textvorlage übersetzt; die entsprechenden deutschen Bezeichnungen sind ebenfalls mit einem Stern * markiert.

Verwendete Abkürzungen und Symbole

Z	Zunge
P	Puls
X	Kontraindikationen
*	**Wichtige Rezeptur** für das jeweilige Syndrom
H	Besondere Hinweise

Syndrome der Lunge

肺失调

Wind-Kälte-Invasion

- Frösteln stärker als Fieber
- Schnupfen mit klarem, wässrigem Schleim
- Gliederschmerzen
- Kratzen im Hals
- Hüsteln
- Wind- und Kälteaversion
- Kopfschmerzen
- *Rhinitis, akute Erkältung*

Z dünner weißer Belag
P oberflächlich, straff

Wind-Kälte

Äußere Wind-Kälte dringt in den Magen ein und verursacht starke Feuchtigkeitsretention, was zu Fieber und Frösteln, Diarrhö, Erbrechen, Druck- oder Völlegefühl im Abdomen führt.

Z klebriger weißer Belag

P schlüpfrig, oberflächlich

BU HUAN JING ZHENG QI SAN

Korrigiere das *Qi* Pulver, das wertvoller als Gold ist

Hou Po	*Magnolia*	9–12 g
Cang Zhu	*Atractylodes*	3–9 g
Huo Xiang	*Agastache*	6–9 g
Ban Xia	*Pinellia*	6–9 g
Chen Pi	*Citrus*	3–6 g
Gan Cao	*Glycyrrhiza*	3–6 g
[Sheng Jiang	*Zingiber*	3–6 g]
[Da Zao	*Ziziphus*	3–5 St.]

Äußere Wind-Kälte oder -Hitze mit stärkerer innerer Hitze, die vom *Wei-* zum *Qi*-Stadium übergeht und in den *Yangming*-Meridian vordringt. Dabei zeigen sich nur leichte äußere Symptome. Durst, Obstipation, Druckgefühl und Schmerzen in den Augenhöhlen, starke Gliederschmerzen oder Ruhelosigkeit sind die Hauptsymptome.

Z rot, trocken, dünner gelber Belag

P oberflächlich, leicht überflutend, schnell

CHAI GE JIE JI TANG

Radix Bupleuri und Radix Puerariae Dekokt zur Entlastung der Muskulatur

Chai Hu	*Bupleurum*	3–9 g
Ge Gen	*Pueraria*	9–12 g
Bai Zhi	*Angelica*	3–9 g
Shi Gao	*Gypsum*	6–15 g
Bai Shao Yao	*Paeonia*	6–9 g
Qiang Huo	*Notopterygium*	3–6 g
Huang Qin	*Scutellaria*	6–9 g
Jie Geng	*Platycodon*	3–6 g
Da Zao	*Ziziphus*	3–4 St.
Sheng Jiang	*Zingiber*	3–6 g
Gan Cao	*Glycyrrhiza*	3–6 g

Wind-Kälte in der Oberflächen- und Meridian-Schicht führt zu Kopfschmerzen und Erkältung.

Z dünner weißer Belag

P oberflächlich

CHUAN XIONG CHA TIAO SAN

Radix Ligustici Chuanxiong Pulver, das man mit grünem Tee einnimmt

Chuan Xiong	*Ligusticum*	3–9 g
Bo He	*Mentha*	9–12 g
Jing Jie	*Schizonepeta*	3–9 g
Xi Xin	*Asarum*	1–4 g
Qiang Huo	*Notopterygium*	3–6 g
Fang Feng	*Ledebouriella*	3–6 g
Bai Zhi	*Angelica*	3–6 g
Gan Cao	*Glycyrrhiza*	3–6 g

Wind-Kälte oder -Hitze im Frühstadium führt zu einer Erkältung. Symptome sind u. a. leichtes Fieber und Frösteln, leichte Kopfschmerzen und eine verstopfte Nase.

Z dünner weißer Belag

P oberflächlich

CONG CHI TANG

Bulbus Allii Fistulosi und Semen Sojae Praeparatum Dekokt

Dan Dou Chi	*Glycine*	9–25 g
Cong Bai	*Allium*	9–12 g

Äußere Wind-Kälte-Feuchtigkeit mit innerer Hitze. Das Fieber ist stärker als das Frösteln. Weitere Symptome sind u. a. Durst, Ruhelosigkeit oder Kopfschmerzen.

Z dünner gelber Belag

P schnell

DA QIANG HUO TANG

Größeres Radix et Rhizoma Notopterygii Dekokt

Qiang Huo	*Notopterygium*	9–12 g
Fang Feng	*Ledebouriella*	9–12 g
Xi Xin	*Asarum*	3–6 g
Du Huo	*Angelica*	9–12 g
Guang Fang Ji	*Aristolochia*	9–12 g
Huang Lian	*Coptis*	3–9 g
Huang Qin	*Scutellaria*	6–12 g
Bai Zhi	*Angelica*	6–12 g
Cang Zhu	*Atractylodes*	6–12 g
Zhi Mu	*Anemarrhena*	9–15 g
Sheng Di Huang	*Rehmannia*	9–15 g
Chuan Xiong	*Ligusticum*	9–15 g
Zhi Gan Cao	*Glycyrrhiza*	3–9 g

Wind-Kälte mit innerer Hitze, die sich vor allem im oberen Erwärmer manifestiert. Keine oder geringe Schweißbildung aufgrund der inneren Hitze. Das Fieber ist stärker als das Frösteln.

Z rot, trocken, dünner weißer oder gelber Belag

P oberflächlich, straff, schnell

DA QING LONG TANG (Abb. S. 527)

Größeres blaugrüner Drachen Dekokt

Ma Huang	*Ephedra*	6–9 g
Xing Ren	*Prunus*	6–9 g
Shi Gao	*Gypsum*	15–20 g
Gui Zhi	*Cinnamomum*	6 g
Sheng Jiang	*Zingiber*	6–9 g
Da Zao	*Ziziphus*	3–12 St.
Gan Cao	*Glycyrrhiza*	3–6 g

Äußere Wind-Kälte mit Schleim-Hitze im Inneren führt zu Husten und Keuchatmung. Das schleimige Sputum ist dick und gelb.

Z klebriger gelber Belag

P schlüpfrig, schnell

DING CHUAN TANG

Dekokt, das dem Keuchen Einhalt gebietet

Bai Guo	*Ginkgo*	6–9 g
Ma Huang	*Ephedra*	6–9 g
Kuan Dong Hua	*Tussilago*	6–9 g
Zi Su Zi	*Perilla*	3–6 g
Xing Ren	*Prunus*	3–6 g
Ban Xia	*Pinellia*	6–9 g
Sang Bai Pi	*Morus*	6–9 g
Huang Qin	*Scutellaria*	6–9 g
Gan Cao	*Glycyrrhiza*	3–6 g

Wind-Kälte (Erkältung) ohne Schwitzen, die vor allem zu Muskelschmerzen und Nackensteifigkeit führt.

Z dünner weißer Belag

P oberflächlich, straff

GE GEN TANG

Radix Puerariae Dekokt

Ge Gen	*Pueraria*	9–12 g
Ma Huang	*Ephedra*	6–9 g
Gui Zhi	*Cinnamomum*	3–6 g
Bai Shao Yao	*Paeonia*	6 g
Sheng Jiang	*Zingiber*	3–6 g
Da Zao	*Ziziphus*	3–4 St.
Gan Cao	*Glycyrrhiza*	3–6 g

Wind-Kälte hat sich in den *Taiyang*-Meridianen festgesetzt und führt zu starken Muskelschmerzen und Krämpfen im oberen Körperbereich.

Z dünner weißer Belag

P oberflächlich

GUI ZHI JIA GE GEN TANG

Ramulus Cinnamomi Cassiae Dekokt mit Radix Puerariae

Gui Zhi	*Cinnamomum*	6–9 g
Bai Shao Yao	*Paeonia*	6–9 g
Ge Gen	*Pueraria*	9–12 g
Sheng Jiang	*Zingiber*	3–6 g
Da Zao	*Ziziphus*	3–4 St.
Gan Cao	*Glycyrrhiza*	3–6 g

Wind-Kälte, die acht bis zehn Tage andauert, führt beim Patienten zu leichten Hitze-Symptomen wie Juckreiz, Durst und Gesichtsrötung.

Z rote Spitze, dünner weißer Belag

P etwas langsam

GUI ZHI MA HUANG GE BAN TANG

Kombiniertes Ramulus Cinnamomi Cassiae und Herba Ephedrae Dekokt

Gui Zhi	*Cinnamomum*	3–6 g
Bai Shao Yao	*Paeonia*	3–6 g
Xing Ren	*Prunus*	3–6 g
Ma Huang	*Ephedra*	3–6 g
Sheng Jiang	*Zingiber*	3–6 g
Da Zao	*Ziziphus*	3–4 St.
Gan Cao	*Glycyrrhiza*	3–6 g

Wind-Kälte mit Expektoration von klebrigem oder klarem Schleim oder Wind-Kälte-Invasion bei Patienten mit bereits bestehender Schleimretention.

Z dicker weißer Belag

P oberflächlich, schlüpfrig

HUA GAI SAN

Baldachin-Pulver

Ma Huang	*Ephedra*	6–9 g
Sang Bai Pi	*Morus*	6–9 g
Fu Ling	*Poria*	6–9 g
Zi Su Zi	*Perilla*	6–9 g
Chen Pi	*Citrus*	3–6 g
Xing Ren	*Prunus*	3–6 g
Gan Cao	*Glycyrrhiza*	3–6 g

Wind-Kälte und Feuchtigkeitsretention mit *Qi*-Stagnation im mittleren Erwärmer führt zu Diarrhö, Übelkeit, Erbrechen, Kopfschmerzen oder Fieber und Schüttelfrost.

Z weißer, klebriger Belag

P sanft oder schlüpfrig

H Alle Zutaten zu Pulver vermahlen. Zwei- bis dreimal täglich 6 g einnehmen.

HUO XIANG ZHENG QI SAN

Herba Agastaches seu Pogostemi Pulver, das das *Qi* korrigiert

Huo Xiang	*Agastache*	9 g
Hou Po	*Magnolia*	6–9 g
Bai Zhi	*Angelica*	3–6 g
Zi Su Ye	*Perilla*	3–6 g
Chen Pi	*Citrus*	6 g
Bai Zhu	*Atractylodes*	6 g
Fu Ling	*Poria*	3–6 g
Ban Xia	*Pinellia*	6 g
Da Fu Pi	*Areca*	3–6 g
Jie Geng	*Platycodon*	6 g
Gan Cao	*Glycyrrhiza*	6–9 g
[Da Zao	*Ziziphus*	1–3 g]
[Sheng Jiang	*Zingiber*	3–6 g]

Wind-Kälte-Invasion ohne Schwitzen; milder als *Ma Huang Tang* ('Herba Ephedrae Dekokt'). Symptome sind u. a. Fieber und Schüttelfrost, Kopfschmerz, Gliederschmerz und Fließschnupfen mit klarem Schleim.

Z weißer Belag

P oberflächlich

JIA WEI XIANG SU SAN

Erweitertes Rhizoma Cyperi Rotundi und Folium Perillae Frutescentis Pulver

Xiang Fu	*Cyperus*	6–9 g
Zi Su Ye	*Perilla*	6 g
Jing Jie	*Schizonepeta*	6 g
Qin Jiao	*Gentiana*	6 g
Fang Feng	*Ledebouriella*	6 g
Chuan Xiong	*Ligusticum*	3–6 g
Man Jing Zi	*Vitex*	6 g
Chen Pi	*Citrus*	3–6 g
Sheng Jiang	*Zingiber*	3–6 g
Gan Cao	*Glycyrrhiza*	3–6 g

Wind-Kälte-Feuchtigkeit (Fülle-Typ), die sich in Hitze verwandelt und zu einer Erkältung führt. Diese Rezeptur ist auch wirksam bei Läsionen, Furunkeln und Eiter.

Z dünner weißer Belag

P oberflächlich, straff

JING FANG BAI DU SAN

Herba Schizonepetae Tenuifoliae und Radix Saposhnikoviae Pulver zur Überwindung pathogener Einflüsse

Jing Jie	*Schizonepeta*	3–6 g
Fang Feng	*Ledebouriellaa*	3–6 g
Chuan Xiong	*Ligusticum*	3–6 g
Qiang Huo	*Notopterygium*	3–6 g
Du Huo	*Angelica*	3–6 g
Chai Hu	*Bupleurum*	3–6 g
Fu Ling	*Poria*	3–6 g
Qian Hu	*Peucedanum*	3–6 g
Zhi Ke	*Citrus*	3–6 g
Jie Geng	*Platycodon*	3–6 g
Sheng Jiang	*Zingiber*	3–6 g
Gan Cao	*Glycyrrhiza*	2–4 g
[*Bo He*	*Mentha*	3 g]

Wind-Kälte-Feuchtigkeit mit bereits vorliegender innerer Feuchtigkeit führt zu Muskelschmerzen; oder äußere Wind-Feuchte-Kälte und innere Hitze führen zu Wind- und Kälteaversion, Gelenk- oder Gliederschmerzen, Schweißlosigkeit oder Durst.

Z normale Farbe oder rot, dünner gelblicher Belag

P oberflächlich, schnell, eventuell schlüpfrig

JIU WEI QIANG HUO TANG

Neun Arzneien Dekokt mit Radix et Rhizoma Notopterygii

Qiang Huo	*Notopterygium*	3–6 g
Cang Zhu	*Atractylodes*	3–6 g
Xi Xin	*Asarum*	1–3 g
Fang Feng	*Ledebouriella*	3–6 g
Chuan Xiong	*Ligusticum*	3–6 g
Huang Qin	*Scutellaria*	3–9 g
Bai Zhi	*Angelica*	3–6 g
Sheng Di Huang	*Rehmannia*	3–9 g
Gan Cao	*Glycyrrhiza*	3–6 g

Wind-Kälte mit bereits vorliegender Feuchtigkeit führt zu Wind-Kälte-Ödemen sowie zu Kopfschmerzen, die sich wie ein Band um den Kopf anfühlen.

Z weißer Belag

P oberflächlich, eventuell schlüpfrig

MA HUANG JIA ZHU TANG

Herba Ephedrae Dekokt mit Rhizoma Atractylodis Macrocephalae

Ma Huang	*Ephedra*	6–9 g
Xing Ren	*Prunus*	6–9 g
Gui Zhi	*Cinnamomum*	3–6 g
Gan Cao	*Glycyrrhiza*	3–6 g
Bai Zhu	*Atractylodes*	6–9 g

Wind-Kälte führt zu Ödemen im Gesicht und spärlichem Urin. Diese Rezeptur ist auch wirksam bei Ikterus in Verbindung mit *Taiyang*-Symptomen.

Z dünner weißer Belag

P oberflächlich, straff

MA HUANG LIAN QIAO CHI XIAO DOU TANG

Herba Ephedrae, Fructus Forsythiae Suspensae und Semen Phaseoli Calcarati Dekokt*

Ma Huang	*Ephedra*	3–9 g
Lian Qiao	*Forsythia*	6–9 g
Chi Xiao Dou	*Phaseolus*	6–9 g
Sang Bai Pi	*Morus*	6–9 g
Xing Ren	*Prunus*	6–9 g
Sheng Jiang	*Zingiber*	3–6 g
Da Zao	*Ziziphus*	3–4 St.
Gan Cao	*Glycyrrhiza*	3–6 g

Wind-Kälte (Fülle-Typ) ohne Schwitzen, die zu Asthma oder einer Erkältung führt.

Z dünner weißer Belag

P oberflächlich, straff

* **Wichtige Rezeptur**

MA HUANG TANG

Herba Ephedrae Dekokt

Ma Huang	*Ephedra*	6–9 g
Xing Ren	*Prunus*	6–9 g
Gui Zhi	*Cinnamomum*	6–9 g
Gan Cao	*Glycyrrhiza*	3–6 g

Wind-Kälte-Feuchtigkeit mit leichten Hitze-Symptomen, Druckgefühl, Übelkeit, Gelenkschmerzen und leichtem Husten.

Z rote Spitze, dünner weißer Belag

P oberflächlich, eventuell etwas schnell, schlüpfrig

MA XING YI GAN TANG

Herba Ephedrae, Semen Pruni Armeniacae, Semen Coicis Lachryma-jobi und Radix Glycyrrhizae Uralensis Dekokt

Ma Huang	*Ephedra*	6–9 g
Xing Ren	*Prunus*	6–9 g
Yi Yi Ren	*Coix*	12 g
Gan Cao	*Glycyrrhiza*	3–6 g

Wind-Kälte-Husten (Fülle-Typ) führt zu Gliederschmerzen oder verstopfter Nase mit reichlich weißem Schleim. In Kombination mit *Zhi Sou San* ('Pulver, das den Husten stoppt') zur Behandlung von Husten.

Z dünner weißer Belag

P oberflächlich, straff

SAN NIU TANG

Dreifach lösendes Dekokt*

Ma Huang	*Ephedra*	6–9 g
Xing Ren	*Prunus*	6–9 g
Gan Cao	*Glycyrrhiza*	3–6 g

Wind-Kälte-Asthma mit bereits vorliegender Schleim- und Wasserretention (Fülle-Typ) führt zu schwachen äußerlichen Symptomen wie Dyspnoe, Keuchatmung mit leichtem Fieber und Schüttelfrost.

Z dicker, klebriger weißer Belag

P oberflächlich, straff

SHE GAN MA HUANG TANG

Rhizoma Belamcandae Chinensis und Herba Ephedrae Dekokt

She Gan	*Belamcanda*	6–9 g
Ma Huang	*Ephedra*	6–9 g
Ban Xia	*Pinellia*	6–9 g
Zi Wan	*Aster*	6–9 g
Kuan Dong Hua	*Tussilago*	6–9 g
Wu Wei Zi	*Schisandra*	3–6 g
Xi Xin	*Asarum*	6–9 g
Sheng Jiang	*Zingiber*	9–12 g
Da Zao	*Ziziphus*	7–9 St.

Wind-Kälte führt zu Keuchatmung, Husten, Dyspnoe und Druckgefühl in der Brust.

Z dünner weißer, klebriger Belag

P oberflächlich

SHEN MI TANG

Mysteriöses Dekokt

Ma Huang	*Ephedra*	6–9 g
Xing Ren	*Prunus*	6–9 g
Hou Po	*Magnolia*	6–12 g
Chai Hu	*Bupleurum*	3–6 g
Zi Su Ye	*Perilla*	3–6 g
Chen Pi	*Citrus*	3–6 g
Gan Cao	*Glycyrrhiza*	3–6 g

Topf, setzen sie ein zweites Mal mit ...
dann nochmals 15 Minuten und gießen sie zu der ersten Abkochung da - zu.
Diesen Tee stellen Sie kühl und trinken über 3 Tage täglich davon ca. ¼ Liter warm.

Sollten Sie mehr als einen Teebeutel erhalten haben, benötigen die Kräuter eine unterschiedliche Kochzeit. Dann verfahren Sie wie folgt:

Beutel „A"--------> vorher bei geschlossenem Deckel eine Stunde kochen

Beutel „B"---------> Standartzubereitung s. o.

Beutel „C"--------> nur in den letzten 5 Minuten des ersten Kochvorgangs mitkochen lassen

Beutel "D"-----------> nicht mitkochen, sondern nach dem Kochen dazu geben und 10 Minuten ziehen lassen

Die Einnahme sollte in kleinen Schlicken erfolgen. Ist der Tee sehr bitter, können Sie ihn aber auch in einem Schlick trinken.

Viel Spaß bei der Zubereitung!

Der chinesische Tee

Sehr geehrte/r Patient/in,

Ihre Teemischung, die ich Ihnen aus dem umfangreichen Schatz der chinesischen Heilkräuter verordnet habe, wurde von der Apotheke bereits in Beutel gemischt, damit die Herstellung für Sie nicht zu kompliziert wird, sondern eine angenehme und interessante Erfahrung.
Bedenken Sie dabei bitte, daß **diese Mischung individuell für Sie zusammengestellt wurde und daher nicht von anderen mit getrunken werden darf.**

Herstellung der Abkochung

Geben Sie den Beutelinhalt in einen Topf, übergießen Sie ihn mit 3/4 Liter Wasser, und weichen Sie ihn mindestens 1 Stunde oder über Nacht ein. Bringen Sie den Tee dann zum Kochen und köcheln Sie ihn auf kleiner Flamme 45 Minuten, bis die Flüssigkeit auf ungefähr ½ eingekocht ist.

Wind-Kälte mit innerer Hitze führt zu Schweißlosigkeit, Delirium, Fieber und Schüttelfrost, Schlaflosigkeit, Blutungen im oberen Körperbereich oder Kopfschmerzen des Fülle-Typs.

Z rot, trocken, gelber Belag

P überflutend, schnell

SHI GAO TANG

Gypsum Dekokt

Shi Gao	*Gypsum*	15–35 g
Ma Huang	*Ephedra*	6–9 g
Huang Lian	*Coptis*	3–6 g
Huang Qin	*Scutellaria*	6–9 g
Zhi Zi	*Gardenia*	6–9 g
Huang Bai	*Phellodendron*	6–9 g
Dan Dou Chi	*Glycine*	6–9 g

Sommer-Feuchte-Kälte mit leichtem Fieber und Schüttelfrost sowie starkem Schwitzen.

Z klebriger weißer Belag

P oberflächlich

SHI WEI XIANG RU YIN

Zehn Arzneien Dekokt mit Herba Elsholtziae seu Moslae

Xiang Ru	*Elsholtzia*	6–9 g
Ren Shen	*Panax*	6–9 g
Bai Zhu	*Atractylodes*	3–6 g
Huang Qi	*Astragalus*	6–12 g
Chen Pi	*Citrus*	3–6 g
Bian Dou	*Dolichos*	6–9 g
Hou Po	*Magnolia*	6–12 g
Mu Gua	*Chaenomeles*	6 g
Fu Ling	*Poria*	6–9 g
Gan Cao	*Glycyrrhiza*	3–6 g

Wind-Kälte mit innerer Kälte und Feuchtigkeit sowie Nahrungsstagnation greifen den mittleren Erwärmer an. Diese Rezeptur ist wirksam bei fünf Arten von Stagnation: *Qi*, Feuchtigkeit, Blut-*Xue*, Nahrung und Kälte. Symptome sind u. a. Fieber und Schüttelfrost ohne Schwitzen und Gliederschmerzen.

Z klebriger weißer Belag

P oberflächlich, langsam oder rau

WU JI SAN

Fünf Anhäufungen Pulver

Ma Huang	*Ephedra*	3–6 g
Gan Jiang	*Zingiber*	3–6 g
Hou Po	*Magnolia*	6–9 g
Cang Zhu	*Atractylodes*	3–9 g
Bai Zhi	*Angelica*	3–6 g
Rou Gui	*Cinnamomum*	3 g
Chuan Xiong	*Ligusticum*	3–6 g
Bai Shao Yao	*Paeonia*	6–9 g
Zhi Ke	*Citrus*	3–6 g
Dang Gui	*Angelica*	3–9 g
Fu Ling	*Poria*	6–9 g
Ban Xia	*Pinellia*	6–9 g
Chen Pi	*Citrus*	3–6 g
Jie Geng	*Platycodon*	6–9 g
Zhi Gan Cao	*Glycyrrhiza*	3–6 g

Ausgeprägte Wind-Kälte mit leichter *Qi*-Stagnation oder Wind-Kälte-Invasion während der Schwangerschaft.

Z dünner weißer Belag

P oberflächlich, straff

XIANG SU CONG CHI TANG

Rhizoma Cyperi Rotundi, Folium Perillae Frutescentis, Bulbus Allii Fistulosi Recens und Semen Sojae Praeparatum Dekokt

Zi Su Ye	*Perilla*	6–9 g
Xiang Fu	*Cyperus*	6–9 g
Cong Bai	*Allium*	2–4 St.
Dan Dou Chi	*Glycine*	9–12 g
Chen Pi	*Citrus*	3–6 g
Zhi Gan Cao	*Glycyrrhiza*	3–6 g

Wind-Kälte mit innerer *Qi*-Stagnation führt zu Aufstoßen, Appetitmangel, Fieber und Schüttelfrost, Kopfschmerzen, Schweißlosigkeit und Druckgefühl im mittleren Erwärmer.

Z dünner weißer Belag

P oberflächlich

XIANG SU SAN

Rhizoma Cyperi Rotundi und Folium Perillae Frutescentis Pulver

Xiang Fu	*Cyperus*	6–9 g
Zi Su Ye	*Perilla*	6–9 g
Chen Pi	*Citrus*	3–6 g
Zhi Gan Cao	*Glycyrrhiza*	3–6 g

Wind-Kälte mit innerer Wasserretention führt zur Expektoration von reichlich schleimigem Sputum, Gliederschmerzen oder oberflächlichen Ödemen.

Z feuchter weißer Belag

P oberflächlich, straff

XIAO QING LONG TANG

Kleineres Blaugrüner Drachen Dekokt

Ma Huang	*Ephedra*	6–9 g
Gui Zhi	*Cinnamomum*	6–9 g
Xi Xin	*Asarum*	3 g
Wu Wei Zi	*Schisandra*	6–9 g
Gan Jiang	*Zingiber*	3 g
Bai Shao Yao	*Paeonia*	6–9 g
Ban Xia	*Pinellia*	6–9 g
Gan Cao	*Glycyrrhiza*	3–6 g

Wind-Kälte führt zu verstopfter Nase mit reichlich weißem oder klarem Sekret.

Z dünner, feuchter weißer Belag

P oberflächlich

XIN YI SAN

Flos Magnoliae Pulver

Xin Yi Hua	*Magnolia*	6–9 g
Mu Tong	*Akebia*	6–9 g
Chuan Xiong	*Ligusticum*	3–9 g
Qiang Huo	*Notopterygium*	3–6 g
Xi Xin	*Asarum*	3 g
Gao Ben	*Ligusticum*	6–9 g
Fang Feng	*Ledebouriella*	6–9 g
Sheng Ma	*Cimicifuga*	3–6 g
Bai Zhi	*Angelica*	3–6 g
Gan Cao	*Glycyrrhiza*	3–6 g

Wind-Ödeme mit Fieber und Schüttelfrost oder Oligurie.

Z dünner weißer Belag

P oberflächlich, schlüpfrig oder tief

YUE BI JIA ZHU TANG

Magd aus Yue Dekokt mit Rhizoma Atractylodis Macrocephalae

Ma Huang	*Ephedra*	6–9 g
Shi Gao	*Gypsum*	9–20 g
Bai Zhu	*Atractylodes*	6–9 g
Sheng Jiang	*Zingiber*	3–9 g
Da Zao	*Ziziphus*	3–7 St.
Gan Cao	*Glycyrrhiza*	3–6 g

Ödematose infolge von Wind führt zu Windaversion, spärlichem Urin, eventuell Schwitzen oder Fieber, Durst.

Z dünner weißer Belag

P oberflächlich

YUE BI TANG

Magd aus Yue Dekokt

Ma Huang	*Ephedra*	6–15 g
Sheng Jiang	*Zingiber*	3–9 g
Shi Gao	*Gypsum*	15–30 g
Da Zao	*Ziziphus*	6–12 St.
Gan Cao	*Glycyrrhiza*	3–6 g

Husten mit Sputum infolge von Wind. Leichte äußerliche Symptome mit hartnäckigem Husten.

Z dünner weißer Belag

P oberflächlich

ZHI SOU SAN

Pulver, das den Husten stoppt

Zi Wan	*Aster*	6–9 g
Jing Jie	*Schizonepeta*	6–9 g
Bai Qian	*Cynanchum*	6–9 g
Jie Geng	*Platycodon*	6–9 g
Bai Bu	*Stemona*	6–9 g
Chen Pi	*Citrus*	3–6 g
Gan Cao	*Glycyrrhiza*	3–6 g

Wind-Kälte mit zugrunde liegendem Mangel

Pathogenes *Qi* dringt bei Patient mit *Qi*-Mangel in die *Taiyang*-, *Shaoyang*- und *Yangming*-Meridiane ein. Dies führt zu Reizbarkeit, Obstipation, Druckgefühl im Thorax oder Schweregefühl.

Z rot, klebriger Belag

P schnell, drahtig

H *Da Huang*/Rheum während der letzten 3 Minuten des Herstellungsprozesses dem Dekokt zufügen.

X *Qian Dan*/Minium ist toxisch und sollte durch *Dai Zhe Shi*/Haematitum oder *Sheng Tie Luo*/Frusta Ferri ersetzt werden. Vorsicht während der Schwangerschaft.

CHAI HU JIA LONG GU MU LI TANG

Radix Bupleuri, Os Draconis und Concha Ostreae Dekokt

Chai Hu	*Bupleurum*	9–12 g
Huang Qin	*Scutellaria*	6 g
Ren Shen	*Panax*	6 g
Gui Zhi	*Cinnamomum*	3–6 g
Ban Xia	*Pinellia*	6 g
Fu Ling	*Poria*	6 g
Da Huang	*Rheum*	6 g
Long Gu	*Os Draconis*	3–6 g
Mu Li	*Ostrea*	3–6 g
Sheng Jiang	*Zingiber*	3–6 g
Da Zao	*Ziziphus*	3–6 St.
Qian Dan	*Minium*	1–4 g

Wind-Kälte- oder Wind-Hitze-Invasion bei einem Patienten mit *Yin*- oder Blut-*Xue*-Mangel. Die Symptome umfassen leichten Schüttelfrost, Schwäche, Kopfschmerzen und Fieber.

Z blass oder rot, dünner weißer Belag

P dünn, schwach, schnell

CONG BAI QI WEI YIN

Bulbus Allii Fistulosi Dekokt mit sieben Bestandteilen

Cong Bai	*Allium*	9–12 g
Dan Dou Chi	*Glycine*	6–9 g
Ge Gen	*Pueraria*	9–12 g
Sheng Di Huang	*Rehmannia*	9–15 g
Mai Men Dong	*Ophiopogon*	9–12 g
Sheng Jiang	*Zingiber*	3–9 g

Wind-Ödeme oder Wind-Feuchtigkeit mit Milz- und *Wei-Qi*-Mangel führen zu Schwitzen, Problemen bei der Blasenentleerung oder Ödemen in der Oberflächenschicht.

Z blass, dünner weißer Belag

P oberflächlich

FANG JI HUANG QI TANG

Radix Stephaniae Tetrandrae und Radix Astragali Membranacei Dekokt

Han Fang Ji	*Stephania*	9–12 g
Huang Qi	*Astragalus*	9–15 g
Bai Zhu	*Atractylodes*	6–9 g
Sheng Jiang	*Zingiber*	3–6 g
Da Zao	*Ziziphus*	3–4 St.
Gan Cao	*Glycyrrhiza*	3–6 g

Wind-Kälte (Mangel-Typ) mit leichtem Schwitzen, wobei der Patient beginnende innere Hitze zeigt. Das Fieber ist stärker als das Frösteln.

Z rote Spitze, dünner weißer Belag

P oberflächlich, voll

GUI ZHI ER YUE BI YI TANG

Dekokt aus zwei Teilen Ramulus Cinnamomi Cassiae Dekokt und einem Teil 'Magd aus Yue Dekokt'

Gui Zhi	*Cinnamomum*	3–6 g
Bai Shao Yao	*Paeonia*	3–6 g
Ma Huang	*Ephedra*	3–6 g
Shi Gao	*Gypsum*	3–6 g
Sheng Jiang	*Zingiber*	3–6 g
Da Zao	*Ziziphus*	3–4 St.
Gan Cao	*Glycyrrhiza*	3–6 g

Wind-Kälte (Mangel-Typ) mit Schwitzen und zugrunde liegendem *Yang*-Mangel führen zu einer Erkältung. Die Symptome umfassen Gliederschmerzen und leichten Schüttelfrost.

Z blass, nass

P langsam, straff

GUI ZHI JIA FU ZI TANG

Ramulus Cinnamomi Cassiae und Radix Lateralis Aconiti Carmichaeli Praeparata Dekokt

Gui Zhi	*Cinnamomum*	6–9 g
Bai Shao Yao	*Paeonia*	6–9 g
Sheng Jiang	*Zingiber*	3–6 g
Da Zao	*Ziziphus*	3–4 St.
Gan Cao	*Glycyrrhiza*	3–6 g
Fu Zi	*Aconitum*	1–6 g

Wind-Kälte hat sich in den *Taiyang*-Meridianen festgesetzt und führt zu starken Muskelschmerzen und Krämpfen im oberen Körperbereich.

Z dünner weißer Belag

P oberflächlich

GUI ZHI JIA GE GEN TANG

Ramulus Cinnamomi Cassiae Dekokt mit Radix Puerariae

Gui Zhi	*Cinnamomum*	6–9 g
Bai Shao Yao	*Paeonia*	6–9 g
Ge Gen	*Pueraria*	9–12 g
Sheng Jiang	*Zingiber*	3–6 g
Da Zao	*Ziziphus*	3–4 St.
Gan Cao	*Glycyrrhiza*	3–6 g

Schwere *Taiyin-/Taiyang*-Störung mit abdominalen Krämpfen als Hauptsymptom.

Z dünner weißer Belag

P oberflächlich

GUI ZHI JIA SHAO YAO TANG

Ramulus Cinnamomi Cassiae Dekokt mit Radix Paeoniae

Gui Zhi	*Cinnamomum*	6–9 g
Bai Shao Yao	*Paeonia*	15–18 g
Sheng Jiang	*Zingiber*	3–6 g
Da Zao	*Ziziphus*	3–4 St.
Gan Cao	*Glycyrrhiza*	3–6 g

Leichtes *Taiyin-/Taiyang*-Syndrom: Wind-Kälte mit leichtem Milz-*Qi*-Mangel. Frösteln ist vorherrschend und der Patient leidet unter Diarrhö mit epigastrischem Druckgefühl.

Z blass, dünner weißer Belag

P schwach, eventuell oberflächlich

GUI ZHI REN SHEN TANG

Ramulus Cinnamomi Cassiae und Radix Ginseng Dekokt

Gui Zhi	*Cinnamomum*	9–12 g
Ren Shen	*Panax*	9–12 g
Gan Jiang	*Zingiber*	9 g
Bai Zhu	*Atractylodes*	9 g
Zhi Gan Cao	*Glycyrrhiza*	9–12 g

Wind-Kälte (Mangel-Typ) mit Schwitzen führt zu einer fiebrigen Erkältung.

Z feucht, dünner weißer Belag

P oberflächlich, schwach

* **Wichtige Rezeptur**

GUI ZHI TANG

Ramulus Cinnamomi Cassiae Dekokt

Gui Zhi	*Cinnamomum*	6–9 g
Bai Shao Yao	*Paeonia*	6–9 g
Sheng Jiang	*Zingiber*	3–6 g
Da Zao	*Ziziphus*	3–5 St.
Gan Cao	*Glycyrrhiza*	3–6 g

Wind-Kälte (Mangel-Typ) mit innerem Feuer: *Taiyang*- und *Yangming*-Störung. Dies führt zu Schwitzen, Schüttelfrost, verstopfter Nase und Obstipation mit abdominalem Druckgefühl.

Z rot, dünner weißer oder gelber Belag

P oberflächlich, schnell

X Vorsicht während der Schwangerschaft.

HOU PO QI WU TANG

Sieben Arzneien Dekokt mit Cortex Magnoliae Officinalis

Hou Po	*Magnolia*	15 g
Da Huang	*Rheum*	9 g
Gui Zhi	*Cinnamomum*	6 g
Zhi Shi	*Citrus*	9 g
Sheng Jiang	*Zingiber*	12 g
Da Zao	*Ziziphus*	12 St.
Gan Cao	*Glycyrrhiza*	6 g

Leichter *Yang*-Mangel mit äußerer Wind-Kälte ohne Schwitzen (*Shaoyin*- und *Taiyang*-Störung). Symptome sind u. a. extremes Frösteln mit leichtem Fieber und starker Müdigkeit.

Z blass, weißer Belag

P verschwindend

MA HUANG FU ZI XI XIN TANG

Herba Ephedrae, Radix Lateralis Aconiti Carmichaeli Praeparata und Herba cum Radice Asari Dekokt

Ma Huang	*Ephedra*	6–9 g
Fu Zi	*Aconitum*	3–6 g
Xi Xin	*Asarum*	3–6 g

Wind-Kälte-Feuchte mit bereits bestehendem *Qi*-Mangel und leichter, eben erst beginnender Hitze. Führt zu starkem Fieber mit Schüttelfrost, Schweißlosigkeit, Engegefühl im Hals oder starken Gliederschmerzen.

Z blass, geschwollen, mit Zahnabdrücken, klebriger weißer Belag

P schlüpfrig, oberflächlich, langsam oder sanft

REN SHEN BAI DU SAN

Radix Ginseng Pulver zur Überwindung pathogener Einflüsse

Chuan Xiong	*Ligusticum*	6–9 g
Du Huo	*Angelica*	6–9 g
Chai Hu	*Bupleurum*	6–9 g
Qiang Huo	*Notopterygium*	6–9 g
Qian Hu	*Peucedanum*	6–9 g
Ren Shen	*Panax*	6–9 g
Fu Ling	*Poria*	6–9 g
Zhi Ke	*Citrus*	6–9 g
Jie Geng	*Platycodon*	6–9 g
Gan Cao	*Glycyrrhiza*	3–6 g

Kalte Packungen wurden bei einem Patienten mit Erkältung und zugrunde liegendem Milz-*Yang*-Mangel eingesetzt. Nun ist die Kälte in tiefere Schichten vorgedrungen und hat zu schwerer Kälte-Stagnation mit Wasseransammlung unter dem Herzen geführt. Symptome sind u. a. Kurzatmigkeit, wässriges Sputum, Angina pectoris oder Druckgefühl im Brustkorb.

Z blass, feucht

P langsam, leicht schlüpfrig

X *Ba Dou*/Croton ist extrem toxisch und sollte mit Vorsicht eingesetzt werden. Nicht während der Schwangerschaft verwenden.

SAN WU BAI SAN

Drei weiße Arzneien Pulver

Jie Geng	*Platycodon*	3–6 g
Bei Mu	*Fritillaria*	6–12 g
Ba Dou	*Croton*	1–3 g

Wind-Kälte mit bereits bestehendem *Qi*- und *Yang*-Mangel. Symptome sind u. a. Fieber und Schüttelfrost oder Husten mit reichlich weißem Sputum.

Z blass, geschwollen, mit Zahnabdrücken, weißer Belag

P kraftlos oder oberflächlich

SHEN SU YIN

Radix Ginseng und Folium Perillae Frutescentis Dekokt

Zhi Ke	*Citrus*	3–6 g
Ren Shen	*Panax*	6–9 g
Zi Su Ye	*Perilla*	6–9 g
Ge Gen	*Pueraria*	6–9 g
Qian Hu	*Peucedanum*	6–9 g
Fu Ling	*Poria*	6–9 g
Jie Geng	*Platycodon*	3–6 g
Mu Xiang	*Saussurea*	3–6 g
Ban Xia	*Pinellia*	6–9 g
Chen Pi	*Citrus*	3–6 g
Gan Cao	*Glycyrrhiza*	3–6 g
[Sheng Jiang	*Zingiber*	3–6 g]
[Da Zao	*Ziziphus*	3–6 St.]

Innere Kälte mit *Yang*-Mangel und Wind-Kälte führen zu Kälte-Typ-Hernie. Weitere Symptome sind u. a. taube, kalte Hände und Füße und Gliederschmerzen.

Z blass, feucht, weißer Belag

P kraftlos

X Nicht über einen längeren Zeitraum einnehmen. *Wu Tou*/Aconitum ist toxisch.

WU TOU GUI ZHI TANG

Radix Aconiti und Ramulus Cinnamomi Cassiae Dekokt

Gui Zhi	*Cinnamomum*	6–9 g
Wu Tou	*Aconitum*	3–6 g
Bai Shao Yao	*Paeonia*	6–9 g
Sheng Jiang	*Zingiber*	3–6 g
Da Zao	*Ziziphus*	3–5 St.
Gan Cao	*Glycyrrhiza*	3–6 g

Wind-Kälte mit innerer Feuchtigkeit führt zu einer Erkältung ohne Schwitzen, Magengrippe, Schweregefühl im Kopf, Kälteaversion oder Übelkeit und Erbrechen.

Z weißer, klebriger Belag

P oberflächlich

XIANG RU SAN

Herba Elsholtziae seu Moslae Pulver

Xiang Ru	*Elsholtzia*	9–12 g
Hou Po	*Magnolia*	9–12 g
Bian Dou	*Dolichos*	6–9 g

Wind-Kälte bei Patient mit *Qi-/Yang*-Mangel führt zu leichtem Fieber ohne Schwitzen, kalten Händen und Füßen, starkem Schüttelfrost mit leichtem Fieber und Schwäche.

Z blass, dünner weißer Belag

P kraftlos

ZAI ZAO SAN

Erneuerungspulver

Ren Shen	*Panax*	6–9 g
Huang Qi	*Astragalus*	6–12 g
Fu Zi	*Aconitum*	3 g
Xi Xin	*Asarum*	3 g
Gui Zhi	*Cinnamomum*	3–6 g
Chuan Xiong	*Ligusticum*	3–6 g
Qiang Huo	*Notopterygium*	3–6 g
Fang Feng	*Ledebouriella*	6–9 g
Sheng Jiang	*Zingiber*	3–6 g
Da Zao	*Ziziphus*	2–4 St.
Gan Cao	*Glycyrrhiza*	3–6 g

Wind-Hitze-Invasion

- Fieber stärker als Frösteln
- Halsschmerzen
- gelbes Nasensekret
- Gliederschmerzen
- Husten mit gelbem oder klebrigem Auswurf
- Durst
- Windaversion
- *Grippe*

Z rote Spitze, dünner gelber oder weißer Belag

P oberflächlich, schnell

Wind-Hitze

Wind-Hitze führt zu dickflüssigem Nasensekret mit Nasenverstopfung sowie zu Stirnkopfschmerzen.

Z gelber Belag

P oberflächlich, schnell

CANG ER ZI SAN (Abb. S. 526)

Fructus Xanthii Sibirici Pulver

Cang Er Zi	*Xanthium*	6–9 g
Xin Yi Hua	*Magnolia*	3–6 g
Bo He	*Mentha*	3–6 g
Bai Zhi	*Angelica*	6–9 g

Äußere Wind-Kälte oder -Hitze mit innerer Hitze, die vom *Wei-* zum *Qi*-Stadium übergeht und in den *Yangming*-Meridian vordringt. Dabei zeigen sich nur leichte äußere Symptome. Durst, Obstipation, Druckgefühl und Schmerzen in den Augenhöhlen, starke Gliederschmerzen oder Ruhelosigkeit sind die Hauptsymptome.

Z rot, trocken, dünner gelber Belag

P oberflächlich, leicht überflutend, schnell

CHAI GE JIE JI TANG

Radix Bupleuri und Radix Puerariae Dekokt zur Entlastung der Muskulatur

Chai Hu	*Bupleurum*	3–9 g
Ge Gen	*Pueraria*	9–12 g
Bai Zhi	*Angelica*	3–9 g
Shi Gao	*Gypsum*	6–15 g
Bai Shao Yao	*Paeonia*	6–9 g
Qiang Huo	*Notopterygium*	3–6 g
Huang Qin	*Scutellaria*	6–9 g
Jie Geng	*Platycodon*	3–6 g
Da Zao	*Ziziphus*	3–4 St.
Sheng Jiang	*Zingiber*	3–6 g
Gan Cao	*Glycyrrhiza*	3–6 g

***Taiyang*- und *Shaoyang*-Störung mit Stauungen in den Gelenken und Windaversion oder Wechsel von Fieber und Frösteln. Auch wirksam, wenn die Leber die Milz attackiert.**

Z dünner weißer Belag

P eventuell oberflächlich

CHAI HU GUI ZHI TANG

Radix Bupleuri und Ramulus Cinnamomi Cassiae Dekokt

Gui Zhi	*Cinnamomum*	3–6 g
Chai Hu	*Bupleurum*	6–12 g
Ren Shen	*Panax*	3–6 g
Ban Xia	*Pinellia*	3–6 g
Huang Qin	*Scutellaria*	3–9 g
Bai Shao Yao	*Paeonia*	3–6 g
Sheng Jiang	*Zingiber*	3–6 g
Da Zao	*Ziziphus*	4–6 St.
Gan Cao	*Glycyrrhiza*	3–6 g

Wind-Hitze mit Lungen-Hitze führt zu Fieber oder Halsschmerzen.

Z rote Spitze, weißer Belag

P oberflächlich, schnell

CONG BAI JIE GENG TANG

Bulbus Allii Fistulosi und Radix Platycodi Grandiflori Dekokt

Jie Geng	*Platycodon*	3–6 g
Cong Bai	*Allium*	9–12 g
Zhi Zi	*Gardenia*	6–9 g
Dan Dou Chi	*Glycine*	9–12 g
Lian Qiao	*Forsythia*	3–6 g
Bo He	*Mentha*	3–6 g
Dan Zhu Ye	*Lophatherum*	2–6 g
Gan Cao	*Glycyrrhiza*	3–6 g

Wind-Hitze mit innerer Hitze: *Taiyang*- und *Yangming*-Organ-Störung. Die Hitze ist sehr stark. Symptome sind u. a. dunkelgelber Urin, Obstipation, starkes Fieber mit Schüttelfrost, Hitzegefühl im Körper, Geschwüre und Furunkel, Hauterkrankungen und bitterer Mundgeschmack.

Z hell- oder dunkelrot, trocken, gelber Belag

P überflutend, schnell, drahtig

H Die Zutaten zu Pulver vermahlen und mit Wasser zu Pillen formen. Zweimal täglich je 6 g einnehmen.

X Nicht während der Schwangerschaft einsetzen.

FANG FENG TONG SHENG SAN

Radix Saposhnikoviae Pulver, das blockadenweise auflöst

Fang Feng	*Ledebouriella*	9–15 g
Ma Huang	*Ephedra*	9–15 g
Da Huang	*Rheum*	9–15 g
Mang Xiao	*Mirabilitum*	9–15 g
Jing Jie	*Schizonepeta*	9–15 g
Bo He	*Mentha*	9–15 g
Zhi Zi	*Gardenia*	9–15 g
Hua Shi	*Talcum*	60–90 g
Shi Gao	*Gypsum*	15–30 g
Huang Qin	*Scutellaria*	15–30 g
Lian Qiao	*Forsythia*	9–15 g
Jie Geng	*Platycodon*	15–30 g
Dang Gui	*Angelica*	9–15 g
Bai Shao Yao	*Paeonia*	9–15 g
Chuan Xiong	*Ligusticum*	9–15 g
Bai Zhu	*Atractylodes*	9–15 g
Gan Cao	*Glycyrrhiza*	30–60 g

Wind-Hitze mit innerer Hitze im mittleren Erwärmer und Hitze und Feuchtigkeit im Dickdarm führen zu Dysenterie: *Taiyang*- und *Yangming*-Störung. Symptome sind u. a. Fieber, Durst oder Brennen am Anus.

Z rot, gelber Belag

P schnell, schlüpfrig

GE GEN HUANG LIAN HUANG QIN TANG

Radix Puerariae, Rhizoma Coptidis und Radix Scutellariae Dekokt

Ge Gen	*Pueraria*	12–15 g
Huang Lian	*Coptis*	9 g
Huang Qin	*Scutellaria*	6–9 g
Gan Cao	*Glycyrrhiza*	3–6 g

Wind-Feuchte-Kälte mit Feuchte-Hitze führt zu epidemischer Grippe.

Z rosa oder rot, klebriger weißer oder gelber Belag

P oberflächlich, schlüpfrig

LIAN QIAO BAI DU SAN

Fructus Forsythiae Suspensae Pulver zur Überwindung pathogener Einflüsse

Lian Qiao	*Forsythia*	6–9 g
Jin Yin Hua	*Lonicera*	6–9 g
Fu Ling	*Poria*	6–9 g
Chuan Xiong	*Ligusticum*	3–9 g
Qiang Huo	*Notopterygium*	3–6 g
Du Huo	*Angelica*	6–9 g
Chai Hu	*Bupleurum*	6–9 g
Qian Hu	*Peucedanum*	6–9 g

Wind-Hitze mit Fieber, eventuell Schwitzen, Durst, Dyspnoe, Asthma: Hitze im *Qi*-Stadium.

Z rote Spitze oder roter Rand, gelber Belag

P schnell, überflutend

MA XING SHI GAN TANG

Herba Ephedrae, Semen Pruni Armeniacae, Gypsum fibrosum und in Honig gebratene Radix Glycyrrhizae Uralensis Dekokt

Ma Huang	*Ephedra*	6–15 g
Xing Ren	*Prunus*	6–9 g
Shi Gao	*Gypsum*	6–20 g
Gan Cao	*Glycyrrhiza*	3–6 g

Wind-Hitze mit Toxinen greift den Hals- und Kopfbereich an, mit Halsschmerzen oder Drüsenschwellungen, Tonsillitis oder Pharyngitis.

Z rot

P schnell

QIANG LAN TANG

Radix et Rhizoma Notopterygii und Radix Isatidis seu Baphicacanthi Dekokt

Qiang Huo	*Notopterygium*	9–12 g
Ban Lan Gen	*Isatis*	12–20 g

Wind-Hitze-Invasion führt zu Kopfschmerzen.

Z dünner weißer Belag

P oberflächlich, schnell

QING KONG GAO

Rezeptur, die den Kopf klärt*

Huang Qin	*Scutellaria*	6–9 g
Huang Lian	*Coptis*	6–9 g
Chuan Xiong	*Ligusticum*	12–15 g
Chai Hu	*Bupleurum*	6–9 g
Qiang Huo	*Notopterygium*	6–12 g
Fang Feng	*Ledebouriella*	6–12 g
Gan Cao	*Glycyrrhiza*	3–6 g
		+
Bei Stirnkopfschmerzen hinzufügen:		
Bai Zhi	*Angelica*	6–9 g
Ge Gen	*Pueraria*	6–9 g
Ma Huang	*Ephedra*	3–9 g
		+
Bei Hinterhauptskopfschmerzen hinzufügen:		
Ma Huang	*Ephedra*	3–9 g
Qiang Huo	*Notopterygium*	6–9 g
		+
Bei Schläfenkopfschmerzen hinzufügen:		
Chai Hu	*Bupleurum*	6–9 g
Bai Shao Yao	*Paeonia*	6–9 g
		+
Bei Scheitelkopfschmerzen hinzufügen:		
Man Jing Zi	*Vitex*	6–9 g
Gao Ben	*Ligusticum*	6–9 g

Wind-Hitze mit Wind-Schlaganfall führt zu Paraplegie oder Gesichtslähmung mit starken Hitze-Symptomen.

Z rot, gelber Belag

P schnell

X Vorsicht während der Schwangerschaft.

QU FENG ZHI BAO DAN

Größte besondere Schatzpille zur Zerstreuung von Wind

Hua Shi	*Talcum*	12–15 g
Dang Gui	*Angelica*	9–12 g
Chuan Xiong	*Ligusticum*	9 g
Gan Cao	*Glycyrrhiza*	6 g
Fang Feng	*Ledebouriella*	6–9 g
Bai Shao Yao	*Paeonia*	6–9 g
Bai Zhu	*Atractylodes*	6 g
Du Huo	*Angelica*	6 g
Ren Shen	*Panax*	3 g
Qiang Huo	*Notopterygium*	3–6 g
Shu Di Huang	*Rehmannia*	6 g
Tian Ma	*Gastrodia*	6 g
Shi Gao	*Gypsum*	6 g
Huang Qin	*Scutellaria*	6 g
Jie Geng	*Platycodon*	3 g
Zhi Zi	*Gardenia*	1–3 g
Jing Jie	*Schizonepeta*	6 g
Bo He	*Mentha*	3 g
Da Huang	*Rheum*	6 g
Mang Xiao	*Mirabilitum*	6 g
Lian Qiao	*Forsythia*	3–6 g
Ma Huang	*Ephedra*	6 g
Huang Lian	*Coptis*	3 g
Huang Bai	*Phellodendron*	3 g
Xi Xin	*Asarum*	3 g
Quan Xie	*Buthus*	3 g

Wind-Hitze führt zu Husten als erstem Zeichen der Invasion. Die Symptome umfassen Fieber, Durst oder leichtes Schwitzen.

Z rote Spitze

P oberflächlich

SANG JU YIN

Folium Mori Albae und Flos Chrysanthemi Morifolii Dekokt

Sang Ye	*Morus*	6–9 g
Ju Hua	*Chrysanthemum*	3 g
Bo He	*Mentha*	3 g
Xing Ren	*Prunus*	6–9 g
Lu Gen	*Phragmites*	6–9 g
Jie Geng	*Platycodon*	3–6 g
Lian Qiao	*Forsythia*	3–6 g
Gan Cao	*Glycyrrhiza*	3–6 g

Wind-Hitze und Trockenheit greifen die Lungen an. Symptome sind u. a. leichtes Fieber, trockener Husten mit wenig zähem Sputum, das schwer abzuhusten ist.

Z trocken, dünner weißer Belag

P oberflächlich, schnell

SANG XING TANG

Folium Mori Albae und Semen Pruni Armeniacae Dekokt

Sang Ye	*Morus*	3–6 g
Xing Ren	*Prunus*	4–6 g
Zhe Bei Mu	*Fritillaria*	3–6 g
Bei Sha Shen	*Glehnia*	6–9 g
Dan Dou Chi	*Glycine*	3–6 g
Zhi Zi	*Gardenia*	3–6 g
Li Pi	*Pyrus*	3–6 g

Wind-Hitze führt zu Masern und Hautausschlägen. Symptome sind u. a. Fieber, Schüttelfrost, Gliederschmerzen, Husten oder gerötete Augen.

Z rot, trocken

P oberflächlich, schnell

SHENG MA GE GEN TANG

Rhizoma Cimicifugae und Radix Puerariae Dekokt

Sheng Ma	*Cimicifuga*	3–6 g
Chi Shao Yao	*Paeonia*	6–9 g
Ge Gen	*Pueraria*	3–6 g
Gan Cao	*Glycyrrhiza*	3–6 g

Wind-Hitze und Toxine führen zu Masern, Schweißlosigkeit, Husten, dunklem Urin oder starken Halsschmerzen.

Z rote Spitze

P oberflächlich, schnell

XUAN DU FA BIAO TANG

Dekokt, das Toxine zerstreut und das Äußere entlastet

Sheng Ma	*Cimicifuga*	6–9 g
Ge Gen	*Pueraria*	6–9 g
Xing Ren	*Prunus*	6–9 g
Qian Hu	*Peucedanum*	6–9 g
Jie Geng	*Platycodon*	3–6 g
Bo He	*Mentha*	3–6 g
Fang Feng	*Ledebouriella*	3–6 g
Jing Jie	*Schizonepeta*	3–6 g
Lian Qiao	*Forsythia*	3–9 g
Niu Bang Zi	*Arctium*	3–6 g
Dan Zhu Ye	*Lophatherum*	3–6 g
Zhi Ke	*Citrus*	3–6 g
Mu Tong	*Akebia*	6–9 g
Gan Cao	*Glycyrrhiza*	3–6 g

Wind-Hitze mit starker innerer Hitze führt zu Fieber oder Durst.

Z rot, dünner gelber Belag

P schnell, oberflächlich

YI WU CHAI GE JIE JI TANG

Radix Bupleuri und Radix Puerariae Dekokt zur Entlastung der Muskelschicht aus Medical Revelations

Chai Hu	*Bupleurum*	6–9 g
Ge Gen	*Pueraria*	6–9 g
Huang Qin	*Scutellaria*	6–9 g
Sheng Di Huang	*Rehmannia*	6–12 g
Mu Dan Pi	*Paeonia*	6–9 g
Zhe Bei Mu	*Fritillaria*	6–9 g
Chi Shao Yao	*Paeonia*	6–9 g
Zhi Mu	*Anemarrhena*	6–9 g
Gan Cao	*Glycyrrhiza*	3–6 g

Wind-Hitze/toxische Hitze mit Feuchtigkeit und *Qi*-Mangel führt zu geröteten, geschwollenen Läsionen oder Karbunkeln.

Z dünner, klebriger weißer Belag

P oberflächlich

YIN QIAO BAI DU SAN

Flos Lonicerae Japonicae und Fructus Forsythiae Suspensae Pulver zur Überwindung pathogener Einflüsse

Qiang Huo	*Notopterygium*	6–9 g
Chuan Xiong	*Ligusticum*	3–6 g
Du Huo	*Angelica*	3–6 g
Chai Hu	*Bupleurum*	6–9 g
Qian Hu	*Peucedanum*	6–9 g
Ren Shen	*Panax*	6–9 g
Jie Geng	*Platycodon*	3–6 g
Zhi Ke	*Citrus*	3–6 g
Fu Ling	*Poria*	3–6 g
Gan Cao	*Glycyrrhiza*	3–6 g
Jin Yin Hua	*Lonicera*	6–9 g
Lian Qiao	*Forsythia*	6–9 g

Wind-Hitze/toxische Hitze führt zu Erkältung, Schweißlosigkeit, Ausschlägen, Halsschmerzen oder pochenden Kopfschmerzen.

Z normale Farbe oder rote Spitze, dünner gelber Belag

P oberflächlich, schnell

* **Wichtige Rezeptur**

YIN QIAO SAN (Abb. S. 534)

Flos Lonicerae Japonicae und Fructus Forsythiae Suspensae Pulver

Jin Yin Hua	*Lonicera*	6–9 g
Lian Qiao	*Forsythia*	6–9 g
Niu Bang Zi	*Arctium*	6–9 g
Dan Dou Chi	*Glycine*	3–9 g
Bo He	*Mentha*	3–6 g
Jie Geng	*Platycodon*	3–6 g
Jing Jie	*Schizonepeta*	3–6 g
Dan Zhu Ye	*Lophatherum*	3–6 g
Lu Gen	*Phragmites*	3–9 g
Gan Cao	*Glycyrrhiza*	3–6 g

Husten mit Sputum infolge von Wind. Leichte äußerliche Symptome mit hartnäckigem Husten.

Z dünner weißer Belag

P oberflächlich

ZHI SOU SAN

Pulver, das den Husten stoppt

Zi Wan	*Aster*	6–9 g
Jing Jie	*Schizonepeta*	6–9 g
Bai Qian	*Cynanchum*	6–9 g
Jie Geng	*Platycodon*	6–9 g
Bai Bu	*Stemona*	6–9 g
Chen Pi	*Citrus*	3–6 g
Gan Cao	*Glycyrrhiza*	3–6 g

Wind-Hitze mit zugrunde liegendem Mangel

***Taiyang*- und *Shaoyang*-Störung mit Stauungen in den Gelenken und Windaversion oder Wechsel von Fieber und Frösteln. Auch wirksam, wenn die Leber die Milz attackiert.**

Z dünner weißer Belag

P eventuell oberflächlich

CHAI HU GUI ZHI TANG

Radix Bupleuri und Ramulus Cinnamomi Cassiae Dekokt

Gui Zhi	*Cinnamomum*	3–6 g
Chai Hu	*Bupleurum*	6–12 g
Ren Shen	*Panax*	3–6 g
Ban Xia	*Pinellia*	3–6 g
Huang Qin	*Scutellaria*	3–9 g
Bai Shao Yao	*Paeonia*	3–6 g
Sheng Jiang	*Zingiber*	3–6 g
Da Zao	*Ziziphus*	4–6 St.
Gan Cao	*Glycyrrhiza*	3–6 g

Erkältung durch Wind-Hitze mit bereits bestehendem *Yin*-Mangel führt zu Fieber und Schüttelfrost, wobei das Fieber dominiert, Halsschmerzen, Mundtrockenheit, Nachtschweiß oder Gliederschmerzen.

Z rot, schmal und dünn, spärlicher Belag

P schnell, dünn

* **Wichtige Rezeptur**

JIA JIAN WEI ZHU TANG

Modifiziertes Rhizoma Polygonati Odorati Dekokt

Yu Zhu	*Polygonatum*	6–9 g
Bai Wei	*Cynanchum*	3–6 g
Cong Bai	*Allium*	3–6 g
Dan Dou Chi	*Glycine*	9–12 g
Jie Geng	*Platycodon*	3–6 g
Da Zao	*Ziziphus*	2–5 St.
Gan Cao	*Glycyrrhiza*	3–6 g
Bo He	*Mentha*	3–6 g

Yin-Mangel mit Wind-Kälte verwandelt sich in Hitze und verbirgt sich im Körper, wodurch noch mehr _Yin_ verbraucht wird; oder Wind dringt in den Körper ein und zehrt das _Yin_ auf. Symptome sind u. a. Nachtschweiß, Nachmittagsfieber oder -hitze oder blutig-tingiertes Sputum.

Z rot, trocken, wenig gelber Belag

P schwach, schnell

H *Bie Jia*/Amyda etwa eine Stunde lang einweichen, dann mit den übrigen Kräutern ein Dekokt herstellen.

QIN JIAO BIE JIA SAN

Radix Gentianae Qinjiao und Carapax Amydae Sinensis Pulver

Chai Hu	*Bupleurum*	6–9 g
Bie Jia	*Amyda*	6–12 g
Dang Gui	*Angelica*	6–9 g
Di Gu Pi	*Lycium*	6–9 g
Qin Jiao	*Gentiana*	6–9 g
Zhi Mu	*Anemarrhena*	6–12 g
[Wu Mei	*Prunus*	1–3 g]
[Qing Hao	*Artemisia*	1–3 g]

Wind-Hitze mit zugrunde liegendem leichtem _Yin_-Mangel. Die Symptome umfassen Fieber, Schwitzen, Hitzesensationen der fünf Flächen oder Nachtschweiß.

Z rot

P oberflächlich, etwas dünn

WEI ZHU TANG

Rhizoma Polygonati Odorati Dekokt

Yu Zhu	*Polygonatum*	6–9 g
Ma Huang	*Ephedra*	6–9 g
Cong Bai	*Allium*	3–6 g
Bai Wei	*Cynanchum*	6–9 g
Du Huo	*Angelica*	6–9 g
Chuan Xiong	*Ligusticum*	3–9 g
Xing Ren	*Prunus*	6–9 g
Shi Gao	*Gypsum*	12–15 g
Mu Xiang	*Saussurea*	3–6 g
Gan Cao	*Glycyrrhiza*	3–6 g

Äußere Trockenheit greift die Lunge an

- Heiserkeit
- Trockenheit von Haut und Rachen
- trockener Husten
- Durst mit Verlangen zu trinken
- Schleim, der schwer abzuhusten ist, oder blutig-tingiertes Sputum

Z trocken
P leer

Lungen-Hitze mit Trockenheit und schwerer Schädigung des Lungen-*Yin* sowie einigen Wind-Symptomen. Manifestiert sich in trockenem und kratzendem Hals, Druckgefühl im Brustkorb oder trockenem Husten ohne Schleim.

Z rosa, trocken, wenig Belag

P schwach oder leer, schnell

H *E Jiao*/Equus in das abgeseihte Dekokt einrühren.

QING ZAO JIU FEI TANG

Dekokt, das Trockenheit eliminiert und die Lunge rettet

Sang Ye	*Morus*	6–9 g
Mai Men Dong	*Ophiopogon*	3–6 g
E Jiao	*Equus*	1–4 g
Ren Shen	*Panax*	6–9 g
Xing Ren	*Prunus*	3–6 g
Shi Gao	*Gypsum*	6–9 g
Pi Pa Ye	*Eriobotrya*	3–6 g
Gan Cao	*Glycyrrhiza*	3–6 g
Huo Ma Ren	*Cannabis*	3–6 g

Wind-Hitze und Trockenheit greifen die Lungen an. Symptome sind u. a. leichtes Fieber, trockener Husten mit wenig zähem Sputum, das schwer abzuhusten ist.

Z trocken, dünner weißer Belag

P oberflächlich, schnell

SANG XING TANG

Folium Mori Albae und Semen Pruni Armeniacae Dekokt

Sang Ye	*Morus*	3–6 g
Xing Ren	*Prunus*	4–6 g
Zhe Bei Mu	*Fritillaria*	3–6 g
Bei Sha Shen	*Glehnia*	6–9 g
Dan Dou Chi	*Glycine*	3–6 g
Zhi Zi	*Gardenia*	3–6 g
Li Pi	*Pyrus*	3–6 g

Erkältung mit Kälte-Trockenheit greift die Lunge an. Symptome sind u. a. Gliederschmerzen, Husten mit weißem, klarem Sputum, das schwer abzuhusten ist, Trockenheit ohne Verlangen zu trinken und Schweißlosigkeit.

Z trockener weißer Belag

P drahtig

XING SU SAN

Semen Pruni Armeniacae und Folium Perillae Frutescentis Pulver

Zi Su Ye	*Perilla*	3–6 g
Xing Ren	*Prunus*	6–9 g
Qian Hu	*Peucedanum*	6–9 g
Zhi Ke	*Citrus*	3–6 g
Chen Pi	*Citrus*	3–6 g
Ban Xia	*Pinellia*	6–9 g
Fu Ling	*Poria*	6–9 g
Jie Geng	*Platycodon*	3–6 g
Sheng Jiang	*Zingiber*	3–6 g
Da Zao	*Ziziphus*	3–5 St.
Gan Cao	*Glycyrrhiza*	3–6 g

Lungen-*Qi*-Mangel, Abwehr-*Wei*-*Qi*-Mangel

- Husten mit wässrigem Auswurf
- häufige Erkältungen
- Spontanschweiß untertags
- schwacher Husten
- Asthma, Dyspnoe
- *Immunschwäche*

Z blass
P schwach

Lungen-*Qi*-Mangel ohne Hitze-Symptome führt zu Husten, Asthma, Kurzatmigkeit oder Dyspnoe.

Z blass, dünner weißer Belag

P schwach oder kraftlos

* **Wichtige Rezeptur**

BU FEI TANG

Dekokt, das die Lunge tonisiert

Huang Qi	*Astragalus*	12–20 g
Shu Di Huang	*Rehmannia*	12–20 g
Ren Shen	*Panax*	6–9 g
Zi Wan	*Aster*	6–9 g
Sang Bai Pi	*Morus*	6–12 g
Wu Wei Zi	*Schisandra*	6–9 g

Wind-Ödeme oder Wind-Feuchtigkeit mit Milz- und *Wei-Qi*-Mangel führen zu Schwitzen, Problemen bei der Blasenentleerung oder Ödemen in der Oberflächenschicht.

Z blass, dünner weißer Belag

P oberflächlich

FANG JI HUANG QI TANG

Radix Stephaniae Tetrandrae und Radix Astragali Membranacei Dekokt

Han Fang Ji	*Stephania*	9–12 g
Huang Qi	*Astragalus*	9–15 g
Bai Zhu	*Atractylodes*	6–9 g
Sheng Jiang	*Zingiber*	3–6 g
Da Zao	*Ziziphus*	3–4 St.
Gan Cao	*Glycyrrhiza*	3–6 g

Kälte in Lunge und Magen führt zu Lungenatrophie, kalten Extremitäten oder klarem Sputum.

Z blass, feucht

P schwach, langsam

GAN CAO GAN JIANG TANG

Rhizoma Zingiberis Officinalis und Radix Glycyrrhizae Uralensis Dekokt

Zhi Gan Cao	*Glycyrrhiza*	9–12 g
Gan Jiang	*Zingiber*	6–9 g

Abwehr-*Wei-Qi*-Mangel aufgrund von Milz-*Qi*-/-*Yang*-Mangel mit *Qi*-Stagnations-Symptomen. Der Patient leidet unter häufigen Erkältungen oder abdominalem Völlegefühl.

Z blass, eventuell leicht violett

P schwach

GUI ZHI LI ZHONG WAN

Ramulus Cinnamomi Cassiae Pille, die die Mitte reguliert

Gui Zhi	*Cinnamomum*	3–9 g
Gan Jiang	*Zingiber*	3–6 g
Bai Zhu	*Atractylodes*	6–9 g
Ren Shen	*Panax*	6–12 g
Gan Cao	*Glycyrrhiza*	3–6 g

Milz-/Magen-*Qi*-Mangel mit Kälte und Abwehr-*Wei-Qi*-Mangel; auch wirksam bei Ulcus pepticum und chronischen Allergien. Weitere Symptome sind Appetitmangel oder Spontanschweiß.

Z blass, dünner weißer Belag

P schwach, langsam, dünn, drahtig

H *Yi Tang*/Saccharum Granorum dem abgeseihten Tee zufügen.

HUANG QI JIAN ZHONG TANG

Radix Astragali Membranacei Dekokt, das die Mitte aufbaut

Gui Zhi	*Cinnamomum*	9 g
Bai Shao Yao	*Paeonia*	18 g
Sheng Jiang	*Zingiber*	10 g
Da Zao	*Ziziphus*	3–6 St.
Gan Cao	*Glycyrrhiza*	6 g
Yi Tang	*Saccharum Granorum*	30 g
Huang Qi	*Astragalus*	9 g

Lungen-*Qi*- und -*Yin*-Mangel, der zu Husten und Keuchatmung führt, sowie Abwehr-*Wei-Qi*-Mangel.

Z dünner, spärlicher Belag

P dünn, schnell, schwach

H *E Jiao*/Equus in das abgeseihte Dekokt einrühren.

JIU XIAN SAN

Neun Unsterbliche Pulver

Ren Shen	*Panax*	6–9 g
Wu Wei Zi	*Schisandra*	6–9 g
E Jiao	*Equus*	6 g
Bei Mu	*Fritillaria*	6–9 g
Kuan Dong Hua	*Tussilago*	6–9 g
Jie Geng	*Platycodon*	3–6 g
Ying Su Ke	*Papaver*	3–6 g
Wu Mei	*Prunus*	6–9 g
Sang Bai Pi	*Morus*	6–9 g
[Sheng Jiang	*Zingiber*	3–6 g]
[Da Zao	*Ziziphus*	3 g]

***Qi*- und *Wei-Qi*-Mangel führt zu Spontanschweiß und verletzt schließlich das Herz-*Yin*. Dies resultiert in Nachtschweiß, Schlaflosigkeit und Palpitationen.**

Z blass oder rot

P kraftlos, dünn

MU LI SAN

Concha Ostreae Pulver

Mu Li	*Ostrea*	15–30 g
Ma Huang Gen	*Ephredra*	3–9 g
Huang Qi	*Astragalus*	9–12 g
Fu Xiao Mai	*Triticum*	15–30 g

Lungen-*Qi*-Mangel verletzt das Milz-*Qi* und führt zu Feuchtigkeitsretention mit leichter Hitze; oder Lungen-*Qi*-Mangel mit Schleim. Symptome sind u. a. Keuchatmung, zähes gelbes Sputum, Husten mit blutigem oder eitrigem Schleim oder Hitzegefühl im Brustkorb.

Z blass-violett, klebriger weißer oder gelber Belag

P schwach, oberflächlich

REN SHEN GE JIE SAN

Radix Ginseng und Gecko Pulver

Ge Jie	*Gekko*	1 Paar
Sang Bai Pi	*Morus*	6–9 g
Fu Ling	*Poria*	6–12 g
Xing Ren	*Prunus*	6–9 g
Chuan Bei Mu	*Fritillaria*	3–6 g
Ren Shen	*Panax*	6–12 g
Zhi Mu	*Anemarrhena*	6–9 g
Gan Cao	*Glycyrrhiza*	3–6 g

Lungen-/Nieren-*Qi*-Mangel führt zu Husten/Asthma mit Keuchatmung. Die Kälte-Symptome sind leicht dominierend.

Z blass, dünner, klebriger weißer Belag

P schwach oder kraftlos

REN SHEN HU TAO TANG

Radix Ginseng und Walnuss Dekokt

Ren Shen	*Panax*	6–9 g
Hu Tao Ren	*Juglans*	3–6 St.
Sheng Jiang	*Zingiber*	3–6 St.
Da Zao	*Ziziphus*	3 St.

Milz-/Lungen-*Qi*- und -Blut-*Xue*-Mangel mit Herz-*Yang*-Mangel oder Mangel im *Ying*-Stadium. Der Patient ist schreckhaft, leidet unter Kurzatmigkeit, mangelndem Geschmacksempfinden, Schlaflosigkeit oder Palpitationen. Diese Rezeptur ist auch wirksam bei unregelmäßiger Menstruation oder uterinen Blutungen.

Z blass, geschwollen

P schwach

REN SHEN YANG YING TANG

Radix Ginseng Dekokt zur Nährung des Nähr-*Qi*

Bai Shao Yao	*Paeonia*	9–15 g
Chen Pi	*Citrus*	3–6 g
Dang Gui	*Angelica*	3–9 g
Ren Shen	*Panax*	6–9 g
Huang Qi	*Astragalus*	6–12 g
Bai Zhu	*Atractylodes*	6–9 g
Shu Di Huang	*Rehmannia*	3–6 g
Wu Wei Zi	*Schisandra*	3–6 g
Fu Ling	*Poria*	3–6 g
Yuan Zhi	*Polygala*	2–6 g
Rou Gui	*Cinnamomum*	6–9 g
Gan Cao	*Glycyrrhiza*	3–6 g
[Da Zao	*Ziziphus*	2 St.]
[Gan Jiang	*Zingiber*	3 St.]

Lungen-/Nieren-*Qi*-Mangel führt zu Husten, Asthma und Dyspnoe.

Z blass

P langsam, schwach

SHEN JIE SAN

Radix Ginseng und Gecko Pulver

Ren Shen	*Panax*	9–12 g
Ge Jie	*Gekko*	1 Paar

Lungen-/Magen-*Qi*-Mangel mit Husten, Expektoration von klarem Sputum, Mundtrockenheit oder Durst.

Z blass, feuchter Belag

P schwach

SHENG JIANG GAN CAO TANG

Rhizoma Zingiberis Officinalis Recens und Radix Glycyrrhizae Uralensis Dekokt

Sheng Jiang	*Zingiber*	6–12 g
Ren Shen	*Panax*	6–9 g
Da Zao	*Ziziphus*	3–9 St.
Gan Cao	*Glycyrrhiza*	6–12 g

Lungen-*Qi*-/-*Yin*-Mangel mit Schwitzen und chronischem Husten mit spärlichem Sputum, das schwer abzuhusten ist. Diese Rezeptur ist auch wirksam bei Palpitationen, Kollaps, Schlaflosigkeit oder unregelmäßigem Puls.

Z blass oder rot

P schwach oder kraftlos, etwas schnell

SHENG MAI SAN

Pulver, das den Puls erzeugt

Ren Shen	*Panax*	9–15 g
Mai Men Dong	*Ophiopogon*	12–18 g
Wu Wei Zi	*Schisandra*	6–9 g

Lungen-/Milz-*Qi*-Mangel mit sinkendem *Qi* im Thorax führt zu Kurzatmigkeit, Dyspnoe oder weichen Stühlen.

Z blass, dünner weißer Belag

P tief, schwach

SHENG XIAN TANG

Dekokt, das das Sinkende aufsteigen lässt

Huang Qi	*Astragalus*	15–20 g
Sheng Ma	*Cimicifuga*	3–6 g
Zhi Mu	*Anemarrhena*	6–9 g
Chai Hu	*Bupleurum*	3–9 g
Jie Geng	*Platycodon*	3–6 g

Lungen-/*Wei-Qi*-Mangel mit Schwitzen, Erkältungsanfälligkeit, Windaversion und Schwäche.

Z blass

P schwach, kraftlos oder oberflächlich

* **Wichtige Rezeptur**

YU PING FENG SAN

Jade Windschutz Pulver

Fang Feng	*Ledebouriella*	6–9 g
Bai Zhu	*Atractylodes*	9–15 g
Huang Qi	*Astragalus*	6–20 g

Lungen-*Yin*-Mangel

- trockener Husten mit spärlichem gelbem Sputum, das schwer abzuhusten ist
- Nachmittagshitze oder -fieber
- Durst mit Trockenheit von Hals und Kehle
- Wangenrötung
- leichte Halsschmerzen
- trockene, rissige Lippen
- Dyspnoe
- Hämoptysis
- *Tuberkulose*

Z rot, spärlicher Belag
P leer, schnell

Lungen-/Nieren-*Yin*-Mangel mit Husten und Asthma, Hämoptysis, undulierendem Fieber (tidal) oder Nachtschweiß. Diese Rezeptur ist auch als *Mai Wei Di Huang Wan* bekannt.

Z rot, spärlicher Belag

P schnell, dünn

BA XIAN CHANG SHOU WAN

Achtfache Unsterblichkeitspille für Langlebigkeit

Shan Zhu Yu	*Cornus*	6–9 g
Shan Yao	*Dioscorea*	6–9 g
Sheng Di Huang	*Rehmannia*	6–12 g
Mu Dan Pi	*Paeonia*	6–9 g
Ze Xie	*Alisma*	6–9 g
Fu Ling	*Poria*	6–9 g
Wu Wei Zi	*Schisandra*	6–9 g
Mai Men Dong	*Ophiopogon*	6–9 g

Lungen-/Nieren-*Yin*-Mangel mit Blutungen im oberen Körperbereich infolge leerer Hitze, die die Blutgefäße schädigt; oder chronischer Husten aufgrund von Halstrockenheit.

Z rot, spärlicher Belag

P schnell, dünn

* **Wichtige Rezeptur**

BAI HE GU JIN TANG

Bulbus Lilii Dekokt zur Erhaltung des Metalls

Bai He	*Lilium*	3–12 g
Mai Men Dong	*Ophiopogon*	6–12 g
Sheng Di Huang	*Rehmannia*	6–12 g
Shu Di Huang	*Rehmannia*	6–12 g
Bei Mu	*Fritillaria*	3–6 g
Xuan Shen	*Scrophularia*	6–9 g
Dang Gui	*Angelica*	6–9 g
Bai Shao Yao	*Paeonia*	6–9 g
Jie Geng	*Platycodon*	3–6 g
Gan Cao	*Glycyrrhiza*	3–6 g

Oberer Diabetes (*Xiao Ke*) mit Hitze: *Yangming*-Meridian-Syndrom mit *Qi*- und *Yin*-Mangel führt zu starkem Schwitzen, Fieber und Durst.

Z rot, trockener gelber Belag

P schnell, überflutend, schwach

H Die ersten vier Zutaten kochen, dann zum Schluss den Reis zufügen. Er saugt das Wasser auf, sodass eine dicke Flüssigkeit entsteht.

BAI HU JIA REN SHEN TANG

Weißer Tiger Dekokt mit Radix Ginseng

Shi Gao	*Gypsum*	15–20 g
Zhi Mu	*Anemarrhena*	9–12 g
Gan Cao	*Glycyrrhiza*	3–6 g
Ren Shen	*Panax*	3–9 g
Jing Mi	*Oryza*	9–12 g

Trockenheit in der Lunge mit zähem, klebrigem Schleim und Verletzung des *Yin*. Der Schleim lässt sich nur sehr schwer abhusten. Weitere Symptome sind Keuchatmung und eine sehr trockene Kehle.

Z rot, trocken, spärlicher Belag

P leer, dünn

BEI MU GUA LOU SAN

Bulbus Fritillariae und Fructus Trichosanthis Pulver

Chuan Bei Mu	*Fritillaria*	2–5 g
Gua Lou Ren	*Trichosanthes*	3–6 g
Fu Ling	*Poria*	6–9 g
Ju Hong	*Citrus*	3–6 g
Tian Hua Fen	*Trichosanthes*	3–6 g
Jie Geng	*Platycodon*	3–6 g

Lungen-*Yin*-Mangel führt zu leerer Hitze, die die Lungen verbrennt und zu trockenem Husten mit blutig-tingiertem Sputum, Tuberkulose oder Bronchitis führt. Symptome sind Keuchatmung, Kratzen im Hals und leichter Durst.

Z rot, wenig oder kein Belag

P dünn, schnell oder oberflächlich

H *E Jiao*/Equus in das abgeseihte Dekokt einrühren.

BU FEI E JIAO TANG

Dekokt, das die Lunge tonisiert, mit Gelatinum Corii Asini

E Jiao	*Equus*	6–9 g
Xing Ren	*Prunus*	6–9 g
Ma Dou Ling	*Aristolochia*	6–9 g
Jing Mi	*Oryza*	15 g
Niu Bang Zi	*Arctium*	6–9 g
Gan Cao	*Glycyrrhiza*	3–6 g

Lungen-/Nieren-*Yin*-Mangel mit extrem hohem Fieber (*Gu Zheng Fa Re*), Husten mit zähem Schleim und Hitzesensationen der fünf Flächen.

Z rot, spärlicher Belag

P dünn, schnell

DA ZAO WAN

Große-Schöpfungspille

Gui Ban	*Chinemys*	6–12 g
Huang Bai	*Phellodendron*	6–9 g
Zi He Che	*Placenta Hominis*	1–2 g
Huai Niu Xi	*Achyranthes*	6–9 g
Ren Shen	*Panax*	6–9 g
Du Zhong	*Eucommia*	6–9 g
Mai Men Dong	*Ophiopogon*	6–9 g
Tian Men Dong	*Asparagus*	6–9 g
Sheng Di Huang	*Rehmannia*	6–12 g

Lungen-*Yin*-Mangel mit Hitze und extrem hohem Fieber (*Gu Zheng Fa Re*), vor allem bei Kindern.

Z rot, wenig oder kein Belag

P schnell, dünn

H *Bie Jia* /Amyda erst eine Stunde lang einweichen, dann mit den übrigen Kräutern ein Dekokt herstellen.

DI GU PI YIN

Cortex Lycii Radicis Dekokt

Di Gu Pi	*Lycium*	6–9 g
Zhi Mu	*Anemarrhena*	6–9 g
Bie Jia	*Amyda*	3–6 g
Ren Shen	*Panax*	3–9 g
Huang Qin	*Scutellaria*	6–9 g
Chai Hu	*Bupleurum*	6–9 g
Gan Cao	*Glycyrrhiza*	3–6 g
[Wu Mei	*Prunus*	1–3 g]
[Sheng Jiang	*Zingiber*	1–3 g]

Nieren-/Lungen-*Qi*-/-*Yin*-Mangel mit Keuchatmung, Kurzatmigkeit oder chronischem Husten. Diese Rezeptur ist auch als *Qi Wu Du Qi Wan* bekannt.

Z rot, wenig Belag

P dünn, schnell

DU QI WAN

Quellen-*Qi* Pille

Shan Zhu Yu	*Cornus*	6–9 g
Shan Yao	*Dioscorea*	6–9 g
Sheng Di Huang	*Rehmannia*	9–12 g
Fu Ling	*Poria*	6–9 g
Mu Dan Pi	*Paeonia*	6–9 g
Ze Xie	*Alisma*	6–9 g
Wu Wei Zi	*Schisandra*	6–9 g

Lungen-*Qi*- und -*Yin*-Mangel mit Oberem Erwärmer Diabetes (*Xiao Ke*). Das Hauptsymptom ist exzessiver Durst.

Z rot, dünner gelber Belag

P schwach, dünn, etwas schnell

ER DONG TANG

Tuber Ophiopogonis Japonici und Tuber Asparagi Cochinchinensis Dekokt*

Mai Men Dong	*Ophiopogon*	12–15 g
Tian Men Dong	*Asparagus*	12–15 g
Tian Hua Fen	*Trichosanthes*	12–15 g
Huang Qin	*Scutellaria*	6–15 g
Zhi Mu	*Anemarrhena*	12–15 g
Gan Cao	*Glycyrrhiza*	3–6 g
Ren Shen	*Panax*	3–6 g

Lungen-/Nieren-*Yin*-Mangel oder *Jing*-Mangel mit Feuer führt zu Schwitzen, Schmerzen im unteren Rücken, verlangsamter mentaler und körperlicher Entwicklung bei Kindern, Husten mit spärlichem, zähem, blutig-tingiertem Sputum, Gewichtsverlust oder Nachmittagsfieber.

Z rot, wenig gelber oder kein Belag

P schnell, dünn oder leer

HE CHE DA ZAO WAN

Placenta Hominis Pille*

Zi He Che	*Placenta Hominis*	9–30 g
Tian Men Dong	*Asparagus*	6–9 g
Mai Men Dong	*Ophiopogon*	6–9 g
Gui Ban	*Chinemys*	6–9 g
Shu Di Huang	*Rehmannia*	12–15 g
Huang Bai	*Phellodendron*	6–9 g
Du Zhong	*Eucommia*	6–9 g
Huai Niu Xi	*Achyranthes*	6–9 g

Nieren-/Lungen-*Yin*-Mangel mit Schleim in der Lunge führt zu chronischer Bronchitis bei älteren Menschen, Keuchatmung oder Übelkeit.

Z rot, wenig Belag oder Landkartenzunge

P dünn, etwas schnell, schlüpfrig

JIN SHUI LIU JUN JIAN

Sechs Gentlemen aus Metall und Wasser Dekokt*

Chen Pi	*Citrus*	3–6 g
Ban Xia	*Pinellia*	6–9 g
Fu Ling	*Poria*	6–9 g
Gan Cao	*Glycyrrhiza*	3–6 g
Dang Gui	*Angelica*	6–9 g
Sheng Di Huang	*Rehmannia*	6–12 g
[Sheng Jiang	*Zingiber*	3–6 g]

Lungen-*Qi*- und -*Yin*-Mangel, der zu Husten und Keuchatmung führt, sowie Abwehr-*Wei-Qi*-Mangel.

Z dünn, spärlicher Belag

P dünn, schnell, schwach

H *E Jiao*/Equus in das abgeseihte Dekokt einrühren.

JIU XIAN SAN

Neun Unsterbliche Pulver

Ren Shen	*Panax*	6–9 g
Wu Wei Zi	*Schisandra*	6–9 g
E Jiao	*Equus*	6 g
Bei Mu	*Fritillaria*	6–9 g
Kuan Dong Hua	*Tussilago*	6–9 g
Jie Geng	*Platycodon*	3–6 g
Ying Su Ke	*Papaver*	3–6 g
Wu Mei	*Prunus*	6–9 g
Sang Bai Pi	*Morus*	6–9 g
[Sheng Jiang	*Zingiber*	3–6 g]
[Da Zao	*Ziziphus*	3 g]

Leber-Feuer greift das Lungen-*Yin* an. Dies führt zu zähem, blutig-tingiertem Sputum, Durst oder bitterem Mundgeschmack.

Z rot, Furchen, klebriger gelber Belag

P drahtig, schnell

KE XUE FANG

Hämoptoe Rezept

Zhi Zi	*Gardenia*	6–9 g
Gua Lou Ren	*Trichosanthes*	6–9 g
Qing Dai	*Indigo*	6–9 g
Fu Hai Shi	*Pumice*	6–9 g
He Zi	*Terminalia*	3–9 g

Magen-*Yin*-Mangel erzeugt Hitze, die das Lungen-*Yin* verbrennt und zu Husten, Keuchatmung, Kurzatmigkeit oder Durst führt.

Z rot, Landkartenzunge, wenig oder kein Belag

P dünn, schnell

MAI MEN DONG TANG

Tuber Ophiopogonis Japonici Dekokt

Mai Men Dong	*Ophiopogon*	6–12 g
Ren Shen	*Panax*	6–9 g
Ban Xia	*Pinellia*	6–9 g
Jing Mi	*Oryza*	9–12 g
Da Zao	*Ziziphus*	6–10 St.
Gan Cao	*Glycyrrhiza*	3–6 g

***Yin*-Mangel mit Wind-Kälte verwandelt sich in Hitze und verbirgt sich im Körper, wodurch noch mehr *Yin* verbraucht wird; oder Wind dringt in den Körper ein und zehrt das *Yin* auf. Symptome sind u. a. Nachtschweiß, Nachmittagsfieber oder -hitze oder blutig-tingiertes Sputum.**

Z rot, trocken, wenig gelber Belag

P schwach, schnell

H *Bie Jia*/Amyda etwa eine Stunde lang einweichen, dann mit den übrigen Kräutern ein Dekokt herstellen.

QIN JIAO BIE JIA SAN

Radix Gentianae Qinjiao und Carapax Amydae Sinensis Pulver

Chai Hu	*Bupleurum*	6–9 g
Bie Jia	*Amyda*	6–12 g
Dang Gui	*Angelica*	6–9 g
Di Gu Pi	*Lycium*	6–9 g
Qin Jiao	*Gentiana*	6–9 g
Zhi Mu	*Anemarrhena*	6–12 g
[Wu Mei	*Prunus*	1–3 g]
[Qing Hao	*Artemisia*	1–3 g]

Fiebrige Erkrankung verursacht niedriggradiges chronisches Fieber; oder durch chronische Erkrankung verletztes *Yin* führt zu späteren Stadien einer fiebrigen Erkrankung und resultiert in Nachtschweiß, AIDS oder Tuberkulose.

Z rot, trocken, spärlicher Belag

P dünn, schnell

H *Bie Jia*/Amyda getrennt etwa 30–60 Minuten lang einweichen, bis es anfängt sich aufzulösen; dann die übrigen Kräuter zufügen. *Qing Hao*/Artemisia bei der Herstellung des Dekokts am Ende hinzufügen.

QING HAO BIE JIA TANG

Herba Artemisiae Annuae und Carapax Amydae Sinensis Dekokt

Bie Jia	*Amyda*	9–12 g
Qing Hao	*Artemisia*	6–9 g
Mu Dan Pi	*Paeonia*	6–9 g
Sheng Di Huang	*Rehmannia*	6–12 g
Zhi Mu	*Anemarrhena*	6–9 g

Lungen-Hitze mit Trockenheit und schwerer Schädigung des Lungen-*Yin* sowie einigen Wind-Symptomen. Manifestiert sich in trockenem und kratzendem Hals, Druckgefühl im Brustkorb oder trockenem Husten ohne Schleim.

Z rosa, trocken, spärlicher Belag

P schwach oder leer, schnell

H *E Jiao*/Equus in das abgeseihte Dekokt einrühren.

QING ZAO JIU FEI TANG

Dekokt, das Trockenheit eliminiert und die Lunge rettet

Sang Ye	*Morus*	6–9 g
Mai Men Dong	*Ophiopogon*	3–6 g
E Jiao	*Equus*	1–4 g
Ren Shen	*Panax*	6–9 g
Xing Ren	*Prunus*	3–6 g
Shi Gao	*Gypsum*	6–9 g
Pi Pa Ye	*Eriobotrya*	3–6 g
Gan Cao	*Glycyrrhiza*	3–6 g
Huo Ma Ren	*Cannabis*	3–6 g

Lungen- und Nieren-*Yin*-Mangel mit Trockenheit in der Lunge führt zu chronischer, auszehrender Erkrankung. Symptome sind u.a. Durst, Nachtschweiß oder spärlichen Schleim, der schwer abzuhusten ist.

Z rot, trocken, spärlicher Belag

P tief, dünn, schnell

QONG YU SAN

Radix Ginseng und Radix Rehmanniae Glutinosae Conquitae Pulver*

Ren Shen	*Panax*	3–6 g
Sheng Di Huang	*Rehmannia*	15–30 g
Feng Mi	*Mel*	30 g
Fu Ling	*Poria*	15–30 g

Lungen-*Yin*-Mangel mit leerer Hitze und Milz-*Qi*-Mangel führt zu Husten mit spärlichem Sputum und Müdigkeit.

Z rot, gefurcht, wenig Belag

P dünn, schnell

H *Bie Jia*/Amyda etwa eine Stunde lang einweichen, dann mit den übrigen Kräutern ein Dekokt herstellen.

REN SHEN HUANG QI SAN

Radix Ginseng und Radix Astragali Membranacei Pulver

Ren Shen	*Panax*	6–12 g
Huang Qi	*Astragalus*	9–15 g
Fu Ling	*Poria*	6–9 g
Zhi Mu	*Anemarrhena*	6–9 g
Zi Wan	*Aster*	6–9 g
Sang Bai Pi	*Morus*	6–9 g
Qin Jiao	*Gentiana*	6–12 g
Jie Geng	*Platycodon*	3–6 g
Chai Hu	*Bupleurum*	6–9 g
Ban Xia	*Pinellia*	6–9 g
Di Gu Pi	*Lycium*	3–9 g
Sheng Di Huang	*Rehmannia*	6–15 g
Bie Jia	*Amyda*	6–12 g
Tian Men Dong	*Asparagus*	9–12 g
Chi Shao Yao	*Paeonia*	3–9 g
Gan Cao	*Glycyrrhiza*	3–6 g

Durch Trockenheit verletztes Lungen- und Magen-*Yin* führt zu Durst, spärlichem Sputum und hartnäckigem trockenem Husten.

Z rot, wenig Belag

P schnell, schwach

* **Wichtige Rezeptur**

SHA SHEN MAI MEN DONG TANG

Radix Adenophorae seu Glehniae und Tuber Ophiopogonis Dekokt

Bei Sha Shen	*Glehnia*	6–15 g
Mai Men Dong	*Ophiopogon*	6–15 g
Gan Cao	*Glycyrrhiza*	3–6 g
Yu Zhu	*Polygonatum*	6–9 g
Sang Ye	*Morus*	3–9 g
Bian Dou	*Dolichos*	3–9 g
Tian Hua Fen	*Trichosanthes*	6–9 g

Lungen-*Qi*-/-*Yin*-Mangel mit Schwitzen und chronischem Husten mit spärlichem Sputum, das schwer abzuhusten ist. Diese Rezeptur ist auch wirksam bei Palpitationen, Kollaps, Schlaflosigkeit oder unregelmäßigem Puls.

Z blass oder rot

P schwach oder kraftlos, etwas schnell

SHENG MAI SAN

Pulver, das den Puls erzeugt

Ren Shen	*Panax*	9–15 g
Mai Men Dong	*Ophiopogon*	12–18 g
Wu Wei Zi	*Schisandra*	6–9 g

Lungen-/Nieren-*Yin*-Mangel mit starkem Feuer führt zu Nasenbluten oder Hämoptysis während oder kurz vor der Menstruation.

Z rot, Furchen

P schnell, leer

SHUN JING TANG

Besänftige die Menses Dekokt

Shu Di Huang	*Rehmannia*	9–15 g
Mu Dan Pi	*Paeonia*	6–9 g
Dang Gui	*Angelica*	6–9 g
Bai Shao Yao	*Paeonia*	6–9 g
Bei Sha Shen	*Glehnia*	6–12 g
Jing Jie	*Schizonepeta*	6–9 g
Fu Ling	*Poria*	6–9 g

Diabetes (*Xiao Ke*), der sich vorwiegend im oberen Erwärmer manifestiert. Das Hauptsymptom ist Durst.

Z dünn und schmal, leicht rot, weniger Belag als normal

P dünn, etwas schnell

XIAO KE TANG

Ausscheiden und Dürsten Dekokt*

ohne Pinyin-Bezeichnung	*Lac Hominis*	50–200 cc
Huang Lian	*Coptis*	9–12 g
Tian Hua Fen	*Trichosanthes*	15–20 g
Sheng Di Huang	*Rehmannia*	12–15 g
Ou Jie	*Nelumbo*	9–20 g
Feng Mi	*Mel*	15–20 g
Sheng Jiang	*Zingiber*	6–9 g

Hitze in der Lunge verletzt das Lungen-*Yin* und -*Qi* und führt zu Nachmittagsfieber, Keuchatmung, Husten oder klebrigem, spärlichem Schleim.

Z rot, trocken, gelber Belag

P dünn, schnell

XIE BAI SAN

Pulver, das das Weiße abfließen lässt

Di Gu Pi	*Lycium*	20–30 g
Sang Bai Pi	*Morus*	20–30 g
Jing Mi	*Oryza*	15–25 g
Zhi Gan Cao	*Glycyrrhiza*	3–6 g

Lungen-*Yin*-Mangel führt zu trockener Kehle und Halsschmerzen sowie trockenem Husten mit wenig oder keinem Schleim.

Z rot, dünn und schmal, weniger Belag als normal

P dünn, etwas schnell

XUAN MAI GAN JIE TANG

Radix Scrophulariae Ningpoensis, Tuber Ophiopogonis Japonici, Radix Platycodi Grandiflori und Radix Glycyrrhizae Uralensis Dekokt*

Xuan Shen	*Scrophularia*	9–12 g
Mai Men Dong	*Ophiopogon*	6–9 g
Jie Geng	*Platycodon*	3–6 g
Gan Cao	*Glycyrrhiza*	3–6 g

Lungen-/Nieren-*Yin*-Mangel mit Toxinen führt zu Diphtherie, Laryngitis, Heiserkeit oder trockenem Husten.

Z rot, trocken, gelber Belag

P dünn, schnell oder leer

YANG YIN QING FEI TANG

Dekokt, das die Lunge klärt und das *Yin* nährt

Sheng Di Huang	*Rehmannia*	6–12 g
Xuan Shen	*Scrophularia*	6–9 g
Bai Shao Yao	*Paeonia*	6–9 g
Mai Men Dong	*Ophiopogon*	6–12 g
Bo He	*Mentha*	3–6 g
Chuan Bei Mu	*Fritillaria*	3–6 g
Mu Dan Pi	*Paeonia*	6–9 g
Gan Cao	*Glycyrrhiza*	3–6 g

Nieren-/Lungen-*Yin*-Mangel mit Hitze und Auszehrung der Lungen führt zu Kurzatmigkeit, trockenem Husten, trockenem Stuhl, dunklem, spärlichem Urin oder Hitzesensationen der fünf Flächen.

Z rot, wenig gelber oder kein Belag

P schnell, schwach, dünn

H *E Jiao*/Equus in das abgeseihte Dekokt einrühren.

YUE HUA WAN

Mondlicht Pille

Mai Men Dong	*Ophiopogon*	6–12 g
Tian Men Dong	*Asparagus*	6–12 g
Shu Di Huang	*Rehmannia*	6–12 g
Sheng Di Huang	*Rehmannia*	6–12 g
Bei Sha Shen	*Glehnia*	6–15 g
Bai Bu	*Stemona*	6–9 g
Chuan Bei Mu	*Fritillaria*	3–6 g
Shan Yao	*Dioscorea*	6–9 g
Fu Ling	*Poria*	6–9 g
Ju Hua	*Chrysanthemum*	6–9 g
Sang Ye	*Morus*	6–9 g
San Qi	*Panax*	9–12 g
E Jiao	*Equus*	6–9 g
Ta Gan	*Lutra*	6–9 g

Schleim-Feuchtigkeits-Retention in der Lunge

- Husten mit reichlich weißlichem Sputum
- Beklemmungsgefühl im Brustkorb
- Kurzatmigkeit
- Asthma, Dyspnoe
- *Bronchitis*

Z dicker, klebriger Belag
P schlüpfrig

Schleim-Feuchtigkeit (in der Lunge) mit Husten oder Koma führt zu Wind-Schleim, Schwindel oder Hypertonie.

Z dicker, klebriger Belag

P schlüpfrig

X *Tian Nan Xing*/Arisaema ist leicht toxisch.

DAO TAN TANG

Dekokt, das Schleim ausleitet

Ban Xia	*Pinellia*	6–9 g
Chen Pi	*Citrus*	3–6 g
Fu Ling	*Poria*	6–9 g
Gan Cao	*Glycyrrhiza*	3–6 g
Zhi Shi	*Citrus*	3–6 g
Tian Nan Xing	*Arisaema*	1–3 g
Sheng Jiang	*Zingiber*	3 g

Kälte-Schleim in der Lunge mit zugrunde liegendem Nieren-*Yang*-Mangel. Führt zu Husten mit klarem, wässrigem Sputum oder Kurzatmigkeit.

Z blass, dicker, klebriger weißer Belag

P kraftlos oder schlüpfrig

GUI LING WU WEI GAN CAO TANG

Ramulus Cinnamomi Cassiae, Sclerotium Poriae Cocos, Fructus Schisandrae Chinensis und Radix Glycyrrhizae Uralensis Dekokt

Gui Zhi	*Cinnamomum*	6–12 g
Fu Ling	*Poria*	6–12 g
Wu Wei Zi	*Schisandra*	9–15 g
Gan Cao	*Glycyrrhiza*	6–9 g

Schleim in der Lunge mit zugrunde liegendem Nieren-*Yang*-Mangel. Die Nieren können das Lungen-*Qi* nicht aufnehmen, sodass das *Qi* in den Brustraum aufsteigt und zu einem Druckgefühl in Thorax und Epigastrium führt ('Rennendes-Ferkel-Syndrom'). Symptome sind u. a. Keuchatmung, Spontanschweiß sowie kalte Hände und Füße.

Z blass, klebriger weißer Belag

P verschwindend

H *Hei Xi*/Plumbum und *Liu Huang*/Sulphur trocken rösten. Die übrigen Kräuter mahlen und mit Wein zu Pillen formen. Erwachsene nehmen 6–9 g, Kinder 2–3 g täglich ein.

X Nicht mehr als 3 Tage hintereinander anwenden, um eine Bleivergiftung zu vermeiden. Nicht während der Schwangerschaft einsetzen.

HEI XI DAN

Besondere Bleipille

Hei Xi	*Plumbum*	60 g
Liu Huang	*Sulphur*	60 g
Fu Zi	*Aconitum*	30 g
Rou Gui	*Cinnamomum*	60 g
Xiao Hui Xiang	*Foeniculum*	30 g
Rou Dou Kou	*Myristica*	30 g
Chen Xiang	*Aquilaria*	30 g
Yang Qi Shi	*Actinolitum*	30 g
Bu Gu Zhi	*Psoralea*	30 g
Mu Xiang	*Saussurea*	30 g
Chuan Lian Zi	*Melia*	30 g
Hu Lu Ba	*Trigonella*	30 g

Wässrige Flüssigkeiten in der Lunge und Milz-*Yang*-Mangel führen zu Husten, Keuchatmung und Beklemmungsgefühl im Thorax.

Z bleich, klebriger oder schmieriger weißer Belag

P schlüpfrig, drahtig

LING GAN WU WEI JIANG XIN TANG

Sclerotium Poriae Cocos, Radix Glycyrrhizae Uralensis, Fructus Schisandrae Chinensis, Rhizoma Zingiberis Officinalis und Herba cum Radice Asari Dekokt

Fu Ling	*Poria*	6–12 g
Gan Cao	*Glycyrrhiza*	3–9 g
Wu Wei Zi	*Schisandra*	6–9 g
Gan Jiang	*Zingiber*	3–9 g
Xi Xin	*Asarum*	6–9 g

Milz-/Magen-*Yang*-Mangel führt zu Schleimretention, die die Lungen angreift; oder *Taiyang*-Störung wurde falsch behandelt und in die Milz geleitet, was zu Wasserretention führt. Symptome sind u.a. Dyspnoe, klarer schleimiger Auswurf und Druckgefühl in Brustkorb und Flanken.

Z bleich, schmieriger weißer Belag

P schlüpfrig, schwach, tief

LING GUI ZHU GAN TANG

Sclerotium Poriae Cocos, Ramulus Cinnamomi Cassiae, Rhizoma Atractylodis Macrocephalae und in Honig gebratene Radix Glycyrrhizae Uralensis Dekokt

Fu Ling	*Poria*	6–12 g
Gui Zhi	*Cinnamomum*	3–9 g
Bai Zhu	*Atractylodes*	6–9 g
Gan Cao	*Glycyrrhiza*	3–6 g

Husten und Keuchatmung mit zähem Schleim, der schwer abzuhusten ist, nach einer leichten Wind-Kälte-Invasion.

Z klebriger weißer Belag

P schlüpfrig, oberflächlich

LIU AN JIAN

Sechsfache Gelassenheit Dekokt

Ban Xia	*Pinellia*	6–9 g
Fu Ling	*Poria*	6–9 g
Chen Pi	*Citrus*	3–6 g
Gan Cao	*Glycyrrhiza*	3–6 g
Bai Jie Zi	*Brassica*	1–3 g
Xing Ren	*Prunus*	3–6 g
[Sheng Jiang	*Zingiber*	3–6 g]

Schleim-Feuchtigkeit mit wandernden Gliederschmerzen, Schüttelfrost oder Fieber.

Z schmieriger oder klebriger weißer Belag

P tief, schlüpfrig

X *Tian Nan Xing*/Arisaema ist leicht toxisch und sollte nur in kleinen Mengen verwendet werden.

QING SHI HUA TAN TANG

Dekokt, das Nässe beseitigt und Schleim transformiert

Ban Xia	*Pinellia*	6–9 g
Chen Pi	*Citrus*	3–6 g
Fu Ling	*Poria*	6–9 g
Gan Cao	*Glycyrrhiza*	3–6 g
Cang Zhu	*Atractylodes*	3–6 g
Tian Nan Xing	*Arisaema*	1–3 g
Qiang Huo	*Notopterygium*	3 g
Huang Qin	*Scutellaria*	3–6 g
Bai Zhi	*Angelica*	3–6 g
Bai Jie Zi	*Brassica*	1–3 g
Gan Jiang	*Zingiber*	3–6 g
Sheng Jiang	*Zingiber*	3–6 g

Feuchter Schleim mit Kälte in der Lunge oder Nahrungsstagnation. Symptome sind u. a. Dyspnoe mit reichlich schleimigem Auswurf und Appetitmangel.

Z klebriger weißer Belag

P schlüpfrig

SAN ZI YANG QIN TANG

Drei Samen Dekokt, das die Eltern ernährt

Zi Su Zi	*Perilla*	6–9 g
Lai Fu Zi	*Raphanus*	6–9 g
Bai Jie Zi	*Sinapis*	3–9 g

Wind-Kälte-Asthma mit bereits vorliegender Schleim- und Wasserretention (Fülle-Typ) führt zu schwachen äußerlichen Symptomen wie Dyspnoe, Keuchatmung mit leichtem Fieber und Schüttelfrost.

Z dicker, klebriger weißer Belag

P oberflächlich, straff

SHE GAN MA HUANG TANG

Rhizoma Belamcandae Chinensis und Herba Ephedrae Dekokt

She Gan	*Belamcanda*	6–9 g
Ma Huang	*Ephedra*	6–9 g
Ban Xia	*Pinellia*	6–9 g
Zi Wan	*Aster*	6–9 g
Kuan Dong Hua	*Tussilago*	6–9 g
Wu Wei Zi	*Schisandra*	3–6 g
Xi Xin	*Asarum*	6–9 g
Sheng Jiang	*Zingiber*	9–12 g
Da Zao	*Ziziphus*	7–9 St.

Schleim-Feuchtigkeit in der Lunge mit zugrunde liegendem Nieren-*Qi*-Mangel führt zu Keuchatmung mit reichlichem Sputum.

Z klebriger weißer Belag

P schwach, schlüpfrig

* **Wichtige Rezeptur**

SU ZI JIANG QI TANG

Fructus Perillae Frutescentis Dekokt, das das *Qi* nach unten leitet

Zhi Gan Cao	*Glycyrrhiza*	6 g
Ban Xia	*Pinellia*	6–9 g
Zi Su Zi	*Perilla*	6–12 g
Dang Gui	*Angelica*	6–9 g
Hou Po	*Magnolia*	6–12 g
Qian Hu	*Peucedanum*	6–9 g
Rou Gui	*Cinnamomum*	3 g
[Sheng Jiang	*Zingiber*	1–3 g]
[Zi Su Ye	*Perilla*	3–6 g]
[Da Zao	*Ziziphus*	3 g]

Schleim- und Flüssigkeitsretention in der Lunge führt zu Ödemen im Bereich von Augen und Gesicht, Husten, Asthma oder Lungenabszessen mit Schleim.

Z klebriger weißer Belag

P schlüpfrig

TING LI DA ZAO XIE FEI TANG

Semen Descurainiae seu Lepidii und Fructus Zizyphi Jujubae Dekokt, das die Lungen entlastet

Ting Li Zi	*Lepidium*	6–9 g
Da Zao	*Ziziphus*	6–12 St.

***Qi*-Stagnation und Blut-*Xue*-Stase (*Qi Zhi Xue Yu*) führen zu Schmerzen im Thorax mit Wasser-/Feuchtigkeitsretention: Leber greift die Lunge an. Symptome sind u. a. Schmerzen im Hypochondrium, eventuell Husten oder Heiserkeit.**

Z violett, dicker klebriger Belag

P drahtig

H *Xuan Fu Hua*/Inula in ein Mulltuch einwickeln.

XIANG FU XUAN FU HUA TANG

Rhizoma Cyperi Rotundi und Flos Inulae Dekokt

Xiang Fu	*Cyperus*	6–9 g
Xuan Fu Hua	*Inula*	6–9 g
Yi Yi Ren	*Coix*	9–15 g
Chen Pi	*Citrus*	3–6 g
Zi Su Zi	*Perilla*	6–9 g
Ban Xia	*Pinellia*	6–9 g
Fu Ling	*Poria*	6–9 g

Schleim-Feuchtigkeit in der Lunge führt zu Husten, Keuchatmung oder Kurzatmigkeit. Der Auswurf kann von klarem bis zu zähflüssigem weißem Sputum reichen.

Z dünner oder dicker weißer Belag

P schlüpfrig

ZHI JIE ER CHEN TANG

Fructus Citri Aurantii, Radix Platycodi Grandiflori und Zweifach behandeltes Dekokt*

Ban Xia	*Pinellia*	6–9 g
Chen Pi	*Citrus*	3–6 g
Fu Ling	*Poria*	6–9 g
Zhi Gan Cao	*Glycyrrhiza*	3–6 g
Zhi Ke	*Citrus*	3–9 g
Jie Geng	*Platycodon*	3–6 g

Schleim-Hitze in der Lunge

- bellender Husten mit gelbem oder grünlichem Auswurf
- Kurzatmigkeit
- Hitzesensationen im Thorax
- Asthma, Dyspnoe
- *Bronchitis, Pneumonie, Lungenabszess*

Z rot, dicker, klebriger gelber Belag

P schlüpfrig, schnell

Wasser-/Hitze-Retention in Brustkorb und Lunge führt zu *Qi*-Blockade im Thorax. Symptome sind u. a. Nackensteifigkeit und Druck- oder Erstickungsgefühl in der Brust.

Z rot, klebriger Belag

P schnell, schlüpfrig

H Die Kräuter mit Honig zu Pillen von 9 g formen.

X *Gan Sui*/Euphorbia ist toxisch und sollte nur in kleinen Mengen eingenommen werden. Nicht während der Schwangerschaft anwenden.

DA XIAN XIONG WAN

Größere Pille, die in den Thorax sinkt

Da Huang	*Rheum*	25 g
Mang Xiao	*Mirabilitum*	17,5 g
Ting Li Zi	*Lepidium*	17,5 g
Xing Ren	*Prunus*	17,5 g
Gan Sui	*Euphorbia*	3 g

Äußere Wind-Kälte mit Schleim-Hitze im Inneren führt zu Husten und Keuchatmung. Das schleimige Sputum ist dick und gelb.

Z klebriger gelber Belag

P schlüpfrig, schnell

DING CHUAN TANG

Dekokt, das dem Keuchen Einhalt gebietet

Bai Guo	*Ginkgo*	6–9 g
Ma Huang	*Ephedra*	6–9 g
Kuan Dong Hua	*Tussilago*	6–9 g
Zi Su Zi	*Perilla*	3–6 g
Xing Ren	*Prunus*	3–6 g
Ban Xia	*Pinellia*	6–9 g
Sang Bai Pi	*Morus*	6–9 g
Huang Qin	*Scutellaria*	6–9 g
Gan Cao	*Glycyrrhiza*	3–6 g

Schleim-Hitze in der Lunge; oder trockener Husten mit Hitze in Niere/Leber. Der Schleim ist schwer abzuhusten oder die Atmung ist erschwert.

Z rot, klebriger gelber Belag

P schnell, schlüpfrig

GUA LOU ZHI SHI TANG

Fructus Trichosanthis und Fructus Immaturus Citri Aurantii Dekokt

Gua Lou Ren	*Trichosanthes*	3–6 g
Zhi Shi	*Citrus*	3–6 g
Zhe Bei Mu	*Fritillaria*	6–9 g
Fu Ling	*Poria*	6–9 g
Chen Pi	*Citrus*	3–6 g
Dang Gui	*Angelica*	3–9 g
Sha Ren	*Amomum*	3–6 g
Mu Xiang	*Saussurea*	3–6 g
Jie Geng	*Platycodon*	3–6 g
Zhi Zi	*Gardenia*	3–6 g
Huang Qin	*Scutellaria*	6–9 g
Zhu Ru	*Bambusa*	6 g
Gan Cao	*Glycyrrhiza*	3–6 g
Sheng Jiang	*Zingiber*	3–6 g
Zhu Li	*Bambusa*	1–3 g

Schleim-Hitze mit Verletzung des Lungen-*Yin* führt zu Husten oder Asthma mit dickem gelbem oder grünem Sputum, das schwer abzuhusten ist, Hitze- oder Engegefühl im Brustkorb oder Durst ohne großes Verlangen zu trinken. Diese Rezeptur ist günstig bei Bronchitis.

Z rot, eventuell Landkartenzunge, trocken, dicker, klebriger gelber Belag

P schnell, schlüpfrig, etwas dünn

* **Wichtige Rezeptur**

QING JIN HUA TAN TANG

Dekokt, das das Metall klärt und Schleim absorbiert

Huang Qin	*Scutellaria*	6–12 g
Zhi Zi	*Gardenia*	3–6 g
Fu Ling	*Poria*	6–12 g
Zhe Bei Mu	*Fritillaria*	6–12 g
Jie Geng	*Platycodon*	3–6 g
Gua Lou	*Trichosanthes*	3–6 g
Zhi Mu	*Anemarrhena*	6–9 g
Sang Bai Pi	*Morus*	6–9 g
Mai Men Dong	*Ophiopogon*	6–9 g
Gan Cao	*Glycyrrhiza*	3–6 g

Schleim-Hitze-Husten mit Expektoration von zähem gelbem Sputum oder Druckgefühl im Thorax. Symptome sind u. a. Dyspnoe, epigastrisches Druck- und Völlegefühl und Übelkeit.

Z rot, klebriger gelber Belag

P schnell, schlüpfrig

X *Dan Nan Xing*/Arisaema ist leicht toxisch und sollte nur in kleinen Mengen verwendet werden.

QING QI HUA TAN WAN

Pille, die das *Qi* klärt und Schleim transformiert

Ban Xia	*Pinellia*	6–9 g
Dan Nan Xing	*Arisaema*	1–3 g
Huang Qin	*Scutellaria*	6–9 g
Fu Ling	*Poria*	6–9 g
Gua Lou Ren	*Trichosanthes*	6–9 g
Chen Pi	*Citrus*	3–6 g
Zhi Shi	*Citrus*	3–6 g
Xing Ren	*Prunus*	3–9 g

Lungen-*Qi*-Mangel verletzt das Milz-*Qi* und führt zu Feuchtigkeitsretention mit leichter Hitze; oder Lungen-*Qi*-Mangel mit Schleim. Symptome sind u. a. Keuchatmung, zähes gelbes Sputum, Husten mit blutigem oder eitrigem Schleim oder Hitzegefühl im Brustkorb.

Z blass-violett, klebriger weißer oder gelber Belag

P schwach, oberflächlich

REN SHEN GE JIE SAN

Radix Ginseng und Gecko Pulver

Ge Jie	*Gekko*	1 Paar
Sang Bai Pi	*Morus*	6–9 g
Fu Ling	*Poria*	6–12 g
Xing Ren	*Prunus*	6–9 g
Chuan Bei Mu	*Fritillaria*	3–6 g
Ren Shen	*Panax*	6–12 g
Zhi Mu	*Anemarrhena*	6–9 g
Gan Cao	*Glycyrrhiza*	3–6 g

Schleim-Hitze-Toxine und Blut-*Xue*-Stase (*Xue Yu*) mit Eiter führen zu Lungenabszessen, Masern, Keuchhusten, Husten mit blutig-tingiertem Sputum, Blockaden im Thorax oder niedriggradigem Fieber.

Z rot, klebriger gelber Belag

P schnell, schlüpfrig

WEI JING TANG

Rhizoma Phragmitis Communis Dekokt

Lu Gen	*Phragmites*	40–60 g
Dong Gua Ren	*Benincasa*	15–25 g
Yi Yi Ren	*Coix*	15–20 g
Tao Ren	*Prunus*	6–9 g

Schleim-Hitze in Thorax (Herz) oder Epigastrium (Magen) führt zu Bronchitis, Obstipation, schmerzhaftem Spannungs- oder Druckgefühl in der Brust, Taubheitsgefühl oder bitterem Mundgeschmack.

Z rot, klebriger gelber Belag

P schnell, schlüpfrig

XIAO XIAN XIONG TANG

Kleineres Dekokt, das in den Thorax sinkt

Gua Lou	*Trichosanthes*	20 g
Huang Lian	*Coptis*	3 g
Ban Xia	*Pinellia*	6–9 g

Syndrome des Herzens

心失调

Herz-*Qi*-Mangel

- Gesichtsblässe
- Kurzatmigkeit
- Palpitationen
- Spontanschweiß
- Schwächezustände, Ängste, Schlaflosigkeit
- schlechtes Erinnerungsvermögen
- *Herzinsuffizienz, Herzrhythmusstörungen*

Z blass oder normale Farbe
P schwach oder leer

Rezeptur zur Behandlung von Schlaflosigkeit aufgrund von Herz- und Gallenblasen-*Qi*-Mangel. Tritt häufig bei Kindern auf, wobei sie ängstlich und schreckhaft sind, sich vor Gespenstern und Einbrechern fürchten oder nicht alleine schlafen wollen. Sie schwitzen leicht, vor allem an Händen und Fußsohlen.

Z blass oder normale Farbe, leicht geschwollen

P schwach, fadenförmig, tief

AN SHEN DING ZHI TANG

Dekokt, das den Geist beruhigt und die Angst beendet

Ren Shen	*Panax*	9–12 g
Fu Ling	*Poria*	6–9 g
Fu Shen	*Poria*	6–9 g
Shi Chang Pu	*Acorus*	3–9 g
Long Gu	*Os Draconis*	6–9 g
Yuan Zhi	*Polygala*	6–9 g

Herz-*Qi*-Mangel mit gestörtem Geist-*Shen* führt zu Angstgefühlen, Palpitationen, Vergesslichkeit oder Schreck.

Z blass

P schwach

* **Wichtige Rezeptur**

X *Zhu Sha*/Cinnabaris ist toxisch und sollte nur kurzfristig angewandt werden.

DING ZHI WAN

Pille, die die Emotionen beruhigt

Ren Shen	*Panax*	12–15 g
Fu Ling	*Poria*	6–9 g
Shi Chang Pu	*Acorus*	6–9 g
Yuan Zhi	*Polygala*	6–9 g
Fu Shen	*Poria*	9–12 g
Zhu Sha	*Cinnabaris*	6–9 g

Nach einer *Taiyang*-Störung entwickelt der Patient Herz-*Qi*- und -*Yang*-Mangel; Angina pectoris vom Mangel-Typ.

Z blass

P schwach

GUI ZHI GAN CAO TANG

Ramulus Cinnamomi Cassiae und Radix Glycyrrhizae Uralensis Dekokt

Gui Zhi	*Cinnamomum*	3–9 g
Gan Cao	*Glycyrrhiza*	3–6 g

Das Herz-*Yang* wird nicht von den Nieren gewärmt, was zu Wasserretention führt, die nach oben steigt und abdominale Schmerzen, Angina pectoris, Magenkrämpfe, Kribbelgefühl im Abdomen (*Ben Ten Qi*, 'Rennendes-Ferkel-Syndrom') oder spärlichen Urin verursacht.

Z blass, nass, klebriger weißer Belag

P tief, schwach, etwas langsam

LING GUI ZAO GAN TANG

Sclerotium Poriae Cocos, Ramulus Cinnamomi Cassiae, Fructus Zizyphi Jujubae und Radix Glycyrrhizae Uralensis Dekokt

Fu Ling	*Poria*	9–12 g
Gui Zhi	*Cinnamomum*	3–9 g
Da Zao	*Ziziphus*	3–4 St.
Gan Cao	*Glycyrrhiza*	3–6 g

Herz-*Qi*-Mangel mit Milz-*Qi*-Mangel führt zu Angstzuständen, Schlaflosigkeit, Spontanschweiß oder Palpitationen.

Z blass, dünner Belag

P schwach

X *Zhu Sha*/Cinnabaris ist toxisch und sollte nur kurzfristig eingesetzt werden.

MIAO XIANG SAN

Wunderbar duftendes Pulver

Ren Shen	*Panax*	6–12 g
Fu Ling	*Poria*	9–12 g
Fu Shen	*Poria*	9–12 g
Yuan Zhi	*Polygala*	9–12 g
Huang Qi	*Astragalus*	9–15 g
Shan Yao	*Dioscorea*	9–12 g
Mu Xiang	*Saussurea*	12–15 g
Jie Geng	*Platycodon*	1–3 g
Zhu Sha	*Cinnabaris*	1–3 g
She Xiang	*Moschus*	0,3–0,5 g
Gan Cao	*Glycyrrhiza*	3–6 g

Herz-/Nieren-*Qi*-/-*Yin*-Mangel führt zu Inkontinenz, Spermatorrhö, häufiger Miktion und Vergesslichkeit.

Z blass oder rot

P schwach, dünn

SANG PIAO XIAO SAN

Ootheca Mantidis Pulver

Sang Piao Xiao	*Paratenodera*	9–12 g
Long Gu	*Os Draconis*	12–25 g
Fu Shen	*Poria*	9–12 g
Ren Shen	*Panax*	9–12 g
Shi Chang Pu	*Acorus*	6–9 g
Dang Gui	*Angelica*	6–9 g
Gui Ban	*Chinemys*	9–15 g
Yuan Zhi	*Polygala*	9–15 g

Herz-/Gallenblasen-*Qi*-Mangel mit Ödemen in den Extremitäten, thorakalem Beklemmungsgefühl, Palpitationen, Angstzuständen oder Furchtsamkeit.

Z blass

P schwach

SHI WEI WEN DAN TANG

Zehn Bestandteile Dekokt zur Erwärmung der Gallenblase

Ban Xia	*Pinellia*	6–9 g
Chen Pi	*Citrus*	3–6 g
Zhi Shi	*Citrus*	6 g
Fu Ling	*Poria*	6 g
Ren Shen	*Panax*	3–6 g
Suan Zao Ren	*Ziziphus*	3–6 g
Shu Di Huang	*Rehmannia*	3–9 g
Wu Wei Zi	*Schisandra*	3–6 g
Yuan Zhi	*Polygala*	3–6 g
Zhi Gan Cao	*Glycyrrhiza*	3 g
Da Zao	*Ziziphus*	2 St.
Sheng Jiang	*Zingiber*	5 St.

Herz-*Qi*-/-Blut-*Xue*-Mangel führt zu Schlaflosigkeit, Angstzuständen, Ruhelosigkeit und Vergesslichkeit.

Z blass

P schwach, dünn

YANG XIN TANG

Dekokt, das das Herz nährt

Sheng Di Huang	*Rehmannia*	6–12 g
Shu Di Huang	*Rehmannia*	6–12 g
Dang Gui	*Angelica*	6–9 g
Ren Shen	*Panax*	6–12 g
Mai Men Dong	*Ophiopogon*	6–9 g
Suan Zao Ren	*Ziziphus*	6–9 g
Fu Shen	*Poria*	6–9 g
Bai Zi Ren	*Biota*	6–9 g
Wu Wei Zi	*Schisandra*	6–9 g
Gan Cao	*Glycyrrhiza*	3–6 g
[Lian Zi	*Nelumbo*	3–6 g]
[Deng Xin Cao	*Juncus*	3–6 g]

Herz-*Qi*-, -Blut-*Xue*- oder -*Yin*-Mangel führt zu Arrhythmie, Schlaflosigkeit, Druckgefühl in der Brust, koronaren Herzerkrankungen und Angstzuständen.

Z blass oder rot, dünner weißer Belag

P schwach

H *E Jiao*/Equus in das abgeseihte Dekokt einrühren.

ZHI GAN CAO TANG

In Honig gebratene Radix Glycyrrhizae Uralensis Dekokt

Zhi Gan Cao	*Glycyrrhiza*	12–15 g
Sheng Di Huang	*Rehmannia*	30 g
Ren Shen	*Panax*	6–9 g
Gui Zhi	*Cinnamomum*	6–9 g
Huo Ma Ren	*Cannabis*	6–9 g
Mai Men Dong	*Ophiopogon*	9 g
E Jiao	*Equus*	6 g
Da Zao	*Ziziphus*	6–9 St.
Sheng Jiang	*Zingiber*	6–9 g

Herz-*Yang*-Mangel

- Beklemmungsgefühl im Thorax
- Palpitationen
- Kältegefühl oder kalte Hände
- Müdigkeit
- *chronische Rechtsherzinsuffizienz*

Z blass, blass-violett, geschwollen, feucht

P tief, schwach

Thorax-*Bi*: *Yang*-Mangel im Thorax mit leichter Kälte und Schleimretention führt zu thorakalem Beklemmungsgefühl, Kurzatmigkeit, Palpitationen, Husten oder Asthma.

Z blass, blass-violett, nass, dicker, klebriger weißer Belag

P langsam, schlüpfrig, drahtig

* **Wichtige Rezeptur**

GUA LOU XIE BAI BAI JIU TANG

Fructus Trichosanthis, Bulbus Allii und Weißwein Dekokt

Gua Lou	*Trichosanthes*	9–12 g
Xie Bai	*Allium*	9–12 g
Bai Jiu	*White Wine*	30–60 cc

GUI ZHI GAN CAO LONG GU MU LI TANG

Ramulus Cinnamomi Cassiae, Radix Glycyrrhizae Uralensis, Os Draconis und Concha Ostreae Dekokt

Taiyang-Störung oder unangemessene Wärmetherapie führt zu Herz-_Yang_-Mangel mit _Yin_-Mangel. Das resultiert in gestörtem Geist-_Shen_, Ruhelosigkeit, Manie, Schwitzen, Palpitationen oder Schlaflosigkeit.

Z blass oder rot, dünner weißer oder gelblicher Belag

P schwach, dünn

Gui Zhi	*Cinnamomum*	3–6 g
Zhi Gan Cao	*Glycyrrhiza*	6 g
Long Gu	*Os Draconis*	6–15 g
Mu Li	*Ostrea*	6–15 g

GUI ZHI GAN CAO TANG

Ramulus Cinnamomi Cassiae und Radix Glycyrrhizae Uralensis Dekokt

Nach einer _Taiyang_-Störung entwickelt der Patient Herz-_Qi_- und -_Yang_-Mangel; Angina pectoris vom Mangel-Typ.

Z blass

P schwach

Gui Zhi	*Cinnamomum*	3–9 g
Gan Cao	*Glycyrrhiza*	3–6 g

GUI ZHI JIA ROU GUI TANG

Ramulus Cinnamomi Cassiae Dekokt mit Cortex Cinnamomi Cassiae

Eine Wind-Kälte-Invasion ist aufgrund falsch angewandter wärmender Nadeltechnik nach innen vorgedrungen. Die Wind-Kälte hat sich erhitzt und ist nun innen eingeschlossen, wobei sie durch innere Wasserretention kompliziert wird. Dies führt zu unspezifischen abdominalen Schmerzen, die das Herz angreifen ('Rennendes-Ferkel-Syndrom'/_Ben Ten Qi_). Es handelt sich um einen äußeren pathogenen Faktor mit innerer Wasserstagnation und Kälte.

Z blass, nass, weißer Belag

P langsam, leicht schlüpfrig

Gui Zhi	*Cinnamomum*	6–9 g
Bai Shao Yao	*Paeonia*	6–9 g
Sheng Jiang	*Zingiber*	3–6 g
Da Zao	*Ziziphus*	3–4 St.
Gan Cao	*Glycyrrhiza*	3–6 g
Rou Gui	*Cinnamomum*	3–9 g

JIAO TAI WAN

Große Kommunikationspille

Herz und Niere sind nicht in Verbindung. Nieren-_Yang_-Mangel führt zu Herz-_Yang_-Mangel und verursacht Palpitationen, kühle Extremitäten oder Schlaflosigkeit.

Z blass, geschwollen, dünner, feuchter weißer Belag

P tief, schwach

Huang Lian	*Coptis*	18–20 g
Rou Gui	*Cinnamomum*	3–6 g

Das Herz-*Yang* wird nicht von den Nieren gewärmt, was zu Wasserretention führt, die nach oben steigt und abdominale Schmerzen, Angina pectoris, Magenkrämpfe, Kribbelgefühl im Abdomen (*Ben Ten Qi*/'Rennendes-Ferkel-Syndrom') oder spärlichen Urin verursacht.

Z blass, nass, klebriger weißer Belag

P tief, schwach, etwas langsam

* **Wichtige Rezeptur**

LING GUI ZAO GAN TANG

Sclerotium Poriae Cocos, Ramulus Cinnamomi Cassiae, Fructus Zizyphi Jujubae und Radix Glycyrrhizae Uralensis Dekokt

Fu Ling	*Poria*	9–12 g
Gui Zhi	*Cinnamomum*	3–9 g
Da Zao	*Ziziphus*	3–4 St.
Gan Cao	*Glycyrrhiza*	3–6 g

Milz-/Lungen-*Qi*- und -Blut-*Xue*-Mangel mit Herz-*Yang*-Mangel oder Mangel im *Ying*-Stadium. Der Patient ist schreckhaft, leidet unter mangelndem Geschmacksempfinden, Kurzatmigkeit, Schlaflosigkeit oder Palpitationen. Diese Rezeptur ist auch wirksam bei unregelmäßiger Menstruation oder uterinen Blutungen.

Z blass, geschwollen

P schwach

REN SHEN YANG YING TANG

Radix Ginseng Dekokt zur Nährung des Nähr-Qi

Bai Shao Yao	*Paeonia*	9–15 g
Chen Pi	*Citrus*	3–6 g
Dang Gui	*Angelica*	3–9 g
Ren Shen	*Panax*	6–9 g
Huang Qi	*Astragalus*	6–12 g
Bai Zhu	*Atractylodes*	6–9 g
Shu Di Huang	*Rehmannia*	3–6 g
Wu Wei Zi	*Schisandra*	3–6 g
Fu Ling	*Poria*	3–6 g
Yuan Zhi	*Polygala*	2–6 g
Rou Gui	*Cinnamomum*	6–9 g
Gan Cao	*Glycyrrhiza*	3–6 g
[Da Zao	*Ziziphus*	2 St.]
[Gan Jiang	*Zingiber*	3 St.]

Herz-*Yin*-Mangel

- Schlaflosigkeit und durch Träume gestörter Schlaf
- Ruhelosigkeit
- Wangenröte
- Nachmittagsfieber
- Palpitationen
- Vergesslichkeit
- Nervosität, Panikattacken
- *Manie*
- *Schizophrenie*

Z rot, spärlicher Belag, rote Spitze
P dünn, schnell oder leer

Aufgrund von Nieren-*Yin*-Mangel wird das Herz nicht genährt, was zu Herz-Blut-*Xue*-Mangel führt. Symptome sind u.a. Schlaflosigkeit, Schwindel, Vergesslichkeit, exzessives Träumen oder Nachtschweiß.

Z leicht rot oder blass, spärlicher Belag

P dünn, schnell

BAI ZI YANG XIN WAN

Semen Biotae Orientalis Pille, die das Herz nährt

Bai Zi Ren	*Biota*	3–9 g
Mai Men Dong	*Ophiopogon*	6–9 g
Dang Gui	*Angelica*	6–12 g
Gou Qi Zi	*Lycium*	6–9 g
Xuan Shen	*Scrophularia*	6–12 g
Fu Shen	*Poria*	6–9 g
Shi Chang Pu	*Acorus*	6–9 g
Shu Di Huang	*Rehmannia*	12–15 g
Gan Cao	*Glycyrrhiza*	3–6 g

Geistige Störung infolge von 1. Leber-*Qi*-Stagnation (in Verbindung mit *Xiao Yao San* verwenden); 2. Leber-*Qi*-Stagnation mit Feuer verbrennt das *Yin* (in Verbindung mit *Wen Dan Tang* anwenden); 3. *Yin*-Mangel mit Feuer verletzt das Herz.

Z rot, spärlicher Belag

P dünn, schnell

GAN MAI DA ZAO TANG

Radix Glycyrrhizae Uralensis, Semen Tritici Aestivi Levis und Fructus Zizyphi Jujubae Dekokt

Gan Cao	*Glycyrrhiza*	9–12 g
Fu Xiao Mai	*Triticum*	9–15 g
Da Zao	*Ziziphus*	10 St.

***Taiyang*-Störung oder unangemessene Wärmetherapie führt zu Herz-*Yang*-Mangel mit *Yin*-Mangel. Das resultiert in gestörtem Geist-*Shen*, Ruhelosigkeit, Manie, Schwitzen, Palpitationen oder Schlaflosigkeit.**

Z blass oder rot, dünner weißer oder gelblicher Belag

P schwach, dünn

GUI ZHI GAN CAO LONG GU MU LI TANG

Ramulus Cinnamomi Cassiae, Radix Glycyrrhizae Uralensis, Os Draconis und Concha Ostreae Dekokt

Gui Zhi	*Cinnamomum*	3–6 g
Zhi Gan Cao	*Glycyrrhiza*	6 g
Long Gu	*Os Draconis*	6–15 g
Mu Li	*Ostrea*	6–15 g

Niere und Herz sind nicht in Harmonie, begleitet von *Yin*- und *Yang*-Mangel. Symptome sind u. a. Spermatorrhö, sexuelle Träume oder schlechter Schlaf.

Z blass

P langsam, hohl, schwach

GUI ZHI JIA LONG GU MU LI TANG

Ramulus Cinnamomi Cassiae Dekokt mit Os Draconis und Concha Ostreae

Gui Zhi	*Cinnamomum*	6–9 g
Bai Shao Yao	*Paeonia*	6–9 g
Sheng Jiang	*Zingiber*	6–9 g
Da Zao	*Ziziphus*	4–12 St.
Mu Li	*Ostrea*	6–9 g
Long Gu	*Os Draconis*	6–9 g
Gan Cao	*Glycyrrhiza*	3–6 g

Herz-/Nieren-*Yin*-Mangel mit Feuer nach fiebriger Erkrankung führt zu Schlaflosigkeit, Palpitationen oder Läsionen im Zungenbereich: *Shaoyin*-Mangel-Hitze-Syndrom.

Z rot, spärlicher Belag

P schnell, dünn

H *E Jiao*/Equus und Eigelb in das abgeseihte Dekokt einrühren.

HUANG LIAN E JIAO TANG

Rhizoma Coptidis und Gelatinum Corii Asini Dekokt

Huang Lian	*Coptis*	9–12 g
E Jiao	*Equus*	6–9 g
Huang Qin	*Scutellaria*	6–9 g
Bai Shao Yao	*Paeonia*	6–9 g
Ji Zi Huang	*Eigelb*	2

1. *Yin*-/Blut-*Xue*-Mangel mit Hitze führt zu Herzarrhythmie. 2. Hohes Fieber führt zu Arrhythmie: Durch *Yangming*-Störung erschöpftes *Yin* verursacht Herzrhythmusstörungen.

Z rot, spärlicher Belag

P schnell, unregelmäßig

H *E Jiao*/Equus in das abgeseihte Dekokt einrühren.

JIA JIAN FU MAI TANG

Modifiziertes Dekokt, das den Puls wiederherstellt

Zhi Gan Cao	*Glycyrrhiza*	12–15 g
Bai Shao Yao	*Paeonia*	12–15 g
Mai Men Dong	*Ophiopogon*	9–12 g
Sheng Di Huang	*Rehmannia*	12–15 g
Huo Ma Ren	*Cannabis*	9–12 g
E Jiao	*Equus*	6–9 g

Qi- und Wei-Qi-Mangel führt zu Spontanschweiß und verletzt schließlich das Herz-Yin. Dies resultiert in Nachtschweiß, Schlaflosigkeit und Palpitationen.

Z blass oder rot

P kraftlos, dünn

MU LI SAN

Concha Ostreae Pulver

Mu Li	*Ostrea*	15–30 g
Ma Huang Gen	*Ephedra*	3–9 g
Huang Qi	*Astragalus*	9–12 g
Fu Xiao Mai	*Triticum*	15–30 g

Herz-*Yin*-/-Blut-*Xue*-Mangel mit leerer Hitze führt zu Schlaflosigkeit, Vergesslichkeit oder Ruhelosigkeit.

Z blass oder rot

P dünn, schnell

* **Wichtige Rezeptur**

SUAN ZAO REN TANG

Semen Zizyphi Spinosae Dekokt

Suan Zao Ren	*Ziziphus*	12–15 g
Fu Ling	*Poria*	6–9 g
Chuan Xiong	*Ligusticum*	3–9 g
Zhi Mu	*Anemarrhena*	6–12 g
Gan Cao	*Glycyrrhiza*	3–6 g

Herz-/Nieren-*Yin*-Mangel, Herz-Blut-*Xue*-Mangel und leere Hitze, wobei Niere und Herz nicht harmonieren, führt zu Schlaflosigkeit, Ruhelosigkeit, Palpitationen, Vergesslichkeit oder Nachtschweiß.

Z rot

P schnell, dünn

X *Zhu Sha*/Cinnabaris ist toxisch und sollte nur kurzfristig eingesetzt werden.

* **Wichtige Rezeptur**

TIAN WANG BU XIN DAN

Besondere Pille des himmlischen Kaisers, die das Herz tonisiert

Ren Shen	*Panax*	9–12 g
Mai Men Dong	*Ophiopogon*	6–12 g
Tian Men Dong	*Asparagus*	6–9 g
Xuan Shen	*Scrophularia*	6–9 g
Dan Shen	*Salvia*	6–12 g
Sheng Di Huang	*Rehmannia*	15–30 g
Fu Ling	*Poria*	6–9 g
Wu Wei Zi	*Schisandra*	6–9 g
Jie Geng	*Platycodon*	3–6 g
Yuan Zhi	*Polygala*	6–9 g
Bai Zi Ren	*Biota*	6–9 g
Dang Gui	*Angelica*	6–9 g
Suan Zao Ren	*Ziziphus*	6–12 g
Zhu Sha	*Cinnabaris*	1–3 g

Nieren- und Leber-*Yin*-/-Blut-*Xue*-Mangel mit Feuer quält das Herz. Dies führt zu Herz- und Leber-Feuer oder Leber-*Yang*-Fülle mit exzessivem Träumen, Schlaflosigkeit oder Wutanfällen.

Z rot, Furchen, dünner oder dicker gelber Belag

P schnell, drahtig, dünn

H Zutaten zu Pulver vermahlen, 9–12 g schwere Pillen herstellen und dreimal täglich einnehmen. *Xi Jiao*/Rhinoceros sollte durch *Shui Niu Jiao*/Bubalus ersetzt werden.

ZHEN ZHU MU WAN

Perlmutter Pille

Zhen Zhu Mu	*Pteria*	15–20 g
Ren Shen	*Panax*	9–12 g
Dang Gui	*Angelica*	6–12 g
Shu Di Huang	*Rehmannia*	9–12 g
Suan Zao Ren	*Ziziphus*	6–9 g
Bai Zi Ren	*Biota*	6–9 g
Fu Shen	*Poria*	6–9 g
Chen Xiang	*Aquilaria*	6–9 g
Xi Jiao	*Rhinoceros*	1–3 g

Herz-*Qi*-, -Blut-*Xue*- oder -*Yin*-Mangel führt zu Arrhythmie, Schlaflosigkeit, Druckgefühl in der Brust, koronaren Herzerkrankungen und Angstzuständen.

Z blass oder rot, dünner weißer Belag

P schwach

H *E Jiao*/Equus in das abgeseihte Dekokt einrühren.

ZHI GAN CAO TANG

In Honig gebratene Radix Gycyrrhizae Uralensis Dekokt

Zhi Gan Cao	*Glycyrrhiza*	12–15 g
Sheng Di Huang	*Rehmannia*	30 g
Ren Shen	*Panax*	6–9 g
Gui Zhi	*Cinnamomum*	6–9 g
Huo Ma Ren	*Cannabis*	6–9 g
Mai Men Dong	*Ophiopogon*	9 g
E Jiao	*Equus*	6 g
Da Zao	*Ziziphus*	6–9 St.
Sheng Jiang	*Zingiber*	6–9 g

Herz-Feuer mit *Qi*-/Blut-*Xue*-/*Yin*-Mangel führt zu Depressionen, Hitzesensationen im Thorax, exzessivem Träumen oder Palpitationen. Diese Rezeptur wirkt sedierend.

Z rot, dünner Belag

P schnell, dünn

H Entweder alle Kräuter verreiben und 6–9 g zweimal täglich einnehmen oder ein Dekokt herstellen und am Ende *Zhu Sha*/Cinnabaris zufügen.

X *Zhu Sha*/Cinnabaris ist toxisch und sollte nicht über einen längeren Zeitraum eingenommen werden.

ZHU SHA AN SHEN WAN

Cinnabaris Pille zur Beruhigung des Geistes

Zhu Sha	*Cinnabaris*	3–9 g
Huang Lian	*Coptis*	6–12 g
Dang Gui	*Angelica*	3–6 g
Sheng Di Huang	*Rehmannia*	3–6 g
Zhi Gan Cao	*Glycyrrhiza*	6–9 g

Herz-Schleim-Retention

- Beklemmungsgefühl im Thorax
- geistige Desorientiertheit
- Lethargie
- Rasselgeräusche im Rachen
- unkontrolliertes Lachen, zusammenhangloses Sprechen, blickloses Starren
- *Manie, Schizophrenie*

Z dicker, klebriger Belag
P schlüpfrig

Starke Herz-Schleim-Retention und *Qi*-Stagnation mit *Yang*-Mangel. Es kann starke Angina pectoris vorliegen und der Patient leidet unter Taubheitsgefühlen, die in den Arm ausstrahlen, und Kurzatmigkeit: Thorax-*Bi*-Syndrom.

Z blass, blass-violett, nass, dicker, klebriger weißer Belag

P schlüpfrig

* **Wichtige Rezeptur**

GUA LOU XIE BAI BAN XIA TANG

Fructus Trichosanthis, Bulbus Allii und Rhizoma Pinelliae Ternatae Dekokt

Gua Lou	*Trichosanthes*	9–12 g
Xie Bai	*Allium*	6–9 g
Ban Xia	*Pinellia*	9–12 g
Bai Jiu	*White Wine*	30 cc

Feuchte-Kälte und Schleim führen zu plötzlichem Kollaps, Kieferstarre oder Koma; oder *Qi*-Stagnation oder Feuchte-Kälte resultieren in Kälte in Thorax und Abdomen oder Brustschmerzen und Koma; oder *Qi*-Stagnation infolge epidemischer Faktoren manifestiert sich als Druckgefühl im Thorax. Der Patient hat den vergeblichen Drang zu erbrechen oder zu defäkieren, was dann zu plötzlichem Bewusstseinsverlust führen kann.

Z blass

P langsam, schlüpfrig

H Aus den Zutaten Pillen herstellen. *Xi Jiao*/Rhinoceros sollte durch *Shui Niu Jiao*/Bubalus ersetzt werden.

X Nicht während der Schwangerschaft einsetzen. *Zhu Sha*/Cinnabaris ist toxisch und sollte nur kurzfristig eingenommen werden.

SU HE XIANG WAN

Styrax Liquidis Pille

Su He Xiang	*Liquidambar*	30 g
She Xiang	*Moschus*	60 g
Bing Pian	*Dryobalanops*	30 g
An Xi Xiang	*Styrax*	60 g
Ru Xiang	*Boswellia*	30 g
Tan Xiang	*Santalum*	60 g
Ding Xiang	*Syzygium*	60 g
Bi Ba	*Piper*	60 g
Xiang Fu	*Cyperus*	60 g
Xi Jiao	*Rhinoceros*	60 g
Bai Zhu	*Atractylodes*	60 g
He Zi	*Terminalia*	60 g
Zhu Sha	*Cinnabaris*	60 g
Mu Xiang	*Saussurea*	60 g
Chen Xiang	*Aquilaria*	60 g

Starke Schleimretention in der Brust und *Qi*-Stagnation führen zu Völle-/Druckgefühl oder Krämpfen im Thorax, mit Symptomen eines rebellierenden Magen-*Qi* wie Übelkeit und Erbrechen.

Z violett, dicker, klebriger weißer oder gelblicher Belag

P schlüpfrig oder drahtig

ZHI SHI GUA LOU GUI ZHI TANG

Fructus Immaturus Citri Aurantii, Fructus Trichosanthis und Ramulus Cinnamomi Cassiae Dekokt

Gua Lou Ren	*Trichosanthes*	6–12 g
Zhi Shi	*Citrus*	9–12 g
Xie Bai	*Allium*	9–12 g
Gui Zhi	*Cinnamomum*	3–6 g
Hou Po	*Magnolia*	12–15 g

Herz-Schleim-Feuer

- Schlaflosigkeit und durch Träume gestörter Schlaf
- Ruhelosigkeit
- zusammenhangloses Gemurmel oder unkontrolliertes Lachen
- extreme emotionale Erregung, Wut
- Aphasie
- bitterer Mundgeschmack
- *Manie, Schizophrenie, Psychose*

Z rot, rote Spitze, klebriger gelber Belag

P schlüpfrig, schnell

Schleim-Feuer verlegt die Herzöffnungen und führt zu Manie, starken Palpitationen, Husten mit reichlich Schleim, Schwindel, Keuchatmung, Angstzuständen, Alpträumen oder Klumpen im Halsbereich.

Z rot, dicker gelber, klebriger Belag

P drahtig, schnell, voll

H Aus den Zutaten 6–9 g schwere Pillen herstellen. Erwachsene nehmen ein- oder zweimal täglich 1 Pille.

X Nicht während der Schwangerschaft oder postpartal einsetzen.

GUN TAN WAN

Pille, die Schleim verdampft

Da Huang	*Rheum*	200–240 g
Huang Qin	*Scutellaria*	200–240 g
Meng Shi	*Lapis Micae seu Chloriti*	20–30 g
Chen Xiang	*Aquilaria*	9–15 g

Herz-Schleim-Feuer führt zu Erregungszuständen, Schlaflosigkeit, Manie, offenbar grundlosem Lachen oder Weinen oder starken Kopfschmerzen. Es können Leber-*Qi*-Stagnation und Milz-*Qi*-Mangel zugrunde liegen, was zu weiterer Schleimretention führt.

Z rot, klebriger gelber Belag

P schnell, schlüpfrig, drahtig

X *Zhu Sha*/Cinnabaris ist toxisch und sollte nur in kleinen Mengen verwendet werden. Nicht während der Schwangerschaft einsetzen.

SHENG TIE LUO YIN

Eiserne Feilspäne Dekokt

Sheng Tie Luo	*Frusta Ferri*	30–60 g
Dan Nan Xing	*Arisaema*	1–3 g
Zhe Bei Mu	*Fritillaria*	3–6 g
Mai Men Dong	*Ophiopogon*	6–9 g
Xuan Shen	*Scrophularia*	6–9 g
Tian Men Dong	*Asparagus*	6–9 g
Fu Shen	*Poria*	3–6 g
Fu Ling	*Poria*	3–6 g
Lian Qiao	*Forsythia*	3–6 g
Dan Shen	*Salvia*	3–6 g
Shi Chang Pu	*Acorus*	3–6 g
Gou Teng	*Uncaria*	3–6 g
Chen Pi	*Citrus*	3–6 g
Yuan Zhi	*Polygala*	3–6 g
Zhu Sha	*Cinnabaris*	0,5 g

Herz-Blut-*Xue*-Mangel

- Blässe
- Angstzustände
- Schlaflosigkeit und durch Träume gestörter Schlaf
- Schwindel
- Palpitationen
- Vergesslichkeit, Nervosität, Paranoia
- *Panikattacken, Herzrhythmusstörungen*

Z blass, dünn und schmal, trocken

P dünn

Herz-Blut-*Xue*- und -*Yin*-Mangel mit Milz-*Qi*-Mangel führen zu Schlaflosigkeit, Appetitmangel, Alpträumen, bei Frauen unregelmäßiger Menstruation oder uterinen Blutungen, die als *Beng Lou* auftreten können (starke, unkontrollierte oder schwache, chronische Blutungen/Spotting). Diese Rezeptur ist auch günstig bei Purpura aufgrund von Milz-*Qi*-/-Blut-*Xue*-Mangel.

Z blass, geschwollen, mit Zahnabdrücken, dünner weißer Belag

P schwach, dünn

* **Wichtige Rezeptur**

GUI PI TANG

Dekokt, das die Milz wiederherstellt

Ren Shen	*Panax*	6–9 g
Huang Qi	*Astragalus*	9–12 g
Fu Shen	*Poria*	6–9 g
Bai Zhu	*Atractylodes*	9–12 g
Long Yan Rou	*Euphoria*	9–12 g
Mu Xiang	*Saussurea*	3–6 g
Suan Zao Ren	*Ziziphus*	9–12 g
Dang Gui	*Angelica*	6–9 g
Yuan Zhi	*Polygala*	3–6 g
Gan Cao	*Glycyrrhiza*	3–6 g

---

1. *Yin*-/Blut-*Xue*-Mangel mit Hitze führt zu Herzarrhythmie. 2. Hohes Fieber führt zu Arrhythmie: Durch *Yangming*-Störung erschöpftes *Yin* verursacht Herzrhythmusstörungen.

Z rot, spärlicher Belag

P schnell, unregelmäßig

H *E Jiao*/Equus in das abgeseihte Dekokt einrühren.

JIA JIAN FU MAI TANG

Modifiziertes Dekokt, das den Puls wiederherstellt

Zhi Gan Cao	*Glycyrrhiza*	12–15 g
Bai Shao Yao	*Paeonia*	12–15 g
Mai Men Dong	*Ophiopogon*	9–12 g
Sheng Di Huang	*Rehmannia*	12–15 g
Huo Ma Ren	*Cannabis*	9–12 g
E Jiao	*Equus*	6–9 g

Herz-*Qi*-/-Blut-*Xue*-Mangel führt zu Schlaflosigkeit, Angstzuständen, Ruhelosigkeit und Vergesslichkeit.

Z blass

P schwach, dünn

YANG XIN TANG

Dekokt, das das Herz nährt

Sheng Di Huang	*Rehmannia*	6–12 g
Shu Di Huang	*Rehmannia*	6–12 g
Dang Gui	*Angelica*	6–9 g
Ren Shen	*Panax*	6–12 g
Mai Men Dong	*Ophiopogon*	6–9 g
Suan Zao Ren	*Ziziphus*	6–9 g
Fu Shen	*Poria*	6–9 g
Bai Zi Ren	*Biota*	6–9 g
Wu Wei Zi	*Schisandra*	6–9 g
Gan Cao	*Glycyrrhiza*	3–6 g
[*Lian Zi*	*Nelumbo*	3–6 g]
[*Deng Xin Cao*	*Juncus*	3–6 g]

Nieren- und Leber-*Yin*-/-Blut-*Xue*-Mangel mit Feuer quält das Herz. Dies führt zu Herz- und Leber-Feuer oder Leber-*Yang*-Fülle mit exzessivem Träumen, Schlaflosigkeit oder Wutanfällen.

Z rot, Furchen, dünner oder dicker gelber Belag

P schnell, drahtig, dünn

H Zutaten zu Pulver vermahlen, 9–12 g schwere Pillen herstellen und dreimal täglich einnehmen. *Xi Jiao*/Rhinoceros sollte durch *Shui Niu Jiao*/Bubalus ersetzt werden.

ZHEN ZHU MU WAN

Perlmutter Pille

Zhen Zhu Mu	*Pteria*	15–20 g
Ren Shen	*Panax*	9–12 g
Dang Gui	*Angelica*	6–12 g
Shu Di Huang	*Rehmannia*	9–12 g
Suan Zao Ren	*Ziziphus*	6–9 g
Bai Zi Ren	*Biota*	6–9 g
Fu Shen	*Poria*	6–9 g
Chen Xiang	*Aquilaria*	6–9 g
Xi Jiao	*Rhinoceros*	1–3 g

Herz

Herz-*Qi*-, -Blut-*Xue*- oder -*Yin*-Mangel führt zu Arrhythmie, Schlaflosigkeit, Druckgefühl in der Brust, koronaren Herzerkrankungen und Angstzuständen.

Z blass oder rot, dünner weißer Belag

P schwach

H *E Jiao*/Equus in das abgeseihte Dekokt einrühren.

ZHI GAN CAO TANG

In Honig gebratene Radix Glycyrrhizae Uralensis Dekokt

Zhi Gan Cao	*Glycyrrhiza*	12–15 g
Sheng Di Huang	*Rehmannia*	30 g
Ren Shen	*Panax*	6–9 g
Gui Zhi	*Cinnamomum*	6–9 g
Huo Ma Ren	*Cannabis*	6–9 g
Mai Men Dong	*Ophiopogon*	9 g
E Jiao	*Equus*	6 g
Da Zao	*Ziziphus*	6–9 St.
Sheng Jiang	*Zingiber*	6–9 g

Herz-Feuer mit *Qi*-/Blut-*Xue*-/*Yin*-Mangel führt zu Depressionen, Hitzesensationen im Thorax, exzessivem Träumen oder Palpitationen. Diese Rezeptur wirkt sedierend.

Z rot, dünner Belag

P schnell, dünn

H Entweder alle Kräuter verreiben und 6–9 g zweimal täglich einnehmen oder ein Dekokt herstellen und am Ende *Zhu Sha*/Cinnabaris zufügen.

X *Zhu Sha*/Cinnabaris ist toxisch und sollte nicht über einen längeren Zeitraum eingenommen werden.

ZHU SHA AN SHEN WAN

Cinnabaris Pille zur Beruhigung des Geistes

Zhu Sha	*Cinnabaris*	3–9 g
Huang Lian	*Coptis*	6–12 g
Dang Gui	*Angelica*	3–6 g
Sheng Di Huang	*Rehmannia*	3–6 g
Zhi Gan Cao	*Glycyrrhiza*	6–9 g

Herz-Blut-*Xue*-Stase

- Beklemmungsgefühl im Thorax
- Schmerzen im Thorax, die eventuell in den linken Arm ausstrahlen
- zyanotische Lippen und Nägel
- kalte Extremitäten
- *Herzrhythmusstörungen, Myokardischämie*

Z violett

P langsam und unregelmäßig, knotig

***Qi*-Stagnation im oberen und mittleren Erwärmer mit langsamer Blutzirkulation führt zu intermittierenden thorakalen Schmerzen und Unwohlsein in Epigastrium oder Abdomen.**

Z violett

P rau

DAN SHEN YIN

Radix Salviae Miltiorrhizae Dekokt

Dan Shen	*Salvia*	30 g
Sha Ren	*Amomum*	5 g
Tan Xiang	*Santalum*	5 g

Starke Herz-Schleim-Retention und *Qi*-Stagnation mit *Yang*-Mangel. Es kann starke Angina pectoris vorliegen und der Patient leidet unter Taubheitsgefühlen, die auf den Arm ausstrahlen, und Kurzatmigkeit: Thorax-*Bi*-Syndrom.

Z blass, blass-violett, nass, dicker, klebriger weißer Belag

P schlüpfrig

* **Wichtige Rezeptur**

GUA LOU XIE BAI BAN XIA TANG

Fructus Trichosanthis, Bulbus Allii und Rhizoma Pinelliae Ternatae Dekokt

Gua Lou	*Trichosanthes*	9–12 g
Xie Bai	*Allium*	6–9 g
Ban Xia	*Pinellia*	9–12 g
Bai Jiu	*White Wine*	30 cc

Blut-*Xue*-Stase (*Xue Yu*) im Bereich von Kopf, Thorax und Diaphragma führt zu Angina pectoris, Palpitationen, Schlaflosigkeit, Alpträumen oder Dysmenorrhö.

Z violett oder violette Flecken

P drahtig

X Nicht während der Schwangerschaft einsetzen.

* **Wichtige Rezeptur**

XUE FU ZHU YU TANG

Dekokt, das Stasen aus dem Haus des Blutes treibt

Dang Gui	*Angelica*	6–9 g
Chuan Xiong	*Ligusticum*	3–9 g
Sheng Di Huang	*Rehmannia*	6–9 g
Chi Shao Yao	*Paeonia*	6–9 g
Tao Ren	*Prunus*	6–12 g
Hong Hua	*Carthamus*	6–9 g
Chuan Niu Xi	*Cyathula*	9–12 g
Jie Geng	*Platycodon*	3–6 g
Zhi Ke	*Citrus*	3–6 g
Chai Hu	*Bupleurum*	3–9 g
Gan Cao	*Glycyrrhiza*	3–6 g

Herz-Feuer

- mentale Erregungszustände und Ruhelosigkeit
- Gesichtsrötung
- Mund- oder Zungengeschwüre
- Palpitationen
- *Tachykardie*

Z rot, rote Spitze, gelber Belag
P voll, schnell

Herz-/Perikard-Feuer mit toxischer Hitze und Fieber verwandelt sich in Schleim. Dies führt zu Delirium, Koma, Aphasie oder bei Kindern zu Krämpfen.

Z dunkelrot, klebriger gelber Belag

P schnell, voll, drahtig

H Die Zutaten mahlen und zu 3 g schweren Pillen formen. Die Dosis für Erwachsene ist 1 Pille zwei- bis dreimal täglich. *Xi Jiao*/Rhinoceros sollte durch *Shui Niu Jiao*/Bubalus ersetzt werden.

X Nicht während der Schwangerschaft einsetzen. *Zhu Sha*/Cinnabaris ist toxisch und sollte nicht über einen längeren Zeitraum eingenommen werden.

* **Wichtige Rezeptur**

AN GONG NIU HUANG WAN

Pille, die den Palast beruhigt, mit Calculus Bovis

Niu Huang	*Bos*	25–30 g
Xi Jiao	*Rhinoceros*	25–30 g
She Xiang	*Moschus*	7,5 g
Huang Lian	*Coptis*	25–30 g
Zhi Zi	*Gardenia*	25–30 g
Huang Qin	*Scutellaria*	25–30 g
Bing Pian	*Dryobalanops*	7,5 g
Zhen Zhu Mu	*Pteria*	12–15 g
Yu Jin	*Curcuma*	25–30 g
Xiong Huang	*Realgar*	25–30 g
Zhu Sha	*Cinnabaris*	25–30 g

Herz-Feuer und aufsteigendes *Yang* führen zu schwerer Schlaflosigkeit, Palpitationen, Verlust von Gehörsinn oder Augenlicht. Niere und Herz sind nicht in Harmonie.

Z rot, gelber Belag

P schnell, eventuell drahtig

H Die Zutaten zu Pulver vermahlen und dann mit Honig zu Pillen formen.

X *Zhu Sha*/Cinnabaris ist toxisch und sollte nur kurzfristig eingenommen werden. Nicht während der Schwangerschaft einsetzen.

CI ZHU WAN

Magnetitum und Cinnabaris Pille

Ci Shi	*Magnetitum*	60 g
Zhu Sha	*Cinnabaris*	30 g
Shen Qu	*Massa Fermentata*	120 g

Herz-Feuer greift auf den Dünndarm über, was zu Feuchte-Hitze in der Blase führt, mit Hämaturie, Harnverhalt, Pollakisurie, Durst oder Zungengeschwüren.

Z hellrot, klebriger gelber Belag

P schnell, drahtig

DAO CHI SAN

Pulver, das das Rote hinausleitet

Sheng Di Huang	*Rehmannia*	9–20 g
Dan Zhu Ye	*Lophatherum*	6–9 g
Mu Tong	*Akebia*	6–9 g
Gan Cao	*Glycyrrhiza*	3–6 g

Hitze im oberen und Kälte im mittleren Erwärmer, meist verursacht durch kalte Nahrung, die das Milz-*Qi* schwächt. Dies führt zu Feuchtigkeit, die sich dann in Hitze verwandelt. Die Hitze steigt nach oben und greift das Herz an. Symptome sind Durst, Ruhelosigkeit, Völle-/Kältegefühl und Schmerzen im Abdomen oder Übelkeit und Erbrechen.

Z rot oder blass, rote Spitze, dünner, klebriger Belag

P schnell, drahtig

HUANG LIAN TANG

Rhizoma Coptidis Dekokt

Huang Lian	*Coptis*	5 g
Gan Jiang	*Zingiber*	5 g
Gui Zhi	*Cinnamomum*	5 g
Ren Shen	*Panax*	3 g
Ban Xia	*Pinellia*	9 g
Da Zao	*Ziziphus*	9–12 St.
Gan Cao	*Glycyrrhiza*	6 g

Herz-Feuer und Fülle-Hitze führen zu Nasenbluten oder prämenstruellem Erbrechen.

Z rot, gelber Belag

P schnell oder leer

X Vorsicht während der Schwangerschaft.

SAN HUANG SI WU TANG

Dreimal Gelb und Vier Arzneien Dekokt

Shu Di Huang	*Rehmannia*	6–15 g
Bai Shao Yao	*Paeonia*	6–9 g
Chuan Xiong	*Ligusticum*	3–9 g
Dang Gui	*Angelica*	6–9 g
Huang Lian	*Coptis*	3–9 g
Da Huang	*Rheum*	6–12 g
Huang Qin	*Scutellaria*	6–9 g

Herz-/Magen-Feuer mit Feuchtigkeit führt zu Fieber, Ikterus, Völlegefühl, Wechsel von Diarrhö und Obstipation, Mund- und Zungengeschwüren oder Karbunkeln.

Z dunkelrot, gelber Belag

P überflutend, schnell

X Vorsicht während der Schwangerschaft.

XIE XIN TANG

Dekokt, das das Epigastrium entlastet

Da Huang	*Rheum*	6–9 g
Huang Lian	*Coptis*	3–6 g
Huang Qin	*Scutellaria*	6–9 g

Herz-Feuer mit *Qi*-/Blut-*Xue*-/*Yin*-Mangel führt zu Depressionen, Hitzesensationen im Thorax, exzessivem Träumen oder Palpitationen. Diese Rezeptur wirkt sedierend.

Z rot, dünner Belag

P schnell, dünn

H Entweder alle Kräuter verreiben und 6–9 g zweimal täglich einnehmen oder ein Dekokt herstellen und am Ende *Zhu Sha*/Cinnabaris zufügen.

X *Zhu Sha*/Cinnabaris ist toxisch und sollte nicht über einen längeren Zeitraum eingenommen werden.

ZHU SHA AN SHEN WAN

Cinnabaris Pille zur Beruhigung des Geistes

Zhu Sha	*Cinnabaris*	3–9 g
Huang Lian	*Coptis*	6–12 g
Dang Gui	*Angelica*	3–6 g
Sheng Di Huang	*Rehmannia*	3–6 g
Zhi Gan Cao	*Glycyrrhiza*	6–9 g

Yang-Kollaps

- starkes Schwitzen, Spontanschweiß
- Lippenzyanose
- flache Atmung
- Palpitationen
- Bewusstlosigkeit, lebensbedrohliche Schockzustände

Z violett oder blass
P verschwindend

Schwerer *Yang*-Mangel und Kälte führen dazu, dass das *Yang* an die Oberfläche gedrängt wird und oberflächlich falsche *Yang*-Symptome produziert. Dem Patienten scheint es besser zu gehen, während er möglicherweise bereits dem Tode nahe ist. Symptome sind u. a. Diarrhö, niedriggradiges Fieber oder Gesichtsrötung. Innere Kälte mit oberflächlich leerer Hitze: *Shaoyin*-Syndrom.

Z blass, rote Spitze

P tief, kraftlos

BAI TONG TANG

Weißes eindringendes Dekokt

Gan Jiang	*Zingiber*	3–6 g
Fu Zi	*Aconitum*	3–9 g
Cong Bai	*Allium*	3–6 g

Schock mit starkem Schwitzen und *Qi*-Verlust nach Hämorrhagie oder Herzversagen.

Z blass

P hohl oder kraftlos

DU SHEN TANG

Reines Radix Ginseng Dekokt

Ren Shen	*Panax*	30 g
[Da Zao	*Ziziphus*	3–6 g]

Nieren- und Milz-*Yang*-Mangel mit Kälte ist in alle drei *Yin*-Meridiane (*Taiyin*, *Shaoyin* und *Jueyin*) eingedrungen. Symptome sind u.a. Frösteln, eiskalte Extremitäten und kaltes Gesicht, wässrige Diarrhö oder Husten mit reichlicher Speichelproduktion.

Z blass, nass, dünner, weißer, feuchter Belag

P verschwindend oder kraftlos

H *She Xiang*/Moschus entfernen, aus den übrigen Bestandteilen wie üblich ein Dekokt herstellen und dann den pulverisierten Moschus bei jeder Dosis zufügen.

HUI YANG JIU JI TANG

Dekokt, das das *Yang* wiederherstellt und wiederbelebt

Fu Zi	*Aconitum*	9 g
Rou Gui	*Cinnamomum*	3–6 g
Ren Shen	*Panax*	6–9 g
Gan Jiang	*Zingiber*	3–6 g
Fu Ling	*Poria*	6–9 g
Chen Pi	*Citrus*	3–6 g
Bai Zhu	*Atractylodes*	6–9 g
Wu Wei Zi	*Schisandra*	3–6 g
Ban Xia	*Pinellia*	6–9 g
Gan Cao	*Glycyrrhiza*	3–6 g
She Xiang	*Moschus*	0,3 g
[Sheng Jiang	*Zingiber*	1–3 g]

Starker *Yang*- und Blutverlust führt zu Kollaps und Dehydrierung durch Schwitzen und Diarrhö. Der Patient leidet unter kalten Extremitäten oder Schüttelfrost.

Z blass

P dünn oder hohl

SI NI JIA REN SHEN TANG

Kalte Extremitäten Dekokt mit Radix Ginseng

Fu Zi	*Aconitum*	6–9 g
Gan Jiang	*Zingiber*	3–6 g
Zhi Gan Cao	*Glycyrrhiza*	3–6 g
Ren Shen	*Panax*	6–9 g

Äußere Kälte ist nach innen gedrungen. *Qi* und *Yang* sind sehr schwach und das Nieren-/Milz-*Yang* wurde verletzt. Symptome sind u. a. niedriger Blutdruck, kalte Extremitäten, Schock oder Schwitzen.

Z blass oder violett, feuchter weißer Belag

P verschwindend

H Die rohe Form von Radix Lateralis Aconiti Carmichaeli wird hier verwendet, da sie sehr viel wärmer ist als die vorbehandelte Form. Zur Detoxifikation werden häufig 6–12 g Honig zugefügt. *Fu Zi*/Aconitum 30–60 Minuten lang in 8–10 Tassen kochendem Wasser einweichen. Die übrigen Zutaten während der letzten 25 Minuten zufügen und wie üblich ein Dekokt herstellen.

X *Fu Zi*/Aconitum in roher Form ist toxisch und nur für kurzfristige Anwendung geeignet.

* **Wichtige Rezeptur**

SI NI TANG

Kalte Extremitäten Dekokt

Fu Zi	*Aconitum*	9–15 g
Gan Jiang	*Zingiber*	6–12 g
Zhi Gan Cao	*Glycyrrhiza*	3–6 g

***Shaoyin*-Störung: Schwerer *Yang*-Mangel mit Kälte-Retention führt dazu, dass falsches *Yang* an die Oberfläche gedrängt wird. Das *Yang* kann nicht im Innern bleiben. Dies führt zu kalten Extremitäten, doch ohne Kälteaversion, zu Gesichtsrötung, Durst ohne Verlangen zu trinken oder trockener Kehle.**

Z blass, blass-violett, mit Zahnabdrücken, dünner weißer Belag

P langsam, verschwindend

TONG MAI SI NI TANG

Kalte Extremitäten Dekokt, das Pulsblockaden auflöst

Fu Zi	*Aconitum*	12–15 g
Gan Jiang	*Zingiber*	9–12 g
Gan Cao	*Glycyrrhiza*	3–6 g

Syndrome der Milz

脾失调

Milz-*Qi*-Mangel

- Müdigkeit, vor allem nach dem Essen
- Appetitmangel und Mattigkeit
- blasse oder fahlgelbe Gesichtsfarbe
- abdominales Druck- oder Völlegefühl
- weiche Stühle
- Muskelatrophie
- übermäßiges Sabbern beim Säugling
- *Hypoglykämie, Reizkolon, chronische Müdigkeit (Chronic Fatigue Syndrome)*

Z blass, geschwollen, mit Zahnabdrücken

P schwach

Milz-*Qi*-Mangel führt zu morgendlicher Übelkeit, unruhigem Fötus, weichen Stühlen oder Appetitmangel.

Z blass, geschwollen, weißer Belag

P schwach

BAO TAI ZI SHENG WAN

Pille, die den Fötus schützt und das Leben unterstützt

Ren Shen	*Panax*	6–9 g
Fu Ling	*Poria*	6–9 g
Bai Zhu	*Atractylodes*	6–9 g
Gan Cao	*Glycyrrhiza*	3–6 g
Lian Zi	*Nelumbo*	6–9 g
Bian Dou	*Dolichos*	6–9 g
Huo Xiang	*Agastache*	6–9 g
Bai Dou Kou	*Amomum*	3–6 g
Chen Pi	*Citrus*	3–6 g
Jie Geng	*Platycodon*	3–6 g
Shan Yao	*Dioscorea*	6–9 g
Yi Yi Ren	*Coix*	6–12 g
Ze Xie	*Alisma*	6–9 g
Mai Ya	*Hordeum*	12–20 g
Qian Shi	*Euryale*	6–9 g
Shan Zha	*Crataegus*	6–12 g
Huang Lian	*Coptis*	3 g

Milz-/Ursprungs-*Qi*-Mangel führt zu niedriggradigem Fieber, Müdigkeit oder weichen Stühlen. Purpura durch *Qi*-/*Yang*-Mangel. In der Pädiatrie: Masern, Windpocken oder Pocken, die zu Purpura führen und einen Schock verursachen können.

Z blass, weißer Belag

P schwach

BAO YUAN TANG

Dekokt, das die Grundlage (Quelle) erhält

Ren Shen	*Panax*	6–9 g
Huang Qi	*Astragalus*	6–12 g
Rou Gui	*Cinnamomum*	6–9 g
Gan Cao	*Glycyrrhiza*	3–6 g

Milz-/Magen-*Qi*-Mangel mit sinkendem Milz-*Qi* oder Milz kontrolliert das Blut-*Xue* nicht. Der *Qi*-Mangel kann zu (morgendlichem) Fieber, vorzeitiger Menstruation, Schwäche, Diarrhö oder Blässe führen.

Z blass, geschwollen, mit Zahnabdrücken, dünner weißer Belag

P schwach

BU ZHONG YI QI TANG

Dekokt, das die Mitte tonisiert und das *Qi* vermehrt

Ren Shen	*Panax*	6–12 g
Huang Qi	*Astragalus*	9–15 g
Dang Gui	*Angelica*	6–9 g
Chen Pi	*Citrus*	3–6 g
Sheng Ma	*Cimicifuga*	3–6 g
Chai Hu	*Bupleurum*	3–9 g
Bai Zhu	*Atractylodes*	3–9 g
Zhi Gan Cao	*Glycyrrhiza*	3–6 g

Hitze und Kälte im mittleren Erwärmer mit Milz-/Magen-*Qi*-Mangel und vorherrschender Kälte. Der Patient leidet unter leichten Symptomen einer *Qi*-Stagnation im mittleren Erwärmer wie Druck- oder Völlegefühl.

Z dünner gelber Belag

P schwach, leicht drahtig

GAN CAO XIE XIN TANG

Radix Glycyrrhizae Uralensis Dekokt, welches das Epigastrium abfließen lässt

Ban Xia	*Pinellia*	6–9 g
Huang Qin	*Scutellaria*	9–12 g
Zhi Gan Cao	*Glycyrrhiza*	12–15 g
Gan Jiang	*Zingiber*	9–12 g
Ren Shen	*Panax*	9–12 g
Huang Lian	*Coptis*	3–6 g
Da Zao	*Ziziphus*	9–15 St.

Milz-/Magen-*Qi*-Mangel und Kälte führen zu Erbrechen während der Schwangerschaft.

Z blass, dünner weißer Belag

P schwach

GAN JIANG REN SHEN BAN XIA WAN

Rhizoma Zingiberis Officinalis, Radix Ginseng und Rhizoma Pinelliae Ternatae Pille

Gan Jiang	*Zingiber*	3 g
Ren Shen	*Panax*	3 g
Ban Xia	*Pinellia*	6 g
[Sheng Jiang	*Zingiber*	1–3 g]

Herz-Blut-*Xue*- und -*Yin*-Mangel mit Milz-*Qi*-Mangel führen zu Schlaflosigkeit, Appetitmangel, Alpträumen, bei Frauen unregelmäßiger Menstruation oder uterinen Blutungen, die als *Beng Lou* auftreten können (starke, unkontrollierte oder schwache, chronische Blutungen/Spotting). Diese Rezeptur ist auch günstig bei Purpura aufgrund von Milz-*Qi*-/-Blut-*Xue*-Mangel.

Z blass, geschwollen, mit Zahnabdrücken, dünner weißer Belag

P schwach, dünn

GUI PI TANG

Dekokt, das die Milz wiederherstellt

Ren Shen	*Panax*	6–9 g
Huang Qi	*Astragalus*	9–12 g
Fu Shen	*Poria*	6–9 g
Bai Zhu	*Atractylodes*	9–12 g
Long Yan Rou	*Euphoria*	9–12 g
Mu Xiang	*Saussurea*	3–6 g
Suan Zao Ren	*Ziziphus*	9–12 g
Dang Gui	*Angelica*	6–9 g
Yuan Zhi	*Polygala*	3–6 g
Gan Cao	*Glycyrrhiza*	3–6 g

Schwere *Taiyin-/Taiyang*-Störung mit abdominalen Krämpfen als Hauptsymptom.

Z dünner weißer Belag

P oberflächlich

GUI ZHI JIA SHAO YAO TANG

Ramulus Cinnamomi Cassiae Dekokt mit Radix Paeoniae

Gui Zhi	*Cinnamomum*	6–9 g
Bai Shao Yao	*Paeonia*	15–18 g
Sheng Jiang	*Zingiber*	3–6 g
Da Zao	*Ziziphus*	3–4 St.
Gan Cao	*Glycyrrhiza*	3–6 g

Leichtes *Taiyin-/Taiyang*-Syndrom: Wind-Kälte mit leichtem Milz-*Qi*-Mangel. Frösteln ist vorherrschend und der Patient leidet unter Diarrhö mit epigastrischem Druckgefühl.

Z blass, dünner weißer Belag

P schwach, eventuell oberflächlich

GUI ZHI REN SHEN TANG

Ramulus Cinnamomi Cassiae und Radix Ginseng Dekokt

Gui Zhi	*Cinnamomum*	9–12 g
Ren Shen	*Panax*	9–12 g
Gan Jiang	*Zingiber*	9 g
Bai Zhu	*Atractylodes*	9 g
Zhi Gan Cao	*Glycyrrhiza*	9–12 g

Milz-*Qi*-Mangel mit bereits bestehendem *Taiyang*-Syndrom, wobei aber keine direkten äußeren Symptome mehr vorliegen. Symptome sind u. a. epigastrisches Spannungsgefühl, Erbrechen oder Appetitmangel.

Z blass, dünner weißer Belag

P schwach

HOU PO SHENG JIANG BAN XIA TANG

Cortex Magnoliae Officinalis, Rhizoma Zingiberis Officinalis und Rhizoma Pinelliae Ternatae Dekokt

Hou Po	*Magnolia*	6–12 g
Sheng Jiang	*Zingiber*	3–6 g
Ban Xia	*Pinellia*	6–9 g
Ren Shen	*Panax*	6–9 g
Gan Cao	*Glycyrrhiza*	3–6 g

Milz-/Magen-*Qi*-Mangel mit Kälte und Abwehr-*Wei-Qi*-Mangel; auch wirksam bei Ulcus pepticum und chronischen Allergien. Weitere Symptome sind Appetitmangel oder Spontanschweiß.

Z blass, dünner weißer Belag

P schwach, langsam, dünn, drahtig

H *Yi Tang*/Saccharum Granorum im abgeseihten Dekokt auflösen.

HUANG QI JIAN ZHONG TANG

Radix Astragali Membranacei Dekokt, das die Mitte aufbaut

Gui Zhi	*Cinnamomum*	9 g
Bai Shao Yao	*Paeonia*	18 g
Sheng Jiang	*Zingiber*	10 g
Da Zao	*Ziziphus*	3–6 St.
Gan Cao	*Glycyrrhiza*	6 g
Yi Tang	*Saccharum Granorum*	30 g
Huang Qi	*Astragalus*	9 g

Milz

Milz-*Qi*-Mangel während der Schwangerschaft mit Lethargie, Spotting oder Schmerzen im unteren Rücken.

Z blass, geschwollen, mit Zahnabdrücken, dünner weißer Belag

P schwach, dünn

H *E Jiao*/Equus in das abgeseihte Dekokt einrühren.

JIA JIAN BU ZHONG YI QI TANG

Modifiziertes Dekokt, das die Mitte 0tonisiert und das *Qi* vermehrt

Ren Shen	*Panax*	6–9 g
Huang Qi	*Astragalus*	6–12 g
Chen Pi	*Citrus*	3–6 g
Bai Zhu	*Atractylodes*	3–9 g
Sheng Ma	*Cimicifuga*	3–6 g
Chai Hu	*Bupleurum*	3–9 g
E Jiao	*Equus*	3–9 g
Ai Ye	*Artemisia*	3–9 g
Gan Cao	*Glycyrrhiza*	3–6 g

Milz-*Qi*-Mangel führt zu starken Uterusblutungen mit blassrotem Blut, vorzeitiger oder unregelmäßiger Menstruation. Unruhiger Fötus infolge von sinkendem Milz-*Qi*.

Z blass, geschwollen, mit Zahnabdrücken, dünner weißer Belag

P schwach

JU YUAN JIAN

Dekokt, das die Quelle hebt

Ren Shen	*Panax*	6–9 g
Huang Qi	*Astragalus*	9–12 g
Sheng Ma	*Cimicifuga*	3–6 g
Bai Zhu	*Atractylodes*	3–6 g
Gan Cao	*Glycyrrhiza*	3–6 g

Milz-/Magen-*Qi*-Mangel mit leichten Feuchtigkeits-Symptomen wie Appetitmangel, Spannungsgefühl im mittleren Erwärmer oder Übelkeit und Erbrechen.

Z blass, dünner, klebriger Belag

P schwach, leicht schlüpfrig

LIU JUN ZI TANG

Sechs Gentlemen Dekokt

Ren Shen	*Panax*	6–9 g
Bai Zhu	*Atractylodes*	6–9 g
Fu Ling	*Poria*	6–9 g
Chen Pi	*Citrus*	3–6 g
Ban Xia	*Pinellia*	6–9 g
Gan Cao	*Glycyrrhiza*	3–6 g

Herz-*Qi*-Mangel mit Milz-*Qi*-Mangel führt zu Angstzuständen, Schlaflosigkeit, Spontanschweiß oder Palpitationen.

Z blass, dünner Belag

P schwach

X *Zhu Sha*/Cinnabaris ist toxisch und sollte nur kurzfristig eingesetzt werden.

MIAO XIANG SAN

Wunderbar duftendes Pulver

Ren Shen	*Panax*	6–12 g
Fu Ling	*Poria*	9–12 g
Fu Shen	*Poria*	9–12 g
Yuan Zhi	*Polygala*	9–12 g
Huang Qi	*Astragalus*	9–15 g
Shan Yao	*Dioscorea*	9–12 g
Mu Xiang	*Saussurea*	12–15 g
Jie Geng	*Platycodon*	1–3 g
Zhu Sha	*Cinnabaris*	1–3 g
She Xiang	*Moschus*	0,3–0,5 g
Gan Cao	*Glycyrrhiza*	3–6 g

Milz-/Magen-*Qi*-Mangel führt zu Diarrhö und Erbrechen mit starkem Durst aufgrund des Flüssigkeitsverlusts. Wird häufig in der Pädiatrie eingesetzt.

Z blass, geschwollen, mit Zahnabdrücken, dünner weißer Belag

P schwach

QI WEI BAI ZHU SAN

Sieben Bestandteile Pulver mit Rhizoma Atractylodis Macrocephalae

Ren Shen	*Panax*	6–9 g
Bai Zhu	*Atractylodes*	3–9 g
Mu Xiang	*Saussurea*	3–9 g
Fu Ling	*Poria*	6–9 g
Huo Xiang	*Agastache*	9–15 g
Ge Gen	*Pueraria*	9–15 g
Gan Cao	*Glycyrrhiza*	3–6 g

Milz-*Qi*-Mangel führt zu Leukorrhö mit dünnem, klarem oder rötlichem Ausfluss und Schmerzen im unteren Rücken.

Z blass, dünner weißer Belag

P tief, dünn, schlüpfrig

QING DAI TANG

Dekokt, das Ausfluss beseitigt

Shan Yao	*Dioscorea*	9–30 g
Mu Li	*Ostrea*	9–15 g
Long Gu	*Os Draconis*	9–15 g
Qian Cao Gen	*Rubia*	6–9 g
Hai Piao Xiao	*Sepia*	9–12 g

Lungen-*Yin*-Mangel mit leerer Hitze und Milz-*Qi*-Mangel führt zu Husten mit spärlichem Sputum und Müdigkeit.

Z rot, gefurcht, wenig Belag

P dünn, schnell

H *Bie Jia*/Amyda etwa eine Stunde lang einweichen, dann mit den übrigen Kräutern ein Dekokt herstellen.

REN SHEN HUANG QI SAN

Radix Ginseng und Radix Astragali Membranacei Pulver

Ren Shen	*Panax*	6–12 g
Huang Qi	*Astragalus*	9–15 g
Fu Ling	*Poria*	6–9 g
Zhi Mu	*Anemarrhena*	6–9 g
Zi Wan	*Aster*	6–9 g
Sang Bai Pi	*Morus*	6–9 g
Qin Jiao	*Gentiana*	6–12 g
Jie Geng	*Platycodon*	3–6 g
Chai Hu	*Bupleurum*	6–9 g
Ban Xia	*Pinellia*	6–9 g
Di Gu Pi	*Lycium*	3–9 g
Sheng Di Huang	*Rehmannia*	6–15 g
Bie Jia	*Amyda*	6–12 g
Tian Men Dong	*Asparagus*	9–12 g
Chi Shao Yao	*Paeonia*	3–9 g
Gan Cao	*Glycyrrhiza*	3–6 g

Milz-*Qi*-Mangel mit Feuchtigkeit führt zu Diarrhö und unregelmäßiger Menstruation. Weitere Symptome sind Blässe, Gewichtsverlust, Müdigkeit oder Appetitmangel.

Z blass, weißer Belag

P schwach oder dünn

SHEN LING BAI ZHU SAN (Abb. S. 531)

Radix Ginseng, Sclerotium Poriae Cocos und Rhizoma Atractylodis Macrocephalae Pulver

Ren Shen	*Panax*	9–15 g
Fu Ling	*Poria*	9–12 g
Bai Zhu	*Atractylodes*	3–9 g
Gan Cao	*Glycyrrhiza*	6–9 g
Lian Zi	*Nelumbo*	3–9 g
Yi Yi Ren	*Coix*	6–15 g
Shan Yao	*Dioscorea*	9–15 g
Bian Dou	*Dolichos*	6–9 g
Jie Geng	*Platycodon*	3–6 g
Sha Ren	*Amomum*	3 g

Milz-/Nieren-*Qi*- und -*Yang*-Mangel führt zu Ödemen, vor allem im unteren Körperbereich. Weitere Symptome sind kalte Extremitäten, Appetitmangel, spärlicher Urin oder Schweregefühl.

Z blass, klebriger Belag

P tief, langsam, eventuell dünn

SHI PI YIN

Unterstütze die Milz Dekokt

Fu Zi	*Aconitum*	6–9 g
Bai Zhu	*Atractylodes*	6–9 g
Mu Gua	*Chaenomeles*	6–9 g
Hou Po	*Magnolia*	6–12 g
Gan Jiang	*Zingiber*	6–9 g
Mu Xiang	*Saussurea*	6–9 g
Fu Ling	*Poria*	6–9 g
Da Fu Pi	*Areca*	3–6 g
Cao Guo	*Amomum*	3–6 g
Zhi Gan Cao	*Glycyrrhiza*	3–6 g
[Da Zao	*Ziziphus*	1–3 St.]
[Sheng Jiang	*Zingiber*	3–6 g]

Magen-/Milz-*Qi*-Mangel. Dies ist die grundlegende Rezeptur zur Stärkung des *Qi*. Symptome sind u. a. Appetitmangel, weiche Stühle oder Lethargie.

Z blass, dünner weißer Belag

P schwach, tief

* **Wichtige Rezeptur**

SI JUN ZI TANG

Vier Gentlemen Dekokt

Ren Shen	*Panax*	6–9 g
Bai Zhu	*Atractylodes*	3–9 g
Fu Ling	*Poria*	6–9 g
Gan Cao	*Glycyrrhiza*	3–6 g

Milz-*Qi*-Mangel mit Leber-*Qi*-Stagnation führt zu Leukorrhö. Der Ausfluss ist dünn, wässrig oder weiß. Weitere Symptome sind weiche Stühle, Appetitmangel und eventuell Reizbarkeit.

Z blass, blass-violett, geschwollen, klebriger weißer Belag

P schlüpfrig, langsam

WAN DAI TANG

Dekokt, das Ausfluss beendet

Bai Zhu	*Atractylodes*	20–30 g
Cang Zhu	*Atractylodes*	3–6 g
Shan Yao	*Dioscorea*	20–30 g
Chen Pi	*Citrus*	3–6 g
Bai Shao Yao	*Paeonia*	6–12 g
Chai Hu	*Bupleurum*	3–6 g
Jing Jie	*Schizonepeta*	6–9 g
Che Qian Zi	*Plantago*	6–9 g
Ren Shen	*Panax*	6–9 g
Gan Cao	*Glycyrrhiza*	3–6 g

Milz-*Qi*-Mangel mit leichter *Qi*-Stagnation und Feuchtigkeit im mittleren Erwärmer. Symptome sind u.a. Völlegefühl in Epigastrium oder Abdomen, Gase, weiche Stühle oder epigastrische Schmerzen.

Z blass oder blass-violett, geschwollen, mit Zahnabdrücken, weißer Belag

P schwach

WU WEI YI GONG SAN

Außergewöhnliches, effektives Pulver mit fünf Bestandteilen*

Ren Shen	*Panax*	6–9 g
Fu Ling	*Poria*	6–9 g
Bai Zhu	*Atractylodes*	3–9 g
Gan Cao	*Glycyrrhiza*	3–6 g
Chen Pi	*Citrus*	3–6 g
[Da Zao	*Ziziphus*	3–6 g]
[Sheng Jiang	*Zingiber*	3–6 g]

Diarrhö infolge Milz-*Qi*-Mangel mit Feuchtigkeit und Magen-Hitze führt zu Dysenterie mit Schleim und eventuell Blutungen.

Z klebriger gelber Belag

P schlüpfrig, schnell

XIANG LIAN WAN

Rhizoma Coptidis und Radix Aucklandiae Lappaee Pille

Mu Xiang	*Saussurea*	6–9 g
Huang Lian	*Coptis*	3–6 g
Wu Zhu Yu	*Evodia*	3–12 g

1. Chronischer Milz-*Qi*-Mangel mit chronischem, kaltem, pathogenem *Qi* führt zu *Qi*- und Blut-*Xue*-Mangel. Das Hauptsymptom sind abdominale Krämpfe. 2. Leber-*Qi*-Stagnation oder Leber attackiert die Milz. Hierbei sollte die Dosierung von *Bai Shao Yao*/Paeonia erhöht werden.

Z blass oder blass-violett, dünner weißer Belag

P schwach oder leicht drahtig

H *Yi Tang*/Saccharum Granorum dem abgeseihten Tee zufügen.

XIAO JIAN ZHONG TANG

Kleineres Dekokt, das die Mitte aufbaut

Yi Tang	*Saccharum Granorum*	15–30 g
Gui Zhi	*Cinnamomum*	3–9 g
Bai Shao Yao	*Paeonia*	6–9 g
Sheng Jiang	*Zingiber*	6–9 g
Da Zao	*Ziziphus*	3–5 St.
Zhi Gan Cao	*Glycyrrhiza*	3–6 g

Milz-*Qi*- mit -*Yin*-Mangel und Hitze-Retention führt zu Obstipation oder Härte und Völlegefühl im Abdomen.

Z gefurcht, dünner, trockener gelblicher Belag

P schwach, dünn, tief

XIN JIA HUANG LONG TANG

Neu vermehrtes gelbes Drachen Dekokt

Sheng Di Huang	*Rehmannia*	6–15 g
Ren Shen	*Panax*	6–9 g
Da Huang	*Rheum*	6–9 g
Mang Xiao	*Mirabilitum*	3–5 g
Mai Men Dong	*Ophiopogon*	9–15 g
Dang Gui	*Angelica*	6–9 g
Xuan Shen	*Scrophularia*	9–15 g
Gan Cao	*Glycyrrhiza*	3–6 g
Hai Shen	*Strichopus*	1–2 g

Milz-*Qi*-Mangel mit *Qi*-Stagnation im mittleren Erwärmer und Diarrhö oder Unterernährung bei Kindern.

Z blass, blass-violett, weißer Belag

P schwach, dünn

YI HUANG SAN

Pulver, das das Gelbe stärkt

Chen Pi	*Citrus*	30 g
Qing Pi	*Citrus*	15 g
Ding Xiang	*Syzygium*	3–6 g
He Zi	*Terminalia*	15 g
Zhi Gan Cao	*Glycyrrhiza*	15 g

Milz-*Qi*-Mangel führt zu Feuchtigkeit, die sich erhitzt. Dies resultiert in Leukorrhö vom Hitze-Typ mit fischartigem Geruch oder zu verspäteter Menstruation infolge *Qi*- und Blut-*Xue*-Mangel.

Z blass, dünner klebriger gelber oder weißer Belag

P schlüpfrig, schwach

YI HUANG TANG

Dekokt, das den Gelben (Ausfluss) ändert

Shan Yao	*Dioscorea*	9–30 g
Huang Bai	*Phellodendron*	6–9 g
Qian Shi	*Euryale*	9–30 g
Bai Guo	*Ginkgo*	6–10 St.
Che Qian Zi	*Plantago*	3–6 g

Chronischer Mangel im mittleren Erwärmer führt zu Sehstörungen und Gehörverlust oder Tinnitus.

Z blass, weißer Belag

P schwach

YI QI CONG MING TANG

Dekokt, das das *Qi* vermehrt und die Seh- und Hörschärfe verbessert

Ren Shen	*Panax*	6–12 g
Huang Qi	*Astragalus*	6–12 g
Zhi Gan Cao	*Glycyrrhiza*	6–12 g
Man Jing Zi	*Vitex*	6–9 g
Bai Shao Yao	*Paeonia*	3–9 g
Huang Bai	*Phellodendron*	3–9 g
Ge Gen	*Pueraria*	6–9 g
Sheng Ma	*Cimicifuga*	3–6 g

Chronischer Milz-*Qi*-Mangel führt zu *Qi*-Stagnation und diese zu Kälte- und Hitze-Symptomen im mittleren Erwärmer. Das wiederum verletzt Milz und Magen und verursacht Spannungsgefühl in Epigastrium und Abdomen oder Wechsel von Obstipation und Diarrhö.

Z blass, dünner gelblicher Belag

P drahtig

ZHI SHI XIAO PI WAN

Fructus Immaturus Citri Aurantii Pille, die ein fokussiertes Spannungsgefühl vermindert

Zhi Shi	*Citrus*	6–12 g
Hou Po	*Magnolia*	6–15 g
Ban Xia	*Pinellia*	6–9 g
Huang Lian	*Coptis*	9–15 g
Fu Ling	*Poria*	6–9 g
Bai Zhu	*Atractylodes*	3–9 g
Ren Shen	*Panax*	6–9 g
Gan Jiang	*Zingiber*	3–6
Mai Ya	*Hordeum*	3–9 g
Zhi Gan Cao	*Glycyrrhiza*	3–6 g

1. Chronische Nahrungsstagnation mit schwerem Milz-*Qi*-Mangel.
2. Schwere akute Nahrungsstagnation mit leichtem Milz-*Qi*-Mangel.
Symptome sind u.a. Spannungsgefühl in Epigastrium und Abdomen, weiche Stühle und Appetitmangel.

Z klebriger Belag

P drahtig

ZHI ZHU WAN

Fructus Immaturus Citri Aurantii und Rhizoma Atractylodis Macrocephalae Pille

Bai Zhu	*Atractylodes*	9–15 g
Zhi Shi	*Citrus*	6–12 g

Starkes abdominales Spannungsgefühl (*Pi Man* – Glomus, Völle) durch Milz-*Qi*-Mangel oder *Qi*-Stagnation mit Feuchtigkeit und Hitze. Symptome sind u. a. Obstipation oder übelriechende Diarrhö, Durst, gelber Urin oder Fieber.

Z klebriger gelber Belag

P drahtig, schnell

ZHONG MAN FEN XIAO WAN

Pille, die Fülle in der Mitte trennt und vermindert

Hou Po	*Magnolia*	9–18 g
Jiang Huang	*Curcuma*	6 g
Zhi Shi	*Citrus*	9–12 g
Ban Xia	*Pinellia*	6–12 g
Ren Shen	*Panax*	3 g
Zhi Mu	*Anemarrhena*	6–9 g
Gan Jiang	*Zingiber*	3–6 g
Huang Lian	*Coptis*	3–9 g
Huang Qin	*Scutellaria*	9–15 g
Bai Zhu	*Atractylodes*	6 g
Ze Xie	*Alisma*	6 g
Sha Ren	*Amomum*	3–6 g
Chen Pi	*Citrus*	3–6 g
Fu Ling	*Poria*	6–9 g
Zhu Ling	*Polyporus*	3–6 g
Zhi Gan Cao	*Glycyrrhiza*	3–6 g

Milz-*Qi*- und -Blut-*Xue*-Mangel

- Müdigkeit
- Appetitmangel
- Schwindel
- verschwommenes Sehen
- weiche oder trockene Stühle
- blasses Menstruationsblut
- *chronisches Müdigkeitssyndrom (Chronic Fatigue Syndrome)*

Z blass
P schwach, dünn

Milz-*Qi*- und -Blut-*Xue*-Mangel. Symptome sind u.a. Schwindel, fahlgelbe Gesichtsfarbe, chronische Auszehrung, leichtes Fieber, Kurzatmigkeit oder Müdigkeit.

Z blass, dünner weißer Belag

P dünn, schwach

* **Wichtige Rezeptur**

BA ZHEN TANG (Abb. S. 525)

Acht Schätze Dekokt

Ren Shen	*Panax*	6–9 g
Bai Zhu	*Atractylodes*	3–9 g
Fu Ling	*Poria*	6–9 g
Gan Cao	*Glycyrrhiza*	3–6 g
Dang Gui	*Angelica*	6–12 g
Chuan Xiong	*Ligusticum*	3–6 g
Shu Di Huang	*Rehmannia*	6–15 g
Bai Shao Yao	*Paeonia*	6–9 g
[Da Zao	*Ziziphus*	2–3 St.]
[Sheng Jiang	*Zingiber*	2–6 g]

***Qi*- und Blut-*Xue*-Mangel mit Blut-*Xue*-Stase (*Xue Yu*). Diese Rezeptur ist günstig bei unruhigem Fötus, Unfruchtbarkeit, unregelmäßiger Menstruation, Appetitmangel, Schwäche oder Müdigkeit.**

Z blass, dünner weißer Belag

P schwach, eventuell drahtig

BA ZHEN YI MU WAN

Acht Schätze Pille für Mütter

Shu Di Huang	*Rehmannia*	6–15 g
Chuan Xiong	*Ligusticum*	3–9 g
Dang Gui	*Angelica*	6–9 g
Bai Shao Yao	*Paeonia*	6–12 g
Ren Shen	*Panax*	6–12 g
Bai Zhu	*Atractylodes*	3–9 g
Fu Ling	*Poria*	6–9 g
Yi Mu Cao	*Leonurus*	6–18 g
Gan Cao	*Glycyrrhiza*	3–6 g

Milz-/Magen-*Qi*-Mangel mit sinkendem Milz-*Qi* oder Milz kontrolliert das Blut-*Xue* nicht. Der *Qi*-Mangel kann zu (morgendlichem) Fieber, vorzeitiger Menstruation, Schwäche, Diarrhö oder Blässe führen.

Z blass, geschwollen, mit Zahnabdrücken, dünner weißer Belag

P schwach

BU ZHONG YI QI TANG

Dekokt, das die Mitte tonisiert und das *Qi* vermehrt

Ren Shen	*Panax*	6–12 g
Huang Qi	*Astragalus*	9–15 g
Dang Gui	*Angelica*	6–9 g
Chen Pi	*Citrus*	3–6 g
Sheng Ma	*Cimicifuga*	3–6 g
Chai Hu	*Bupleurum*	3–9 g
Bai Zhu	*Atractylodes*	3–9 g
Zhi Gan Cao	*Glycyrrhiza*	3–6 g

Postpartale Unterleibsschmerzen vom Mangel-Typ nach *Qi*- und Blut-*Xue*-Verlust durch die Entbindung.

Z blass

P kraftlos

H *E Jiao*/Equus in das abgeseihte Dekokt einrühren.

CHANG NING TANG

Dekokt für intestinale Gelassenheit

Shu Di Huang	*Rehmannia*	6–12 g
Dang Gui	*Angelica*	6–12 g
Mai Men Dong	*Ophiopogon*	6–9 g
Ren Shen	*Panax*	6–9 g
Xu Duan	*Dipsacus*	6–9 g
Rou Gui	*Cinnamomum*	3 g
E Jiao	*Equus*	6–9 g
Shan Yao	*Dioscorea*	6–9 g
Gan Cao	*Glycyrrhiza*	3–6 g

Nieren-*Yin*- und Milz-*Qi*-/-Blut-*Xue*-Mangel führt zu Uterusprolaps mit Schmerzen im unteren Rücken, Nykturie oder Gehörverlust und Tinnitus.

Z rot oder blass

P kraftlos

DA BU YUAN JIAN

Dekokt, das das Quellen-(grundlegende) *Qi* großartig tonisiert

Ren Shen	*Panax*	6–12 g
Shu Di Huang	*Rehmannia*	9–25 g
Shan Yao	*Dioscorea*	6–9 g
Shan Zhu Yu	*Cornus*	3–6 g
Gou Qi Zi	*Lycium*	6–9 g
Dang Gui	*Angelica*	6–9 g
Du Zhong	*Eucommia*	6–9 g
Gan Cao	*Glycyrrhiza*	3–6 g

***Qi*-/Blut-*Xue*-Mangel mit Blutungen, Fieber, Hitzegefühl in den Muskeln, Durst mit Verlangen nach warmen Flüssigkeiten oder unregelmäßige Menstruation.**

Z blass, dünner Belag

P leer

DANG GUI BU XUE TANG

Radix Angelicae Sinensis Dekokt zur Tonisierung des Blutes

Huang Qi	*Astragalus*	30 g
Dang Gui	*Angelica*	6 g

Milz-*Qi*- und -Blut-*Xue*-Mangel mit leichter Kälte führt zu krampfartigen Schmerzen oder postpartaler Auszehrung.

Z blass, weißer Belag

P schwach

H *Yi Tang*/Saccharum Granorum dem abgeseihten Tee hinzufügen.

DANG GUI JIAN ZHONG TANG

Radix Angelicae Sinensis Dekokt, das die Mitte aufbaut

Yi Tang	*Saccharum Granorum*	6–20 g
Gui Zhi	*Cinnamomum*	3–9 g
Bai Shao Yao	*Paeonia*	6–9 g
Sheng Jiang	*Zingiber*	3–6 g
Da Zao	*Ziziphus*	3–6 St.
Gan Cao	*Glycyrrhiza*	3–6 g
Dang Gui	*Angelica*	6–9 g

Milz-*Qi*- und -Blut-*Xue*-Mangel mit *Yin*-Mangel und unruhigem Fötus. Dieses Rezept kann als vorbeugendes Mittel während der Schwangerschaft eingenommen werden.

Z blass oder rot

P dünn, schwach

DANG GUI SAN

Radix Angelicae Sinensis Pulver

Dang Gui	*Angelica*	6–12 g
Huang Qin	*Scutellaria*	6–12 g
Chuan Xiong	*Ligusticum*	3 g
Bai Zhu	*Atractylodes*	3–9 g
Bai Shao Yao	*Paeonia*	6–9 g

Leber attackiert die Milz und verursacht leichte abdominale Krämpfe mit Leber-Blut-*Xue*-Mangel und etwas Feuchtigkeitsretention. Symptome sind u. a. Harnverhalt und Ödeme im unteren Körperbereich. Tritt häufig während der Schwangerschaft auf.

Z blass, orangefarbene Ränder

P schwach, dünn oder leicht drahtig

DANG GUI SHAO YAO SAN

Radix Angelicae Sinensis und Radix Paeoniae Pulver

Dang Gui	*Angelica*	6–9 g
Bai Shao Yao	*Paeonia*	3–9 g
Bai Zhu	*Atractylodes*	3–9 g
Fu Ling	*Poria*	6–9 g
Chuan Xiong	*Ligusticum*	3–6 g
Ze Xie	*Alisma*	6–9 g

Blut-*Xue*-Mangel mit äußerer Kälte nach der Entbindung. Dies führt zu Spasmen oder Hernia-Schmerzen, die sich durch Druck lindern lassen.

Z blass

P tief, drahtig, schwach

H Dieses Rezept als Suppe mit 8 Tassen Wasser zubereiten und kochen, bis die Flüssigkeit auf 3–4 Tassen reduziert ist.

DANG GUI SHENG JIANG YANG ROU TANG

Hammelfleischsuppe mit Radix Angelicae Sinensis und Rhizoma Zingiberis Officinalis Recens

Dang Gui	*Angelica*	9–12 g
Sheng Jiang	*Zingiber*	9–15 g
Yang Rou	*Hammelfleisch*	40–50 g

Patient mit Blut-*Xue*- und *Yin*-Mangel mit kaltem, pathogenem *Qi*, das zur Blockade der Meridiane führt und Schmerzen verursacht. Auch als *Jueyin*-Syndrom bekannt, wobei dem Patienten subjektiv kalt ist, ohne dass er sich kalt anfühlt. Raynaud-Syndrom.

Z blass, weißer Belag

P tief, dünn oder verschwindend

DANG GUI SI NI TANG

Radix Angelicae Sinensis Dekokt für kalte Extremitäten

Dang Gui	*Angelica*	6–12 g
Gui Zhi	*Cinnamomum*	3–9 g
Bai Shao Yao	*Paeonia*	6–9 g
Mu Tong	*Akebia*	6–9 g
Xi Xin	*Asarum*	3–6 g
Da Zao	*Ziziphus*	3–5 St.
Gan Cao	*Glycyrrhiza*	3–6 g

Blut-*Xue*-Mangel mit *Yang*-Mangel und Kälte führt zu Kälte im Uterus mit Dysmenorrhö. Die Blutung ist spärlich, blass und wässrig. Die Patientin leidet bei Menstruationsbeginn unter starken Krämpfen.

Z blass, blass-violett, einige Furchen, dünner weißer Belag

P langsam, dünn, schwach

GUI FU SI WU TANG

Cortex Cinnamomi Cassiae, Radix Lateralis Aconiti Carmichaeli Praeparata und Vier Arzneien Dekokt*

Sheng Di Huang	*Rehmannia*	6–12 g
Dang Gui	*Angelica*	6–9 g
Chuan Xiong	*Ligusticum*	3–9 g
Bai Shao Yao	*Paeonia*	6–9 g
Rou Gui	*Cinnamomum*	3–9 g
Fu Zi	*Aconitum*	1–6 g

Herz-Blut-*Xue*- und -*Yin*-Mangel mit Milz-*Qi*-Mangel führen zu Schlaflosigkeit, Appetitmangel, Alpträumen, bei Frauen unregelmäßiger Menstruation oder uterinen Blutungen, die als *Beng Lou* auftreten können (starke, unkontrollierte oder schwache, chronische Blutungen/Spotting). Diese Rezeptur ist auch günstig bei Purpura aufgrund von Milz-*Qi*-/-Blut-*Xue*-Mangel.

Z blass, geschwollen, mit Zahnabdrücken, dünner weißer Belag

P schwach, dünn

GUI PI TANG

Dekokt, das die Milz wiederherstellt

Ren Shen	*Panax*	6–9 g
Huang Qi	*Astragalus*	9–12 g
Fu Shen	*Poria*	6–9 g
Bai Zhu	*Atractylodes*	9–12 g
Long Yan Rou	*Euphoria*	9–12 g
Mu Xiang	*Saussurea*	3–6 g
Suan Zao Ren	*Ziziphus*	9–12 g
Dang Gui	*Angelica*	6–9 g
Yuan Zhi	*Polygala*	3–6 g
Gan Cao	*Glycyrrhiza*	3–6 g

Blut-*Xue*-Mangel führt zu aufkommendem innerem Wind, der dann Sehnen- oder Muskelkrämpfe, juckende Hautausschläge oder verschwommenes Sehen verursacht.

Z blass, zittrig

P schwach, eventuell oberflächlich

GUI XIONG SI WU TANG

Verändertes Vier Arzneien Dekokt*

Shu Di Huang	*Rehmannia*	9–15 g
Chuan Xiong	*Ligusticum*	3–9 g
Bai Shao Yao	*Paeonia*	6–9 g
Dang Gui	*Angelica*	6–9 g
Fang Feng	*Ledebouriella*	9–15 g
Bai Zhu	*Atractylodes*	6–9 g
Huai Niu Xi	*Achyranthes*	6–12 g
Tian Men Dong	*Asparagus*	9–12 g

Chronische Malaria hat Leber-Blut-*Xue* und Milz-*Qi* und -Blut-*Xue* erschöpft. Der Patient leidet unter Wechsel von Fieber und Frösteln, die bereits durch leichten Stress verschlimmert werden.

Z blass

P leer

HE REN YIN

Radix Polygoni Multiflori und Radix Ginseng Dekokt

He Shou Wu	*Polygonum*	9–20 g
Ren Shen	*Panax*	9–12 g
Chen Pi	*Citrus*	3–9 g
Dang Gui	*Angelica*	3–9 g
Wei Jiang	*Zingiber*	3–12 g

Yin-/Blut-*Xue*-Mangel führt zu Obstipation mit trockenem Stuhl; oder Fülle-Hitze führt zu Obstipation.

Z rot, trockener gelber Belag

P schnell, dünn oder leer

X Nicht während der Schwangerschaft einsetzen.

MA ZI REN WAN

Semen Cannabis Sativae Pille

Huo Ma Ren	*Cannabis*	6–12 g
Da Huang	*Rheum*	6–9 g
Xing Ren	*Prunus*	6–9 g
Zhi Shi	*Citrus*	3–6 g
Bai Shao Yao	*Paeonia*	6–9 g
Hou Po	*Magnolia*	6–12 g

Blut-*Xue*-Mangel mit Mangel- oder Fülle-Hitze führt zu violetter Menstruationsblutung, vorzeitiger Menstruation oder dicker Leukorrhö mit undulierendem Fieber (tidal).

Z blass

P schnell, dünn, schwach

QIN LIAN SI WU TANG

Vier Arzneien Dekokt mit Radix Scutellariae und Rhizoma Coptidis

Huang Qin	*Scutellaria*	6–9 g
Huang Lian	*Coptis*	3–6 g
Chuan Xiong	*Ligusticum*	3–6 g
Bai Shao Yao	*Paeonia*	6–9 g
Dang Gui	*Angelica*	6–9 g
Mai Men Dong	*Ophiopogon*	6–9 g
Sheng Di Huang	*Rehmannia*	9–12 g

Milz-/Lungen-*Qi*- und -Blut-*Xue*-Mangel mit Herz-*Yang*-Mangel oder Mangel im *Ying*-Stadium. Der Patient ist schreckhaft, leidet unter Kurzatmigkeit, mangelndem Geschmacksempfinden, Schlaflosigkeit oder Palpitationen. Diese Rezeptur ist auch wirksam bei unregelmäßiger Menstruation oder uterinen Blutungen.

Z blass, geschwollen

P schwach

REN SHEN YANG YING TANG

Radix Ginseng Dekokt zur Nährung des Nähr-Qi

Bai Shao Yao	*Paeonia*	9–15 g
Chen Pi	*Citrus*	3–6 g
Dang Gui	*Angelica*	3–9 g
Ren Shen	*Panax*	6–9 g
Huang Qi	*Astragalus*	6–12 g
Bai Zhu	*Atractylodes*	6–9 g
Shu Di Huang	*Rehmannia*	3–6 g
Wu Wei Zi	*Schisandra*	3–6 g
Fu Ling	*Poria*	3–6 g
Yuan Zhi	*Polygala*	2–6 g
Rou Gui	*Cinnamomum*	6–9 g
Gan Cao	*Glycyrrhiza*	3–6 g
[Da Zao	*Ziziphus*	2 St.]
[Gan Jiang	*Zingiber*	3 St.]

Obstipation durch *Yin*-/Blut-*Xue*-Mangel. Tritt häufig bei älteren Menschen oder nach der Entbindung auf.

Z rot oder blass, trocken

P dünn

RUN CHANG WAN I

Befeuchte den Darm Pille aus Master Shen's Book

Huo Ma Ren	*Cannabis*	9–15 g
Dang Gui	*Angelica*	9–12 g
Sheng Di Huang	*Rehmannia*	6–9 g
Tao Ren	*Prunus*	6–9 g
Zhi Ke	*Citrus*	6–9 g

Wind-Hitze dringt in die Eingeweide ein und verletzt das Milz- und Magen-*Qi*. Schwere Obstipation mit Blut-*Xue*-Mangel, die zu Wind oder Blut-*Xue*-Stase (*Xue Yu*) führen kann.

T blass oder violett

P dünn oder rau

RUN CHANG WAN II

Befeuchte den Darm Pille aus Discussion of the Spleen and Stomach

Da Huang	*Rheum*	9–12 g
Tao Ren	*Prunus*	15–25 g
Huo Ma Ren	*Cannabis*	15–30 g
Dang Gui Wei	*Angelica*	6–12 g
Qiang Huo	*Notopterygium*	6–9 g

Schwerer *Qi*-Mangel mit *Yang*- und Blut-*Xue*-Mangel und Kälte-Symptomen. Unregelmäßige Menstruation mit blassem und wässrigem Blutfluss, Schwindel, blasser oder fahlgelber Gesichtsfarbe, kalten Extremitäten oder Frösteln.

Z blass, nass, dünner weißer Belag

P tief, schwach, fadenförmig

SHAN HE YIN

Berg und Fluss Dekokt

Shu Di Huang	*Rehmannia*	15–25 g
Dang Gui	*Angelica*	6–9 g
Bai Shao Yao	*Paeonia*	6–9 g
Chuan Xiong	*Ligusticum*	3–9 g
Rou Gui	*Cinnamomum*	3–9 g
Huang Qi	*Astragalus*	6–15 g

Milz-*Qi*-/-Blut-*Xue*-Mangel führt zu langsamer Blutzirkulation mit abdominalen Schmerzen vom Mangel-Typ während der Menstruation oder zu blutenden Geschwüren.

Z blass, blass-violett, dünner weißer Belag

P dünn, schwach

SHENG YU TANG

Dekokt, das wie ein Weiser heilt

Shu Di Huang	*Rehmannia*	15–25 g
Ren Shen	*Panax*	12–15 g
Dang Gui	*Angelica*	12–15 g
Huang Qi	*Astragalus*	15–20 g
Chuan Xiong	*Ligusticum*	6–9 g
Bai Shao Yao	*Paeonia*	15–20 g

_Qi_-/_Yang_-/Blut-_Xue_-Mangel. Symptome sind u. a. Appetitmangel, allgemeines Unwohlsein, leichte Kälte-Symptome, schwerer Mangel, Hautausschläge, Dysmenorrhö, uterine Blutungen oder postpartale Mangelerscheinungen.

Z blass, dünner weißer Belag

P schwach, dünn, tief

SHI QUAN DA BU TANG

Allumfassendes großes Tonisierungsdekokt

Ren Shen	*Panax*	6–9 g
Fu Ling	*Poria*	9–12 g
Bai Zhu	*Atractylodes*	9–12 g
Gan Cao	*Glycyrrhiza*	3–6 g
Dang Gui	*Angelica*	12–15 g
Shu Di Huang	*Rehmannia*	15–20 g
Bai Shao Yao	*Paeonia*	12–15 g
Chuan Xiong	*Ligusticum*	3–9 g
Rou Gui	*Cinnamomum*	6–9 g
Huang Qi	*Astragalus*	15–20 g
[Da Zao	*Ziziphus*	1–3 g]
[Sheng Jiang	*Zingiber*	3–6 g]

Blut-_Xue_-Mangel mit Blut-_Xue_-Stase (_Xue Yu_). Symptome sind u. a. unregelmäßige Menstruation, Dysmenorrhö, Schwindel, blasse oder violette Fingernägel.

Z blass oder violett

P dünn oder rau

* **Wichtige Rezeptur**

SI WU TANG

Vier Arzneien Dekokt

Shu Di Huang	*Rehmannia*	6–12 g
Chuan Xiong	*Ligusticum*	3–9 g
Dang Gui	*Angelica*	6–9 g
Bai Shao Yao	*Paeonia*	6–9 g

Milz-*Qi*-/-Blut-*Xue*-Mangel während der Schwangerschaft führt zu unruhigem Fötus. Dieses Rezept ist auch günstig bei Frauen mit einem Hintergrund von Fehlgeburten oder Unfruchtbarkeit.

Z blass, dünner weißer Belag

P schwach, dünn, schlüpfrig

TAI SHAN PAN SHI SAN

Pulver, das die Stabilität des Berges Tai verleiht

Ren Shen	*Panax*	6–9 g
Huang Qi	*Astragalus*	12–15 g
Shu Di Huang	*Rehmannia*	9–12 g
Chuan Xiong	*Ligusticum*	3–6 g
Bai Zhu	*Atractylodes*	9–12 g
Sha Ren	*Amomum*	1–3 g
Huang Qin	*Scutellaria*	6–9 g
Xu Duan	*Dipsacus*	3–6 g
Bai Shao Yao	*Paeonia*	6–9 g
Zhi Gan Cao	*Glycyrrhiza*	3–6 g
Nuo Mi	*Glutinous Oryza*	3–6 g

Leichter Blut-*Xue*-Mangel mit schwerer Blut-*Xue*-Stase (*Xue Yu*) führt zu vorzeitiger Menstruation oder Dysmenorrhö.

Z blass oder violett

P rau oder drahtig

X Nicht während der Schwangerschaft einsetzen.

TAO HONG SI WU TANG

Vier Arzneien Dekokt mit Flos Carthami Tinctorii und Semen Persicae

Shu Di Huang	*Rehmannia*	6–12 g
Bai Shao Yao	*Paeonia*	6–9 g
Chuan Xiong	*Ligusticum*	3–6 g
Dang Gui	*Angelica*	6–9 g
Tao Ren	*Prunus*	3–9 g
Hong Hua	*Carthamus*	3–6 g

Abszesse/Karbunkel mit Eiter sowie *Qi*- und Blut-*Xue*-Mangel. Der Eiter ist unter der Haut eingeschlossen.

Z blass

P schwach

X Nicht während der Schwangerschaft einsetzen.

TOU NONG SAN

Pulver, das Eiter ausfließen lässt

Huang Qi	*Astragalus*	15 g
Chuan Xiong	*Ligusticum*	3–9 g
Dang Gui	*Angelica*	6–9 g
Chuan Shan Jia	*Manis*	1–3 g
Zao Jiao Ci	*Gleditsia*	3–6 g

Blut-*Xue*-Mangel führt zu Obstipation.

Z blass

P schwach, dünn

WU REN WAN

Fünf Samen Pille

Xing Ren	*Prunus*	9–20 g
Bai Zi Ren	*Biota*	3–6 g
Tao Ren	*Prunus*	9–15 g
Yu Li Ren	*Prunus*	3–6 g
Sha Ren	*Amomum*	3–6 g

***Qi*- und Blut-*Xue*-Mangel mit *Qi*-Stagnation/Blut-*Xue*-Stase (*Qi Zhi Xue Yu*) und Schleimretention führen zur Bildung von Raumforderungen im Bereich von Hals, Brüsten oder Achselhöhlen.**

Z blass oder violett

P schwach oder rau

XIANG BEI YANG YING TANG

Rhizoma Cyperi Rotundi und Bulbus Fritillariae Dekokt zur Nährung des Nähr-Qi

Ren Shen	*Panax*	6–9 g
Bai Zhu	*Atractylodes*	3–6 g
Fu Ling	*Poria*	6–9 g
Chuan Xiong	*Ligusticum*	3–6 g
Chen Pi	*Citrus*	3–6 g
Dang Gui	*Angelica*	6–9 g
Xiang Fu	*Cyperus*	6–9 g
Shu Di Huang	*Rehmannia*	6–12 g
Bei Mu	*Fritillaria*	3–6 g
Bai Shao Yao	*Paeonia*	6–9 g
Jie Geng	*Platycodon*	3–6 g
Da Zao	*Ziziphus*	3–6 St.
Sheng Jiang	*Zingiber*	3–6 g
Gan Cao	*Glycyrrhiza*	1–3 g

Blut-*Xue*-Mangel mit innerer Fülle-Hitze führt zu Obstipation; oder Blut-*Xue*-Stase (*Xue Yu*) mit Fülle-Hitze führt zu Amenorrhö.

Z rot oder violett, gelber Belag

P schnell

X Nicht während der Schwangerschaft einsetzen.

YU ZHU SAN

Jadekerzen Pulver

Chuan Xiong	*Ligusticum*	3–9 g
Shu Di Huang	*Rehmannia*	6–12 g
Dang Gui	*Angelica*	6–9 g
Bai Shao Yao	*Paeonia*	6–9 g
Da Huang	*Rheum*	6–9 g
Mang Xiao	*Mirabilitum*	3–6 g
Gan Cao	*Glycyrrhiza*	3–6 g

Milz-*Qi*-Mangel mit Feuchtigkeit

siehe unter Syndrome der Körperflüssigkeiten (*Jin Ye*)

Milz-*Yang*-Mangel mit Kälte

- Appetitlosigkeit
- kalte Extremitäten
- fahlgelbe oder blasse Gesichtsfarbe
- Kälte und Schmerzen im Epigastrium
- wässrige Stühle mit unverdauten Nahrungsbestandteilen
- *Reizkolon, Gastritis, chronisches Müdigkeitssyndrom (Chronic Fatigue Syndrome)*

Z blass, geschwollen, feucht, mit Zahnabdrücken
P tief, langsam, schwach

Milz-*Yang*-Mangel mit Kälte, *Qi*-Stagnation und Blut-*Xue*-Stase (*Qi Zhi Xue Yu*) führt zu epigastrischen oder abdominalen Schmerzen, besser durch Nahrungsaufnahme.

Z blass, geschwollen, mit Zahnabdrücken, nass, blass- oder dunkelviolett

P langsam, kraftlos

AN ZHONG SAN

Beruhige die Mitte Pulver

Gui Zhi	*Cinnamomum*	3–9 g
Mu Li	*Ostrea*	3–9 g
Yan Hu Suo	*Corydalis*	6–9 g
Gao Liang Jiang	*Alpinia*	3 g
Xiao Hui Xiang	*Foeniculum*	3–9 g
Sha Ren	*Amomum*	3 g
Gan Cao	*Glycyrrhiza*	3–6 g
[*Fu Ling*	*Poria*	3–6 g]

Kälte-Retention oder *Yang*-Mangel im Abdomen führt zu Obstipation mit krampfartigen Schmerzen. Das *Qi* stagniert und erhitzt sich, was zu leichtem Fieber führen kann. Weitere Symptome sind kalte Extremitäten und Frösteln.

Z normal oder blass, weißer Belag

P drahtig oder straff, tief

H *Fu Zi*/Aconitum sollte gemahlen werden. *Da Huang*/Rheum bei der Herstellung des Dekokts während der letzten 3–5 Minuten zufügen.

X Nicht während der Schwangerschaft einsetzen.

DA HUANG FU ZI TANG

Radix et Rhizoma Rhei und Radix Lateralis Aconiti Carmichaeli Praeparata Dekokt

Da Huang	*Rheum*	6–9 g
Fu Zi	*Aconitum*	6 g
Xi Xin	*Asarum*	3–6 g

Milz-*Yang*-Mangel mit Kältestauung führt zu schweren krampfartigen Schmerzen, Borborygmus oder möglicherweise Erbrechen.

Z blass, blass-violett, geschwollen, feuchter weißer Belag

P drahtig oder langsam, tief

H *Yi Tang*/Saccharum Granorum dem abgeseihten Tee zufügen.

DA JIAN ZHONG TANG

Größeres Dekokt, das die Mitte aufbaut

Chuan Jiao	*Zanthoxylum*	3–6 g
Ren Shen	*Panax*	6–9 g
Gan Jiang	*Zingiber*	3–6 g
Yi Tang	*Saccharum Granorum*	20 g

Milz-/Nieren-*Yang*-Mangel führt zu Morgendiarrhö mit *Qi*-Stagnations-Symptomen im mittleren Erwärmer, wie heftigen abdominalen Schmerzen und starkem Völlegefühl.

Z blass, geschwollen, mit Zahnabdrücken, blass-violett, weißer Belag

P tief, schwach oder schlüpfrig

DAN LIAO SI SHEN WAN

Vier Wunder Pille aus der ruhigen Hütte

Bu Gu Zhi	*Psoralea*	6–12 g
Xiao Hui Xiang	*Foeniculum*	3–9 g
Rou Dou Kou	*Myristica*	9–12 g
Mu Xiang	*Saussurea*	3–6 g

Milz-*Qi*- und -Blut-*Xue*-Mangel mit leichter Kälte führt zu krampfartigen Schmerzen oder postpartaler Auszehrung.

Z blass, weißer Belag

P schwach

H *Yi Tang*/Saccharum Granorum dem abgeseihten Tee hinzufügen.

DANG GUI JIAN ZHONG TANG

Radix Angelicae Sinensis Dekokt, das die Mitte aufbaut

Yi Tang	*Saccharum Granorum*	6–20 g
Gui Zhi	*Cinnamomum*	3–9 g
Bai Shao Yao	*Paeonia*	6–9 g
Sheng Jiang	*Zingiber*	3–6 g
Da Zao	*Ziziphus*	3–6 St.
Gan Cao	*Glycyrrhiza*	3–6 g
Dang Gui	*Angelica*	6–9 g

Lang dauernde Kälte mit Blut-*Xue*- und *Yang*-Mangel führt zu Diarrhö, Übelkeit und Erbrechen oder abdominalen Krämpfen.

Z blass, geschwollen, mit Zahnabdrücken, nass, weißer Belag

P langsam, kraftlos

DANG GUI SI NI JIA WU ZHU YU SHENG JIANG TANG

Radix Angelicae Sinensis Dekokt für kalte Extremitäten mit Fructus Evodiae Rutaecarpae und Rhizoma Zingiberis Officinalis Recens

Dang Gui	*Angelica*	6–9 g
Gui Zhi	*Cinnamomum*	3–9 g
Xi Xin	*Asarum*	3–6 g
Bai Shao Yao	*Paeonia*	6–9 g
Mu Tong	*Akebia*	6–9 g
Wu Zhu Yu	*Evodia*	3–6 g
Da Zao	*Ziziphus*	25 St.
Sheng Jiang	*Zingiber*	4 St.
Gan Cao	*Glycyrrhiza*	3–6 g

Patient mit Blut-*Xue*- und *Yin*-Mangel mit kaltem, pathogenem *Qi*, das zur Blockade der Meridiane führt und Schmerzen verursacht. Auch als *Jueyin*-Syndrom bekannt, wobei dem Patienten subjektiv kalt ist, ohne dass er sich kalt anfühlt. Raynaud-Syndrom.

Z blass, weißer Belag

P tief, dünn oder verschwindend

DANG GUI SI NI TANG

Radix Angelicae Sinensis Dekokt für kalte Extremitäten

Dang Gui	*Angelica*	6–12 g
Gui Zhi	*Cinnamomum*	3–9 g
Bai Shao Yao	*Paeonia*	6–9 g
Mu Tong	*Akebia*	6–9 g
Xi Xin	*Asarum*	3–6 g
Da Zao	*Ziziphus*	3–5 St.
Gan Cao	*Glycyrrhiza*	3–6 g

Milz-/Magen-*Qi*-/-*Yang*-Mangel führt zu Singultus, Aufstoßen und Erbrechen sowie zu Kälte-Symptomen im mittleren Erwärmer.

Z blass, dünner Belag

P schwach, tief, eventuell langsam

X Kontraindiziert während der Schwangerschaft.

DING XIANG SHI DI TANG

Flos Caryophylli und Calix Diospyros Calyx Diospyros Kaki Dekokt

Ding Xiang	*Syzygium*	6–9 g
Shi Di	*Diospyros*	6–9 g
Ren Shen	*Panax*	3–9 g
Sheng Jiang	*Zingiber*	3–6 g

Milz-*Yang*-Mangel mit abdominalen Schmerzen und wässrigem Erbrechen.

Z blass, geschwollen, mit Zahnabdrücken, weißer Belag

P schwach, tief, langsam

DING YU LI ZHONG TANG

Flos Caryophylli und Fructus Evodiae Rutacarpae Dekokt zur Regulierung der Mitte

Ren Shen	*Panax*	6–9 g
Bai Zhu	*Atractylodes*	3–9 g
Gan Jiang	*Zingiber*	3–9 g
Wu Zhu Yu	*Evodia*	3–9 g
Ding Xiang	*Syzygium*	3–9 g
Zhi Gan Cao	*Glycyrrhiza*	3–6 g

Magen-/Milz-*Yang*-Mangel führt zu wässriger Diarrhö und epigastrischen Schmerzen. Starke Kälte-Symptome wie zum Beispiel kalte Extremitäten und Erbrechen klarer Flüssigkeiten.

Z blass, geschwollen, mit Zahnabdrücken, weißer Belag

P verschwindend

* **Wichtige Rezeptur**

FU ZI LI ZHONG WAN

Radix Lateralis Aconiti Carmichaeli Praeparata Pille zur Regulierung der Mitte

Fu Zi	*Aconitum*	6–9 g
Ren Shen	*Panax*	3–9 g
Bai Zhu	*Atractylodes*	3–9 g
Gan Jiang	*Zingiber*	3–9 g
Zhi Gan Cao	*Glycyrrhiza*	3–6 g

Magen- und Milz-*Yang*-Mangel mit *Wei-Qi*-Mangel und innerer Hitze und Feuchtigkeit. Symptome sind u. a. weiche Stühle, Schwitzen oder kalte Hände und Füße.

Z blass oder rot, weißer oder gelber, klebriger Belag

P tief, schwach, dünn oder schnell

X Vorsicht während der Schwangerschaft.

FU ZI XIE XIN TANG

Radix Lateralis Aconiti Carmichaeli Praeparata Dekokt, das das Epigastrium entlastet

Fu Zi	*Aconitum*	3–6 g
Da Huang	*Rheum*	6–9 g
Huang Qin	*Scutellaria*	3–6 g
Huang Lian	*Coptis*	3–6 g

Milz-/Magen-*Qi*-Mangel und Kälte führen zu Erbrechen während der Schwangerschaft.

Z blass, dünner weißer Belag

P schwach

GAN JIANG REN SHEN BAN XIA WAN

Rhizoma Zingiberis Officinalis, Radix Ginseng und Rhizoma Pinelliae Ternatae Pille

Gan Jiang	*Zingiber*	3 g
Ren Shen	*Panax*	3 g
Ban Xia	*Pinellia*	6 g
[Sheng Jiang	*Zingiber*	1–3 g]

Kälte im mittleren Erwärmer führt zu weichen Stühlen oder wässriger, geruchloser Diarrhö, kalten Extremitäten oder Verlangen nach warmen Getränken.

Z blass, blass-violett, dünner weißer oder nasser Belag

P langsam, schwach oder straff

GAO LIANG JIANG WAN

Rhizoma Alpiniae Officinari Pille

Gao Liang Jiang	*Alpinia*	3–6 g
Bi Ba	*Piper*	3–9 g

Milz-/Nieren-*Yang*-Mangel führt zu wässriger Diarrhö mit unverdauten Nahrungsbestandteilen, Krämpfen in Händen und Füßen, Müdigkeit und starkem Spontanschweiß.

Z blass, geschwollen, mit Zahnabdrücken, nass, weißer Belag

P verschwindend

GU ZHEN TANG

Dekokt, das das Wahre stabilisiert

Fu Zi	*Aconitum*	6–9 g
Ren Shen	*Panax*	6–9 g
Bai Zhu	*Atractylodes*	6–9 g
Fu Ling	*Poria*	6–9 g
Huang Qi	*Astragalus*	6–15 g
Shan Yao	*Dioscorea*	6–9 g
Rou Gui	*Cinnamomum*	3–9 g
Gan Cao	*Glycyrrhiza*	3–6 g
[Sheng Jiang	*Zingiber*	3–6 g]
[Da Zao	*Ziziphus*	1–2 St.]

Schwere Kältestauung mit Milz-/Nieren-*Yang*-Mangel führt zu Kälte im Gesicht, krampfartigen Schmerzen im Zentrum oder Morgendiarrhö.

Z blass, violett, nasser Belag

P langsam, straff

GUI FU LI ZHONG TANG

Cortex Cinnamomi Cassiae und Radix Lateralis Aconiti Carmichaeli Praeparata Dekokt zur Regulierung der Mitte

Ren Shen	*Panax*	10–15 g
Bai Zhu	*Atractylodes*	6–9 g
Gan Jiang	*Zingiber*	6–9 g
Gan Cao	*Glycyrrhiza*	3–6 g
Fu Zi	*Aconitum*	3–6 g
Rou Gui	*Cinnamomum*	3–9 g

Abwehr-*Wei-Qi*-Mangel aufgrund von Milz-*Qi*-/-*Yang*-Mangel mit *Qi*-Stagnations-Symptomen. Der Patient leidet unter häufigen Erkältungen oder abdominalem Völlegefühl.

Z blass, eventuell blass-violett

P schwach

GUI ZHI LI ZHONG WAN

Ramulus Cinnamomi Cassiae Pille zur Regulierung der Mitte

Gui Zhi	*Cinnamomum*	3–9 g
Gan Jiang	*Zingiber*	3–6 g
Bai Zhu	*Atractylodes*	6–9 g
Ren Shen	*Panax*	6–12 g
Gan Cao	*Glycyrrhiza*	3–6 g

Kälte in Milz/Magen nach Aufnahme kalter Nahrung mit Feuchtigkeits- und *Qi*-Stagnation im Zentrum. Symptome sind u. a. Appetitlosigkeit, weiche Stühle oder Übelkeit und Erbrechen.

Z blass, klebriger weißer Belag

P schwach, tief oder straff

HOU PO WEN ZHONG TANG

Cortex Magnoliae Officinalis Dekokt zur Wärmung der Mitte

Hou Po	*Magnolia*	30 g
Gan Jiang	*Zingiber*	2 g
Mu Xiang	*Saussurea*	15 g
Chen Pi	*Citrus*	30 g
Fu Ling	*Poria*	15 g
Cao Dou Kou	*Alpinia*	15 g
Zhi Gan Cao	*Glycyrrhiza*	15 g
[*Sheng Jiang*	*Zingiber*	3 g]

Hitze im oberen und Kälte im mittleren Erwärmer, meist verursacht durch kalte Nahrung, die das Milz-*Qi* schwächt. Dies führt zu Feuchtigkeit, die sich dann in Hitze verwandelt. Die Hitze steigt nach oben und greift das Herz an. Symptome sind Durst, Ruhelosigkeit, Völle-/Kältegefühl und Schmerzen im Abdomen oder Übelkeit und Erbrechen.

Z rot oder blass, rote Spitze, dünner klebriger Belag

P schnell, drahtig

HUANG LIAN TANG

Rhizoma Coptidis-Dekokt

Huang Lian	*Coptis*	5 g
Gan Jiang	*Zingiber*	5 g
Gui Zhi	*Cinnamomum*	5 g
Ren Shen	*Panax*	3 g
Ban Xia	*Pinellia*	9 g
Da Zao	*Ziziphus*	9–12 St.
Gan Cao	*Glycyrrhiza*	6 g

***Qi*-/*Yang*-/Blut-*Xue*-Mangel mit Blutungen, wobei die Milz das Blut-*Xue* nicht kontrolliert, was zu Meläna, Hämatemesis oder uterinen Blutungen mit blassem Blut führt.**

Z blass, dünner weißer Belag

P tief, dünn, schwach

H *Fu Long Gan*/Terra Flava Usta 30 Minuten lang kochen, dann die übrigen Kräuter zugeben. *E Jiao*/Equus in das abgeseihte Dekokt einrühren.

HUANG TU TANG

Gelbe Erde Dekokt

Fu Long Gan	*Terra Flava Usta*	30 g
E Jiao	*Equus*	9 g
Sheng Di Huang	*Rehmannia*	9 g
Fu Zi	*Aconitum*	9 g
Huang Qin	*Scutellaria*	9 g
Bai Zhu	*Atractylodes*	9 g
Gan Cao	*Glycyrrhiza*	9 g

Nieren- und Milz-*Yang*-Mangel mit Kälte ist in alle drei *Yin*-Meridiane (*Taiyin*, *Shaoyin* und *Jueyin*) eingedrungen. Symptome sind u. a. Frösteln, eiskalte Extremitäten und kaltes Gesicht, wässrige Diarrhö oder Husten mit reichlicher Speichelproduktion.

Z blass, nass, dünner, weißer, feuchter Belag

P verschwindend oder kraftlos

H *She Xiang*/Moschus entfernen, aus den übrigen Bestandteilen wie üblich ein Dekokt herstellen, dann den pulverisierten Moschus bei jeder Dosis zufügen.

HUI YANG JIU JI TANG

Dekokt, das das *Yang* wiederherstellt und wiederbelebt

Fu Zi	*Aconitum*	9 g
Rou Gui	*Cinnamomum*	3–6 g
Ren Shen	*Panax*	6–9 g
Gan Jiang	*Zingiber*	3–6 g
Fu Ling	*Poria*	6–9 g
Chen Pi	*Citrus*	3–6 g
Bai Zhu	*Atractylodes*	6–9 g
Wu Wei Zi	*Schisandra*	3–6 g
Ban Xia	*Pinellia*	6–9 g
Gan Cao	*Glycyrrhiza*	3–6 g
She Xiang	*Moschus*	0,3 g
[*Sheng Jiang*	*Zingiber*	1–3 g]

Milz-*Yang*-Mangel mit Kälte und Schleim. Husten oder Erbrechen mit klarem Sputum und verringerter Appetit.

Z blass, feuchter weißer Belag

P tief, langsam, schlüpfrig

LI ZHONG HUA TAN WAN

Pille, die die Mitte reguliert und Schleim transformiert

Ren Shen	*Panax*	6–9 g
Fu Ling	*Poria*	6–9 g
Bai Zhu	*Atractylodes*	3–9 g
Gan Jiang	*Zingiber*	3–9 g
Ban Xia	*Pinellia*	6–9 g
Gan Cao	*Glycyrrhiza*	3–6 g

Qi-/Yang-Mangel im mittleren Erwärmer führt zu Appetitverlust, Durstlosigkeit, wässriger Diarrhö mit unverdauten Nahrungsbestandteilen, kalten oder schmerzenden Extremitäten.

Z blass, geschwollen, mit Zahnabdrücken, weißer Belag

P tief, schwach

* **Wichtige Rezeptur**

LI ZHONG WAN

Pille, die die Mitte reguliert

Ren Shen	*Panax*	6–9 g
Gan Jiang	*Zingiber*	6–9 g
Bai Zhu	*Atractylodes*	6–9 g
Gan Cao	*Glycyrrhiza*	3–6 g

Leber-*Qi*-Stagnation mit Kälte im Magen führt zu abdominalen Schmerzen, die durch Wärme gelindert werden. Diese Rezeptur ist auch wirksam bei Dysmenorrhö.

Z blass, weißer Belag

P schwach, langsam oder drahtig

LIANG FU WAN

Rhizoma Alpiniae Officinari und Rhizoma Cyperi Rotundi Pille

Gao Liang Jiang	*Alpinia*	6–9 g
Xiang Fu	*Cyperus*	6–9 g

Wässrige Flüssigkeiten in der Lunge und Milz-*Yang*-Mangel führen zu Husten, Keuchatmung und Beklemmungsgefühl im Thorax.

Z blass, klebriger oder schmieriger weißer Belag

P schlüpfrig, drahtig

LING GAN WU WEI JIANG XIN TANG

Sclerotium Poriae Cocos, Radix Glycyrrhizae Uralensis, Fructus Schisandrae Chinensis, Rhizoma Zingiberis Officinalis und Herba cum Radice Asari Dekokt

Fu Ling	*Poria*	6–12 g
Gan Cao	*Glycyrrhiza*	3–9 g
Wu Wei Zi	*Schisandra*	6–9 g
Gan Jiang	*Zingiber*	3–9 g
Xi Xin	*Asarum*	6–9 g

Milz-/Magen-*Yang*-Mangel führt zu Schleimretention, die die Lungen angreift; oder *Taiyang*-Störung wurde falsch behandelt und in die Milz geleitet, was zu Wasserretention führt. Symptome sind u.a. Dyspnoe, klarer schleimiger Auswurf und Druckgefühl in Brustkorb und Flanken.

Z blass, schmieriger weißer Belag

P schlüpfrig, schwach, tief

LING GUI ZHU GAN TANG

Sclerotium Poriae Cocos, Ramulus Cinnamomi Cassiae, Rhizoma Atractylodis Macrocephalae und in Honig gebratene Radix Glycyrrhizae Uralensis Dekokt

Fu Ling	*Poria*	6–12 g
Gui Zhi	*Cinnamomum*	3–9 g
Bai Zhu	*Atractylodes*	6–9 g
Gan Cao	*Glycyrrhiza*	3–6 g

Plötzliche Kälte-Stagnation und kalte Nahrung führen zu kompletter Obstruktion von Magen und Dickdarm. Dies verursacht plötzliche, heftige Schmerzen und Blockade des Darms.

Z blass

P straff, tief

H Die Zutaten zu Pulver vermahlen. Erwachsene nehmen eine Dosis von 1 g mit warmem Wasser ein.

X *Ba Dou*/Croton ist toxisch und sollte mit extremer Vorsicht angewandt werden. Nicht während der Schwangerschaft einsetzen.

SAN WU BEI JI WAN

Drei Arzneien Pille für Notfälle

Da Huang	*Rheum*	30 g
Ba Dou	*Croton*	30 g
Gan Jiang	*Zingiber*	30 g

Schwerer *Qi*-Mangel mit *Yang*- und Blut-*Xue*-Mangel und Kälte-Symptomen. Unregelmäßige Menstruation mit blassem und wässrigem Blutfluss, Schwindel, blasser oder fahlgelber Gesichtsfarbe, kalten Extremitäten oder Frösteln.

Z blass, nass, dünner weißer Belag

P tief, schwach, fadenförmig

SHAN HE YIN

Berg und Fluss Dekokt

Shu Di Huang	*Rehmannia*	15–25 g
Dang Gui	*Angelica*	6–9 g
Bai Shao Yao	*Paeonia*	6–9 g
Chuan Xiong	*Ligusticum*	3–9 g
Rou Gui	*Cinnamomum*	3–9 g
Huang Qi	*Astragalus*	6–15 g

Milz-/Nieren-*Qi*- und -*Yang*-Mangel führt zu Ödemen, vor allem im unteren Körperbereich. Weitere Symptome sind kalte Extremitäten, Appetitmangel, spärlicher Urin oder Schweregefühl.

Z blass, klebriger Belag

P tief, langsam, eventuell dünn

SHI PI YIN

Unterstütze die Milz Dekokt

Fu Zi	*Aconitum*	6–9 g
Bai Zhu	*Atractylodes*	6–9 g
Mu Gua	*Chaenomeles*	6–9 g
Hou Po	*Magnolia*	6–12 g
Gan Jiang	*Zingiber*	6–9 g
Mu Xiang	*Saussurea*	6–9 g
Fu Ling	*Poria*	6–9 g
Da Fu Pi	*Areca*	3–6 g
Cao Guo	*Amomum*	3–6 g
Zhi Gan Cao	*Glycyrrhiza*	3–6 g
[Da Zao	*Ziziphus*	1–3 St.]
[Sheng Jiang	*Zingiber*	3–6 g]

Äußere Kälte ist nach innen gedrungen. *Qi* und *Yang* sind sehr schwach und das Nieren-/Milz-*Yang* wurde verletzt. Symptome sind u.a. niedriger Blutdruck, kalte Extremitäten, Schock oder Schwitzen.

Z blass oder violett, feuchter weißer Belag

P verschwindend

H Die rohe Form von Radix Lateralis Aconiti Carmichaeli wird hier verwendet, da sie sehr viel wärmer ist als die vorbehandelte Form. Zur Detoxifikation werden häufig 6–12 g Honig zugefügt. *Fu Zi*/Aconitum 30–60 Minuten lang in 8–10 Tassen kochendem Wasser einweichen. Die übrigen Zutaten während der letzten 25 Minuten zufügen und wie üblich ein Dekokt herstellen.

X *Fu Zi*/Aconitum in roher Form ist toxisch und nur für kurzfristige Anwendung geeignet.

SI NI TANG

Kalte Extremitäten Dekokt

Fu Zi	*Aconitum*	9–15 g
Gan Jiang	*Zingiber*	6–12 g
Zhi Gan Cao	*Glycyrrhiza*	3–6 g

Nieren-/Milz-*Yang*-Mangel führt zu Morgendiarrhö.

Z blass, weißer Belag

P tief, schwach, langsam

SI SHEN WAN

Vier Wunder Pille

Bu Gu Zhi	*Psoralea*	12–18 g
Rou Dou Kou	*Myristica*	6–9 g
Wu Zhu Yu	*Evodia*	3–6 g
Wu Wei Zi	*Schisandra*	6–9 g
[*Sheng Jiang*	*Zingiber*	3–6 g]
[*Da Zao*	*Ziziphus*	3–5 St.]

Nieren- und Milz-*Yang*-Mangel nach einer chronischen Feuchte-Hitze-Dysenterie führt zu Feuchte-Kälte. Dies verursacht eine Blockade des Dickdarms und manifestiert sich in Form von dunklem Blut und Eiter im Stuhl.

Z blass

P verschwindend

H Die Zutaten zu Pulver vermahlen.

TAO HUA TANG

Pfirsichblüten Dekokt

Chi Shi Zhi	*Halloysitum Rubrum*	20–30 g
Jing Mi	*Oryza*	20–30 g
Gan Jiang	*Zingiber*	6–9 g

Milz-*Yang*-Mangel führt zu Obstipation oder Diarrhö mit Schmerzen. Dysenterie mit Eiter oder Blut.

Z blass, geschwollen, mit Zahnabdrücken, weißer Belag

P tief, schwach, dünn oder drahtig

H *Da Huang*/Rheum sollte dem Dekokt während der letzten 3–5 Minuten zugefügt werden.

X Nicht während der Schwangerschaft anwenden.

WEN PI TANG

Wärme die Milz Dekokt

Da Huang	*Rheum*	6–12 g
Gan Jiang	*Zingiber*	3–9 g
Ren Shen	*Panax*	6–9 g
Fu Zi	*Aconitum*	6–9 g
Gan Cao	*Glycyrrhiza*	3–9 g

Milz-*Qi*-Mangel mit Kälte, die Leber und Magen beeinträchtigt. Das führt zu starken abdominalen Schmerzen, Kälte im mittleren und unteren Erwärmer, Erbrechen oder saurer Regurgitation; oder Kälte führt über den Leber-Meridian zu Scheitelkopfschmerzen. Diese Leber-*Qi*-Stagnation ist nicht auf emotionale Ursachen, sondern auf Kälte zurückzuführen.

Z blass, leicht violett, feuchter weißer Belag

P langsam oder drahtig, dünn

WU ZHU YU TANG

Fructus Evodiae Rutaecarpae Dekokt

Wu Zhu Yu	*Evodia*	3–6 g
Ren Shen	*Panax*	6–9 g
Sheng Jiang	*Zingiber*	12–20 g
Da Zao	*Ziziphus*	6–12 St.

Milz-*Qi*- und -*Yang*-Mangel mit Feuchtigkeits- und Wasserretention führt zu weichen Stühlen mit unverdauten Nahrungsbestandteilen.

Z blass, geschwollen, mit Zahnabdrücken, weißer, klebriger Belag

P schwach, tief oder kraftlos

XIAO BAN XIA TANG

Kleineres Rhizoma Pinelliae Ternatae Dekokt

Ban Xia	*Pinellia*	6–9 g
Sheng Jiang	*Zingiber*	3–6 g

---

1. Chronischer Milz-*Qi*-Mangel mit chronischem, kaltem, pathogenem *Qi* führt zu *Qi*- und Blut-*Xue*-Mangel. Das Hauptsymptom sind abdominale Krämpfe. 2. Leber-*Qi*-Stagnation oder Leber attackiert die Milz. Hier sollte die Dosierung von *Bai Shao Yao*/Paeonia erhöht werden.

Z blass oder blass-violett, dünner weißer Belag

P schwach oder leicht drahtig

H *Yi Tang*/Saccharum Granorum dem abgeseihten Tee zufügen.

XIAO JIAN ZHONG TANG

Kleineres Dekokt, das die Mitte aufbaut

Yi Tang	*Saccharum Granorum*	15–30 g
Gui Zhi	*Cinnamomum*	3–9 g
Bai Shao Yao	*Paeonia*	6–9 g
Sheng Jiang	*Zingiber*	6–9 g
Da Zao	*Ziziphus*	3–5 St.
Zhi Gan Cao	*Glycyrrhiza*	3–6 g

Kälte-Feuchtigkeit ist in die Milz eingedrungen und führt zu Wasserretention und Milz-*Yang*-Mangel. Das verursacht Feuchtigkeit im mittleren Erwärmer, was die Gallenblase quält, sodass die Galle nicht angemessen zirkulieren kann. Dies manifestiert sich als *Yin*-Ikterus.

Z blass, weißer Belag

P schwach, tief

YIN CHEN ZHU FU TANG

Herba Artemisiae Yinchenhao, Rhizoma Atractylodis Macrocephalae und Radix Lateralis Aconiti Carmichaeli Praeparata Dekokt

Yin Chen Hao	*Artemisia*	3–6 g
Gan Jiang	*Zingiber*	3–6 g
Bai Zhu	*Atractylodes*	6–9 g
Rou Gui	*Cinnamomum*	1–3 g
Fu Zi	*Aconitum*	1–3 g
Zhi Gan Cao	*Glycyrrhiza*	3–6 g

Chronische Diarrhö hat das Milz- und Nieren-*Yang* erschöpft und führt zu Rektalprolaps oder Darminkontinenz.

Z blass, weißer Belag

P tief, langsam

ZHEN REN YANG ZANG TANG

Dekokt des Wahren Mannes zur Nährung der Organe

Ren Shen	*Panax*	6–9 g
Rou Gui	*Cinnamomum*	3 g
Bai Zhu	*Atractylodes*	6–12 g
He Zi	*Terminalia*	6–9 g
Rou Dou Kou	*Myristica*	9–12 g
Ying Su Ke	*Papaver*	6–15 g
Mu Xiang	*Saussurea*	3–9 g
Dang Gui	*Angelica*	6–15 g
Bai Shao Yao	*Paeonia*	9–12 g
Zhi Gan Cao	*Glycyrrhiza*	3- 6 g

Patient mit Milz-/Nieren-*Qi*- und -*Yang*-Mangel ist anfällig für Wind-Kälte mit innerer Wasserretention oder leidet unter Dysurie, Diarrhö oder Ödemen.

Z blass, geschwollen, mit Zahnabdrücken, feucht, dünner weißer Belag

P kraftlos oder verschwindend

ZHEN WU TANG

Wahrer Krieger Dekokt

Fu Zi	*Aconitum*	6–9 g
Bai Zhu	*Atractylodes*	6–9 g
Bai Shao Yao	*Paeonia*	6–9 g
Fu Ling	*Poria*	6–9 g
Sheng Jiang	*Zingiber*	6–9 g

Milz-*Yang*-Mangel mit *Qi*-Stagnation im mittleren Erwärmer führt zu Völle- und Druckgefühl.

Z blass, blass-violett, geschwollen, mit Zahnabdrücken, weißer Belag

P schwach, tief

ZHI SHI LI ZHONG WAN

Fructus Immaturus Citri Aurantii Pille zur Regulierung der Mitte

Zhi Shi	*Citrus*	6–9 g
Ren Shen	*Panax*	6–9 g
Gan Jiang	*Zingiber*	3–9 g
Bai Zhu	*Atractylodes*	6–9 g
Fu Ling	*Poria*	6–9 g
Gan Cao	*Glycyrrhiza*	3–6 g

Gelenkschmerzen infolge von Kälte-Feuchtigkeit und Milz-*Yang*-Mangel.

Z blass, klebriger weißer Belag

P tief, schlüpfrig, dünn

H Kräuter zu Pulver verreiben und als Trunk mit 4–8 St. *Sheng Jiang*/Zingiber verabreichen.

ZHU FU TANG

Rhizoma Atractylodis Macrocephalae und Radix Lateralis Aconiti Carmichaeli Praeparata Dekokt

Bai Zhu	*Atractylodes*	90–120 g
Fu Zi	*Aconitum*	30–45 g
Gan Cao	*Glycyrrhiza*	30–45 g
[Sheng Jiang	*Zingiber*	4–8 St.]

Sinkendes Milz-*Qi*

- nach unten drängendes Gefühl
- Prolaps verschiedener Organe
- *Hämorrhoiden*

Z blass
P schwach

Milz-/Magen-*Qi*-Mangel mit sinkendem Milz-*Qi* oder Milz kontrolliert das Blut-*Xue* nicht. Der *Qi*-Mangel kann zu (morgendlichem) Fieber, vorzeitiger Menstruation, Schwäche, Diarrhö oder Blässe führen.

Z blass, geschwollen, mit Zahnabdrücken, dünner weißer Belag

P schwach

* **Wichtige Rezeptur**

BU ZHONG YI QI TANG

Dekokt, das die Mitte tonisiert und das *Qi* vermehrt

Ren Shen	*Panax*	6–12 g
Huang Qi	*Astragalus*	9–15 g
Dang Gui	*Angelica*	6–9 g
Chen Pi	*Citrus*	3–6 g
Sheng Ma	*Cimicifuga*	3–6 g
Chai Hu	*Bupleurum*	3–9 g
Bai Zhu	*Atractylodes*	3–9 g
Zhi Gan Cao	*Glycyrrhiza*	3–6 g

Nieren-*Yin*- und Milz-*Qi*-/-Blut-*Xue*-Mangel führt zu Uterusprolaps mit Schmerzen im unteren Rücken, Nykturie oder Gehörverlust und Tinnitus.

Z rot oder blass

P kraftlos

DA BU YUAN JIAN

Dekokt, das das Quellen-(grundlegende) *Qi* großartig tonisiert

Ren Shen	*Panax*	6–12 g
Shu Di Huang	*Rehmannia*	9–25 g
Shan Yao	*Dioscorea*	6–9 g
Shan Zhu Yu	*Cornus*	3–6 g
Gou Qi Zi	*Lycium*	6–9 g
Dang Gui	*Angelica*	6–9 g
Du Zhong	*Eucommia*	6–9 g
Gan Cao	*Glycyrrhiza*	3–6 g

Milz-*Qi*-Mangel während der Schwangerschaft mit Lethargie, Spotting oder Schmerzen im unteren Rücken.

Z blass, geschwollen, mit Zahnabdrücken, dünner weißer Belag

P schwach, dünn

H *E Jiao*/Equus in das abgeseihte Dekokt einrühren.

JIA JIAN BU ZHONG YI QI TANG

Modifiziertes Dekokt, das die Mitte tonisiert und das *Qi* vermehrt

Ren Shen	*Panax*	6–9 g
Huang Qi	*Astragalus*	6–12 g
Chen Pi	*Citrus*	3–6 g
Bai Zhu	*Atractylodes*	3–9 g
Sheng Ma	*Cimicifuga*	3–6 g
Chai Hu	*Bupleurum*	3–9 g
E Jiao	*Equus*	3–9 g
Ai Ye	*Artemisia*	3–9 g
Gan Cao	*Glycyrrhiza*	3–6 g

Milz-*Qi*-Mangel führt zu starken Uterusblutungen mit blassrotem Blut, vorzeitiger oder unregelmäßiger Menstruation. Unruhiger Fötus infolge von sinkendem Milz-*Qi*.

Z blass, geschwollen, mit Zahnabdrücken, dünner weißer Belag

P schwach

JU YUAN JIAN

Dekokt, das die Quelle hebt

Ren Shen	*Panax*	6–9 g
Huang Qi	*Astragalus*	9–12 g
Sheng Ma	*Cimicifuga*	3–6 g
Bai Zhu	*Atractylodes*	3–6 g
Gan Cao	*Glycyrrhiza*	3–6 g

Milz-*Qi*-Mangel mit sinkendem *Qi* im Thorax führt zu Kurzatmigkeit, Dyspnoe oder weichen Stühlen.

Z blass, dünner weißer Belag

P tief, schwach

SHENG XIAN TANG

Dekokt, das das Sinkende aufsteigen lässt

Huang Qi	*Astragalus*	15–20 g
Sheng Ma	*Cimicifuga*	3–6 g
Zhi Mu	*Anemarrhena*	6–9 g
Chai Hu	*Bupleurum*	3–9 g
Jie Geng	*Platycodon*	3–6 g

Chronische Diarrhö hat das Milz- und Nieren-*Yang* erschöpft und führt zu Rektalprolaps oder Darminkontinenz.

Z blass, weißer Belag

P tief, langsam

ZHEN REN YANG ZANG TANG

Dekokt des Wahren Mannes zur Nährung der Organe

Ren Shen	*Panax*	6–9 g
Rou Gui	*Cinnamomum*	3 g
Bai Zhu	*Atractylodes*	6–12 g
He Zi	*Terminalia*	6–9 g
Rou Dou Kou	*Myristica*	9–12 g
Ying Su Ke	*Papaver*	6–15 g
Mu Xiang	*Saussurea*	3–9 g
Dang Gui	*Angelica*	6–15 g
Bai Shao Yao	*Paeonia*	9–12 g
Zhi Gan Cao	*Glycyrrhiza*	3- 6 g

Milz kontrolliert das Blut-*Xue* nicht

- Hautblutungen (Purpura)
- Uterusblutungen
- Quetschungen, Blutergüsse
- *Magen- und Duodenalulzera, Gastritis*

Z blass

P schwach, dünn

Die Milz leidet unter Kälte und Mangel und kann das Blut-*Xue* nicht kontrollieren. Das führt zu Blutungen im oberen Körperbereich. Dieses Symptombild tritt meist in Verbindung mit Symptomen aufsteigenden Leber-*Yangs* auf.

Z blass, dünner weißer Belag

P langsam, schwach

BAI YE TANG

Cacumen Biotae Orientalis Dekokt

Ce Bai Ye	*Biota*	6–9 g
Pao Jiang	*Zingiber*	6–9 g
Ai Ye	*Artemisia*	9–15 g

Milz-/Magen-*Qi*-Mangel mit sinkendem Milz-*Qi* oder Milz kontrolliert das Blut-*Xue* nicht. Der *Qi*-Mangel kann zu (morgendlichem) Fieber, vorzeitiger Menstruation, Schwäche, Diarrhö oder Blässe führen.

Z blass, geschwollen, mit Zahnabdrücken, dünner weißer Belag

P schwach

* **Wichtige Rezeptur**

BU ZHONG YI QI TANG

Dekokt, das die Mitte tonisiert und das *Qi* vermehrt

Ren Shen	*Panax*	6–12 g
Huang Qi	*Astragalus*	9–15 g
Dang Gui	*Angelica*	6–9 g
Chen Pi	*Citrus*	3–6 g
Sheng Ma	*Cimicifuga*	3–6 g
Chai Hu	*Bupleurum*	3–9 g
Bai Zhu	*Atractylodes*	3–9 g
Zhi Gan Cao	*Glycyrrhiza*	3–6 g

Qi-/Blut-*Xue*-Mangel mit Blutungen, Fieber, Hitzegefühl in den Muskeln, Durst mit Verlangen nach warmen Flüssigkeiten oder unregelmäßige Menstruation.

Z blass, dünner Belag

P leer

DANG GUI BU XUE TANG

Radix Angelicae Sinensis Dekokt zur Tonisierung des Blutes

Huang Qi	*Astragalus*	30 g
Dang Gui	*Angelica*	6 g

Milz-*Qi*-Mangel führt zu unkontrollierter Menstruationsblutung mit hellem und wässrigem Blut (*Beng-Lou*-Syndrom).

Z blass, geschwollen, mit Zahnabdrücken, dünner Belag

P hohl oder dünn, tief, schwach

GU BEN ZHI BENG TANG

Dekokt, das die Wurzel stabilisiert und übermäßige Uterusblutungen stoppt

Shu Di Huang	*Rehmannia*	6–20 g
Bai Zhu	*Atractylodes*	6–15 g
Huang Qi	*Astragalus*	6–15 g
Dang Gui	*Angelica*	6–9 g
Ren Shen	*Panax*	6–9 g
Pao Jiang	*Zingiber*	3–6 g

Herz-Blut-*Xue*- und -*Yin*-Mangel mit Milz-*Qi*-Mangel führen zu Schlaflosigkeit, Appetitmangel, Alpträumen, bei Frauen unregelmäßiger Menstruation oder uterinen Blutungen, die als *Beng Lou* auftreten können (starke, unkontrollierte oder schwache, chronische Blutungen/Spotting). Diese Rezeptur ist auch günstig bei Purpura aufgrund von Milz-*Qi*-/-Blut-*Xue*-Mangel.

Z blass, geschwollen, mit Zahnabdrücken, dünner weißer Belag

P schwach, dünn

* **Wichtige Rezeptur**

GUI PI TANG

Dekokt, das die Milz wiederherstellt

Ren Shen	*Panax*	6–9 g
Huang Qi	*Astragalus*	9–12 g
Fu Shen	*Poria*	6–9 g
Bai Zhu	*Atractylodes*	9–12 g
Long Yan Rou	*Euphoria*	9–12 g
Mu Xiang	*Saussurea*	3–6 g
Suan Zao Ren	*Ziziphus*	9–12 g
Dang Gui	*Angelica*	6–9 g
Yuan Zhi	*Polygala*	3–6 g
Gan Cao	*Glycyrrhiza*	3–6 g

***Qi*-/*Yang*-/Blut-*Xue*-Mangel mit Blutungen, wobei die Milz das Blut-*Xue* nicht kontrolliert, was zu Meläna, Hämatemesis oder uterinen Blutungen mit blassem Blut führt.**

Z blass, dünner weißer Belag

P tief, dünn, schwach

H *Fu Long Gan*/Terra Flava Usta 30 Minuten lang kochen, dann die übrigen Kräuter zugeben. *E Jiao*/Equus in das abgeseihte Dekokt einrühren.

HUANG TU TANG

Gelbe Erde Dekokt

Fu Long Gan	*Terra Flava Usta*	30 g
E Jiao	*Equus*	9 g
Sheng Di Huang	*Rehmannia*	9 g
Fu Zi	*Aconitum*	9 g
Huang Qin	*Scutellaria*	9 g
Bai Zhu	*Atractylodes*	9 g
Gan Cao	*Glycyrrhiza*	9 g

Milz-*Qi*-Mangel während der Schwangerschaft mit Lethargie, Spotting oder Schmerzen im unteren Rücken.

Z blass, geschwollen, mit Zahnabdrücken, dünner weißer Belag

P schwach, dünn

H *E Jiao*/Equus in das abgeseihte Dekokt einrühren.

JIA JIAN BU ZHONG YI QI TANG

Modifiziertes Dekokt, das die Mitte tonisiert und das *Qi* vermehrt

Ren Shen	*Panax*	6–9 g
Huang Qi	*Astragalus*	6–12 g
Chen Pi	*Citrus*	3–6 g
Bai Zhu	*Atractylodes*	3–9 g
Sheng Ma	*Cimicifuga*	3–6 g
Chai Hu	*Bupleurum*	3–9 g
E Jiao	*Equus*	3–9 g
Ai Ye	*Artemisia*	3–9 g
Gan Cao	*Glycyrrhiza*	3–6 g

Milz-*Qi*-Mangel führt zu starken Uterusblutungen mit blassrotem Blut, vorzeitiger oder unregelmäßiger Menstruation. Unruhiger Fötus infolge von sinkendem Milz-*Qi*.

Z blass, geschwollen, mit Zahnabdrücken, dünner weißer Belag

P schwach

JU YUAN JIAN

Dekokt, das die Quelle hebt

Ren Shen	*Panax*	6–9 g
Huang Qi	*Astragalus*	9–12 g
Sheng Ma	*Cimicifuga*	3–6 g
Bai Zhu	*Atractylodes*	3–6 g
Gan Cao	*Glycyrrhiza*	3–6 g

Syndrome des Magens

胃失调

Magen- und Milz-*Qi*-Mangel

- epigastrisches Unwohlsein
- Schluckauf oder Übelkeit
- verminderter Appetit
- weiche Stühle
- *Reizkolon*
- *Magen- und Duodenalulzera, chronisches Müdigkeitssyndrom (Chronic Fatigue Syndrome)*

Z blass
P schwach

Milz-/Magen-*Qi*-/-*Yang*-Mangel führt zu Singultus, Aufstoßen und Erbrechen sowie zu Kälte-Symptomen im mittleren Erwärmer.

Z blass, dünner Belag

P schwach, tief, eventuell langsam

X Kontraindiziert während der Schwangerschaft.

DING XIANG SHI DI TANG

Flos Caryophylli und Calyx Diospyros Kaki Dekokt

Ding Xiang	*Syzygium*	6–9 g
Shi Di	*Diospyros*	6–9 g
Ren Shen	*Panax*	3–9 g
Sheng Jiang	*Zingiber*	3–6 g

Hitze und Kälte im mittleren Erwärmer mit Milz-/Magen-*Qi*-Mangel und vorherrschender Kälte. Der Patient leidet unter leichten Symptomen einer *Qi*-Stagnation im mittleren Erwärmer wie Druck- oder Völlegefühl.

Z dünner gelber Belag

P schwach, leicht drahtig

GAN CAO XIE XIN TANG

Radix Glycyrrhizae Uralensis Dekokt, welches das Epigastrium abfließen lässt

Ban Xia	*Pinellia*	6–9 g
Huang Qin	*Scutellaria*	9–12 g
Zhi Gan Cao	*Glycyrrhiza*	12–15 g
Gan Jiang	*Zingiber*	9–12 g
Ren Shen	*Panax*	9–12 g
Huang Lian	*Coptis*	3–6 g
Da Zao	*Ziziphus*	9–15 St.

Milz-/Magen-*Qi*-Mangel und Kälte führen zu Erbrechen während der Schwangerschaft.

Z blass, dünner weißer Belag

P schwach

GAN JIANG REN SHEN BAN XIA WAN

Rhizoma Zingiberis Officinalis, Radix Ginseng und Rhizoma Pinelliae Ternatae Pille

Gan Jiang	*Zingiber*	3 g
Ren Shen	*Panax*	3 g
Ban Xia	*Pinellia*	6 g
[Sheng Jiang	*Zingiber*	1–3 g]

Milz-/Magen-*Qi*-Mangel mit Kälte und Abwehr-*Wei-Qi*-Mangel; auch wirksam bei Ulcus pepticum und chronischen Allergien. Weitere Symptome sind Appetitmangel oder Spontanschweiß.

Z blass, dünner weißer Belag

P schwach, langsam, dünn, drahtig

H *Yi Tang*/Saccharum Granorum dem abgeseihten Tee zufügen.

HUANG QI JIAN ZHONG TANG

Radix Astragali Membranacei Dekokt, das die Mitte aufbaut

Gui Zhi	*Cinnamomum*	9 g
Bai Shao Yao	*Paeonia*	18 g
Sheng Jiang	*Zingiber*	10 g
Da Zao	*Ziziphus*	3–6 St.
Gan Cao	*Glycyrrhiza*	6 g
Yi Tang	*Saccharum Granorum*	30 g
Huang Qi	*Astragalus*	9 g

Hitze im Magen mit *Qi*- und *Yin*-Mangel und rebellierendem Magen-*Qi* führt zu Durst, Erbrechen, Appetitverlust, Übelkeit oder Schluckauf.

Z rot

P dünn, schnell, schwach

JU PI ZHU RU TANG I

Pericarpium Citri Reticulatae und Caulis Bambusae In Taeniis Dekokt

Chen Pi	*Citrus*	6–12 g
Ren Shen	*Panax*	6–9 g
Zhu Ru	*Bambusa*	6–12 g
Da Zao	*Ziziphus*	3–6 St.
Sheng Jiang	*Zingiber*	3–9 g
Gan Cao	*Glycyrrhiza*	3–6 g

Wind-Hitze dringt in die Eingeweide ein und verletzt das Milz- und Magen-*Qi*. Schwere Obstipation mit Blut-*Xue*-Mangel, die zu Wind oder Blut-*Xue*-Stase (*Xue Yu*) führen kann.

Z blass oder violett

P dünn oder rau

RUN CHANG WAN II

Befeuchte den Darm Pille aus Discussion of the Spleen and Stomach

Da Huang	*Rheum*	9–12 g
Tao Ren	*Prunus*	15–25 g
Huo Ma Ren	*Cannabis*	15–30 g
Dang Gui Wei	*Angelica*	6–12 g
Qiang Huo	*Notopterygium*	6–9 g

Lungen-/Magen-*Qi*-Mangel mit Husten, Expektoration von klarem Sputum, Mundtrockenheit oder Durst.

Z blass, feuchter Belag

P schwach

SHENG JIANG GAN CAO TANG

Rhizoma Zingiberis Officinalis Recens und Radix Glycyrrhizae Uralensis Dekokt

Sheng Jiang	*Zingiber*	6–12 g
Ren Shen	*Panax*	6–9 g
Da Zao	*Ziziphus*	3–9 St.
Gan Cao	*Glycyrrhiza*	6–12 g

Magen-/Milz-*Qi*-Mangel. Dies ist die grundlegende Rezeptur zur Stärkung des *Qi*. Symptome sind u. a. Appetitmangel, weiche Stühle oder Lethargie.

Z blass, dünner weißer Belag

P schwach, tief

* **Wichtige Rezeptur**

SI JUN ZI TANG

Vier Gentlemen Dekokt

Ren Shen	*Panax*	6–9 g
Bai Zhu	*Atractylodes*	3–9 g
Fu Ling	*Poria*	6–9 g
Gan Cao	*Glycyrrhiza*	3–6 g

Schleimretention mit Magen-*Qi*-Mangel führt zu Schluckauf, Völlegefühl oder Übelkeit und Erbrechen.

Z blass, weißer, klebriger Belag

P kraftlos, schlüpfrig oder drahtig

H *Xuan Fu Hua*/Inula bei der Herstellung des Dekokts in ein Tuch einwickeln.

XUAN FU DAI ZHE TANG

Flos Inulae und Haematitum Dekokt

Xuan Fu Hua	*Inula*	6–9 g
Dai Zhe Shi	*Haematitum*	6–12 g
Ren Shen	*Panax*	6–9 g
Ban Xia	*Pinellia*	6–9 g
Da Zao	*Ziziphus*	3–6 St.
Sheng Jiang	*Zingiber*	6–9 g
Zhi Gan Cao	*Glycyrrhiza*	3–6 g

Chronischer Milz-*Qi*-Mangel führt zu *Qi*-Stagnation und diese zu Kälte- und Hitze-Symptomen im mittleren Erwärmer. Das wiederum verletzt Milz und Magen und verursacht Spannungsgefühl in Epigastrium und Abdomen oder Wechsel von Obstipation und Diarrhö.

Z blass, dünner gelblicher Belag

P drahtig

ZHI SHI XIAO PI WAN

Fructus Immaturus Citri Aurantii Pille, die ein fokussiertes Spannungsgefühl vermindert

Zhi Shi	*Citrus*	6–12 g
Hou Po	*Magnolia*	6–15 g
Ban Xia	*Pinellia*	6–9 g
Huang Lian	*Coptis*	9–15 g
Fu Ling	*Poria*	6–9 g
Bai Zhu	*Atractylodes*	3–9 g
Ren Shen	*Panax*	6–9 g
Gan Jiang	*Zingiber*	3–6
Mai Ya	*Hordeum*	3–9 g
Zhi Gan Cao	*Glycyrrhiza*	3–6 g

Qi-Stagnation und Blut-*Xue*-Stase (*Qi Zhi Xue Yu*) im Magen

- stechender Schmerz, der durch Essen verschlimmert wird
- Melaena
- Hämatemesis
- *gastrointestinale Blutungen*
- *Gastritis*
- *Magen- und Duodenalulzera, Refluxösophagitis*

Z violett

P drahtig oder rau

Darmabszess oder akute Appendizitis infolge von Hitze und Blut-*Xue*-Stase (*Xue Yu*), die zur Bildung von Raumforderungen im unteren rechten Quadranten und zu Schmerzen führen.

Z gelber, klebriger Belag

P schnell, schlüpfrig

H *Da Huang*/Rheum bei der Herstellung des Dekokts während der letzten 3–5 Minuten zugeben. *Mang Xiao*/Mirabilitum zum abgeseihten Tee hinzufügen.

X Nicht bei Appendizitis während der Schwangerschaft verwenden.

DA HUANG MU DAN TANG

Radix et Rhizoma Rhei und Cortex Moutan Radicis Dekokt

Da Huang	*Rheum*	6–12 g
Mang Xiao	*Mirabilitum*	6–12 g
Dong Gua Ren	*Benincasa*	12–20 g
Tao Ren	*Prunus*	9–12 g
Mu Dan Pi	*Paeonia*	6–9 g

Yin- und Blut-_Xue_-Mangel mit Blut-_Xue_-Stase (_Xue Yu_) führt zu Auszehrung, Appetitlosigkeit, Amenorrhö, undulierendem Fieber (tidal) oder abdominalem Spannungsgefühl.

Z rot, blass, violett oder violette Flecken

P dünn, rau

X Nicht während der Schwangerschaft einsetzen.

DA HUANG ZHE CHONG WAN

Radix et Rhizoma Rhei und Eupolyphaga seu Opisthoplatia Pille

Da Huang	*Rheum*	12–18 g
Tu Bie Chong	*Eupolyphaga*	3 g
Xing Ren	*Prunus*	3–6 g
Gan Qi	*Rhus*	3 g
Sheng Di Huang	*Rehmannia*	12–18 g
Bai Shao Yao	*Paeonia*	6–12 g
Meng Chong	*Tabanus*	3–6 g
Qi Cao	*Holotrichia*	3–6 g
Tao Ren	*Prunus*	6–9 g
Shui Zhi	*Hirudo*	3–6 g
Huang Qin	*Scutellaria*	6 g
Gan Cao	*Glycyrrhiza*	3–6 g

Milz-/Nieren-_Yang_-Mangel führt zu Morgendiarrhö mit _Qi_-Stagnations-Symptomen im mittleren Erwärmer, wie heftigen abdominalen Schmerzen und starkem Völlegefühl.

Z blass, geschwollen, mit Zahnabdrücken, blass-violett, weißer Belag

P tief, schwach oder schlüpfrig

DAN LIAO SI SHEN WAN

Vier Wunder Pille aus der ruhigen Hütte

Bu Gu Zhi	*Psoralea*	6–12 g
Xiao Hui Xiang	*Foeniculum*	3–9 g
Rou Dou Kou	*Myristica*	9–12 g
Mu Xiang	*Saussurea*	3–6 g

_Qi_-Stagnation im oberen und mittleren Erwärmer mit langsamer Blutzirkulation führt zu intermittierenden thorakalen Schmerzen und Unwohlsein in Epigastrium oder Abdomen.

Z violett

P rau

DAN SHEN YIN

Radix Salviae Miltiorrhizae Dekokt

Dan Shen	*Salvia*	30 g
Sha Ren	*Amomum*	5 g
Tan Xiang	*Santalum*	5 g

Hitze und Kälte im mittleren Erwärmer mit Milz-/Magen-*Qi*-Mangel und vorherrschender Kälte. Der Patient leidet unter leichten Symptomen einer *Qi*-Stagnation im mittleren Erwärmer wie Druck- oder Völlegefühl.

Z dünner gelber Belag

P schwach, leicht drahtig

GAN CAO XIE XIN TANG

Radix Glycyrrhizae Uralensis Dekokt, welches das Epigastrium abfließen lässt

Ban Xia	*Pinellia*	6–9 g
Huang Qin	*Scutellaria*	9–12 g
Zhi Gan Cao	*Glycyrrhiza*	12–15 g
Gan Jiang	*Zingiber*	9–12 g
Ren Shen	*Panax*	9–12 g
Huang Lian	*Coptis*	3–6 g
Da Zao	*Ziziphus*	9–15 St.

_Qi_-Stagnation/Blut-_Xue_-Stase (_Qi Zhi Xue Yu_) unterhalb von Diaphragma und Epigastrium oder Raumforderungen in Abdomen oder Epigastrium.

Z violett

P drahtig oder rau

X Nicht während der Schwangerschaft verwenden.

* **Wichtige Rezeptur**

GE XIA ZHU YU TANG

Dekokt, das Blut-*Xue*-Stasen unterhalb des Diaphragmas eliminiert

Dang Gui	*Angelica*	6–9 g
Chuan Xiong	*Ligusticum*	6–9 g
Tao Ren	*Prunus*	6–9 g
Hong Hua	*Carthamus*	3–6 g
Mu Dan Pi	*Paeonia*	6–9 g
Chi Shao Yao	*Paeonia*	6–9 g
Yan Hu Suo	*Corydalis*	3–6 g
Xiang Fu	*Cyperus*	3–9 g
Zhi Ke	*Citrus*	3–6 g
Wu Ling Zhi	*Trogopterus*	6–9 g
Wu Yao	*Lindera*	3–6 g
Gan Cao	*Glycyrrhiza*	6–9 g

Kälte in Milz/Magen nach Aufnahme kalter Nahrung mit Feuchtigkeits- und *Qi*-Stagnation im Zentrum. Symptome sind u. a. Appetitlosigkeit, weiche Stühle oder Übelkeit und Erbrechen.

Z blass, klebriger weißer Belag

P schwach, tief oder straff

HOU PO WEN ZHONG TANG

Cortex Magnoliae Officinalis Dekokt zur Wärmung der Mitte

Hou Po	*Magnolia*	30 g
Gan Jiang	*Zingiber*	2 g
Mu Xiang	*Saussurea*	15 g
Chen Pi	*Citrus*	30 g
Fu Ling	*Poria*	15 g
Cao Dou Kou	*Alpinia*	15 g
Zhi Gan Cao	*Glycyrrhiza*	15 g
[Sheng Jiang	*Zingiber*	3 g]

Wind-Kälte und Feuchtigkeitsretention mit *Qi*-Stagnation im mittleren Erwärmer führt zu Diarrhö, Übelkeit, Erbrechen, Kopfschmerzen oder Fieber und Schüttelfrost.

Z weißer, klebriger Belag

P sanft oder schlüpfrig

H Alle Zutaten zu einem Pulver vermahlen. Zwei- bis dreimal täglich 6 g einnehmen.

HUO XIANG ZHENG QI SAN

Herba Agastaches seu Pogostemi Pulver, das das *Qi* korrigiert

Huo Xiang	*Agastache*	9 g
Hou Po	*Magnolia*	6–9 g
Bai Zhi	*Angelica*	3–6 g
Zi Su Ye	*Perilla*	3–6 g
Chen Pi	*Citrus*	6 g
Bai Zhu	*Atractylodes*	6 g
Fu Ling	*Poria*	3–6 g
Ban Xia	*Pinellia*	6 g
Da Fu Pi	*Areca*	3–6 g
Jie Geng	*Platycodon*	6 g
Gan Cao	*Glycyrrhiza*	6–9 g
[Da Zao	*Ziziphus*	1–3 g]
[Sheng Jiang	*Zingiber*	3–6 g]

Yangming-Organ-Syndrom im Abdomen (_Pi Man Zao Shi_ – Glomus, Völle, Trockenheit, Fülle) mit Blut-_Xue_-Stase (_Xue Yu_) führt zu akutem _Yang_-Ikterus, Gallenblaseninfektion, Darmblockaden, möglicherweise tastbaren Raumforderungen oder Übelkeit und Erbrechen.

Z sehr rot, eventuell violett, trocken, rauhe Oberfläche, gelber/brauner Belag

P überflutend, schnell

H *Da Huang*/Rheum während der letzten 3–5 Minuten des Kochprozesses zufügen. *Mang Xiao*/Mirabilitum im abgeseihten Tee auflösen.

X Nicht während der Schwangerschaft anwenden.

JIA JIAN CHENG QI TANG

Modifiziertes Dekokt, das das *Qi* ordnet

Da Huang	*Rheum*	9–12 g
Mang Xiao	*Mirabilitum*	6–9 g
Hou Po	*Magnolia*	9–12 g
Zhi Shi	*Citrus*	6 g
Tao Ren	*Prunus*	9–15 g
Bai Shao Yao	*Paeonia*	9–15 g
Lai Fu Zi	*Raphanus*	6–12 g

Nahrungsstagnation mit starker Hitze-, _Qi_-, Feuchte-Stagnation und Blut-_Xue_-Stase führt zu Völlegefühl, saurem Aufstoßen, Dysenterie oder starken abdominalen Schmerzen.

Z dicker, klebriger gelber Belag

P voll, schnell

X Nicht während der Schwangerschaft einsetzen.

MU XIANG BING LANG WAN

Radix Aucklandiae Lappaee und Semen Arecae Catechu Pille

Mu Xiang	*Saussurea*	3–9 g
Bing Lang	*Areca*	3–9 g
Xiang Fu	*Cyperus*	3–9 g
Qing Pi	*Citrus*	3–6 g
Da Huang	*Rheum*	9–12 g
Qian Niu Zi	*Pharbitis*	9–18 g
E Zhu	*Curcuma*	3–9 g
Huang Bai	*Phellodendron*	6–12 g
Huang Lian	*Coptis*	3–9 g
[Sheng Jiang	*Zingiber*	3–6 g]

Magen-/Milz-Mangel mit Kälte-Feuchte und *Qi*-Stagnation im mittleren Erwärmer führt zu Völle- und Spannungsgefühl.

Z dicker, klebriger weißer Belag

P schlüpfrig

PING WEI SAN

Beruhige den Magen Pulver

Hou Po	*Magnolia*	6–12 g
Cang Zhu	*Atractylodes*	9–15 g
Chen Pi	*Citrus*	6–12 g
Gan Cao	*Glycyrrhiza*	3–6 g
[Da Zao	*Ziziphus*	3–6 St.]
[Sheng Jiang	*Zingiber*	3–6 g]

***Qi*-Stagnation und Blut-*Xue*-Stase (*Qi Zhi Xue Yu*) mit Kälte führt zu Schmerzen und Unbehagen in Magen und Abdomen.**

Z dunkelviolett

P drahtig oder rau

X Nicht während der Schwangerschaft einsetzen.

SHOU NIAN SAN

Kneifen Pulver

Wu Ling Zhi	*Trogopterus*	15 g
Yan Hu Suo	*Corydalis*	15 g
Mo Yao	*Commiphora*	15 g
Cao Guo	*Amomum*	15 g

Blut-*Xue*-Stase (*Xue Yu*) mit Feuer im unteren Erwärmer führt zu Obstipation, plötzlichen abdominalen Schmerzen, Dysmenorrhö, Darmblockaden oder Meläna. Kann in schweren Fällen Ruhelosigkeit oder sogar Delirium verursachen.

Z violett

P rau oder voll

H *Da Huang*/Rheum während der letzten 3–5 Minuten des Kochprozesses zugeben. *Mang Xiao*/Mirabilitum dem abgeseihten Tee hinzufügen.

X Nicht während der Schwangerschaft einsetzen.

TAO HE CHENG QI TANG

Semen Persicae Dekokt, das das *Qi* ordnet

Tao Ren	*Prunus*	9–15 g
Gui Zhi	*Cinnamomum*	6–9 g
Mang Xiao	*Mirabilitum*	3–6 g
Da Huang	*Rheum*	9–12 g
Gan Cao	*Glycyrrhiza*	3–6 g

Milz-/Magen-*Qi*-Mangel mit *Qi*-Stagnation und Feuchte-Kälte im mittleren Erwärmer führt zu abdominalem Völlegefühl oder morgendlicher Übelkeit.

Z blass, blass-violett, geschwollen, klebriger weißer Belag

P schlüpfrig, schwach

XIANG SHA LIU JUN ZI TANG (Abb. S. 532)

Sechs Gentlemen Dekokt mit Radix Aucklandiae Lappaee und Fructus Amomi

Ren Shen	*Panax*	6–9 g
Fu Ling	*Poria*	6–9 g
Bai Zhu	*Atractylodes*	3–9 g
Chen Pi	*Citrus*	3–6 g
Ban Xia	*Pinellia*	6–9 g
Sha Ren	*Amomum*	3 g
Mu Xiang	*Saussurea*	3–6 g
Zhi Gan Cao	*Glycyrrhiza*	3–6 g

Fülle-Feuer mit *Qi*-Stagnation führt zu Völlegefühl, eventuell tastbaren Raumforderungen oder Obstipation. Leichte *Yangming*-Organ-Störung.

Z rot, dünner, klebriger gelber Belag

P schnell, leicht voll

X Nicht während der Schwangerschaft einsetzen.

XIAO CHENG QI TANG

Kleineres Dekokt, das das *Qi* ordnet

Da Huang	*Rheum*	9–12 g
Zhi Shi	*Citrus*	6 g
Hou Po	*Magnolia*	6–12 g

Milz-*Qi*-Mangel mit *Qi*-Stagnation im mittleren Erwärmer und Diarrhö oder Unterernährung bei Kindern.

Z blass, blass-violett, weißer Belag

P schwach, dünn

YI HUANG SAN

Pulver, das das Gelbe stärkt

Chen Pi	*Citrus*	30 g
Qing Pi	*Citrus*	15 g
Ding Xiang	*Syzygium*	3–6 g
He Zi	*Terminalia*	15 g
Zhi Gan Cao	*Glycyrrhiza*	15 g

Chronischer Milz-*Qi*-Mangel führt zu *Qi*-Stagnation und diese zu Kälte- und Hitze-Symptomen im mittleren Erwärmer. Das wiederum verletzt Milz und Magen und verursacht Spannungsgefühl in Epigastrium und Abdomen oder Wechsel von Obstipation und Diarrhö.

Z blass, dünner, gelblicher Belag

P drahtig

ZHI SHI XIAO PI WAN

Fructus Immaturus Citri Aurantii Pille, die ein fokussiertes Spannungsgefühl vermindert

Zhi Shi	*Citrus*	6–12 g
Hou Po	*Magnolia*	6–15 g
Ban Xia	*Pinellia*	6–9 g
Huang Lian	*Coptis*	9–15 g
Fu Ling	*Poria*	6–9 g
Bai Zhu	*Atractylodes*	3–9 g
Ren Shen	*Panax*	6–9 g
Gan Jiang	*Zingiber*	3–6
Mai Ya	*Hordeum*	3–9 g
Zhi Gan Cao	*Glycyrrhiza*	3–6 g

Starkes abdominales Spannungsgefühl (*Pi Man* – Glomus, Völle) durch Milz-*Qi*-Mangel oder *Qi*-Stagnation mit Feuchtigkeit und Hitze. Symptome sind u. a. Obstipation oder übelriechende Diarrhö, Durst, gelber Urin oder Fieber.

Z klebriger gelber Belag

P drahtig, schnell

ZHONG MAN FEN XIAO WAN

Pille, die Fülle in der Mitte trennt und vermindert

Hou Po	*Magnolia*	9–18 g
Jiang Huang	*Curcuma*	6 g
Zhi Shi	*Citrus*	9–12 g
Ban Xia	*Pinellia*	6–12 g
Ren Shen	*Panax*	3 g
Zhi Mu	*Anemarrhena*	6–9 g
Gan Jiang	*Zingiber*	3–6 g
Huang Lian	*Coptis*	3–9 g
Huang Qin	*Scutellaria*	9–15 g
Bai Zhu	*Atractylodes*	6 g
Ze Xie	*Alisma*	6 g
Sha Ren	*Amomum*	3–6 g
Chen Pi	*Citrus*	3–6 g
Fu Ling	*Poria*	6–9 g
Zhu Ling	*Polyporus*	3–6 g
Zhi Gan Cao	*Glycyrrhiza*	3–6 g

Nahrungs- oder Schleim-Stagnation im Magen

- übler Mundgeruch
- Völle- und Spannungsgefühl, schlimmer durch Essen und besser durch Erbrechen
- Übelkeit
- saure Regurgitation oder Aufstoßen
- *Dyspepsie, Aszites*

Z dicker, klebriger Belag
P voll, schlüpfrig

***Taiyang*-Störung mit hohem Fieber befällt und verletzt den Magen. Dadurch kann das *Qi* nicht absteigen, was zu Nahrungs-, Feuchte- oder Wasserretention (oder Hitze- und Kälte-Retention im Magen) führt. Auch als *Pi Man* (Glomus und Völle) bezeichnet. Symptome sind u. a. epigastrisches Völlegefühl, Darmgeräusche oder weiche Stühle.**

Z gelber, klebriger Belag

P drahtig, schnell

BAN XIA XIE XIN TANG

Rhizoma Pinelliae Ternatae Dekokt, welches das Epigastrium abfließen lässt

Ban Xia	*Pinellia*	6–12 g
Huang Qin	*Scutellaria*	6–9 g
Huang Lian	*Coptis*	3–6 g
Gan Jiang	*Zingiber*	3–6 g
Ren Shen	*Panax*	6–9 g
Da Zao	*Ziziphus*	3–5 St.
Gan Cao	*Glycyrrhiza*	3–6 g

Nahrungsstagnation mit Verdauungsstörungen, Übelkeit und Erbrechen, Völlegefühl, Diarrhö, übel riechendem Aufstoßen oder Appetitlosigkeit.

Z weißlich-gelber oder klebriger gelber Belag

P schlüpfrig

* **Wichtige Rezeptur**

BAO HE WAN

Pille, die die Harmonie erhält

Lai Fu Zi	*Raphanus*	6–9 g
Lian Qiao	*Forsythia*	3–9 g
Shan Zha	*Crataegus*	6–12 g
Shen Qu	*Massa Fermentata*	6–12 g
Fu Ling	*Poria*	6–9 g
Ban Xia	*Pinellia*	6–9 g
Chen Pi	*Citrus*	3–6 g

Grundlegende Rezeptur für Schleim- und Feuchte-Retention infolge Magen- und Milz-*Qi*-Mangel. Symptome sind u. a. Übelkeit und Erbrechen oder epigastrisches Spannungsgefühl.

Z klebriger Belag

P schlüpfrig

ER CHEN TANG

Zweifach behandeltes Dekokt

Ban Xia	*Pinellia*	6–9 g
Chen Pi	*Citrus*	3–6 g
Fu Ling	*Poria*	6–9 g
Gan Cao	*Glycyrrhiza*	3–6 g
[Sheng Jiang	*Zingiber*	3–6 g]
[Da Zao	*Ziziphus*	3 St.]

Feuchtigkeits-/Wasserretention im mittleren Erwärmer führt zu abdominalem Völlegefühl, Aszites oder spärlichem Urin.

Z klebriger weißer Belag

P schlüpfrig

FEN XIAO TANG

Dekokt, das trennt und vermindert

Cang Zhu	*Atractylodes*	3–6 g
Bai Zhu	*Atractylodes*	3–6 g
Hou Po	*Magnolia*	6–9 g
Fu Ling	*Poria*	6–9 g
Chen Pi	*Citrus*	3–6 g
Zhu Ling	*Polyporus*	3–6 g
Deng Xin Cao	*Juncus*	1 St.
Ze Xie	*Alisma*	3–6 g
Xiang Fu	*Cyperus*	3–6 g
Mu Xiang	*Saussurea*	3–6 g
Zhi Shi	*Citrus*	3–6 g
Sha Ren	*Amomum*	1–3 g
Da Fu Pi	*Areca*	3–6 g
Sheng Jiang	*Zingiber*	3–6 g

1. Nahrungsstagnation oder übermäßiger Alkoholkonsum hat die Milz verletzt und zu Kälte-Stagnation im mittleren Erwärmer geführt. Die Milz ist sehr schwach und produziert nun noch mehr Feuchtigkeit. 2. Alkoholvergiftung mit Milz-*Qi*-Mangel, Feuchtigkeits- und Kälte-Retention im mittleren Erwärmer. 3. Milz-*Qi*-Mangel mit abdominaler Masse oder Glomus (*Pi Man*).

Z blass, geschwollen, mit Zahnabdrücken, weißer, klebriger Belag

P tief, schlüpfrig, schwach

GE HUA JIE XING TANG

Flos Puerariae Dekokt

Ren Shen	*Panax*	6–9 g
Bai Zhu	*Atractylodes*	6–9 g
Fu Ling	*Poria*	9–12 g
Gan Cao	*Glycyrrhiza*	3–6 g
Chen Pi	*Citrus*	3–6 g
Mu Xiang	*Saussurea*	6–9 g
Sha Ren	*Amomum*	3–6 g
Ze Xie	*Alisma*	3–9 g
Zhu Ling	*Polyporus*	3–9 g
Qing Pi	*Citrus*	3–6 g
Shen Qu	*Massa Fermentata*	6–15 g
Ge Hua	*Pueraria*	6–15 g
Bai Dou Kou	*Amomum*	3–6 g

Schleim- oder Nahrungsstagnation im Bereich von Thorax/Diaphragma/oberem Epigastrium. Diese Rezeptur lindert die Stagnation durch Erbrechen.

Z klebriger Belag

P schlüpfrig, etwas oberflächlich in der ersten (*Cun*) Position

H Nur 5–10 Minuten kochen oder mit 10 g *Dan Dou Chi*/Glycine eine Paste herstellen.

X Diese Rezeptur induziert Erbrechen. Nicht während der Schwangerschaft anwenden.

GUA DI SAN

Pedicellus Cucumeris Pulver

Gua Di	*Cucumis*	1–3 g
Chi Xiao Dou	*Phaseolus*	1–3 g

Nahrungsstagnation hat die Milz verletzt und führt zu *Qi*-/Feuchte-/Nahrungsstagnation, die Hitze erzeugt. Symptome sind u. a. Verdauungsstörungen oder Borborygmus.

Z klebriger gelber Belag

P schlüpfrig, schwach

JIAN PI WAN

Pille, die die Milz stärkt

Ren Shen	*Panax*	6–12 g
Bai Zhu	*Atractylodes*	9–15 g
Fu Ling	*Poria*	9–12 g
Shen Qu	*Massa Fermentata*	9–12 g
Shan Yao	*Dioscorea*	6–9 g
Shan Zha	*Crataegus*	6–9 g
Mu Xiang	*Saussurea*	3 g
Mai Ya	*Hordeum*	6–9 g
Huang Lian	*Coptis*	3 g
Rou Dou Kou	*Myristica*	3–9 g
Sha Ren	*Amomum*	3–6 g
Chen Pi	*Citrus*	3–6 g
Gan Cao	*Glycyrrhiza*	3 g

Nahrungsstagnation mit starker Hitze-, *Qi*-, Feuchte-Stagnation und Blut-*Xue*-Stase führt zu Völlegefühl, saurem Aufstoßen, Dysenterie oder starken abdominalen Schmerzen.

Z dicker, klebriger gelber Belag

P voll, schnell

X Nicht während der Schwangerschaft einsetzen.

MU XIANG BING LANG WAN

Radix Aucklandiae Lappae und Semen Arecae Catechu Pille

Mu Xiang	*Saussurea*	3–9 g
Bing Lang	*Areca*	3–9 g
Xiang Fu	*Cyperus*	3–9 g
Qing Pi	*Citrus*	3–6 g
Da Huang	*Rheum*	9–12 g
Qian Niu Zi	*Pharbitis*	9–18 g
E Zhu	*Curcuma*	3–9 g
Huang Bai	*Phellodendron*	6–12 g
Huang Lian	*Coptis*	3–9 g
[Sheng Jiang	*Zingiber*	3–6 g]

Magen

Nahrungsstagnation führt zu Feuchtigkeit und Hitze. Das verursacht Diarrhö, meist mit unvollständiger Entleerung, oder Tenesmus mit schmerzendem Rektum.

Z rot, dicker klebriger Belag

P schlüpfrig, schnell

X Nicht während der Schwangerschaft einsetzen.

MU XIANG DAO ZHI WAN

Radix Aucklandiae Lappae Pille, die Stagnation ausleitet/abfließen lässt

Zhi Shi	*Citrus*	6–15 g
Da Huang	*Rheum*	6–12 g
Huang Qin	*Scutellaria*	6–9 g
Huang Lian	*Coptis*	6 g
Fu Ling	*Poria*	6–9 g
Shen Qu	*Massa Fermentata*	6–15 g
Bai Zhu	*Atractylodes*	3–9 g
Ze Xie	*Alisma*	6–9 g
Mu Xiang	*Saussurea*	6–9 g
Bing Lang	*Areca*	6–9 g

Feuchter Schleim mit Kälte in der Lunge oder Nahrungsstagnation. Symptome sind u. a. Dyspnoe mit reichlich schleimigem Auswurf und Appetitmangel.

Z klebriger weißer Belag

P schlüpfrig

SAN ZI YANG QIN TANG

Drei Samen Dekokt, das die Eltern ernährt

Zi Su Zi	*Perilla*	6–9 g
Lai Fu Zi	*Raphanus*	6–9 g
Bai Jie Zi	*Brassica*	3–9 g

Wasserretention mit Hitze, Feuchtigkeit und *Qi*-Stagnation; oder Magen-Mangel mit Nahrungsstagnation und Wasser. Symptome sind u. a. Diarrhö, Borborygmus oder epigastrisches Spannungsgefühl.

Z rot, klebriger gelber Belag

P schlüpfrig, schnell

SHENG JIANG XIE XIN TANG

Rhizoma Zingiberis Officinalis Recens Dekokt, das das Epigastrium abfließen lässt

Sheng Jiang	*Zingiber*	9–12 g
Ban Xia	*Pinellia*	6–9 g
Ren Shen	*Panax*	6–12 g
Gan Jiang	*Zingiber*	3–6 g
Huang Qin	*Scutellaria*	6–9 g
Huang Lian	*Coptis*	3–6 g
Da Zao	*Ziziphus*	6–10 St.
Gan Cao	*Glycyrrhiza*	3–6 g

Magen-Schleim-Hitze führt zu Palpitationen, Schlaflosigkeit, Schwindel, bitterem Mundgeschmack oder Druckgefühl im Thorax.

Z klebriger gelber Belag

P schnell, schlüpfrig

SHI YI WEI WEN DAN TANG

Elf Bestandteile Dekokt zur Erwärmung der Gallenblase

Chen Pi	*Citrus*	6 g
Ban Xia	*Pinellia*	6–9 g
Fu Ling	*Poria*	6–12 g
Gan Cao	*Glycyrrhiza*	3–6 g
Zhu Ru	*Bambusa*	6–12 g
Zhi Shi	*Citrus*	3–6 g
Shi Chang Pu	*Acorus*	6–9 g
Huang Lian	*Coptis*	3–6 g
Yuan Zhi	*Polygala*	3–6 g
Zhen Zhu Mu	*Pteria*	12–25 g
Ye Jiao Teng	*Polygonum*	12–25 g

Chronische Wasserretention in Thorax und Hypochondrium führt zu Husten und Kurzatmigkeit.

Z weißer, klebriger Belag

P tief, drahtig

H Zutaten zu Pulver vermahlen und morgens in einer Dosierung von 0,7 g zusammen mit warmem Tee aus 10 St. *Da Zao*/Ziziphus einnehmen. Nach jeder Dosis sind zwischen fünf und sechs Defäkationen zu erwarten.

X Nicht während der Schwangerschaft oder bei geschwächten Patienten einsetzen. *Gan Sui*/Euphorbia ist toxisch.

SHI ZAO TANG

Dekokt aus zehn Jujuben

Gan Sui	*Euphorbia*	6 g
Yuan Hua	*Daphne*	6 g
Jing Da Ji	*Euphorbia*	6 g

Leber- und Magen-Disharmonie mit Schleimretention und Hitze in der Gallenblase. Symptome sind u.a. Druckgefühl im Thorax, bitterer Mundgeschmack, Durst ohne Verlangen zu trinken oder Erbrechen. In schweren Fällen können geistige Verwirrung oder Rasselgeräusche in der Kehle auftreten.

Z rot, klebriger gelber Belag

P schnell, schlüpfrig und/oder drahtig

WEN DAN TANG

Dekokt, das die Gallenblase wärmt

Ban Xia	*Pinellia*	6–9 g
Chen Pi	*Citrus*	9–12 g
Fu Ling	*Poria*	6–12 g
Zhi Shi	*Citrus*	3–6 g
Zhu Ru	*Bambusa*	6 g
Sheng Jiang	*Zingiber*	3–6 g
Gan Cao	*Glycyrrhiza*	3–6 g
Da Zao	*Ziziphus*	2 St.

Nahrungsstagnation mit abdominalem Völlegefühl, Schmerzen oder Nahrungsaversion.

Z dicker, klebriger Belag

P schlüpfrig

XIANG SHA PING WEI SAN

Rhizoma Cyperi Rotundi und Fructus Amomi Pulver, das den Magen beruhigt

Xiang Fu	*Cyperus*	6 g
Sha Ren	*Amomum*	3–6 g
Cang Zhu	*Atractylodes*	6–12 g
Shan Zha	*Crataegus*	6–9 g
Chen Pi	*Citrus*	3–6 g
Bai Shao Yao	*Paeonia*	6–9 g
Zhi Ke	*Citrus*	3–6 g
Mai Ya	*Hordeum*	6–12 g
Sheng Jiang	*Zingiber*	3–6 g
Gan Cao	*Glycyrrhiza*	3–6 g

Nahrungsstagnation, Erbrechen oder schlechte Verdauung bei Kindern.

Z klebriger Belag

P drahtig

H Die Kräuter zu Pulver vermahlen und mit Glutinreis mischen.

XIAO RU WAN

Pille, die Stagnation bei Kindern vermindert

Xiang Fu	*Cyperus*	30–60 g
Shen Qu	*Massa Fermentata*	15–30 g
Mai Ya	*Hordeum*	15–30 g
Zhi Gan Cao	*Glycyrrhiza*	9–15 g
Chen Pi	*Citrus*	9–15 g
Sha Ren	*Amomum*	15–30 g

Schleimretention mit Magen-*Qi*-Mangel führt zu Schluckauf, Völlegefühl oder Übelkeit und Erbrechen.

Z blass, weißer, klebriger Belag

P kraftlos, schlüpfrig oder drahtig

H *Xuan Fu Hua*/Inula bei der Herstellung des Dekokts in ein Tuch einwickeln.

XUAN FU DAI ZHE TANG

Flos Inulae und Haematitum Dekokt

Xuan Fu Hua	*Inula*	6–9 g
Dai Zhe Shi	*Haematitum*	6–12 g
Ren Shen	*Panax*	6–9 g
Ban Xia	*Pinellia*	6–9 g
Da Zao	*Ziziphus*	3–6 St.
Sheng Jiang	*Zingiber*	6–9 g
Zhi Gan Cao	*Glycyrrhiza*	3–6 g

Stagnationen aller Art (*Qi*, Blut-*Xue*, Nahrung, Feuchtigkeit etc.). Symptome sind u. a. Druck- und Völlegefühl in Epigastrium oder Thorax, Übelkeit und Erbrechen oder Appetitmangel.

Z abhängig vom jeweiligen Syndrom

P abhängig vom jeweiligen Syndrom

YUE JU WAN

Flucht aus der Einschnürung Pille

Chuan Xiong	*Ligusticum*	3–9 g
Cang Zhu	*Atractylodes*	3–9 g
Zhi Zi	*Gardenia*	3–9 g
Xiang Fu	*Cyperus*	3–9 g
Shen Qu	*Massa Fermentata*	3–9 g

Nahrungsstagnation im mittleren Erwärmer mit Feuchte- und Hitze-Retention: Kälte und Hitze im mittleren Erwärmer mit Milz-Mangel. Symptome sind u. a. schmerzhaftes Druckgefühl, übel riechende Diarrhö, Schleim, Tenesmus, Gase oder Obstipation.

Z rot, rote Ränder, rau, dicker, klebriger gelber Belag

P schlüpfrig, schnell, voll

X Vorsicht während der Schwangerschaft.

ZHI SHI DAO ZHI WAN

Fructus Immaturus Citri Aurantii Pille, die Stagnation nach außen leitet

Zhi Shi	*Citrus*	9–15 g
Shen Qu	*Massa Fermentata*	9–15 g
Da Huang	*Rheum*	15–25 g
Huang Qin	*Scutellaria*	6–9 g
Huang Lian	*Coptis*	6–9 g
Fu Ling	*Poria*	6–9 g
Ze Xie	*Alisma*	6–9 g
Bai Zhu	*Atractylodes*	6–9 g

Chronischer Milz-*Qi*-Mangel führt zu *Qi*-Stagnation und diese zu Kälte- und Hitze-Symptomen im mittleren Erwärmer. Das wiederum verletzt Milz und Magen und verursacht Spannungsgefühl in Epigastrium und Abdomen oder Wechsel von Obstipation und Diarrhö.

Z blass, dünner gelblicher Belag

P drahtig

ZHI SHI XIAO PI WAN

Fructus Immaturus Citri Aurantii Pille, die ein fokussiertes Spannungsgefühl vermindert

Zhi Shi	*Citrus*	6–12 g
Hou Po	*Magnolia*	6–15 g
Ban Xia	*Pinellia*	6–9 g
Huang Lian	*Coptis*	9–15 g
Fu Ling	*Poria*	6–9 g
Bai Zhu	*Atractylodes*	3–9 g
Ren Shen	*Panax*	6–9 g
Gan Jiang	*Zingiber*	3–6
Mai Ya	*Hordeum*	3–9 g
Zhi Gan Cao	*Glycyrrhiza*	3–6 g

1. Chronische Nahrungsstagnation mit schwerem Milz-*Qi*-Mangel.
2. Schwere akute Nahrungsstagnation mit leichtem Milz-*Qi*-Mangel.
Symptome sind u. a. Spannungsgefühl in Epigastrium und Abdomen, weiche Stühle und Appetitmangel.

Z klebriger Belag

P drahtig

ZHI ZHU WAN

Fructus Immaturus Citri Aurantii und Rhizoma Atractylodis Macrocephalae Pille

Bai Zhu	*Atractylodes*	9–15 g
Zhi Shi	*Citrus*	6–12 g

Feuchte-Hitze-Retention im mittleren Erwärmer. Es liegt mehr Feuchtigkeit als Hitze vor. Führt zu Druckgefühl im Abdomen, Durst ohne Verlangen zu trinken oder Völlegefühl unmittelbar nach dem Essen oder Trinken. Dieses Rezept ist auch wirksam bei *Yang*-Ikterus.

Z rot, dicker, klebriger Belag

P schlüpfrig, schnell

ZHONG JIAO XIAN BI TANG

Mittlerer Erwärmer und Kläre die Feuchtigkeit Dekokt*

Xing Ren	*Prunus*	3–6 g
Yi Yi Ren	*Coix*	9–12 g
Hua Shi	*Talcum*	6 g
Dou Juan	*Glycine*	9 g
Zhi Zi	*Gardenia*	6–9 g
Lian Qiao	*Forsythia*	6 g
Ban Xia	*Pinellia*	6–9 g
Han Fang Ji	*Stephania*	6–9 g
Can Sha	*Bombyx*	3–6 g
Shan Zha	*Crataegus*	3–9 g
Bian Dou	*Dolichos*	6–9 g

Kälte oder *Yang*-Mangel im Magen

- bei Kälte: akuter stechender Schmerz im Epigastrium mit Vorliebe für Wärme
- Erbrechen klarer Flüssigkeit
- kühle Getränke werden sofort erbrochen
- Schluckauf
- bei *Yang*-Mangel: der epigastrische Schmerz ist besser durch Essen, Druck und/oder Wärme
- kalte Extremitäten
- bei Kälte: Singultus
- *Reizkolon*

Z blass, feucht, dicker weißer Belag
P tief, langsam, straff

***Taiyang*-Störung mit hohem Fieber befällt und verletzt den Magen. Dadurch kann das *Qi* nicht absteigen, was zu Nahrungs-, Feuchte- oder Wasserretention (oder Hitze- und Kälte-Retention im Magen) führt. Auch als *Pi Man* (Glomus und Völle) bezeichnet. Symptome sind u. a. epigastrisches Völlegefühl, Darmgeräusche oder weiche Stühle.**

Z gelber, klebriger Belag

P drahtig, schnell

BAN XIA XIE XIN TANG

Rhizoma Pinelliae Ternatae Dekokt, welches das Epigastrium abfließen lässt

Ban Xia	*Pinellia*	6–12 g
Huang Qin	*Scutellaria*	6–9 g
Huang Lian	*Coptis*	3–6 g
Gan Jiang	*Zingiber*	3–6 g
Ren Shen	*Panax*	6–9 g
Da Zao	*Ziziphus*	3–5 St.
Gan Cao	*Glycyrrhiza*	3–6 g

Kälte-Retention oder *Yang*-Mangel im Abdomen führt zu Obstipation mit krampfartigen Schmerzen. Das *Qi* stagniert und erhitzt sich, was zu leichtem Fieber führen kann. Weitere Symptome sind kalte Extremitäten und Frösteln.

Z normal oder blass, weißer Belag

P drahtig oder straff, tief

H *Fu Zi*/Aconitum sollte gemahlen werden. *Da Huang*/Rheum wird bei der Herstellung des Dekokts während der letzten 3–5 Minuten zugefügt.

X Nicht während der Schwangerschaft einsetzen.

DA HUANG FU ZI TANG

Radix et Rhizoma Rhei und Radix Lateralis Aconiti Carmichaeli Praeparata Dekokt

Da Huang	*Rheum*	6–9 g
Fu Zi	*Aconitum*	6 g
Xi Xin	*Asarum*	3–6 g

Milz-*Yang*-Mangel mit Kältestauung führt zu schweren krampfartigen Schmerzen, Borborygmus oder möglicherweise Erbrechen.

Z blass, blass-violett, geschwollen, feuchter weißer Belag

P drahtig oder langsam, tief

H *Yi Tang*/Saccharum Granorum dem abgeseihten Tee zufügen.

DA JIAN ZHONG TANG

Größeres Dekokt, das die Mitte aufbaut

Chuan Jiao	*Zanthoxylum*	3–6 g
Ren Shen	*Panax*	6–9 g
Gan Jiang	*Zingiber*	3–6 g
Yi Tang	*Saccharum Granorum*	20 g

Milz-*Qi*- und -Blut-*Xue*-Mangel mit leichter Kälte führt zu krampfartigen Schmerzen oder postpartaler Auszehrung.

Z blass, weißer Belag

P schwach

H *Yi Tang*/Saccharum Granorum dem abgeseihten Tee hinzufügen.

DANG GUI JIAN ZHONG TANG

Radix Angelicae Sinensis Dekokt, das die Mitte aufbaut

Yi Tang	*Saccharum Granorum*	6–20 g
Gui Zhi	*Cinnamomum*	3–9 g
Bai Shao Yao	*Paeonia*	6–9 g
Sheng Jiang	*Zingiber*	3–6 g
Da Zao	*Ziziphus*	3–6 St.
Gan Cao	*Glycyrrhiza*	3–6 g
Dang Gui	*Angelica*	6–9 g

Lang dauernde Kälte mit Blut-*Xue*- und *Yang*-Mangel führt zu Diarrhö, Übelkeit und Erbrechen oder abdominalen Krämpfen.

Z blass, geschwollen, mit Zahnabdrücken, nass, weißer Belag

P langsam, kraftlos

DANG GUI SI NI JIA WU ZHU YU SHENG JIANG TANG

Radix Angelicae Sinensis Dekokt für kalte Extremitäten mit Fructus Evodiae Rutaecarpae und Rhizoma Zingiberis Officinalis Recens

Dang Gui	*Angelica*	6–9 g
Gui Zhi	*Cinnamomum*	3–9 g
Xi Xin	*Asarum*	3–6 g
Bai Shao Yao	*Paeonia*	6–9 g
Mu Tong	*Akebia*	6–9 g
Wu Zhu Yu	*Evodia*	3–6 g
Da Zao	*Ziziphus*	25 St.
Sheng Jiang	*Zingiber*	4 St.
Gan Cao	*Glycyrrhiza*	3–6 g

Milz-/Magen-*Qi*-/-*Yang*-Mangel führt zu Singultus, Aufstoßen und Erbrechen sowie zu Kälte-Symptomen im mittleren Erwärmer.

Z blass, dünner Belag

P schwach, tief, eventuell langsam

X Kontraindiziert während der Schwangerschaft.

DING XIANG SHI DI TANG

Flos Caryophylli und Calyx Diospyros Kaki Dekokt

Ding Xiang	*Syzygium*	6–9 g
Shi Di	*Diospyros*	6–9 g
Ren Shen	*Panax*	3–9 g
Sheng Jiang	*Zingiber*	3–6 g

Magen-/Milz-*Yang*-Mangel führt zu wässriger Diarrhö und epigastrischen Schmerzen. Starke Kälte-Symptome wie zum Beispiel kalte Extremitäten und Erbrechen klarer Flüssigkeiten.

Z blass, geschwollen, mit Zahnabdrücken, weißer Belag

P verschwindend

* **Wichtige Rezeptur**

FU ZI LI ZHONG WAN

Radix Lateralis Aconiti Carmichaeli Praeparata Pille zur Regulierung der Mitte

Fu Zi	*Aconitum*	6–9 g
Ren Shen	*Panax*	3–9 g
Bai Zhu	*Atractylodes*	3–9 g
Gan Jiang	*Zingiber*	3–9 g
Zhi Gan Cao	*Glycyrrhiza*	3–6 g

Magen- und Milz-*Yang*-Mangel mit *Wei-Qi*-Mangel und innerer Hitze und Feuchtigkeit. Symptome sind u. a. weiche Stühle, Schwitzen oder kalte Hände und Füße.

Z blass oder rot, weißer oder gelber, klebriger Belag

P tief, schwach, dünn oder schnell

X Vorsicht während der Schwangerschaft.

FU ZI XIE XIN TANG

Radix Lateralis Aconiti Carmichaeli Praeparata Dekokt, das das Epigastrium entlastet

Fu Zi	*Aconitum*	3–6 g
Da Huang	*Rheum*	6–9 g
Huang Qin	*Scutellaria*	3–6 g
Huang Lian	*Coptis*	3–6 g

Kälte in Lunge und Magen führt zu Lungenatrophie, kalten Extremitäten oder klarem Sputum.

Z blass, feucht

P schwach, langsam

GAN CAO GAN JIANG TANG

Rhizoma Zingiberis Officinalis und Radix Glycyrrhizae Uralensis Dekokt

Zhi Gan Cao	*Glycyrrhiza*	9–12 g
Gan Jiang	*Zingiber*	6–9 g

Hitze und Kälte im mittleren Erwärmer mit Milz-/Magen-*Qi*-Mangel und vorherrschender Kälte. Der Patient leidet unter leichten Symptomen einer *Qi*-Stagnation im mittleren Erwärmer wie Druck- oder Völlegefühl.

Z dünner gelber Belag

P schwach, leicht drahtig

GAN CAO XIE XIN TANG

Radix Glycyrrhizae Uralensis Dekokt, welches das Epigastrium abfließen lässt

Ban Xia	*Pinellia*	6–9 g
Huang Qin	*Scutellaria*	9–12 g
Zhi Gan Cao	*Glycyrrhiza*	12–15 g
Gan Jiang	*Zingiber*	9–12 g
Ren Shen	*Panax*	9–12 g
Huang Lian	*Coptis*	3–6 g
Da Zao	*Ziziphus*	9–15 St.

Schwere Kältestauung mit Milz-/Nieren-*Yang*-Mangel führt zu Kälte im Gesicht, krampfartigen Schmerzen im Zentrum oder Morgendiarrhö.

Z blass, violett, nasser Belag

P langsam, straff

GUI FU LI ZHONG TANG

Cortex Cinnamomi Cassiae und Radix Lateralis Aconiti Carmichaeli Praeparata Dekokt zur Regulierung der Mitte

Ren Shen	*Panax*	10–15 g
Bai Zhu	*Atractylodes*	6–9 g
Gan Jiang	*Zingiber*	6–9 g
Gan Cao	*Glycyrrhiza*	3–6 g
Fu Zi	*Aconitum*	3–6 g
Rou Gui	*Cinnamomum*	3–9 g

Hitze im oberen und Kälte im mittleren Erwärmer, meist verursacht durch kalte Nahrung, die das Milz-*Qi* schwächt. Dies führt zu Feuchtigkeit, die sich dann in Hitze verwandelt. Die Hitze steigt nach oben und greift das Herz an. Symptome sind Durst, Ruhelosigkeit, Völle-/Kältegefühl und Schmerzen im Abdomen oder Übelkeit und Erbrechen.

Z rot oder blass, rote Spitze, dünner, klebriger Belag

P schnell, drahtig

HUANG LIAN TANG

Rhizoma Coptidis Dekokt

Huang Lian	*Coptis*	5 g
Gan Jiang	*Zingiber*	5 g
Gui Zhi	*Cinnamomum*	5 g
Ren Shen	*Panax*	3 g
Ban Xia	*Pinellia*	9 g
Da Zao	*Ziziphus*	9–12 St.
Gan Cao	*Glycyrrhiza*	6 g

Wind-Kälte und Feuchtigkeitsretention mit *Qi*-Stagnation im mittleren Erwärmer führt zu Diarrhö, Übelkeit, Erbrechen, Kopfschmerzen oder Fieber und Schüttelfrost.

Z weißer, klebriger Belag

P sanft oder schlüpfrig

H Alle Zutaten zu einem Pulver vermahlen. Zwei- bis dreimal täglich 6 g einnehmen.

HUO XIANG ZHENG QI SAN

Herba Agastaches seu Pogostemi Pulver, das das *Qi* korrigiert

Huo Xiang	*Agastache*	9 g
Hou Po	*Magnolia*	6–9 g
Bai Zhi	*Angelica*	3–6 g
Zi Su Ye	*Perilla*	3–6 g
Chen Pi	*Citrus*	6 g
Bai Zhu	*Atractylodes*	6 g
Fu Ling	*Poria*	3–6 g
Ban Xia	*Pinellia*	6 g
Da Fu Pi	*Areca*	3–6 g
Jie Geng	*Platycodon*	6 g
Gan Cao	*Glycyrrhiza*	6–9 g
[Da Zao	*Ziziphus*	1–3 g]
[Sheng Jiang	*Zingiber*	3–6 g]

Kälte im Magen führt zu rebellierendem *Qi*, das Übelkeit, Erbrechen oder Diarrhö verursacht.

Z blass, weißer Belag

P schwach, langsam

JU PI TANG

Pericarpium Citri Reticulatae Dekokt

Chen Pi	*Citrus*	9–12 g
Sheng Jiang	*Zingiber*	6–9 g

***Qi-/Yang*-Mangel im mittleren Erwärmer führt zu Appetitverlust, Durstlosigkeit, wässriger Diarrhö mit unverdauten Nahrungsbestandteilen und kalten oder schmerzenden Extremitäten.**

Z blass, geschwollen, mit Zahnabdrücken, weißer Belag

P tief, schwach

LI ZHONG WAN

Pille, die die Mitte reguliert

Ren Shen	*Panax*	6–9 g
Gan Jiang	*Zingiber*	6–9 g
Bai Zhu	*Atractylodes*	6–9 g
Gan Cao	*Glycyrrhiza*	3–6 g

Leber-*Qi*-Stagnation mit Kälte im Magen führt zu abdominalen Schmerzen, die durch Wärme gelindert werden. Diese Rezeptur ist auch wirksam bei Dysmenorrhö.

Z blass, weißer Belag

P schwach, langsam oder drahtig

LIANG FU WAN

Rhizoma Alpiniae Officinari und Rhizoma Cyperi Rotundi Pille

Gao Liang Jiang	*Alpinia*	6–9 g
Xiang Fu	*Cyperus*	6–9 g

Plötzliche Kälte-Stagnation und kalte Nahrung führen zu kompletter Obstruktion von Magen und Dickdarm. Dies verursacht plötzliche, heftige Schmerzen und Blockade des Darms.

Z blass

P straff, tief

H Die Zutaten zu Pulver vermahlen. Erwachsene nehmen eine Dosis von 1 g mit warmem Wasser ein.

X *Ba Dou*/Croton ist toxisch und sollte mit extremer Vorsicht angewandt werden. Nicht während der Schwangerschaft einsetzen.

SAN WU BEI JI WAN

Drei Arzneien Pille für Notfälle

Da Huang	*Rheum*	30 g
Ba Dou	*Croton*	30 g
Gan Jiang	*Zingiber*	30 g

Magen-Mangel mit Kälte führt zu Singultus, Erbrechen, chronischem Aufstoßen oder Druckgefühl im Thorax.

Z blass

P schwach

SHI DI TANG

Calyx Diospyros Kaki Dekokt

Shi Di	*Diospyros*	3–9 g
Ding Xiang	*Syzygium*	3–6 g
Sheng Jiang	*Zingiber*	3–9 g

Milz-*Qi*-Mangel mit Kälte, die Leber und Magen beeinträchtigt. Das führt zu starken abdominalen Schmerzen, Kälte im mittleren und unteren Erwärmer, Erbrechen oder saurer Regurgitation; oder Kälte führt über den Leber-Meridian zu Scheitelkopfschmerzen. Diese Leber-*Qi*-Stagnation ist nicht auf emotionale Ursachen, sondern auf Kälte zurückzuführen.

Z blass, leicht violett, feuchter weißer Belag

P langsam oder drahtig, dünn

WU ZHU YU TANG

Fructus Evodiae Rutaecarpae Dekokt

Wu Zhu Yu	*Evodia*	3–6 g
Ren Shen	*Panax*	6–9 g
Sheng Jiang	*Zingiber*	12–20 g
Da Zao	*Ziziphus*	6–12 St.

Wind-Kälte mit innerer *Qi*-Stagnation führt zu Aufstoßen, Appetitmangel, Fieber und Schüttelfrost, Kopfschmerzen, Schweißlosigkeit und Druckgefühl im mittleren Erwärmer.

Z dünner weißer Belag

P oberflächlich

XIANG SU SAN

Rhizoma Cyperi Rotundi und Folium Perillae Frutescentis Pulver

Xiang Fu	*Cyperus*	6–9 g
Zi Su Ye	*Perilla*	6–9 g
Chen Pi	*Citrus*	3–6 g
Zhi Gan Cao	*Glycyrrhiza*	3–6 g

1. Chronischer Milz-*Qi*-Mangel mit chronischem, kaltem, pathogenem *Qi* führt zu *Qi*- und Blut-*Xue*-Mangel. Das Hauptsymptom sind abdominale Krämpfe. 2. Leber-*Qi*-Stagnation oder Leber attackiert die Milz. Hier sollte die Dosierung von Bai Shao Yao/Paeonia erhöht werden.

Z blass oder blass-violett, dünner weißer Belag

P schwach oder leicht drahtig

H *Yi Tang*/Saccharum Granorum dem abgeseihten Tee zufügen.

XIAO JIAN ZHONG TANG

Kleineres Dekokt, das die Mitte aufbaut

Yi Tang	*Saccharum Granorum*	15–30 g
Gui Zhi	*Cinnamomum*	3–9 g
Bai Shao Yao	*Paeonia*	6–9 g
Sheng Jiang	*Zingiber*	6–9 g
Da Zao	*Ziziphus*	3–5 St.
Zhi Gan Cao	*Glycyrrhiza*	3–6 g

Magen-*Yin*-Mangel

- Obstipation mit trockenen Stühlen
- Nachmittagshitze
- Durst
- gesteigerter Appetit
- *Mundgeruch, Paradontose, Magen- und Duodenalulzera, Refluxösophagitis*

Z rot, Landkartenzunge, spärlicher Belag

P leer oder dünn, schnell

Magen

Yangming-Meridian-Störung, Feuchtigkeits-Stagnation und _Yin_-Mangel führen zu Mundgeschwüren, eitriger Zahnfleischentzündung, Mundgeruch, Halsschmerzen oder Augenerkrankungen.

Z dicker, klebriger gelber Belag

P schnell, schlüpfrig, dünn

GAN LU YIN

Süßes Tau Dekokt

Shu Di Huang	*Rehmannia*	6–9 g
Sheng Di Huang	*Rehmannia*	6–9 g
Huang Qin	*Scutellaria*	6–9 g
Zhi Ke	*Citrus*	3–6 g
Mai Men Dong	*Ophiopogon*	6–9 g
Tian Men Dong	*Asparagus*	6–9 g
Pi Pa Ye	*Eriobotrya*	12–18 g
Yin Chen Hao	*Artemisia*	6–9 g
Shi Hu	*Dendrobium*	6–9 g
Gan Cao	*Glycyrrhiza*	3–6 g

Epistaxis oder Hämatemesis während der Menstruation durch Magen-Mangel und rebellierendes _Qi_.

Z blass

P schwach, dünn

JIA WEI MAI MEN DONG TANG

Erweitertes Tuber Ophiopogonis Japonici Dekokt

Mai Men Dong	*Ophiopogon*	9–15 g
Shan Yao	*Dioscorea*	9–12 g
Ren Shen	*Panax*	9–12 g
Dan Shen	*Salvia*	9–12 g
Ban Xia	*Pinellia*	6–9 g
Bai Shao Yao	*Paeonia*	6–9 g
Tao Ren	*Prunus*	3–6 g
Da Zao	*Ziziphus*	3–5 St.
Gan Cao	*Glycyrrhiza*	3–6 g

Hitze im Magen mit *Qi*- und *Yin*-Mangel und rebellierendem Magen-*Qi* führt zu Durst, Erbrechen, Appetitverlust, Übelkeit oder Schluckauf.

Z rot

P dünn, schnell, schwach

JU PI ZHU RU TANG I

Pericarpium Citri Reticulatae und Caulis Bambusae In Taeniis Dekokt

Chen Pi	*Citrus*	6–12 g
Ren Shen	*Panax*	6–9 g
Zhu Ru	*Bambusa*	6–12 g
Da Zao	*Ziziphus*	3–6 St.
Sheng Jiang	*Zingiber*	3–9 g
Gan Cao	*Glycyrrhiza*	3–6 g

Magen-Hitze mit *Qi*- und *Yin*-Mangel führt zu starkem Durst, Übelkeit und Erbrechen oder vermindertem Appetit.

Z rot, dünner gelber Belag

P dünn, schwach, leicht schnell

JU PI ZHU RU TANG II

Pericarpium Citri Reticulatae und Caulis Bambusae In Taeniis Dekokt aus Formulas to Aid the Living

Zhu Ru	*Bambusa*	6–9 g
Ban Xia	*Pinellia*	6–9 g
Chi Fu Ling	*Poria*	6–9 g
Ren Shen	*Panax*	3–6 g
Pi Pa Ye	*Eriobotrya*	6–9 g
Chen Pi	*Citrus*	3–6 g
Mai Men Dong	*Ophiopogon*	6–9 g
Zhi Gan Cao	*Glycyrrhiza*	3–6 g
[*Sheng Jiang*	*Zingiber*	3–6 St.]

***Yin*-/Blut-*Xue*-Mangel führt zu Obstipation mit trockenem Stuhl; oder Fülle-Hitze führt zu Obstipation.**

Z rot, trockener gelber Belag

P schnell, dünn oder leer

X Nicht während der Schwangerschaft einsetzen.

MA ZI REN WAN

Semen Cannabis Sativae Pille

Huo Ma Ren	*Cannabis*	6–12 g
Da Huang	*Rheum*	6–9 g
Xing Ren	*Prunus*	6–9 g
Zhi Shi	*Citrus*	3–6 g
Bai Shao Yao	*Paeonia*	6–9 g
Hou Po	*Magnolia*	6–12 g

Magen-*Yin*-Mangel erzeugt Hitze, die das Lungen-*Yin* verbrennt und zu Husten, Keuchatmung, Kurzatmigkeit oder Durst führt.

Z rot, Landkartenzunge, wenig oder kein Belag

P dünn, schnell

MAI MEN DONG TANG (Abb. S. 530)

Tuber Ophiopogonis Japonici Dekokt

Mai Men Dong	*Ophiopogon*	6–12 g
Ren Shen	*Panax*	6–9 g
Ban Xia	*Pinellia*	6–9 g
Jing Mi	*Oryza*	9–12 g
Da Zao	*Ziziphus*	6–10 St.
Gan Cao	*Glycyrrhiza*	3–6 g

Blut-*Xue*-Mangel führt zu Obstipation.

Z blass

P schwach, dünn

WU REN WAN

Fünf Samen Pille

Xing Ren	*Prunus*	9–20 g
Bai Zi Ren	*Biota*	3–6 g
Tao Ren	*Prunus*	9–15 g
Yu Li Ren	*Prunus*	3–6 g
Sha Ren	*Amomum*	3–6 g

Milz-*Qi*- mit -*Yin*-Mangel und Hitze-Retention führt zu Obstipation oder Härte und Völlegefühl im Abdomen.

Z gefurcht, dünner, trockener gelblicher Belag

P schwach, dünn, tief

XIN JIA HUANG LONG TANG

Neu vermehrtes gelbes Drachen Dekokt

Sheng Di Huang	*Rehmannia*	6–15 g
Ren Shen	*Panax*	6–9 g
Da Huang	*Rheum*	6–9 g
Mang Xiao	*Mirabilitum*	3–5 g
Mai Men Dong	*Ophiopogon*	9–15 g
Dang Gui	*Angelica*	6–9 g
Xuan Shen	*Scrophularia*	9–15 g
Gan Cao	*Glycyrrhiza*	3–6 g
Hai Shen	*Strichopus*	1–2 g

Magen-Hitze führt zu Schluckauf.

Z rot

P schnell

H 6–9 g Ingwersaft zum Tee hinzufügen.

XIN ZHI JU PI ZHU RU TANG

Neues Pericarpium Citri Reticulatae und Caulis Bambusae In Taeniis Dekokt

Zhu Ru	*Bambusa*	6–9 g
Chen Pi	*Citrus*	3–9 g
Shi Di	*Diospyros*	6–9 g
Sheng Jiang Zhi	*Zingiber*	6–9 g

Magen-*Yin*-Mangel infolge fiebriger Erkrankung oder Leber-Feuer. Symptome sind u. a. Zahnfleischbluten, gesteigerter Appetit und Durst.

Z leicht rot, trocken, spärlicher gelblicher Belag

P dünn

YI WEI TANG

Dekokt, das dem Magen gut tut

Sheng Di Huang	*Rehmannia*	9–15 g
Mai Men Dong	*Ophiopogon*	9–15 g
Bei Sha Shen	*Glehnia*	6–12 g
Yu Zhu	*Polygonatum*	3–6 g
Bing Tang	*Kandiszucker*	1–3 g

Magen-Feuer hat das Magen-*Yin* verletzt und führt zu Zahnfleischbluten, Stirnkopfschmerzen, schmerzenden Zähnen oder exzessivem Hungergefühl.

Z rot, Landkartenzunge, spärlicher gelber Belag

P schnell, leer, dünn

* **Wichtige Rezeptur**

YU NU JIAN

Jade-Frau Dekokt

Shi Gao	*Gypsum*	6–15 g
Zhi Mu	*Anemarrhena*	9–15 g
Mai Men Dong	*Ophiopogon*	6–15 g
Shu Di Huang	*Rehmannia*	12–15 g
Huai Niu Xi	*Achyranthes*	9–15 g

Mittlerer Diabetes (*Xiao Ke*) führt infolge von Magen-*Yin*-Mangel zu Hunger als Schlüsselsymptom.

Z rot, spärlicher Belag

P dünn, etwas schnell

YU QUAN WAN

Jade Frühlings Pille*

Tian Hua Fen	*Trichosanthes*	6–9 g
Ren Shen	*Panax*	6–9 g
Fu Ling	*Poria*	6–9 g
Huang Qi	*Astragalus*	6–12 g
Zi Su Zi	*Perilla*	3–9 g
Mai Men Dong	*Ophiopogon*	6–12 g
Gan Cao	*Glycyrrhiza*	3–6 g

Diabetes infolge Nieren- und Magen-*Yin*-Mangel mit *Qi*-Mangel führt zu Durst und häufiger Blasenentleerung mit viel Urin.

Z rot, trocken

P schwach, dünn

YU YE TANG

Jade Körpersäfte Dekokt

Shan Yao	*Dioscorea*	15–30 g
Tian Hua Fen	*Trichosanthes*	6–9 g
Huang Qi	*Astragalus*	9–15 g
Ji Nei Jin	*Gallus*	3–6 g
Zhi Mu	*Anemarrhena*	12–18 g
Wu Wei Zi	*Schisandra*	6–9 g
Ge Gen	*Pueraria*	2–5 g

Feuer im *Yangming*-Organ mit *Yin*-Mangel führt zu Obstipation mit sehr trockenen Stühlen.

Z rot, trockener gelber Belag

P schnell, dünn, drahtig

H *Da Huang*/Rheum während der letzten 3 Minuten des Kochprozesses zugeben. *Mang Xiao*/Mirabilitum dem abgeseihten Tee zufügen.

X Nicht während der Schwangerschaft einsetzen.

ZENG YE CHENG QI TANG

Dekokt, das die Körpersäfte vermehrt und das *Qi* ordnet

Xuan Shen	*Scrophularia*	15–25 g
Sheng Di Huang	*Rehmannia*	15–20 g
Mai Men Dong	*Ophiopogon*	15–20 g
Mang Xiao	*Mirabilitum*	3–6 g
Da Huang	*Rheum*	6–9 g

***Yin*-Mangel mit Trockenheit und Hitze im *Yangming* führt zu Obstipation.**

Z rot, trocken, spärlicher gelber Belag

P dünn, schnell, schwach

ZENG YE TANG

Dekokt, das die Körpersäfte vermehrt

Xuan Shen	*Scrophularia*	15–25 g
Sheng Di Huang	*Rehmannia*	15–20 g
Mai Men Dong	*Ophiopogon*	15–20 g

Hitze im *Qi*-Stadium schädigt das *Qi* und das *Yin*. Daraus resultieren Resthitze und leichtes Fieber, Mundtrockenheit und Reizbarkeit.

Z rot

P schnell, schwach, dünn

ZHU YE SHI GAO TANG

Herba Lophatheri Gracilis und Gypsum fibrosum Dekokt

Dan Zhu Ye	*Lophatherum*	6–15 g
Shi Gao	*Gypsum*	20–30 g
Ban Xia	*Pinellia*	6–9 g
Ren Shen	*Panax*	3–6 g
Zhi Gan Cao	*Glycyrrhiza*	3–6 g
Jing Mi	*Oryza*	9–15 g
Mai Men Dong	*Ophiopogon*	12–15 g

Magen-Feuer

- brennende Schmerzen im Epigastrium
- exzessiver Appetit
- Mundgeschwüre und Mundgeruch
- *Paradontose, gastrointestinale Blutungen, Magen- und Duodenalulzera, Gastritis, Refluxösophagitis*

Z rot, dicker gelber Belag
P voll, schnell

Toxische Hitze im *Yangming*-Meridian führt zu Dysenterie oder Eiter oder Blut im Stuhl.

Z rot, gelber Belag

P drahtig, schnell, schlüpfrig

BAI TOU WENG TANG

Radix Pulsatillae Chinensis Dekokt

Bai Tou Weng	*Pulsatilla*	20–40 g
Huang Bai	*Phellodendron*	9–12 g
Qin Pi	*Fraxinus*	9–15 g
Huang Lian	*Coptis*	6–9 g

Darmabszess oder akute Appendizitis infolge von Hitze und Blut-*Xue*-Stase (*Xue Yu*) führt zur Bildung von Raumforderungen und zu Schmerzen im unteren rechten Quadranten.

Z gelber, klebriger Belag

P schnell, schlüpfrig

H *Da Huang*/Rheum bei der Herstellung des Dekokts während der letzten 3–5 Minuten zugeben. *Mang Xiao*/Mirabilitum zum abgeseihten Tee hinzufügen.

X Nicht bei Appendizitis während der Schwangerschaft verwenden.

DA HUANG MU DAN TANG

Radix et Rhizoma Rhei und Cortex Moutan Radicis Dekokt

Da Huang	*Rheum*	6–12 g
Mang Xiao	*Mirabilitum*	6–12 g
Dong Gua Ren	*Benincasa*	12–20 g
Tao Ren	*Prunus*	9–12 g
Mu Dan Pi	*Paeonia*	6–9 g

Hitze im mittleren und oberen Erwärmer mit Druckgefühl als Hauptsymptom (*Pi*-Syndrom: *Pi Man Zao Shi* – Glomus, Völle, Trockenheit, Fülle). Symptome sind u. a. Übelkeit und Erbrechen, eventuell Hämatemesis, Gesichtsrötung, Palpitationen, Diarrhö oder Blutungen im oberen Körperbereich.

Z rot, gelber Belag

P schnell

X Nicht während der Schwangerschaft anwenden.

DA HUANG XIE XIN TANG

Radix et Rhizoma Rhei Dekokt, das das Epigastrium entlastet

Da Huang	*Rheum*	6–12 g
Huang Lian	*Coptis*	3–9 g

Wind-Hitze mit innerer Hitze: *Taiyang*- und *Yangming*-Organ-Störung. Die Hitze ist sehr stark. Symptome sind u. a. dunkelgelber Urin, Obstipation, starkes Fieber mit Schüttelfrost, Hitzegefühl im Körper, Hauterkrankungen und bitterer Mundgeschmack.

Z hell- oder dunkelrot, trocken, gelber Belag

P überflutend, schnell, drahtig

H Die Zutaten zu Pulver vermahlen und mit Wasser zu Pillen formen. Zweimal täglich je 6 g einnehmen.

X Nicht während der Schwangerschaft verwenden.

FANG FENG TONG SHENG SAN

Radix Saposhnikoviae Pulver, das Blockaden weise auflöst

Fang Feng	*Ledebouriella*	9–15 g
Ma Huang	*Ephedra*	9–15 g
Da Huang	*Rheum*	9–15 g
Mang Xiao	*Mirabilitum*	9–15 g
Jing Jie	*Schizonepeta*	9–15 g
Bo He	*Mentha*	9–15 g
Zhi Zi	*Gardenia*	9–15 g
Hua Shi	*Talcum*	60–90 g
Shi Gao	*Gypsum*	15–30 g
Huang Qin	*Scutellaria*	15–30 g
Lian Qiao	*Forsythia*	9–15 g
Jie Geng	*Platycodon*	15–30 g
Dang Gui	*Angelica*	9–15 g
Bai Shao Yao	*Paeonia*	9–15 g
Chuan Xiong	*Ligusticum*	9–15 g
Bai Zhu	*Atractylodes*	9–15 g
Gan Cao	*Glycyrrhiza*	30–60 g

Wind-Hitze mit innerer Hitze im mittleren Erwärmer und Hitze und Feuchtigkeit im Dickdarm führen zu Dysenterie: *Taiyang*- und *Yangming*-Störung. Symptome sind u. a. Fieber, Durst oder Brennen am Anus.

Z rot, gelber Belag

P schnell, schlüpfrig

GE GEN HUANG LIAN HUANG QIN TANG

Radix Puerariae, Rhizoma Coptidis und Radix Scutellariae Dekokt

Ge Gen	*Pueraria*	12–15 g
Huang Lian	*Coptis*	9 g
Huang Qin	*Scutellaria*	6–9 g
Gan Cao	*Glycyrrhiza*	3–6 g

Feuer im oberen/mittleren Erwärmer (Thorax/Diaphragma) führt zu Durst, geröteten Lippen, Epistaxis, Gesichtsrötung, dunkelgelbem Urin, Obstipation oder Delirium.

Z rot, trockener gelber Belag

P schnell

X Nicht während der Schwangerschaft einsetzen.

LIANG GE SAN

Pulver, das das Diaphragma kühlt

Da Huang	*Rheum*	6–9 g
Mang Xiao	*Mirabilitum*	6–9 g
Zhi Zi	*Gardenia*	3–6 g
Huang Qin	*Scutellaria*	6–9 g
Bo He	*Mentha*	3–6 g
Lian Qiao	*Forsythia*	9–12 g
Gan Cao	*Glycyrrhiza*	3–6 g
[Dan Zhu Ye	*Lophatherum*	3–6 g]

***Yin*-/Blut-*Xue*-Mangel führt zu Obstipation mit trockenem Stuhl; oder Fülle-Hitze führt zu Obstipation.**

Z rot, trockener gelber Belag

P schnell, dünn oder leer

X Nicht während der Schwangerschaft einsetzen.

MA ZI REN WAN

Semen Cannabis Sativae Pille

Huo Ma Ren	*Cannabis*	6–12 g
Da Huang	*Rheum*	6–9 g
Xing Ren	*Prunus*	6–9 g
Zhi Shi	*Citrus*	3–6 g
Bai Shao Yao	*Paeonia*	6–9 g
Hou Po	*Magnolia*	6–12 g

Leber- und Magen-Feuer führt zu Schwindel, Mundgeruch, Wutanfällen, Aphthen oder Geschwüren im Mundbereich oder Obstipation.

Z rot, klebriger gelber Belag

P schnell, drahtig, voll

H *Niu Huang*/Bos gegen Ende des Kochprozesses zugeben. *Bing Pian*/Dryobalanops und *Xiong Huang*/Realgar vor dem Kochen zu Pulver vermahlen. Diese Rezeptur ist auch als Fertigpräparat erhältlich.

X Nicht während der Schwangerschaft einsetzen.

NIU HUANG JIE DU PIEN

Antiphlogistische Pille mit Calculus Bovis*

Niu Huang	*Bos*	3–6 g
Xiong Huang	*Realgar*	3–6 g
Da Huang	*Rheum*	6–9 g
Jie Geng	*Platycodon*	3–6 g
Bing Pian	*Dryobalanops*	3–6 g
Shi Gao	*Gypsum*	9–15 g
Huang Qin	*Scutellaria*	6–9 g
Gan Cao	*Glycyrrhiza*	3–6 g

***Yangming*-Meridian-Störung/Magen-Feuer führt zu Zahnfleischbluten, Zahnschmerzen, Zungengeschwüren, Kopfschmerzen oder geröteten Augen.**

Z rot, trocken

P schnell, überflutend

* **Wichtige Rezeptur**

QING WEI SAN

Pulver, das den Magen klärt

Huang Lian	*Coptis*	3–6 g
Sheng Di Huang	*Rehmannia*	9–12 g
Mu Dan Pi	*Paeonia*	9–12 g
Dang Gui Shen	*Angelica*	9–12 g
Sheng Ma	*Cimicifuga*	9–15 g

Loderndes Magen-Feuer führt zu Zahnfleischproblemen, exzessivem Appetit oder übel riechendem Atem.

Z rot, klebriger gelber Belag

P drahtig, voll, schnell

QING WEI TANG

Dekokt, das den Magen klärt

Shi Gao	*Gypsum*	12–15 g
Sheng Di Huang	*Rehmannia*	6–12 g
Huang Qin	*Scutellaria*	6–9 g
Huang Lian	*Coptis*	6 g
Mu Dan Pi	*Paeonia*	6–9 g
Sheng Ma	*Cimicifuga*	3–6 g

_Qi_-Stagnation mit Feuer führt zu akuter Pankreatitis. Der Patient erbricht unmittelbar nach jeder Nahrungs- oder Flüssigkeitsaufnahme und leidet unter epigastrischem Unwohlsein. Akute Pankreatitis kann zu Schockzuständen oder plötzlichem Tod führen.

Z rot, dünner gelber Belag

P schnell, drahtig

H *Mu Xiang*/Saussurea und *Da Huang*/Rheum gegen Ende des Kochprozesses zugeben. *Mang Xiao*/Mirabilitum zum abgeseihten Tee hinzufügen.

X Nicht während der Schwangerschaft einsetzen.

QING YI TANG

Dekokt, das das Pankreas klärt

Chai Hu	*Bupleurum*	6–15 g
Bai Shao Yao	*Paeonia*	6–15 g
Huang Qin	*Scutellaria*	9–12 g
Yan Hu Suo	*Corydalis*	6–9 g
Da Huang	*Rheum*	9–15 g
Mu Xiang	*Saussurea*	6–9 g
Hu Huang Lian	*Picrorhiza*	6–9 g
Mang Xiao	*Mirabilitum*	6–9 g

Leber- und Magen-Feuer führen zu plötzlichen Blutungen unterschiedlichster Art. Das Feuer erhitzt das Blut-_Xue_ und verursacht Hämatemesis, Epistaxis oder Hämoptysis.

Z dunkelrot, gelber Belag

P schnell, voll, drahtig

H Die Kräuter vor dem Herstellen des Dekokts teilweise schwarz braten.

X Vorsicht während der Schwangerschaft.

SHI HUI SAN

Pulver mit zehn halb verkohlten Arzneien

Xiao Ji	*Cephalanoplos*	9–15 g
Da Ji	*Cirsium*	9–12 g
Ce Bai Ye	*Biota*	9–12 g
Qian Cao Gen	*Rubia*	9–12 g
Da Huang	*Rheum*	9–12 g
He Ye	*Nelumbo*	9–12 g
Zhi Zi	*Gardenia*	6–12 g
Bai Mao Gen	*Imperata*	9–12 g
Zong Lu Pi	*Trachycarpus*	6–9 g
Mu Dan Pi	*Paeonia*	6–9 g

Diarrhö infolge Milz-_Qi_-Mangel mit Feuchtigkeit und Magen-Hitze führt zu Dysenterie mit Schleim und eventuell Blutungen.

Z klebriger gelber Belag

P schlüpfrig, schnell

XIANG LIAN WAN

Rhizoma Coptidis und Radix Aucklandiae Lappae Pille

Mu Xiang	*Saussurea*	6–9 g
Huang Lian	*Coptis*	3–6 g
Wu Zhu Yu	*Evodia*	3–12 g

Infolge exzessiver Nahrungsaufnahme verbirgt sich Feuer oder Hitze in der Milz und führt zu Durst, exzessivem Hunger oder Mundgeschwüren. Bei Kleinkindern aus dem Mund hervorstehende Zunge oder Sabbern. Häufig in der Pädiatrie anzutreffen.

Z rot, trocken, gelber Belag

P schnell

XIE HUANG SAN

Pulver, das das Gelbe abfließen lässt

Shi Gao	*Gypsum*	12–15 g
Fang Feng	*Ledebouriella*	12–15 g
Huo Xiang	*Agastache*	3–6 g
Zhi Zi	*Gardenia*	1–3 g
Gan Cao	*Glycyrrhiza*	6–12 g

Herz-/Magen-Feuer mit Feuchtigkeit führt zu Fieber, Ikterus, Völlegefühl, Wechsel von Diarrhö und Obstipation, Mund- und Zungengeschwüren oder Karbunkeln.

Z dunkelrot, gelber Belag

P überflutend, schnell

X Vorsicht während der Schwangerschaft.

XIE XIN TANG

Dekokt, das das Epigastrium entlastet

Da Huang	*Rheum*	6–9 g
Huang Lian	*Coptis*	3–6 g
Huang Qin	*Scutellaria*	6–9 g

Magen-Feuer hat das Magen-*Yin* verletzt und führt zu Zahnfleischbluten, Stirnkopfschmerzen, schmerzenden Zähnen oder exzessivem Hungergefühl.

Z rot, Landkartenzunge, spärlicher gelber Belag

P schnell, leer, dünn

* **Wichtige Rezeptur**

YU NU JIAN (Abb. S. 536)

Jade-Frau Dekokt

Shi Gao	*Gypsum*	6–15 g
Zhi Mu	*Anemarrhena*	9–15 g
Mai Men Dong	*Ophiopogon*	6–15 g
Shu Di Huang	*Rehmannia*	12–15 g
Huai Niu Xi	*Achyranthes*	9–15 g

Hitze im Zentrum nach unangemessener Ausleitungstherapie führt zu Reizbarkeit, Fieber oder abdominalem Unwohlsein.

Z rot

P schnell, voll

ZHI ZI GAN JIANG TANG

Fructus Gardeniae Jasminoidis und Rhizoma Zingiberis Officinalis Dekokt

Zhi Zi	*Gardenia*	3–9 g
Gan Jiang	*Zingiber*	3–6 g

Druck- oder Völlegefühl in Epigastrium oder Abdomen mit Hitze nach starker Ausleitungstherapie.

Z rot

P etwas schnell, schwach

ZHI ZI HOU PO TANG

Fructus Gardeniae Jasminoidis und Cortex Magnoliae Officinalis Dekokt

Zhi Zi	*Gardenia*	6–12 g
Hou Po	*Magnolia*	6–12 g
Zhi Shi	*Citrus*	3–9 g

Leber-*Qi*-Stagnation führt zu Leber-Feuer, das den Magen verbrennt. Das verursacht Erbrechen oder Aufstoßen, Geschwüre durch Hitze, Gase, saure oder bittere Regurgitation. Dabei handelt es sich um ein Ungleichgewicht von Leber und Magen.

Z rot, trocken, gelber Belag

P schnell, drahtig

H Dieses Rezept lässt sich auch in zehnfacher Dosierung als Pulver zubereiten.

ZUO JIN WAN

Linkes Metall Pille

Huang Lian	*Coptis*	12–18 g
Wu Zhu Yu	*Evodia*	1–4 g

Parasiten im Verdauungstrakt

- Diarrhö
- gelegentlich Würmer im Stuhl
- abdominales Unwohlsein

Z nicht von Bedeutung
P nicht von Bedeutung

Spulwürmer bei Kindern führen zu *Qi*-/Nahrungsstagnation im mittleren Erwärmer mit Milz-Mangel und Mangel-Hitze. Symptome sind u. a. Fieber, Sehstörungen, abdominales Spannungsgefühl oder Auszehrung.

Z blass

P kraftlos

H Die Kräuter zu feinem Pulver vermahlen und morgens in Dosierungen von 3 g mit Fleischbrühe (aus Schweinefleisch) einnehmen.

BU DAI WAN

Leinensack Pille

Ye Ming Sha	*Vespertilio*	60 g
Wu Yi	*Ulmus*	60 g
Shi Jun Zi	*Quisqualis*	60 g
Lu Hui	*Aloe*	9–15 g
Ren Shen	*Panax*	9–15 g
Fu Ling	*Poria*	9–15 g
Bai Zhu	*Atractylodes*	9–15 g
Gan Cao	*Glycyrrhiza*	9–15 g

Schmerzen oder Raumforderungen im oberen rechten Quadranten infolge von Spulwürmern im Gallentrakt. Wirksam auch bei Bandwürmern, Madenwürmern und Fasciolopsis.

Z abhängig vom jeweiligen Syndrom

P abhängig vom jeweiligen Syndrom

DAN DAO QU HUI TANG

Dekokt, das Spulwürmer aus dem Gallentrakt vertreibt

Bing Lang	*Areca*	20–30 g
Ku Lian Gen Pi	*Melia*	9–15 g
Mu Xiang	*Saussurea*	6–9 g
Shi Jun Zi	*Quisqualis*	9–15 g
Zhi Ke	*Citrus*	3–6 g
Yu Jin	*Curcuma*	6–9 g

Wurmbefall im Dickdarm führt zu Verdauungsstörungen und Darmfunktionsstörungen mit Milz-*Qi*-Mangel und Hitze im Magen. Symptome sind u. a. Unterernährung bei Kindern, Spulwürmer (Ascaris), Bandwürmer, Übelkeit oder Erbrechen nach Nahrungsaufnahme, niedriggradiges Fieber.

Z rot

P schwach, schnell

H Die Zutaten zu Pulver vermahlen und mit Schweinegalle zu Pillen formen. Erwachsene nehmen jeweils 3 g auf leeren Magen. Reduzierte Dosis für Kinder.

FEI ER WAN

Dickes Baby Pille

Huang Lian	*Coptis*	300 g
Shen Qu	*Massa Fermentata*	300 g
Shi Jun Zi	*Quisqualis*	150 g
Mai Ya	*Hordeum*	150 g
Rou Dou Kou	*Myristica*	150 g
Bing Lang	*Areca*	120 g
Mu Xiang	*Saussurea*	60 g

Darmparasiten mit wiederkehrenden abdominalen Schmerzen (Spulwürmer, Madenwürmer etc.).

Z abhängig vom jeweiligen Syndrom

P abhängig vom jeweiligen Syndrom

H Die Zutaten zu Pulver vermahlen und mit Weizenteig zu Pillen formen. Die Dosis für Erwachsene ist 6 g früh am Morgen. Kleine Kinder sollten nur 1,5 g täglich nehmen.

X *Qian Dan*/Minium ist toxisch und sollte mit Vorsicht eingesetzt werden. Nicht während der Schwangerschaft verwenden.

HUA CHONG WAN I

Pille, die Parasiten auflöst

Bing Lang	*Areca*	1500 g
Qian Dan	*Minium*	1500 g
He Shi	*Carpesium*	1500 g
Ku Lian Gen Pi	*Melia*	1500 g
Ming Fan	*Alumen*	370 g

Darmparasiten mit wiederkehrenden abdominalen Schmerzen (Spulwürmer, Madenwürmer etc.). Dieses Rezept ist etwas stärker als das vorhergehende.

Z abhängig vom jeweiligen Syndrom

P abhängig vom jeweiligen Syndrom

X *Qian Dan*/Minium ist toxisch und sollte mit Vorsicht eingesetzt werden. Nicht während der Schwangerschaft verwenden.

HUA CHONG WAN II

Pille, die Parasiten auflöst aus Analytic Collection

Bing Lang	*Areca*	15 g
Qian Dan	*Minium*	15 g
He Shi	*Carpesium*	15 g
Ku Lian Gen Pi	*Melia*	15 g
Ming Fan	*Alumen*	3,5 g
Shi Jun Zi	*Quisqualis*	3,5 g
Wu Yi	*Ulmus*	3,5 g

Milz-/Magen-Mangel mit Kälte und Spulwürmern führt zu weichen, wässrigen Stühlen.

Z blass, weißer Belag

P schwach

LI ZHONG AN HUI TANG

Dekokt, das die Mitte reguliert und Spulwürmer beruhigt

Ren Shen	*Panax*	6–9 g
Fu Ling	*Poria*	6–9 g
Bai Zhu	*Atractylodes*	3–6 g
Gan Jiang	*Zingiber*	3–6 g
Chuan Jiao	*Zanthoxylum*	6–9 g
Wu Mei	*Prunus*	6–9 g

Spulwürmer mit starker Hitze in Leber und Magen führen zu Reizbarkeit.

Z rot, gelber Belag

P schnell

LIAN MEI AN HUI TANG

Rhizoma Picrorhizae und Fructus Pruni Fructus Pruni Mume Dekokt, das Spulwürmer beruhigt

Chuan Jiao	*Zanthoxylum*	1–2 g
Hu Huang Lian	*Picrorhiza*	2–3 g
Wu Mei	*Prunus*	3–6 g
Bing Lang	*Areca*	6–9 g
Lei Wan	*Omphalia*	6–9 g
Huang Bai	*Phellodendron*	2–3 g

QU TIAO TANG

Dekokt, das Bandwürmer eliminiert

Nan Gua Zi	*Cucurbita*	60 g
Bing Lang	*Areca*	30 g

Diese Rezeptur bewirkt etwa fünf Stunden nach dem Einnehmen Diarrhö, die Bandwürmer austreibt.

Z abhängig vom jeweiligen Syndrom

P abhängig vom jeweiligen Syndrom

H *Nan Gua Zi*/Cucurbita sollte zuerst eingenommen werden. Etwa 2 Stunden später *Bing Lang*/Areca als Dekokt einnehmen.

X Nicht während der Schwangerschaft einsetzen.

SHE CHUANG ZI SAN

Semen Cnidii Monnieri Pulver

She Chuang Zi	*Cnidium*	9–15 g
Bai Bu	*Stemona*	9–15 g
Chuan Jiao	*Zanthoxylum*	9–15 g
Ming Fan	*Alumen*	9–15 g
Ku Shen	*Sophora*	9–15 g

Trichomonaden infolge von Feuchtigkeit. Nur zum äußerlichen Spülen verwenden!

Z nicht von Bedeutung

P nicht von Bedeutung

H Die Zutaten zu Pulver vermahlen und dann als Trunk zubereiten.

X Nur zur äußerlichen Anwendung.

WU MEI WAN

Fructus Pruni Mume Pille

Wu Mei	*Prunus*	20–25 g
Xi Xin	*Asarum*	1–3 g
Chuan Jiao	*Zanthoxylum*	1–3 g
Gan Jiang	*Zingiber*	12–15 g
Fu Zi	*Aconitum*	6–9 g
Huang Lian	*Coptis*	9–12 g
Huang Bai	*Phellodendron*	6–9 g
Gui Zhi	*Cinnamomum*	3–9 g
Dang Gui	*Angelica*	6–9 g
Ren Shen	*Panax*	6–9 g

1. Spulwürmer sind aufgrund von Kälte im Dickdarm nach oben zur Wärme von Epigastrium/Thorax gewandert. 2. Kälte im Dickdarm und Hitze im Magen: Mischsyndrom – *Jueyin*-Syndrom.

Z blass

P schwach

H *Wu Mei*/Prunus 12 Stunden lang in Essig einweichen.

Emetika

- Übelkeit und Erbrechen

Z abhängig vom jeweiligen Syndrom
P abhängig vom jeweiligen Syndrom

Schleim- oder Nahrungsstagnation im Bereich von Thorax/Diaphragma/oberem Epigastrium. Diese Rezeptur lindert die Stagnation durch Erbrechen.

Z klebriger Belag

P schlüpfrig, leicht oberflächlich in der ersten (*Cun*) Position

H Nur 5 – 10 Minuten kochen oder mit 10 g *Dan Dou Chi*/Glycine eine Paste herstellen.

X Diese Rezeptur induziert Erbrechen. Nicht während der Schwangerschaft anwenden.

GUA DI SAN

Pedicellus Cucumeris Pulver

Gua Di	*Cucumis*	1 – 3 g
Chi Xiao Dou	*Phaseolus*	1 – 3 g

Bereits bestehende Schleim- oder Feuchtigkeits-Retention mit *Shaoyang*-Störung führt zu Malaria. Es besteht eine geringe Möglichkeit, dass diese Rezeptur Erbrechen auslöst.

Z dicker, klebriger weißer Belag

P oberflächlich, schlüpfrig, drahtig

X *Chang Shan*/Dichroa ist ein Emetikum. Die Rezeptur kann Erbrechen auslösen.

JIE NUE QI BAO YIN

Sieben Schätze Dekokt, das malariaartige Zustände im Zaum hält

Chang Shan	*Dichroa*	3 – 5 g
Bing Lang	*Areca*	3 g
Chen Pi	*Citrus*	3 g
Hou Po	*Magnolia*	3 g
Cao Guo	*Amomum*	3 g
Qing Pi	*Citrus*	3 g
Gan Cao	*Glycyrrhiza*	3 g

SAN SHENG SAN

Drei Weise Pulver

Wind-Schlaganfall mit Schleimretention führt zu Hemiplegie, Fazialisparese, Aphasie oder Anfällen durch Wind-Schleim.

Gua Di	*Cucumis*	100–150 g
Li Lu	*Veratrum*	6–25 g
Fang Feng	*Ledebouriella*	100–150 g

Z klebriger Belag

P schlüpfrig, voll

H Die Kräuter zu Pulver vermahlen und als Trunk einnehmen. Die Dosierung von *Li Lu*/Veratrum ist abhängig von der Konstitution des Patienten.

X Diese Rezeptur löst Erbrechen aus.

ZHI ZI DOU CHI TANG

Fructus Gardeniae Jasminoidis und Semen Sojae Praeparatum Dekokt

Hitze in Thorax und Lunge infolge einer *Taiyang*-Störung; oder zurückbleibende Hitze im *Qi*-Stadium manifestiert sich in der *Yangming*-Meridian-Schicht. Bei manchen Patienten kann diese Rezeptur Erbrechen auslösen, worauf die Symptome verschwinden.

Zhi Zi	*Gardenia*	6–9 g
Dan Dou Chi	*Glycine*	6–9 g

Z rot, vor allem an der Spitze, gelber Belag

P schnell, voll, oberflächlich

X Diese Rezeptur kann Erbrechen auslösen.

Syndrome der Leber

肝失调

Leber-*Qi*-Stagnation

- Reizbarkeit und Seufzen
- Spannungsgefühl im Hypochondrium
- Depression oder Stimmungsschwankungen
- Aufstoßen und abdominales Spannungsgefühl
- Menstruationsstörungen
- Spannungsgefühl in der Brust
- *Dysmenorrhö, prämenstruelles Syndrom*

Z blass-violett
P drahtig

Schleim und Leber-*Qi*-Stagnation führen zu Hysterie, Pflaumenkern-*Qi* oder Depression.

Z blass-violett, klebriger weißer oder gelblicher Belag

P schlüpfrig oder drahtig

* **Wichtige Rezeptur**

BAN XIA HOU PO TANG

Rhizoma Pinelliae Ternatae und Cortex Magnoliae Officinalis Dekokt

Ban Xia	*Pinellia*	6–9 g
Hou Po	*Magnolia*	6–15 g
Zi Su Ye	*Perilla*	3–6 g
Fu Ling	*Poria*	6–9 g
Sheng Jiang	*Zingiber*	9–12 g

Leber-*Qi*-Stagnation mit aufsteigender leerer Hitze, die das Herz attackiert und zu Kribbelgefühlen in Epigastrium und Thorax führt ('Rennendes-Ferkel-Syndrom').

Z rote Ränder, dünner gelblicher Belag

P drahtig, schnell

BEN TUN TANG

Rennendes Ferkel Dekokt

Chuan Xiong	*Ligusticum*	6 g
Dang Gui	*Angelica*	6–9 g
Bai Shao Yao	*Paeonia*	6–12 g
Sheng Di Huang	*Rehmannia*	6–12 g
Huang Qin	*Scutellaria*	6–9 g
Ban Xia	*Pinellia*	9–12 g
Ge Gen	*Pueraria*	9 g
Sheng Jiang	*Zingiber*	3–6 g
Sang Bai Pi	*Morus*	6–9 g

Leber-*Qi*-Stagnation und leichte Blut-*Xue*-Stase führen zu Dysmenorrhö oder prämenstruellem Syndrom.

Z violett

P drahtig

CHAI HU SU GAN SAN

Radix Bupleuri Pulver, das die Leber verteilt

Chai Hu	*Bupleurum*	6–9 g
Chuan Xiong	*Ligusticum*	3–6 g
Xiang Fu	*Cyperus*	3–6 g
Bai Shao Yao	*Paeonia*	6–9 g
Zhi Ke	*Citrus*	3–6 g
Gan Cao	*Glycyrrhiza*	3–6 g
Chen Pi	*Citrus*	6–9 g

Frühstadium von Appendizitis mit Symptomen von Leber-*Qi*-Stagnation und Blut-*Xue*-Stase.

Z violett

P drahtig

DAN HUANG SI NI SAN

Cortex Moutan Radicis und Cortex Phellodendri Pulver für kalte Extremitäten

Chai Hu	*Bupleurum*	6–12 g
Bai Shao Yao	*Paeonia*	30–60 g
Huang Bai	*Phellodendron*	6–12 g
Mu Dan Pi	*Paeonia*	6–12 g
Zhi Shi	*Citrus*	3–12 g
Gan Cao	*Glycyrrhiza*	3–12 g

Leber-/Milz-Disharmonie mit Hitze. Symptome sind u. a. gerötete oder blutunterlaufene Augen, Reizbarkeit, unregelmäßige Menstruation.

Z rote Ränder, blass-violett, dünner weißer Belag

P drahtig, schnell

DAN ZHI XIAO YAO SAN (JIA WEI XIAO YAO SAN)

Cortex Moutan Radicis, Fructus Gardeniae Jasminoidis und Umherstreifen Pulver

Mu Dan Pi	*Paeonia*	6–9 g
Zhi Zi	*Gardenia*	3–6 g
Chai Hu	*Bupleurum*	6–9 g
Bo He	*Mentha*	3–6 g
Dang Gui	*Angelica*	6–9 g
Bai Shao Yao	*Paeonia*	6–9 g
Bai Zhu	*Atractylodes*	3–9 g
Fu Ling	*Poria*	6–9 g
Gan Cao	*Glycyrrhiza*	3–6 g
[*Sheng Jiang*	*Zingiber*	3–6 g]

Leber-*Qi*-Stagnation mit Kälte im Leber-Meridian führt zu Hernie.

Z blass, blass-violett

P drahtig

DAO QI TANG

Dekokt, das das *Qi* leitet

Mu Xiang	*Saussurea*	3–9 g
Chuan Lian Zi	*Melia*	9–12 g
Wu Zhu Yu	*Evodia*	3–6 g
Xiao Hui Xiang	*Foeniculum*	3–6 g

Geistige Störung infolge von 1. Leber-*Qi*-Stagnation (in Verbindung mit *Xiao Yao San* verwenden); 2. Leber-*Qi*-Stagnation mit Feuer verbrennt das *Yin* (in Verbindung mit *Wen Dan Tang* anwenden); 3. *Yin*-Mangel mit Feuer verletzt das Herz.

Z rot, spärlicher Belag

P dünn, schnell

GAN MAI DA ZAO TANG

Radix Glycyrrhizae Uralensis, Semen Tritici Aestivi Levis und Fructus Zizyphi Jujubae Dekokt

Gan Cao	*Glycyrrhiza*	9–12 g
Fu Xiao Mai	*Triticum*	9–15 g
Da Zao	*Ziziphus*	10 St.

Leber-*Qi*-Stagnation mit Blut-*Xue*-Mangel führt zu verspäteter Menstruation mit Bildung von Klumpen.

Z blass, violett

P rau, drahtig

GUO QI YIN

Dekokt für verspätete Menstruation

Shu Di Huang	*Rehmannia*	6–9 g
Dang Gui	*Angelica*	6–9 g
Bai Shao Yao	*Paeonia*	6–9 g
Chuan Xiong	*Ligusticum*	3–6 g
Hong Hua	*Carthamus*	3–6 g
Tao Ren	*Prunus*	3–6 g
Xiang Fu	*Cyperus*	3–6 g
Mu Tong	*Akebia*	3–6 g
E Zhu	*Curcuma*	3–6 g
Rou Gui	*Cinnamomum*	1–3 g
Gan Cao	*Glycyrrhiza*	3–6 g

Schleimretention führt zu Verhärtungen; oder Leber-*Qi*-Stagnation führt zu Struma oder Krebs.

Z klebriger Belag

P schlüpfrig, drahtig

HAI ZAO YU HU TANG

Herba Sargassi Dekokt für die Jade-Flasche

Hai Zao	*Sargassum*	3–6 g
Kun Bu	*Laminaria*	3–6 g
Hai Dai	*Laminaria*	1,5 g
Du Huo	*Angelica*	3–6 g
Lian Qiao	*Forsythia*	3–6 g
Zhe Bei Mu	*Fritillaria*	3–6 g
Chuan Xiong	*Ligusticum*	3–6 g
Ban Xia	*Pinellia*	3–6 g
Dang Gui	*Angelica*	3–6 g
Chen Pi	*Citrus*	3–6 g
Qing Pi	*Citrus*	3–6 g
Gan Cao	*Glycyrrhiza*	3–6 g

Leber-*Qi*-Stagnation mit Hitze führt zu Schmerzen in Hypochondrium oder Abdomen und Reizbarkeit.

Z rote Ränder, gelber Belag

P drahtig, schnell

H Zutaten zu Pulver vermahlen und jeweils 9 g einnehmen.

JIN LING ZI SAN

Fructus Toosendan Pulver

Chuan Lian Zi	*Melia*	30 g
Yan Hu Suo	*Corydalis*	30 g

Leber-*Qi*-Stagnation mit Kälte im Magen führt zu abdominalen Schmerzen, die durch Wärme gelindert werden. Diese Rezeptur ist auch wirksam bei Dysmenorrhö.

Z blass, weißer Belag

P schwach, langsam oder drahtig

LIANG FU WAN

Rhizoma Alpiniae Officinari und Rhizoma Cyperi Rotundi Pille

Gao Liang Jiang	*Alpinia*	6–9 g
Xiang Fu	*Cyperus*	6–9 g

Nieren-*Qi*-/-*Yang*-Mangel führt zu *Qi*-/Kälte-Stagnation im Leber-Meridian. Symptome sind u. a. Hernie, Knoten im Bereich des unteren Erwärmers, Impotenz oder kalter Uterus mit Krämpfen vor der Menstruation.

Z blass, violett

P drahtig oder straff

NUAN GAN JIAN

Wärme die Leber Dekokt

Dang Gui	*Angelica*	6–9 g
Gou Qi Zi	*Lycium*	6–9 g
Wu Yao	*Lindera*	3–6 g
Chen Xiang	*Aquilaria*	3–6 g
Fu Ling	*Poria*	6–9 g
Rou Gui	*Cinnamomum*	3–6 g
Xiao Hui Xiang	*Foeniculum*	3–6 g
Sheng Jiang	*Zingiber*	3–6 g

Cholezystitis durch Fülle-Feuer mit Leber-*Qi*- und Feuchtigkeits-Stagnation führt zu Wechsel von Fieber und Frösteln oder starken hypochondrialen Schmerzen.

Z tiefrot, klebriger gelber Belag

P drahtig, schlüpfrig, schnell oder überflutend

H *Mang Xiao*/Mirabilitum im abgeseihten Tee auflösen. *Da Huang*/ Rheum bei der Herstellung des Dekokts in den letzten 3–5 Minuten zugeben.

X Nicht während der Schwangerschaft anwenden.

QING DAN XIE HUO TANG

Dekokt, das die Gallenblase klärt und Feuer abfließen lässt

Chai Hu	*Bupleurum*	9–15 g
Ban Xia	*Pinellia*	6–9 g
Yin Chen Hao	*Artemisia*	15–25 g
Long Dan Cao	*Gentiana*	6–9 g
Yu Jin	*Curcuma*	6–9 g
Da Huang	*Rheum*	6–9 g
Huang Qin	*Scutellaria*	6–15 g
Zhi Zi	*Gardenia*	6–9 g
Mang Xiao	*Mirabilitum*	6–9 g
Mu Xiang	*Saussurea*	3–6 g

***Qi*-Stagnation mit Feuer führt zu akuter Pankreatitis. Der Patient erbricht unmittelbar nach jeder Nahrungs- oder Flüssigkeitsaufnahme und leidet unter epigastrischem Unwohlsein. Akute Pankreatitis kann zu Schockzuständen oder plötzlichem Tod führen.**

Z rot, dünner gelber Belag

P schnell, drahtig

H *Mu Xiang*/Saussurea und *Da Huang*/Rheum gegen Ende des Kochprozesses zugeben. *Mang Xiao*/Mirabilitum zum abgeseihten Tee hinzufügen.

X Nicht während der Schwangerschaft einsetzen.

QING YI TANG

Dekokt, das das Pankreas klärt

Chai Hu	*Bupleurum*	6–15 g
Bai Shao Yao	*Paeonia*	6–15 g
Huang Qin	*Scutellaria*	9–12 g
Yan Hu Suo	*Corydalis*	6–9 g
Da Huang	*Rheum*	9–15 g
Mu Xiang	*Saussurea*	6–9 g
Hu Huang Lian	*Picrorhiza*	6–9 g
Mang Xiao	*Mirabilitum*	6–9 g

Schmerzen im Unterschenkelbereich infolge Blut-*Xue*- oder *Yin*-Mangel oder krampfartige Schmerzen im Abdomen.

Z rot oder blass

P schwach, dünn

SHAO YAO GAN CAO TANG

Radix Paeoniae und Radix Glycyrrhizae Uralensis Dekokt

Bai Shao Yao	*Paeonia*	15–30 g
ZhiGan Cao	*Glycyrrhiza*	12–20 g

Leber attackiert die Lunge oder den Magen, was zu Keuchatmung und Kurzatmigkeit bzw. zu epigastrischem Spannungsgefühl führt.

Z blass-violett, dünner Belag

P drahtig

SI MO TANG

Vier gemahlene Arzneien Dekokt

Ren Shen	*Panax*	6–9 g
Chen Xiang	*Aquilaria*	3–6 g
Wu Yao	*Lindera*	3–6 g
Bing Lang	*Areca*	6–9 g

Leber attackiert die Milz mit leichter Hitze. Dies ist das grundlegende Rezept für dieses Syndrom.

Z blass-violett, dünner Belag

P leicht drahtig

* **Wichtige Rezeptur**

SI NI SAN

Kalte Extremitäten Pulver

Chai Hu	*Bupleurum*	6–9 g
Zhi Shi	*Citrus*	6–9 g
Bai Shao Yao	*Paeonia*	3–9 g
Zhi Gan Cao	*Glycyrrhiza*	3–6 g

Leber attackiert den Magen, mit Schmerzen, Depression, Völlegefühl, Regurgitation und Verdauungsstörungen.

Z weißer oder gelber Belag

P drahtig

SU GAN WAN

Pille, die die Leber beruhigt

Chai Hu	*Bupleurum*	6–9 g
Bai Shao Yao	*Paeonia*	6–9 g
Fu Ling	*Poria*	6–9 g
Yan Hu Suo	*Corydalis*	3–6 g
Hou Po	*Magnolia*	6–12 g
Jiang Huang	*Curcuma*	6–9 g
Chen Xiang	*Aquilaria*	3–6 g
Chen Pi	*Citrus*	3–6 g
Zhi Ke	*Citrus*	3–6 g
Mu Xiang	*Saussurea*	3–6 g
Sha Ren	*Amomum*	3–6 g
Chuan Lian Zi	*Melia*	6–12 g
Bai Dou Kou	*Amomum*	3–6 g

Äußere Kälte verursacht Stagnation im Leber-Meridian. Dies führt bei Männern zu Schmerzen und Schwellungen im Hodenbereich, bei Frauen zu klarer Leukorrhö.

Z blass, violett, dünner weißer Belag

P langsam, drahtig oder straff

H *Ba Dou*/Croton und *Chuan Lian Zi*/Melia 5–10 Minuten trocken rösten. *Ba Dou* anschließend entfernen und wie üblich ein Dekokt herstellen. Auf diese Weise wirkt *Chuan Lian Zi* wärmend auf den Leber-Meridian.

TIAN TAI WU YAO SAN

Radix Linderae Strychnifoliae Pulver der besten Qualität

Wu Yao	*Lindera*	6–9 g
Xiao Hui Xiang	*Foeniculum*	3–6 g
Gao Liang Jiang	*Alpinia*	3–6 g
Mu Xiang	*Saussurea*	3–6 g
Qing Pi	*Citrus*	3–6 g
Chuan Lian Zi	*Melia*	6–9 g
Bing Lang	*Areca*	6–9 g
Ba Dou	*Croton*	6–15 g

Leber-*Qi*-Stagnation führt zu schwerem, akutem Gehörverlust infolge emotionaler Aufregung.

Z blass-violett, dünner weißer Belag

P drahtig

X Vorsicht während der Schwangerschaft.

TONG QI SAN

Pulver, das *Qi*-Blockaden auflöst

Xiang Fu	*Cyperus*	6–9 g
Chai Hu	*Bupleurum*	6–9 g
Chuan Xiong	*Ligusticum*	3–9 g

Leber-*Qi*-Stagnation führt zu Obstipation. Die Ausscheidung ist oft unvollständig mit dünnen und langen Stühlen. Der Patient verspürt zwar Stuhldrang, doch es gehen nur Darmgase ab.

Z blass-violett

P drahtig

X Nicht während der Schwangerschaft einsetzen.

WU MAO SAN

Fünf Pulver Rezeptur

Wu Yao	*Lindera*	3–6 g
Mu Xiang	*Saussurea*	6–9 g
Zhi Shi	*Citrus*	6–9 g
Da Huang	*Rheum*	9–15 g
Chen Xiang	*Aquilaria*	6–9 g
Bing Lang	*Areca*	6–9 g

Leber-*Qi*-Stagnation führt zu verspäteter Menstruation, Reizbarkeit, prämenstruellem Syndrom oder Spannungsgefühl im Harntrakt.

Z blass-violett, dünner Belag

P drahtig

WU YAO TANG

Radix Linderae Strychnifoliae Dekokt

Wu Yao	*Lindera*	3–6 g
Dang Gui	*Angelica*	6–9 g
Xiang Fu	*Cyperus*	3–9 g
Mu Xiang	*Saussurea*	3–9 g
Gan Cao	*Glycyrrhiza*	3–6 g

Leber-*Qi*-Stagnation, die sich vor allem in unregelmäßiger Menstruation manifestiert. Die Blutung ist manchmal verfrüht oder verspätet und die Patientin leidet unter starkem prämenstruellem Syndrom, Krämpfen vor dem Einsetzen der Blutung oder Spannungsgefühl in den Brüsten.

Z blass-violett, dünner Belag

P drahtig

XIANG WU SAN

Rhizoma Cyperi Rotundi und Radix Linderae Strychnifoliae Pulver

Xiang Fu	*Cyperus*	6–12 g
Wu Yao	*Lindera*	3–9 g
Chai Hu	*Bupleurum*	6–9 g
Bai Zhu	*Atractylodes*	3–9 g
Bai Shao Yao	*Paeonia*	6–9 g
Dang Gui	*Angelica*	6–9 g
Fu Ling	*Poria*	6–9 g

1. Chronischer Milz-*Qi*-Mangel mit chronischem, kaltem, pathogenem *Qi* führt zu *Qi*- und Blut-*Xue*-Mangel. Das Hauptsymptom sind abdominale Krämpfe. 2. Leber-*Qi*-Stagnation oder Leber attackiert die Milz. Hierbei sollte die Dosierung von *Bai Shao Yao*/Paeonia erhöht werden.

Z blass oder blass-violett, dünner weißer Belag

P schwach oder leicht drahtig

H *Yi Tang*/Saccharum Granorum dem abgeseihten Tee zufügen.

XIAO JIAN ZHONG TANG

Kleineres Dekokt, das die Mitte aufbaut

Yi Tang	*Saccharum Granorum*	15–30 g
Gui Zhi	*Cinnamomum*	3–9 g
Bai Shao Yao	*Paeonia*	6–9 g
Sheng Jiang	*Zingiber*	6–9 g
Da Zao	*Ziziphus*	3–5 St.
Zhi Gan Cao	*Glycyrrhiza*	3–6 g

Leber-/Milz-Disharmonie mit Blut-*Xue*-Mangel: verminderter Appetit, unregelmäßige Menstruation, Schmerzen in den Flanken oder Spannungsgefühl in den Brüsten.

Z blass-violett, blass, dünner weißer Belag

P drahtig

* **Wichtige Rezeptur**

XIAO YAO SAN (Abb. S. 533)

Umherstreifen Pulver

Chai Hu	*Bupleurum*	6–9 g
Dang Gui	*Angelica*	6–9 g
Bai Zhu	*Atractylodes*	3–9 g
Bai Shao Yao	*Paeonia*	6–9 g
Fu Ling	*Poria*	6–9 g
Bo He	*Mentha*	3–6 g
Gan Cao	*Glycyrrhiza*	3–6 g
Sheng Jiang	*Zingiber*	3–6 g

Leber-*Qi*-Stagnation verursacht Hitze, die das Nieren- und Leber-*Yin* verbraucht, oder die Leber attackiert Milz und Magen und führt zu emotionalem Aufruhr, Übelkeit, saurem Aufstoßen, Hiatushernie oder epigastrischen oder abdominalen Schmerzen; oder das Leber-*Yin* kann die Sehnen und Bänder nicht ernähren, wodurch Schmerzen in Fersen oder Hüfte (posterior) auftreten.

Z rot, trocken

P dünn, drahtig

YI GUAN JIAN

Verbindungsdekokt

Sheng Di Huang	*Rehmannia*	15–30 g
Gou Qi Zi	*Lycium*	6–15 g
Dang Gui	*Angelica*	6–12 g
Bei Sha Shen	*Glehnia*	6–9 g
Mai Men Dong	*Ophiopogon*	6–9 g
Chuan Lian Zi	*Melia*	3–6 g

Stagnationen aller Art (*Qi*, Blut-*Xue*, Nahrung, Feuchtigkeit etc.). Symptome sind u. a. Druck- und Völlegefühl in Epigastrium oder Thorax, Übelkeit und Erbrechen oder Appetitmangel.

Z abhängig vom jeweiligen Syndrom

P abhängig vom jeweiligen Syndrom

YUE JU WAN

Flucht aus der Einschnürung Pille

Chuan Xiong	*Ligusticum*	3–9 g
Cang Zhu	*Atractylodes*	3–9 g
Zhi Zi	*Gardenia*	3–9 g
Xiang Fu	*Cyperus*	3–9 g
Shen Qu	*Massa Fermentata*	3–9 g

Leber-Blut-*Xue*-Stase

- Menstruation mit Blutklumpen
- Dysmenorrhö mit Blutklumpen
- stechende, lokalisierte Schmerzen
- Depression
- häufige Fehlgeburten
- *Varizen, Hepatomegalie, Myome, Ovarialzysten, zystische Mastopathie, Anovulation, Amenorrhö, Tubenobstruktion, Zervikaldysplasie, Zervixkarzinom, Endometriose, Endometriumkarzinom, Mammakarzinom*

Z violett oder violette Flecken

P drahtig

***Qi*- und Blut-*Xue*-Mangel mit Blut-*Xue*-Stase (*Xue Yu*). Diese Rezeptur ist günstig bei unruhigem Fötus, Unfruchtbarkeit, unregelmäßiger Menstruation, Appetitmangel, Schwäche oder Müdigkeit.**

Z blass, dünner weißer Belag

P schwach, eventuell drahtig

BA ZHEN YI MU WAN

Acht Schätze Pille für Mütter

Shu Di Huang	*Rehmannia*	6–15 g
Chuan Xiong	*Ligusticum*	3–9 g
Dang Gui	*Angelica*	6–9 g
Bai Shao Yao	*Paeonia*	6–12 g
Ren Shen	*Panax*	6–12 g
Bai Zhu	*Atractylodes*	3–9 g
Fu Ling	*Poria*	6–9 g
Yi Mu Cao	*Leonurus*	6–18 g
Gan Cao	*Glycyrrhiza*	3–6 g

***Qi*-Stagnation und Blut-*Xue*-Stase (*Qi Zhi Xue Yu*) mit *Qi*-Mangel und Blockaden in den Meridianen führt zu Wind-Schlaganfall, Hemiplegie und Atrophie in den unteren Gliedmaßen. Der Patient leidet unter Schwierigkeiten beim Gehen.**

Z violett, dünner weißer Belag

P drahtig, schwach, langsam

BU YANG HUAN WU TANG

Dekokt, das das *Yang* tonisiert, um die Fünf (Zehntel) wiederherzustellen

Huang Qi	*Astragalus*	60–120 g
Chuan Xiong	*Ligusticum*	3–6 g
Chi Shao Yao	*Paeonia*	3–6 g
Dang Gui Wei	*Angelica*	6–9 g
Hong Hua	*Carthamus*	3–6 g
Tao Ren	*Prunus*	3–6 g
Di Long	*Pheretima*	3–6 g

Leber-*Qi*-Stagnation und leichte Blut-*Xue*-Stase führen zu Dysmenorrhö oder prämenstruellem Syndrom.

Z violett

P drahtig

* **Wichtige Rezeptur**

CHAI HU SHU GAN SAN

Radix Bupleuri Pulver, das die Leber verteilt

Chai Hu	*Bupleurum*	6–9 g
Chuan Xiong	*Ligusticum*	3–6 g
Xiang Fu	*Cyperus*	3–6 g
Bai Shao Yao	*Paeonia*	6–9 g
Zhi Ke	*Citrus*	3–6 g
Gan Cao	*Glycyrrhiza*	3–6 g
Chen Pi	*Citrus*	6–9 g

Frühstadium von Appendizitis mit Symptomen von Leber-*Qi*-Stagnation und Blut-*Xue*-Stase.

Z violett

P drahtig

DAN HUANG SI NI SAN

Cortex Moutan Radicis und Cortex Phellodendri Pulver für kalte Extremitäten

Chai Hu	*Bupleurum*	6–12 g
Bai Shao Yao	*Paeonia*	30–60 g
Huang Bai	*Phellodendron*	6–12 g
Mu Dan Pi	*Paeonia*	6–12 g
Zhi Shi	*Citrus*	3–12 g
Gan Cao	*Glycyrrhiza*	3–12 g

Qi-Stagnation/Blut-*Xue*-Stase (*Qi Zhi Xue Yu*) unterhalb von Diaphragma und Epigastrium oder Raumforderungen in Abdomen oder Epigastrium.

Z violett

P drahtig oder rau

X Nicht während der Schwangerschaft einsetzen.

GE XIA ZHU YU TANG

Dekokt, das Blut-*Xue*-Stasen unterhalb des Diaphragmas eliminiert

Dang Gui	*Angelica*	6–9 g
Chuan Xiong	*Ligusticum*	6–9 g
Tao Ren	*Prunus*	6–9 g
Hong Hua	*Carthamus*	3–6 g
Mu Dan Pi	*Paeonia*	6–9 g
Chi Shao Yao	*Paeonia*	6–9 g
Yan Hu Suo	*Corydalis*	3–6 g
Xiang Fu	*Cyperus*	3–9 g
Zhi Ke	*Citrus*	3–6 g
Wu Ling Zhi	*Trogopterus*	6–9 g
Wu Yao	*Lindera*	3–6 g
Gan Cao	*Glycyrrhiza*	6–9 g

Blut-*Xue*-Stase (*Xue Yu*) und Schleim-Stagnation im Uterus führen zur Bildung von Raumforderungen oder Klumpen, Amenorrhö, Dysmenorrhö oder unruhigem Fötus.

Z violett, klebriger Belag

P drahtig, schlüpfrig, rau

GUI ZHI FU LING WAN (Abb. S. 528)

Ramulus Cinnamomi Cassiae und Sclerotium Poriae Cocos Pille

Gui Zhi	*Cinnamomum*	6–12 g
Fu Ling	*Poria*	6–12 g
Mu Dan Pi	*Paeonia*	6–12 g
Tao Ren	*Prunus*	6–12 g
Chi Shao Yao	*Paeonia*	9–12 g

***Qi*-Stagnation und Blut-*Xue*-Stase (*Qi Zhi Xue Yu*) führen zu Dysmenorrhö, Klumpen, Schmerzen im unteren Rücken oder Kopfschmerzen vor der Menstruation.**

Z violett

P drahtig, rau

X Nicht während der Schwangerschaft einsetzen.

HONG HUA TAO REN JIAN

Flos Carthami Tinctorii und Semen Persicae Dekokt

Hong Hua	*Carthamus*	6–9 g
Tao Ren	*Prunus*	6–9 g
Chi Shao Yao	*Paeonia*	6–9 g
Dang Gui	*Angelica*	6–9 g
Chuan Xiong	*Ligusticum*	3–9 g
Sheng Di Huang	*Rehmannia*	6–12 g
Dan Shen	*Salvia*	6–9 g
Xiang Fu	*Cyperus*	6–9 g
Qing Pi	*Citrus*	3–6 g
Yan Hu Suo	*Corydalis*	6–9 g

***Qi*-Stagnation/Blut-*Xue*-Stase (*Qi Zhi Xue Yu*) führt zu verspäteter Menstruation mit klumpigem Blutfluss und Spannungsgefühl in den Brüsten.**

Z normal oder violett

P drahtig oder rau

JIA WEI WU YAO TANG

Erweitertes Radix Linderae Strychnifoliae Dekokt

Wu Yao	*Lindera*	10 g
Xiang Fu	*Cyperus*	10 g
Yan Hu Suo	*Corydalis*	10 g
Sha Ren	*Amomum*	10 g
Bing Lang	*Areca*	10 g
Mu Xiang	*Saussurea*	10 g
Gan Cao	*Glycyrrhiza*	10 g
[Sheng Jiang	*Zingiber*	1–3 g]

_Qi_-Stagnation/Blut-_Xue_-Stase (_Qi Zhi Xue Yu_) infolge äußerer oder innerer Verletzungen aller Art mit Schmerzen und Blutungen.

Z violett

P drahtig oder rau

H Die Zutaten zu Pulver vermahlen und in einer Dosierung von 0,2 – 1,5 g einnehmen. Für die äußerliche Anwendung mit Wein vermischen.

X Nicht während der Schwangerschaft anwenden. *Zhu Sha*/Cinnabaris ist toxisch und sollte nur kurzfristig eingesetzt werden.

QI LI SAN

Sieben Tausendstel eines Tael Pulver

Xue Jie	*Daemonorops*	30 g
Ru Xiang	*Boswellia*	3–6 g
Hong Hua	*Carthamus*	3–6 g
Mo Yao	*Commiphora*	3–6 g
Er Cha	*Acacia*	6–9 g
Zhu Sha	*Cinnabaris*	3–5 g
She Xiang	*Moschus*	0,5 g
Bing Pian	*Dryobalanops*	0,5 g

Leber

Blut-_Xue_-Stase (_Xue Yu_) und Kälte-Stagnation im unteren Erwärmer mit Bildung von Raumforderungen, Blutklumpen und Dysmenorrhö. Auch wirksam bei Leberzirrhose.

Z blass, violett

P drahtig oder rau

X Nicht während der Schwangerschaft einsetzen.

SHAO FU ZHU YU TANG

Dekokt, das Blut-*Xue*-Stasen im unteren Abdomen eliminiert

Yan Hu Suo	*Corydalis*	3–6 g
Dang Gui	*Angelica*	6–9 g
Mo Yao	*Commiphora*	3–6 g
Rou Gui	*Cinnamomum*	3–6 g
Xiao Hui Xiang	*Foeniculum*	1,5–3 g
Gan Jiang	*Zingiber*	3–6 g
Pu Huang	*Typha*	6–9 g
Chi Shao Yao	*Paeonia*	6–9 g
Wu Ling Zhi	*Trogopterus*	6–9 g
Chuan Xiong	*Ligusticum*	3–9 g

_Qi_-Stagnation und Blut-_Xue_-Stase (_Qi Zhi Xue Yu_) in den Meridianen führt zu Schmerzen in Gliedmaßen oder Muskeln.

Z violett

P drahtig

SHEN TONG ZHU YU TANG

Dekokt, das Blut-*Xue*-Stasen aus einem schmerzenden Körper treibt

Chuan Xiong	*Ligusticum*	3–9 g
Tao Ren	*Prunus*	6–9 g
Hong Hua	*Carthamus*	6–9 g
Qin Jiao	*Gentiana*	6–9 g
Qiang Huo	*Notopterygium*	3–6 g
Dang Gui	*Angelica*	6–9 g
Chuan Niu Xi	*Cyathula*	6–12 g
Mo Yao	*Commiphora*	6–9 g
Wu Ling Zhi	*Trogopterus*	6–9 g
Di Long	*Pheretima*	6–9 g
Xiang Fu	*Cyperus*	3–6 g
Gan Cao	*Glycyrrhiza*	3–6 g

Postpartale Stauung des Wochenflusses infolge von Blut-_Xue_-Stase (_Xue Yu_) und Kälte-Stagnation.

Z blass, violett

P rau

H Reiswein zum Dekokt hinzufügen.

SHENG HUA TANG

Dekokt zur Erzeugung und Transformation

Dang Gui	*Angelica*	15–28 g
Tao Ren	*Prunus*	6–9 g
Pao Jiang	*Zingiber*	3–6 g
Chuan Xiong	*Ligusticum*	6–9 g
Gan Cao	*Glycyrrhiza*	3–6 g

Postpartale Stauung von Blut (Lochia) mit dunklen Klumpen und heftigen abdominalen Schmerzen. Die Stagnation betrifft den _Chong_- und _Ren_-Meridian.

Z violett

P drahtig

X Nicht während der Schwangerschaft einsetzen.

SHI XIAO SAN

Plötzliches Lächeln Pulver

Pu Huang	*Typha*	6–12 g
Wu Ling Zhi	*Trogopterus*	6–9 g

Wind-Kälte-Feuchte-*Bi*-Syndrom mit Blut-*Xue*-Stase (*Xue Yu*) im unteren Körperbereich führt zu Schmerzen im unteren Rücken, Muskelschmerzen, Ischias oder Hemiplegie.

Z violett

P drahtig, schlüpfrig

X Nicht während der Schwangerschaft einsetzen.

SHU JING HUO XUE TANG

Dekokt, das die Meridiane entspannt und das Blut belebt

Bai Shao Yao	*Paeonia*	6–9 g
Chuan Xiong	*Ligusticum*	3–9 g
Sheng Di Huang	*Rehmannia*	6–9 g
Dang Gui	*Angelica*	6–9 g
Cang Zhu	*Atractylodes*	3–6 g
Fu Ling	*Poria*	6–9 g
Long Dan Cao	*Gentiana*	6–9 g
Tao Ren	*Prunus*	3–6 g
Wei Ling Xian	*Clematis*	3–6 g
Huai Niu Xi	*Achyranthes*	6–9 g
Qiang Huo	*Notopterygium*	3–6 g
Chen Pi	*Citrus*	3–6 g
Fang Feng	*Ledebouriella*	6–9 g
Han Fang Ji	*Stephania*	6–9 g
Bai Zhi	*Angelica*	3–6 g
Sheng Jiang	*Zingiber*	3–6 g
Gan Cao	*Glycyrrhiza*	3–6 g

Blut-*Xue*-Mangel mit Blut-*Xue*-Stase (*Xue Yu*). Symptome sind u.a. unregelmäßige Menstruation, Dysmenorrhö, Schwindel, blasse oder violette Fingernägel.

Z blass oder violett

P dünn oder rau

* **Wichtige Rezeptur**

SI WU TANG

Vier Arzneien Dekokt

Shu Di Huang	*Rehmannia*	6–12 g
Chuan Xiong	*Ligusticum*	3–9 g
Dang Gui	*Angelica*	6–9 g
Bai Shao Yao	*Paeonia*	6–9 g

Leichter Blut-*Xue*-Mangel mit schwerer Blut-*Xue*-Stase (*Xue Yu*) führt zu vorzeitiger Menstruation oder Dysmenorrhö.

Z blass oder violett

P rau oder drahtig

X Nicht während der Schwangerschaft einsetzen.

TAO HONG SI WU TANG

Vier Arzneien Dekokt mit Flos Carthami Tinctorii und Semen Persicae

Shu Di Huang	*Rehmannia*	6–12 g
Bai Shao Yao	*Paeonia*	6–9 g
Chuan Xiong	*Ligusticum*	3–6 g
Dang Gui	*Angelica*	6–9 g
Tao Ren	*Prunus*	3–9 g
Hong Hua	*Carthamus*	3–6 g

Blut-*Xue*-Stase (*Xue Yu*) im Bereich von Kopf, Gesicht und Nacken führt zu Migräne oder Lippenzyanose.

Z violett oder blauviolette Flecken

P drahtig oder rau

H Alle Zutaten bis auf *She Xiang*/Moschus 15 Minuten kochen. 230 ml Reiswein zufügen und weitere 5–10 Minuten kochen lassen, dann den gemahlenen *She Xiang*/Moschus zufügen und im Tee auflösen.

X Nicht während der Schwangerschaft einsetzen.

TONG QIAO HUO XUE TANG

Dekokt, das Blockaden in den Sinnesöffnungen auflöst und das Blut belebt

Hong Hua	*Carthamus*	6–9 g
Tao Ren	*Prunus*	6–9 g
Chuan Xiong	*Ligusticum*	3–9 g
Chi Shao Yao	*Paeonia*	6–9 g
Cong Bai	*Allium*	3–6 g
She Xiang	*Moschus*	0,1–0,3 g
Da Zao	*Ziziphus*	3–6 St.
Sheng Jiang	*Zingiber*	3–6 g

_Qi_- und Blut-_Xue_-Mangel mit _Qi_-Stagnation/Blut-_Xue_-Stase (_Qi Zhi Xue Yu_) und Schleimretention führt zur Bildung von Raumforderungen im Bereich von Hals, Brüsten oder Achselhöhlen.

Z blass oder violett

P schwach oder rau

XIANG BEI YANG YING TANG

Rhizoma Cyperi Rotundi und Bulbus Fritillariae Dekokt zur Nährung des Nähr-Qi

Ren Shen	*Panax*	6–9 g
Bai Zhu	*Atractylodes*	3–6 g
Fu Ling	*Poria*	6–9 g
Chuan Xiong	*Ligusticum*	3–6 g
Chen Pi	*Citrus*	3–6 g
Dang Gui	*Angelica*	6–9 g
Xiang Fu	*Cyperus*	6–9 g
Shu Di Huang	*Rehmannia*	6–12 g
Bei Mu	*Fritillaria*	3–6 g
Bai Shao Yao	*Paeonia*	6–9 g
Jie Geng	*Platycodon*	3–6 g
Da Zao	*Ziziphus*	3–6 St.
Sheng Jiang	*Zingiber*	3–6 g
Gan Cao	*Glycyrrhiza*	1–3 g

_Qi_-Stagnation und Blut-_Xue_-Stase (_Qi Zhi Xue Yu_) führt zu Schmerzen im Thorax mit Wasser-/Feuchtigkeitsretention: Leber greift die Lunge an. Symptome sind u. a. Schmerzen im Hypochondrium, eventuell Husten oder Heiserkeit.

Z violett, dicker, klebriger Belag

P drahtig

H *Xuan Fu Hua*/Inula in ein Mulltuch einwickeln.

XIANG FU XUAN FU HUA TANG

Rhizoma Cyperi Rotundi und Flos Inulae Dekokt

Xiang Fu	*Cyperus*	6–9 g
Xuan Fu Hua	*Inula*	6–9 g
Yi Yi Ren	*Coix*	9–15 g
Chen Pi	*Citrus*	3–6 g
Zi Su Zi	*Perilla*	6–9 g
Ban Xia	*Pinellia*	6–9 g
Fu Ling	*Poria*	6–9 g

Blut-*Xue*-Stase (*Xue Yu*) im Bereich von Kopf, Thorax und Diaphragma führt zu Angina pectoris, Palpitationen, Schlaflosigkeit, Alpträumen oder Dysmenorrhö.

Z violett oder violette Flecken

P drahtig

X Nicht während der Schwangerschaft einsetzen.

XUE FU ZHU YU TANG

Dekokt, das Stasen aus dem Haus des Blutes treibt

Dang Gui	*Angelica*	6–9 g
Chuan Xiong	*Ligusticum*	3–9 g
Sheng Di Huang	*Rehmannia*	6–9 g
Chi Shao Yao	*Paeonia*	6–9 g
Tao Ren	*Prunus*	6–12 g
Hong Hua	*Carthamus*	6–9 g
Chuan Niu Xi	*Cyathula*	9–12 g
Jie Geng	*Platycodon*	3–6 g
Zhi Ke	*Citrus*	3–6 g
Chai Hu	*Bupleurum*	3–9 g
Gan Cao	*Glycyrrhiza*	3–6 g

Blut-*Xue*-Stase (*Xue Yu*) mit abdominalen Schmerzen, starken Krämpfen und unregelmäßiger Menstruation.

Z violett oder violette Flecken

P rau, drahtig

X Nicht während der Schwangerschaft einsetzen.

YAN HU SUO TANG

Rhizoma Corydalis Yanhusuo Dekokt

Yan Hu Suo	*Corydalis*	30–45 g
Chi Shao Yao	*Paeonia*	9–15 g
Rou Gui	*Cinnamomum*	9–15 g
Ru Xiang	*Boswellia*	60–90 g
Mo Yao	*Commiphora*	60–90 g
Jiang Huang	*Curcuma*	60–90 g
Dang Gui	*Angelica*	9–15 g
Mu Xiang	*Saussurea*	60–90 g
Pu Huang	*Typha*	9–15 g
Gan Cao	*Glycyrrhiza*	6–9 g
[Sheng Jiang	*Zingiber*	3–6 g]

Stagnationen aller Art (*Qi*, Blut-*Xue*, Nahrung, Feuchtigkeit etc.). Symptome sind u. a. Druck- und Völlegefühl in Epigastrium oder Thorax, Übelkeit und Erbrechen oder Appetitmangel.

Z abhängig vom jeweiligen Syndrom

P abhängig vom jeweiligen Syndrom

YUE JU WAN

Flucht aus der Einschnürung Pille

Chuan Xiong	*Ligusticum*	3–9 g
Cang Zhu	*Atractylodes*	3–9 g
Zhi Zi	*Gardenia*	3–9 g
Xiang Fu	*Cyperus*	3–9 g
Shen Qu	*Massa Fermentata*	3–9 g

Mangel-Kälte mit Blut-*Xue*-Stase (*Xue Yu*) führt zu uterinen Blutungen mit Schmerzen, die sich durch den Abgang von Klumpen bessern.

Z blass, dunkelviolett

P rau oder drahtig

H Die ersten sieben Zutaten (die calziniert werden können) vermahlen und mit Glutinreis und Wasser zu Pillen von 9–12 g formen. Die Pillen sollten mit *Zhu Sha*/Cinnabaris überzogen werden. Die empfohlene Dosis ist 1 Pille täglich, mit Wein eingenommen.

X Nicht während der Schwangerschaft einsetzen. *Zhu Sha*/Cinnabaris ist toxisch und sollte nicht langfristig eingenommen werden.

ZHEN LING DAN

Besondere Pille, die den Geist erhebt

Zi Shi Ying	*Fluoritum*	60 g
Yu Liang Shi	*Limonitum*	60 g
Dai Zhe Shi	*Haematitum*	60 g
Wu Ling Zhi	*Trogopterus*	30 g
Ru Xiang	*Boswellia*	30 g
Chi Shi Zhi	*Halloysitum Rubrum*	60 g
Mo Yao	*Commiphora*	30 g
Zhu Sha	*Cinnabaris*	15 g

Lokale Schwellungen, die sich zu Geschwüren entwickeln, mit zugrunde liegendem *Qi*-Mangel und leichter Blut-*Xue*-Stase (*Xue Yu*). Die Schwellungen sind leicht schmerzhaft und warm.

Z blass, blass-violett

P schwach

X Vorsicht während der Schwangerschaft.

ZHONG HE TANG

Dekokt, das die Mitte ermutigt

Ren Shen	*Panax*	6–9 g
Huang Qi	*Astragalus*	6 g
Dang Gui	*Angelica*	6–9 g
Fu Ling	*Poria*	6–9 g
Chuan Xiong	*Ligusticum*	3–6 g
Bai Zhu	*Atractylodes*	3–6 g
Bai Zhi	*Angelica*	3–6 g
Chen Pi	*Citrus*	6 g
Ru Xiang	*Boswellia*	3–6 g
Jin Yin Hua	*Lonicera*	3–6 g
Zao Jiao Ci	*Gleditsia*	3 g
Mo Yao	*Commiphora*	3 g
Gan Cao	*Glycyrrhiza*	3 g

Leber attackiert Milz oder Magen

- Wechsel von Diarrhö und Obstipation
- unvollständige Entleerung beim Stuhlgang
- Aufstoßen oder saure Regurgitation
- Reizbarkeit oder emotionaler Aufruhr
- Müdigkeit
- Singultus
- *Reizkolon, Gastritis, Magen- und Duodenalulzera-alle werden durch emotionalen Stress verschlimmert, Anorexia nervosa*

Z blass oder blass-violett
P drahtig

Eine schwache Milz wird von der Leber attackiert oder gestaute Leber attackiert die Milz. Der *Qi*-Mangel ist dabei stärker ausgeprägt als die *Qi*-Stauung.

Z blass oder blass-violett, dünner weißer Belag

P schwach oder drahtig

CHAI SHAO LIU JUN ZI TANG

Radix Bupleuri, Radix Paeoniae und Sechs Gentlemen Dekokt

Ren Shen	*Panax*	6–9 g
Fu Ling	*Poria*	6–9 g
Bai Zhu	*Atractylodes*	3–9 g
Chen Pi	*Citrus*	3–6 g
Ban Xia	*Pinellia*	6–9 g
Bai Shao Yao	*Paeonia*	6–9 g
Chai Hu	*Bupleurum*	6–9 g
Gan Cao	*Glycyrrhiza*	3–6 g

Leber-/Milz-Disharmonie mit Hitze. Symptome sind u. a. gerötete oder blutunterlaufene Augen, unregelmäßige Menstruation, Reizbarkeit.

Z rote Ränder, blass-violett, dünner weißer Belag

P drahtig, schnell

DAN ZHI XIAO YAO SAN (JIA WEI XIAO YAO SAN)

Cortex Moutan Radicis, Fructus Gardeniae Jasminoidis und Umherstreifen Pulver

Mu Dan Pi	*Paeonia*	6–9 g
Zhi Zi	*Gardenia*	3–6 g
Chai Hu	*Bupleurum*	6–9 g
Bo He	*Mentha*	3–6 g
Dang Gui	*Angelica*	6–9 g
Bai Shao Yao	*Paeonia*	6–9 g
Bai Zhu	*Atractylodes*	3–9 g
Fu Ling	*Poria*	6–9 g
Gan Cao	*Glycyrrhiza*	3–6 g
[*Sheng Jiang*	*Zingiber*	3–6 g]

Leber attackiert die Milz und verursacht leichte abdominale Krämpfe mit Leber-Blut-*Xue*-Mangel und etwas Feuchtigkeitsretention. Symptome sind u. a. Harnverhalt und Ödeme im unteren Körperbereich. Tritt häufig während der Schwangerschaft auf.

Z blass, orangefarbene Ränder

P schwach, dünn oder leicht drahtig

DANG GUI SHAO YAO SAN

Radix Angelicae Sinensis und Radix Paeoniae Pulver

Dang Gui	*Angelica*	6–9 g
Bai Shao Yao	*Paeonia*	3–9 g
Bai Zhu	*Atractylodes*	3–9 g
Fu Ling	*Poria*	6–9 g
Chuan Xiong	*Ligusticum*	3–6 g
Ze Xie	*Alisma*	6–9 g

Leber-/Milz-Disharmonie mit starkem Blut-*Xue*-Mangel. Führt zu Dysmenorrhö und uterinen Blutungen.

Z blass, dünner weißer Belag

P kraftlos oder drahtig

HEI XIAO YAO SAN

Schwarzes Umherstreifen Pulver

Bai Zhu	*Atractylodes*	6–9 g
Di Huang	*Rehmannia*	6–15 g
Fu Ling	*Poria*	6–9 g
Chai Hu	*Bupleurum*	6–9 g
Bai Shao Yao	*Paeonia*	6–9 g
Dang Gui	*Angelica*	6–9 g
Gan Cao	*Glycyrrhiza*	3–6 g
[Bo He	*Mentha*	3–6 g]
[Sheng Jiang	*Zingiber*	3–6 g]

Leber attackiert den Magen, was zu Obstipation, Aufstoßen und abdominalen Schmerzen führt.

Z blass-violett, dünner weißer Belag

P drahtig

X Vorsicht während der Schwangerschaft

LIU MO TANG

Sechs gemahlene Arzneien Dekokt

Bing Lang	*Areca*	6–9 g
Wu Yao	*Lindera*	3 g
Chen Xiang	*Aquilaria*	3–6 g
Mu Xiang	*Saussurea*	3–6 g
Zhi Ke	*Citrus*	3–6 g
Da Huang	*Rheum*	6–9 g

Leber-*Qi*-Stagnation attackiert die Milz. Das führt zu Feuchtigkeit, die sich erhitzt und dann rote Leukorrhö verursacht. Oder die Leber kann das Blut-*Xue* nicht speichern, was sich ebenfalls in Form roter Leukorrhö manifestiert.

Z violett oder blass

P drahtig oder schwach, dünn

H *E Jiao*/Equus in das abgeseihte Dekokt einrühren.

QING GAN ZHI LIN TANG

Dekokt, das die Leber klärt und Leukorrhö stoppt

Bai Shao Yao	*Paeonia*	30 g
Dang Gui	*Angelica*	30 g
Shu Di Huang	*Rehmannia*	15 g
E Jiao	*Equus*	9 g
Mu Dan Pi	*Paeonia*	9 g
Huang Bai	*Phellodendron*	6 g
Huai Niu Xi	*Achyranthes*	6 g
Xiang Fu	*Cyperus*	3 g
Da Zao	*Ziziphus*	7–10 St.
ohne Pinyin-Bezeichnung	*kleine schwarze Bohnen*	30 g

Schwere Leber-*Qi*-Stagnation/Blut-*Xue*-Stase mit Milz-*Qi*-/-Blut-*Xue*-Mangel führt zu starken Schmerzen in den Flanken und chronischer Hepatitis. Das Rezept ist auch wirksam zur Behandlung von Leberzirrhose im Frühstadium.

Z violett, dünner Belag

P drahtig

SHU GAN LI PI TANG

Dekokt, das die Leber verteilt und die Milz reguliert

Chai Hu	*Bupleurum*	9–12 g
Bai Zhu	*Atractylodes*	3–9 g
Dang Shen	*Codonopsis*	9–15 g
He Shou Wu	*Polygonum*	6–12 g
Dan Shen	*Salvia*	9–12 g
Xiang Fu	*Cyperus*	6–9 g
Ze Xie	*Alisma*	6–9 g
San Qi	*Panax*	3 g

Leber attackiert die Lunge oder den Magen, was zu Keuchatmung und Kurzatmigkeit bzw. zu epigastrischem Spannungsgefühl führt.

Z blass-violett, dünner Belag

P drahtig

SI MO TANG

Vier gemahlene Arzneien Dekokt

Ren Shen	*Panax*	6–9 g
Chen Xiang	*Aquilaria*	3–6 g
Wu Yao	*Lindera*	3–6 g
Bing Lang	*Areca*	6–9 g

Leber attackiert die Milz mit leichter Hitze. Dies ist das grundlegende Rezept für dieses Syndrom.

Z blass-violett, dünner Belag

P leicht drahtig

* **Wichtige Rezeptur**

SI NI SAN

Kalte Extremitäten Pulver

Chai Hu	*Bupleurum*	6–9 g
Zhi Shi	*Citrus*	6–9 g
Bai Shao Yao	*Paeonia*	3–9 g
Zhi Gan Cao	*Glycyrrhiza*	3–6 g

Leber attackiert den Magen, mit Schmerzen, Depression, Völlegefühl, Regurgitation und Verdauungsstörungen.

Z weißer oder gelber Belag

P drahtig

SU GAN WAN

Pille, die die Leber beruhigt

Chai Hu	*Bupleurum*	6–9 g
Bai Shao Yao	*Paeonia*	6–9 g
Fu Ling	*Poria*	6–9 g
Yan Hu Suo	*Corydalis*	3–6 g
Hou Po	*Magnolia*	6–12 g
Jiang Huang	*Curcuma*	6–9 g
Chen Xiang	*Aquilaria*	3–6 g
Chen Pi	*Citrus*	3–6 g
Zhi Ke	*Citrus*	3–6 g
Mu Xiang	*Saussurea*	3–6 g
Sha Ren	*Amomum*	3–6 g
Chuan Lian Zi	*Melia*	6–12 g
Bai Dou Kou	*Amomum*	3–6 g

Leber-/Milz-Disharmonie führt zu Diarrhö und gurgelnden Darmgeräuschen im Abdomen.

Z blass-violett, dünner weißer Belag

P drahtig, dünn, langsam

TONG XIE YAO FANG

Wichtiges Rezept für schmerzhafte Diarrhö

Bai Shao Yao	*Paeonia*	9–12 g
Bai Zhu	*Atractylodes*	12–15 g
Fang Feng	*Ledebouriella*	6–9 g
Chen Pi	*Citrus*	6–9 g

Leber-/Milz-Disharmonie führt zu epigastrischen Schmerzen, saurer Regurgitation, Diarrhö oder heißer Dysenterie.

Z blass-violett, dünner Belag

P drahtig

H Die Kräuter mit Mehl zu Pillen formen.

WU JI WAN

Pille des fünften und sechsten himmlischen Stängels

Huang Lian	*Coptis*	20 g
Bai Shao Yao	*Paeonia*	20 g
Wu Zhu Yu	*Evodia*	20 g

Wandernde epigastrische/abdominale Schmerzen nach einem Wutanfall. Es liegen keine Anzeichen oder Symptome für *Qi*-Mangel vor.

Z dünner Belag

P drahtig

WU MO YIN ZI

Fünf gemahlene Arzneien Dekokt

Bing Lang	*Areca*	6–9 g
Zhi Shi	*Citrus*	6–9 g
Mu Xiang	*Saussurea*	6–9 g
Chen Xiang	*Aquilaria*	3–6 g
Wu Yao	*Lindera*	3–6 g

---

1. Chronischer Milz-*Qi*-Mangel mit chronischem, kaltem, pathogenem *Qi* führt zu *Qi*- und Blut-*Xue*-Mangel. Das Hauptsymptom sind abdominale Krämpfe. 2. Leber-*Qi*-Stagnation oder Leber attackiert die Milz. Hierbei sollte die Dosierung von *Bai Shao Yao*/Paeonia erhöht werden.

Z blass oder blass-violett, dünner weißer Belag

P schwach oder leicht drahtig

H *Yi Tang*/Saccharum Granorum dem abgeseihten Tee zufügen.

XIAO JIAN ZHONG TANG

Kleineres Dekokt, das die Mitte aufbaut

Yi Tang	*Saccharum Granorum*	15–30 g
Gui Zhi	*Cinnamomum*	3–9 g
Bai Shao Yao	*Paeonia*	6–9 g
Sheng Jiang	*Zingiber*	6–9 g
Da Zao	*Ziziphus*	3–5 St.
Zhi Gan Cao	*Glycyrrhiza*	3–6 g

Leber-/Milz-Disharmonie mit Blut-*Xue*-Mangel: verminderter Appetit, unregelmäßige Menstruation, Schmerzen in den Flanken oder Spannungsgefühl in den Brüsten.

Z blass-violett, blass, dünner weißer Belag

P drahtig

* **Wichtige Rezeptur**

XIAO YAO SAN

Umherstreifen Pulver

Chai Hu	*Bupleurum*	6–9 g
Dang Gui	*Angelica*	6–9 g
Bai Zhu	*Atractylodes*	3–9 g
Bai Shao Yao	*Paeonia*	6–9 g
Fu Ling	*Poria*	6–9 g
Bo He	*Mentha*	3–6 g
Gan Cao	*Glycyrrhiza*	3–6 g
Sheng Jiang	*Zingiber*	3–6 g

Leber-/Milz-Disharmie mit leerer Hitze infolge Leber-*Yin*-Mangel bei Kindern mit chronischen Mangel-Problemen führt zu Spasmen, Krämpfen, Anfällen, Hysterie und nächtlichen Angstgefühlen.

Z rote Ränder, blass-violett, dünner gelblicher Belag

P drahtig, leicht schnell, dünn

YI GAN SAN

Pulver, das die Leber zurückhält

Dang Gui	*Angelica*	6–9 g
Fu Ling	*Poria*	6–9 g
Bai Zhu	*Atractylodes*	6–9 g
Gou Teng	*Uncaria*	6–9 g
Chai Hu	*Bupleurum*	6–9 g
Chuan Xiong	*Ligusticum*	3–9 g
Gan Cao	*Glycyrrhiza*	3–6 g
[Chen Pi	*Citrus*	3–6 g]
[Ban Xia	*Pinellia*	6–9 g]

Leber-*Qi*-Stagnation führt zu Leber-Feuer, das den Magen verbrennt. Das verursacht Erbrechen oder Aufstoßen, Geschwüre durch Hitze, Gase, saure oder bittere Regurgitation. Dabei handelt es sich um ein Ungleichgewicht von Leber und Magen.

Z rot, trocken, gelber Belag

P schnell, drahtig

H Dieses Rezept lässt sich auch in zehnfacher Dosierung als Pulver zubereiten.

ZUO JIN WAN

Linkes Metall Pille

Huang Lian	*Coptis*	12–18 g
Wu Zhu Yu	*Evodia*	1–4 g

Leber-*Yin*-Mangel

- gerötete, trockene oder blutunterlaufene Augen
- schlechtes Sehvermögen bei Nacht
- Wangenrötung und Nachmittagshitze
- vorzeitig einsetzende, aber spärliche Menstruation
- Sehnenverkürzungen

Z rote Ränder, spärlicher Belag

P dünn, schnell, drahtig oder leer

Nieren-/Leber-*Yin*-Mangel mit Blut-*Xue*-Mangel führt zu postpartalem Schwitzen oder Nachtschweiß.

Z rot, dünner gelber Belag

P dünn, schnell

BA WEI DI HUANG WAN

Acht Bestandteile Pille mit Radix Rehmanniae Glutinosae Conquitae

Sheng Di Huang	*Rehmannia*	6–12 g
Shan Zhu Yu	*Cornus*	6–9 g
Shan Yao	*Dioscorea*	6–9 g
Fu Ling	*Poria*	6–9 g
Ze Xie	*Alisma*	6–9 g
Mu Dan Pi	*Paeonia*	6–9 g
Wu Wei Zi	*Schisandra*	6–9 g
Huang Qi	*Astragalus*	9–15 g

Leber-Blut-*Xue*-/-*Yin*-Mangel führt zu verschwommenem Sehen, geröteten und trockenen Augen und Muskelzuckungen.

Z rot, dünner gelber Belag

P dünn, drahtig, etwas schnell

BU GAN TANG

Tonisiere die Leber Dekokt

Shu Di Huang	*Rehmannia*	9–20 g
Dang Gui	*Angelica*	6–12 g
Bai Shao Yao	*Paeonia*	6–12 g
Mu Gua	*Chaenomeles*	6–9 g
Suan Zao Ren	*Ziziphus*	6–9 g
Chuan Xiong	*Ligusticum*	3–9 g
Gan Cao	*Glycyrrhiza*	3–6 g
Mai Men Dong	*Ophiopogon*	6–9 g

Purpura infolge *Yin*-Mangel mit Hitze. Starkes falsches Feuer aufgrund Nieren- und Leber-*Yin*-Mangel führt zu undulierendem Fieber (tidal) und Nachtschweiß.

Z rot, dünner gelber Belag oder kein Belag

P schnell, dünn oder leer

DA BU YIN WAN

Pille, die das Yin großartig tonisiert

Shu Di Huang	*Rehmannia*	6–12 g
Gui Ban	*Chinemys*	6–12 g
Huang Bai	*Phellodendron*	6–9 g
Zhi Mu	*Anemarrhena*	6–9 g

Leber-Wind infolge Leber-*Yin*-Mangel führt zu Spasmen und Zuckungen.

Z dunkelrot, spärlicher gelber Belag

P dünn, drahtig, schnell

H *E Jiao*/Equus in das abgeseihte Dekokt einrühren. *Bie Jia*/Amyda, *Mu Li*/Ostrea und *Gui Ban*/Chinemys zerkleinern oder mahlen und vor Zugabe der übrigen Zutaten 45 Minuten lang kochen. Die Eigelb werden hart gekocht, dann zu einer weichen Paste verrührt und in den Tee gerührt.

DA DING FENG ZHU

Große Perle, die den Wind einsperrt

Ji Zi Huang	*Eigelb*	2
Wu Wei Zi	*Schisandra*	6–9 g
E Jiao	*Equus*	6–9 g
Bai Shao Yao	*Paeonia*	9–15 g
Mai Men Dong	*Ophiopogon*	9–15 g
Huo Ma Ren	*Cannabis*	3–6 g
Sheng Di Huang	*Rehmannia*	9–15 g
Bie Jia	*Amyda*	6–12 g
Gui Ban	*Chinemys*	6–12 g
Mu Li	*Ostrea*	6–12 g
Gan Cao	*Glycyrrhiza*	6–12 g

Nieren- und Leber-*Yin*-Mangel führen zu unregelmäßiger Menstruation, spärlicher Blutung, Tinnitus, Schwindel oder Nachtschweiß.

Z rot, spärlicher Belag

P dünn, schnell

DANG GUI DI HUANG YIN

Radix Angelicae Sinensis und Radix Rehmanniae Glutinosae Conquitae Dekokt

Dang Gui	*Angelica*	6–9 g
Shu Di Huang	*Rehmannia*	6–12 g
Huai Niu Xi	*Achyranthes*	6–9 g
Shan Yao	*Dioscorea*	6–9 g
Du Zhong	*Eucommia*	6–9 g
Shan Zhu Yu	*Cornus*	6–9 g
Zhi Gan Cao	*Glycyrrhiza*	3–6 g

Leber-/Nieren-*Yin*-Mangel führt zu Schwäche im unteren Rücken und in den Knien oder zu Atrophien; oder die Leber kann die Seele (*Hun*) nicht speichern, was zu Schlaflosigkeit oder Albträumen führt.

Z rot, trocken, spärlicher Belag

P dünn, schnell

H Es sollten immer identische Anteile beider Kräuter verwendet werden.

ER ZHI WAN

Zweifach größte Pille

Han Lian Cao	*Eclipta*	10 g
Nu Zhen Zi	*Ligustrum*	10 g

Leber-*Qi*-Stagnation mit Hitze führt zu Uterusblutungen, die das *Yin* erschöpfen (*Beng-Lou*-Syndrom).

Z rot, kein Belag

P dünn, schnell

GU JING WAN

Pille, die die Menses stabilisiert

Gui Ban	*Chinemys*	15–30 g
Chun Pi	*Ailanthus*	6–12 g
Bai Shao Yao	*Paeonia*	15–30 g
Huang Bai	*Phellodendron*	6–9 g
Huang Qin	*Scutellaria*	15–30 g
Xiang Fu	*Cyperus*	3–6 g

Nieren-*Qi*-Mangel mit Nieren-/Leber-*Yin*-Mangel führt zu Amenorrhö oder Schmerzen in Rücken und Knien.

Z blass oder rot, dünner weißer oder spärlicher Belag

P schwach, eventuell dünn, besonders in der linken *Chi*-Position

GUI SHEN TANG

Dekokt, das die Niere wiederherstellt

Shu Di Huang	*Rehmannia*	6–15 g
Shan Yao	*Dioscorea*	9–15 g
Shan Zhu Yu	*Cornus*	9–12 g
Gou Qi Zi	*Lycium*	9–15 g
Dang Gui	*Angelica*	9–12 g
Du Zhong	*Eucommia*	6–12 g
Fu Ling	*Poria*	6–12 g
Tu Si Zi	*Cuscuta*	9–12 g

Nieren- und Leber-*Yin*-Mangel führt zu Knochen-*Bi*-Syndrom oder *Wei*-Syndrom. Das *Yin* kann die Sehnen nicht ernähren und leere Hitze verbrennt Sehnen und Muskeln. Das führt zu Atrophien, Schwellungen oder Deformierungen der Gelenke. Die Schmerzen sind meist fixiert.

Z rot, spärlicher Belag

P dünn, schnell, schwach

H Alle Zutaten zu Pulver vermahlen. Zweimal täglich je 10 g einnehmen.

HU QIAN WAN

Pille des auf der Lauer liegenden Tigers

Gui Ban	*Chinemys*	120 g
Huang Bai	*Phellodendron*	150 g
Shu Di Huang	*Rehmannia*	60 g
Zhi Mu	*Anemarrhena*	60 g
Bai Shao Yao	*Paeonia*	60 g
Suo Yang	*Cynomorium*	45 g
Hu Gu	*Panthera*	30 g
Chen Pi	*Citrus*	60 g
Gan Jiang	*Zingiber*	15 g

Leber-*Yin*-Mangel mit aufsteigendem *Yang*/Wind führt zu Palpitationen, Hypertonie oder Ruhelosigkeit.

Z rot, dünner gelber Belag

P dünn, schnell, leicht drahtig

JIAN LING TANG

Dekokt, das Dachziegel errichtet

Huai Niu Xi	*Achyranthes*	30 g
Shan Yao	*Dioscorea*	30 g
Long Gu	*Os Draconis*	18 g
Mu Li	*Ostrea*	18 g
Dai Zhi Shi	*Haematitum*	24 g
Sheng Di Huang	*Rehmannia*	18 g
Bai Zi Ren	*Biota*	12 g
Bai Shao Yao	*Paeonia*	12 g

Nieren- und Leber-*Yin*-Mangel, -*Yang*-Mangel oder -*Jing*-Mangel führt zu Spermatorrhö, Tinnitus oder Impotenz.

Z blass oder rot, dünner weißer Belag

P dünn, schwach

JIN SUO GU JING WAN

Metallschlosspille zur Stabilisierung der Essenz

Qian Shi	*Euryale*	6–12 g
Sha Yuan Ji Li	*Astragalus*	6–12 g
Long Gu	*Os Draconis*	6–9 g
Mu Li	*Ostrea*	6–9 g
Lian Xu	*Nelumbo*	6–9 g
Lian Zi	*Nelumbo*	9–15 g

Grundlegendes Rezept bei Nieren-/Leber-*Yin*-Mangel mit leichter Feuchtigkeit. Dies kann zu trockenen, schuppigen, hellroten Hautausschlägen, übermäßiger sexueller Aktivität oder Schwitzen führen. Bei Frauen kann unregelmäßige Menstruation oder Nachtschweiß und Nachmittagshitze auftreten.

Z rot, dünner gelber Belag oder spärlicher Belag

P schnell, dünn

* **Wichtige Rezeptur**

LIU WEI DI HUANG WAN

Sechs Bestandteile Pille mit Radix Rehmanniae Glutinosae Conquitae

Shan Zhu Yu	*Cornus*	6–9 g
Shan Yao	*Dioscorea*	6–9 g
Sheng Di Huang	*Rehmannia*	6–12 g
Fu Ling	*Poria*	6–9 g
Ze Xie	*Alisma*	6–9 g
Mu Dan Pi	*Paeonia*	6–9 g

Nieren- und Leber-*Yin*-Mangel mit aufsteigendem *Yang* führt zu Sehstörungen, trockenen, geröteten Augen oder verschwommenem Sehen.

Z rot, spärlicher gelber Belag

P dünn, schnell

MING MU DI HUANG WAN

Pille, die die Sicht verbessert mit Radix Rehmanniae Glutinosae Conquitae

Shu Di Huang	*Rehmannia*	9–20 g
Sheng Di Huang	*Rehmannia*	9–15 g
Mu Dan Pi	*Paeonia*	6–9 g
Shan Yao	*Dioscorea*	6–9 g
Shan Zhu Yu	*Cornus*	6–9 g
Ze Xie	*Alisma*	6–9 g
Dang Gui	*Angelica*	6–9 g
Fu Shen	*Poria*	6–9 g
Chai Hu	*Bupleurum*	6–9 g
Wu Wei Zi	*Schisandra*	6–9 g

Retinale Hämorrhagie durch Trauma mit zugrunde liegenden *Yin*-Mangel-Symptomen. Weitere Symptome sind Tinnitus, Wangenrötung oder Nachtschweiß.

Z dunkelrot, spärlicher gelber Belag

P dünn, schnell, drahtig

H *Zhi Zi*/Gardenia schwarz braten, um die blutstillende Wirkung zu erhöhen. *E Jiao*/Equus in das abgeseihte Dekokt einrühren.

NING XUE TANG

Beruhige das Blut Dekokt

Han Lian Cao	*Eclipta*	9–15 g
Xian He Cao	*Agrimonia*	9–15 g
Zhi Zi Tan	*Gardenia*	6–9 g
Sheng Di Huang	*Rehmannia*	9–15 g
Bai Lian	*Ampelopsis*	3–6 g
E Jiao	*Equus*	9–15 g
Bai Mao Gen	*Imperata*	9–15 g
Bai Shao Yao	*Paeonia*	9–15 g
Ce Bai Ye	*Biota*	9–15 g
Bai Ji	*Bletilla*	6–9 g

Leber-Blut-*Xue*-/-*Yin*-Mangel mit Nieren-*Qi*-Mangel führt zu vorzeitigem Ergrauen, Haarausfall, schlechten Zähnen und Spermatorrhö.

Z blass

P dünn, schwach

QI BAO MEI RAN DAN

Besondere Sieben Schätze Pille für schöne Barthaare

He Shou Wu	*Polygonum*	6–9 g
Huai Niu Xi	*Achyranthes*	6–12 g
Fu Ling	*Poria*	6–9 g
Tu Si Zi	*Cuscuta*	6–9 g
Gou Qi Zi	*Lycium*	6–9 g
Bu Gu Zhi	*Psoralea*	6–9 g
Dang Gui	*Angelica*	6–9 g

Nieren- und Leber-*Yin*-Mangel mit Störungen der Augen.

Z rot, spärlicher gelber Belag

P dünn, schnell

QI JU DI HUANG WAN

Fructus Lycii, Flos Chrysanthemi Morifolii und Radix Rehmanniae Glutinosae Conquitae Pille

Shu Di Huang	*Rehmannia*	6–12 g
Shan Yao	*Dioscorea*	6–9 g
Shan Zhu Yu	*Cornus*	6–9 g
Mu Dan Pi	*Paeonia*	6–9 g
Fu Ling	*Poria*	6–9 g
Ze Xie	*Alisma*	6–9 g
Gou Qi Zi	*Lycium*	6–12 g
Ju Hua	*Chrysanthemum*	6–9 g

Leber-Wind oder aufsteigendes *Yang* infolge von *Yin*- oder Blut-*Xue*-Mangel. Symptome sind u. a. Spasmen, Vertigo oder Hitzesensationen in Handflächen, Fußsohlen und Thorax.

Z dunkelrot, trocken oder Landkartenzunge

P dünn, schnell, drahtig

H *E Jiao*/Equus in das abgeseihte Dekokt einrühren.

X Vorsicht während der Schwangerschaft.

SAN JIA FU MAI TANG

Drei Schalen Dekokt zur Wiederherstellung des Pulses

Zhi Gan Cao	*Glycyrrhiza*	9–15 g
Bai Shao Yao	*Paeonia*	9–15 g
Sheng Di Huang	*Rehmannia*	9–15 g
E Jiao	*Equus*	6–9 g
Bie Jia	*Amyda*	9–20 g
Gui Ban	*Chinemys*	15–30 g
Huo Ma Ren	*Cannabis*	6–9 g
Mu Li	*Ostrea*	9–15 g
Mai Men Dong	*Ophiopogon*	9–15 g

Nieren- und Leber-*Yin*-Mangel mit Blut-*Xue*-Mangel und Wind-Feuchtigkeit. Führt zu verschwommenem Sehen, Husten, Obstipation oder *Bi*-Syndrom.

Z rot, spärlicher gelber Belag

P dünn

H Aus den Zutaten 9 g schwere Pillen herstellen. Erwachsene nehmen zweimal täglich 1 Pille.

SANG MA WAN

Folium Mori Albae und Semen Sesami Indici Pille

Sang Ye	*Morus*	250–300 g
Hei Zhi Ma	*Sesamum*	100–120 g
Feng Mi	*Mel*	250–300 g

Nieren-/Leber-*Yin*-Mangel mit aufsteigendem *Yang* führt zu verschwommenem Sehen, Photophobie, starkem Tränen der Augen, Nachtblindheit, Katarakten im Anfangsstadium oder blutunterlaufenen Augen.

Z rot, dünner und schmaler Zungenkörper, eventuell gefurcht, spärlicher Belag

P dünn, schnell

H *Xi Jiao*/Rhinoceros sollte durch *Shui Niu Jiao*/Bubalus ersetzt werden.

SHI HU YE GUANG WAN

Herba Dendrobii Pille für das Sehvermögen in der Nacht

Tian Men Dong	*Asparagus*	6–9 g
Fu Ling	*Poria*	6–9 g
Ren Shen	*Panax*	6–9 g
Shu Di Huang	*Rehmannia*	12–15 g
Mai Men Dong	*Ophiopogon*	6–9 g
Tu Si Zi	*Cuscuta*	3–9 g
Ju Hua	*Chrysanthemum*	3–6 g
Xing Ren	*Prunus*	3–6 g
Jue Ming Zi	*Cassia*	6–9 g
Gou Qi Zi	*Lycium*	6–9 g
Shan Yao	*Dioscorea*	6–12 g
Wu Wei Zi	*Schisandra*	6–9 g
Huai Niu Xi	*Achyranthes*	6–12 g
Bai Ji Li	*Tribulus*	6–9 g
Chuan Xiong	*Ligusticum*	3–6 g
Rou Cong Rong	*Cistanche*	3–6 g
Shi Hu	*Dendrobium*	6–12 g
Zhi Ke	*Citrus*	3–6 g
Qing Xiang Zi	*Celosia*	3–9 g
Xi Jiao	*Rhinoceros*	1–3 g
Huang Lian	*Coptis*	3–6 g
Fang Feng	*Ledebouriella*	6–9 g
Ling Yang Jiao	*Saiga*	1–3 g
Gan Cao	*Glycyrrhiza*	3–6 g

Leber-*Yin*-Mangel mit aufsteigendem *Yang* oder Wind führt zu Kopfschmerzen, Hypertonie, Tinnitus oder Schwindel.

Z rot

P dünn, schnell, drahtig

TIAN MA GOU TENG YIN

Rhizoma Gastrodiae Elatae und Ramulus Uncariae cum Uncis Dekokt

Tian Ma	*Gastrodia*	9–12 g
Gou Teng	*Uncaria*	9–15 g
Chuan Niu Xi	*Cyathula*	9–12 g
Huang Qin	*Scutellaria*	6–9 g
Shi Jue Ming	*Haliotis*	15–25 g
Zhi Zi	*Gardenia*	3–6 g
Yi Mu Cao	*Leonurus*	6–12 g
Ye Jiao Teng	*Polygonum*	9–20 g
Du Zhong	*Eucommia*	6–12 g
Sang Ji Sheng	*Loranthus*	6–20 g
Fu Shen	*Poria*	6–12 g

Nieren- und Leber-*Yin*-Mangel führt zu Amenorrhö, Kältegefühl im Abdomen, Wachstumsverzögerungen in der Pubertät oder klarer Leukorrhö.

Z blass oder leicht rot

P schwach, dünn

H *E Jiao*/Equus in das abgeseihte Dekokt einrühren.

TIAO GAN TANG

Dekokt, das die Leber reguliert

Shan Yao	*Dioscorea*	9–12 g
E Jiao	*Equus*	6–12 g
Ba Ji Tian	*Morinda*	6–9 g
Dang Gui	*Angelica*	6–9 g
Ze Lan	*Lycopus*	6–12 g
Shan Zhu Yu	*Cornus*	6–9 g
Bai Shao Yao	*Paeonia*	6–9 g
Dan Shen	*Salvia*	6–9 g
Gan Cao	*Glycyrrhiza*	3–6 g

Leber-*Qi*-Stagnation verursacht Hitze, die das Nieren- und Leber-*Yin* verbraucht, oder die Leber attackiert Milz und Magen und führt zu emotionalem Aufruhr, Übelkeit, saurem Aufstoßen, Hiatushernie oder epigastrischen oder abdominalen Schmerzen; oder das Leber-*Yin* kann die Sehnen und Bänder nicht ernähren, wodurch Schmerzen in Fersen oder Hüfte (posterior) auftreten.

Z rot, trocken

P dünn, drahtig

* **Wichtige Rezeptur**

YI GUAN JIAN

Verbindungsdekokt

Sheng Di Huang	*Rehmannia*	15–30 g
Gou Qi Zi	*Lycium*	6–15 g
Dang Gui	*Angelica*	6–12 g
Bei Sha Shen	*Glehnia*	6–9 g
Mai Men Dong	*Ophiopogon*	6–9 g
Chuan Lian Zi	*Melia*	3–6 g

Nieren- und Leber-*Yin*-/-Blut-*Xue*-Mangel mit Feuer quält das Herz. Dies führt zu Herz- und Leber-Feuer oder Leber-*Yang*-Fülle mit exzessivem Träumen, Schlaflosigkeit oder Wutanfällen.

Z rot, Furchen, dünner oder dicker gelber Belag

P schnell, drahtig, dünn

H Zutaten zu Pulver vermahlen, 9–12 g schwere Pillen herstellen und dreimal täglich einnehmen. *Xi Jiao*/Rhinoceros sollte durch *Shui Niu Jiao*/Bubalus ersetzt werden.

ZHEN ZHU MU WAN

Perlmutter Pille

Zhen Zhu Mu	*Pteria*	15–20 g
Ren Shen	*Panax*	9–12 g
Dang Gui	*Angelica*	6–12 g
Shu Di Huang	*Rehmannia*	9–12 g
Suan Zao Ren	*Ziziphus*	6–9 g
Bai Zi Ren	*Biota*	6–9 g
Fu Shen	*Poria*	6–9 g
Chen Xiang	*Aquilaria*	6–9 g
Xi Jiao	*Rhinoceros*	1–3 g

Nieren- und Leber-*Yin*-Mangel mit Feuchtigkeits-Stagnation. Führt zu schlechtem Sehvermögen, verschwommenem Sehen oder trockenen Augen.

Z rot, klebriger gelblicher Belag

P dünn, schwach

ZHU JING WAN

Pille, die die Aussicht erhält

Tu Si Zi	*Cuscuta*	9–15 g
Shu Di Huang	*Rehmannia*	9–12 g
Che Qian Zi	*Plantago*	6–9 g

Nieren- und Leber-*Yin*-Mangel mit leerer Hitze und extrem hohem Fieber (*Gu Zheng Fa Re*), Lumbago, Spermatorrhö, Nachtschweiß oder Impotenz. Stärker wirksam als *Zuo Gui Yin*.

Z rot, spärlicher Belag

P dünn, schnell oder leer

ZUO GUI WAN

Pille, die die Linke (Niere) wiederherstellt

Shu Di Huang	*Rehmannia*	9–25 g
Gou Qi Zi	*Lycium*	9–12 g
Chuan Niu Xi	*Cyathula*	9–12 g
Shan Yao	*Dioscorea*	9–12 g
Shan Zhu Yu	*Cornus*	9–12 g
Lu Jiao Jiao	*Cervus*	9–12 g
Tu Si Zi	*Cuscuta*	9–12 g
Gui Ban	*Chinemys*	9–12 g

Leber-Blut-*Xue*-Mangel

- verschommenes Sehen oder Mouches volantes
- Schwindelgefühl
- weiche oder brüchige Nägel
- Nachtblindheit
- Muskelspasmen
- Taubheitsgefühl in den Extremitäten
- verspätete, spärliche und kurze Menstruation
- *Amenorrhö*

Z blass oder orangefarbene Ränder

P dünn, schwach oder rau

***Qi*- und Blut-*Xue*-Mangel mit Blut-*Xue*-Stase (*Xue Yu*). Diese Rezeptur ist günstig bei unruhigem Fötus, Unfruchtbarkeit, unregelmäßiger Menstruation, Appetitmangel, Schwäche oder Müdigkeit.**

Z blass, dünner weißer Belag

P schwach, eventuell drahtig

BA ZHEN YI MU WAN

Acht Schätze Pille für Mütter

Shu Di Huang	*Rehmannia*	6–15 g
Chuan Xiong	*Ligusticum*	3–9 g
Dang Gui	*Angelica*	6–9 g
Bai Shao Yao	*Paeonia*	6–12 g
Ren Shen	*Panax*	6–12 g
Bai Zhu	*Atractylodes*	3–9 g
Fu Ling	*Poria*	6–9 g
Yi Mu Cao	*Leonurus*	6–18 g
Gan Cao	*Glycyrrhiza*	3–6 g

Leber-Blut-*Xue*-/-*Yin*-Mangel führt zu verschwommenem Sehen, geröteten und trockenen Augen und Muskelzuckungen.

Z rot, dünner gelber Belag

P dünn, drahtig, etwas schnell

BU GAN TANG

Tonisiere die Leber Dekokt

Shu Di Huang	*Rehmannia*	9–20 g
Dang Gui	*Angelica*	6–12 g
Bai Shao Yao	*Paeonia*	6–12 g
Mu Gua	*Chaenomeles*	6–9 g
Suan Zao Ren	*Ziziphus*	6–9 g
Chuan Xiong	*Ligusticum*	3–9 g
Gan Cao	*Glycyrrhiza*	3–6 g
Mai Men Dong	*Ophiopogon*	6–9 g

Nieren-*Yin*- und Milz-*Qi*-/-Blut-*Xue*-Mangel führt zu Uterusprolaps mit Schmerzen im unteren Rücken, Nykturie oder Gehörverlust und Tinnitus.

Z rot oder blass

P kraftlos

DA BU YUAN JIAN

Dekokt, das das Quellen-(grundlegende) *Qi* großartig tonisiert

Ren Shen	*Panax*	6–12 g
Shu Di Huang	*Rehmannia*	9–25 g
Shan Yao	*Dioscorea*	6–9 g
Shan Zhu Yu	*Cornus*	3–6 g
Gou Qi Zi	*Lycium*	6–9 g
Dang Gui	*Angelica*	6–9 g
Du Zhong	*Eucommia*	6–9 g
Gan Cao	*Glycyrrhiza*	3–6 g

Leber attackiert die Milz und verursacht leichte abdominale Krämpfe mit Leber-Blut-*Xue*-Mangel und etwas Feuchtigkeitsretention. Symptome sind u.a. Harnverhalt und Ödeme im unteren Körperbereich. Tritt häufig während der Schwangerschaft auf.

Z blass, orangefarbene Ränder

P schwach, dünn oder leicht drahtig

DANG GUI SHAO YAO SAN

Radix Angelicae Sinensis und Radix Paeoniae Pulver

Dang Gui	*Angelica*	6–9 g
Bai Shao Yao	*Paeonia*	3–9 g
Bai Zhu	*Atractylodes*	3–9 g
Fu Ling	*Poria*	6–9 g
Chuan Xiong	*Ligusticum*	3–6 g
Ze Xie	*Alisma*	6–9 g

Blut-*Xue*-Mangel mit äußerer Kälte nach der Entbindung. Dies führt zu Spasmen oder Hernia-Schmerzen, die sich durch Druck lindern lassen.

Z blass

P tief, drahtig, schwach

H Dieses Rezept als Suppe mit 8 Tassen Wasser zubereiten und kochen, bis die Flüssigkeit auf 3–4 Tassen reduziert ist.

DANG GUI SHENG JIANG YANG ROU TANG

Hammelfleischsuppe mit Radix Angelicae Sinensis und Rhizoma Zingiberis Officinalis Recens

Dang Gui	*Angelica*	9–12 g
Sheng Jiang	*Zingiber*	9–15 g
Yang Rou	*Hammelfleisch*	40–50 g

Blut-*Xue*-Mangel mit *Yang*-Mangel und Kälte führt zu Kälte im Uterus mit Dysmenorrhö. Die Blutung ist spärlich, blass und wässrig. Die Patientin leidet bei Menstruationsbeginn unter starken Krämpfen.

Z blass, blass-violett, einige Furchen, dünner weißer Belag

P langsam, dünn, schwach

GUI FU SI WU TANG

Cortex Cinnamomi Cassiae, Radix Lateralis Aconiti Carmichaeli Praeparata und Vier Arzneien Dekokt

Sheng Di Huang	*Rehmannia*	6–12 g
Dang Gui	*Angelica*	6–9 g
Chuan Xiong	*Ligusticum*	3–9 g
Bai Shao Yao	*Paeonia*	6–9 g
Rou Gui	*Cinnamomum*	3–9 g
Fu Zi	*Aconitum*	1–6 g

Schwächegefühl in den Extremitäten mit Schwierigkeiten beim Gehen und Muskelatrophie aufgrund von Blut-*Xue*-Mangel und Feuchtigkeits-Stagnation.

Z blass, klebriger Belag

P dünn, schlüpfrig

JIA WEI SI WU TANG

Erweitertes Vier Arzneien Dekokt

Dang Gui	*Angelica*	6–9 g
Huang Bai	*Phellodendron*	6–9 g
Mai Men Dong	*Ophiopogon*	6–9 g
Shu Di Huang	*Rehmannia*	9–12 g
Cang Zhu	*Atractylodes*	3–9 g
Du Zhong	*Eucommia*	3–6 g
Bai Shao Yao	*Paeonia*	3–9 g
Ren Shen	*Panax*	3 g
Wu Wei Zi	*Schisandra*	3–6 g
Zhi Mu	*Anemarrhena*	6–9 g
Huai Niu Xi	*Achyranthes*	3–9 g
Huang Lian	*Coptis*	3 g
Chuan Xiong	*Ligusticum*	3–6 g

Chong- und _Ren_-Ungleichgewicht mit Blut-_Xue_-Mangel führt zu unruhigem Fötus, hellroten Blutungen nach der Entbindung, abdominalen Schmerzen, Schwäche im unteren Rücken oder kaltem Uterus.

Z blass

P kraftlos, langsam

H *E Jiao*/Equus in das abgeseihte Dekokt einrühren.

JIAO AI TANG

Gelatinum Corii Asini und Folium Artemisiae Argyi Dekokt

E Jiao	*Equus*	6–9 g
Ai Ye	*Artemisia*	6–9 g
Dang Gui	*Angelica*	6–9 g
Sheng Di Huang	*Rehmannia*	18 g
Bai Shao Yao	*Paeonia*	12 g
Chuan Xiong	*Ligusticum*	6 g
Gan Cao	*Glycyrrhiza*	3–6 g

Leber-Blut-_Xue_-/-_Yin_-Mangel mit Nieren-_Qi_-Mangel führt zu vorzeitigem Ergrauen, Haarausfall, schlechten Zähnen und Spermatorrhö.

Z blass

P dünn, schwach

QI BAO MEI RAN DAN

Besondere Sieben Schätze Pille für schöne Barthaare

He Shou Wu	*Polygonum*	6–9 g
Huai Niu Xi	*Achyranthes*	6–12 g
Fu Ling	*Poria*	6–9 g
Tu Si Zi	*Cuscuta*	6–9 g
Gou Qi Zi	*Lycium*	6–9 g
Bu Gu Zhi	*Psoralea*	6–9 g
Dang Gui	*Angelica*	6–9 g

SAN JIA FU MAI TANG

Drei Schalen Dekokt zur Wiederherstellung des Pulses

Leber-Wind oder aufsteigendes *Yang* infolge von *Yin*- oder Blut-*Xue*-Mangel. Symptome sind u. a. Spasmen, Vertigo oder Hitzesensationen in Handflächen, Fußsohlen und Thorax.

Z dunkelrot, trocken oder Landkartenzunge

P dünn, schnell, drahtig

H *E Jiao*/Equus in das abgeseihte Dekokt einrühren.

X Vorsicht während der Schwangerschaft.

Zhi Gan Cao	*Glycyrrhiza*	9–15 g
Bai Shao Yao	*Paeonia*	9–15 g
Sheng Di Huang	*Rehmannia*	9–15 g
E Jiao	*Equus*	6–9 g
Bie Jia	*Amyda*	9–20 g
Gui Ban	*Chinemys*	15–30 g
Huo Ma Ren	*Cannabis*	6–9 g
Mu Li	*Ostrea*	9–15 g
Mai Men Dong	*Ophiopogon*	9–15 g

SHI QUAN DA BU TANG

Allumfassendes großes Tonisierungsdekokt

***Qi*-/*Yang*-/Blut-*Xue*-Mangel. Symptome sind u. a. Appetitmangel, allgemeines Unwohlsein, leichte Kälte-Symptome, schwerer Mangel, Hautausschläge, Dysmenorrhö, uterine Blutungen oder postpartale Mangelerscheinungen.**

Z blass, dünner weißer Belag

P schwach, dünn, tief

Ren Shen	*Panax*	6–9 g
Fu Ling	*Poria*	9–12 g
Bai Zhu	*Atractylodes*	9–12 g
Gan Cao	*Glycyrrhiza*	3–6 g
Dang Gui	*Angelica*	12–15 g
Shu Di Huang	*Rehmannia*	15–20 g
Bai Shao Yao	*Paeonia*	12–15 g
Chuan Xiong	*Ligusticum*	3–9 g
Rou Gui	*Cinnamomum*	6–9 g
Huang Qi	*Astragalus*	15–20 g
[Da Zao	*Ziziphus*	1–3 g]
[Sheng Jiang	*Zingiber*	3–6 g]

Blut-*Xue*-Mangel mit Blut-*Xue*-Stase (*Xue Yu*). Symptome sind u.a. unregelmäßige Menstruation, Dysmenorrhö, Schwindel, blasse oder violette Fingernägel.

Z blass oder violett

P dünn oder rau

* **Wichtige Rezeptur**

SI WU TANG

Vier Arzneien Dekokt

Shu Di Huang	*Rehmannia*	6–12 g
Chuan Xiong	*Ligusticum*	3–9 g
Dang Gui	*Angelica*	6–9 g
Bai Shao Yao	*Paeonia*	6–9 g

Blut-*Xue*-Mangel führt zu aufkommendem Wind und verursacht einen juckenden, trockenen, hellroten Hautausschlag.

Z blass oder violett

P dünn

SI WU XIAO FENG YIN

Vier Arzneien Dekokt, das Wind eliminiert

Sheng Di Huang	*Rehmannia*	6–9 g
Dang Gui	*Angelica*	6–9 g
Chi Shao Yao	*Paeonia*	3–6 g
Chuan Xiong	*Ligusticum*	3–6 g
Jing Jie	*Schizonepeta*	3–6 g
Fang Feng	*Ledebouriella*	3–6 g
Bai Xian Pi	*Dictamnus*	3–6 g
Bo He	*Mentha*	3–6 g
Chai Hu	*Bupleurum*	2 g
Du Huo	*Angelica*	3 g
Chan Tui	*Cryptotympana*	3–6 g
Da Zao	*Ziziphus*	2–3 St.

Blut-*Xue*-Mangel führt zu aufkommendem Wind, der Hautjucken hervorruft.

Z blass

P dünn, schwach

XUE XU SHEN FENG

Blut-Mangel und Beruhige den Wind Dekokt*

Gou Qi Zi	*Lycium*	6–12 g
He Shou Wu	*Polygonum*	6–9 g
Fang Feng	*Ledebouriella*	6–9 g
Chan Tui	*Cryptotympana*	6–9 g
Yu Zhu	*Polygonatum*	6–9 g

Kälte im Leber-Meridian

- Schmerzen im Bereich von Hoden oder Skrotum
- Kontraktion der Hoden oder Kontraktionsgefühl in der Vagina
- ilioinguinale Hernie
- *benigne Prostatahypertrophie, Prostatakarzinom, Hodenkarzinom, Mastopathie*

Z blass, feucht, dünner weißer Belag
P tief, langsam, eventuell drahtig

Kälte im unteren Erwärmer führt zu 'Rennendes-Ferkel-Syndrom'. Symptome sind u. a. Kribbelgefühle im Bereich von Bauchnabel, Abdomen und Sternum.

Z blass, dünner weißer Belag

P drahtig oder straff

H Die Kräuter mit etwas Zucker kochen, dann zu 6 g schweren Pillen geformt. Erwachsene nehmen täglich 2–3 Pillen zusammen mit Salzwasser ein.

BEN TUN WAN

Rennendes Ferkel Pille

Wu Zhu Yu	*Evodia*	3–6 g
Chuan Lian Zi	*Melia*	15–30 g
Ju He	*Citrus*	15–45 g
Fu Ling	*Poria*	15–45 g
Xiao Hui Xiang	*Foeniculum*	9–20 g
Mu Xiang	*Saussurea*	9–20 g
Li Zhi He	*Litchi*	15–25 g
Rou Gui	*Cinnamomum*	6–12 g
Fu Zi	*Aconitum*	6–12 g

Blut-*Xue*-Mangel mit äußerer Kälte nach der Entbindung. Dies führt zu Spasmen oder Hernia-Schmerzen, die sich durch Druck lindern lassen.

Z blass

P tief, drahtig, schwach

H Dieses Rezept als Suppe mit 8 Tassen Wasser zubereiten und kochen, bis die Flüssigkeit auf 3–4 Tassen reduziert ist.

DANG GUI SHENG JIANG YANG ROU TANG

Hammelfleischsuppe mit Radix Angelicae Sinensis und Rhizoma Zingiberis Officinalis Recens

Dang Gui	*Angelica*	9–12 g
Sheng Jiang	*Zingiber*	9–15 g
Yang Rou	*Hammelfleisch*	40–50 g

Leber-*Qi*-Stagnation mit Kälte im Leber-Meridian führt zu Hernie.

Z blass, blass-violett

P drahtig

DAO QI TANG

Dekokt, das das *Qi* leitet

Mu Xiang	*Saussurea*	3–9 g
Chuan Lian Zi	*Melia*	9–12 g
Wu Zhu Yu	*Evodia*	3–6 g
Xiao Hui Xiang	*Foeniculum*	3–6 g

Kälte-Feuchtigkeits-Stagnation im unteren Erwärmer oder Kälte und *Qi*-Stagnation führen zur Bildung harter Raumforderungen und Knoten, zu Schwellungen von Hoden und Hodensack, Hernie oder fibroiden Tumoren.

Z blass, dünner, klebriger weißer Belag

P langsam, drahtig

JU HE WAN

Semen Citri Reticulatae Pille

Chuan Lian Zi	*Melia*	9–12 g
Ju He	*Citrus*	9–12 g
Tao Ren	*Prunus*	9 g
Rou Gui	*Cinnamomum*	3–6 g
Mu Tong	*Akebia*	6 g
Hai Dai	*Laminaria*	6 g
Hai Zao	*Sargassum*	6 g
Kun Bu	*Laminaria*	6 g
Mu Xiang	*Saussurea*	3–6 g
Yan Hu Suo	*Corydalis*	6 g
Hou Po	*Magnolia*	6–12 g
Zhi Shi	*Citrus*	3–6 g

Nieren-*Qi*-/-*Yang*-Mangel führt zu *Qi*-/Kälte-Stagnation im Leber-Meridian. Symptome sind u. a. Hernie, Knoten im Bereich des unteren Erwärmers, Impotenz oder kalter Uterus mit Krämpfen vor der Menstruation.

Z blass, violett

P drahtig oder straff

* **Wichtige Rezeptur**

NUAN GAN JIAN

Wärme die Leber Dekokt

Dang Gui	*Angelica*	6–9 g
Gou Qi Zi	*Lycium*	6–9 g
Wu Yao	*Lindera*	3–6 g
Chen Xiang	*Aquilaria*	3–6 g
Fu Ling	*Poria*	6–9 g
Rou Gui	*Cinnamomum*	3–6 g
Xiao Hui Xiang	*Foeniculum*	3–6 g
Sheng Jiang	*Zingiber*	3–6 g

Blut-*Xue*-Stase (*Xue Yu*) und Kälte-Stagnation im unteren Erwärmer mit Bildung von Raumforderungen, Blutklumpen und Dysmenorrhö. Auch wirksam bei Leberzirrhose.

Z blass, violett

P drahtig oder rau

X Nicht während der Schwangerschaft einsetzen.

SHAO FU ZHU YU TANG

Dekokt, das Blut-*Xue*-Stasen im unteren Abdomen eliminiert

Yan Hu Suo	*Corydalis*	3–6 g
Dang Gui	*Angelica*	6–9 g
Mo Yao	*Commiphora*	3–6 g
Rou Gui	*Cinnamomum*	3–6 g
Xiao Hui Xiang	*Foeniculum*	1,5–3 g
Gan Jiang	*Zingiber*	3–6 g
Pu Huang	*Typha*	6–9 g
Chi Shao Yao	*Paeonia*	6–9 g
Wu Ling Zhi	*Trogopterus*	6–9 g
Chuan Xiong	*Ligusticum*	3–9 g

Postpartale Stauung des Wochenflusses infolge von Blut-*Xue*-Stase (*Xue Yu*) und Kälte-Stagnation.

Z blass, violett

P rau

H Reiswein zum Dekokt hinzufügen.

SHENG HUA TANG

Dekokt zur Erzeugung und Transformation

Dang Gui	*Angelica*	15–28 g
Tao Ren	*Prunus*	6–9 g
Pao Jiang	*Zingiber*	3–6 g
Chuan Xiong	*Ligusticum*	6–9 g
Gan Cao	*Glycyrrhiza*	3–6 g

Äußere Kälte verursacht Stagnation im Leber-Meridian. Dies führt bei Männern zu Schmerzen und Schwellungen im Hodenbereich, bei Frauen zu klarer Leukorrhö.

Z blass, violett, dünner weißer Belag

P langsam, drahtig oder straff

H *Ba Dou*/Croton und *Chuan Lian Zi*/Melia 5–10 Minuten trocken rösten. *Ba Dou* anschließend entfernen und wie üblich ein Dekokt herstellen. Auf diese Weise wirkt *Chuan Lian Zi* wärmend auf den Leber-Meridian.

TIAN TAI WU YAO SAN

Radix Linderae Strychnifoliae Pulver der besten Qualität

Wu Yao	*Lindera*	6–9 g
Xiao Hui Xiang	*Foeniculum*	3–6 g
Gao Liang Jiang	*Alpinia*	3–6 g
Mu Xiang	*Saussurea*	3–6 g
Qing Pi	*Citrus*	3–6 g
Chuan Lian Zi	*Melia*	6–9 g
Bing Lang	*Areca*	6–9 g
Ba Dou	*Croton*	6–15 g

Mangel-Kälte und Blut-*Xue*-Stase (*Xue Yu*) führen zu Menstruationsstörungen, Spotting zwischen den Monatsblutungen (*Lou*-Syndrom), Blutklumpen gegen Ende der Blutung, Kälte im unteren Abdomen oder leichtem Fieber während der Nacht.

Z blass, violett, dunkelviolette Flecken

P tief, langsam oder straff

H *E Jiao*/Equus in das abgeseihte Dekokt einrühren.

WEN JING TANG

Wärme die Menses Dekokt

Gui Zhi	*Cinnamomum*	6–9 g
Wu Zhu Yu	*Evodia*	6–9 g
Bai Shao Yao	*Paeonia*	6–9 g
Mai Men Dong	*Ophiopogon*	6–9 g
Mu Dan Pi	*Paeonia*	6–9 g
Ban Xia	*Pinellia*	6–9 g
Ren Shen	*Panax*	6–9 g
Dang Gui	*Angelica*	6–9 g
E Jiao	*Equus*	6–9 g
Chuan Xiong	*Ligusticum*	6 g
Sheng Jiang	*Zingiber*	3–6 g
Gan Cao	*Glycyrrhiza*	3–6 g

Milz-*Qi*-Mangel mit Kälte, die Leber und Magen beeinträchtigt. Das führt zu starken abdominalen Schmerzen, Kälte im mittleren und unteren Erwärmer, Erbrechen oder saurer Regurgitation; oder Kälte führt über den Leber-Meridian zu Scheitelkopfschmerzen. Diese Leber-*Qi*-Stagnation ist nicht auf emotionale Ursachen, sondern auf Kälte zurückzuführen.

Z blass, leicht violett, feuchter weißer Belag

P langsam oder drahtig, dünn

WU ZHU YU TANG

Fructus Evodiae Rutaecarpae Dekokt

Wu Zhu Yu	*Evodia*	3–6 g
Ren Shen	*Panax*	6–9 g
Sheng Jiang	*Zingiber*	12–20 g
Da Zao	*Ziziphus*	6–12 St.

Kälte führt zu starkem abdominalem Spannungsgefühl ohne Stuhlgang und Blasenentleerung oder Erbrechen unmittelbar nach den Mahlzeiten. Dieses Rezept ist auch wirksam bei 'Rennendes-Ferkel-Syndrom' (Kribbelgefühl in Epigastrium oder Abdomen) oder bei Hernien durch Kälte.

Z blass

P langsam

H Die Kräuter zu Pulver vermahlen. Vor den Mahlzeiten 3–9 g als Trunk einnehmen.

ZHONG MAN FEN XIAO TANG

Dekokt, das Fülle in der Mitte trennt und vermindert

Chuan Wu	*Aconitum*	3–6 g
Huang Lian	*Coptis*	3–6 g
Qing Pi	*Citrus*	3–6 g
Ma Huang	*Ephedra*	3–6 g
Bi Cheng Qie	*Litsea*	3–6 g
Fu Ling	*Poria*	9–15 g
Ban Xia	*Pinellia*	9–15 g
Sheng Ma	*Cimicifuga*	9–15 g
Sheng Jiang	*Zingiber*	3–6 g
Gan Jiang	*Zingiber*	3–6 g
Wu Zhu Yu	*Evodia*	9–15 g
Cao Dou Kou	*Alpinia*	9–15 g
Ze Xie	*Alisma*	3–6 g
Yi Zhi Ren	*Alpinia*	9–15 g
Mu Xiang	*Saussurea*	9–15 g
Hou Po	*Magnolia*	9–15 g
Huang Bai	*Phellodendron*	9–15 g
Huang Qi	*Astragalus*	9–15 g
Ren Shen	*Panax*	3–6 g
Dang Gui	*Angelica*	3–6 g
Chai Hu	*Bupleurum*	3–6 g

Feuchte-Hitze in Leber und unterem Erwärmer

- Druckgefühl oder Schmerz im Bereich von Thorax und Hypochondrium
- verringerter Appetit mit Übelkeit und Erbrechen
- vaginaler Juckreiz oder Leukorrhö
- Herpesläsionen
- *Vulvovaginitis, Salpingitis, Hepatitis*

Z rot, klebriger gelber Belag
P schlüpfrig, drahtig, schnell

Gürtelrose im Taillenbereich aufgrund von Feuchte-Hitze im unteren Erwärmer.

Z klebriger gelber Belag

P schlüpfrig

CHU SHI WEI LING TANG

Dekokt, das Nässe eliminiert, aus einer Kombination des Beruhige den Magen Pulvers und des Fünf Bestandteile Pulvers mit Sclerotium Poriae Cocos

Hou Po	*Magnolia*	6–12 g
Cang Zhu	*Atractylodes*	3–6 g
Zhu Ling	*Polyporus*	6–9 g
Chi Fu Ling	*Poria*	6–9 g
Ze Xie	*Alisma*	6–9 g
Chen Pi	*Citrus*	3–6 g
Bai Zhu	*Atractylodes*	3–6 g
Rou Gui	*Cinnamomum*	3–6 g
Hua Shi	*Talcum*	6 g
Zhi Zi	*Gardenia*	3–6 g
Fang Feng	*Ledebouriella*	6–9 g
Mu Tong	*Akebia*	6–9 g
Deng Xin Cao	*Juncus*	3–6 g
Gan Cao	*Glycyrrhiza*	3–6 g

Feuchte-Hitze im unteren Erwärmer führt zu Schmerzen im unteren Rücken, heißen, geschwollenen Knien oder Füßen oder übel riechender Leukorrhö.

Z klebriger gelber Belag

P schlüpfrig, schnell

ER MIAO SAN

Zwei Wunder Pulver

Cang Zhu	*Atractylodes*	15 g
Huang Bai	*Phellodendron*	15 g

Yang-Ikterus durch Feuchte-Hitze in der _Shaoyang_-Schicht; oder Feuchte-Hitze in der Gallenblase führt zu Wechsel von Fieber und Frösteln, bitterem Mundgeschmack oder Malaria.

Z rot, dicker, klebriger gelber Belag

P schlüpfrig, drahtig, schnell

H *Bi Yu San*/'Grünes Jade Pulver' besteht aus: 3–6 g *Hua Shi*/Talcum; 3–6 g *Gan Cao*/Glycyrrhiza; 9–12 g *Qing Dai*/Indigo. Diese drei Zutaten getrennt in einem Tuch kochen und anschließend mit dem Rest der Zutaten ein Dekokt herstellen.

HAO QIN QING DAN TANG

Herba Artemisiae Annuae und Radix Scutellariae Dekokt, das die Gallenblase klärt

Qing Hao	*Artemisia*	6 g
Zhu Ru	*Bambusa*	9 g
Huang Qin	*Scutellaria*	6 g
Zhi Ke	*Citrus*	5 g
Chi Fu Ling	*Poria*	9 g
Ban Xia	*Pinellia*	5 g
Chen Pi	*Citrus*	5 g
Bi Yu San	*Grünes Jade Pulver*	9 g

Feuchte-Hitze führt zu Leukorrhö mit Schmerzen im unteren Rücken, Hitzesensationen an den Beinen oder Ekzemen.

Z rot, klebriger gelber Belag

P drahtig, schnell, schlüpfrig

JIA WEI ER MIAO SAN

Erweitertes Zwei Wunder Pulver

Huang Bai	*Phellodendron*	6–12 g
Cang Zhu	*Atractylodes*	9–15 g
Dang Gui Wei	*Angelica*	6–9 g
Bei Xie	*Dioscorea*	6–9 g
Han Fang Ji	*Stephania*	6–9 g
Chuan Niu Xi	*Cyathula*	6–9 g
Gui Ban	*Chinemys*	6–9 g

Feuchte-Hitze im unteren Erwärmer oder Leber-Feuer. Symptome sind u.a. gerötete und juckende Augen, Schläfenkopfschmerzen, übel riechende Leukorrhö oder Pruritus.

Z rot, klebriger gelber Belag

P drahtig, schnell, schlüpfrig

* **Wichtige Rezeptur**

LONG DAN XIE GAN TANG

Radix Gentianae Longdancao Dekokt, das die Leber entlastet

Long Dan Cao	*Gentiana*	6–9 g
Zhi Zi	*Gardenia*	3–9 g
Mu Tong	*Akebia*	6–9 g
Huang Qin	*Scutellaria*	6–9 g
Ze Xie	*Alisma*	6–9 g
Che Qian Zi	*Plantago*	6–9 g
Dang Gui	*Angelica*	6–9 g
Sheng Di Huang	*Rehmannia*	6–12 g
Chai Hu	*Bupleurum*	6–9 g
Gan Cao	*Glycyrrhiza*	3–6 g

Leber-*Qi*-Stagnation attackiert die Milz. Das führt zu Feuchtigkeit, die sich erhitzt und dann rote Leukorrhö verursacht. Oder die Leber kann das Blut-*Xue* nicht speichern, was sich ebenfalls in Form roter Leukorrhö manifestiert.

Z violett oder blass

P drahtig oder schwach, dünn

H *E Jiao*/Equus in das abgeseihte Dekokt einrühren.

QING GAN ZHI LIN TANG

Dekokt, das die Leber klärt und Leukorrhö stoppt*

Bai Shao Yao	*Paeonia*	30 g
Dang Gui	*Angelica*	30 g
Shu Di Huang	*Rehmannia*	15 g
E Jiao	*Equus*	9 g
Mu Dan Pi	*Paeonia*	9 g
Huang Bai	*Phellodendron*	6 g
Huai Niu Xi	*Achyranthes*	6 g
Xiang Fu	*Cyperus*	3 g
Da Zao	*Ziziphus*	7–10 St.
keine Pinyin-Bezeichnung	*kleine schwarze Bohnen*	30 g

Gelbe Leukorrhö mit dunkelgelbem Urin durch Hitze und Feuchtigkeit im unteren Erwärmer.

Z rot, klebriger gelblicher Belag

P schlüpfrig, schnell

QING XIN LIAN ZI YIN

Dekokt, das das Herz klärt mit Semen Nelumbinis*

Huang Qin	*Scutellaria*	6–9 g
Mai Men Dong	*Ophiopogon*	6–9 g
Ren Shen	*Panax*	6–9 g
Huang Qi	*Astragalus*	6–15 g
Di Gu Pi	*Lycium*	6–9 g
Che Qian Zi	*Plantago*	6–9 g
Lian Zi	*Nelumbo*	3–9 g
Chai Hu	*Bupleurum*	6–9 g
Fu Ling	*Poria*	6–9 g

Feuchte-Hitze im unteren Erwärmer mit Atrophie der unteren Extremitäten, Schwäche und Taubheitsgefühl oder geschwollenen Füßen.

Z rot, klebriger gelber Belag

P schnell, schlüpfrig

SAN MIAO SAN

Drei Wunder Pulver

Huai Niu Xi	*Achyranthes*	3–9 g
Huang Bai	*Phellodendron*	6–9 g
Cang Zhu	*Atractylodes*	6–12 g

Trichomonaden infolge von Feuchtigkeit. Nur zum äußerlichen Spülen verwenden!

Z nicht von Bedeutung

P nicht von Bedeutung

H Die Zutaten zu Pulver vermahlen und als Trunk zubereiten.

X Nur zur äußerlichen Anwendung.

SHE CHUANG ZI SAN

Semen Cnidii Monnieri Pulver

She Chuang Zi	*Cnidium*	9–15 g
Bai Bu	*Stemona*	9–15 g
Chuan Jiao	*Zanthoxylum*	9–15 g
Ming Fan	*Alumen*	9–15 g
Ku Shen	*Sophora*	9–15 g

Feuchte-Hitze im unteren Erwärmer führt zu übel riechender Leukorrhö, trübem Urin und schmerzhaft geschwollenen Füßen.

Z rot, klebriger gelber Belag

P schlüpfrig, schnell

* **Wichtige Rezeptur**

SI MIAO SAN

Vier Wunder Pulver

Cang Zhu	*Atractylodes*	6–9 g
Huang Bai	*Phellodendron*	6–9 g
Yi Yi Ren	*Coix*	6–12 g
Huai Niu Xi	*Achyranthes*	6–12 g

Trichomonas-Infektion: Feuchte-Hitze führt zu gelber, übel riechender Leukorrhö und starkem Juckreiz.

Z rot, klebriger gelber Belag

P schnell, schlüpfrig

WU MEI YIN CHEN TANG

Fructus Pruni Mume und Herba Artemisiae Yinchenhao Dekokt

Wu Mei	*Prunus*	20–30 g
Yin Chen Hao	*Artemisia*	9–15 g
Chuan Jiao	*Zanthoxylum*	6–9 g
Jin Yin Hua	*Lonicera*	6–12 g
Bian Xu	*Polygonum*	6–9 g
Bai Zhu	*Atractylodes*	6–9 g
Fu Ling	*Poria*	6–15 g
Long Dan Cao	*Gentiana*	6–9 g
Huang Bai	*Phellodendron*	6–9 g

***Yang*-Ikterus am ganzen Körper aufgrund von Feuchte-Hitze in Leber und Gallenblase.**

Z rot, dicker, klebriger gelber Belag

P schlüpfrig, schnell, voll

X Nicht während der Schwangerschaft anwenden.

YIN CHEN HAO TANG

Herba Artemisiae Yinchenhao Dekokt

Yin Chen Hao	*Artemisia*	15–30 g
Da Huang	*Rheum*	6–9 g
Zhi Zi	*Gardenia*	6–9 g

Feuchte-Hitze-Retention im mittleren Erwärmer (Leber/Gallenblase) führt zu *Yang*-Ikterus, Dysurie oder Hepatitis mit leichtem Fieber.

Z leicht rot, dicker, klebriger Belag

P schlüpfrig, etwas schnell

YIN CHEN WU LING SAN

Herba Artemisiae Yinchenhao und Fünf Bestandteile Pulver mit Sclerotium Poriae Cocos

Yin Chen Hao	*Artemisia*	10–20 g
Fu Ling	*Poria*	6–12 g
Zhu Ling	*Polyporus*	6–9 g
Bai Zhu	*Atractylodes*	3–9 g
Ze Xie	*Alisma*	6–9 g
Gui Zhi	*Cinnamomum*	3–9 g

Feuchte-Hitze-Retention führt zu Leukorrhö mit besonders übel riechendem, gelbem, dickem und möglicherweise reichlichem Ausfluss.

Z rot, dicker gelber, klebriger Belag

P schlüpfrig, schnell

ZHI DAI TANG

Dekokt, das Leukorrhö stoppt

Fu Ling	*Poria*	6–9 g
Zhu Ling	*Polyporus*	6–9 g
Ze Xie	*Alisma*	6–9 g
Che Qian Zi	*Plantago*	3–9 g
Yin Chen Hao	*Artemisia*	15 g
Zhi Zi	*Gardenia*	3–6 g
Huang Bai	*Phellodendron*	3–9 g
Mu Dan Pi	*Paeonia*	6–12 g
Chi Shao Yao	*Paeonia*	6–9 g
Huai Niu Xi	*Achyranthes*	3–6 g

***Yang*-Ikterus durch Feuchte-Hitze im Inneren. Die Hitze ist stärker ausgeprägt als die Feuchtigkeit.**

Z rot, klebriger gelber Belag

P schlüpfrig, schnell

ZHI ZI BAI PI TANG

Fructus Gardeniae Jasminoidis und Cortex Phellodendri Dekokt

Zhi Zi	*Gardenia*	9–15 g
Huang Bai	*Phellodendron*	6–9 g
Zhi Gan Cao	*Glycyrrhiza*	3–6 g

Feuchte-Hitze-Retention im mittleren Erwärmer. Es liegt mehr Feuchtigkeit als Hitze vor. Führt zu Druckgefühl im Abdomen, Durst ohne Verlangen zu trinken oder Völlegefühl unmittelbar nach dem Essen oder Trinken. Dieses Rezept ist auch wirksam bei *Yang*-Ikterus.

Z rot, dicker, klebriger Belag

P schlüpfrig, schnell

ZHONG JIAO XIAN BI TANG

Mittlerer Erwärmer und Kläre die Feuchtigkeit Dekokt*

Xing Ren	*Prunus*	3–6 g
Yi Yi Ren	*Coix*	9–12 g
Hua Shi	*Talcum*	6 g
Dou Juan	*Glycine*	9 g
Zhi Zi	*Gardenia*	6–9 g
Lian Qiao	*Forsythia*	6 g
Ban Xia	*Pinellia*	6–9 g
Han Fang Ji	*Stephania*	6–9 g
Can Sha	*Bombyx*	3–6 g
Shan Zha	*Crataegus*	3–9 g
Bian Dou	*Dolichos*	6–9 g

Feuchte-Hitze im unteren Erwärmer führt zu Beschwerden und Schmerzen bei der Blasenentleerung.

Z rot, klebriger Belag

P schlüpfrig

ZHU LING TANG II

Sclerotium Polypori Umbellati Dekokt aus Comprehensive Recordings

Zhu Ling	*Polyporus*	6–9 g
Mu Tong	*Akebia*	6–9 g
Sang Bai Pi	*Morus*	6–9 g
[Deng Xin Cao	*Juncus*	3 g]

Leber-Feuer

- unkontrollierte Wutausbrüche
- bitterer Mundgeschmack
- Obstipation und dunkelgelber Urin
- lauter Tinnitus
- Blutungen im oberen Körperbereich wie Epistaxis, Hämoptysis
- blutunterlaufene Augen
- Kopfschmerzen, Migräne, Schwindel
- *Manie, Hypertonie*

Z rot oder rote Ränder, gelber Belag
P drahtig, schnell, voll

Leber-Feuer führt zu Läsionen im Kopfbereich, starken Kopfschmerzen, Mundgeruch oder Hörstörungen.

Z rot, gelber Belag

P schnell, drahtig

CHAI HU QING GAN TANG

Radix Bupleuri Dekokt, das die Leber klärt

Chai Hu	*Bupleurum*	6–9 g
Chi Shao Yao	*Paeonia*	6–9 g
Lian Qiao	*Forsythia*	6–9 g
Chuan Xiong	*Ligusticum*	3–6 g
Dang Gui	*Angelica*	6–9 g
Sheng Di Huang	*Rehmannia*	6–9 g
Zhi Zi	*Gardenia*	3–6 g
Tian Hua Fen	*Trichosanthes*	6–9 g
Huang Qin	*Scutellaria*	3–9 g
Niu Bang Zi	*Arctium*	6–9 g
Fang Feng	*Ledebouriella*	3–6 g
Gan Cao	*Glycyrrhiza*	3–6 g

Leber-/Milz-Disharmonie mit Hitze. Symptome sind u.a. unregelmäßige Menstruation, gerötete oder blutunterlaufene Augen, Reizbarkeit.

Z rote Ränder, blass-violett, dünner weißer Belag

P drahtig, schnell

DAN ZHI XIAO YAO SAN (JIA WEI XIAO YAO SAN)

Cortex Moutan Radicis, Fructus Gardeniae Jasminoidis und Umherstreifen Pulver

Mu Dan Pi	*Paeonia*	6–9 g
Zhi Zi	*Gardenia*	3–6 g
Chai Hu	*Bupleurum*	6–9 g
Bo He	*Mentha*	3–6 g
Dang Gui	*Angelica*	6–9 g
Bai Shao Yao	*Paeonia*	6–9 g
Bai Zhu	*Atractylodes*	3–9 g
Fu Ling	*Poria*	6–9 g
Gan Cao	*Glycyrrhiza*	3–6 g
[Sheng Jiang	*Zingiber*	3–6 g]

Leber-/Gallenblasen-Feuer mit Kopfschmerzen, Manie, Ruhelosigkeit, Zahnfleischbluten, Hypertonie, Purpura, Otitis media, bitterem Mundgeschmack, dumpfem Tinnitus, Meläna, in schweren Fällen Koma.

Z rot, Furchen, gelber Belag

P schnell, drahtig

H Die Kräuter zu Pulver vermahlen und mit Honig zu Pillen formen.

X Nicht während der Schwangerschaft anwenden.

* **Wichtige Rezeptur**

DANG GUI LONG HUI WAN

Radix Angelicae Sinensis, Radix Gentianae Longdancao und Herba Aloes Pille

Dang Gui	*Angelica*	30 g
Long Dan Cao	*Gentiana*	15 g
Lu Hui	*Aloe*	15 g
Zhi Zi	*Gardenia*	30 g
Huang Lian	*Coptis*	30 g
Huang Qin	*Scutellaria*	30 g
Huang Bai	*Phellodendron*	6–9 g
Da Huang	*Rheum*	15 g
Mu Xiang	*Saussurea*	3–6 g
She Xiang	*Moschus*	1,5 g

Leber

Leber-Feuer greift das Lungen-*Yin* an. Dies führt zu zähem, blutig-tingiertem Sputum, Durst oder bitterem Mundgeschmack.

Z rot, Furchen, klebriger gelber Belag

P drahtig, schnell

KE XUE FANG

Hämoptoe Rezept

Zhi Zi	*Gardenia*	6–9 g
Gua Lou Ren	*Trichosanthes*	6–9 g
Qing Dai	*Indigo*	6–9 g
Fu Hai Shi	*Pumice*	6–9 g
He Zi	*Terminalia*	3–9 g

Leber-Wind infolge Leber-Feuer führt zu Hypertonie, Zuckungen oder Kopfschmerzen.

Z dunkelrot, rau, trocken

P schnell, drahtig

H *Ling Yang Jiao*/Saiga eine Stunde lang kochen, dann die übrigen Kräuter zufügen.

LING YANG GOU TENG TANG

Cornu Antelopis und Ramulus Uncariae cum Uncis Dekokt

Ling Yang Jiao	*Saiga*	3–6 g
Sang Ye	*Morus*	6–9 g
Sheng Di Huang	*Rehmannia*	9–15 g
Zhu Ru	*Bambusa*	9–15 g
Bai Shao Yao	*Paeonia*	6–9 g
Gou Teng	*Uncaria*	6–9 g
Chuan Bei Mu	*Fritillaria*	6–12 g
Ju Hua	*Chrysanthemum*	6–9 g
Fu Shen	*Poria*	6–9 g
Gan Cao	*Glycyrrhiza*	3–6 g

Feuchte-Hitze im unteren Erwärmer oder Leber-Feuer. Symptome sind u.a. gerötete und juckende Augen, Schläfenkopfschmerzen, übel riechende Leukorrhö oder Pruritus.

Z rot, klebriger gelber Belag

P drahtig, schnell, schlüpfrig

* **Wichtige Rezeptur**

LONG DAN XIE GAN TANG

Radix Gentianae Longdancao Dekokt, das die Leber entlastet

Long Dan Cao	*Gentiana*	6–9 g
Zhi Zi	*Gardenia*	3–9 g
Mu Tong	*Akebia*	6–9 g
Huang Qin	*Scutellaria*	6–9 g
Ze Xie	*Alisma*	6–9 g
Che Qian Zi	*Plantago*	6–9 g
Dang Gui	*Angelica*	6–9 g
Sheng Di Huang	*Rehmannia*	6–12 g
Chai Hu	*Bupleurum*	6–9 g
Gan Cao	*Glycyrrhiza*	3–6 g

Leber- und Magen-Feuer führt zu Schwindel, Mundgeruch, Wutanfällen, Aphthen oder Geschwüren im Mundbereich oder Obstipation.

Z rot, klebriger gelber Belag

P schnell, drahtig, voll

H *Niu Huang*/Bos gegen Ende des Kochprozesses zugeben. *Bing Pian*/Dryobalanops und *Xiong Huang*/Realgar vor dem Kochen zu Pulver vermahlen. Diese Rezeptur ist auch als Fertigpräparat erhältlich.

X Nicht während der Schwangerschaft anwenden.

NIU HUANG JIE DU PIEN

Antiphlogistische Pille mit Calculus Bovis*

Niu Huang	*Bos*	3–6 g
Xiong Huang	*Realgar*	3–6 g
Da Huang	*Rheum*	6–9 g
Jie Geng	*Platycodon*	3–6 g
Bing Pian	*Dryobalanops*	3–6 g
Shi Gao	*Gypsum*	9–15 g
Huang Qin	*Scutellaria*	6–9 g
Gan Cao	*Glycyrrhiza*	3–6 g

_Qi_-Stagnation mit Feuer führt zu akuter Pankreatitis. Der Patient erbricht unmittelbar nach jeder Nahrungs- oder Flüssigkeitsaufnahme und leidet unter epigastrischem Unwohlsein. Akute Pankreatitis kann zu Schockzuständen oder plötzlichem Tod führen.

Z rot, dünner gelber Belag

P schnell, drahtig

H *Mu Xiang*/Saussurea und *Da Huang*/Rheum gegen Ende des Kochprozesses zugeben. *Mang Xiao*/Mirabilitum zum abgeseihten Tee hinzufügen.

X Nicht während der Schwangerschaft anwenden.

QING YI TANG

Dekokt, das den Pankreas klärt

Chai Hu	*Bupleurum*	6–15 g
Bai Shao Yao	*Paeonia*	6–15 g
Huang Qin	*Scutellaria*	9–12 g
Yan Hu Suo	*Corydalis*	6–9 g
Da Huang	*Rheum*	9–15 g
Mu Xiang	*Saussurea*	6–9 g
Hu Huang Lian	*Picrorhiza*	6–9 g
Mang Xiao	*Mirabilitum*	6–9 g

Leber-Feuer attackiert die Lunge und führt zu Hämoptysis und Schmerzen in der Brust.

Z rot, klebriger gelber Belag

P schnell, drahtig

SANG DAN XIE BAI TANG

Folium Mori Albae und Cortex Moutan Radicis Dekokt, das das Weiße abfließen lässt

Sang Ye	*Morus*	6–9 g
Sang Bai Pi	*Morus*	6–12 g
Mu Dan Pi	*Paeonia*	3–9 g
Di Gu Pi	*Lycium*	6–12 g
Chuan Bei Mu	*Fritillaria*	6–9 g
Zhu Ru	*Bambusa*	3–6 g
Jing Mi	*Oryza*	6–9 g
Da Zao	*Ziziphus*	2–4 St.
Gan Cao	*Glycyrrhiza*	3–6 g

Leber- und Magen-Feuer führen zu plötzlichen Blutungen unterschiedlichster Art. Das Feuer erhitzt das Blut-*Xue* und verursacht Hämatemesis, Epistaxis oder Hämoptysis.

Z dunkelrot, gelber Belag

P schnell, voll, drahtig

H Die Kräuter vor dem Herstellen des Dekokts teilweise schwarz braten.

X Vorsicht während der Schwangerschaft.

SHI HUI SAN

Pulver mit zehn halb verkohlten Arzneien

Xiao Ji	*Cephalanoplos*	9–15 g
Da Ji	*Cirsium*	9–12 g
Ce Bai Ye	*Biota*	9–12 g
Qian Cao Gen	*Rubia*	9–12 g
Da Huang	*Rheum*	9–12 g
He Ye	*Nelumbo*	9–12 g
Zhi Zi	*Gardenia*	6–12 g
Bai Mao Gen	*Imperata*	9–12 g
Zong Lu Pi	*Trachycarpus*	6–9 g
Mu Dan Pi	*Paeonia*	6–9 g

Leber-Hitze/-Feuer führt zu aufkommendem Wind und verursacht juckenden Hautausschlag, Hypertonie, gerötete Augen, hohes Fieber oder starke Reizbarkeit.

Z rot, trocken, dünner gelber Belag

P schnell, drahtig oder überflutend

XIE QING WAN

Pille, die das Grüne abfließen lässt

Long Dan Cao	*Gentiana*	6–9 g
Zhi Zi	*Gardenia*	6–9 g
Chuan Xiong	*Ligusticum*	6–9 g
Qiang Huo	*Notopterygium*	6–9 g
Fang Feng	*Ledebouriella*	6–9 g
Dang Gui	*Angelica*	6–9 g
Da Huang	*Rheum*	6–9 g

Leber-*Qi*-Stagnation führt zu Leber-Feuer, das den Magen verbrennt. Das verursacht Erbrechen oder Aufstoßen, Geschwüre durch Hitze, Gase, saure oder bittere Regurgitation. Dabei handelt es sich um ein Ungleichgewicht von Leber und Magen.

Z rot, trocken, gelber Belag

P schnell, drahtig

H Dieses Rezept lässt sich auch in zehnfacher Dosierung als Pulver zubereiten.

ZUO JIN WAN

Linkes Metall Pille

Huang Lian	*Coptis*	12–18 g
Wu Zhu Yu	*Evodia*	1–4 g

Aufsteigendes Leber-*Yang*

- Schläfenkopfschmerzen
- Tinnitus
- Hörstörungen
- Migräne, Schwindel
- *Hypertonie, Menopausensyndrom*

Z rote Ränder
P drahtig

Leber-*Yin*-Mangel mit aufsteigendem *Yang*/Wind führt zu Palpitationen, Hypertonie oder Ruhelosigkeit.

Z rot, dünner gelber Belag

P dünn, schnell, leicht drahtig

* **Wichtige Rezeptur**

JIAN LING TANG

Dekokt, das Dachziegel errichtet

Huai Niu Xi	*Achyranthes*	30 g
Shan Yao	*Dioscorea*	30 g
Long Gu	*Os Draconis*	18 g
Mu Li	*Ostrea*	18 g
Dai Zhi Shi	*Haematitum*	24 g
Sheng Di Huang	*Rehmannia*	18 g
Bai Zi Ren	*Biota*	12 g
Bai Shao Yao	*Paeonia*	12 g

Nieren- und Leber-*Yin*-Mangel mit aufsteigendem *Yang* führt zu Sehstörungen, trockenen, geröteten Augen oder verschwommenem Sehen.

Z rot, spärlicher gelber Belag

P dünn, schnell

MING MU DI HUANG WAN

Pille, die die Sicht verbessert mit Radix Rehmanniae Glutinosae Conquitae

Shu Di Huang	*Rehmannia*	9–20 g
Sheng Di Huang	*Rehmannia*	9–15 g
Mu Dan Pi	*Paeonia*	6–9 g
Shan Yao	*Dioscorea*	6–9 g
Shan Zhu Yu	*Cornus*	6–9 g
Ze Xie	*Alisma*	6–9 g
Dang Gui	*Angelica*	6–9 g
Fu Shen	*Poria*	6–9 g
Chai Hu	*Bupleurum*	6–9 g
Wu Wei Zi	*Schisandra*	6–9 g

Leber-Wind oder aufsteigendes *Yang* infolge von *Yin*- oder Blut-*Xue*-Mangel. Symptome sind u. a. Spasmen, Vertigo oder Hitzesensationen in Handflächen, Fußsohlen und Thorax.

Z dunkelrot, trocken oder Landkartenzunge

P dünn, schnell, drahtig

H *E Jiao*/Equus in das abgeseihte Dekokt einrühren.

X Vorsicht während der Schwangerschaft.

SAN JIA FU MAI TANG

Drei Schalen Dekokt zur Wiederherstellung des Pulses

Zhi Gan Cao	*Glycyrrhiza*	9–15 g
Bai Shao Yao	*Paeonia*	9–15 g
Sheng Di Huang	*Rehmannia*	9–15 g
E Jiao	*Equus*	6–9 g
Bie Jia	*Amyda*	9–20 g
Gui Ban	*Chinemys*	15–30 g
Huo Ma Ren	*Cannabis*	6–9 g
Mu Li	*Ostrea*	9–15 g
Mai Men Dong	*Ophiopogon*	9–15 g

Nieren-/Leber-*Yin*-Mangel mit aufsteigendem *Yang* führt zu verschwommenem Sehen, Photophobie, starkem Tränen der Augen, Nachtblindheit, Katarakten im Anfangsstadium oder blutunterlaufenen Augen.

Z rot, dünner und schmaler Zungenkörper, eventuell gefurcht, spärlicher Belag

P dünn, schnell

H *Xi Jiao*/Rhinoceros sollte durch *Shui Niu Jiao*/Bubalus ersetzt werden.

SHI HU YE GUANG WAN

Herba Dendrobii Pille für das Sehvermögen in der Nacht

Tian Men Dong	*Asparagus*	6–9 g
Fu Ling	*Poria*	6–9 g
Ren Shen	*Panax*	6–9 g
Shu Di Huang	*Rehmannia*	12–15 g
Mai Men Dong	*Ophiopogon*	6–9 g
Tu Si Zi	*Cuscuta*	3–9 g
Ju Hua	*Chrysanthemum*	3–6 g
Xing Ren	*Prunus*	3–6 g
Jue Ming Zi	*Cassia*	6–9 g
Gou Qi Zi	*Lycium*	6–9 g
Shan Yao	*Dioscorea*	6–12 g
Wu Wei Zi	*Schisandra*	6–9 g
Huai Niu Xi	*Achyranthes*	6–12 g
Bai Ji Li	*Tribulus*	6–9 g
Chuan Xiong	*Ligusticum*	3–6 g
Rou Cong Rong	*Cistanche*	3–6 g
Shi Hu	*Dendrobium*	6–12 g
Zhi Ke	*Citrus*	3–6 g
Qing Xiang Zi	*Celosia*	3–9 g
Xi Jiao	*Rhinoceros*	1–3 g
Huang Lian	*Coptis*	3–6 g
Fang Feng	*Ledebouriella*	6–9 g
Ling Yang Jiao	*Saiga*	1–3 g
Gan Cao	*Glycyrrhiza*	3–6 g

Leber-*Yin*-Mangel mit aufsteigendem *Yang* oder Wind führt zu Kopfschmerzen, Hypertonie, Tinnitus oder Schwindel.

Z rot

P dünn, schnell, drahtig

* **Wichtige Rezeptur**

TIAN MA GOU TENG YIN

Rhizoma Gastrodiae Elatae und Ramulus Uncariae cum Uncis Dekokt

Tian Ma	*Gastrodia*	9–12 g
Gou Teng	*Uncaria*	9–15 g
Chuan Niu Xi	*Cyathula*	9–12 g
Huang Qin	*Scutellaria*	6–9 g
Shi Jue Ming	*Haliotis*	15–25 g
Zhi Zi	*Gardenia*	3–6 g
Yi Mu Cao	*Leonurus*	6–12 g
Ye Jiao Teng	*Polygonum*	9–20 g
Du Zhong	*Eucommia*	6–12 g
Sang Ji Sheng	*Loranthus*	6–20 g
Fu Shen	*Poria*	6–12 g

Leber-Wind infolge aufsteigendem *Yang* mit zugrunde liegendem Nieren- und Leber-*Yin*-Mangel: Kopfschmerzen, Aufstoßen, Schwindelgefühl oder Ruhelosigkeit durch Leber-/Magen-Disharmonie; dumpfer Tinnitus, Apoplexie oder Hypertonie.

Z rot oder blass-violett, Tremor, gelber Belag

P voll, drahtig

ZHEN GAN XI FENG TANG

Dekokt zur Beruhigung der Leber und Beseitigung von Wind

Dai Zhe Shi	*Haematitum*	15–30 g
Huai Niu Xi	*Achyranthes*	15–30 g
Xuan Shen	*Scrophularia*	12–15 g
Bai Shao Yao	*Paeonia*	9–15 g
Tian Men Dong	*Asparagus*	9–15 g
Gui Ban	*Chinemys*	9–15 g
Long Gu	*Os Draconis*	9–15 g
Mu Li	*Ostrea*	9–15 g
Chuan Lian Zi	*Melia*	6–9 g
Mai Ya	*Hordeum*	6–9 g
Yin Chen Hao	*Artemisia*	6–9 g
Gan Cao	*Glycyrrhiza*	3–6 g

Nieren- und Leber-*Yin*-/-Blut-*Xue*-Mangel mit Feuer quält das Herz. Dies führt zu Herz- und Leber-Feuer oder Leber-*Yang*-Fülle mit exzessivem Träumen, Schlaflosigkeit oder Wutanfällen.

Z rot, Furchen, dünner oder dicker gelber Belag

P schnell, drahtig, dünn

H Zutaten zu Pulver vermahlen, 9–12 g schwere Pillen herstellen und dreimal täglich einnehmen. *Xi Jiao*/Rhinoceros sollte durch *Shui Niu Jiao*/Bubalus ersetzt werden.

ZHEN ZHU MU WAN

Perlmutter Pille

Zhen Zhu Mu	*Pteria*	15–20 g
Ren Shen	*Panax*	9–12 g
Dang Gui	*Angelica*	6–12 g
Shu Di Huang	*Rehmannia*	9–12 g
Suan Zao Ren	*Ziziphus*	6–9 g
Bai Zi Ren	*Biota*	6–9 g
Fu Shen	*Poria*	6–9 g
Chen Xiang	*Aquilaria*	6–9 g
Xi Jiao	*Rhinoceros*	1–3 g

Leber-Wind

- Tremor, Tics, Spasmen, Konvulsionen
- hohes Fieber
- Kopfschmerzen
- Tinnitus, Schwerhörigkeit
- Schwindel, Kollaps
- Hemiplegie, Paralysen von Mund oder Auge
- Aphasie, Taubheitsgefühl
- *Epilepsie, Koma, Parkinson-Syndrom, Hypertonie, Apoplexie*

Z Deviation, blass oder rot
P drahtig, rau

Leber-Wind infolge Leber-*Yin*-Mangel führt zu Spasmen und Zuckungen.

Z dunkelrot, spärlicher gelber Belag

P dünn, drahtig, schnell

H *E Jiao*/Equus in das abgeseihte Dekokt einrühren. *Bie Jia*/Amyda, *Mu Li*/Ostrea und *Gui Ban*/Chinemys zerkleinern oder mahlen und vor Zugabe der übrigen Zutaten 45 Minuten lang kochen. Die Eigelb werden hart gekocht, dann zu einer weichen Paste verrührt und in den Tee gerührt.

DA DING FENG ZHU

Große Perle, die den Wind einsperrt

Ji Zi Huang	*Eigelb*	2
Wu Wei Zi	*Schisandra*	6–9 g
E Jiao	*Equus*	6–9 g
Bai Shao Yao	*Paeonia*	9–15 g
Mai Men Dong	*Ophiopogon*	9–15 g
Huo Ma Ren	*Cannabis*	3–6 g
Sheng Di Huang	*Rehmannia*	9–15 g
Bie Jia	*Amyda*	6–12 g
Gui Ban	*Chinemys*	6–12 g
Mu Li	*Ostrea*	6–12 g
Gan Cao	*Glycyrrhiza*	6–12 g

Leber-Wind und Schleim führen zu Anfällen, besonders bei Kindern oder nach emotionaler Erregung. Es kann Bewusstlosigkeit auftreten.

Z zittrig, dicker, klebriger weißer Belag

P schlüpfrig, drahtig

H Aus den gemahlenen Kräutern zusammen mit der Flüssigkeit aus den in Klammern gestellten Kräutern 6 g schwere Pillen herstellen. Erwachsene nehmen morgens und abends jeweils 1 Pille.

X Nicht während der Schwangerschaft anwenden. *Zhu Sha*/Cinnabaris ist toxisch und sollte nur kurzfristig eingesetzt werden.

DING XIAN WAN

Pille, die Anfallsleiden stoppt

Tian Ma	*Gastrodia*	20–30 g
Jiang Ban Xia	*Pinellia*	20–30 g
Dan Nan Xing	*Arisaema*	12–15 g
Chuan Bei Mu	*Fritillaria*	20–30 g
Fu Shen	*Poria*	20–30 g
Fu Ling	*Poria*	20–30 g
Jiang Can	*Bombyx*	12–15 g
Shi Chang Pu	*Acorus*	12–15 g
Deng Xin Cao	*Juncus*	12–15 g
Quan Xie	*Buthus*	12–15 g
Dan Shen	*Salvia*	40–60 g
Mai Men Dong	*Ophiopogon*	40–60 g
Hu Po	*Succinum*	12–15 g
Yuan Zhi	*Polygala*	15–20 g
Chen Pi	*Citrus*	15–20 g
Zhu Sha	*Cinnabaris*	9 g
[Gan Cao	*Glycyrrhiza*	120 g]
[Zhu Li	*Bambusa*	100 ml]
[Sheng Jiang Zhi	*Zingiber*	50 ml]

Blut-*Xue*-/*Yin*-Mangel führt zu aufkommendem Wind. Symptome sind u. a. Zuckungen oder Rigidität der Extremitäten.

Z rot, spärlicher gelber Belag

P dünn, schnell

H Die Eigelb und *E Jiao*/Equus in das abgeseihte Dekokt einrühren.

E JIAO JI ZI HUANG TANG

Gelatinum Corii Asini und Eigelb Dekokt

E Jiao	*Equus*	6–9 g
Ji Zi Huang	*Eigelb*	2
Gou Teng	*Uncaria*	6–9 g
Mu Li	*Ostrea*	9–12 g
Shi Jue Ming	*Haliotis*	12–15 g
Bai Shao Yao	*Paeonia*	6–9 g
Sheng Di Huang	*Rehmannia*	9–12 g
Luo Shi Teng	*Trachelospermum*	6–9 g
Fu Shen	*Poria*	9–12 g
Zhi Gan Cao	*Glycyrrhiza*	3 g

Akute Konvulsionen bei Kindern infolge starker Hitze mit zugrunde liegendem *Qi*-Mangel, der zu aufkommendem Wind führt. Symptome sind u. a. nach oben verdrehte Augen, Sabbern, Fieber oder Kieferstarre.

Z rot, gelber Belag

P schnell, drahtig

H *Ling Yang Jiao*/Saiga wird als Pulver dem abgeseihten Tee zugefügt.

GOU TENG YIN

Ramulus Uncariae cum Uncis Dekokt

Gou Teng	*Uncaria*	9–12 g
Quan Xie	*Buthus*	9 g
Ren Shen	*Panax*	3–6 g
Ling Yang Jiao	*Saiga*	0,5 g
Tian Ma	*Gastrodia*	6–9 g
Gan Cao	*Glycyrrhiza*	1–3 g

Blut-*Xue*-Mangel führt zu aufkommendem innerem Wind, der dann Sehnen- oder Muskelkrämpfe, juckende Hautausschläge oder verschwommenes Sehen verursacht.

Z blass, zittrig

P schwach, eventuell oberflächlich

GUI XIONG SI WU TANG

Verändertes Vier Arzneien Dekokt*

Shu Di Huang	*Rehmannia*	9–15 g
Chuan Xiong	*Ligusticum*	3–9 g
Bai Shao Yao	*Paeonia*	6–9 g
Dang Gui	*Angelica*	6–9 g
Fang Feng	*Ledebouriella*	9–15 g
Bai Zhu	*Atractylodes*	6–9 g
Huai Niu Xi	*Achyranthes*	6–12 g
Tian Men Dong	*Asparagus*	9–12 g

Leber-*Yin*-Mangel mit aufsteigendem *Yang*/Wind führt zu Palpitationen, Hypertonie oder Ruhelosigkeit.

Z rot, dünner gelber Belag

P dünn, schnell, leicht drahtig

JIAN LING TANG

Dekokt, das Dachziegel errichtet

Huai Niu Xi	*Achyranthes*	30 g
Shan Yao	*Dioscorea*	30 g
Long Gu	*Os Draconis*	18 g
Mu Li	*Ostrea*	18 g
Dai Zhi Shi	*Haematitum*	24 g
Sheng Di Huang	*Rehmannia*	18 g
Bai Zi Ren	*Biota*	12 g
Bai Shao Yao	*Paeonia*	12 g

Leber-Wind infolge Leber-Feuer führt zu Hypertonie, Zuckungen oder Kopfschmerzen.

Z dunkelrot, rau, trocken

P schnell, drahtig

H *Ling Yang Jiao*/Saiga eine Stunde lang kochen, dann die übrigen Kräuter zufügen.

LING YANG GOU TENG TANG

Cornu Antelopis und Ramulus Uncariae cum Uncis Dekokt

Ling Yang Jiao	*Saiga*	3–6 g
Sang Ye	*Morus*	6–9 g
Sheng Di Huang	*Rehmannia*	9–15 g
Zhu Ru	*Bambusa*	9–15 g
Bai Shao Yao	*Paeonia*	6–9 g
Gou Teng	*Uncaria*	6–9 g
Chuan Bei Mu	*Fritillaria*	6–12 g
Ju Hua	*Chrysanthemum*	6–9 g
Fu Shen	*Poria*	6–9 g
Gan Cao	*Glycyrrhiza*	3–6 g

Leber-Wind oder aufsteigendes *Yang* infolge von *Yin*- oder Blut-*Xue*-Mangel. Symptome sind u. a. Spasmen, Vertigo oder Hitzesensationen in Handflächen, Fußsohlen und Thorax.

Z dunkelrot und trocken oder Landkartenzunge

P dünn, schnell, drahtig

H *E Jiao*/Equus in das abgeseihte Dekokt einrühren.

X Vorsicht während der Schwangerschaft.

SAN JIA FU MAI TANG

Drei Schalen Dekokt zur Wiederherstellung des Pulses

Zhi Gan Cao	*Glycyrrhiza*	9–15 g
Bai Shao Yao	*Paeonia*	9–15 g
Sheng Di Huang	*Rehmannia*	9–15 g
E Jiao	*Equus*	6–9 g
Bie Jia	*Amyda*	9–20 g
Gui Ban	*Chinemys*	15–30 g
Huo Ma Ren	*Cannabis*	6–9 g
Mu Li	*Ostrea*	9–15 g
Mai Men Dong	*Ophiopogon*	9–15 g

Leber-*Yin*-Mangel mit aufsteigendem *Yang* oder Wind führt zu Kopfschmerzen, Hypertonie, Tinnitus oder Schwindel.

Z rot

P dünn, schnell, drahtig

TIAN MA GOU TENG YIN

Rhizoma Gastrodiae Elatae und Ramulus Uncariae cum Uncis Dekokt

Tian Ma	*Gastrodia*	9–12 g
Gou Teng	*Uncaria*	9–15 g
Chuan Niu Xi	*Cyathula*	9–12 g
Huang Qin	*Scutellaria*	6–9 g
Shi Jue Ming	*Haliotis*	15–25 g
Zhi Zi	*Gardenia*	3–6 g
Yi Mu Cao	*Leonurus*	6–12 g
Ye Jiao Teng	*Polygonum*	9–20 g
Du Zhong	*Eucommia*	6–12 g
Sang Ji Sheng	*Loranthus*	6–20 g
Fu Shen	*Poria*	6–12 g

Leber-Wind oder äußerer Wind mit Schleimretention in den Meridianen führt zu Apoplexie, Aphasie, zerebraler Hämorrhagie oder Taubheitsgefühl; oder Kälte, die Thorax und Achselhöhlen angreift, führt zu starken lokalen Schmerzen in den Flanken.

Z klebriger weißer Belag

P schlüpfrig oder drahtig

WU YAO SHUN QI SAN

Radix Linderae Strychnifoliae Pulver zum Glätten des *Qi*-Flusses

Wu Yao	*Lindera*	9–15 g
Chen Pi	*Citrus*	9–15 g
Ma Huang	*Ephedra*	6–9 g
Bai Zhi	*Angelica*	3–9 g
Zhi Ke	*Citrus*	3–6 g
Jiang Can	*Bombyx*	3 g
Jie Geng	*Platycodon*	3 g
Chuan Xiong	*Ligusticum*	3–9 g
Pao Jiang	*Zingiber*	3–6 g
Gan Cao	*Glycyrrhiza*	3–6 g
[Da Zao	*Ziziphus*	3–8 St.]
[Sheng Jiang	*Zingiber*	3–6 g]

Leber-Hitze/-Feuer führt zu aufkommendem Wind und verursacht juckenden Hautausschlag, Hypertonie, gerötete Augen, hohes Fieber oder starke Reizbarkeit.

Z rot, trocken, dünner gelber Belag

P schnell, drahtig oder überflutend

XIE QING WAN

Pille, die das Grüne abfließen lässt

Long Dan Cao	*Gentiana*	6–9 g
Zhi Zi	*Gardenia*	6–9 g
Chuan Xiong	*Ligusticum*	6–9 g
Qiang Huo	*Notopterygium*	6–9 g
Fang Feng	*Ledebouriella*	6–9 g
Dang Gui	*Angelica*	6–9 g
Da Huang	*Rheum*	6–9 g

Äußerer Wind greift die Meridiane an, mit bereits bestehendem *Qi*-/Blut-*Xue*-Mangel; oder Leber-Wind mit Hitze führt zu Hemiplegie, Aphasie oder leichtem Fieber. Außerdem kann leichte geistige Verwirrung vorliegen.

Z klebriger gelber Belag

P drahtig, voll oder schnell, schlüpfrig

XU MING TANG

Dekokt zur Verlängerung des Lebens

Gui Zhi	*Cinnamomum*	6–9 g
Ma Huang	*Ephedra*	6–9 g
Chuan Xiong	*Ligusticum*	3–6 g
Xing Ren	*Prunus*	6–9 g
Shi Gao	*Gypsum*	6–9 g
Ren Shen	*Panax*	6–9 g
Dang Gui	*Angelica*	6–9 g
Gan Jiang	*Zingiber*	6–9 g
Gan Cao	*Glycyrrhiza*	3–9 g

Leber-Wind infolge aufsteigendem *Yang* mit zugrunde liegendem Nieren- und Leber-*Yin*-Mangel: Kopfschmerzen, Aufstoßen, Schwindelgefühl oder Ruhelosigkeit durch Leber-/Magen-Disharmonie; dumpfer Tinnitus, Apoplexie oder Hypertonie.

Z rot oder blass-violett, zittrig, gelber Belag

P voll, drahtig

* **Wichtige Rezeptur**

ZHEN GAN XI FENG TANG

Dekokt zur Beruhigung der Leber und Beseitigung von Wind

Dai Zhe Shi	*Haematitum*	15–30 g
Huai Niu Xi	*Achyranthes*	15–30 g
Xuan Shen	*Scrophularia*	12–15 g
Bai Shao Yao	*Paeonia*	9–15 g
Tian Men Dong	*Asparagus*	9–15 g
Gui Ban	*Chinemys*	9–15 g
Long Gu	*Os Draconis*	9–15 g
Mu Li	*Ostrea*	9–15 g
Chuan Lian Zi	*Melia*	6–9 g
Mai Ya	*Hordeum*	6–9 g
Yin Chen Hao	*Artemisia*	6–9 g
Gan Cao	*Glycyrrhiza*	3–6 g

Leber-Wind infolge von Feuer im Perikard oder Schleim-Hitze, die die Sinnesöffnungen blockiert, führt zu Schlaganfall, hohem Fieber, Reizbarkeit, Bewusstlosigkeit oder krächzender Stimme.

Z dunkelrot, klebriger gelber bis grauer Belag

P schnell, schlüpfrig

H Die Kräuter getrennt mahlen und dann zusammen sieben. Pillen von 3 g herstellen. Erwachsene nehmen zwei- bis dreimal täglich 1 Pille. *Xi Jiao*/Rhinoceros sollte durch *Shui Niu Jiao*/Bubalus oder 50–60 g *Bai Mao Gen*/Imperata ersetzt werden.

X Nicht während der Schwangerschaft einsetzen. *Zhu Sha*/Cinnabaris ist toxisch und sollte nicht über einen längeren Zeitraum eingenommen werden.

ZHI BAO DAN

Größte besondere Schatzpille

Xi Jiao	*Rhinoceros*	20–30 g
Niu Huang	*Bos*	12–15 g
She XIang	*Moschus*	0,1–0,3 g
Dai Mao	*Eretmochelydis*	20–30 g
An Xi Xiang	*Styrax*	30–45 g
Hu Po	*Succinum*	20–30 g
Xiong Huang	*Realgar*	20–30 g
Zhu Sha	*Cinnabaris*	20–30 g
Bing Pian	*Dryobalanops*	0,1–0,3 g

Starke Hitze führt zu Leber-Wind und verursacht Muskelzuckungen, Konvulsionen oder Spasmen.

Z rot, Deviation, gelber Belag

P voll

X Nicht während der Schwangerschaft anwenden. Die Rezeptur ist toxisch und sollte nicht über einen längeren Zeitraum eingenommen werden.

ZHI JING SAN

Pulver, das Spasmen stoppt

Wu Gong	*Scolopendra*	10 g
Quan Xie	*Buthus*	10 g

Syndrome der Gallenblase

胆失调

Feuchte-Hitze in der Gallenblase

- Schmerz und Spannungsgefühl im Rippenbereich
- bitterer Mundgeschmack
- Übelkeit und Erbrechen
- Fieber und Durst
- *Hepatitis, Cholezystitis, Cholelithiasis*

Z dicker, klebriger gelber Belag
P drahtig, schlüpfrig

1. *Yangming*-Organ-Störung (*Pi Man Zao Shi* – Glomus, Völle, Trockenheit, Fülle) führt zur Bildung von Raumforderungen im Abdomen; oder *Yang*-Ikterus mit Gallensteinen, wenn die Hitze stärker ist als die Feuchtigkeit. 2. Feuer und Toxine sind so stark, dass Wasser aus den Gefäßen austritt, was zu wässriger Dysenterie mit übel riechendem Stuhl, Darminkontinenz bei Koma, Manie oder Konvulsionen mit hohem Fieber führt.

Z hellrot, trockener gelber oder schwarzer Belag

P schnell, voll

H *Da Huang*/Rheum während der letzten 3–5 Minuten des Kochprozesses zufügen, *Mang Xiao*/Mirabilitum an den abgeseihten Tee geben.

X Nicht während der Schwangerschaft einsetzen. Die Rezeptur ist sehr kalt und kann Diarrhö und Erbrechen auslösen.

DA CHENG QI TANG

Größeres Dekokt, das das *Qi* ordnet

Da Huang	*Rheum*	6–12 g
Mang Xiao	*Mirabilitum*	6–12 g
Zhi Shi	*Citrus*	6–9 g
Hou Po	*Magnolia*	6–15 g

Feuchte-Hitze mit *Qi*-Stagnation und Schmerzen verursacht Gallensteine.

Z rot, klebriger gelber Belag

P schlüpfrig, drahtig, schnell

DAN DAO PAI SHI TANG

Dekokt, das Steine aus dem Gallentrakt eliminiert*

Jin Qian Cao	*Lysimachia*	6–9 g
Yu Jin	*Curcuma*	6–9 g
Yin Chen Hao	*Artemisia*	6–9 g
Mu Xiang	*Saussurea*	3–6 g
Zhi Ke	*Citrus*	3–6 g
Da Huang	*Rheum*	6–9 g

Yang-Ikterus durch Feuchte-Hitze in der _Shaoyang_-Schicht; oder Feuchte-Hitze in der Gallenblase führt zu Wechsel von Fieber und Frösteln, bitterem Mundgeschmack oder Malaria.

Z rot, dicker, klebriger gelber Belag

P schlüpfrig, drahtig, schnell

H *Bi Yu San*/'Grünes Jade Pulver' besteht aus: 3–6 g *Hua Shi*/Talcum; 3–6 g *Gan Cao*/Glycyrrhiza; 9–12 g *Qing Dai*/Indigo. Diese drei Zutaten getrennt in einem Tuch kochen und anschließend mit dem Rest der Zutaten ein Dekokt herstellen.

* **Wichtige Rezeptur**

HAO QIN QING DAN TANG

Herba Artemisiae Annuae und Radix Scutellariae Dekokt, das die Gallenblase klärt

Qing Hao	*Artemisia*	6 g
Zhu Ru	*Bambusa*	9 g
Huang Qin	*Scutellaria*	6 g
Zhi Ke	*Citrus*	5 g
Chi Fu Ling	*Poria*	9 g
Ban Xia	*Pinellia*	5 g
Chen Pi	*Citrus*	5 g
Bi Yu San	*Grünes Jade Pulver*	9 g

Schleim-Hitze im mittleren Erwärmer mit Hitze in der Gallenblase führt zu extremer Ruhelosigkeit oder bitterem Mundgeschmack.

Z rot, klebriger gelber Belag

P schnell, schlüpfrig

HUANG LIAN WEN DAN TANG

Rhizoma Coptidis Dekokt zur Erwärmung der Gallenblase

Ban Xia	*Pinellia*	6–9 g
Chen Pi	*Citrus*	3–6 g
Fu Ling	*Poria*	6–9 g
Zhi Ke	*Citrus*	3–6 g
Zhu Ru	*Bambusa*	3–9 g
Huang Lian	*Coptis*	3–6 g
Sheng Jiang	*Zingiber*	3–6 g
Da Zao	*Ziziphus*	3–4 St.
Gan Cao	*Glycyrrhiza*	3–6 g

Wind-Kälte führt zu Ödemen im Gesicht und spärlichem Urin. Diese Rezeptur ist auch wirksam bei Ikterus in Verbindung mit *Taiyang*-Symptomen.

Z dünner weißer Belag

P oberflächlich, straff

MA HUANG LIAN QIAO CHI XIAO DOU TANG

Herba Ephedrae, Fructus Forsythiae Suspensae und Semen Phaseoli Calcarati Dekokt*

Ma Huang	*Ephedra*	3–9 g
Lian Qiao	*Forsythia*	6–9 g
Chi Xiao Dou	*Phaseolus*	6–9 g
Sang Bai Pi	*Morus*	6–9 g
Xing Ren	*Prunus*	6–9 g
Sheng Jiang	*Zingiber*	3–6 g
Da Zao	*Ziziphus*	3–4 St.
Gan Cao	*Glycyrrhiza*	3–6 g

Cholezystitis durch Fülle-Feuer mit Leber-*Qi*- und Feuchtigkeits-Stagnation führt zu Wechsel von Fieber und Frösteln oder starken hypochondrialen Schmerzen.

Z dunkelrot, klebriger gelber Belag

P drahtig, schlüpfrig, schnell oder überflutend

H *Mang Xiao*/Mirabilitum im abgeseihten Tee auflösen. *Da Huang*/Rheum bei der Herstellung des Dekokts während der letzten 3–5 Minuten zugeben.

X Nicht während der Schwangerschaft anwenden.

QING DAN XIE HUO TANG

Dekokt, das die Gallenblase klärt und Feuer abfließen lässt

Chai Hu	*Bupleurum*	9–15 g
Ban Xia	*Pinellia*	6–9 g
Yin Chen Hao	*Artemisia*	15–25 g
Long Dan Cao	*Gentiana*	6–9 g
Yu Jin	*Curcuma*	6–9 g
Da Huang	*Rheum*	6–9 g
Huang Qin	*Scutellaria*	6–15 g
Zhi Zi	*Gardenia*	6–9 g
Mang Xiao	*Mirabilitum*	6–9 g
Mu Xiang	*Saussurea*	3–6 g

Leber- und Magen-Disharmonie mit Schleimretention und Hitze in der Gallenblase. Symptome sind u. a. Druckgefühl im Thorax, bitterer Mundgeschmack, Durst ohne Verlangen zu trinken oder Erbrechen. In schweren Fällen können geistige Verwirrung oder Rasselgeräusche in der Kehle auftreten.

Z rot, klebriger gelber Belag

P schnell, schlüpfrig und/oder drahtig

WEN DAN TANG

Dekokt, das die Gallenblase wärmt

Ban Xia	*Pinellia*	6–9 g
Chen Pi	*Citrus*	9–12 g
Fu Ling	*Poria*	6–12 g
Zhi Shi	*Citrus*	3–6 g
Zhu Ru	*Bambusa*	6 g
Sheng Jiang	*Zingiber*	3–6 g
Gan Cao	*Glycyrrhiza*	3–6 g
Da Zao	*Ziziphus*	2 St.

***Yang*-Ikterus am ganzen Körper aufgrund von Feuchte-Hitze in Leber und Gallenblase.**

Z rot, dicker, klebriger gelber Belag

P schlüpfrig, schnell, voll

X Nicht während der Schwangerschaft einsetzen.

YIN CHEN HAO TANG

Herba Artemisiae Yinchenhao Dekokt

Yin Chen Hao	*Artemisia*	15–30 g
Da Huang	*Rheum*	6–9 g
Zhi Zi	*Gardenia*	6–9 g

Feuchte-Hitze-Retention im mittleren Erwärmer (Leber/Gallenblase) führt zu *Yang*-Ikterus, Dysurie oder Hepatitis mit leichtem Fieber.

Z leicht rot, dicker klebriger Belag

P schlüpfrig, leicht schnell

YIN CHEN WU LING SAN

Herba Artemisiae Yinchenhao und Fünf Bestandteile Pulver mit Sclerotium Poriae Cocos

Yin Chen Hao	*Artemisia*	10–20 g
Fu Ling	*Poria*	6–12 g
Zhu Ling	*Polyporus*	6–9 g
Bai Zhu	*Atractylodes*	3–9 g
Ze Xie	*Alisma*	6–9 g
Gui Zhi	*Cinnamomum*	3–9 g

Yang-Ikterus durch Feuchte-Hitze im Inneren. Die Hitze ist stärker ausgeprägt als die Feuchtigkeit.

Z rot, klebriger gelber Belag

P schlüpfrig, schnell

ZHI ZI BAI PI TANG

Fructus Gardeniae Jasminoidis und Cortex Phellodendri Dekokt

Zhi Zi	*Gardenia*	9–15 g
Huang Bai	*Phellodendron*	6–9 g
Zhi Gan Cao	*Glycyrrhiza*	3–6 g

Feuchte-Hitze-Retention im mittleren Erwärmer. Es liegt mehr Feuchtigkeit als Hitze vor. Führt zu Druckgefühl im Abdomen, Durst ohne Verlangen zu trinken oder Völlegefühl unmittelbar nach dem Essen oder Trinken. Dieses Rezept ist auch wirksam bei _Yang_-Ikterus.

Z rot, dicker klebriger Belag

P schlüpfrig, schnell

ZHONG JIAO XIAN BI TANG

Mittlerer Erwärmer und Kläre die Feuchtigkeit Dekokt*

Xing Ren	*Prunus*	3–6 g
Yi Yi Ren	*Coix*	9–12 g
Hua Shi	*Talcum*	6 g
Dou Juan	*Glycine*	9 g
Zhi Zi	*Gardenia*	6–9 g
Lian Qiao	*Forsythia*	6 g
Ban Xia	*Pinellia*	6–9 g
Han Fang Ji	*Stephania*	6–9 g
Can Sha	*Bombyx*	3–6 g
Shan Zha	*Crataegus*	3–9 g
Bian Dou	*Dolichos*	6–9 g

Gallenblasen-*Qi*-Mangel

- Mangel an Initiative
- Furchtsamkeit
- leicht zu erschrecken
- Seufzen
- Reizbarkeit, Angstzustände
- übermäßiges Träumen, Schlaflosigkeit
- Schwindel
- Palpitationen

Z blass
P schwach

Rezeptur zur Behandlung von Schlaflosigkeit aufgrund von Herz- und Gallenblasen-*Qi*-Mangel. Tritt häufig bei Kindern auf, wobei sie ängstlich und schreckhaft sind, sich vor Gespenstern und Einbrechern fürchten oder nicht alleine schlafen wollen. Sie schwitzen leicht, vor allem an Händen und Fußsohlen.

Z blass oder normale Farbe, leicht geschwollen

P schwach, fadenförmig, tief

* **Wichtige Rezeptur**

AN SHEN DING ZHI TANG

Dekokt, das den Geist beruhigt und die Angst beendet

Ren Shen	*Panax*	9–12 g
Fu Ling	*Poria*	6–9 g
Fu Shen	*Poria*	6–9 g
Shi Chang Pu	*Acorus*	3–9 g
Long Gu	*Os Draconis*	6–9 g
Yuan Zhi	*Polygala*	6–9 g

Herz-/Gallenblasen-*Qi*-Mangel mit Ödemen in den Extremitäten, thorakalem Beklemmungsgefühl, Palpitationen, Angstzuständen oder Furchtsamkeit.

Z blass

P schwach

SHI WEI WEN DAN TANG

Zehn Bestandteile Dekokt zur Erwärmung der Gallenblase

Ban Xia	*Pinellia*	6–9 g
Chen Pi	*Citrus*	3–6 g
Zhi Shi	*Citrus*	6 g
Fu Ling	*Poria*	6 g
Ren Shen	*Panax*	3–6 g
Suan Zao Ren	*Ziziphus*	3–6 g
Shu Di Huang	*Rehmannia*	3–9 g
Wu Wei Zi	*Schisandra*	3–6 g
Yuan Zhi	*Polygala*	3–6 g
Zhi Gan Cao	*Glycyrrhiza*	3 g
Da Zao	*Ziziphus*	2 St.
Sheng Jiang	*Zingiber*	5 St.

Syndrome der Niere

肾失调

Nieren-*Qi*-Mangel

- Schmerzen und Schwäche in unterem Rücken und Knien
- Harninkontinenz, Enuresis, Pollakisurie oder Harntröpfeln
- Spermatorrhö oder chronische Leukorrhö
- Lockerung der Zähne, Haarausfall
- Impotenz
- Tinnitus, Schwerhörigkeit
- Schwindel
- *Diskusprolaps, Spondylolisthesis, Ischias, Lendenwirbelsäulensyndrom*

Z blass, geschwollen
P tief, schwach

Nieren-*Qi*-/-*Yin*-Mangel führt zu Menorrhagie. Weitere Symptome sind u. a. Schmerzen im unteren Rücken, häufige Blasenentleerung oder Schwäche in den Knien.

Z rot oder normale Farbe, dünner weißer Belag

P schwach, vor allem in den beiden *Chi*-Positionen, etwas schnell

BAO YIN JIAN

Dekokt, das das *Yin* vermehrt

Huang Qin	*Scutellaria*	9–12 g
Huang Bai	*Phellodendron*	9–12 g
Sheng Di Huang	*Rehmannia*	9–15 g
Shu Di Huang	*Rehmannia*	9–15 g
Shan Yao	*Dioscorea*	6–9 g
Bai Shao Yao	*Paeonia*	6–12 g
Xu Duan	*Dipsacus*	6–9 g
Gan Cao	*Glycyrrhiza*	3–6 g

Nieren-*Qi*-Mangel mit Kälte und Feuchtigkeit führt zu häufiger oder schmerzhafter Blasenentleerung mit trübem Urin.

Z blass

P schwach oder schlüpfrig

BEI XIE FEN QING YIN I

Rhizoma Discoreae Hypoglaucae Dekokt, welches das Klare trennt

Bei Xie	*Dioscorea*	6–12 g
Wu Yao	*Lindera*	6–9 g
Shi Chang Pu	*Acorus*	6–9 g
Yi Zhi Ren	*Alpinia*	6–9 g

Nieren-/Lungen-*Qi*-/-*Yin*-Mangel mit Keuchatmung, Kurzatmigkeit oder chronischem Husten. Diese Rezeptur ist auch als *Qi Wu Du Qi Wan* bekannt.

Z rot, leichter Belag

P dünn, schnell

DU QI WAN

Quellen-*Qi* Pille

Shan Zhu Yu	*Cornus*	6–9 g
Shan Yao	*Dioscorea*	6–9 g
Sheng Di Huang	*Rehmannia*	9–12 g
Fu Ling	*Poria*	6–9 g
Mu Dan Pi	*Paeonia*	6–9 g
Ze Xie	*Alisma*	6–9 g
Wu Wei Zi	*Schisandra*	6–9 g

Nieren-*Qi*- und -*Yang*-Mangel führt zu Ödemen, die sich vor allem in der Oberflächen- und Muskelschicht manifestieren.

Z blass, geschwollen, klebriger weißer Belag

P schwach, tief, schlüpfrig

FANG JI FU LING TANG

Radix Stephaniae Tetrandrae und Sclerotium Poriae Cocos Dekokt

Han Fang Ji	*Stephania*	9–12 g
Fu Ling	*Poria*	9–18 g
Gui Zhi	*Cinnamomum*	9–12 g
Huang Qi	*Astragalus*	9–12 g
Gan Cao	*Glycyrrhiza*	3–6 g

Trübe Leukorrhö infolge Nieren-*Qi*-/-*Yang*-Mangel. Die Nieren sind nicht in der Lage, ihre adstringierende Funktion zu übernehmen.

Z blass, geschwollen, leichte Zahnabdrücke, nass, dünner weißer Belag

P verschwindend oder kraftlos

FEN QING YIN

Pulver, das das Reine vom Unreinen trennt

Bei Xie	*Dioscorea*	6–9 g
Yi Yi Ren	*Coix*	12–15 g
Wu Yao	*Lindera*	6–9 g
Shi Chang Pu	*Acorus*	6–9 g
Fu Ling	*Poria*	6–9 g
Chen Pi	*Citrus*	3–6 g
Gan Cao	*Glycyrrhiza*	3–6 g

Milz-/Nieren-*Qi*-Mangel führt zu Spermatorrhö, Appetitlosigkeit und Schwäche.

Z blass, dünner weißer Belag

P tief, schwach

* **Wichtige Rezeptur**

FU TU DAN

Besondere Sclerotium Poriae Cocos und Semen Cuscutae Chinensis Pille

Tu Si Zi	*Cuscuta*	6–9 g
Fu Ling	*Poria*	6–9 g
Wu Wei Zi	*Schisandra*	6–9 g
Lian Zi	*Nelumbo*	6–9 g
Shan Yao	*Dioscorea*	6–9 g

Nieren-*Qi*-/-*Yin*-Mangel führt zu unregelmäßiger Menstruation, Leukorrhö oder einem nach unten ziehenden Gefühl.

Z rot, dünner weißer Belag

P schwach, vor allem in der *Chi*-Position

GU YIN JIAN

Dekokt, das das *Yin* stabilisiert

Shu Di Huang	*Rehmannia*	6–12 g
Shan Yao	*Dioscorea*	6–9 g
Wu Wei Zi	*Schisandra*	6–9 g
Shan Zhu Yu	*Cornus*	6–9 g
Tu Si Zi	*Cuscuta*	6–9 g
Ren Shen	*Panax*	6–9 g
Yuan Zhi	*Polygala*	3 g
Zhi Gan Cao	*Glycyrrhiza*	3–6 g

Nieren-*Qi*-Mangel mit Nieren-/Leber-*Yin*-Mangel führt zu Amenorrhö oder Schmerzen in Rücken und Knien.

Z blass oder rot, dünner weißer oder spärlicher Belag

P schwach, evtl. dünn, vor allem in der linken *Chi*-Position

GUI SHEN TANG

Dekokt, das die Niere wiederherstellt

Shu Di Huang	*Rehmannia*	6–15 g
Shan Yao	*Dioscorea*	9–15 g
Shan Zhu Yu	*Cornus*	9–12 g
Gou Qi Zi	*Lycium*	9–15 g
Dang Gui	*Angelica*	9–12 g
Du Zhong	*Eucommia*	6–12 g
Fu Ling	*Poria*	6–12 g
Tu Si Zi	*Cuscuta*	9–12 g

Nieren-*Qi*- und -*Yang*-Mangel führt zu Schmerzen im unteren Rücken, Kälte im Rücken, Problemen bei der Blasenentleerung oder Ödemen im Bereich der Füße.

Z blass, geschwollen, dünner weißer Belag

P kraftlos

JIN GUI SHEN QI WAN

Nieren-*Qi* Pille aus Golden Cabinet

Shu Di Huang	*Rehmannia*	24 g
Shan Zhu Yu	*Cornus*	12 g
Shan Yao	*Dioscorea*	12 g
Mu Dan Pi	*Paeonia*	9 g
Ze Xie	*Alisma*	9 g
Fu Ling	*Poria*	9 g
Rou Gui	*Cinnamomum*	3 g
Fu Zi	*Aconitum*	3 g

Nieren-*Qi*-Mangel führt zu weißer Leukorrhö.

Z dünner weißer Belag

P schwach

NEI BU WAN

Innerlich tonisierende Pille*

Lu Rong	*Cervus*	1–3 g
Rou Cong Rong	*Cistanche*	6–9 g
Tu Si Zi	*Cuscuta*	6–9 g
Huang Qi	*Astragalus*	6–15 g
Rou Gui	*Cinnamomum*	6–9 g
Fu Zi	*Aconitum*	3–6 g
Sha Yuan Ji Li	*Astragalus*	6–9 g
Zi Wan	*Aster*	6–9 g
Sang Piao Xiao	*Paratenodera*	6–9 g

Leber-Blut-*Xue-*/-*Yin*-Mangel mit Nieren-*Qi*-Mangel führt zu vorzeitigem Ergrauen, Haarausfall, schlechten Zähnen und Spermatorrhö.

Z blass

P dünn, schwach

QI BAO MEI RAN DAN

Besondere Sieben Schätze Pille für schöne Barthaare

He Shou Wu	*Polygonum*	6–9 g
Huai Niu Xi	*Achyranthes*	6–12 g
Fu Ling	*Poria*	6–9 g
Tu Si Zi	*Cuscuta*	6–9 g
Gou Qi Zi	*Lycium*	6–9 g
Bu Gu Zhi	*Psoralea*	6–9 g
Dang Gui	*Angelica*	6–9 g

Lungen-/Nieren-*Qi*-Mangel führt zu Husten/Asthma mit Keuchatmung. Die Kälte-Symptome sind leicht dominierend.

Z blass, dünner, klebriger weißer Belag

P schwach oder kraftlos

REN SHEN HU TAO TANG

Radix Ginseng und Walnuss Dekokt

Ren Shen	*Panax*	6–9 g
Hu Tao Ren	*Juglans*	3–6 St.
Sheng Jiang	*Zingiber*	3–6 St.
Da Zao	*Ziziphus*	3 St.

Herz-/Nieren-*Qi*-/-*Yin*-Mangel führt zu Inkontinenz, Spermatorrhö, häufiger Miktion und Vergesslichkeit.

Z blass oder rot

P schwach, dünn

SANG PIAO XIAO SAN

Ootheca Mantidis Pulver

Sang Piao Xiao	*Paratenodera*	9–12 g
Long Gu	*Os Draconis*	12–25 g
Fu Shen	*Poria*	9–12 g
Ren Shen	*Panax*	9–12 g
Shi Chang Pu	*Acorus*	6–9 g
Dang Gui	*Angelica*	6–9 g
Gui Ban	*Chinemys*	9–15 g
Yuan Zhi	*Polygala*	9–15 g

Lungen-/Nieren-*Qi*-Mangel führt zu Husten, Asthma und Dyspnoe.

Z blass

P langsam, schwach

SHEN JIE SAN

Radix Ginseng und Gecko Pulver

Ren Shen	*Panax*	9–12 g
Ge Jie	*Gekko*	1 Paar

Milz-/Nieren-*Qi*- und -*Yang*-Mangel führt zu Ödemen, vor allem im unteren Körperbereich. Weitere Symptome sind kalte Extremitäten, spärlicher Urin, Appetitmangel oder Schweregefühl.

Z blass, klebriger Belag

P tief, langsam, eventuell dünn

SHI PI YIN

Unterstütze die Milz Dekokt

Fu Zi	*Aconitum*	6–9 g
Bai Zhu	*Atractylodes*	6–9 g
Mu Gua	*Chaenomeles*	6–9 g
Hou Po	*Magnolia*	6–12 g
Gan Jiang	*Zingiber*	6–9 g
Mu Xiang	*Saussurea*	6–9 g
Fu Ling	*Poria*	6–9 g
Da Fu Pi	*Areca*	3–6 g
Cao Guo	*Amomum*	3–6 g
Zhi Gan Cao	*Glycyrrhiza*	3–6 g
[Da Zao	*Ziziphus*	1–3 St.]
[Sheng Jiang	*Zingiber*	3–6 g]

Nieren-*Qi*-Mangel führt zu unruhigem Fötus mit Spotting, Abortgefahr oder Pollakisurie.

Z blass

P kraftlos

H *E Jiao*/Equus in Wasser auflösen und damit aus den übrigen Zutaten 6 g schwere Pillen herstellen.

SHOU TAI WAN

Fötus Langlebigkeit Pille

E Jiao	*Equus*	30
Sang Ji Sheng	*Loranthus*	30 g
Tu Si Zi	*Cuscuta*	60 g
Xu Duan	*Dipsacus*	30 g

Schleim-Feuchtigkeit in der Lunge mit zugrunde liegendem Nieren-*Qi*-Mangel führt zu Keuchatmung mit reichlichem Sputum.

Z klebriger weißer Belag

P schwach, schlüpfrig

SU ZI JIANG QI TANG

Fructus Perillae Frutescentis Dekokt, das das *Qi* nach unten leitet

Zhi Gan Cao	*Glycyrrhiza*	6 g
Ban Xia	*Pinellia*	6–9 g
Zi Su Zi	*Perilla*	6–12 g
Dang Gui	*Angelica*	6–9 g
Hou Po	*Magnolia*	6–12 g
Qian Hu	*Peucedanum*	6–9 g
Rou Gui	*Cinnamomum*	3 g
[Sheng Jiang	*Zingiber*	1–3 g]
[Zi Su Ye	*Perilla*	3–6 g]
[Da Zao	*Ziziphus*	3 g]

Nieren-*Qi*-/-*Yang*-Mangel mit Enuresis oder häufiger Miktion mit klarem Urin.

Z blass, geschwollen, mit Zahnabdrücken, weißer Belag

P verschwindend

SUO QUAN WAN

Pille, die die Schleuse schließt

Yi Zhi Ren	*Alpinia*	6–15 g
Shan Yao	*Dioscorea*	9–15 g
Wu Yao	*Lindera*	6–9 g

Chronisches *Lin*-Syndrom durch Nieren-*Qi*-Mangel führt zu häufiger Miktion mit trübem Urin, Inkontinenz oder Enuresis.

Z blass oder normale Farbe, dünner weißer oder gelblicher Belag

P schwach, vor allem in der *Chi*-Position

WU BI SHAN YAO WAN

Rhizoma Dioscoreae Oppositae Pille

Shu Di Huang	*Rehmannia*	12–15 g
Shan Yao	*Dioscorea*	12–15 g
Shan Zhu Yu	*Cornus*	6–9 g
Rou Cong Rong	*Cistanche*	6–9 g
Tu Si Zi	*Cuscuta*	6–9 g
Wu Wei Zi	*Schisandra*	6–12 g
Ze Xie	*Alisma*	6–9 g
Ba Ji Tian	*Morinda*	3–6 g
Du Zhong	*Eucommia*	9–12 g
Huai Niu Xi	*Achyranthes*	12–15 g
Fu Shen	*Poria*	9–12 g
Chi Shi Zhi	*Halloysitum Rubrum*	12–15 g

Nieren-*Qi*-Mangel führt zu Unfruchtbarkeit, Pollakisurie oder Inkontinenz.

Z blass oder normale Farbe, dünner weißer Belag

P schwach

H Bei Unfruchtbarkeit und für eine stärkere *Qi*- und Blut-*Xue*-tonisierende Wirkung *Dang Gui Bu Xue Tang*/'Radix Angelicae Sinensis Dekokt zur Tonisierung des Blutes' und *Si Jun Zi Tang*/'Vier Gentlemen Dekokt' zufügen.

WU ZI YAN ZONG WAN

Fünf Samen Pille zur Normalisierung*

Wu Wei Zi	*Schisandra*	6–12 g
Fu Pen Zi	*Rubus*	6–9 g
Tu Si Zi	*Cuscuta*	6–9 g
Che Qian Zi	*Plantago*	6–9 g
Gou Qi Zi	*Lycium*	6–12 g

Nieren-*Qi*-Mangel führt zu Spermatorrhö oder zu weißer Leukorrhö bei Frauen.

Z blass oder normale Farbe, dünner weißer Belag

P schwach

YI YUAN JIAN

Dekokt, das die Grundlage fördert

Yuan Zhi	*Polygala*	3 g
Shan Yao	*Dioscorea*	6 g
Qian Shi	*Euryale*	6 g
Suan Zao Ren	*Ziziphus*	6 g
Bai Zhu	*Atractylodes*	4,5 g
Fu Ling	*Poria*	4,5 g
Ren Shen	*Panax*	3–6 g
Wu Wei Zi	*Schisandra*	14 St.
Jin Ying Zi	*Rosa*	6 g
Gan Cao	*Glycyrrhiza*	3 g

Unfruchtbarkeit infolge von Nieren-*Qi*-Mangel.

Z normale Farbe oder blass, dünner weißer Belag

P schwach, vor allem in den beiden *Chi*-Positionen

YU LIN WAN

Pille, die das kluge Tier nährt*

Lu Jiao Shuang	*Cervus*	6–9 g
Tu Si Zi	*Cuscuta*	6–9 g
Du Zhong	*Eucommia*	6–12 g
Chuan Jiao	*Zanthoxylum*	3–6 g
Zi He Che	*Placenta Hominis*	3–9 g
Xiang Fu	*Cyperus*	6–9 g

Nieren-*Yang*-Mangel

- Müdigkeit
- Kälte und Schmerzen in Knien und unterem Rücken, kalte Extremitäten
- Pollakisurie mit klarem und reichlichem Urin oder spärlicher Urin
- Harninkontinenz, Harnstau
- morgendliche Diarrhö
- Unfruchtbarkeit, Impotenz, Ejaculatio praecox
- *Diskusprolaps, Spondylolisthesis, Ischias, Lendenwirbelsäulensyndrom, Arthrose, Menopausensyndrom, Osteoporose*

Z blass, geschwollen, mit Zahnabdrücken, feucht

P tief, schwach

Kälte-Retention oder *Yang*-Mangel im Abdomen führt zu Obstipation mit krampfartigen Schmerzen. Das *Qi* stagniert und erhitzt sich, was zu leichtem Fieber führen kann. Weitere Symptome sind kalte Extremitäten und Frösteln.

Z normal oder blass, weißer Belag

P drahtig oder straff, tief

H *Fu Zi*/Aconitum sollte gemahlen werden. *Da Huang*/Rheum bei der Herstellung des Dekokts während der letzten 3–5 Minuten zugeben.

X Nicht während der Schwangerschaft anwenden.

DA HUANG FU ZI TANG

Radix et Rhizoma Rhei und Radix Lateralis Aconiti Carmichaeli Praeparata Dekokt

Da Huang	*Rheum*	6–9 g
Fu Zi	*Aconitum*	6 g
Xi Xin	*Asarum*	3–6 g

Milz-/Nieren-*Yang*-Mangel führt zu Morgendiarrhö mit *Qi*-Stagnations-Symptomen im mittleren Erwärmer, wie heftigen abdominalen Schmerzen und starkem Völlegefühl.

Z blass, geschwollen, mit Zahnabdrücken, blass-violett, weißer Belag

P tief, schwach oder schlüpfrig

DAN LIAO SI SHEN WAN

Vier Wunder Pille aus der ruhigen Hütte

Bu Gu Zhi	*Psoralea*	6–12 g
Xiao Hui Xiang	*Foeniculum*	3–9 g
Rou Dou Kou	*Myristica*	9–12 g
Mu Xiang	*Saussurea*	3–6 g

Knochen-*Bi*-Syndrom: Wind-Kälte-Feuchte mit Nieren-*Yang*-Mangel und *Yin*- und Blut-*Xue*-Mangel. Symptome sind u. a. chronische Gelenkschmerzen, kalte Knie, Gelenkdeformationen oder steife und schwache Gelenke.

Z blass, dünner weißer Belag

P kraftlos

DU HUO JI SHENG TANG

Radix Angelicae Pubescenstis und Ramulus Sangjisheng Dekokt

Du Huo	*Angelica*	6–9 g
Sang Ji Sheng	*Loranthus*	6–12 g
Qin Jiao	*Gentiana*	6–9 g
Fang Feng	*Ledebouriella*	6–9 g
Dang Gui	*Angelica*	6–9 g
Rou Gui	*Cinnamomum*	6 g
Ren Shen	*Panax*	6–9 g
Huai Niu Xi	*Achyranthes*	6–9 g
Du Zhong	*Eucommia*	6–9 g
Sheng Di Huang	*Rehmannia*	6–9 g
Fu Ling	*Poria*	6–9 g
Chuan Xiong	*Ligusticum*	3–6 g
Bai Shao Yao	*Paeonia*	6–9 g
Xi Xin	*Asarum*	3–6 g
Gan Cao	*Glycyrrhiza*	3–6 g

Nieren-*Yin*- und -*Yang*-Mangel mit Feuer führt zu Menopause, Hitzewallungen oder Pollakisurie.

Z rot

P schnell oder normale Rate, dünn

ER XIAN TANG

Zwei Unsterbliche Dekokt

Yin Yang Huo	*Epimedium*	9–15 g
Xian Mao	*Curculigo*	9–15 g
Dang Gui	*Angelica*	6–9 g
Huang Bai	*Phellodendron*	6–9 g
Zhi Mu	*Anemarrhena*	6–9 g
Ba Ji Tian	*Morinda*	6–9 g

Nieren-*Qi*- und -*Yang*-Mangel führt zu Ödemen, die sich vor allem in der Oberflächen- und Muskelschicht manifestieren.

Z blass, geschwollen, klebriger weißer Belag

P schwach, tief, schlüpfrig

FANG JI FU LING TANG

Radix Stephaniae Tetrandrae und Sclerotium Poriae Cocos Dekokt

Han Fang Ji	*Stephania*	9–12 g
Fu Ling	*Poria*	9–18 g
Gui Zhi	*Cinnamomum*	9–12 g
Huang Qi	*Astragalus*	9–12 g
Gan Cao	*Glycyrrhiza*	3–6 g

Trübe Leukorrhö infolge Nieren-*Qi*-/-*Yang*-Mangel. Die Nieren sind nicht in der Lage, ihre adstringierende Funktion zu übernehmen.

Z blass, geschwollen, leichte Zahnabdrücke, nass, dünner weißer Belag

P verschwindend oder kraftlos

FEN QING YIN

Pulver, das das Reine vom Unreinen trennt

Bei Xie	*Dioscorea*	6–9 g
Yi Yi Ren	*Coix*	12–15 g
Wu Yao	*Lindera*	6–9 g
Shi Chang Pu	*Acorus*	6–9 g
Fu Ling	*Poria*	6–9 g
Chen Pi	*Citrus*	3–6 g
Gan Cao	*Glycyrrhiza*	3–6 g

Starker Nieren-*Yang*-Mangel, wobei das *Yang* die Extremitäten nicht ernähren kann. Führt zu Ödemen und starken Gliederschmerzen mit Kälte- und Feuchtigkeits-Symptomen: Kälte-*Bi*-Syndrom.

Z blass, feuchter weißer Belag

P tief, verschwindend oder rau

FU ZI TANG

Radix Lateralis Aconiti Carmichaeli Praeparata Dekokt

Fu Zi	*Aconitum*	9–15 g
Ren Shen	*Panax*	3–6 g
Fu Ling	*Poria*	9–12 g
Bai Zhu	*Atractylodes*	3–12 g
Bai Shao Yao	*Paeonia*	6–9 g

Milz-/Nieren-*Yang*-Mangel führt zu wässriger Diarrhö mit unverdauten Nahrungsbestandteilen, Krämpfen in Händen und Füßen, Müdigkeit und starkem Spontanschweiß.

Z blass, geschwollen, mit Zahnabdrücken, nass, weißer Belag

P verschwindend

GU ZHEN TANG

Dekokt, das das Wahre stabilisiert

Fu Zi	*Aconitum*	6–9 g
Ren Shen	*Panax*	6–9 g
Bai Zhu	*Atractylodes*	6–9 g
Fu Ling	*Poria*	6–9 g
Huang Qi	*Astragalus*	6–15 g
Shan Yao	*Dioscorea*	6–9 g
Rou Gui	*Cinnamomum*	3–9 g
Gan Cao	*Glycyrrhiza*	3–6 g
[Sheng Jiang	*Zingiber*	3–6 g]
[Da Zao	*Ziziphus*	1–2 St.]

Schwere Kältestauung mit Milz-/Nieren-*Yang*-Mangel führt zu Kälte im Gesicht, krampfartigen Schmerzen im Zentrum oder Morgendiarrhö.

Z blass, violett, nasser Belag

P langsam, straff

GUI FU LI ZHONG TANG

Cortex Cinnamomi Cassiae und Radix Lateralis Aconiti Carmichaeli Praeparata Dekokt zur Regulierung der Mitte

Ren Shen	*Panax*	10–15 g
Bai Zhu	*Atractylodes*	6–9 g
Gan Jiang	*Zingiber*	6–9 g
Gan Cao	*Glycyrrhiza*	3–6 g
Fu Zi	*Aconitum*	3–6 g
Rou Gui	*Cinnamomum*	3–9 g

Kälte-Schleim in der Lunge mit zugrunde liegendem Nieren-*Yang*-Mangel. Führt zu Husten mit klarem, wässrigem Sputum oder Kurzatmigkeit.

Z blass, dicker, klebriger weißer Belag

P kraftlos oder schlüpfrig

GUI LING WU WEI GAN CAO TANG

Ramulus Cinnamomi Cassiae, Sclerotium Poriae Cocos, Fructus Schisandrae Chinensis und Radix Glycyrrhizae Uralensis Dekokt

Gui Zhi	*Cinnamomum*	6–12 g
Fu Ling	*Poria*	6–12 g
Wu Wei Zi	*Schisandra*	9–15 g
Gan Cao	*Glycyrrhiza*	6–9 g

Nieren-*Yin*- und -*Yang*-Mangel mit *Qi*- und Blut-*Xue*-Mangel führt zu Impotenz, Schmerzen im unteren Rücken und in den Knien oder Gewichtsverlust. Der Mangel ist sehr ausgeprägt und das Rezept wirkt sehr tiefgreifend.

Z blass, dünner weißer Belag

P kraftlos oder schnell

H Aus den Zutaten wird ein Sirup bereitet. Die Kräuter kochen und anschließend Rohrzucker zufügen. Es wird eine Dosis von jeweils ca. 6 g zusammen mit Salzwasser eingenommen.

GUI LU ER XIAN JIAO

Plastrum Testudinis und Cornu Cervi Sirup

Lu Jiao	*Cervus*	500 g
Ren Shen	*Panax*	45 g
Gou Qi Zi	*Lycium*	250 g
Gui Ban	*Chinemys*	150 g

Niere und Herz sind nicht in Harmonie, begleitet von *Yin*- und *Yang*-Mangel. Symptome sind u.a. Spermatorrhö, sexuelle Träume oder schlechter Schlaf.

Z blass

P langsam, hohl, schwach

GUI ZHI JIA LONG GU MU LI TANG

Ramulus Cinnamomi Cassiae Dekokt mit Os Draconis und Concha Ostreae

Gui Zhi	*Cinnamomum*	6–9 g
Bai Shao Yao	*Paeonia*	6–9 g
Sheng Jiang	*Zingiber*	6–9 g
Da Zao	*Ziziphus*	4–12 St.
Mu Li	*Ostrea*	6–9 g
Long Gu	*Os Draconis*	6–9 g
Gan Cao	*Glycyrrhiza*	3–6 g

Schleim in der Lunge mit zugrunde liegendem Nieren-*Yang*-Mangel. Die Nieren können das Lungen-*Qi* nicht aufnehmen, sodass das *Qi* in den Brustraum aufsteigt und zu einem Druckgefühl in Thorax und Epigastrium führt ('Rennendes-Ferkel-Syndrom'). Symptome sind u. a. Keuchatmung, Spontanschweiß sowie kalte Hände und Füße.

Z blass, klebriger weißer Belag

P verschwindend

H *Hei Xi*/Plumbum und *Liu Huang*/Sulphur trocken rösten. Die übrigen Kräuter mahlen und mit Wein zu Pillen formen. Erwachsene nehmen 6–9 g, Kinder 2–3 g täglich ein.

X Nicht mehr als 3 Tage hintereinander anwenden, um eine Bleivergiftung zu vermeiden. Nicht während der Schwangerschaft einsetzen.

HEI XI DAN

Besondere Bleipille

Hei Xi	*Plumbum*	60 g
Liu Huang	*Sulphur*	60 g
Fu Zi	*Aconitum*	30 g
Rou Gui	*Cinnamomum*	60 g
Xiao Hui Xiang	*Foeniculum*	30 g
Rou Dou Kou	*Myristica*	30 g
Chen Xiang	*Aquilaria*	30 g
Yang Qi Shi	*Actinolitum*	30 g
Bu Gu Zhi	*Psoralea*	30 g
Mu Xiang	*Saussurea*	30 g
Chuan Lian Zi	*Melia*	30 g
Hu Lu Ba	*Trigonella*	30 g

Nieren- und Milz-*Yang*-Mangel mit Kälte ist in alle drei *Yin*-Meridiane (*Taiyin*, *Shaoyin* und *Jueyin*) eingedrungen. Symptome sind u. a. Frösteln, eiskalte Extremitäten und kaltes Gesicht, wässrige Diarrhö oder Husten mit reichlicher Speichelproduktion.

Z blass, nass, dünner weißer, feuchter Belag

P verschwindend oder kraftlos

H *She Xiang*/Moschus entfernen, aus den übrigen Bestandteilen wie üblich ein Dekokt herstellen und dann den pulverisierten Moschus bei jeder Dosis zufügen.

HUI YANG JIU JI TANG

Dekokt, das das *Yang* wiederherstellt und wiederbelebt

Fu Zi	*Aconitum*	9 g
Rou Gui	*Cinnamomum*	3–6 g
Ren Shen	*Panax*	6–9 g
Gan Jiang	*Zingiber*	3–6 g
Fu Ling	*Poria*	6–9 g
Chen Pi	*Citrus*	3–6 g
Bai Zhu	*Atractylodes*	6–9 g
Wu Wei Zi	*Schisandra*	3–6 g
Ban Xia	*Pinellia*	6–9 g
Gan Cao	*Glycyrrhiza*	3–6 g
She Xiang	*Moschus*	0,3 g
[Sheng Jiang	*Zingiber*	1–3 g]

Nieren-*Qi*-/-*Yang*-Mangel führt zu Obstipation.

Z blass, weißer Belag

P schwach, tief oder verschwindend

JI CHUAN JIAN

Dekokt, das dem Fluss (fließen) hilft

Dang Gui	*Angelica*	9–15 g
Rou Cong Rong	*Cistanche*	6–9 g
Huai Niu Xi	*Achyranthes*	6 g
Zhi Ke	*Citrus*	3 g
Ze Xie	*Alisma*	4,5 g
Sheng Ma	*Cimicifuga*	2–3 g

Nieren-*Yang*-Mangel führt zu Ödemen, spärlichem Urin oder gutartiger Prostatavergrößerung.

Z blass, geschwollen, mit Zahnabdrücken, weißer, klebriger Belag

P tief, drahtig, schlüpfrig, dünn

JI SHENG SHEN QI WAN

Nieren-*Qi* Pille aus Formulas to Aid the Living

Shu Di Huang	*Rehmannia*	6–12 g
Shan Yao	*Dioscorea*	6–12 g
Shan Zhu Yu	*Cornus*	6–9 g
Mu Dan Pi	*Paeonia*	6–12 g
Ze Xie	*Alisma*	6–9 g
Fu Ling	*Poria*	6–9 g
Fu Zi	*Aconitum*	6–9 g
Rou Gui	*Cinnamomum*	3–9 g
Che Qian Zi	*Plantago*	6–9 g
Chuan Niu Xi	*Cyathula*	6–9 g

Herz und Niere sind nicht in Verbindung. Nieren-*Yang*-Mangel führt zu Herz-*Yang*-Mangel und verursacht Palpitationen, kühle Extremitäten oder Schlaflosigkeit.

Z blass, geschwollen, dünner, feuchter weißer Belag

P tief, schwach

JIAO TAI WAN

Große Kommunikationspille

Huang Lian	*Coptis*	18–20 g
Rou Gui	*Cinnamomum*	3–6 g

Nieren-*Qi*- und -*Yang*-Mangel führt zu Schmerzen im unteren Rücken, Kälte im Rücken, Problemen bei der Blasenentleerung oder Ödemen im Bereich der Füße.

Z blass, geschwollen, dünner weißer Belag

P kraftlos

* **Wichtige Rezeptur**

JIN GUI SHEN QI WAN

Nieren-*Qi* Pille aus Golden Cabinet

Shu Di Huang	*Rehmannia*	24 g
Shan Zhu Yu	*Cornus*	12 g
Shan Yao	*Dioscorea*	12 g
Mu Dan Pi	*Paeonia*	9 g
Ze Xie	*Alisma*	9 g
Fu Ling	*Poria*	9 g
Rou Gui	*Cinnamomum*	3 g
Fu Zi	*Aconitum*	3 g

Nieren- und Leber-*Yin*-Mangel, -*Yang*-Mangel oder -*Jing*-Mangel führt zu Spermatorrhö, Tinnitus oder Impotenz.

Z blass oder rot, dünner weißer Belag

P dünn, schwach

JIN SUO GU JING WAN

Metallschlosspille zur Stabilisierung der Essenz

Qian Shi	*Euryale*	6–12 g
Sha Yuan Ji Li	*Astragalus*	6–12 g
Long Gu	*Os Draconis*	6–9 g
Mu Li	*Ostrea*	6–9 g
Lian Xu	*Nelumbo*	6–9 g
Lian Zi	*Nelumbo*	9–15 g

Nieren-*Yang*-Mangel führt zu starken Schmerzen im unteren Rücken mit ausgeprägter Immobilität und zu Schwäche in den Beinen.

Z blass

P tief, schwach, dünn

H Die Kräuter mit Honig zu Pillen von 3 g formen. *Du Zhong*/Eucommia in Ingwersaft (Rhizoma Zingiberis Officinalis) braten. *Bu Gu Zhi*/Psoralea in Wein braten.

QING E WAN

Junge Magd Pille

Du Zhong	*Eucommia*	200 g
Hu Tao Ren	*Juglans*	6 g
Bu Gu Zhi	*Psoralea*	100 g
Da Suan	*Allium*	20 g

Nieren-*Yang*-Mangel führt zu Ödemen im Bereich der Füße, dunkler Gesichtsfarbe und Schmerzen im unteren Rücken, Harntröpfeln oder chronischer Taubheit.

Z blass, geschwollen, mit Zahnabdrücken, weißer Belag

P kraftlos

SHI BU WAN

Zehn Tonika Pille

Fu Zi	*Aconitum*	6–12 g
Rou Gui	*Cinnamomum*	3–6 g
Wu Wei Zi	*Schisandra*	6–12 g
Shan Yao	*Dioscorea*	6–12 g
Lu Rong	*Cervus*	3–6 g
Mu Dan Pi	*Paeonia*	3–6 g
Shan Zhu Yu	*Cornus*	3–6 g
Fu Ling	*Poria*	3–6 g
Ze Xie	*Alisma*	3–6 g
Shu Di Huang	*Rehmannia*	3–6 g

Leukorrhö oder trübe Spermatorrhö infolge von Nieren-*Yang*-Mangel.

Z blass

P kraftlos

SHUI LU ER XIAN DAN

Besondere Pille der Wasser- und Erdgeister

Qian Shi	*Euryale*	10 g
Jin Ying Zi	*Rosa*	10 g

Nieren-/Milz-*Yang*-Mangel führt zu Morgendiarrhö.

Z blass, weißer Belag

P tief, schwach, langsam

SI SHEN WAN

Vier Wunder Pille

Bu Gu Zhi	*Psoralea*	12–18 g
Rou Dou Kou	*Myristica*	6–9 g
Wu Zhu Yu	*Evodia*	3–6 g
Wu Wei Zi	*Schisandra*	6–9 g
[Sheng Jiang	*Zingiber*	3–6 g]
[Da Zao	*Ziziphus*	3–5 St.]

Nieren- und Milz-*Yang*-Mangel nach einer chronischen Feuchte-Hitze-Dysenterie führt zu Feuchte-Kälte. Dies verursacht eine Blockade des Dickdarms und manifestiert sich in Form von dunklem Blut und Eiter im Stuhl.

Z blass

P verschwindend

H Die Zutaten zu Pulver vermahlen.

TAO HUA TANG

Pfirsichblüten Dekokt

Chi Shi Zhi	*Halloysitum Rubrum*	20–30 g
Jing Mi	*Oryza*	20–30 g
Gan Jiang	*Zingiber*	6–9 g

Nieren-*Qi*- und -*Yang*-Mangel mit extremer Harninkontinenz und Pollakisurie oder Schmerzen im unteren Rücken.

Z blass

P kraftlos

TU SI ZI WAN

Semen Cuscutae Chinensis Pille

Tu Si Zi	*Cuscuta*	6–12 g
Rou Cong Rong	*Cistanche*	6–12 g
Wu Wei Zi	*Schisandra*	6–9 g
Lu Rong	*Cervus*	6–9 g
Shan Yao	*Dioscorea*	6–9 g
Sang Piao Xiao	*Paratenodera*	6–9 g
Wu Yao	*Lindera*	6–9 g
Yi Zhi Ren	*Alpinia*	6–9 g
Fu Zi	*Aconitum*	6–9 g
Mu Li	*Ostrea*	6–12 g
Ji Nei Jin	*Gallus*	3 g

***Yin*-Ikterus infolge von Nieren-*Yang*-Mangel.**

Z blass, geschwollen, mit Zahnabdrücken, feuchter weißer Belag

P tief, schwach, dünn

YIN CHEN SI NI TANG

Herba Artemisiae Yinchenhao Dekokt für kalte Extremitäten

Yin Chen Hao	*Artemisia*	3–9 g
Fu Zi	*Aconitum*	3–6 g
Pao Jiang	*Zingiber*	3–6 g
Gan Cao	*Glycyrrhiza*	3–6 g

Nieren-*Yang*- und -Essenz-*Jing*-Mangel führt zu Amenorrhö, Unfruchtbarkeit, Kältegefühl in Rücken oder Knien, Ödemen im Bereich der Füße oder Impotenz.

Z blass, geschwollen, mit Zahnabdrücken, dünner weißer Belag

P verschwindend

YOU GUI WAN

Pille, die die Rechte (Niere) wiederherstellt

Rou Gui	*Cinnamomum*	6–9 g
Fu Zi	*Aconitum*	3–6 g
Gou Qi Zi	*Lycium*	6–9 g
Shan Yao	*Dioscorea*	6–9 g
Shu Di Huang	*Rehmannia*	12–20 g
Shan Zhu Yu	*Cornus*	6–9 g
Du Zhong	*Eucommia*	6–9 g
Dang Gui	*Angelica*	6–9 g
Tu Si Zi	*Cuscuta*	6–9 g
Lu Jiao Jiao	*Cervus*	6–9 g

Nieren-*Yang*-Mangel führt zu kalten Extremitäten, häufiger Blasenentleerung, Inkontinenz, verringerter Sexualfunktion oder kaltem Uterus. Ist der *Yang*-Mangel chronisch, so treten Hitze-Symptome auf: *Yang*-Mangel mit falschen Hitze-Symptomen wie Gesichtsrötung oder Durst.

Z blass, geschwollen, mit Zahnabdrücken, weißer Belag

P kraftlos oder verschwindend

YOU GUI YIN (Abb. S. 535)

Dekokt, das die Rechte (Niere) wiederherstellt

Shu Di Huang	*Rehmannia*	9–20 g
Gou Qi Zi	*Lycium*	6–9 g
Shan Zhu Yu	*Cornus*	6 g
Du Zhong	*Eucommia*	6–9 g
Fu Zi	*Aconitum*	6–9 g
Shan Yao	*Dioscorea*	6–9 g
Rou Gui	*Cinnamomum*	3–6 g
Zhi Gan Cao	*Glycyrrhiza*	3–6 g

Impotenz oder Unfruchtbarkeit infolge von Nieren-*Yang*-Mangel mit gleichzeitigem *Qi*- und Blut-*Xue*-Mangel. Symptome sind u. a. verschwommenes Sehen, Schmerzen im unteren Rücken und Vergesslichkeit.

Z blass, dünner weißer Belag

P kraftlos

ZAN YU DAN

Besondere Pille, die die Fruchtbarkeit unterstützt

Rou Cong Rong	*Cistanche*	6–12 g
Fu Zi	*Aconitum*	6 g
Ba Ji Tian	*Morinda*	6–12 g
Rou Gui	*Cinnamomum*	6 g
She Chuang Zi	*Cnidium*	6 g
Xian Mao	*Curculigo*	6–12 g
Dang Gui	*Angelica*	9–15 g
Bai Zhu	*Atractylodes*	12–18 g
Gou Qi Zi	*Lycium*	9–15 g
Yin Yang Huo	*Epimedium*	6–12 g
Shan Zhu Yu	*Cornus*	6–12 g
Shu Di Huang	*Rehmannia*	6–12 g
Jiu Zi	*Allium*	6–12 g
Du Zhong	*Eucommia*	6–12 g

Patient mit Milz-/Nieren-*Qi*- und -*Yang*-Mangel ist anfällig für Wind-Kälte mit innerer Wasserretention oder leidet unter Dysurie, Diarrhö oder Ödemen.

Z blass, geschwollen, mit Zahnabdrücken, feucht, dünner weißer Belag

P kraftlos oder verschwindend

ZHEN WU TANG

Wahrer Krieger Dekokt

Fu Zi	*Aconitum*	6–9 g
Bai Zhu	*Atractylodes*	6–9 g
Bai Shao Yao	*Paeonia*	6–9 g
Fu Ling	*Poria*	6–9 g
Sheng Jiang	*Zingiber*	6–9 g

Nieren-*Jing*-Mangel

- mangelhafte Zahnentwicklung
- Spätes Schließen der Fontanellen
- Lernstörungen
- verminderte Muskelstärke
- vorzeitiges Ergrauen der Haare oder Haarausfall
- Taubheit, Tinnitus
- Demenz, geistige Schwäche
- Infertilität, Impotenz
- *Amenorrhö, Anovulation, vorzeitige Menopause, genetische Abnormalitäten*

Z rot, „geschält"
P leer

Lungen-/Nieren-*Yin*-Mangel oder *Jing*-Mangel mit Feuer führt zu Schwitzen, Schmerzen im unteren Rücken, verlangsamter mentaler und körperlicher Entwicklung bei Kindern, Husten mit spärlichem, zähem, blutig-tingiertem Sputum, Gewichtsverlust oder Nachmittagsfieber.

Z rot, wenig gelber oder kein Belag

P schnell, dünn oder leer

HE CHE DA ZAO WAN

Placenta Hominis Pille*

Zi He Che	*Placenta Hominis*	9–30 g
Tian Men Dong	*Asparagus*	6–9 g
Mai Men Dong	*Ophiopogon*	6–9 g
Gui Ban	*Chinemys*	6–9 g
Shu Di Huang	*Rehmannia*	12–15 g
Huang Bai	*Phellodendron*	6–9 g
Du Zhong	*Eucommia*	6–9 g
Huai Niu Xi	*Achyranthes*	6–9 g

Nieren-*Qi*-/-*Yin*-Mangel führt zu verlangsamter mentaler Entwicklung bei Kindern oder Energiemangel.

Z blass, spärlicher Belag

P dünn

JIA WEI LIU WEI DI HUANG WAN

Erweiterte Sechs Bestandteile Pille mit Radix Rehmanniae Glutinosae Conquitae

Shu Di Huang	*Rehmannia*	6–12 g
Shan Yao	*Dioscorea*	6–9 g
Shan Zhu Yu	*Cornus*	6–9 g
Fu Ling	*Poria*	6–9 g
Ze Xie	*Alisma*	6–9 g
Mu Dan Pi	*Paeonia*	6–9 g
Lu Rong	*Cervus*	3–9 g
She Xiang	*Moschus*	1–2 g
Wu Jia Pi	*Acanthopanax*	6–12 g

Nieren- und Leber-*Yin*-Mangel, -*Yang*-Mangel oder -*Jing*-Mangel führt zu Spermatorrhö, Tinnitus oder Impotenz.

Z blass oder rot, dünner weißer Belag

P dünn, schwach

JIN SUO GU JING WAN

Metallschlosspille zur Stabilisierung der Essenz

Qian Shi	*Euryale*	6–12 g
Sha Yuan Ji Li	*Astragalus*	6–12 g
Long Gu	*Os Draconis*	6–9 g
Mu Li	*Ostrea*	6–9 g
Lian Xu	*Nelumbo*	6–9 g
Lian Zi	*Nelumbo*	9–15 g

Leber-Blut-*Xue*-/-*Yin*-Mangel mit Nieren-*Qi*-Mangel führt zu vorzeitigem Ergrauen, Haarausfall, schlechten Zähnen und Spermatorrhö.

Z blass

P dünn, schwach

QI BAO MEI RAN DAN

Besondere Sieben Schätze Pille für schöne Barthaare

He Shou Wu	*Polygonum*	6–9 g
Huai Niu Xi	*Achyranthes*	6–12 g
Fu Ling	*Poria*	6–9 g
Tu Si Zi	*Cuscuta*	6–9 g
Gou Qi Zi	*Lycium*	6–9 g
Bu Gu Zhi	*Psoralea*	6–9 g
Dang Gui	*Angelica*	6–9 g

Leber-/Nieren-*Yin*- und -Essenz-*Jing*-Mangel führt zu verlangsamter Entwicklung bei Kindern oder vorzeitigem Altern bei Erwachsenen; außerdem zu den üblichen *Yin*-Mangel-Anzeichen und -Symptomen. Diese Rezeptur ist auch wirksam bei vorzeitiger Menopause, Spermatorrhö, schwacher Libido, Unfruchtbarkeit oder Oligozoospermie.

Z rot, spärlicher Belag

P dünn, schnell

* **Wichtige Rezeptur**

ZUO GUI YIN

Dekokt, das die Linke (Niere) wiederherstellt

Shu Di Huang	*Rehmannia*	6–15 g
Shan Zhu Yu	*Cornus*	6–9 g
Shan Yao	*Dioscorea*	6–9 g
Gou Qi Zi	*Lycium*	6–9 g
Fu Ling	*Poria*	6–9 g
Zhi Gan Cao	*Glycyrrhiza*	3–6 g

Nieren-*Yin*-Mangel

- Nachtschweiß oder Hitzesensationen der fünf Flächen
- Durst und Mundtrockenheit, vor allem nachts
- Schwindel, Tinnitus
- Lockerung der Zähne, Haarverlust
- Taubheit
- Ejaculatio praecox, gesteigerte Libido
- vorzeitige Menstruation, Uterusblutungen
- *Amenorrhö, perimenstruelles Syndrom, LWS-Syndrom, Arthrose, Osteoporose*

Z rot, „geschält", spärlicher Belag, Furchen

P dünn, schnell oder leer

Nieren-/Leber-*Yin*-Mangel mit Blut-*Xue*-Mangel führt zu postpartalem Schwitzen oder Nachtschweiß.

Z rot, dünner gelber Belag

P dünn, schnell

BA WEI DI HUANG WAN

Acht Bestandteile Pille mit Radix Rehmanniae Glutinosae Conquitae

Sheng Di Huang	*Rehmannia*	6–12 g
Shan Zhu Yu	*Cornus*	6–9 g
Shan Yao	*Dioscorea*	6–9 g
Fu Ling	*Poria*	6–9 g
Ze Xie	*Alisma*	6–9 g
Mu Dan Pi	*Paeonia*	6–9 g
Wu Wei Zi	*Schisandra*	6–9 g
Huang Qi	*Astragalus*	9–15 g

Lungen-/Nieren-*Yin*-Mangel mit Husten und Asthma, Hämoptysis, undulierendem Fieber (tidal) oder Nachtschweiß. Diese Rezeptur ist auch als *Mai Wei Di Huang Wan* bekannt.

Z rot, spärlicher Belag

P schnell, dünn

BA XIAN CHANG SHOU WAN

Achtfache Unsterblichkeitspille für Langlebigkeit

Shan Zhu Yu	*Cornus*	6–9 g
Shan Yao	*Dioscorea*	6–9 g
Sheng Di Huang	*Rehmannia*	6–12 g
Mu Dan Pi	*Paeonia*	6–9 g
Ze Xie	*Alisma*	6–9 g
Fu Ling	*Poria*	6–9 g
Wu Wei Zi	*Schisandra*	6–9 g
Mai Men Dong	*Ophiopogon*	6–9 g

Lungen-/Nieren-*Yin*-Mangel mit Blutungen im oberen Körperbereich infolge leerer Hitze, die die Blutgefäße schädigt; oder chronischer Husten aufgrund von Halstrockenheit.

Z rot, spärlicher Belag

P schnell, dünn

BAI HE GU JIN TANG

Bulbus Lilii Dekokt zur Erhaltung des Metalls

Bai He	*Lilium*	3–12 g
Mai Men Dong	*Ophiopogon*	6–12 g
Sheng Di Huang	*Rehmannia*	6–12 g
Shu Di Huang	*Rehmannia*	6–12 g
Bei Mu	*Fritillaria*	3–6 g
Xuan Shen	*Scrophularia*	6–9 g
Dang Gui	*Angelica*	6–9 g
Bai Shao Yao	*Paeonia*	6–9 g
Jie Geng	*Platycodon*	3–6 g
Gan Cao	*Glycyrrhiza*	3–6 g

Aufgrund von Nieren-*Yin*-Mangel wird das Herz nicht genährt, was zu Herz-Blut-*Xue*-Mangel führt. Symptome sind u. a. Schlaflosigkeit, Schwindel, Vergesslichkeit, exzessives Träumen oder Nachtschweiß.

Z leicht rot oder blass, spärlicher Belag

P dünn, schnell

BAI ZI YANG XIN WAN

Semen Biotae Orientalis Pille, die das Herz nährt

Bai Zi Ren	*Biota*	3–9 g
Mai Men Dong	*Ophiopogon*	6–9 g
Dang Gui	*Angelica*	6–12 g
Gou Qi Zi	*Lycium*	6–9 g
Xuan Shen	*Scrophularia*	6–12 g
Fu Shen	*Poria*	6–9 g
Shi Chang Pu	*Acorus*	6–9 g
Shu Di Huang	*Rehmannia*	12–15 g
Gan Cao	*Glycyrrhiza*	3–6 g

Nieren-*Qi*-/-*Yin*-Mangel führt zu Menorrhagie. Weitere Symptome sind u. a. Schmerzen im unteren Rücken, häufige Blasenentleerung oder Schwäche in den Knien.

Z rot oder normale Farbe, dünner weißer Belag

P schwach, vor allem in den beiden *Chi*-Positionen, etwas schnell

BAO YIN JIAN

Dekokt, das das *Yin* vermehrt

Huang Qin	*Scutellaria*	9–12 g
Huang Bai	*Phellodendron*	9–12 g
Sheng Di Huang	*Rehmannia*	9–15 g
Shu Di Huang	*Rehmannia*	9–15 g
Shan Yao	*Dioscorea*	6–9 g
Bai Shao Yao	*Paeonia*	6–12 g
Xu Duan	*Dipsacus*	6–9 g
Gan Cao	*Glycyrrhiza*	3–6 g

Purpura infolge *Yin*-Mangel mit Hitze. Starkes falsches Feuer aufgrund Nieren- und Leber-*Yin*-Mangel führt zu undulierendem Fieber (tidal) und Nachtschweiß.

Z rot, dünner gelber Belag oder kein Belag

P schnell, dünn oder leer

DA BU YIN WAN

Pille, die das *Yin* großartig tonisiert

Shu Di Huang	*Rehmannia*	6–12 g
Gui Ban	*Chinemys*	6–12 g
Huang Bai	*Phellodendron*	6–9 g
Zhi Mu	*Anemarrhena*	6–9 g

Nieren-*Yin*- und Milz-*Qi*-/-Blut-*Xue*-Mangel führt zu Uterusprolaps mit Schmerzen im unteren Rücken, Nykturie oder Gehörverlust und Tinnitus.

Z rot oder blass

P kraftlos

DA BU YUAN JIAN

Dekokt, das das Quellen-(grundlegende) *Qi* großartig tonisiert

Ren Shen	*Panax*	6–12 g
Shu Di Huang	*Rehmannia*	9–25 g
Shan Yao	*Dioscorea*	6–9 g
Shan Zhu Yu	*Cornus*	3–6 g
Gou Qi Zi	*Lycium*	6–9 g
Dang Gui	*Angelica*	6–9 g
Du Zhong	*Eucommia*	6–9 g
Gan Cao	*Glycyrrhiza*	3–6 g

Lungen-/Nieren-*Yin*-Mangel mit extrem hohem Fieber (*Gu Zheng Fa Re*), Husten mit zähem Schleim und Hitzesensationen der fünf Flächen.

Z rot, spärlicher Belag

P dünn, schnell

DA ZAO WAN

Große-Schöpfungspille

Gui Ban	*Chinemys*	6–12 g
Huang Bai	*Phellodendron*	6–9 g
Zi He Che	*Placenta Hominis*	1–2 g
Huai Niu Xi	*Achyranthes*	6–9 g
Ren Shen	*Panax*	6–9 g
Du Zhong	*Eucommia*	6–9 g
Mai Men Dong	*Ophiopogon*	6–9 g
Tian Men Dong	*Asparagus*	6–9 g
Sheng Di Huang	*Rehmannia*	6–12 g

Nieren- und Leber-*Yin*-Mangel führen zu unregelmäßiger Menstruation, spärlicher Blutung, Tinnitus, Schwindel oder Nachtschweiß.

Z rot, spärlicher Belag

P dünn, schnell

DANG GUI DI HUANG YIN

Radix Angelicae Sinensis und Radix Rehmanniae Glutinosae Conquitae Dekokt

Dang Gui	*Angelica*	6–9 g
Shu Di Huang	*Rehmannia*	6–12 g
Huai Niu Xi	*Achyranthes*	6–9 g
Shan Yao	*Dioscorea*	6–9 g
Du Zhong	*Eucommia*	6–9 g
Shan Zhu Yu	*Cornus*	6–9 g
Zhi Gan Cao	*Glycyrrhiza*	3–6 g

***Yin*-Mangel-Patient mit sehr hohem Fieber, starkem Schwitzen, Durst oder gelbem, spärlichem Urin.**

Z rot, gefurcht, leichter Belag

P schnell, dünn

DANG GUI LIU HUANG TANG

Radix Angelicae Sinensis und sechsmal Gelb Dekokt

Dang Gui	*Angelica*	6–9 g
Shu Di Huang	*Rehmannia*	6–12 g
Sheng Di Huang	*Rehmannia*	6–12 g
Huang Qi	*Astralagus*	12–15 g
Huang Qin	*Scutellaria*	6–12 g
Huang Lian	*Coptis*	3–6 g
Huang Bai	*Phellodendron*	6–12 g

Nieren-/Lungen-*Qi*-/-*Yin*-Mangel mit Keuchatmung, Kurzatmigkeit oder chronischem Husten. Diese Rezeptur ist auch als *Qi Wu Du Qi Wan* bekannt.

Z rot, spärlicher Belag

P dünn, schnell

DU QI WAN

Quellen-*Qi* Pille

Shan Zhu Yu	*Cornus*	6–9 g
Shan Yao	*Dioscorea*	6–9 g
Sheng Di Huang	*Rehmannia*	9–12 g
Fu Ling	*Poria*	6–9 g
Mu Dan Pi	*Paeonia*	6–9 g
Ze Xie	*Alisma*	6–9 g
Wu Wei Zi	*Schisandra*	6–9 g

Nieren-*Yin*-Mangel mit Störungen des Gehörs, schrillem Tinnitus, Schwindel oder Gehörverlust bei älteren Menschen.

Z rot, spärlicher gelber Belag

P dünn, schnell

ER LONG ZUO CI WAN

Pille für Taubheit, die der Linken (Niere) gut tut

Shu Di Huang	*Rehmannia*	6–12 g
Shan Yao	*Dioscorea*	6–9 g
Shan Zhu Yu	*Cornus*	6–9 g
Mu Dan Pi	*Paeonia*	6–9 g
Fu Ling	*Poria*	6–9 g
Ze Xie	*Alisma*	6–9 g
Ci Shi	*Magnetitum*	6–9 g
Wu Wei Zi	*Schisandra*	6–9 g
Shi Chang Pu	*Acorus*	6–9 g

Nieren-*Yin*- und -*Yang*-Mangel mit Feuer führt zu Menopause, Hitzewallungen oder Pollakisurie.

Z rot

P schnell oder normale Rate, dünn

ER XIAN TANG

Zwei Unsterbliche Dekokt

Yin Yang Huo	*Epimedium*	9–15 g
Xian Mao	*Curculigo*	9–15 g
Dang Gui	*Angelica*	6–9 g
Huang Bai	*Phellodendron*	6–9 g
Zhi Mu	*Anemarrhena*	6–9 g
Ba Ji Tian	*Morinda*	6–9 g

Leber-/Nieren-*Yin*-Mangel führt zu Schwäche im unteren Rücken und in den Knien oder zu Atrophien; oder die Leber kann die Seele (*Hun*) nicht speichern, was zu Schlaflosigkeit oder Albträumen führt.

Z rot, trocken, spärlicher Belag

P dünn, schnell

H Es sollten immer identische Anteile beider Kräuter verwendet werden.

ER ZHI WAN

Zweifach größte Pille

Han Lian Cao	*Eclipta*	10 g
Nu Zhen Zi	*Ligustrum*	10 g

Nieren-*Qi*-/-*Yin*-Mangel führt zu unregelmäßiger Menstruation, Leukorrhö oder einem nach unten ziehenden Gefühl.

Z rot, dünner weißer Belag

P schwach, vor allem in der *Chi*-Position

GU YIN JIAN

Dekokt, das das *Yin* stabilisiert

Shu Di Huang	*Rehmannia*	6–12 g
Shan Yao	*Dioscorea*	6–9 g
Wu Wei Zi	*Schisandra*	6–9 g
Shan Zhu Yu	*Cornus*	6–9 g
Tu Si Zi	*Cuscuta*	6–9 g
Ren Shen	*Panax*	6–9 g
Yuan Zhi	*Polygala*	3 g
Zhi Gan Cao	*Glycyrrhiza*	3–6 g

Nieren-*Yin*- und -*Yang*-Mangel mit *Qi*- und Blut-*Xue*-Mangel führt zu Impotenz, Schmerzen im unteren Rücken und in den Knien oder Gewichtsverlust. Der Mangel ist sehr ausgeprägt und das Rezept wirkt sehr tiefgreifend.

Z blass, dünner weißer Belag

P kraftlos oder schnell

H Aus den Zutaten wird ein Sirup bereitet. Die Kräuter kochen und anschließend Rohrzucker zufügen. Es wird eine Dosis von jeweils ca. 6 g zusammen mit Salzwasser eingenommen.

GUI LU ER XIAN JIAO

Plastrum Testudinis und Cornu Cervi Sirup

Lu Jiao	*Cervus*	500 g
Ren Shen	*Panax*	45 g
Gou Qi Zi	*Lycium*	250 g
Gui Ban	*Chinemys*	150 g

Nieren-*Qi*-Mangel mit Nieren-/Leber-*Yin*-Mangel führt zu Amenorrhö oder Schmerzen in Rücken und Knien.

Z blass oder rot, dünner weißer oder spärlicher Belag

P schwach, eventuell dünn, besonders in der linken *Chi*-Position

GUI SHEN TANG

Dekokt, das die Niere wiederherstellt

Shu Di Huang	*Rehmannia*	6–15 g
Shan Yao	*Dioscorea*	9–15 g
Shan Zhu Yu	*Cornus*	9–12 g
Gou Qi Zi	*Lycium*	9–15 g
Dang Gui	*Angelica*	9–12 g
Du Zhong	*Eucommia*	6–12 g
Fu Ling	*Poria*	6–12 g
Tu Si Zi	*Cuscuta*	9–12 g

Lungen-/Nieren-*Yin*-Mangel oder *Jing*-Mangel mit Feuer führt zu Schwitzen, Schmerzen im unteren Rücken, verlangsamter mentaler und körperlicher Entwicklung bei Kindern, Husten mit spärlichem, zähem, blutig-tingiertem Sputum, Gewichtsverlust oder Nachmittagsfieber.

Z rot, wenig gelber oder kein Belag

P schnell, dünn oder leer

HE CHE DA ZAO WAN

Placenta Hominis Pille*

Zi He Che	*Placenta Hominis*	9–30 g
Tian Men Dong	*Asparagus*	6–9 g
Mai Men Dong	*Ophiopogon*	6–9 g
Gui Ban	*Chinemys*	6–9 g
Shu Di Huang	*Rehmannia*	12–15 g
Huang Bai	*Phellodendron*	6–9 g
Du Zhong	*Eucommia*	6–9 g
Huai Niu Xi	*Achyranthes*	6–9 g

Nieren- und Leber-*Yin*-Mangel führt zu Knochen-*Bi*-Syndrom oder *Wei*-Syndrom. Das *Yin* kann die Sehnen nicht ernähren und leere Hitze verbrennt Sehnen und Muskeln. Das führt zu Atrophien, Schwellungen oder Deformierungen der Gelenke. Die Schmerzen sind meist fixiert.

Z rot, spärlicher Belag

P dünn, schnell, schwach

H Alle Zutaten zu Pulver vermahlen. Zweimal täglich je 10 g einnehmen.

HU QIAN WAN

Pille des auf der Lauer liegenden Tigers

Gui Ban	*Chinemys*	120 g
Huang Bai	*Phellodendron*	150 g
Shu Di Huang	*Rehmannia*	60 g
Zhi Mu	*Anemarrhena*	60 g
Bai Shao Yao	*Paeonia*	60 g
Suo Yang	*Cynomorium*	45 g
Hu Gu	*Panthera*	30 g
Chen Pi	*Citrus*	60 g
Gan Jiang	*Zingiber*	15 g

Herz-/Nieren-*Yin*-Mangel mit Feuer nach fiebriger Erkrankung führt zu Schlaflosigkeit, Palpitationen oder Läsionen im Zungenbereich: *Shaoyin*-Mangel-Hitze-Syndrom.

Z rot, spärlicher Belag

P schnell, dünn

H *E Jiao*/Equus und Eigelb in das abgeseihte Dekokt einrühren.

HUANG LIAN E JIAO TANG

Rhizoma Coptidis und Gelatinum Corii Asini Dekokt

Huang Lian	*Coptis*	9–12 g
E Jiao	*Equus*	6–9 g
Huang Qin	*Scutellaria*	6–9 g
Bai Shao Yao	*Paeonia*	6–9 g
Ji Zi Huang	*Eigelb*	2

1. *Yin*-/Blut-*Xue*-Mangel mit Hitze führt zu Herzarrhythmie. 2. Hohes Fieber führt zu Arrhythmie: Durch *Yangming*-Störung erschöpftes *Yin* verursacht Herzrhythmusstörungen.

Z rot, spärlicher Belag

P schnell, unregelmäßig

H *E Jiao*/Equus in das abgeseihte Dekokt einrühren.

JIA JIAN FU MAI TANG

Modifiziertes Dekokt, das den Puls wiederherstellt

Zhi Gan Cao	*Glycyrrhiza*	12–15 g
Bai Shao Yao	*Paeonia*	12–15 g
Mai Men Dong	*Ophiopogon*	9–12 g
Sheng Di Huang	*Rehmannia*	12–15 g
Huo Ma Ren	*Cannabis*	9–12 g
E Jiao	*Equus*	6–9 g

Nieren-Qi/-*Yin*-Mangel führt zu verlangsamter mentaler Entwicklung bei Kindern oder Energiemangel.

Z blass, spärlicher Belag

P dünn

JIA WEI LIU WEI DI HUANG WAN

Erweiterte Sechs Bestandteile Pille mit Radix Rehmanniae Glutinosae Conquitae

Shu Di Huang	*Rehmannia*	6–12 g
Shan Yao	*Dioscorea*	6–9 g
Shan Zhu Yu	*Cornus*	6–9 g
Fu Ling	*Poria*	6–9 g
Ze Xie	*Alisma*	6–9 g
Mu Dan Pi	*Paeonia*	6–9 g
Lu Rong	*Cervus*	3 – 9 g
She Xiang	*Moschus*	1 – 2 g
Wu Jia Pi	*Acanthopanax*	6 – 12 g

Nieren-/Lungen-*Yin*-Mangel mit Schleim in der Lunge führt zu chronischer Bronchitis bei älteren Menschen, zu Keuchatmung oder Übelkeit.

Z rot, wenig Belag oder Landkartenzunge

P dünn, etwas schnell, schlüpfrig

JIN SHUI LIU JUN JIAN

Sechs Gentlemen aus Metall und Wasser Dekokt*

Chen Pi	*Citrus*	3–6 g
Ban Xia	*Pinellia*	6–9 g
Fu Ling	*Poria*	6–9 g
Gan Cao	*Glycyrrhiza*	3–6 g
Dang Gui	*Angelica*	6–9 g
Sheng Di Huang	*Rehmannia*	6–12 g
[Sheng Jiang	*Zingiber*	3–6 g]

Nieren- und Leber-*Yin*-Mangel, -*Yang*-Mangel oder -*Jing*-Mangel führt zu Spermatorrhö, Tinnitus oder Impotenz.

Z blass oder rot, dünner weißer Belag

P dünn, schwach

JIN SUO GU JING WAN

Metallschlosspille zur Stabilisierung der Essenz

Qian Shi	*Euryale*	6–12 g
Sha Yuan Ji Li	*Astragalus*	6–12 g
Long Gu	*Os Draconis*	6–9 g
Mu Li	*Ostrea*	6–9 g
Lian Xu	*Nelumbo*	6–9 g
Lian Zi	*Nelumbo*	9–15 g

Grundlegendes Rezept bei Nieren-/Leber-*Yin*-Mangel mit leichter Feuchtigkeit. Dies kann zu trockenen, schuppigen, hellroten Hautausschlägen, übermäßiger sexueller Aktivität oder Schwitzen führen. Bei Frauen kann unregelmäßige Menstruation oder Nachtschweiß und Nachmittagshitze auftreten.

Z rot, dünner gelber oder spärlicher Belag

P schnell, dünn

LIU WEI DI HUANG WAN (Abb. S. 529)

Sechs Bestandteile Pille mit Radix Rehmanniae Glutinosae Conquitae

Shan Zhu Yu	*Cornus*	6–9 g
Shan Yao	*Dioscorea*	6–9 g
Sheng Di Huang	*Rehmannia*	6–12 g
Fu Ling	*Poria*	6–9 g
Ze Xie	*Alisma*	6–9 g
Mu Dan Pi	*Paeonia*	6–9 g

* **Wichtige Rezeptur**

Nieren- und Leber-*Yin*-Mangel mit aufsteigendem *Yang* führt zu Sehstörungen, trockenen, geröteten Augen oder verschwommenem Sehen.

Z rot, spärlicher gelber Belag

P dünn, schnell

MING MU DI HUANG WAN

Pille, die die Sicht verbessert mit Radix Rehmanniae Glutinosae Conquitae

Shu Di Huang	*Rehmannia*	9–20 g
Sheng Di Huang	*Rehmannia*	9–15 g
Mu Dan Pi	*Paeonia*	6–9 g
Shan Yao	*Dioscorea*	6–9 g
Shan Zhu Yu	*Cornus*	6–9 g
Ze Xie	*Alisma*	6–9 g
Dang Gui	*Angelica*	6–9 g
Fu Shen	*Poria*	6–9 g
Chai Hu	*Bupleurum*	6–9 g
Wu Wei Zi	*Schisandra*	6–9 g

Leber-Blut-*Xue*-/-*Yin*-Mangel mit Nieren-*Qi*-Mangel führt zu vorzeitigem Ergrauen, Haarausfall, schlechten Zähnen und Spermatorrhö.

Z blass

P dünn, schwach

QI BAO MEI RAN DAN

Besondere Sieben Schätze Pille für schöne Barthaare

He Shou Wu	*Polygonum*	6–9 g
Huai Niu Xi	*Achyranthes*	6–12 g
Fu Ling	*Poria*	6–9 g
Tu Si Zi	*Cuscuta*	6–9 g
Gou Qi Zi	*Lycium*	6–9 g
Bu Gu Zhi	*Psoralea*	6–9 g
Dang Gui	*Angelica*	6–9 g

Nieren- und Leber-*Yin*-Mangel mit Störungen der Augen.

Z rot, spärlicher gelber Belag

P dünn, schnell

QI JU DI HUANG WAN

Fructus Lycii, Flos Chrysanthemi Morifolii und Radix Rehmanniae Glutinosae Conquitae Pille

Shu Di Huang	*Rehmannia*	6–12 g
Shan Yao	*Dioscorea*	6–9 g
Shan Zhu Yu	*Cornus*	6–9 g
Mu Dan Pi	*Paeonia*	6–9 g
Fu Ling	*Poria*	6–9 g
Ze Xie	*Alisma*	6–9 g
Gou Qi Zi	*Lycium*	6–12 g
Ju Hua	*Chrysanthemum*	6–9 g

Purpura infolge von *Yin*-Mangel mit leerer Hitze. Dieses Rezept sollte in Verbindung mit *Da Bu Yin Wan* eingesetzt werden, um die *Yin*-tonisierende Wirkung zu verstärken.

Z rot, trocken, gefurcht, dünner, spärlicher gelber Belag

P dünn, schnell

QIAN CAO GEN WAN

Radix Rubiae Cordifoliae Pille*

Qian Cao Gen	*Rubia*	6–9 g
Huang Qin	*Scutellaria*	6–9 g
E Jiao	*Equus*	9–15 g
Ce Bai Ye	*Biota*	12–20 g
Sheng Di Huang	*Rehmannia*	9–15 g
Gan Cao	*Glycyrrhiza*	3–6 g

***Yin*-Mangel mit starker leerer Hitze oder undulierendem/extrem hohem Fieber (*Gu Zheng Fa Re*) führt zu geröteten Lippen, Hitzesensationen in den Knochen, Hitzesensationen der fünf Flächen, Nachtschweiß oder Delirium.**

Z rot, spärlicher gelber oder kein Belag

P schnell, dünn, schwach oder leer

H *Bie Jia*/Amyda zuerst etwa 1 Stunde lang einweichen und auflösen, dann mit den übrigen Kräutern kochen.

QING GU SAN

Pulver, das die Knochen kühlt

Yin Chai Hu	*Stellaria*	6–12 g
Hu Huang Lian	*Picrorhiza*	6–9 g
Di Gu Pi	*Lycium*	6 – 9 g
Qing Hao	*Artemisia*	6 – 9 g
Bie Jia	*Amyda*	6–9 g
Qin Jiao	*Gentiana*	3–9 g
Zhi Mu	*Anemarrhena*	6–12 g
Gan Cao	*Glycyrrhiza*	3–6 g

Fiebrige Erkrankung verursacht niedriggradiges chronisches Fieber; oder durch chronische Erkrankung verletztes *Yin* führt zu späteren Stadien einer fiebrigen Erkrankung und resultiert in Nachtschweiß, AIDS oder Tuberkulose.

Z rot, trocken, spärlicher Belag

P dünn, schnell

H *Bie Jia*/Amyda getrennt etwa 30–60 Minuten lang einweichen, bis es anfängt sich aufzulösen; dann die übrigen Kräuter zufügen. *Qing Hao*/Artemisia bei der Herstellung des Dekokts am Ende hinzufügen.

QING HAO BIE JIA TANG

Herba Artemisiae Annuae und Carapax Amydae Sinensis Dekokt

Bie Jia	*Amyda*	9–12 g
Qing Hao	*Artemisia*	6–9 g
Mu Dan Pi	*Paeonia*	6–9 g
Sheng Di Huang	*Rehmannia*	6–12 g
Zhi Mu	*Anemarrhena*	6–9 g

***Yin*-Mangel mit leerer Hitze führt zu vorzeitiger Menstruationsblutung oder Obstipation.**

Z rot, spärlicher gelblicher Belag

P dünn, schnell

QING JING SAN

Pulver, das die Menses klärt

Shu Di Huang	*Rehmannia*	6–12 g
Mu Dan Pi	*Paeonia*	6–9 g
Di Gu Pi	*Lycium*	6–9 g
Qing Hao	*Artemisia*	3–6 g
Bai Shao Yao	*Paeonia*	6–9 g
Fu Ling	*Poria*	6 g
Huang Bai	*Phellodendron*	3 g

Hitze im *Ying*-Stadium mit *Yin*-Mangel führt zu hohem Fieber, das sich nachts verschlimmert, Delirium oder leichter Purpura.

Z dunkelrot und trocken

P schnell, dünn

H *Xi Jiao*/Rhinoceros sollte durch 9 g *Shui Niu Jiao*/Bubalus oder 30 g *Bai Mao Gen*/Imperata ersetzt werden.

QING YING TANG

Dekokt, das die Nähr-Ebene klärt

Xi Jiao	*Rhinoceros*	3–6 g
Sheng Di Huang	*Rehmannia*	9–12 g
Mai Men Dong	*Ophiopogon*	6–9 g
Huang Lian	*Coptis*	3–6 g
Xuan Shen	*Scrophularia*	6–9 g
Dan Zhu Ye	*Lophatherum*	6 g
Lian Qiao	*Forsythia*	6 g
Dan Shen	*Salvia*	6–9 g
Jin Yin Hua	*Lonicera*	6–9 g

Lungen- und Nieren-*Yin*-Mangel mit Trockenheit in der Lunge führt zu chronischer, auszehrender Erkrankung. Symptome sind u. a. Durst, Nachtschweiß oder spärlichen Schleim, der schwer abzuhusten ist.

Z rot, trocken, spärlicher Belag

P tief, dünn, schnell

QONG YU SAN

Radix Ginseng und Radix Rehmanniae Glutinosae Conquitae Pulver*

Ren Shen	*Panax*	3–6 g
Sheng Di Huang	*Rehmannia*	15–30 g
Feng Mi	*Mel*	30 g
Fu Ling	*Poria*	15–30 g

Nieren- und Leber-*Yin*-Mangel mit Blut-*Xue*-Mangel und Wind-Feuchtigkeit. Führt zu verschwommenem Sehen, Husten, Obstipation oder *Bi*-Syndrom.

Z rot, spärlicher gelber Belag

P dünn

H Aus den Kräutern 9 g schwere Pillen herstellen. Erwachsene nehmen zweimal täglich 1 Pille.

SANG MA WAN

Folium Mori Albae und Semen Sesami Indici Pille

Sang Ye	*Morus*	250–300 g
Hei Zhi Ma	*Sesamum*	100–120 g
Feng Mi	*Mel*	250–300 g

Nieren-/Leber-*Yin*-Mangel mit aufsteigendem *Yang* führt zu verschwommenem Sehen, Photophobie, starkem Tränen der Augen, Nachtblindheit, Katarakten im Anfangsstadium oder blutunterlaufenen Augen.

Z rot, dünner und schmaler Zungenkörper, eventuell gefurcht, spärlicher Belag

P dünn, schnell

H *Xi Jiao*/Rhinoceros sollte durch *Shui Niu Jiao*/Bubalus ersetzt werden.

SHI HU YE GUANG WAN

Herba Dendrobii Pille für das Sehvermögen in der Nacht

Tian Men Dong	*Asparagus*	6–9 g
Fu Ling	*Poria*	6–9 g
Ren Shen	*Panax*	6–9 g
Shu Di Huang	*Rehmannia*	12–15 g
Mai Men Dong	*Ophiopogon*	6–9 g
Tu Si Zi	*Cuscuta*	3–9 g
Ju Hua	*Chrysanthemum*	3–6 g
Xing Ren	*Prunus*	3–6 g
Jue Ming Zi	*Cassia*	6–9 g
Gou Qi Zi	*Lycium*	6–9 g
Shan Yao	*Dioscorea*	6–12 g
Wu Wei Zi	*Schisandra*	6–9 g
Huai Niu Xi	*Achyranthes*	6–12 g
Bai Ji Li	*Tribulus*	6–9 g
Chuan Xiong	*Ligusticum*	3–6 g
Rou Cong Rong	*Cistanche*	3–6 g
Shi Hu	*Dendrobium*	6–12 g
Zhi Ke	*Citrus*	3–6 g
Qing Xiang Zi	*Celosia*	3–9 g
Xi Jiao	*Rhinoceros*	1–3 g
Huang Lian	*Coptis*	3–6 g
Fang Feng	*Ledebouriella*	6–9 g
Ling Yang Jiao	*Saiga*	1–3 g
Gan Cao	*Glycyrrhiza*	3–6 g

Lungen-/Nieren-*Yin*-Mangel mit starkem Feuer führt zu Nasenbluten oder Hämoptysis während oder kurz vor der Menstruation.

Z rot, Furchen

P schnell, leer

SHUN JING TANG

Besänftige die Menses Dekokt

Shu Di Huang	*Rehmannia*	9–15 g
Mu Dan Pi	*Paeonia*	6–9 g
Dang Gui	*Angelica*	6–9 g
Bai Shao Yao	*Paeonia*	6–9 g
Bei Sha Shen	*Glehnia*	6–12 g
Jing Jie	*Schizonepeta*	6–9 g
Fu Ling	*Poria*	6–9 g

Herz-/Nieren-*Yin*-Mangel, Herz-Blut-*Xue*-Mangel und leere Hitze, wobei Niere und Herz nicht harmonieren, führt zu Schlaflosigkeit, Ruhelosigkeit, Palpitationen, Vergesslichkeit oder Nachtschweiß.

Z rot

P schnell, dünn

X *Zhu Sha*/Cinnabaris ist toxisch und sollte nur kurzfristig angewandt werden.

TIAN WANG BU XIN DAN

Besondere Pille des himmlischen Kaisers, die das Herz tonisiert

Ren Shen	*Panax*	9–12 g
Mai Men Dong	*Ophiopogon*	6–12 g
Tian Men Dong	*Asparagus*	6–9 g
Xuan Shen	*Scrophularia*	6–9 g
Dan Shen	*Salvia*	6–12 g
Sheng Di Huang	*Rehmannia*	15–30 g
Fu Ling	*Poria*	6–9 g
Wu Wei Zi	*Schisandra*	6–9 g
Jie Geng	*Platycodon*	3–6 g
Yuan Zhi	*Polygala*	6–9 g
Bai Zi Ren	*Biota*	6–9 g
Dang Gui	*Angelica*	6–9 g
Suan Zao Ren	*Ziziphus*	6–12 g
Zhu Sha	*Cinnabaris*	1–3 g

Nieren- und Leber-*Yin*-Mangel führt zu Amenorrhö, Kältegefühl im Abdomen, Wachstumsverzögerungen in der Pubertät oder klarer Leukorrhö.

Z blass oder leicht rot

P schwach, dünn

H *E Jiao*/Equus in das abgeseihte Dekokt einrühren.

TIAO GAN TANG

Dekokt, das die Leber reguliert

Shan Yao	*Dioscorea*	9–12 g
E Jiao	*Equus*	6–12 g
Ba Ji Tian	*Morinda*	6–9 g
Dang Gui	*Angelica*	6–9 g
Ze Lan	*Lycopus*	6–12 g
Shan Zhu Yu	*Cornus*	6–9 g
Bai Shao Yao	*Paeonia*	6–9 g
Dan Shen	*Salvia*	6–9 g
Gan Cao	*Glycyrrhiza*	3–6 g

Lungen-/Nieren-*Yin*-Mangel mit Toxinen führt zu Diphtherie, Laryngitis, Heiserkeit oder trockenem Husten.

Z rot, trocken, gelber Belag

P dünn, schnell oder leer

YANG YIN QING FEI TANG

Dekokt, das die Lunge klärt und das *Yin* nährt

Sheng Di Huang	*Rehmannia*	6–12 g
Xuan Shen	*Scrophularia*	6–9 g
Bai Shao Yao	*Paeonia*	6–9 g
Mai Men Dong	*Ophiopogon*	6–12 g
Bo He	*Mentha*	3–6 g
Chuan Bei Mu	*Fritillaria*	3–6 g
Mu Dan Pi	*Paeonia*	6–9 g
Gan Cao	*Glycyrrhiza*	3–6 g

Leber-*Qi*-Stagnation verursacht Hitze, die das Nieren- und Leber-*Yin* verbraucht, oder die Leber attackiert Milz und Magen und führt zu emotionalem Aufruhr, Übelkeit, saurem Aufstoßen, Hiatushernie oder epigastrischen oder abdominalen Schmerzen; oder das Leber-*Yin* kann die Sehnen und Bänder nicht ernähren, wodurch Schmerzen in Fersen oder Hüfte (posterior) auftreten.

Z rot, trocken

P dünn, drahtig

YI GUAN JIAN

Verbindungsdekokt

Sheng Di Huang	*Rehmannia*	15–30 g
Gou Qi Zi	*Lycium*	6–15 g
Dang Gui	*Angelica*	6–12 g
Bei Sha Shen	*Glehnia*	6–9 g
Mai Men Dong	*Ophiopogon*	6–9 g
Chuan Lian Zi	*Melia*	3–6 g

Nieren-*Yin*-Mangel führt zu Unterem Erwärmer Diabetes (*Xiao Ke*). Hauptsymptom ist Pollakisurie.

Z rot, spärlicher Belag

P dünn, etwas schnell

YI YIN TANG

Dekokt, das dem *Yin* gut tut*

Shu Di Huang	*Rehmannia*	15 g
Sheng Di Huang	*Rehmannia*	15 g
Bai Shao Yao	*Paeonia*	9–15 g
Mai Men Dong	*Ophiopogon*	9–15 g
Huai Niu Xi	*Achyranthes*	6–15 g
Dan Shen	*Salvia*	12–15 g
Gan Cao	*Glycyrrhiza*	3–6 g

Nieren- und Leber-*Yin*-/-Blut-*Xue*-Mangel mit Feuer quält das Herz. Dies führt zu Herz- und Leber-Feuer oder Leber-*Yang*-Fülle mit exzessivem Träumen, Schlaflosigkeit oder Wutanfällen.

Z rot, Furchen, dünner oder dicker gelber Belag

P schnell, drahtig, dünn

H Zutaten zu Pulver vermahlen, 9–12 g schwere Pillen herstellen und dreimal täglich einnehmen. *Xi Jiao*/Rhinoceros sollte durch *Shui Niu Jiao*/Bubalus ersetzt werden.

ZHEN ZHU MU WAN

Perlmutter Pille

Zhen Zhu Mu	*Pteria*	15–20 g
Ren Shen	*Panax*	9–12 g
Dang Gui	*Angelica*	6–12 g
Shu Di Huang	*Rehmannia*	9–12 g
Suan Zao Ren	*Ziziphus*	6–9 g
Bai Zi Ren	*Biota*	6–9 g
Fu Shen	*Poria*	6–9 g
Chen Xiang	*Aquilaria*	6–9 g
Xi Jiao	*Rhinoceros*	1–3 g

Nieren-*Yin*-Mangel mit Hitze und leichter Feuchtigkeit führt zu Nachmittagsfieber, Nachtschweiß, Spermatorrhö oder Wangenrötung.

Z rot, spärlicher Belag

P dünn, schnell

ZHI BAI DI HUANG WAN

Radix Anemarrhenae Asphodeloidis, Cortex Phellodendri und Radix Rehmanniae Glutinosae Conquitae Pille

Huang Bai	*Phellodendron*	3–9 g
Zhi Mu	*Anemarrhena*	6–9 g
Sheng Di Huang	*Rehmannia*	15–25 g
Shan Yao	*Dioscorea*	9–12 g
Shan Zhu Yu	*Cornus*	9–12 g
Mu Dan Pi	*Paeonia*	6–9 g
Ze Xie	*Alisma*	6–9 g
Fu Ling	*Poria*	6–9 g

Nieren- und Leber-*Yin*-Mangel mit Feuchtigkeits-Stagnation. Führt zu verschwommenem Sehen, schlechtem Sehvermögen oder trockenen Augen.

Z rot, klebriger gelblicher Belag

P dünn, schwach

ZHU JING WAN

Pille, die die Aussicht erhält

Tu Si Zi	*Cuscuta*	9–15 g
Shu Di Huang	*Rehmannia*	9–12 g
Che Qian Zi	*Plantago*	6–9 g

Nieren- und Leber-*Yin*-Mangel mit leerer Hitze und extrem hohem Fieber (*Gu Zheng Fa Re*), Lumbago, Spermatorrhö, Nachtschweiß oder Impotenz. Stärker wirksam als *Zuo Gui Yin*.

Z rot, spärlicher Belag

P dünn, schnell oder leer

ZUO GUI WAN

Pille, die die Linke (Niere) wiederherstellt

Shu Di Huang	*Rehmannia*	9–25 g
Gou Qi Zi	*Lycium*	9–12 g
Chuan Niu Xi	*Cyathula*	9–12 g
Shan Yao	*Dioscorea*	9–12 g
Shan Zhu Yu	*Cornus*	9–12 g
Lu Jiao Jiao	*Cervus*	9–12 g
Tu Si Zi	*Cuscuta*	9–12 g
Gui Ban	*Chinemys*	9–12 g

Leber-/Nieren-*Yin*- und -Essenz-*Jing*-Mangel führt zu verlangsamter Entwicklung bei Kindern oder vorzeitigem Altern bei Erwachsenen; außerdem zu den üblichen *Yin*-Mangel-Anzeichen und -Symptomen. Diese Rezeptur ist auch wirksam bei vorzeitiger Menopause, Spermatorrhö, schwacher Libido, Unfruchtbarkeit oder Oligozoospermie.

Z rot, spärlicher Belag

P dünn, schnell

* **Wichtige Rezeptur**

ZUO GUI YIN

Dekokt, das die Linke (Niere) wiederherstellt

Shu Di Huang	*Rehmannia*	6–15 g
Shan Zhu Yu	*Cornus*	6–9 g
Shan Yao	*Dioscorea*	6–9 g
Gou Qi Zi	*Lycium*	6–9 g
Fu Ling	*Poria*	6–9 g
Zhi Gan Cao	*Glycyrrhiza*	3–6 g

Syndrome der Blase

膀胱病症

Lin-Syndrom – Störungen des Harnsystems

- häufige Blasenentleerung, Harndrang
- Brennen beim Wasserlasssen oder blasser, trüber Urin
- Harngrieß, Harnsteine oder Hämaturie
- Inkontinenz, Enuresis
- *Zystitis, Harnwegsinfektionen, Nephritis, Prostatitis*

Z abhängig vom jeweiligen Syndrom

P abhängig vom jeweiligen Syndrom

Feuchte-Hitze in der Blase: Hitze-*Lin*-Syndrom führt zu Brennen beim Wasserlassen, spärlichem gelbem Urin, Harndrang und Pollakisurie.

Z rot, klebriger gelber Belag

P drahtig, schnell, schlüpfrig, voll

* **Wichtige Rezeptur**

BA ZHENG SAN

Acht Arzneien Pulver zur Korrektur

Mu Tong	*Akebia*	6–9 g
Qu Mai	*Dianthus*	9–12 g
Zhi Zi	*Gardenia*	3–6 g
Da Huang	*Rheum*	3–9 g
Hua Shi	*Talcum*	9–20 g
Bian Xu	*Polygonum*	9–12 g
Che Qian Zi	*Plantago*	6–12 g
Deng Xin Cao	*Juncus*	6 g
Gan Cao	*Glycyrrhiza*	3–6 g

Nieren-*Qi*-Mangel mit Kälte und Feuchtigkeit führt zu häufiger oder schmerzhafter Miktion mit trübem Urin.

Z blass

P schwach oder schlüpfrig

BEI XIE FEN QING YIN I

Rhizoma Dioscoreae Hypoglaucae
Dekokt, welches das Klare trennt

Bei Xie	*Dioscorea*	6–12 g
Wu Yao	*Lindera*	6–9 g
Shi Chang Pu	*Acorus*	6–9 g
Yi Zhi Ren	*Alpinia*	6–9 g

Feuchte-Hitze in der Blase führt zu schmerzhafter Miktion mit trübem Urin, Harnverhalt oder Harndrang.

Z rot, klebriger gelber Belag

P schnell, drahtig, schlüpfrig

BEI XIE FEN QING YIN II

Rhizoma Dioscoreae Hypoglaucae
Dekokt, welches das Klare trennt aus
Medical Revelations

Bei Xie	*Dioscorea*	6–9 g
Dan Shen	*Salvia*	3–9 g
Huang Bai	*Phellodendron*	6–9 g
Che Qian Zi	*Plantago*	3–6 g
Shi Chang Pu	*Acorus*	3–6 g
Bai Zhu	*Atractylodes*	3–9 g
Fu Ling	*Poria*	6–9 g
Lian Xin	*Nelumbo*	4 g

***Lin*-Syndrom: Spannungsgefühl im Harntrakt infolge eines *Qi-Lin*-Syndroms, dem eine Leber-*Qi*-Stagnation zugrunde liegt. Akuter Typ: Dysurie nach starker emotionaler Erregung.**

Z eventuell rote Ränder

P drahtig

CHEN XIANG SAN

Lignum Aquilariae Pulver*

Chen Xiang	*Aquilaria*	9–12 g
Shi Wei	*Pyrrosia*	6–9 g
Hua Shi	*Talcum*	3–12 g
Bai Shao Yao	*Paeonia*	6–9 g
Dang Gui	*Angelica*	6–12 g
Dong Kui Zi	*Malva*	6–9 g
Wang Bu Liu Xing	*Vaccaria*	3–9 g
Gan Cao	*Glycyrrhiza*	3–6 g

Herz-Feuer greift auf den Dünndarm über, was zu Feuchte-Hitze in der Blase führt, mit Hämaturie, Pollakisurie, Harnverhalt, Durst oder Zungengeschwüren.

Z hellrot, klebriger gelber Belag

P schnell, drahtig

* **Wichtige Rezeptur**

DAO CHI SAN

Pulver, das das Rote hinausleitet

Sheng Di Huang	*Rehmannia*	9–20 g
Dan Zhu Ye	*Lophatherum*	6–9 g
Mu Tong	*Akebia*	6–9 g
Gan Cao	*Glycyrrhiza*	3–6 g

Feuchte-Hitze in der Blase führt zu häufiger Miktion mit Brennen. Kann während der Schwangerschaft auftreten.

Z rot, klebriger gelber Belag

P schnell, schlüpfrig

JIA WEI WU LIN SAN

Erweitertes Fünf Bestandteile Pulver für schmerzhafte Miktionsdysfunktion

Chi Fu Ling	*Poria*	6–12 g
Chi Shao Yao	*Paeonia*	6–15 g
Dang Gui	*Angelica*	6–9 g
Zhi Zi	*Gardenia*	6–15 g
Ze Xie	*Alisma*	6–9 g
Mu Tong	*Akebia*	6–9 g
Che Qian Zi	*Plantago*	6–9 g
Hua Shi	*Talcum*	9–15 g
Sheng Di Huang	*Rehmannia*	6–12 g
Gan Cao	*Glycyrrhiza*	3–6 g

Feuchte-Hitze in der Blase mit Konkrementen.

Z rot, klebriger gelber Belag

P schlüpfrig, schnell

SAN JIN TANG

Dreimal Gold Dekokt

Jin Qian Cao	*Lysimachia*	6–45 g
Jin Sha Teng	*Lygodium*	9–25 g
Dong Kui Zi	*Malva*	6–9 g
Ji Nei Jin	*Gallus*	6–9 g
Shi Wei	*Pyrrosia*	6–9 g
Qu Mai	*Dianthus*	9–12 g

Feuchte-Hitze in der Blase mit Harnsteinen oder Grieß. Stein-*Lin*-Syndrom manifestiert sich als starke Hitze und leichte Feuchtigkeit.

Z klebriger Belag

P drahtig, schnell

SHI WEI SAN

Folium Pyrrosiae Pulver*

Shi Wei	*Pyrrosia*	6–9 g
Dong Kui Zi	*Malva*	3–6 g
Mu Tong	*Akebia*	3–6 g
Qu Mai	*Dianthus*	6 g
Hua Shi	*Talcum*	6–12 g
Che Qian Zi	*Plantago*	6–9 g
Gan Cao	*Glycyrrhiza*	3–6 g

Nieren-*Qi*-/-*Yang*-Mangel mit Enuresis oder häufiger Miktion mit klarem Urin.

Z blass, geschwollen, mit Zahnabdrücken, weißer Belag

P verschwindend

SUO QUAN WAN

Pille, die die Schleuse schließt

Yi Zhi Ren	*Alpinia*	6–15 g
Shan Yao	*Dioscorea*	9–15 g
Wu Yao	*Lindera*	6–9 g

Chronisches *Lin*-Syndrom durch Nieren-*Qi*-Mangel führt zu häufiger Miktion mit trübem Urin, Inkontinenz oder Enuresis.

Z blass oder normale Farbe, dünner weißer oder gelblicher Belag

P schwach, vor allem in der *Chi*-Position

WU BI SHAN YAO WAN

Rhizoma Dioscoreae Oppositae Pille

Shu Di Huang	*Rehmannia*	12–15 g
Shan Yao	*Dioscorea*	12–15 g
Shan Zhu Yu	*Cornus*	6–9 g
Rou Cong Rong	*Cistanche*	6–9 g
Tu Si Zi	*Cuscuta*	6–9 g
Wu Wei Zi	*Schisandra*	6–12 g
Ze Xie	*Alisma*	6–9 g
Ba Ji Tian	*Morinda*	3–6 g
Du Zhong	*Eucommia*	9–12 g
Huai Niu Xi	*Achyranthes*	12–15 g
Fu Shen	*Poria*	9–12 g
Chi Shi Zhi	*Halloysitum Rubrum*	12–15 g

Feuchte-Hitze in der Blase mit zugrunde liegendem Nieren-*Qi*-Mangel führt zu Harndrang, schmerzhafter Miktion oder spärlichem Urin.

Z rot, klebriger gelber Belag

P schnell, dünn oder schlüpfrig

WU LIN SAN

Fünf Bestandteile Pulver für schmerzhafte Miktionsdysfunktion

Zhi Zi	*Gardenia*	6–9 g
Chi Fu Ling	*Poria*	6–9 g
Dang Gui	*Angelica*	6–9 g
Chi Shao Yao	*Paeonia*	6–9 g
Gan Cao	*Glycyrrhiza*	3–6 g

Hitze und Wasserretention im unteren Erwärmer (Blase) mit leichten *Taiyang*-Symptomen (Wind-Kälte); oder Milz-*Qi*-Mangel mit Feuchtigkeit und Wasser führt zu Ödemen in der Haut- oder Muskelschicht.

Z klebriger weißer oder gelber Belag

P schlüpfrig oder oberflächlich

* **Wichtige Rezeptur**

WU LING SAN

Fünf Bestandteile Pulver mit Sclerotium Poriae Cocos

Fu Ling	*Poria*	6–9 g
Zhu Ling	*Polyporus*	6–9 g
Ze Xie	*Alisma*	6–9 g
Gui Zhi	*Cinnamomum*	3–9 g
Bai Zhu	*Atractylodes*	6–9 g

Leber-*Qi*-Stagnation führt zu verspäteter Menstruation, Reizbarkeit, prämenstruellem Syndrom oder Spannungsgefühl im Harntrakt.

Z blass-violett, dünner Belag

P drahtig

WU YAO TANG

Radix Linderae Strychnifoliae Dekokt

Wu Yao	*Lindera*	3–6 g
Dang Gui	*Angelica*	6–9 g
Xiang Fu	*Cyperus*	3–9 g
Mu Xiang	*Saussurea*	3–9 g
Gan Cao	*Glycyrrhiza*	3–6 g

Blut-*Lin*-Syndrom führt zu Hämaturie mit Schmerzen, Brennen, Pollakisurie, Harndrang, spärlicher Miktion, Schmerzen im unteren Abdomen oder Nierenschmerzen.

Z rot und dünn oder rot und geschwollen, gelber Belag

P schnell

XIAO JI YIN ZI

Herba Cephalanoplos Dekokt

Sheng Di Huang	*Rehmannia*	15–50 g
Dan Zhu Ye	*Lophatherum*	6–9 g
Mu Tong	*Akebia*	9–15 g
Gan Cao	*Glycyrrhiza*	3–6 g
Ou Jie	*Nelumbo*	6–9 g
Zhi Zi	*Gardenia*	3–6 g
Hua Shi	*Talcum*	9–15 g
Pu Huang	*Typha*	3–6 g
Dang Gui	*Angelica*	6–15 g
Xiao Ji	*Cephalanoplos*	9–15 g

***Yangming*-Meridian-Syndrom greift den unteren Erwärmer an; oder Wind-Kälte führt zu Hitze in Milz/Magen, die das *Yin* verbrennt. Das verursacht eine Störung des Wasserhaushalts und Stagnation, die sich erhitzt und zum *Lin*-Syndrom führt: Hitze-*Lin*-Syndrom oder Feuchte-Hitze-Ödeme.**

Z rot, klebriger gelber Belag

P schnell

H *E Jiao*/Equus in das abgeseihte Dekokt einrühren.

ZHU LING TANG I

Sclerotium Polypori Umbellati Dekokt

Zhu Ling	*Polyporus*	6–9 g
Fu Ling	*Poria*	6–9 g
Hua Shi	*Talcum*	6–9 g
Ze Xie	*Alisma*	6–9 g
E Jiao	*Equus*	6–9 g

Feuchte-Hitze im unteren Erwärmer führt zu erschwerter und schmerzhafter Miktion.

Z rot, klebriger Belag

P schlüpfrig

ZHU LING TANG II

Sclerotium Polypori Umbellati Dekokt aus Comprehensive Recordings

Zhu Ling	*Polyporus*	6–9 g
Mu Tong	*Akebia*	6–9 g
Sang Bai Pi	*Morus*	6–9 g
[Deng Xin Cao	*Juncus*	3 g]

Syndrome des Dickdarms

大肠失调

Dickdarm-Störungen

- Obstipation, Brennen am Anus
- hohes Fieber
- epigastrisches Druckgefühl, Tenesmus
- Diarrhö, Dysenterie
- abdominales Spannungsgefühl oder Schmerzen, Gasbildung
- Rektumprolaps, Darminkontinenz
- *Morbus Crohn, Colitis ulcerosa, Reizkolon, Appendizitis, Divertikulose, Divertikulitis, Hämorrhoiden, Analfissuren*

Z abhängig vom jeweiligen Syndrom

P abhängig vom jeweiligen Syndrom

Toxische Hitze im *Yangming*-Meridian führt zu Dysenterie oder Eiter oder Blut im Stuhl.

Z rot, gelber Belag

P drahtig, schnell, schlüpfrig

BAI TOU WENG TANG

Radix Pulsatillae Chinensis Dekokt

Bai Tou Weng	*Pulsatilla*	20–40 g
Huang Bai	*Phellodendron*	9–12 g
Qin Pi	*Fraxinus*	9–15 g
Huang Lian	*Coptis*	6–9 g

Darmabszess oder akute Appendizitis infolge von Hitze und Blut-*Xue*-Stase (*Xue Yu*) führt zur Bildung von Raumforderungen und zu Schmerzen im unteren rechten Quadranten.

Z gelber, klebriger Belag

P schnell, schlüpfrig

H *Da Huang*/Rheum bei der Herstellung des Dekokts während der letzten 3–5 Minuten zugeben. *Mang Xiao*/Mirabilitum zum abgeseihten Tee hinzufügen.

X Nicht bei Appendizitis während der Schwangerschaft verwenden.

DA HUANG MU DAN TANG

Radix et Rhizoma Rhei und Cortex Moutan Radicis Dekokt

Da Huang	*Rheum*	6–12 g
Mang Xiao	*Mirabilitum*	6–12 g
Dong Gua Ren	*Benincasa*	12–20 g
Tao Ren	*Prunus*	9–12 g
Mu Dan Pi	*Paeonia*	6–9 g

Wasser-/Hitze-Retention in Thorax und Abdomen verursacht Obstruktion des *Qi*, die zu Pankreatitis mit Ödemen, Darmblockaden oder Klumpen führt.

Z rot, klebriger Belag

P schnell, schlüpfrig

H *Gan Sui*/Euphorbia einweichen und kochen, *Da Huang*/Rheum während der letzten 3–5 Minuten zufügen, dann *Mang Xiao*/Mirabilitum im abgeseihten Tee auflösen.

X *Gan Sui*/Euphorbia ist toxisch und sollte nur in kleinen Mengen eingenommen werden. Nicht während der Schwangerschaft anwenden.

DA XIAN XIONG TANG

Größeres Dekokt, das in den Thorax sinkt

Da Huang	*Rheum*	9–15 g
Mang Xiao	*Mirabilitum*	9–12 g
Gan Sui	*Euphorbia*	0,6–1 g

Hitze im *Yangming*-Meridian mit bereits bestehender schwerer Blut-*Xue*-Stase (*Xue Yu*) im unteren Erwärmer greift den Uterus und den Darmtrakt an. Symptome sind u. a. Ikterus, Manie, Fieber, Meläna mit trockenen Stühlen, die relativ leicht zu defäkieren sind, Dysmenorrhö, Amenorrhö, abdominalem Druckgefühl oder Magenblutungen. Diese Rezeptur ist stärker als *Di Dang Wan*/'Widerstand Pille'.

DI DANG TANG

Widerstand Dekokt

Da Huang	*Rheum*	6–12 g
Tao Ren	*Prunus*	6–9 g
Shui Zhi	*Hirudo*	1–3 g
Meng Chong	*Tabanus*	1–3 g

Z rot, dunkelviolett

P drahtig, schnell

X Nicht während der Schwangerschaft einsetzen. Nur für einen kurzen Zeitraum verwenden.

Hitze im *Yangming*-Meridian mit bereits bestehender schwerer Blut-*Xue*-Stase (*Xue Yu*) im unteren Erwärmer greift den Uterus und den Darmtrakt an. Symptome sind u. a. Ikterus, Manie, Fieber, Meläna mit trockenen Stühlen, die relativ leicht zu defäkieren sind, Dysmenorrhö, Amenorrhö, abdominalem Druckgefühl oder Magenblutungen. Diese Rezeptur ist etwas milder als *Di Dang Tang*/'Widerstand Dekokt'.

DI DANG WAN

Widerstand Pille

Da Huang	*Rheum*	12 g
Shui Zhi	*Hirudo*	20–30 g
Meng Chong	*Tabanus*	20–30 g
Tao Ren	*Prunus*	9–12 g

Z rot, violett

P drahtig, schnell

H Die Zutaten zu Pulver vermahlen und anschließend zu Pillen formen.

X Vorsicht während der Schwangerschaft.

Starke Feuchte-Hitze führt zu hellrotem Blut im Stuhl, bitterem Mundgeschmack oder Obstipation.

Z rot, klebriger gelber Belag

P schnell, schlüpfrig

DI YU SAN

Radix Sanguisorbe Officinalis Pulver

Di Yu	*Sanguisorba*	6–9 g
Zhi Zi	*Gardenia*	6–9 g
Qian Cao Gen	*Rubia*	6–9 g
Huang Lian	*Coptis*	6–9 g
Fu Ling	*Poria*	6–9 g
Huang Qin	*Scutellaria*	6–9 g

***Qi*-Stagnation und Blut-*Xue*-Stase (*Qi Zhi Xue Yu*) mit Wasserretention führt zu Darmblockaden, gestauten Gasen oder Obstipation.**

Z violett, klebriger weißer oder gelber Belag

P schlüpfrig, schnell

H Alle Kräuter außer *Gan Sui*/Euphorbia kochen. *Gan Sui* getrennt einweichen und kochen und am Schluss zufügen.

X *Gan Sui*/Euphorbia ist extrem toxisch und sollte mit Vorsicht eingesetzt werden. Nicht während der Schwangerschaft anwenden.

GAN SUI TONG JIE TANG

Radix Euphorbiae Kansui Dekokt für Blockaden im Verdauungstrakt*

Gan Sui	*Euphorbia*	0,5–1 g
Tao Ren	*Prunus*	6–9 g
Chuan Niu Xi	*Cyathula*	6–9 g
Hou Po	*Magnolia*	9–30 g
Da Huang	*Rheum*	12–25 g
Chi Shao Yao	*Paeonia*	9–15 g
Mu Xiang	*Saussurea*	3–9 g

Wind-Hitze mit innerer Hitze im mittleren Erwärmer und Hitze und Feuchtigkeit im Dickdarm führen zu Dysenterie: *Taiyang*- und *Yangming*-Störung. Symptome sind u. a. Fieber, Durst oder Brennen am Anus.

Z rot, gelber Belag

P schnell, schlüpfrig

GE GEN HUANG LIAN HUANG QIN TANG

Radix Puerariae, Rhizoma Coptidis und Radix Scutellariae Dekokt

Ge Gen	*Pueraria*	12–15 g
Huang Lian	*Coptis*	6–9 g
Huang Qin	*Scutellaria*	6–9 g
Gan Cao	*Glycyrrhiza*	3–6 g

Trockene Hitze im Dickdarm mit Geist-(*Shen*)-Störung führt zu Schlaflosigkeit, Reizbarkeit oder Obstipation.

Z rot, trocken, dünner gelber Belag

P schnell

H Die Zutaten mahlen und zu Pillen von 3 g formen.

X Nicht während der Schwangerschaft einsetzen. Es handelt sich um ein sehr starkes Purgativum, das nicht öfter als ein- oder zweimal angewandt werden sollte.

GENG YI WAN

Pille, bei der man die Kleidung wechseln muss

Zhu Sha	*Cinnabaris*	12–18 g
Lu Hui	*Aloe*	18–25 g

Wind-Hitze dringt in den Dickdarm ein; oder Feuchte-Toxin (Nahrung) blockiert den Darm. Das führt zu hellroten Blutungen ohne Schmerzen oder innerlichen Hämorrhoiden.

Z rot, gelber Belag

P schnell, drahtig

HUAI HUA SAN

Flos Sophorae Japonicae Pulver

Huai Hua Mi	*Sophora*	12–15 g
Jing Jie	*Schizonepeta*	3–6 g
Ce Bai Ye	*Biota*	9–12 g
Zhi Ke	*Citrus*	3–6 g

Blutende Hämorrhoiden infolge von Wind-Hitze, toxischer Hitze oder Feuchte-Hitze im Darmtrakt. Dieses Rezept ist auch wirksam bei Rektalprolaps.

Z rot, dünner, klebriger gelber Belag

P schnell

H Alle Zutaten zu Pulver vermahlen. Zweimal täglich je 9 g einnehmen.

HUAI JIAO WAN

Fructus Sophorae Japonicae Pille

Huai Jiao	*Sophora*	500 g
Di Yu	*Sanguisorba*	250 g
Huang Qin	*Scutellaria*	250 g
Fang Feng	*Ledebouriella*	250 g
Zhi Ke	*Citrus*	250 g
Dang Gui	*Angelica*	250 g

Yangming-Organ-Hitze mit _Qi_-/Blut-_Xue_-Mangel führt zu übel riechender Dysenterie mit starkem Stuhldrang und abdominalen Schmerzen, die durch Druck verschlimmert werden, Müdigkeit oder möglicherweise Halluzinationen.

Z trockener gelber Belag

P schwach

X Nicht während der Schwangerschaft einsetzen.

HUANG LONG TANG

Gelbes Drachen Dekokt

Da Huang	*Rheum*	12 g
Mang Xiao	*Mirabilitum*	9 g
Hou Po	*Magnolia*	12 g
Zhi Shi	*Citrus*	9 g
Dang Gui	*Angelica*	9 g
Ren Shen	*Panax*	6 g
Jie Geng	*Platycodon*	3–6 g
Sheng Jiang	*Zingiber*	3–6 g
Da Zao	*Ziziphus*	1–3 St.
Gan Cao	*Glycyrrhiza*	3 g

Hitze dringt in den Darm ein und führt zu Feuchte-Hitze-Dysenterie. Symptome sind u. a. Fieber, bitterer Mundgeschmack oder übel riechende Diarrhö.

Z rot, gelber Belag

P schnell

HUANG QIN TANG

Radix Scutellariae Dekokt

Huang Qin	*Scutellaria*	9 g
Bai Shao Yao	*Paeonia*	9 g
Da Zao	*Ziziphus*	4–5 St.
Gan Cao	*Glycyrrhiza*	3 g

Durch äußere Faktoren verursachte Feuchte-Hitze-Dysenterie führt zu explosiver, übel riechender, wässriger Diarrhö, Tenesmus oder Brennen am Anus.

Z klebriger gelber Belag

P schnell, schlüpfrig

JIA WEI BAI TOU WENG TANG

Erweitertes Radix Pulsatillae Chinensis Dekokt

Bai Tou Weng	*Pulsatilla*	6–9 g
Qin Pi	*Fraxinus*	3–6 g
Huang Lian	*Coptis*	3–6 g
Huang Qin	*Scutellaria*	6–9 g
Huang Bai	*Phellodendron*	6–9 g
Bai Shao Yao	*Paeonia*	6–9 g

***Yin*-/Blut-*Xue*-Mangel führt zu Obstipation mit trockenem Stuhl; oder Fülle-Hitze führt zu Obstipation.**

Z rot, trockener gelber Belag

P schnell, dünn oder leer

X Nicht während der Schwangerschaft einsetzen.

* **Wichtige Rezeptur**

MA ZI REN WAN

Semen Cannabis Sativae Pille

Huo Ma Ren	*Cannabis*	6–12 g
Da Huang	*Rheum*	6–9 g
Xing Ren	*Prunus*	6–9 g
Zhi Shi	*Citrus*	3–6 g
Bai Shao Yao	*Paeonia*	6–9 g
Hou Po	*Magnolia*	6–12 g

Obstipation durch *Yin*-/Blut-*Xue*-Mangel. Tritt häufig bei älteren Menschen oder nach der Entbindung auf.

Z rot oder blass, trocken

P dünn

RUN CHANG WAN I

Befeuchte den Darm Pille aus Master Shen's Book

Huo Ma Ren	*Cannabis*	9–15 g
Dang Gui	*Angelica*	9–12 g
Sheng Di Huang	*Rehmannia*	6–9 g
Tao Ren	*Prunus*	6–9 g
Zhi Ke	*Citrus*	6–9 g

Feuchte-Hitze im Dickdarm mit *Qi*-Stagnation und Blut-*Xue*-Stase (*Qi Zhi Xue Yu*) führt zu heißer Dysenterie mit Schmerzen und abdominalen Krämpfen. Tritt häufig im Zusammenhang mit Lebensmittelvergiftung auf.

Z klebriger gelber Belag

P schnell

* **Wichtige Rezeptur**

SHAO YAO TANG

Radix Paeoniae Dekokt

Bai Shao Yao	*Paeonia*	9–25 g
Bing Lang	*Areca*	3–6 g
Da Huang	*Rheum*	6–9 g
Huang Qin	*Scutellaria*	6–15 g
Huang Lian	*Coptis*	3–9 g
Dang Gui	*Angelica*	6–9 g
Mu Xiang	*Saussurea*	3–6 g
Rou Gui	*Cinnamomum*	1–3 g
Gan Cao	*Glycyrrhiza*	3–6 g

Wasserretention mit Hitze, Feuchtigkeit und *Qi*-Stagnation; oder Magen-Mangel mit Nahrungsstagnation und Wasser. Symptome sind u. a. Diarrhö, Borborygmus oder epigastrisches Spannungsgefühl.

Z rot, klebriger gelber Belag

P schlüpfrig, schnell

SHENG JIANG XIE XIN TANG

Rhizoma Zingiberis Officinalis Recens Dekokt, das das Epigastrium abfließen lässt

Sheng Jiang	*Zingiber*	9–12 g
Ban Xia	*Pinellia*	6–9 g
Ren Shen	*Panax*	6–12 g
Gan Jiang	*Zingiber*	3–6 g
Huang Qin	*Scutellaria*	6–9 g
Huang Lian	*Coptis*	3–6 g
Da Zao	*Ziziphus*	6–10 St.
Gan Cao	*Glycyrrhiza*	3–6 g

Blut-*Xue*-Stase (*Xue Yu*) mit Feuer im unteren Erwärmer führt zu Obstipation, plötzlichen abdominalen Schmerzen, Dysmenorrhö, Darmblockaden oder Meläna. Kann in schweren Fällen Ruhelosigkeit oder sogar Delirium verursachen.

Z violett

P rau oder voll

H *Da Huang*/Rheum während der letzten 3–5 Minuten des Kochprozesses zugeben. *Mang Xiao*/Mirabilitum dem abgeseihten Tee hinzufügen.

X Nicht während der Schwangerschaft anwenden.

TAO HE CHENG QI TANG

Semen Persicae Dekokt, das das *Qi* ordnet

Tao Ren	*Prunus*	9–15 g
Gui Zhi	*Cinnamomum*	6–9 g
Mang Xiao	*Mirabilitum*	3–6 g
Da Huang	*Rheum*	9–12 g
Gan Cao	*Glycyrrhiza*	3–6 g

Nieren- und Milz-*Yang*-Mangel nach einer chronischen Feuchte-Hitze-Dysenterie führt zu Feuchte-Kälte. Dies verursacht eine Blockade des Dickdarms und manifestiert sich in Form von dunklem Blut und Eiter im Stuhl.

Z blass

P verschwindend

H Die Zutaten zu Pulver vermahlen.

TAO HUA TANG

Pfirsichblüten Dekokt

Chi Shi Zhi	*Halloysitum Rubrum*	20–30 g
Jing Mi	*Oryza*	20–30 g
Gan Jiang	*Zingiber*	6–9 g

1. Spulwürmer sind aufgrund von Kälte im Dickdarm nach oben zur Wärme von Epigastrium/Thorax gewandert. 2. Kälte im Dickdarm und Hitze im Magen: Mischsyndrom – *Jueyin*-Syndrom.

Z blass

P schwach

H *Wu Mei*/Prunus 12 Stunden lang in Essig einweichen.

WU MEI WAN

Fructus Pruni Mume Pille

Wu Mei	*Prunus*	20–25 g
Xi Xin	*Asarum*	1–3 g
Chuan Jiao	*Zanthoxylum*	1–3 g
Gan Jiang	*Zingiber*	12–15 g
Fu Zi	*Aconitum*	6–9 g
Huang Lian	*Coptis*	9–12 g
Huang Bai	*Phellodendron*	6–9 g
Gui Zhi	*Cinnamomum*	3–9 g
Dang Gui	*Angelica*	6–9 g
Ren Shen	*Panax*	6–9 g

Blut-*Xue*-Mangel führt zu Obstipation.

Z blass

P schwach, dünn

WU REN WAN

Fünf Samen Pille

Xing Ren	*Prunus*	9–20 g
Bai Zi Ren	*Biota*	3–6 g
Tao Ren	*Prunus*	9–15 g
Yu Li Ren	*Prunus*	3–6 g
Sha Ren	*Amomum*	3–6 g

Diarrhö infolge Milz-*Qi*-Mangel mit Feuchtigkeit und Magen-Hitze führt zu Dysenterie mit Schleim und eventuell Blutungen.

Z klebriger gelber Belag

P schlüpfrig, schnell

XIANG LIAN WAN

Radix Aucklandiae Lappae und Rhizoma Coptidis Pille

Mu Xiang	*Saussurea*	6–9 g
Huang Lian	*Coptis*	3–6 g
Wu Zhu Yu	*Evodia*	3–12 g

Feuchtigkeit und Blut-*Xue*-Stase (*Xue Yu*) führen zu Darmabszessen, kolikartigen Schmerzen im Abdomen mit Harnfunktionsstörungen oder starken Schmerzen nach der Menstruation oder der Entbindung.

Z violett, klebriger Belag

P drahtig oder rau

YI YI REN TANG

Semen Coicis Lachryma-jobi Dekokt aus Standards

Yi Yi Ren	*Coix*	9–15 g
Mu Dan Pi	*Paeonia*	6–9 g
Gua Lou Ren	*Trichosanthes*	9–12 g
Tao Ren	*Prunus*	6–9 g

Chronische Diarrhö hat das Milz- und Nieren-*Yang* erschöpft und führt zu Rektalprolaps oder Darminkontinenz.

Z blass, weißer Belag

P tief, langsam

ZHEN REN YANG ZANG TANG

Dekokt des Wahren Mannes zur Nährung der Organe

Ren Shen	*Panax*	6–9 g
Rou Gui	*Cinnamomum*	3 g
Bai Zhu	*Atractylodes*	6–12 g
He Zi	*Terminalia*	6–9 g
Rou Dou Kou	*Myristica*	9–12 g
Ying Su Ke	*Papaver*	6–15 g
Mu Xiang	*Saussurea*	3–9 g
Dang Gui	*Angelica*	6–15 g
Bai Shao Yao	*Paeonia*	9–12 g
Zhi Gan Cao	*Glycyrrhiza*	3–6 g

Nahrungsstagnation im mittleren Erwärmer mit Feuchte- und Hitze-Retention: Kälte und Hitze im mittleren Erwärmer mit Milz-Mangel. Symptome sind u.a. schmerzhaftes Druckgefühl, übel riechende Diarrhö, Schleim, Tenesmus, Gase oder Obstipation.

Z rot, rote Ränder, rau, dicker, klebriger gelber Belag

P schlüpfrig, schnell, voll

X Vorsicht während der Schwangerschaft.

ZHI SHI DAO ZHI WAN

Fructus Immaturus Citri Aurantii Pille, die Stagnation nach außen leitet

Zhi Shi	*Citrus*	9–15 g
Shen Qu	*Massa Fermentata*	9–15 g
Da Huang	*Rheum*	15–25 g
Huang Qin	*Scutellaria*	6–9 g
Huang Lian	*Coptis*	6–9 g
Fu Ling	*Poria*	6–9 g
Ze Xie	*Alisma*	6–9 g
Bai Zhu	*Atractylodes*	6–9 g

Syndrome der Körperflüssigkeiten (*Jin Ye*)

津液
体液失

Feuchtigkeits- und Schleimretention (*Tan Yin*)

- Spannungsgefühl in Epigastrium oder Abdomen
- Übelkeit, Erbrechen, verminderter Appetit
- Müdigkeit, Schweregefühl
- Schwindel
- Ödeme
- Leukorrhö
- Bildung von Raumforderungen, Klumpen, Knoten oder Abszessen
- *Ovarialzysten, Lipome, Struma, Karzinome*

Z dünner oder dicker, klebriger weißer oder gelblicher Belag

P schlüpfrig

Milz-/Magen-Mangel mit Feuchtigkeit führt zu Erbrechen oder Diarrhö.

Z blass, klebriger weißer Belag

P schwach, schlüpfrig

BAI ZHU SAN

Rhizoma Atractylodis Macrocephalae Pulver

Ren Shen	*Panax*	6–9 g
Bai Zhu	*Atractylodes*	9–15 g
Ge Gen	*Pueraria*	9–15 g
Huo Xiang	*Agastache*	9–15 g
Fu Ling	*Poria*	9–15 g
Mu Xiang	*Saussurea*	3–6 g
Gan Cao	*Glycyrrhiza*	3–6 g

Leber-Wind und Schleim steigen zum Kopf auf und führen zu Hypertonie, Schwindel, Übelkeit, Erbrechen oder Deviation von Augen oder Mund.

Z klebriger weißer Belag

P schlüpfrig

BAN XIA BAI ZHU TIAN MA TANG

Rhizoma Pinelliae Ternatae, Rhizoma Atractylodis Macrocephalae und Rhizoma Gastrodiae Elatae Dekokt

Ban Xia	*Pinellia*	6–9 g
Bai Zhu	*Atractylodes*	6–15 g
Tian Ma	*Gastrodia*	6–9 g
Fu Ling	*Poria*	6–9 g
Chen Pi	*Citrus*	3–6 g
Sheng Jiang	*Zingiber*	3–6 g
Da Zao	*Ziziphus*	1–3 St.
Gan Cao	*Glycyrrhiza*	3 g

Schleim und Leber-*Qi*-Stagnation führen zu Hysterie, Pflaumenkern-*Qi* oder Depression.

Z blass-violett, klebriger weißer oder gelblicher Belag

P schlüpfrig oder drahtig

BAN XIA HOU PO TANG

Rhizoma Pinelliae Ternatae und Cortex Magnoliae Officinalis Dekokt

Ban Xia	*Pinellia*	6–9 g
Hou Po	*Magnolia*	6–15 g
Zi Su Ye	*Perilla*	3–6 g
Fu Ling	*Poria*	6–9 g
Sheng Jiang	*Zingiber*	9–12 g

Taiyang-Störung mit hohem Fieber befällt und verletzt den Magen. Dadurch kann das _Qi_ nicht absteigen, was zu Nahrungs-, Feuchte- oder Wasserretention (oder Hitze- und Kälte-Retention im Magen) führt. Auch als _Pi Man_ (Glomus und Völle) bezeichnet. Symptome sind u.a. epigastrisches Völlegefühl, Darmgeräusche oder weiche Stühle.

Z gelber, klebriger Belag

P drahtig, schnell

BAN XIA XIE XIN TANG

Rhizoma Pinelliae Ternatae Dekokt, welches das Epigastrium abfließen lässt

Ban Xia	*Pinellia*	6–12 g
Huang Qin	*Scutellaria*	6–9 g
Huang Lian	*Coptis*	3–6 g
Gan Jiang	*Zingiber*	3–6 g
Ren Shen	*Panax*	6–9 g
Da Zao	*Ziziphus*	3–5 St.
Gan Cao	*Glycyrrhiza*	3–6 g

Äußere Wind-Kälte dringt in den Magen ein und verursacht starke Feuchtigkeitsretention, was zu Fieber und Frösteln, Diarrhö, Erbrechen, Druck- oder Völlegefühl im Abdomen führt.

Z klebriger weißer Belag

P schlüpfrig, oberflächlich

BU HUAN JING ZHENG QI SAN

Korrigiere das *Qi* Pulver, das wertvoller als Gold ist

Hou Po	*Magnolia*	9–12 g
Cang Zhu	*Atractylodes*	3–9 g
Huo Xiang	*Agastache*	6–9 g
Ban Xia	*Pinellia*	6–9 g
Chen Pi	*Citrus*	3–6 g
Gan Cao	*Glycyrrhiza*	3–6 g
[Sheng Jiang	*Zingiber*	3–6 g]
[Da Zao	*Ziziphus*	3–5 St.]

Starke Schleim-Feuchte-Retention führt zu Schwindel, Kopfschmerzen, zähem, schleimigem Auswurf oder Amenorrhö infolge von Schleim-Obstruktion.

Z dicker, klebriger weißer oder leicht gelblicher Belag

P schlüpfrig

CANG FU DAO TAN TANG

Rhizoma Atractylodis, Rhizoma Cyperi Rotundi und Dekokt, das Schleim ausleitet*

Ban Xia	*Pinellia*	6–9 g
Chen Pi	*Citrus*	3–6 g
Fu Ling	*Poria*	6–9 g
Tian Nan Xing	*Arisaema*	1–3 g
Zhi Shi	*Citrus*	3–9 g
Gan Cao	*Glycyrrhiza*	3–6 g
Cang Zhu	*Atractylodes*	3–9 g
Xiang Fu	*Cyperus*	3–9 g
Sheng Jiang	*Zingiber*	6–9 g

Milz-*Qi*-Mangel führt zu *Tan Yin* (Feuchtigkeits- oder Wasserretention). Symptome sind u.a. Borborygmus und weiche, wässrige Stühle.

Z blass, geschwollen, mit Zahnabdrücken, nass

P schlüpfrig

DA BAN XIA TANG

Größeres Rhizoma Pinelliae Ternatae Dekokt

Ban Xia	*Pinellia*	6–9 g
Fu Ling	*Poria*	6–9 g
Bai Feng Mi	*Mel*	9–15 g

Schleim-Feuchtigkeit (in der Lunge) mit Husten oder Koma führt zu Wind-Schleim, Schwindel oder Hypertonie.

Z dicker, klebriger Belag

P schlüpfrig

X *Tian Nan Xing*/Arisaema ist leicht toxisch.

DAO TAN TANG

Dekokt, das Schleim ausleitet

Ban Xia	*Pinellia*	6–9 g
Chen Pi	*Citrus*	3–6 g
Fu Ling	*Poria*	6–9 g
Gan Cao	*Glycyrrhiza*	3–6 g
Zhi Shi	*Citrus*	3–6 g
Tian Nan Xing	*Arisaema*	1–3 g
Sheng Jiang	*Zingiber*	3 g

Wind und Schleimretention führen zu Hypertonie, Vertigo und Aphasie.

Z steif, klebriger weißer oder gelblicher Belag

P schlüpfrig

DI TAN TANG

Dekokt, das Schleim ausspült

Ban Xia	*Pinellia*	6–9 g
Fu Ling	*Poria*	6–9 g
Zhi Shi	*Citrus*	3–6 g
Chen Pi	*Citrus*	3–6 g
Zhu Ru	*Bambusa*	1–3 g
Dan Nan Xing	*Arisaema*	1–3 g
Ren Shen	*Panax*	3–6 g
Shi Chang Pu	*Acorus*	6 g
Gan Cao	*Glycyrrhiza*	3–6 g
[Sheng Jiang	*Zingiber*	3–6 g]
[Da Zao	*Ziziphus*	1–3 St.]

Grundlegende Rezeptur für Schleim- und Feuchte-Retention infolge Magen- und Milz-*Qi*-Mangel. Symptome sind u.a. Übelkeit und Erbrechen oder epigastrisches Spannungsgefühl.

Z klebriger Belag

P schlüpfrig

* **Wichtige Rezeptur**

ER CHEN TANG

Zweifach behandeltes Dekokt

Ban Xia	*Pinellia*	6–9 g
Chen Pi	*Citrus*	3–6 g
Fu Ling	*Poria*	6–9 g
Gan Cao	*Glycyrrhiza*	3–6 g
[Sheng Jiang	*Zingiber*	3–6 g]
[Da Zao	*Ziziphus*	3 St.]

Feuchte-Hitze im unteren Erwärmer führt zu Schmerzen im unteren Rücken, heißen, geschwollenen Knien oder Füßen oder übel riechender Leukorrhö.

Z klebriger gelber Belag

P schlüpfrig, schnell

ER MIAO SAN

Zwei Wunder Pulver

Cang Zhu	*Atractylodes*	15 g
Huang Bai	*Phellodendron*	15 g

Wind-Hitze mit innerer Hitze im mittleren Erwärmer und Hitze und Feuchtigkeit im Dickdarm führen zu Dysenterie: *Taiyang*- und *Yangming*-Störung. Symptome sind u. a. Fieber, Durst oder Brennen am Anus.

Z rot, gelber Belag

P schnell, schlüpfrig

GE GEN HUANG LIAN HUANG QIN TANG

Radix Puerariae, Rhizoma Coptidis und Radix Scutellariae Dekokt

Ge Gen	*Pueraria*	12–15 g
Huang Lian	*Coptis*	9 g
Huang Qin	*Scutellaria*	6–9 g
Gan Cao	*Glycyrrhiza*	3–6 g

Blut-*Xue*-Stase (*Xue Yu*) und Schleim-Stagnation im Uterus führen zur Bildung von Raumforderungen oder Klumpen, Amenorrhö, Dysmenorrhö oder unruhigem Fötus.

Z violett, klebriger Belag

P drahtig, schlüpfrig, rau

GUI ZHI FU LING WAN

Ramulus Cinnamomi Cassiae und Sclerotium Poriae Cocos Pille

Gui Zhi	*Cinnamomum*	6–12 g
Fu Ling	*Poria*	6–12 g
Mu Dan Pi	*Paeonia*	6–12 g
Tao Ren	*Prunus*	6–12 g
Chi Shao Yao	*Paeonia*	9–12 g

Schleimretention führt zu Verhärtungen; oder Leber-*Qi*-Stagnation führt zu Struma oder Krebs.

Z klebriger Belag

P schlüpfrig, drahtig

HAI ZAO YU HU TANG

Herba Sargassi Dekokt für die Jade-Flasche

Hai Zao	*Sargassum*	3–6 g
Kun Bu	*Laminaria*	3–6 g
Hai Dai	*Laminaria*	1,5 g
Du Huo	*Angelica*	3–6 g
Lian Qiao	*Forsythia*	3–6 g
Zhe Bei Mu	*Fritillaria*	3–6 g
Chuan Xiong	*Ligusticum*	3–6 g
Ban Xia	*Pinellia*	3–6 g
Dang Gui	*Angelica*	3–6 g
Chen Pi	*Citrus*	3–6 g
Qing Pi	*Citrus*	3–6 g
Gan Cao	*Glycyrrhiza*	3–6 g

Kälte in Milz/Magen nach Aufnahme kalter Nahrung mit Feuchtigkeits- und *Qi*-Stagnation im Zentrum. Symptome sind u. a. Appetitlosigkeit, weiche Stühle oder Übelkeit und Erbrechen.

Z blass, klebriger weißer Belag

P schwach, tief oder straff

HOU PO WEN ZHONG TANG

Cortex Magnoliae Officinalis Dekokt zur Wärmung der Mitte

Hou Po	*Magnolia*	30 g
Gan Jiang	*Zingiber*	2 g
Mu Xiang	*Saussurea*	15 g
Chen Pi	*Citrus*	30 g
Fu Ling	*Poria*	15 g
Cao Dou Kou	*Alpinia*	15 g
Zhi Gan Cao	*Glycyrrhiza*	15 g
[*Sheng Jiang*	*Zingiber*	3 g]

Wind-Feuchte-Hitze-Invasion greift den mittleren Erwärmer an und führt zu wiederkehrendem Fieber und leichtem Durst.

Z klebriger gelblicher Belag, feucht

P träge

HUANG QIN HUA SHI TANG

Radix Scutellariae und Talcum Dekokt

Huang Qin	*Scutellaria*	6–9 g
Hua Shi	*Talcum*	6–12 g
Bai Dou Kou	*Amomum*	1–3 g
Da Fu Pi	*Areca*	3–6 g
Fu Ling Pi	*Poria*	6–9 g
Zhu Ling	*Polyporus*	6–9 g
Tong Cao	*Tetrapanax*	3–6 g

Wind-Feuchte-Hitze-Invasion mit bereits bestehender innerer Feuchtigkeitsretention und *Qi-/Yang*-Mangel.

Z dünner, klebriger weißer Belag

P schlüpfrig, sanft, etwas langsam

HUO PO XIA LING TANG

Herba Agastaches seu Pogostemi, Cortex Magnoliae Officinalis, Rhizoma Pinelliae Ternatae und Sclerotium Poriae Cocos Dekokt

Huo Xiang	*Agastache*	6 g
Hou Po	*Magnolia*	3 g
Ban Xia	*Pinellia*	4,5 g
Chi Fu Ling	*Poria*	9 g
Zhu Ling	*Polyporus*	4,5 g
Dan Dou Chi	*Glycine*	9 g
Ze Xie	*Alisma*	4,5 g
Bai Dou Kou	*Amomum*	2 g
Yi Yi Ren	*Coix*	12 g
Xing Ren	*Prunus*	9 g

Wind-Kälte und Feuchtigkeitsretention mit *Qi*-Stagnation im mittleren Erwärmer führt zu Diarrhö, Übelkeit, Erbrechen, Kopfschmerzen oder Fieber und Schüttelfrost.

Z weißer, klebriger Belag

P sanft oder schlüpfrig

H Alle Zutaten zu Pulver vermahlen. Zwei- bis dreimal täglich 6 g einnehmen.

HUO XIANG ZHENG QI SAN

Herba Agastaches seu Pogostemi Pulver, das das *Qi* korrigiert

Huo Xiang	*Agastache*	9 g
Hou Po	*Magnolia*	6–9 g
Bai Zhi	*Angelica*	3–6 g
Zi Su Ye	*Perilla*	3–6 g
Chen Pi	*Citrus*	6 g
Bai Zhu	*Atractylodes*	6 g
Fu Ling	*Poria*	3–6 g
Ban Xia	*Pinellia*	6 g
Da Fu Pi	*Areca*	3–6 g
Jie Geng	*Platycodon*	6 g
Gan Cao	*Glycyrrhiza*	6–9 g
[Da Zao	*Ziziphus*	1–3 g]
[Sheng Jiang	*Zingiber*	3–6 g]

Erhitztes Wasser/Schleim in Magen und Dickdarm mit *Qi*-Stagnation führt zu Ödemen mit Dyspnoe oder Mundtrockenheit.

Z rot, klebriger gelber Belag

P schnell, schlüpfrig

X Nicht während der Schwangerschaft einsetzen.

JI JIAO LI HUANG WAN

Radix Stephaniae Tetrandrae, Semen Zanthoxyli Bungeani, Semen Descurainiae seu Lepidii und Radix et Rhizoma Rhei Pille

Han Fang Ji	*Stephania*	3 g
Chuan Jiao	*Zanthoxylum*	3 g
Da Huang	*Rheum*	3 g
Ting Li Zi	*Lepidium*	3 g

Wässrige Flüssigkeiten in der Lunge und Milz-*Yang*-Mangel führen zu Husten, Keuchatmung und Beklemmungsgefühl im Thorax.

Z blass, klebriger oder schmieriger weißer Belag

P schlüpfrig, drahtig

LING GAN WU WEI JIANG XIN TANG

Sclerotium Poriae Cocos, Radix Glycyrrhizae Uralensis, Fructus Schisandrae Chinensis, Rhizoma Zingiberis Officinalis und Herba cum Radice Asari Dekokt

Fu Ling	*Poria*	6–12 g
Gan Cao	*Glycyrrhiza*	3–9 g
Wu Wei Zi	*Schisandra*	6–9 g
Gan Jiang	*Zingiber*	3–9 g
Xi Xin	*Asarum*	6–9 g

Milz-/Magen-*Yang*-Mangel führt zu Schleimretention, die die Lungen angreift; oder *Taiyang*-Störung wurde falsch behandelt und in die Milz geleitet, was zu Wasserretention führt. Symptome sind u.a. Dyspnoe, klarer schleimiger Auswurf und Druckgefühl in Brustkorb und Flanken.

Z blass, schmieriger weißer Belag

P schlüpfrig, schwach, tief

LING GUI ZHU GAN TANG

Sclerotium Poriae Cocos, Ramulus Cinnamomi Cassiae, Rhizoma Atractylodis Macrocephalae und in Honig gebratene Radix Glycyrrhizae Uralensis Dekokt

Fu Ling	*Poria*	6–12 g
Gui Zhi	*Cinnamomum*	3–9 g
Bai Zhu	*Atractylodes*	6–9 g
Gan Cao	*Glycyrrhiza*	3–6 g

Milz-/Magen-*Qi*-Mangel mit leichten Feuchtigkeits-Symptomen wie Appetitmangel, Spannungsgefühl im mittleren Erwärmer oder Übelkeit und Erbrechen.

Z blass, dünner, klebriger Belag

P schwach, leicht schlüpfrig

LIU JUN ZI TANG

Sechs Gentlemen Dekokt

Ren Shen	*Panax*	6–9 g
Bai Zhu	*Atractylodes*	6–9 g
Fu Ling	*Poria*	6–9 g
Chen Pi	*Citrus*	3–6 g
Ban Xia	*Pinellia*	6–9 g
Gan Cao	*Glycyrrhiza*	3–6 g

Milz-Mangel mit Feuchtigkeit, die sich im mittleren Erwärmer in Hitze verwandelt; oder Magen-/Milz-Mangel führt zu Mangel an Körpersäften und Mangel-Hitze.

Z blass oder rot, klebriger Belag

P schlüpfrig, schwach, dünn

LIU SHEN SAN

Sechs Wunder Pulver aus Standards of Patterns and Treatments

Ren Shen	*Panax*	6–9 g
Bai Zhu	*Atractylodes*	3–9 g
Fu Ling	*Poria*	6–9 g
Bian Dou	*Dolichos*	6–9 g
Huang Qi	*Astragalus*	6–12 g
Gan Cao	*Glycyrrhiza*	3–6 g
[Sheng Jiang	*Zingiber*	1–2 St.]
[Da Zao	*Ziziphus*	1–2 St.]

Feuchte-Hitze im unteren Erwärmer oder Leber-Feuer. Symptome sind u.a. gerötete und juckende Augen, Schläfenkopfschmerzen, übel riechende Leukorrhö oder Pruritus.

Z rot, klebriger gelber Belag

P drahtig, schnell, schlüpfrig

LONG DAN XIE GAN TANG

Radix Gentianae Londancao Dekokt, das die Leber entlastet

Long Dan Cao	*Gentiana*	6–9 g
Zhi Zi	*Gardenia*	3–9 g
Mu Tong	*Akebia*	6–9 g
Huang Qin	*Scutellaria*	6–9 g
Ze Xie	*Alisma*	6–9 g
Che Qian Zi	*Plantago*	6–9 g
Dang Gui	*Angelica*	6–9 g
Sheng Di Huang	*Rehmannia*	6–12 g
Chai Hu	*Bupleurum*	6–9 g
Gan Cao	*Glycyrrhiza*	3–6 g

Magen-/Milz-Mangel mit Kälte-Feuchte und *Qi*-Stagnation im mittleren Erwärmer führt zu Völle- und Spannungsgefühl.

Z dicker, klebriger weißer Belag

P schlüpfrig

PING WEI SAN

Beruhige den Magen Pulver

Hou Po	*Magnolia*	6–12 g
Cang Zhu	*Atractylodes*	9–15 g
Chen Pi	*Citrus*	6–12 g
Gan Cao	*Glycyrrhiza*	3–6 g
[Da Zao	*Ziziphus*	3–6 St.]
[Sheng Jiang	*Zingiber*	3–6 g]

Schleim-Feuchtigkeit führt zu Unfruchtbarkeit oder Leukorrhö.

Z dicker, klebriger weißer Belag

P schlüpfrig oder sanft

QI GONG WAN

Offener Uterus Pille*

Ban Xia	*Pinellia*	6–9 g
Fu Ling	*Poria*	6–9 g
Cang Zhu	*Atractylodes*	6–9 g
Shen Qu	*Massa Fermentata*	6–12 g
Chen Pi	*Citrus*	3–6 g
Xiang Fu	*Cyperus*	6–9 g
Chuan Xiong	*Ligusticum*	3–6 g

Wind-Schleim greift die Meridiane an, vor allem im Kopf- und Gesichtsbereich, mit bereits bestehendem *Qi*- und *Yang*-Mangel. Das führt zu Paralyse, fazialen Zuckungen, Muskelsteife, Spasmen oder weichen Stühlen.

Z blass, geschwollen, mit Zahnabdrücken, dicker klebriger Belag

P schlüpfrig, tief, kraftlos

X Die Rezeptur ist toxisch und sollte nicht über einen längeren Zeitraum eingenommen werden. Nicht während der Schwangerschaft anwenden.

QIAN ZHENG SAN

Pulver, das zu Symmetrie führt

Jiang Can	*Bombyx*	6 g
Bai Fu Zi	*Typhonium*	6 g
Quan Xie	*Buthus*	6 g

Milz-*Qi*-Mangel mit Feuchtigkeit führt zu Diarrhö und unregelmäßiger Menstruation. Weitere Symptome sind Gewichtsverlust, Müdigkeit, Appetitmangel oder Blässe.

Z blass, weißer Belag

P schwach oder dünn

SHEN LING BAI ZHU SAN

Radix Ginseng, Sclerotium Poriae Cocos und Rhizoma Atractylodis Macrocephalae Pulver

Ren Shen	*Panax*	9–15 g
Fu Ling	*Poria*	9–12 g
Bai Zhu	*Atractylodes*	3–9 g
Gan Cao	*Glycyrrhiza*	6–9 g
Lian Zi	*Nelumbo*	3–9 g
Yi Yi Ren	*Coix*	6–15 g
Shan Yao	*Dioscorea*	9–15 g
Bian Dou	*Dolichos*	6–9 g
Jie Geng	*Platycodon*	3–6 g
Sha Ren	*Amomum*	3 g

Feuchte-Hitze im unteren Erwärmer führt zu übel riechender Leukorrhö, trübem Urin und schmerzhaft geschwollenen Füßen.

Z rot, klebriger gelber Belag

P schlüpfrig, schnell

SI MIAO SAN

Vier Wunder Pulver

Cang Zhu	*Atractylodes*	6–9 g
Huang Bai	*Phellodendron*	6–9 g
Yi Yi Ren	*Coix*	6–12 g
Huai Niu Xi	*Achyranthes*	6–12 g

Milz-*Qi*-Mangel mit Feuchtigkeit und wässriger Leukorrhö, Ödemen oder krampfartigen Schmerzen. Weitere Symptome sind weiche Stühle und Harnverhalt.

Z klebriger weißer Belag

P schwach, schlüpfrig

WEI LING TANG

Beruhige den Magen und Sclerotium Poriae Cocos Dekokt

Ze Xie	*Alisma*	6–12 g
Zhu Ling	*Polyporus*	6–9 g
Fu Ling	*Poria*	6–9 g
Bai Zhu	*Atractylodes*	3–9 g
Gui Zhi	*Cinnamomum*	3–9 g
Hou Po	*Magnolia*	6–12 g
Cang Zhu	*Atractylodes*	3–9 g
Chen Pi	*Citrus*	3–6 g
Sheng Jiang	*Zingiber*	3–6 g
Da Zao	*Ziziphus*	3–6 St.
Gan Cao	*Glycyrrhiza*	3–6 g

Wind-Kälte mit innerer Feuchtigkeit führt zu einer Erkältung ohne Schwitzen. Dabei können auch Magengrippe, Schweregefühl im Kopf, Kälteaversion oder Übelkeit und Erbrechen auftreten.

Z weißer, klebriger Belag

P oberflächlich

XIANG RU SAN

Herba Elsholtziae seu Moslae Pulver

Xiang Ru	*Elsholtzia*	9–12 g
Hou Po	*Magnolia*	9–12 g
Bian Dou	*Dolichos*	6–9 g

Milz-/Magen-*Qi*-Mangel mit *Qi*-Stagnation und Feuchte-Kälte im mittleren Erwärmer führt zu abdominalem Völlegefühl oder morgendlicher Übelkeit.

Z blass, blass-violett, geschwollen, klebriger weißer Belag

P schlüpfrig, schwach

XIANG SHA LIU JUN ZI TANG

Sechs Gentlemen Dekokt mit Radix Aucklandiae Lappae und Fructus Amomi

Ren Shen	*Panax*	6–9 g
Fu Ling	*Poria*	6–9 g
Bai Zhu	*Atractylodes*	3–9 g
Chen Pi	*Citrus*	3–6 g
Ban Xia	*Pinellia*	6–9 g
Sha Ren	*Amomum*	3 g
Mu Xiang	*Saussurea*	3–6 g
Zhi Gan Cao	*Glycyrrhiza*	3–6 g

Milz- und Magen-*Qi*-Mangel mit Feuchtigkeitsretention. Symptome sind u. a. Völlegefühl, Übelkeit und Erbrechen, weiche Stühle, Appetitmangel oder morgendliche Übelkeit.

Z blass, dünner, klebriger weißer Belag

P schlüpfrig, schwach

XIANG SHA YANG WEI TANG

Nähre den Magen Dekokt mit Radix Aucklandiae Lappae und Fructus Amomi

Xiang Fu	*Cyperus*	6–9 g
Bai Dou Kou	*Amomum*	3–6 g
Sha Ren	*Amomum*	3–6 g
Mu Xiang	*Saussurea*	3–6 g
Bai Zhu	*Atractylodes*	6–9 g
Fu Ling	*Poria*	6–9 g
Chen Pi	*Citrus*	3–6 g
Dang Shen	*Codonopsis*	9–12 g
Hou Po	*Magnolia*	6–12 g
Cang Zhu	*Atractylodes*	3–9 g
Sheng Jiang	*Zingiber*	3–6 g
Da Zao	*Ziziphus*	3–6 St.
Zhi Gan Cao	*Glycyrrhiza*	3–6 g

Milz-*Qi*- und -*Yang*-Mangel mit Feuchtigkeits- und Wasserretention führt zu weichen Stühlen mit unverdauten Nahrungsbestandteilen.

Z blass, geschwollen, mit Zahnabdrücken, weißer, klebriger Belag

P schwach, tief oder kraftlos

XIAO BAN XIA TANG

Kleineres Rhizoma Pinelliae Ternatae Dekokt

Ban Xia	*Pinellia*	6–9 g
Sheng Jiang	*Zingiber*	3–6 g

Struma, Skrofulose und Bildung von Klumpen infolge von *Yin*-Mangel mit leerer Hitze. Die leere Hitze trocknet die Körpersäfte aus und führt zu Schleimretention.

Z rot, Belag

P schnell, schlüpfrig oder drahtig

XIAO LUO WAN

Pille, die Skrofulose vermindert

Chuan Bei Mu	*Fritillaria*	6–12 g
Mu Li	*Ostrea*	6–12 g
Xuan Shen	*Scrophularia*	6–12 g

Schleim-Hitze in Thorax (Herz) oder Epigastrium (Magen) führt zu Bronchitis, Obstipation, schmerzhaftem Spannungs- oder Druckgefühl in der Brust, Taubheitsgefühl oder bitterem Mundgeschmack.

Z rot, klebriger gelber Belag

P schnell, schlüpfrig

XIAO XIAN XIONG TANG

Kleineres Dekokt, das in den Thorax sinkt

Gua Lou	*Trichosanthes*	20 g
Huang Lian	*Coptis*	3 g
Ban Xia	*Pinellia*	6–9 g

Schleimretention mit Magen-*Qi*-Mangel führt zu Schluckauf, Völlegefühl oder Übelkeit und Erbrechen.

Z blass, weißer, klebriger Belag

P kraftlos, schlüpfrig oder drahtig

H *Xuan Fu Hua*/Inula wird bei der Herstellung des Dekokts in ein Tuch eingeschlagen.

XUAN FU DAI ZHE TANG

Flos Inulae und Haematitum Dekokt

Xuan Fu Hua	*Inula*	6–9 g
Dai Zhe Shi	*Haematitum*	6–12 g
Ren Shen	*Panax*	6–9 g
Ban Xia	*Pinellia*	6–9 g
Da Zao	*Ziziphus*	3–6 St.
Sheng Jiang	*Zingiber*	6–9 g
Zhi Gan Cao	*Glycyrrhiza*	3–6 g

Patient mit *Qi*-/Blut-*Xue*-/*Yang*-Mangel zieht sich eine Erkältung zu. Dies führt zu Feuchtigkeits- und Schleimretention in Meridianen, Muskeln, Organen oder unter der Haut und resultiert in geschwollenen Gelenken mit Atrophien, Skrofulose oder multiplen Abszessen.

Z blass, dicker, klebriger weißer Belag

P schwach, dünn, tief

YANG HE TANG

Dekokt, das das *Yang* ermutigt

Shu Di Huang	*Rehmannia*	20–30 g
Rou Gui	*Cinnamomum*	6–9 g
Bai Jie Zi	*Brassica*	3–6 g
Lu Jiao Jiao	*Cervus*	9–12 g
Pao Jiang	*Zingiber*	1–3 g
Ma Huang	*Ephedra*	1–3 g
Gan Cao	*Glycyrrhiza*	3–6 g

Feuchtigkeitsretention fließt nach unten ab und verursacht klare weiße Leukorrhö.

Z geschwollen, dicker weißer Belag

P schlüpfrig

YI ZHI TANG

Dekokt, das die Weisheit fördert*

Bai Zhu	*Atractylodes*	9 g
Fu Ling	*Poria*	9 g
Chen Pi	*Citrus*	6 g
Cang Zhu	*Atractylodes*	6 g
Yi Yi Ren	*Coix*	6 g
Chai Hu	*Bupleurum*	6 g
Sheng Ma	*Cimicifuga*	2 g
Zhi Gan Cao	*Glycyrrhiza*	3 g

Feuchte-Hitze-Retention im mittleren Erwärmer (Leber/Gallenblase) führt zu *Yang*-Ikterus, Dysurie oder Hepatitis mit leichtem Fieber.

Z leicht rot, dicker, klebriger Belag

P schlüpfrig, etwas schnell

YIN CHEN WU LING SAN

Herba Artemisiae Yinchenhao und Fünf Bestandteile Pulver mit Sclerotium Poriae Cocos

Yin Chen Hao	*Artemisia*	10–20 g
Fu Ling	*Poria*	6–12 g
Zhu Ling	*Polyporus*	6–9 g
Bai Zhu	*Atractylodes*	3–9 g
Ze Xie	*Alisma*	6–9 g
Gui Zhi	*Cinnamomum*	3–9 g

Kälte-Feuchtigkeit ist in die Milz eingedrungen und führt zu Wasserretention und Milz-*Yang*-Mangel. Das verursacht Feuchtigkeit im mittleren Erwärmer, was die Gallenblase quält, sodass die Galle nicht angemessen zirkulieren kann. Dies manifestiert sich als *Yin*-Ikterus.

Z blass, weißer Belag

P schwach, tief

YIN CHEN ZHU FU TANG

Herba Artemisiae Yinchenhao, Rhizoma Atractylodis Macrocephalae und Radix Lateralis Aconiti Carmichaeli Praeparata Dekokt

Yin Chen Hao	*Artemisia*	3–6 g
Gan Jiang	*Zingiber*	3–6 g
Bai Zhu	*Atractylodes*	6–9 g
Rou Gui	*Cinnamomum*	1–3 g
Fu Zi	*Aconitum*	1–3 g
Zhi Gan Cao	*Glycyrrhiza*	3–6 g

Stagnationen aller Art (*Qi*, Blut-*Xue*, Nahrung, Feuchtigkeit etc.). Symptome sind u. a. Druck- und Völlegefühl in Epigastrium oder Thorax, Übelkeit und Erbrechen oder Appetitmangel.

Z abhängig vom jeweiligen Syndrom

P abhängig vom jeweiligen Syndrom

YUE JU WAN

Flucht aus der Einschnürung Pille

Chuan Xiong	*Ligusticum*	3–9 g
Cang Zhu	*Atractylodes*	3–9 g
Zhi Zi	*Gardenia*	3–9 g
Xiang Fu	*Cyperus*	3–9 g
Shen Qu	*Massa Fermentata*	3–9 g

Schleimretention im mittleren Erwärmer beeinträchtigt die Milz. Dies führt zu verstärkter Feuchtigkeits- und Wasserretention, die sich dann unter der Haut ausbreitet und Ödeme verursacht.

Z dicker weißer, klebriger Belag

P tief, schlüpfrig

ZHI MI FU LING TANG

Kleiner Finger Sclerotium Poriae Cocos Dekokt*

Ban Xia	*Pinellia*	6–15 g
Fu Ling	*Poria*	6–15 g
Zhi Ke	*Citrus*	3–9 g
Mang Xiao	*Mirabilitum*	1–3 g
[Sheng Jiang	*Zingiber*	3–6 g]

Nahrungsstagnation im mittleren Erwärmer mit Feuchte- und Hitze-Retention: Kälte und Hitze im mittleren Erwärmer mit Milz-Mangel. Symptome sind u. a. schmerzhaftes Druckgefühl, übel riechende Diarrhö, Schleim, Tenesmus, Gase oder Obstipation.

Z rot, rote Ränder, rau, dicker, klebriger gelber Belag

P schlüpfrig, schnell, voll

X Vorsicht während der Schwangerschaft.

ZHI SHI DAO ZHI WAN

Fructus Immaturus Citri Aurantii Pille, die Stagnation nach außen leitet

Zhi Shi	*Citrus*	9–15 g
Shen Qu	*Massa Fermentata*	9–15 g
Da Huang	*Rheum*	15–25 g
Huang Qin	*Scutellaria*	6–9 g
Huang Lian	*Coptis*	6–9 g
Fu Ling	*Poria*	6–9 g
Ze Xie	*Alisma*	6–9 g
Bai Zhu	*Atractylodes*	6–9 g

Feuchte-Hitze-Retention im mittleren Erwärmer. Es liegt mehr Feuchtigkeit als Hitze vor. Führt zu Druckgefühl im Abdomen, Durst ohne Verlangen zu trinken oder Völlegefühl unmittelbar nach dem Essen oder Trinken. Dieses Rezept ist auch wirksam bei *Yang*-Ikterus.

Z rot, dicker, klebriger Belag

P schlüpfrig, schnell

ZHONG JIAO XIAN BI TANG

Mittlerer Erwärmer und Kläre die Feuchtigkeit Dekokt*

Xing Ren	*Prunus*	3–6 g
Yi Yi Ren	*Coix*	9–12 g
Hua Shi	*Talcum*	6 g
Dou Juan	*Glycine*	9 g
Zhi Zi	*Gardenia*	6–9 g
Lian Qiao	*Forsythia*	6 g
Ban Xia	*Pinellia*	6–9 g
Han Fang Ji	*Stephania*	6–9 g
Can Sha	*Bombyx*	3–6 g
Shan Zha	*Crataegus*	3–9 g
Bian Dou	*Dolichos*	6–9 g

Wasserretention *(Ying)*

- Borborygmus
- Völlegefühl im Epigastrium oder Abdomen
- Ödeme
- Röchelatmung, Schweregefühl im Brustkasten
- Müdigkeit, allgemeines Schweregefühl, Appetitlosigkeit
- *Aszites*

Z weißer Belag
P drahtig

***Taiyang*-Störung mit hohem Fieber befällt und verletzt den Magen. Dadurch kann das *Qi* nicht absteigen, was zu Nahrungs-, Feuchte- oder Wasserretention (oder Hitze- und Kälte-Retention im Magen) führt. Auch als *Pi Man* (Glomus und Völle) bezeichnet. Symptome sind u. a. epigastrisches Völlegefühl, Darmgeräusche oder weiche Stühle, Keuchen, Beklemmungsgefühl im Thorax, Müdigkeit, Schweregefühl, verminderter Appetit, Aszites.**

Z gelber, klebriger Belag

P drahtig, schnell

BAN XIA XIE XIN TANG

Rhizoma Pinelliae Ternatae Dekokt, welches das Epigastrium abfließen lässt

Ban Xia	*Pinellia*	6–12 g
Huang Qin	*Scutellaria*	6–9 g
Huang Lian	*Coptis*	3–6 g
Gan Jiang	*Zingiber*	3–6 g
Ren Shen	*Panax*	6–9 g
Da Zao	*Ziziphus*	3–5 St.
Gan Cao	*Glycyrrhiza*	3–6 g

***Shaoyang*-Syndrom mit Wasser- und Feuchtigkeitsretention führt zu Druckgefühl im Hypochondrium, Malaria-Symptomen und mehr Frösteln als Fieber.**

Z dünner weißer Belag

P drahtig

CHAI HU GUI ZHI GAN JIANG TANG

Radix Bupleuri, Ramulus Cinnamomi Cassiae und Rhizoma Zingiberis Officinalis Dekokt

Chai Hu	*Bupleurum*	6–12 g
Gui Zhi	*Cinnamomum*	6–9 g
Gan Jiang	*Zingiber*	6–9 g
Huang Qin	*Scutellaria*	6–9 g
Mu Li	*Ostrea*	6–9 g
Tian Hua Fen	*Trichosanthes*	9–12 g
Gan Cao	*Glycyrrhiza*	3–6 g

Wind-Kälte-Invasion hat sich in Hitze verwandelt und ist in die *Shaoyang*-Schicht eingedrungen, was zu Wasserretention im Bereich des Hypochondriums führt.

Z rote Spitze, dünner gelber Belag

P oberflächlich oder drahtig

CHAI ZHI BAN XIA TANG

Radix Bupleuri, Fructus Citri Aurantii und Rhizoma Pinelliae Ternatae Dekokt*

Chai Hu	*Bupleurum*	9–15 g
Zhi Ke	*Citrus*	3–9 g
Ban Xia	*Pinellia*	6–12 g
Huang Qin	*Scutellaria*	6–15 g
Jie Geng	*Platycodon*	3–6 g
Xing Ren	*Prunus*	6–9 g
Qing Pi	*Citrus*	3–9 g
Gan Cao	*Glycyrrhiza*	3–6 g

Nieren-*Qi*- und -*Yang*-Mangel führt zu Ödemen, die sich vor allem in der Oberflächen- und Muskelschicht manifestieren.

Z blass, geschwollen, klebriger weißer Belag

P schwach, tief, schlüpfrig

FANG JI FU LING TANG

Radix Stephaniae Tetrandrae und Sclerotium Poriae Cocos Dekokt

Han Fang Ji	*Stephania*	9–12 g
Fu Ling	*Poria*	9–18 g
Gui Zhi	*Cinnamomum*	9–12 g
Huang Qi	*Astragalus*	9–12 g
Gan Cao	*Glycyrrhiza*	3–6 g

Wind-Ödeme oder Wind-Feuchtigkeit mit Milz- und *Wei-Qi*-Mangel führen zu Schwitzen, Problemen bei der Blasenentleerung oder Ödemen in der Oberflächenschicht.

Z blass, dünner weißer Belag

P oberflächlich

FANG JI HUANG QI TANG

Radix Stephaniae Tetrandrae und Radix Astragali Membranacei Dekokt

Han Fang Ji	*Stephania*	9–12 g
Huang Qi	*Astragalus*	9–15 g
Bai Zhu	*Atractylodes*	6–9 g
Sheng Jiang	*Zingiber*	3–6 g
Da Zao	*Ziziphus*	3–4 St.
Gan Cao	*Glycyrrhiza*	3–6 g

Feuchtigkeits-/Wasserretention im mittleren Erwärmer führt zu abdominalem Völlegefühl, Aszites oder spärlichem Urin.

Z klebriger weißer Belag

P schlüpfrig

FEN XIAO TANG

Dekokt, das trennt und vermindert

Cang Zhu	*Atractylodes*	3–6 g
Bai Zhu	*Atractylodes*	3–6 g
Hou Po	*Magnolia*	6–9 g
Fu Ling	*Poria*	6–9 g
Chen Pi	*Citrus*	3–6 g
Zhu Ling	*Polyporus*	3–6 g
Deng Xin Cao	*Juncus*	1 St.
Ze Xie	*Alisma*	3–6 g
Xiang Fu	*Cyperus*	3–6 g
Mu Xiang	*Saussurea*	3–6 g
Zhi Shi	*Citrus*	3–6 g
Sha Ren	*Amomum*	1–3 g
Da Fu Pi	*Areca*	3–6 g
Sheng Jiang	*Zingiber*	3–6 g

Wasserretention im mittleren Erwärmer beeinträchtigt die Milz und verursacht abdominales oder epigastrisches Druckgefühl, Borborygmus, Müdigkeit, weiche Stühle oder verminderten Appetit.

Z rosa oder blass, nass

P schlüpfrig

FU LING GAN CAO TANG

Sclerotium Poriae Cocos und Radix Glycyrrhizae Uralensis Dekokt

Fu Ling	*Poria*	6 g
Gui Zhi	*Cinnamomum*	6 g
Sheng Jiang	*Zingiber*	9 g
Gan Cao	*Glycyrrhiza*	3 g

Erhitztes Wasser/Schleim in Magen und Dickdarm mit *Qi*-Stagnation führt zu Ödemen mit Dyspnoe oder Mundtrockenheit.

Z rot, klebriger gelber Belag

P schnell, schlüpfrig

X Nicht während der Schwangerschaft einsetzen.

JI JIAO LI HUANG WAN

Radix Stephaniae Tetrandrae, Semen Zanthoxyli Bungeani, Semen Descurainiae seu Lepidii und Radix et Rhizoma Rhei Pille

Han Fang Ji	*Stephania*	3 g
Chuan Jiao	*Zanthoxylum*	3 g
Da Huang	*Rheum*	3 g
Ting Li Zi	*Lepidium*	3 g

Nieren-*Yang*-Mangel führt zu Ödemen, spärlichem Urin oder gutartiger Prostatavergrößerung.

Z blass, geschwollen, mit Zahnabdrücken, weißer, klebriger Belag

P tief, drahtig, schlüpfrig, dünn

JI SHENG SHEN QI WAN

Nieren-*Qi* Pille aus Formulas to Aid the Living

Shu Di Huang	*Rehmannia*	6–12 g
Shan Yao	*Dioscorea*	6–12 g
Shan Zhu Yu	*Cornus*	6–9 g
Mu Dan Pi	*Paeonia*	6–12 g
Ze Xie	*Alisma*	6–9 g
Fu Ling	*Poria*	6–9 g
Fu Zi	*Aconitum*	6–9 g
Rou Gui	*Cinnamomum*	3–9 g
Che Qian Zi	*Plantago*	6–9 g
Chuan Niu Xi	*Cyathula*	6–9 g

Wässrige Flüssigkeiten in der Lunge und Milz-*Yang*-Mangel führen zu Husten, Keuchatmung und Beklemmungsgefühl im Thorax.

Z blass, klebriger oder schmieriger weißer Belag

P schlüpfrig, drahtig

LING GAN WU WEI JIANG XIN TANG

Sclerotium Poriae Cocos, Radix Glycyrrhizae Uralensis, Fructus Schisandrae Chinensis, Rhizoma Zingiberis Officinalis und Herba cum Radice Asari Dekokt

Fu Ling	*Poria*	6–12 g
Gan Cao	*Glycyrrhiza*	3–9 g
Wu Wei Zi	*Schisandra*	6–9 g
Gan Jiang	*Zingiber*	3–9 g
Xi Xin	*Asarum*	6–9 g

Das Herz-*Yang* wird nicht von den Nieren gewärmt, was zu Wasserretention führt, die nach oben steigt und abdominale Schmerzen, Angina pectoris, Magenkrämpfe, Kribbelgefühl im Abdomen (*Ben Ten Qi*/'Rennendes-Ferkel-Syndrom') oder spärlichen Urin verursacht.

Z blass, nass, klebriger weißer Belag

P tief, schwach, etwas langsam

LING GUI ZAO GAN TANG

Sclerotium Poriae Cocos, Ramulus Cinnamomi Cassiae, Fructus Zizyphi Jujubae und Radix Glycyrrhizae Uralensis Dekokt

Fu Ling	*Poria*	9–12 g
Gui Zhi	*Cinnamomum*	3–9 g
Da Zao	*Ziziphus*	3–4 St.
Gan Cao	*Glycyrrhiza*	3–6 g

Milz-/Magen-*Yang*-Mangel führt zu Schleimretention, die die Lungen angreift; oder *Taiyang*-Störung wurde falsch behandelt und in die Milz geleitet, was zu Wasserretention führt. Symptome sind u.a. Dyspnoe, klarer schleimiger Auswurf und Druckgefühl in Brustkorb und Flanken.

Z blass, schmieriger weißer Belag

P schlüpfrig, schwach, tief

* **Wichtige Rezeptur**

LING GUI ZHU GAN TANG

Sclerotium Poriae Cocos, Ramulus Cinnamomi Cassiae, Rhizoma Atractylodis Macrocephalae und in Honig gebratene Radix Glycyrrhizae Uralensis Dekokt

Fu Ling	*Poria*	6–12 g
Gui Zhi	*Cinnamomum*	3–9 g
Bai Zhu	*Atractylodes*	6–9 g
Gan Cao	*Glycyrrhiza*	3–6 g

Wind-Kälte mit bereits vorliegender Feuchtigkeit führt zu Wind-Kälte-Ödemen sowie zu Kopfschmerzen, die sich wie ein Band um den Kopf anfühlen.

Z weißer Belag

P oberflächlich, eventuell schlüpfrig

MA HUANG JIA ZHU TANG

Herba Ephedrae Dekokt mit Rhizoma Atractylodis Macrocephalae

Ma Huang	*Ephedra*	6–9 g
Xing Ren	*Prunus*	6–9 g
Gui Zhi	*Cinnamomum*	3–6 g
Gan Cao	*Glycyrrhiza*	3–6 g
Bai Zhu	*Atractylodes*	6–9 g

Wind-Kälte führt zu Ödemen im Gesicht und spärlichem Urin. Diese Rezeptur ist auch wirksam bei Ikterus in Verbindung mit *Taiyang*-Symptomen.

Z dünner weißer Belag

P oberflächlich, straff

MA HUANG LIAN QIAO CHI XIAO DOU TANG

Herba Ephedrae, Fructus Forsythiae Suspensae und Semen Phaseoli Calcarati Dekokt*

Ma Huang	*Ephedra*	3–9 g
Lian Qiao	*Forsythia*	6–9 g
Chi Xiao Dou	*Phaseolus*	6–9 g
Sang Bai Pi	*Morus*	6–9 g
Xing Ren	*Prunus*	6–9 g
Sheng Jiang	*Zingiber*	3–6 g
Da Zao	*Ziziphus*	3–4 St.
Gan Cao	*Glycyrrhiza*	3–6 g

Ödeme der Haut infolge von Milz-Mangel mit abdominalem Druckgefühl.

Z blass, geschwollen, mit Zahnabdrücken, weißer Belag

P schwach

QI PI YIN

Sieben Schalen Dekokt

Fu Ling Pi	*Poria*	9 g
Chen Pi	*Citrus*	3–9 g
Da Fu Pi	*Areca*	3–9 g
Di Gu Pi	*Lycium*	9 g
Sheng Jiang Pi	*Zingiber*	3–9 g
Qing Pi	*Citrus*	3–9 g
Gan Cao	*Glycyrrhiza*	3–6 g

Kalte Packungen wurden bei einem Patienten mit Erkältung und zugrunde liegendem Milz-*Yang*-Mangel eingesetzt. Nun ist die Kälte in tiefere Schichten vorgedrungen und hat zu schwerer Kälte-Stagnation mit Wasseransammlung unter dem Herzen geführt. Symptome sind u. a. Kurzatmigkeit, wässriges Sputum, Angina pectoris oder Druckgefühl im Brustkorb.

Z blass, nass

P langsam, leicht schlüpfrig

X *Ba Dou*/Croton ist extrem toxisch und sollte mit Vorsicht eingesetzt werden. Nicht während der Schwangerschaft verwenden.

SAN WU BAI SAN

Drei weiße Arzneien Pulver

Jie Geng	*Platycodon*	3–6 g
Bei Mu	*Fritillaria*	6–12 g
Ba Dou	*Croton*	1–3 g

Wasserretention mit Hitze, Feuchtigkeit und *Qi*-Stagnation; oder Magen-Mangel mit Nahrungsstagnation und Wasser. Symptome sind u. a. Diarrhö, Borborygmus oder epigastrisches Spannungsgefühl.

Z rot, klebriger gelber Belag

P schlüpfrig, schnell

SHENG JIANG XIE XIN TANG

Rhizoma Zingiberis Officinalis Recens Dekokt, das das Epigastrium abfließen lässt

Sheng Jiang	*Zingiber*	9–12 g
Ban Xia	*Pinellia*	6–9 g
Ren Shen	*Panax*	6–12 g
Gan Jiang	*Zingiber*	3–6 g
Huang Qin	*Scutellaria*	6–9 g
Huang Lian	*Coptis*	3–6 g
Da Zao	*Ziziphus*	6–10 St.
Gan Cao	*Glycyrrhiza*	3–6 g

Milz-/Nieren-*Qi*- und -*Yang*-Mangel führt zu Ödemen, vor allem im unteren Körperbereich. Weitere Symptome sind kalte Extremitäten, Appetitmangel, spärlicher Urin oder Schweregefühl.

Z blass, klebriger Belag

P tief, langsam, eventuell dünn

SHI PI YIN

Unterstütze die Milz Dekokt

Fu Zi	*Aconitum*	6–9 g
Bai Zhu	*Atractylodes*	6–9 g
Mu Gua	*Chaenomeles*	6–9 g
Hou Po	*Magnolia*	6–12 g
Gan Jiang	*Zingiber*	6–9 g
Mu Xiang	*Saussurea*	6–9 g
Fu Ling	*Poria*	6–9 g
Da Fu Pi	*Areca*	3–6 g
Cao Guo	*Amomum*	3–6 g
Zhi Gan Cao	*Glycyrrhiza*	3–6 g
[Da Zao	*Ziziphus*	1–3 St.]
[Sheng Jiang	*Zingiber*	3–6 g]

Herz-/Gallenblasen-*Qi*-Mangel mit Ödemen in den Extremitäten, thorakalem Beklemmungsgefühl, Palpitationen, Angstzuständen oder Furchtsamkeit.

Z blass

P schwach

SHI WEI WEN DAN TANG

Zehn Bestandteile Dekokt zur Erwärmung der Gallenblase

Ban Xia	*Pinellia*	6–9 g
Chen Pi	*Citrus*	3–6 g
Zhi Shi	*Citrus*	6 g
Fu Ling	*Poria*	6 g
Ren Shen	*Panax*	3–6 g
Suan Zao Ren	*Ziziphus*	3–6 g
Shu Di Huang	*Rehmannia*	3–9 g
Wu Wei Zi	*Schisandra*	3–6 g
Yuan Zhi	*Polygala*	3–6 g
Zhi Gan Cao	*Glycyrrhiza*	3 g
Da Zao	*Ziziphus*	2 St.
Sheng Jiang	*Zingiber*	5 St.

Chronische Wasserretention in Thorax und Hypochondrium führt zu Husten und Kurzatmigkeit.

Z weißer, klebriger Belag

P tief, drahtig

H Zutaten zu Pulver vermahlen und morgens in einer Dosierung von 0,7 g zusammen mit warmem Tee aus 10 St. *Da Zao*/Ziziphus einnehmen. Nach jeder Dosis sind zwischen fünf und sechs Defäkationen zu erwarten.

X Nicht während der Schwangerschaft oder bei geschwächten Patienten einsetzen. *Gan Sui*/Euphorbia ist toxisch.

SHI ZAO TANG

Dekokt aus zehn Jujuben

Gan Sui	*Euphorbia*	6 g
Yuan Hua	*Daphne*	6 g
Jing Da Ji	*Euphorbia*	6 g

Feuchte-Hitze-Retention führt zu Ödemen.

Z geschwollen, weißer oder klebriger Belag

P schnell, schlüpfrig

X Diese Rezeptur ist aufgrund des Bestandteils *Shang Lu*/Phytolacca leicht toxisch. Sollte nicht während der Schwangerschaft eingenommen werden.

SHU ZUO YIN ZI

Dekokt zur Diurese*

Qiang Huo	*Notopterygium*	6–9 g
Qin Jiao	*Gentiana*	9–12 g
Da Fu Pi	*Areca*	6–9 g
Fu Ling Pi	*Poria*	20–40 g
Shang Lu	*Phytolacca*	3–6 g
Mu Tong	*Akebia*	9–12 g
Ze Xie	*Alisma*	9–15 g
Chi Xiao Dou	*Phaseolus*	15–30 g
Chuan Jiao	*Zanthoxylum*	6–9 g
Sheng Jiang	*Zingiber*	3–6 g

Milz-/Magen-Mangel mit leichter Feuchtigkeit führt zu weichen Stühlen oder Harnverhalt.

Z blass, klebriger weißer Belag

P schlüpfrig, schwach

SI LING SAN

Vier Bestandteile Pulver mit Sclerotium Poriae Cocos

Zhu Ling	*Polyporus*	6–9 g
Fu Ling	*Poria*	6–9 g
Ze Xie	*Alisma*	6–9 g
Bai Zhu	*Atractylodes*	3–9 g

Schleim- und Flüssigkeitsretention in der Lunge führt zu Ödemen im Bereich von Augen und Gesicht, Husten, Asthma oder Lungenabszessen mit Schleim.

Z klebriger weißer Belag

P schlüpfrig

TING LI DA ZAO XIE FEI TANG

Semen Descurainiae seu Lepidii und Fructus Zizyphi Jujubae Dekokt, das die Lungen entlastet

Ting Li Zi	*Lepidium*	6–9 g
Da Zao	*Ziziphus*	6–12 St.

Milz-*Qi*-Mangel mit Feuchtigkeit und wässriger Leukorrhö, Ödemen oder krampfartigen Schmerzen. Weitere Symptome sind weiche Stühle und Harnverhalt.

Z klebriger weißer Belag

P schwach, schlüpfrig

WEI LING TANG

Beruhige den Magen und Sclerotium Poriae Cocos Dekokt

Ze Xie	*Alisma*	6–12 g
Zhu Ling	*Polyporus*	6–9 g
Fu Ling	*Poria*	6–9 g
Bai Zhu	*Atractylodes*	3–9 g
Gui Zhi	*Cinnamomum*	3–9 g
Hou Po	*Magnolia*	6–12 g
Cang Zhu	*Atractylodes*	3–9 g
Chen Pi	*Citrus*	3–6 g
Sheng Jiang	*Zingiber*	3–6 g
Da Zao	*Ziziphus*	3–6 St.
Gan Cao	*Glycyrrhiza*	3–6 g

Hitze und Wasserretention im unteren Erwärmer (Blase) mit leichten *Taiyang*-Symptomen (Wind-Kälte); oder Milz-*Qi*-Mangel mit Feuchtigkeit und Wasser führt zu Ödemen in der Haut- oder Muskelschicht.

Z klebriger weißer oder gelber Belag

P schlüpfrig oder oberflächlich

WU LING SAN

Fünf Bestandteile Pulver mit Sclerotium Poriae Cocos

Fu Ling	*Poria*	6–9 g
Zhu Ling	*Polyporus*	6–9 g
Ze Xie	*Alisma*	6–9 g
Gui Zhi	*Cinnamomum*	3–9 g
Bai Zhu	*Atractylodes*	6–9 g

Milz-*Qi*-Mangel mit Wasser/Feuchtigkeit und *Qi*-Stagnation führt zu Ödemen, Dyspnoe oder Harnverhalt.

Z blass, geschwollen, mit Zahnabdrücken, klebriger weißer Belag

P schlüpfrig

WU PI SAN

Fünf Schalen Pulver

Sang Bai Pi	*Morus*	6–15 g
Sheng Jiang Pi	*Zingiber*	6–9 g
Chen Pi	*Citrus*	3–9 g
Da Fu Pi	*Areca*	6–12 g
Fu Ling Pi	*Poria*	6–15 g

***Qi*-Stagnation und Blut-*Xue*-Stase (*Qi Zhi Xue Yu*) führen zu Schmerzen im Thorax mit Wasser-/Feuchtigkeitsretention: Leber greift die Lunge an. Symptome sind u. a. Schmerzen im Hypochondrium, eventuell Husten oder Heiserkeit.**

Z violett, dicker, klebriger Belag

P drahtig

H *Xuan Fu Hua*/Inula in ein Mulltuch einwickeln.

XIANG FU XUAN FU HUA TANG

Rhizoma Cyperi Rotundi und Flos Inulae Dekokt

Xiang Fu	*Cyperus*	6–9 g
Xuan Fu Hua	*Inula*	6–9 g
Yi Yi Ren	*Coix*	9–15 g
Chen Pi	*Citrus*	3–6 g
Zi Su Zi	*Perilla*	6–9 g
Ban Xia	*Pinellia*	6–9 g
Fu Ling	*Poria*	6–9 g

Wind-Kälte mit innerer Wasserretention führt zur Expektoration von reichlich schleimigem Sputum, Gliederschmerzen oder oberflächlichen Ödemen.

Z feuchter weißer Belag

P oberflächlich, straff

XIAO QING LONG TANG

Kleineres Blaugrüner Drachen Dekokt

Ma Huang	*Ephedra*	6–9 g
Gui Zhi	*Cinnamomum*	6–9 g
Xi Xin	*Asarum*	3 g
Wu Wei Zi	*Schisandra*	6–9 g
Gan Jiang	*Zingiber*	3 g
Bai Shao Yao	*Paeonia*	6–9 g
Ban Xia	*Pinellia*	6–9 g
Gan Cao	*Glycyrrhiza*	3–6 g

Kälte-Feuchtigkeit ist in die Milz eingedrungen und führt zu Wasserretention und Milz-*Yang*-Mangel. Das verursacht Feuchtigkeit im mittleren Erwärmer, was die Gallenblase quält, sodass die Galle nicht angemessen zirkulieren kann. Dies manifestiert sich als *Yin*-Ikterus.

Z blass, weißer Belag

P schwach, tief

YIN CHEN ZHU FU TANG

Herba Artemisiae Yinchenhao, Rhizoma Atractylodis Macrocephalae und Radix Lateralis Aconiti Carmichaeli Praeparata Dekokt

Yin Chen Hao	*Artemisia*	3–6 g
Gan Jiang	*Zingiber*	3–6 g
Bai Zhu	*Atractylodes*	6–9 g
Rou Gui	*Cinnamomum*	1–3 g
Fu Zi	*Aconitum*	1–3 g
Zhi Gan Cao	*Glycyrrhiza*	3–6 g

Wind-Ödeme mit Fieber und Schüttelfrost oder Oligurie.

Z dünner weißer Belag

P oberflächlich, schlüpfrig oder tief

YUE BI JIA ZHU TANG

Magd aus Yue Dekokt mit Rhizoma Atractylodis Macrocephalae

Ma Huang	*Ephedra*	6–9 g
Shi Gao	*Gypsum*	9–20 g
Bai Zhu	*Atractylodes*	6–9 g
Sheng Jiang	*Zingiber*	3–9 g
Da Zao	*Ziziphus*	3–7 St.
Gan Cao	*Glycyrrhiza*	3–6 g

Ödematose infolge von Wind führt zu Windaversion, spärlichem Urin, eventuell Schwitzen oder Fieber, Durst.

Z dünner weißer Belag

P oberflächlich

YUE BI TANG

Magd aus Yue Dekokt

Ma Huang	*Ephedra*	6–15 g
Sheng Jiang	*Zingiber*	3–9 g
Shi Gao	*Gypsum*	15–30 g
Da Zao	*Ziziphus*	6–12 St.
Gan Cao	*Glycyrrhiza*	3–6 g

Patient mit Milz-/Nieren-*Qi*- und -*Yang*-Mangel ist anfällig für Wind-Kälte mit innerer Wasserretention oder leidet unter Dysurie, Diarrhö oder Ödemen.

Z blass, geschwollen, mit Zahnabdrücken, feucht, dünner weißer Belag

P kraftlos oder verschwindend

ZHEN WU TANG

Wahrer Krieger Dekokt

Fu Zi	*Aconitum*	6–9 g
Bai Zhu	*Atractylodes*	6–9 g
Bai Shao Yao	*Paeonia*	6–9 g
Fu Ling	*Poria*	6–9 g
Sheng Jiang	*Zingiber*	6–9 g

Schleimretention im mittleren Erwärmer beeinträchtigt die Milz. Dies führt zu verstärkter Feuchtigkeits- und Wasserretention, die sich dann unter der Haut ausbreitet und Ödeme verursacht.

Z dicker, weißer, klebriger Belag

P tief, schlüpfrig

ZHI MI FU LING TANG

Kleiner Finger Sclerotium Poriae Cocos Dekokt*

Ban Xia	*Pinellia*	6–15 g
Fu Ling	*Poria*	6–15 g
Zhi Ke	*Citrus*	3–9 g
Mang Xiao	*Mirabilitum*	1–3 g
[Sheng Jiang	*Zingiber*	3–6 g]

Ausgeprägte Ödeme (Aszites), Wasser- und Hitze-Stagnation. Diese Rezeptur wirkt stark entwässernd.

Z rot, klebriger Belag

P schnell, tief, voll

H Kräuter zu Pulver vermahlen und morgens 3–6 g in Form von Pillen einnehmen. Nur Patienten mit starker Konstitution dürfen diese Dosierung öfter als einmal einnehmen.

X Nicht während der Schwangerschaft oder bei sehr geschwächten Patienten einsetzen. Die Rezeptur ist hoch toxisch und sollte nur für einen begrenzten Zeitraum angewandt werden. Nicht zusammen mit *Gan Cao*/Glycyrrhiza verwenden.

ZHOU CHE WAN

Schiff und Fahrzeug Pille

Gan Sui	*Euphorbia*	15 g
Yuan Hua	*Daphne*	15 g
Qian Niu Zi	*Pharbitis*	60 g
Jing Da Ji	*Euphorbia*	15 g
Qing Pi	*Citrus*	7,5 g
Chen Pi	*Citrus*	7,5 g
Da Huang	*Rheum*	30 g
Mu Xiang	*Saussurea*	7,5 g
Bing Lang	*Areca*	7,5 g
Qing Fen	*Calomelas*	1,5 g

Sechs Schichten

六经病症

Taiyang-Syndrome

siehe Wind-Invasion

Shaoyang-Syndrome

- bitterer Mundgeschmack
- abwechselnd Frösteln und Fieber
- Schmerzen im Rippenbereich
- Reizbarkeit
- *Ikterus, Malaria*

Z weißer Belag
P drahtig

***Shaoyang-* und *Yangming*-Meridian-Störung führt zu leichtem Frösteln mit starkem Fieber und Durst.**

Z rot, dünner gelber Belag

P schnell, eventuell überflutend

CHAI HU BAI HU TANG

Weißer Tiger Dekokt mit Radix Bupleuri

Chai Hu	*Bupleurum*	3–6 g
Huang Qin	*Scutellaria*	3–6 g
Shi Gao	*Gypsum*	12–20 g
Zhi Mu	*Anemarrhena*	6–12 g
Tian Hua Fen	*Trichosanthes*	6–9 g
Jing Mi	*Oryza*	6–9 g
Gan Cao	*Glycyrrhiza*	3–6 g

Schleim-Feuchtigkeits-Obstruktion in Thorax und Epigastrium mit Komplikation durch *Shaoyang*-Störung. Symptome sind u. a. abwechselnd Fieber und Frösteln, bitterer Mundgeschmack oder Husten mit zähem Schleim.

Z dicker, klebriger weißer oder gelber Belag

P schlüpfrig, drahtig

CHAI HU DA YUAN YIN

Radix Bupleuri Dekokt, das die Membranenquelle erreicht

Zhi Ke	*Citrus*	5 g
Chai Hu	*Bupleurum*	6–9 g
Qing Pi	*Citrus*	3–6 g
Hou Po	*Magnolia*	6–12 g
Huang Qin	*Scutellaria*	6–9 g
Cao Guo	*Amomum*	3–6 g
He Ye	*Nelumbo*	6–15 g
Bing Lang	*Areca*	6–9 g
Jie Geng	*Platycodon*	3–6 g
Gan Cao	*Glycyrrhiza*	3–6 g

***Shaoyang*-Syndrom mit Wasser- und Feuchtigkeitsretention führt zu Druckgefühl im Hypochondrium, Malaria-Symptomen und mehr Frösteln als Fieber.**

Z dünner weißer Belag

P drahtig

CHAI HU GUI ZHI GAN JIANG TANG

Radix Bupleuri, Ramulus Cinnamomi Cassiae und Rhizoma Zingiberis Officinalis Dekokt

Chai Hu	*Bupleurum*	6–12 g
Gui Zhi	*Cinnamomum*	6–9 g
Gan Jiang	*Zingiber*	6–9 g
Huang Qin	*Scutellaria*	6–9 g
Mu Li	*Ostrea*	6–9 g
Tian Hua Fen	*Trichosanthes*	9–12 g
Gan Cao	*Glycyrrhiza*	3–6 g

CHAI HU GUI ZHI TANG

Radix Bupleuri und Ramulus Cinnamomi Cassiae Dekokt

Taiyang- und _Shaoyang_-Störung mit Stauungen in den Gelenken und Windaversion oder Wechsel von Fieber und Frösteln. Auch wirksam, wenn die Leber die Milz attackiert.

Z dünner weißer Belag

P eventuell oberflächlich

Gui Zhi	*Cinnamomum*	3–6 g
Chai Hu	*Bupleurum*	6–12 g
Ren Shen	*Panax*	3–6 g
Ban Xia	*Pinellia*	3–6 g
Huang Qin	*Scutellaria*	3–9 g
Bai Shao Yao	*Paeonia*	3–6 g
Sheng Jiang	*Zingiber*	3–6 g
Da Zao	*Ziziphus*	4–6 St.
Gan Cao	*Glycyrrhiza*	3–6 g

CHAI HU JIA LONG GU MU LI TANG

Radix Bupleuri, Os Draconis und Concha Ostreae Dekokt

Pathogenes _Qi_ dringt bei Patient mit _Qi_-Mangel in die _Taiyang_-, _Shaoyang_- und _Yangming_-Meridiane ein. Dies führt zu Reizbarkeit, Obstipation, Druckgefühl im Thorax oder Schweregefühl.

Z rot, klebriger Belag

P schnell, drahtig

H *Da Huang*/Rheum während der letzten 3 Minuten des Herstellungsprozesses dem Dekokt zufügen.

X *Qian Dan*/Minium ist toxisch und sollte durch *Dai Zhe Shi*/Haematitum oder *Sheng Tie Luo*/Frusta Ferri ersetzt werden. Vorsicht während der Schwangerschaft.

Chai Hu	*Bupleurum*	9–12 g
Huang Qin	*Scutellaria*	6 g
Ren Shen	*Panax*	6 g
Gui Zhi	*Cinnamomum*	3–6 g
Ban Xia	*Pinellia*	6 g
Fu Ling	*Poria*	6 g
Da Huang	*Rheum*	6 g
Long Gu	*Os Draconis*	3–6 g
Mu Li	*Ostrea*	3–6 g
Sheng Jiang	*Zingiber*	3–6 g
Da Zao	*Ziziphus*	3–6 St.
Qian Dan	*Minium*	1–4 g

Shaoyang-Störung mit Obstipation, Unwohlsein im Brust- oder Flankenbereich oder Erbrechen.

Z dünner gelber Belag

P drahtig

CHAI HU JIA MANG XIAO TANG

Radix Bupleuri und Mirabilitum Dekokt

Chai Hu	*Bupleurum*	6–9 g
Ren Shen	*Panax*	3–6 g
Ban Xia	*Pinellia*	3–6 g
Mang Xiao	*Mirabilitum*	3–6 g
Huang Qin	*Scutellaria*	3–9 g
Da Zao	*Ziziphus*	3–5 St.
Sheng Jiang	*Zingiber*	3–6 g
Gan Cao	*Glycyrrhiza*	3–6 g

Shaoyang-Störung mit Resthitze und Verletzung des _Yin_. Symptome sind u. a. abwechselnd Fieber und Frösteln, Wangenrötung oder nächtliches Hitzegefühl.

Z rot, spärlicher gelber Belag, trocken

P drahtig, schnell, dünn

CHAI HU QING ZAO TANG

Radix Bupleuri Dekokt zur Beseitigung von Trockenheit

Chai Hu	*Bupleurum*	9–12 g
Huang Qin	*Scutellaria*	3–9 g
Tian Hua Fen	*Trichosanthes*	6–12 g
Zhi Mu	*Anemarrhena*	6–12 g
Chen Pi	*Citrus*	3–9 g
Sheng Jiang	*Zingiber*	3–6 g
Da Zao	*Ziziphus*	3–5 St.
Gan Cao	*Glycyrrhiza*	3–6 g

Äußere Invasion hat die *Jueyin*-Schicht erreicht, doch *Shaoyang*-Symptome sind ebenso vorhanden wie Blut-*Xue*-Mangel- und Blut-Stase-Beschwerden. Hauptsymptome sind abwechselnd Fieber und Frösteln mit Schmerzen in Brust und Rücken.

Z blass, violett oder violette Flecken

P dünn, drahtig

CHAI HU SI WU TANG

Radix Bupleuri und Vier Arzneien Dekokt

Chai Hu	*Bupleurum*	6–12 g
Huang Qin	*Scutellaria*	6–9 g
Ren Shen	*Panax*	3–6 g
Ban Xia	*Pinellia*	6 g
Chuan Xiong	*Ligusticum*	6–15 g
Bai Shao Yao	*Paeonia*	6–15 g
Shu Di Huang	*Rehmannia*	6–15 g
Dang Gui	*Angelica*	6–15 g
Gan Cao	*Glycyrrhiza*	3–6 g

***Shaoyang*-Störung mit Schleimretention führt zu Druck- und Spannungsgefühlen in Thorax und Diaphragma.**

Z dicker, klebriger gelber Belag

P drahtig, schnell

CHAI HU XIAN XIONG TANG

Radix Bupleuri Dekokt, das in den Thorax sinkt

Chai Hu	*Bupleurum*	6–9 g
Huang Qin	*Scutellaria*	3–9 g
Huang Lian	*Coptis*	3 g
Ban Xia	*Pinellia*	6–12 g
Gua Lou Ren	*Trichosanthes*	9–18 g
Jie Geng	*Platycodon*	3 g
Zhi Ke	*Citrus*	3–6 g
Sheng Jiang	*Zingiber*	3–6 g

Shaoyang-Störung mit _Qi_-Stagnation in Thorax und Diaphragma. Symptome sind u. a. Druckgefühl in der Brust, Schwindel, Gehörverlust, Kopfschmerzen und abwechselnd Fieber und Frösteln.

Z klebriger weißer Belag

P schlüpfrig, drahtig

CHAI HU ZHI JIE TANG

Radix Bupleuri, Fructus Citri Aurantii und Radix Platycodi Grandiflori Dekokt

Chai Hu	*Bupleurum*	6–9 g
Ban Xia	*Pinellia*	6–9 g
Huang Qin	*Scutellaria*	3–6 g
Zhi Ke	*Citrus*	3–6 g
Jie Geng	*Platycodon*	3–6 g
Chen Pi	*Citrus*	3–6 g
Sheng Jiang	*Zingiber*	3–6 g

Shaoyang-Störung mit Feuchtigkeitsretention führt zu Malaria mit starkem Frösteln und leichtem Fieber.

Z klebriger weißer Belag

P sanft

CHAI PING TANG

Radix Bupleuri und Beruhige den Magen Dekokt

Chai Hu	*Bupleurum*	6–9 g
Huang Qin	*Scutellaria*	3–6 g
Ren Shen	*Panax*	3–6 g
Cang Zhu	*Atractylodes*	3–6 g
Chen Pi	*Citrus*	3–6 g
Hou Po	*Magnolia*	3–9 g
Ban Xia	*Pinellia*	3–6 g
Gan Cao	*Glycyrrhiza*	3–6 g

Wind-Kälte-Invasion hat sich in Hitze verwandelt und ist in die _Shaoyang_-Schicht eingedrungen, was zu Wasserretention im Bereich des Hypochondriums führt.

Z rote Spitze, dünner gelber Belag

P oberflächlich oder drahtig

CHAI ZHI BAN XIA TANG

Radix Bupleuri, Fructus Citri Aurantii und Rhizoma Pinelliae Ternatae Dekokt

Chai Hu	*Bupleurum*	9–15 g
Zhi Ke	*Citrus*	3–9 g
Ban Xia	*Pinellia*	6–12 g
Huang Qin	*Scutellaria*	6–15 g
Jie Geng	*Platycodon*	3–6 g
Xing Ren	*Prunus*	6–9 g
Qing Pi	*Citrus*	3–9 g
Gan Cao	*Glycyrrhiza*	3–6 g

***Shaoyang*-Störung mit innerer Hitze im *Yangming*-Meridian. Das Rezept klärt innere Hitze-Stagnation. Symptome sind u. a. Obstipation, starkes Fieber im Wechsel mit leichtem Frösteln, bitterer Mundgeschmack, Durst oder hypochondriales Unwohlsein.**

Z rot, gelber Belag

P schnell, drahtig, voll

X Vorsicht während der Schwangerschaft.

DA CHAI HU TANG

Größeres Radix Bupleuri Dekokt

Chai Hu	*Bupleurum*	9–15 g
Da Huang	*Rheum*	6–9 g
Ban Xia	*Pinellia*	6–9 g
Huang Qin	*Scutellaria*	6–9 g
Bai Shao Yao	*Paeonia*	6–9 g
Zhi Shi	*Citrus*	6–9 g
Sheng Jiang	*Zingiber*	3–9 g
Da Zao	*Ziziphus*	3–6 St.

***Shaoyang*-Störung und Feuchtigkeitsretention führen zu Malaria, Druckgefühl im Thorax oder Übelkeit und Erbrechen.**

Z dicker, klebriger Belag

P drahtig, schlüpfrig

DA YUAN YIN

Dekokt, das die Membranenquelle erreicht

Hou Po	*Magnolia*	6–9 g
Bing Lang	*Areca*	6–12 g
Zhi Mu	*Anemarrhena*	6–9 g
Bai Shao Yao	*Paeonia*	6–9 g
Cao Guo	*Amomum*	3 g
Huang Qin	*Scutellaria*	6–9 g
Gan Cao	*Glycyrrhiza*	3–6 g

Yang-Ikterus durch Feuchte-Hitze in der _Shaoyang_-Schicht; oder Feuchte-Hitze in der Gallenblase führt zu Wechsel von Fieber und Frösteln, bitterem Mundgeschmack oder Malaria.

Z rot, dicker, klebriger gelber Belag

P schlüpfrig, drahtig, schnell

H *Bi Yu San*/'Grünes Jade Pulver' besteht aus: 3–6 g *Hua Shi*/Talcum; 3–6 g *Gan Cao*/Glycyrrhiza; 9–12 g *Qing Dai*/Indigo. Diese drei Zutaten getrennt in einem Tuch kochen und anschließend mit dem Rest der Zutaten ein Dekokt herstellen.

HAO QIN QING DAN TANG

Herba Artemisiae Annuae und Radix Scutellariae Dekokt, das die Gallenblase klärt

Qing Hao	*Artemisia*	6 g
Zhu Ru	*Bambusa*	9 g
Huang Qin	*Scutellaria*	6 g
Zhi Ke	*Citrus*	5 g
Chi Fu Ling	*Poria*	9 g
Ban Xia	*Pinellia*	5 g
Chen Pi	*Citrus*	5 g
Bi Yu San	*Grünes Jade Pulver*	9 g

Chronische Malaria hat Leber-Blut-_Xue_ und Milz-_Qi_ und -Blut-_Xue_ erschöpft. Der Patient leidet unter Wechsel von Fieber und Frösteln, die bereits durch leichten Stress verschlimmert werden.

Z blass

P leer

HE REN YIN

Radix Polygoni Multiflori und Radix Ginseng Dekokt

He Shou Wu	*Polygonum*	9–20 g
Ren Shen	*Panax*	9–12 g
Chen Pi	*Citrus*	3–9 g
Dang Gui	*Angelica*	3–9 g
Wei Jiang	*Zingiber*	3–12 g

Bereits bestehende Schleim- oder Feuchtigkeits-Retention mit _Shaoyang_-Störung führt zu Malaria. Es besteht eine geringe Möglichkeit, dass diese Rezeptur Erbrechen auslöst.

Z dicker, klebriger weißer Belag

P oberflächlich, schlüpfrig, drahtig

X *Chang Shan*/Dichroa ist ein Emetikum. Das Rezept kann Erbrechen auslösen.

JIE NUE QI BAO YIN

Sieben Schätze Dekokt, das malariaartige Zustände im Zaum hält

Chang Shan	*Dichroa*	3–5 g
Bing Lang	*Areca*	3 g
Chen Pi	*Citrus*	3 g
Hou Po	*Magnolia*	3 g
Cao Guo	*Amomum*	3 g
Qing Pi	*Citrus*	3 g
Gan Cao	*Glycyrrhiza*	3 g

Cholezystitis durch Fülle-Feuer mit Leber-*Qi*- und Feuchtigkeits-Stagnation führt zu Wechsel von Fieber und Frösteln oder starken hypochondrialen Schmerzen.

Z tiefrot, klebriger gelber Belag

P drahtig, schlüpfrig, schnell oder überflutend

H *Mang Xiao*/Mirabilitum im abgeseihten Tee auflösen. *Da Huang*/Rheum bei der Herstellung des Dekokts während der letzten 3–5 Minuten zugeben.

X Nicht während der Schwangerschaft anwenden.

QING DAN XIE HUO TANG

Dekokt, das die Gallenblase klärt und Feuer abfließen lässt

Chai Hu	*Bupleurum*	9–15 g
Ban Xia	*Pinellia*	6–9 g
Yin Chen Hao	*Artemisia*	15–25 g
Long Dan Cao	*Gentiana*	6–9 g
Yu Jin	*Curcuma*	6–9 g
Da Huang	*Rheum*	6–9 g
Huang Qin	*Scutellaria*	6–15 g
Zhi Zi	*Gardenia*	6–9 g
Mang Xiao	*Mirabilitum*	6–9 g
Mu Xiang	*Saussurea*	3–6 g

***Shaoyang*-Störung mit schwerem Fieber und leichtem Frösteln.**

Z rot, trocken

P drahtig, schnell

QING PI TANG

Dekokt, das die Milz klärt

Qing Pi	*Citrus*	3–6 g
Chai Hu	*Bupleurum*	6–12 g
Ban Xia	*Pinellia*	6–12 g
Hou Po	*Magnolia*	6–12 g
Cao Guo	*Amomum*	3–9 g
Fu Ling	*Poria*	6–12 g
Huang Qin	*Scutellaria*	6–12 g
Bai Zhu	*Atractylodes*	6–12 g
Gan Cao	*Glycyrrhiza*	3–6 g
[Sheng Jiang	*Zingiber*	3–6 g]

***Shaoyang*-Syndrom: Symptome sind u. a. bitterer Mundgeschmack, Druckgefühl in Abdomen und Hypochondrium, intermittierendes Fieber und Frösteln, Schwindel oder Aufstoßen.**

Z rot, trocken, gelber oder weißer Belag

P drahtig, schnell

* **Wichtige Rezeptur**

XIAO CHAI HU TANG

Kleineres Radix Bupleuri Dekokt

Chai Hu	*Bupleurum*	9–15 g
Huang Qin	*Scutellaria*	6–9 g
Ban Xia	*Pinellia*	6–12 g
Ren Shen	*Panax*	9–12 g
Sheng Jiang	*Zingiber*	3–6 g
Da Zao	*Ziziphus*	3–4 St.
Gan Cao	*Glycyrrhiza*	3–6 g

Yangming-Organ (*Fu*)-Syndrome

- schwere Obstipation (*Pi Man Zao Shi* – Glomus, Völle, Trockenheit, Fülle)
- abdominales Völlegefühl und Schmerzen
- starkes Schwitzen, hohes Fieber
- großer Durst
- Delirium
- Darminkontinenz, Dysenterie
- *Darmverschluss, Appendizitis, Pankreatitis*

Z rot, gelber oder trockener schwarzer Belag

P schnell, voll

1. *Yangming*-Organ-Störung (*Pi Man Zao Shi* – Glomus, Völle, Trockenheit, Fülle) führt zur Bildung von Raumforderungen im Abdomen; oder *Yang*-Ikterus mit Gallensteinen, wenn die Hitze stärker ist als die Feuchtigkeit. 2. Feuer und Toxine sind so stark, dass Wasser aus den Gefäßen austritt, was zu wässriger Dysenterie mit übel riechendem Stuhl, Darminkontinenz bei Koma, Manie oder Konvulsionen mit hohem Fieber führt.

Z hellrot, trockener gelber oder schwarzer Belag

P schnell, voll

H *Da Huang*/Rheum während der letzten 3–5 Minuten des Kochprozesses zufügen, *Mang Xiao*/Mirabilitum an den abgeseihten Tee geben.

X Nicht während der Schwangerschaft einsetzen. Die Rezeptur ist sehr kalt und kann Diarrhö und Erbrechen auslösen.

* **Wichtige Rezeptur**

DA CHENG QI TANG

Größeres Dekokt, das das *Qi* ordnet

Da Huang	*Rheum*	6–12 g
Mang Xiao	*Mirabilitum*	6–12 g
Zhi Shi	*Citrus*	6–9 g
Hou Po	*Magnolia*	6–15 g

Darmabszess oder akute Appendizitis infolge von Hitze und Blut-Stase (*Xue Yu*) führt zur Bildung von Raumforderungen und zu Schmerzen im unteren rechten Quadranten.

Z gelber, klebriger Belag

P schnell, schlüpfrig

H *Da Huang*/Rheum bei der Herstellung des Dekokts während der letzten 3–5 Minuten zugeben. *Mang Xiao*/Mirabilitum zum abgeseihten Tee hinzufügen.

X Nicht bei Appendizitis während der Schwangerschaft verwenden.

DA HUANG MU DAN TANG

Radix et Rhizoma Rhei und Cortex Moutan Radicis Dekokt

Da Huang	*Rheum*	6–12 g
Mang Xiao	*Mirabilitum*	6–12 g
Dong Gua Ren	*Benincasa*	12–20 g
Tao Ren	*Prunus*	9–12 g
Mu Dan Pi	*Paeonia*	6–9 g

Hitze im mittleren und oberen Erwärmer mit Druckgefühl als Hauptsymptom (*Pi*-Syndrom: *Pi Man Zao Shi* – Glomus, Völle, Trockenheit, Fülle). Symptome sind u. a. Übelkeit und Erbrechen, eventuell Hämatemesis, Gesichtsrötung, Palpitationen, Diarrhö oder Blutungen im oberen Körperbereich.

Z rot, gelber Belag

P schnell

X Nicht während der Schwangerschaft anwenden.

DA HUANG XIE XIN TANG

Radix et Rhizoma Rhei Dekokt, das das Epigastrium abfließen lässt

Da Huang	*Rheum*	6–12 g
Huang Lian	*Coptis*	3–9 g

Wasser-/Hitze-Retention in Thorax und Abdomen verursacht Obstruktion des *Qi*, die zu Pankreatitis mit Ödemen, Darmblockaden oder Klumpen führt.

Z rot, trockener Belag

P schnell, schlüpfrig

H *Gan Sui*/Euphorbia einweichen und kochen, *Da Huang*/Rheum während der letzten 3–5 Minuten zufügen, anschließend *Mang Xiao*/Mirabilitum im abgeseihten Tee auflösen.

X *Gan Sui*/Euphorbia ist toxisch und sollte nur in kleinen Mengen eingenommen werden. Nicht während der Schwangerschaft anwenden.

DA XIAN XIONG TANG

Größeres Dekokt, das in den Thorax sinkt

Da Huang	*Rheum*	9–15 g
Mang Xiao	*Mirabilitum*	9–12 g
Gan Sui	*Euphorbia*	0,6–1 g

Wind-Hitze mit innerer Hitze: *Taiyang*- und *Yangming*-Organ-Störung. Die Hitze ist sehr stark. Symptome sind u. a. dunkelgelber Urin, Obstipation, starkes Fieber mit Schüttelfrost, Hitzegefühl im Körper, Geschwüre und Furunkel, Hauterkrankungen und bitterer Mundgeschmack.

Z hell- oder dunkelrot, trocken, gelber Belag

P überflutend, schnell, drahtig

H Die Zutaten zu Pulver vermahlen und mit Wasser zu Pillen formen. Zweimal täglich je 6 g einnehmen.

X Nicht während der Schwangerschaft verwenden.

FANG FENG TONG SHENG SAN

Radix Saposhnikoviae Pulver, das Blockaden weise auflöst

Fang Feng	*Ledebouriella*	9–15 g
Ma Huang	*Ephedra*	9–15 g
Da Huang	*Rheum*	9–15 g
Mang Xiao	*Mirabilitum*	9–15 g
Jing Jie	*Schizonepeta*	9–15 g
Bo He	*Mentha*	9–15 g
Zhi Zi	*Gardenia*	9–15 g
Hua Shi	*Talcum*	60–90 g
Shi Gao	*Gypsum*	15–30 g
Huang Qin	*Scutellaria*	15–30 g
Lian Qiao	*Forsythia*	9–15 g
Jie Geng	*Platycodon*	15–30 g
Dang Gui	*Angelica*	9–15 g
Bai Shao Yao	*Paeonia*	9–15 g
Chuan Xiong	*Ligusticum*	9–15 g
Bai Zhu	*Atractylodes*	9–15 g
Gan Cao	*Glycyrrhiza*	30–60 g

Blockade im Darm mit *Yangming*-Organ-Störung und *Qi*-Stagnation. Symptome sind u. a. Obstipation oder starke abdominale Schmerzen.

Z rot, gelber Belag

P schnell, drahtig, voll

H Eine Dosis über Nasen-Magen-Tubus verabreichen, die zweite einige Stunden später als Einlauf. *Da Huang*/Rheum während der letzten 3 Minuten des Kochprozesses zufügen. *Mang Xiao*/Mirabilitum wird dem abgeseihten Tee hinzugefügt.

X Nicht während der Schwangerschaft anwenden.

FU FANG DA CHENG QI TANG

Überarbeitetes größeres Dekokt, das das *Qi* ordnet

Lai Fu Zi	*Raphanus*	12–20 g
Hou Po	*Magnolia*	12–20 g
Da Huang	*Rheum*	9–12 g
Tao Ren	*Prunus*	6 g
Mang Xiao	*Mirabilitum*	9–12 g
Zhi Shi	*Citrus*	9–12 g
Chi Shao Yao	*Paeonia*	9–12 g

Yangming-Organ-Hitze mit _Qi_-/Blut-_Xue_-Mangel führt zu übel riechender Dysenterie mit starkem Stuhldrang und abdominalen Schmerzen, die durch Druck verschlimmert werden, Müdigkeit oder möglicherweise Halluzinationen.

Z trockener gelber Belag

P schwach

X Nicht während der Schwangerschaft einsetzen.

HUANG LONG TANG

Gelbes Drachen Dekokt

Da Huang	*Rheum*	12 g
Mang Xiao	*Mirabilitum*	9 g
Hou Po	*Magnolia*	12 g
Zhi Shi	*Citrus*	9 g
Dang Gui	*Angelica*	9 g
Ren Shen	*Panax*	6 g
Jie Geng	*Platycodon*	3–6 g
Sheng Jiang	*Zingiber*	3–6 g
Da Zao	*Ziziphus*	1–3 St.
Gan Cao	*Glycyrrhiza*	3 g

***Yangming*-Organ-Syndrom im Abdomen (*Pi Man Zao Shi* – Glomus, Völle, Trockenheit, Fülle) mit Blut-Stase (*Xue Yu*) führt zu akutem *Yang*-Ikterus, Gallenblaseninfektion, Darmblockaden, möglicherweise tastbaren Raumforderungen oder Übelkeit und Erbrechen.**

Z sehr rot, eventuell leicht violett, trocken, raue Oberfläche, gelber/brauner Belag

P überflutend, schnell

H *Da Huang*/Rheum während der letzten 3–5 Minuten des Kochprozesses zufügen. *Mang Xiao*/Mirabilitum im abgeseihten Tee auflösen.

X Nicht während der Schwangerschaft anwenden.

JIA JIAN CHENG QI TANG

Modifiziertes Dekokt, das das *Qi* ordnet

Da Huang	*Rheum*	9–12 g
Mang Xiao	*Mirabilitum*	6–9 g
Hou Po	*Magnolia*	9–12 g
Zhi Shi	*Citrus*	6 g
Tao Ren	*Prunus*	9–15 g
Bai Shao Yao	*Paeonia*	9–15 g
Lai Fu Zi	*Raphanus*	6–12 g

Feuer im oberen/mittleren Erwärmer (Thorax/Diaphragma) führt zu Durst, geröteten Lippen, Epistaxis, Gesichtsrötung, dunkelgelbem Urin, Obstipation oder Delirium.

Z rot, trockener gelber Belag

P schnell

X Nicht während der Schwangerschaft anwenden.

LIANG GE SAN

Pulver, das das Diaphragma kühlt

Da Huang	*Rheum*	6–9 g
Mang Xiao	*Mirabilitum*	6–9 g
Zhi Zi	*Gardenia*	3–6 g
Huang Qin	*Scutellaria*	6–9 g
Bo He	*Mentha*	3–6 g
Lian Qiao	*Forsythia*	9–12 g
Gan Cao	*Glycyrrhiza*	3–6 g
[Dan Zhu Ye	*Lophatherum*	3–6 g]

***Yin*-/Blut-*Xue*-Mangel führt zu Obstipation mit trockenem Stuhl; oder Fülle-Hitze führt zu Obstipation.**

Z rot, trockener gelber Belag

P schnell, dünn oder leer

X Nicht während der Schwangerschaft anwenden.

MA ZI REN WAN

Semen Cannabis Sativae Pille

Huo Ma Ren	*Cannabis*	6–12 g
Da Huang	*Rheum*	6–9 g
Xing Ren	*Prunus*	6–9 g
Zhi Shi	*Citrus*	3–6 g
Bai Shao Yao	*Paeonia*	6–9 g
Hou Po	*Magnolia*	6–12 g

***Yangming*-Hitze mit Reizbarkeit und Milz-*Qi*-Mangel führt zu Obstipation mit sehr trockenem Stuhl, gelbem Urin, eventuell Fieber oder Blutungen.**

Z rot, gelber Belag

P tief, voll, schnell

H *Mang Xiao*/Mirabilitum dem abgeseihten Tee zufügen.

X Nicht während der Schwangerschaft anwenden.

TIAO WEI CHENG QI TANG

Dekokt, das den Magen reguliert und das *Qi* ordnet

Da Huang	*Rheum*	9–15 g
Mang Xiao	*Mirabilitum*	9–12 g
Zhi Gan Cao	*Glycyrrhiza*	3–9 g

Fülle-Feuer mit *Qi*-Stagnation führt zu Völlegefühl, eventuell tastbaren Raumforderungen oder Obstipation. Leichte *Yangming*-Organ-Störung.

Z rot, dünner, klebriger gelber Belag

P schnell, leicht voll

X Nicht während der Schwangerschaft anwenden.

XIAO CHENG QI TANG

Kleineres Dekokt, das das *Qi* ordnet

Da Huang	*Rheum*	9–12 g
Zhi Shi	*Citrus*	6 g
Hou Po	*Magnolia*	6–12 g

Feuer im *Yangming*-Organ mit *Yin*-Mangel führt zu Obstipation mit sehr trockenen Stühlen.

Z rot, trockener gelber Belag

P schnell, dünn, drahtig

H *Da Huang*/Rheum während der letzten 3 Minuten des Kochprozesses zugeben. *Mang Xiao*/Mirabilitum dem abgeseihten Tee zufügen.

X Nicht während der Schwangerschaft anwenden.

ZENG YE CHENG QI TANG

Dekokt, das die Körpersäfte vermehrt und das *Qi* ordnet

Xuan Shen	*Scrophularia*	15–25 g
Sheng Di Huang	*Rehmannia*	15–20 g
Mai Men Dong	*Ophiopogon*	15–20 g
Mang Xiao	*Mirabilitum*	3–6 g
Da Huang	*Rheum*	6–9 g

***Yangming*-Feuer führt zu Ikterus, Ruhelosigkeit, Fieber oder Obstipation.**

Z rot, gelber Belag

P schnell, voll

X Nicht während der Schwangerschaft anwenden.

ZHI ZI DA HUANG TANG

Fructus Gardeniae Jasminoidis und Radix et Rhizoma Rhei Dekokt

Zhi Zi	*Gardenia*	6–12 g
Da Huang	*Rheum*	3–6 g
Zhi Shi	*Citrus*	3–9 g
Dan Dou Chi	*Glycine*	6–12 g

Yangming-Meridian (*Jing*)-Syndrome

- hohes Fieber
- Durst
- starkes Schwitzen
- Reizbarkeit infolge von Hitze
- Zahnfleischbluten, Zahnschmerzen
- Kopfschmerzen

Z rot, gelber Belag
P überflutend

Hitze im *Yangming*-Meridian mit leichter äußerer Kälte und Feuchtigkeit verursacht Blockaden in den Meridianen, was zu Gelenkschmerzen führt.

Z rot, gelber Belag

P schnell, drahtig

H Die ersten vier Zutaten kochen, dann zum Schluss den Reis zufügen. Er saugt das Wasser auf, sodass eine dicke Flüssigkeit entsteht.

BAI HU JIA GUI ZHI TANG

Weißer Tiger Dekokt mit Ramulus Cinnamomi Cassiae

Shi Gao	*Gypsum*	20–30 g
Zhi Mu	*Anemarrhena*	9–12 g
Gan Cao	*Glycyrrhiza*	3–9 g
Gui Zhi	*Cinnamomum*	3–9 g
Jing Mi	*Oryza*	15–30 g

Oberer Diabetes (*Xiao Ke*) mit Hitze: *Yangming*-Meridian-Syndrom mit *Qi*- und *Yin*-Mangel führt zu starkem Schwitzen, Fieber und Durst.

Z rot, trockener gelber Belag

P schnell, überflutend, schwach

H Die ersten vier Zutaten kochen, dann zum Schluss den Reis zufügen. Er saugt das Wasser auf, sodass eine dicke Flüssigkeit entsteht.

BAI HU JIA REN SHEN TANG

Weißer Tiger Dekokt mit Radix Ginseng

Shi Gao	*Gypsum*	15–20 g
Zhi Mu	*Anemarrhena*	9–12 g
Gan Cao	*Glycyrrhiza*	3–6 g
Ren Shen	*Panax*	3–9 g
Jing Mi	*Oryza*	9–12 g

Hitze im *Qi*-Stadium/*Yangming*-Meridian-Syndrom führt zu hohem Fieber, epidemischer fiebriger Erkrankung, akuter Entzündung, Enzephalitis oder Meningitis.

Z rot, trockener gelber Belag

P überflutend, schnell

H Die ersten fünf Zutaten kochen, dann zum Schluss den Reis zufügen. Er saugt das Wasser auf, sodass eine dicke Flüssigkeit entsteht.

BAI HU JIA YIN QIAO TANG

Weißer Tiger Dekokt mit Flos Lonicerae Japonicae und Fructus Forsythiae Suspensae

Shi Gao	*Gypsum*	20–30 g
Zhi Mu	*Anemarrhena*	9–12 g
Gan Cao	*Glycyrrhiza*	3–6 g
Jin Yin Hua	*Lonicera*	6–9 g
Lian Qiao	*Forsythia*	6–9 g
Jing Mi	*Oryza*	15–30 g

Sommer-Hitze mit Feuchtigkeit und Hitze im *Yangming*-Meridian/im *Qi*-Stadium. Führt zu starkem Schwitzen, Übelkeit, Erbrechen, Durst oder Fieber.

Z rot, klebriger gelber Belag

P schlüpfrig, schnell

H Die ersten vier Zutaten kochen, dann zum Schluss den Reis zufügen. Er saugt das Wasser auf, sodass eine dicke Flüssigkeit entsteht.

BAI HU JIA ZHU TANG

Weißer Tiger Dekokt mit Rhizoma Atractylodis Macrocephalae*

Shi Gao	*Gypsum*	20–30 g
Zhi Mu	*Anemarrhena*	9–12 g
Gan Cao	*Glycyrrhiza*	3–6 g
Bai Zhu	*Atractylodes*	3–9 g
Jing Mi	*Oryza*	15–30 g

Hitze im *Qi*-Stadium/*Yangming*-Meridian-Störung führt zu hohem Fieber, Schwitzen, überflutendem Puls oder Durst.

Z rot, gelber Belag

P überflutend, schnell

H Die ersten drei Zutaten kochen, dann zum Schluss den Reis zufügen. Er saugt das Wasser auf, sodass eine dicke Flüssigkeit entsteht.

BAI HU TANG

Weißer Tiger Dekokt

Shi Gao	*Gypsum*	20–30 g
Zhi Mu	*Anemarrhena*	9–12 g
Gan Cao	*Glycyrrhiza*	3–6 g
Jing Mi	*Oryza*	15–30 g

* **Wichtige Rezeptur**

Toxische Hitze im *Yangming*-Meridian führt zu Dysenterie oder Eiter oder Blut im Stuhl.

Z rot, gelber Belag

P drahtig, schnell, schlüpfrig

BAI TOU WENG TANG

Radix Pulsatillae Chinensis Dekokt

Bai Tou Weng	*Pulsatilla*	20–40 g
Huang Bai	*Phellodendron*	9–12 g
Qin Pi	*Fraxinus*	9–15 g
Huang Lian	*Coptis*	6–9 g

Äußere Wind-Kälte oder -Hitze mit innerer Hitze, die vom *Wei*- zum *Qi*-Stadium übergeht und in den *Yangming*-Meridian vordringt. Dabei zeigen sich nur leichte äußere Symptome. Durst, Obstipation, Druckgefühl und Schmerzen in den Augenhöhlen, starke Gliederschmerzen oder Ruhelosigkeit sind die Hauptsymptome.

Z rot, trocken, dünner gelber Belag

P oberflächlich, leicht überflutend, schnell

CHAI GE JIE JI TANG

Radix Bupleuri und Radix Puerariae Dekokt zur Entlastung der Muskulatur

Chai Hu	*Bupleurum*	3–9 g
Ge Gen	*Pueraria*	9–12 g
Bai Zhi	*Angelica*	3–9 g
Shi Gao	*Gypsum*	6–15 g
Bai Shao Yao	*Paeonia*	6–9 g
Qiang Huo	*Notopterygium*	3–6 g
Huang Qin	*Scutellaria*	6–9 g
Jie Geng	*Platycodon*	3–6 g
Da Zao	*Ziziphus*	3–4 St.
Sheng Jiang	*Zingiber*	3–6 g
Gan Cao	*Glycyrrhiza*	3–6 g

***Shaoyang*- und *Yangming*-Meridian-Störung führt zu leichtem Frösteln mit starkem Fieber und Durst.**

Z rot, dünner gelber Belag

P schnell, eventuell überflutend

CHAI HU BAI HU TANG

Weißer Tiger Dekokt mit Radix Bupleuri

Chai Hu	*Bupleurum*	3–6 g
Huang Qin	*Scutellaria*	3–6 g
Shi Gao	*Gypsum*	12–20 g
Zhi Mu	*Anemarrhena*	6–12 g
Tian Hua Fen	*Trichosanthes*	6–9 g
Jing Mi	*Oryza*	6–9 g
Gan Cao	*Glycyrrhiza*	3–6 g

Pathogenes *Qi* dringt bei Patient mit *Qi*-Mangel in die *Taiyang*-, *Shaoyang*- und *Yangming*-Meridiane ein. Dies führt zu Reizbarkeit, Obstipation, Druckgefühl im Thorax oder Schweregefühl.

Z rot, klebriger Belag

P schnell, drahtig

H *Da Huang*/Rheum während der letzten 3 Minuten des Herstellungsprozesses dem Dekokt zufügen.

X *Qian Dan*/Minium ist toxisch und sollte durch *Dai Zhe Shi*/Haematitum oder *Sheng Tie Luo*/Frusta Ferri ersetzt werden. Vorsicht während der Schwangerschaft.

CHAI HU JIA LONG GU MU LI TANG

Radix Bupleuri, Os Draconis und Concha Ostreae Dekokt

Chai Hu	*Bupleurum*	9–12 g
Huang Qin	*Scutellaria*	6 g
Ren Shen	*Panax*	6 g
Gui Zhi	*Cinnamomum*	3–6 g
Ban Xia	*Pinellia*	6 g
Fu Ling	*Poria*	6 g
Da Huang	*Rheum*	6 g
Long Gu	*Os Draconis*	3–6 g
Mu Li	*Ostrea*	3–6 g
Sheng Jiang	*Zingiber*	3–6 g
Da Zao	*Ziziphus*	3–6 St.
Qian Dan	*Minium*	1–4 g

DA CHAI HU TANG

Größeres Radix Bupleuri Dekokt

Chai Hu	*Bupleurum*	9–15 g
Da Huang	*Rheum*	6–9 g
Ban Xia	*Pinellia*	6–9 g
Huang Qin	*Scutellaria*	6–9 g
Bai Shao Yao	*Paeonia*	6–9 g
Zhi Shi	*Citrus*	6–9 g
Sheng Jiang	*Zingiber*	3–9 g
Da Zao	*Ziziphus*	3–6 St.

***Shaoyang*-Störung mit innerer Hitze im *Yangming*-Meridian. Das Rezept klärt innere Hitze-Stagnation. Symptome sind u. a. Obstipation, starkes Fieber im Wechsel mit leichtem Frösteln, bitterer Mundgeschmack, Durst oder hypochondriales Unwohlsein.**

Z rot, gelber Belag

P schnell, drahtig, voll

X Vorsicht während der Schwangerschaft.

DI DANG TANG

Widerstand Dekokt

Da Huang	*Rheum*	6–12 g
Tao Ren	*Prunus*	6–9 g
Shui Zhi	*Hirudo*	1–3 g
Meng Chong	*Tabanus*	1–3 g

Hitze im *Yangming*-Meridian mit bereits bestehender schwerer Blut-Stase (*Xue Yu*) im unteren Erwärmer greift den Uterus und den Darmtrakt an. Symptome sind u. a. Ikterus, Manie, Fieber, Meläna mit trockenen Stühlen, die relativ leicht zu defäkieren sind, Dysmenorrhö, Amenorrhö, abdominalem Druckgefühl oder Magenblutungen. Diese Rezeptur ist stärker als *Di Dang Wan*/'Widerstand Pille'.

Z rot, dunkelviolett

P drahtig, schnell

X Nicht während der Schwangerschaft einsetzen. Nur für einen kurzen Zeitraum verwenden.

Hitze im *Yangming*-Meridian mit bereits bestehender schwerer Blut-Stase (*Xue Yu*) im unteren Erwärmer greift den Uterus und den Darmtrakt an. Symptome sind u. a. Ikterus, Manie, Fieber, Meläna mit trockenen Stühlen, die relativ leicht zu defäkieren sind, Dysmenorrhö, Amenorrhö, abdominalem Druckgefühl oder Magenblutungen. Diese Rezeptur ist etwas milder als *Di Dang Tang*/'Widerstand Dekokt'.

Z rot, violett

P drahtig, schnell

H Die Zutaten zu Pulver vermahlen und anschließend zu Pillen formen.

X Vorsicht während der Schwangerschaft.

DI DANG WAN

Widerstand Pille

Da Huang	*Rheum*	12 g
Shui Zhi	*Hirudo*	20–30 g
Meng Chong	*Tabanus*	20–30 g
Tao Ren	*Prunus*	9–12 g

***Yangming*-Meridian-Störung, Feuchtigkeits-Stagnation und *Yin*-Mangel führen zu Mundgeschwüren, eitriger Zahnfleischentzündung, Mundgeruch, Halsschmerzen oder Augenerkrankungen.**

Z dicker, klebriger gelber Belag

P schnell, schlüpfrig, dünn

GAN LU YIN

Süßes Tau Dekokt

Shu Di Huang	*Rehmannia*	6–9 g
Sheng Di Huang	*Rehmannia*	6–9 g
Huang Qin	*Scutellaria*	6–9 g
Zhi Ke	*Citrus*	3–6 g
Mai Men Dong	*Ophiopogon*	6–9 g
Tian Men Dong	*Asparagus*	6–9 g
Pi Pa Ye	*Eriobotrya*	12–18 g
Yin Chen Hao	*Artemisia*	6–9 g
Shi Hu	*Dendrobium*	6–9 g
Gan Cao	*Glycyrrhiza*	3–6 g

Wind-Kälte (Mangel-Typ) mit innerem Feuer: *Taiyang*- und *Yangming*-Störung. Dies führt zu Schwitzen, Schüttelfrost, verstopfter Nase und Obstipation mit abdominalem Druckgefühl.

Z rot, dünner weißer oder gelber Belag

P oberflächlich, schnell

X Vorsicht während der Schwangerschaft.

HOU PO QI WU TANG

Sieben Arzneien Dekokt mit Cortex Magnoliae Officinalis

Hou Po	*Magnolia*	15 g
Da Huang	*Rheum*	9 g
Gui Zhi	*Cinnamomum*	6 g
Zhi Shi	*Citrus*	9 g
Sheng Jiang	*Zingiber*	12 g
Da Zao	*Ziziphus*	12 St.
Gan Cao	*Glycyrrhiza*	6 g

***Yangming*-Meridian-Störung/Magen-Feuer führt zu Zahnfleischbluten, Zahnschmerzen, Zungengeschwüren, Kopfschmerzen oder geröteten Augen.**

Z rot, trocken

P schnell, überflutend

QING WEI SAN

Pulver, das den Magen klärt

Huang Lian	*Coptis*	3–6 g
Sheng Di Huang	*Rehmannia*	9–12 g
Mu Dan Pi	*Paeonia*	9–12 g
Dang Gui Shen	*Angelica*	9–12 g
Sheng Ma	*Cimicifuga*	9–15 g

Hitze in Thorax und Lunge infolge einer *Taiyang*-Störung; oder zurückbleibende Hitze im *Qi*-Stadium manifestiert sich in der *Yangming*-Meridian-Schicht. Bei manchen Patienten kann diese Rezeptur Erbrechen auslösen, worauf die Symptome verschwinden.

Z rot, vor allem an der Spitze, gelber Belag

P schnell, voll, oberflächlich

X Diese Rezeptur kann Erbrechen auslösen.

ZHI ZI DOU CHI TANG

Fructus Gardeniae Jasminoidis und Semen Sojae Praeparatum Dekokt

Zhi Zi	*Gardenia*	6–9 g
Dan Dou Chi	*Glycine*	6–9 g

***Yangming*-Meridian-Syndrom greift den unteren Erwärmer an; oder Wind-Kälte führt zu Hitze in Milz/Magen, die das *Yin* verbrennt. Das verursacht eine Störung des Wasserhaushalts und Stagnation, die sich erhitzt und zum *Lin*-Syndrom führt: Hitze-*Lin*-Syndrom oder Feuchte-Hitze-Ödeme.**

Z rot, klebriger gelber Belag

P schnell

H *E Jiao*/Equus in das abgeseihte Dekokt einrühren.

ZHU LING TANG I

Sclerotium Polypori Umbellati Dekokt

Zhu Ling	*Polyporus*	6–9 g
Fu Ling	*Poria*	6–9 g
Hua Shi	*Talcum*	6–9 g
Ze Xie	*Alisma*	6–9 g
E Jiao	*Equus*	6–9 g

Taiyin-Syndrome

- Appetitmangel, kein Durst
- Erbrechen
- abdominales Druckgefühl
- Diarrhö

Z blass
P tief, langsam

Schwere *Taiyin-/Taiyang*-Störung mit abdominalen Krämpfen als Hauptsymptom.

Z dünner weißer Belag

P oberflächlich

GUI ZHI JIA SHAO YAO TANG

Ramulus Cinnamomi Cassiae Dekokt mit Radix Paeoniae

Gui Zhi	*Cinnamomum*	6–9 g
Bai Shao Yao	*Paeonia*	15–18 g
Sheng Jiang	*Zingiber*	3–6 g
Da Zao	*Ziziphus*	3–4 St.
Gan Cao	*Glycyrrhiza*	3–6 g

Leichtes *Taiyin-/Taiyang*-Syndrom: Wind-Kälte mit leichtem Milz-*Qi*-Mangel. Frösteln ist vorherrschend und der Patient leidet unter Diarrhö mit epigastrischem Druckgefühl.

Z blass, dünner weißer Belag

P schwach, eventuell oberflächlich

GUI ZHI REN SHEN TANG

Ramulus Cinnamomi Cassiae und Radix Ginseng Dekokt

Gui Zhi	*Cinnamomum*	9–12 g
Ren Shen	*Panax*	9–12 g
Gan Jiang	*Zingiber*	9 g
Bai Zhu	*Atractylodes*	9 g
Zhi Gan Cao	*Glycyrrhiza*	9–12 g

Nieren- und Milz-*Yang*-Mangel mit Kälte ist in alle drei *Yin*-Meridiane (*Taiyin, Shaoyin* und *Jueyin*) eingedrungen. Symptome sind u.a. Frösteln, eiskalte Extremitäten und kaltes Gesicht, wässrige Diarrhö oder Husten mit reichlicher Speichelproduktion.

Z blass, nass, dünner weißer, feuchter Belag

P verschwindend oder kraftlos

H *She Xiang*/Moschus entfernen, aus den übrigen Bestandteilen wie üblich ein Dekokt herstellen und dann den pulverisierten Moschus bei jeder Dosis zufügen.

HUI YANG JIU JI TANG

Dekokt, das das *Yang* wiederherstellt und wiederbelebt

Fu Zi	*Aconitum*	9 g
Rou Gui	*Cinnamomum*	3–6 g
Ren Shen	*Panax*	6–9 g
Gan Jiang	*Zingiber*	3–6 g
Fu Ling	*Poria*	6–9 g
Chen Pi	*Citrus*	3–6 g
Bai Zhu	*Atractylodes*	6–9 g
Wu Wei Zi	*Schisandra*	3–6 g
Ban Xia	*Pinellia*	6–9 g
Gan Cao	*Glycyrrhiza*	3–6 g
She Xiang	*Moschus*	0,3 g
[Sheng Jiang	*Zingiber*	1–3 g]

Hitze im Blut-*Xue*-Stadium und *Taiyin*-Störung mit sich hinziehender Sommer-Hitze führt zu Durst und starkem Schwitzen.

Z rot oder dunkelrot

P schnell

JIA JIAN SHENG MAI SAN

Modifiziertes Pulver, das den Puls erzeugt

Mai Men Dong	*Ophiopogon*	6–12 g
Wu Wei Zi	*Schisandra*	6–12 g
Bei Sha Shen	*Glehnia*	6–12 g
Mu Dan Pi	*Paeonia*	6–12 g
Sheng Di Huang	*Rehmannia*	6–12 g

Qi-/Yang-Mangel im mittleren Erwärmer führt zu Appetitverlust, Durstlosigkeit, wässriger Diarrhö mit unverdauten Nahrungsbestandteilen und kalten oder schmerzenden Extremitäten.

Z blass, geschwollen, mit Zahnabdrücken, weißer Belag

P tief, schwach

* **Wichtige Rezeptur**

LI ZHONG WAN

Pille, die die Mitte reguliert

Ren Shen	*Panax*	6–9 g
Gan Jiang	*Zingiber*	6–9 g
Bai Zhu	*Atractylodes*	6–9 g
Gan Cao	*Glycyrrhiza*	3–6 g

Äußere Kälte ist nach innen gedrungen. *Qi* und *Yang* sind sehr schwach und das Nieren-/Milz-*Yang* wurde verletzt. Symptome sind u. a. niedriger Blutdruck, kalte Extremitäten, Schock oder Schwitzen.

Z blass oder violett, feuchter weißer Belag

P verschwindend

H Die rohe Form von Radix Lateralis Aconiti Carmichaeli wird hier verwendet, da sie sehr viel wärmer ist als die vorbehandelte Form. Zur Detoxifikation werden häufig 6–12 g Honig zugefügt. *Fu Zi*/Aconitum 30–60 Minuten lang in 8–10 Tassen kochendem Wasser einweichen. Die übrigen Zutaten während der letzten 25 Minuten zufügen und wie üblich ein Dekokt herstellen.

X *Fu Zi*/Aconitum in roher Form ist toxisch und nur für kurzfristige Anwendung geeignet.

SI NI TANG

Kalte Extremitäten Dekokt

Fu Zi	*Aconitum*	9–15 g
Gan Jiang	*Zingiber*	6–12 g
Zhi Gan Cao	*Glycyrrhiza*	3–6 g

Kälte-Feuchtigkeit ist in die Milz eingedrungen und führt zu Wasserretention und Milz-*Yang*-Mangel. Das verursacht Feuchtigkeit im mittleren Erwärmer, was die Gallenblase quält, sodass die Galle nicht angemessen zirkulieren kann. Dies manifestiert sich als *Yin*-Ikterus.

Z blass, weißer Belag

P schwach, tief

YIN CHEN ZHU FU TANG

Herba Artemisiae Yinchenhao, Rhizoma Atractylodis Macrocephalae und Radix Lateralis Aconiti Carmichaeli Praeparata Dekokt

Yin Chen Hao	*Artemisia*	3–6 g
Gan Jiang	*Zingiber*	3–6 g
Bai Zhu	*Atractylodes*	6–9 g
Rou Gui	*Cinnamomum*	1–3 g
Fu Zi	*Aconitum*	1–3 g
Zhi Gan Cao	*Glycyrrhiza*	3–6 g

Shaoyin-Syndrome

- **Kälte-Typ:** kalte Gliedmaßen mit Kälteaversion und Frösteln
- Appetitlosigkeit, Diarrhö
- **Hitze-Typ:** Fieber, Reizbarkeit
- Mundtrockenheit

Z blass oder rot

P verschwindend oder schnell

Schwerer *Yang*-Mangel und Kälte führen dazu, dass das *Yang* an die Oberfläche gedrängt wird und oberflächlich falsche *Yang*-Symptome produziert. Dem Patienten scheint es besser zu gehen, während er möglicherweise bereits dem Tode nahe ist. Symptome sind u. a. Diarrhö, niedriggradiges Fieber oder Gesichtsrötung. Innere Kälte mit oberflächlich leerer Hitze: *Shaoyin*-Syndrom.

Z blass, rote Spitze

P tief, kraftlos

BAI TONG TANG

Weißes eindringendes Dekokt

Gan Jiang	*Zingiber*	3–6 g
Fu Zi	*Aconitum*	3–9 g
Cong Bai	*Allium*	3–6 g

Magen-/Milz-*Yang*-Mangel führt zu wässriger Diarrhö und epigastrischen Schmerzen. Starke Kälte-Symptome wie zum Beispiel kalte Extremitäten und Erbrechen klarer Flüssigkeiten.

Z blass, geschwollen, mit Zahnabdrücken, weißer Belag

P verschwindend

* **Wichtige Rezeptur**

FU ZI LI ZHONG WAN

Radix Lateralis Aconiti Carmichaeli Praeparata Pille zur Regulierung der Mitte

Fu Zi	*Aconitum*	6–9 g
Ren Shen	*Panax*	3–9 g
Bai Zhu	*Atractylodes*	3–9 g
Gan Jiang	*Zingiber*	3–9 g
Zhi Gan Cao	*Glycyrrhiza*	3–6 g

Starker Nieren-*Yang*-Mangel, wobei das *Yang* die Extremitäten nicht ernähren kann. Führt zu Ödemen und starken Gliederschmerzen mit Kälte- und Feuchtigkeits-Symptomen: Kälte-*Bi*-Syndrom.

Z blass, feuchter weißer Belag

P tief, verschwindend oder rau

FU ZI TANG

Radix Lateralis Aconiti Carmichaeli Praeparata Dekokt

Fu Zi	*Aconitum*	9–15 g
Ren Shen	*Panax*	3–6 g
Fu Ling	*Poria*	9–12 g
Bai Zhu	*Atractylodes*	3–12 g
Bai Shao Yao	*Paeonia*	6–9 g

Herz-/Nieren-*Yin*-Mangel mit Feuer nach fiebriger Erkrankung führt zu Schlaflosigkeit, Palpitationen oder Läsionen im Zungenbereich: *Shaoyin*-Mangel-Hitze-Syndrom.

Z rot, spärlicher Belag

P schnell, dünn

H *E Jiao*/Equus und Eigelb in das abgeseihte Dekokt einrühren.

* **Wichtige Rezeptur**

HUANG LIAN E JIAO TANG

Rhizoma Coptidis und Gelatinum Corii Asini Dekokt

Huang Lian	*Coptis*	9–12 g
E Jiao	*Equus*	6–9 g
Huang Qin	*Scutellaria*	6–9 g
Bai Shao Yao	*Paeonia*	6–9 g
Ji Zi Huang	*Eigelb*	2 g

Nieren- und Milz-*Yang*-Mangel mit Kälte ist in alle drei *Yin*-Meridiane (*Taiyin*, *Shaoyin* und *Jueyin*) eingedrungen. Symptome sind u.a. Frösteln, eiskalte Extremitäten und kaltes Gesicht, wässrige Diarrhö oder Husten mit reichlicher Speichelproduktion.

Z blass, nass, dünner weißer, feuchter Belag

P verschwindend oder kraftlos

H *She Xiang*/Moschus entfernen, aus den übrigen Bestandteilen wie üblich ein Dekokt herstellen und dann den pulverisierten Moschus bei jeder Dosis zufügen.

HUI YANG JIU JI TANG

Dekokt, das das *Yang* wiederherstellt und wiederbelebt

Fu Zi	*Aconitum*	9 g
Rou Gui	*Cinnamomum*	3–6 g
Ren Shen	*Panax*	6–9 g
Gan Jiang	*Zingiber*	3–6 g
Fu Ling	*Poria*	6–9 g
Chen Pi	*Citrus*	3–6 g
Bai Zhu	*Atractylodes*	6–9 g
Wu Wei Zi	*Schisandra*	3–6 g
Ban Xia	*Pinellia*	6–9 g
Gan Cao	*Glycyrrhiza*	3–6 g
She Xiang	*Moschus*	0,3 g
[Sheng Jiang	*Zingiber*	1–3 g]

Leichter *Yang*-Mangel mit äußerer Wind-Kälte ohne Schwitzen (*Shaoyin*- und *Taiyang*-Störung). Symptome sind u.a. extremes Frösteln mit leichtem Fieber und starker Müdigkeit.

Z blass, weißer Belag

P verschwindend

MA HUANG FU ZI XI XIN TANG

Herba Ephedrae, Radix Lateralis Aconiti Carmichaeli Praeparata und Herba cum Radice Asari Dekokt

Ma Huang	*Ephedra*	6–9 g
Fu Zi	*Aconitum*	3–6 g
Xi Xin	*Asarum*	3–6 g

***Shaoyin*-Störung: Schwerer *Yang*-Mangel mit Kälte-Retention führt dazu, dass falsches *Yang* an die Oberfläche gedrängt wird. Das *Yang* kann nicht im Innern bleiben. Dies führt zu kalten Extremitäten, doch ohne Kälteaversion, zu Gesichtsrötung, Durst ohne Verlangen zu trinken oder trockener Kehle.**

Z blass, blass-violett, mit Zahnabdrücken, dünner weißer Belag

P langsam, verschwindend

TONG MAI SI NI TANG

Kalte Extremitäten Dekokt, das Pulsblockaden auflöst

Fu Zi	*Aconitum*	12–15 g
Gan Jiang	*Zingiber*	9–12 g
Gan Cao	*Glycyrrhiza*	3–6 g

Patient mit Milz-/Nieren-*Qi*- und -*Yang*-Mangel ist anfällig für Wind-Kälte mit innerer Wasserretention oder leidet unter Dysurie, Diarrhö oder Ödemen.

Z blass, geschwollen, mit Zahnabdrücken, feucht, dünner weißer Belag

P kraftlos oder verschwindend

ZHEN WU TANG

Wahrer Krieger Dekokt

Fu Zi	*Aconitum*	6–9 g
Bai Zhu	*Atractylodes*	6–9 g
Bai Shao Yao	*Paeonia*	6–9 g
Fu Ling	*Poria*	6–9 g
Sheng Jiang	*Zingiber*	6–9 g

Jueyin-Syndrome

- Hitzesensationen und Schmerzen im Thorax
- Hunger ohne Verlangen zu essen
- Diarrhö, Erbrechen
- Durst

Z rot

P schnell, schwach

Nieren- und Milz-*Yang*-Mangel mit Kälte ist in alle drei *Yin*-Meridiane (*Taiyin*, *Shaoyin* und *Jueyin*) eingedrungen. Symptome sind u. a. Frösteln, eiskalte Extremitäten und kaltes Gesicht, wässrige Diarrhö oder Husten mit reichlicher Speichelproduktion.

Z blass, nass, dünner, weißer, feuchter Belag

P verschwindend oder kraftlos

H *She Xiang*/Moschus entfernen, aus den übrigen Bestandteilen wie üblich ein Dekokt herstellen und dann den pulverisierten Moschus bei jeder Dosis zufügen.

HUI YANG JIU JI TANG

Dekokt, das das *Yang* wiederherstellt und wiederbelebt

Fu Zi	*Aconitum*	9 g
Rou Gui	*Cinnamomum*	3–6 g
Ren Shen	*Panax*	6–9 g
Gan Jiang	*Zingiber*	3–6 g
Fu Ling	*Poria*	6–9 g
Chen Pi	*Citrus*	3–6 g
Bai Zhu	*Atractylodes*	6–9 g
Wu Wei Zi	*Schisandra*	3–6 g
Ban Xia	*Pinellia*	6–9 g
Gan Cao	*Glycyrrhiza*	3–6 g
She Xiang	*Moschus*	0,3 g
[*Sheng Jiang*	*Zingiber*	1–3 g]

1. Spulwürmer sind aufgrund von Kälte im Dickdarm nach oben zur Wärme von Epigastrium/Thorax gewandert. 2. Kälte im Dickdarm und Hitze im Magen: Mischsyndrom – *Jueyin*-Syndrom.

Z blass

P schwach

H *Wu Mei*/Prunus 12 Stunden lang in Essig einweichen.

* **Wichtige Rezeptur**

WU MEI WAN

Fructus Pruni Mume Pille

Wu Mei	*Prunus*	20–25 g
Xi Xin	*Asarum*	1–3 g
Chuan Jiao	*Zanthoxylum*	1–3 g
Gan Jiang	*Zingiber*	12–15 g
Fu Zi	*Aconitum*	6–9 g
Huang Lian	*Coptis*	9–12 g
Huang Bai	*Phellodendron*	6–9 g
Gui Zhi	*Cinnamomum*	3–9 g
Dang Gui	*Angelica*	6–9 g
Ren Shen	*Panax*	6–9 g

Vier Stadien

卫,气,营,血,病症

Hitze im Abwehr-*Wei*-System

siehe Wind-Invasion

Hitze im *Qi*-Stadium

- hohes Fieber
- Durst
- starkes Schwitzen
- Husten oder Asthma mit gelbem Auswurf

Z rot, trocken, dicker gelber Belag

P überflutend, schnell

Fiebrige Erkrankung durch Feuchte-Hitze oder Feuchtigkeits-*Bi*-Syndrom mit Hitze führt zu starkem Schwitzen und Gelenkschmerzen mit Schwellungen und Rötung. Die Gelenke fühlen sich bei Berührung heiß an.

Z rot, klebriger gelber Belag

P schlüpfrig, schnell oder überflutend

H Die ersten vier Zutaten kochen, dann zum Schluss den Reis zufügen. Er saugt das Wasser auf, sodass eine dicke Flüssigkeit entsteht.

BAI HU JIA CANG ZHU TANG

Weißer Tiger Dekokt mit Rhizoma Atractylodis

Shi Gao	*Gypsum*	20–30 g
Zhi Mu	*Anemarrhena*	9–12 g
Gan Cao	*Glycyrrhiza*	3–6 g
Cang Zhu	*Atractylodes*	3–9 g
Jing Mi	*Oryza*	15–30 g

Hitze im *Qi*-Stadium/*Yangming*-Meridian-Syndrom führt zu hohem Fieber, epidemischer fiebriger Erkrankung, akuter Entzündung, Enzephalitis oder Meningitis.

Z rot, trockener gelber Belag

P überflutend, schnell

H Die ersten fünf Zutaten kochen, dann zum Schluss den Reis zufügen. Er saugt das Wasser auf, sodass eine dicke Flüssigkeit entsteht.

BAI HU JIA YIN QIAO TANG

Weißer Tiger Dekokt mit Flos Lonicerae Japonicae und Fructus Forsythiae Suspensae

Shi Gao	*Gypsum*	20–30 g
Zhi Mu	*Anemarrhena*	9–12 g
Gan Cao	*Glycyrrhiza*	3–6 g
Jin Yin Hua	*Lonicera*	6–9 g
Lian Qiao	*Forsythia*	6–9 g
Jing Mi	*Oryza*	15–30 g

Sommer-Hitze mit Feuchtigkeit und Hitze im *Yangming*-Meridian/im *Qi*-Stadium. Führt zu starkem Schwitzen, Übelkeit, Erbrechen, Durst oder Fieber.

Z rot, klebriger gelber Belag

P schlüpfrig, schnell

H Die ersten vier Zutaten kochen, dann zum Schluss den Reis zufügen. Er saugt das Wasser auf, sodass eine dicke Flüssigkeit entsteht.

BAI HU JIA ZHU TANG

Weißer Tiger Dekokt mit Rhizoma Atractylodis Macrocephalae*

Shi Gao	*Gypsum*	20–30 g
Zhi Mu	*Anemarrhena*	9–12 g
Gan Cao	*Glycyrrhiza*	3–6 g
Bai Zhu	*Atractylodes*	3–9 g
Jing Mi	*Oryza*	15–30 g

Hitze im *Qi*-Stadium/*Yangming*-Meridian-Störung führt zu hohem Fieber, Schwitzen, überflutendem Puls oder Durst.

Z rot, gelber Belag

P überflutend, schnell

H Die ersten drei Zutaten kochen, dann zum Schluss den Reis zufügen. Er saugt das Wasser auf, sodass eine dicke Flüssigkeit entsteht.

BAI HU TANG

Weißer Tiger Dekokt

Shi Gao	*Gypsum*	20–30 g
Zhi Mu	*Anemarrhena*	9–12 g
Gan Cao	*Glycyrrhiza*	3–6 g
Jing Mi	*Oryza*	15–30 g

* **Wichtige Rezeptur**

Shaoyang- und _Yangming_-Meridian-Störung führt zu leichtem Frösteln mit starkem Fieber und Durst.

Z rot, dünner gelber Belag

P schnell, eventuell überflutend

CHAI HU BAI HU TANG

Weißer Tiger Dekokt mit Radix Bupleuri

Chai Hu	*Bupleurum*	3–6 g
Huang Qin	*Scutellaria*	3–6 g
Shi Gao	*Gypsum*	12–20 g
Zhi Mu	*Anemarrhena*	6–12 g
Tian Hua Fen	*Trichosanthes*	6–9 g
Jing Mi	*Oryza*	6–9 g
Gan Cao	*Glycyrrhiza*	3–6 g

Shaoyang-Störung mit innerer Hitze im _Yangming_-Meridian. Das Rezept klärt innere Hitze-Stagnation. Symptome sind u. a. Obstipation, starkes Fieber im Wechsel mit leichtem Frösteln, bitterer Mundgeschmack, Durst oder hypochondriales Unwohlsein.

Z rot, gelber Belag

P schnell, drahtig, voll

X Vorsicht während der Schwangerschaft.

DA CHAI HU TANG

Größeres Radix Bupleuri Dekokt

Chai Hu	*Bupleurum*	9–15 g
Da Huang	*Rheum*	6–9 g
Ban Xia	*Pinellia*	6–9 g
Huang Qin	*Scutellaria*	6–9 g
Bai Shao Yao	*Paeonia*	6–9 g
Zhi Shi	*Citrus*	6–9 g
Sheng Jiang	*Zingiber*	3–9 g
Da Zao	*Ziziphus*	3–6 St.

Feuchtigkeitsretention mit Hitze-Toxin im *Qi*-Stadium führt zu Gastritis, Hepatitis, Fieber, Gliederschmerzen, Diarrhö oder Erbrechen.

Z klebriger gelber Belag

P schnell, sanft

H Alle Zutaten an der Sonne trocknen lassen und zu Pulver vermahlen. Zweimal täglich je 9 g einnehmen.

GAN LU XIAO DU DAN

Besondere Süße Tau Pille zur Eliminierung von Toxin

She Gan	*Belamcanda*	120 g
Lian Qiao	*Forsythia*	120 g
Hua Shi	*Talcum*	450 g
Chuan Bei Mu	*Fritillaria*	150 g
Bo He	*Mentha*	120 g
Huang Qin	*Scutellaria*	300 g
Bai Dou Kou	*Amomum*	120 g
Yin Chen Hao	*Artemisia*	330 g
Shi Chang Pu	*Acorus*	180 g
Huo Xiang	*Agastache*	120 g
Mu Tong	*Akebia*	150 g

Hitze im *Qi*- und Blut-*Xue*-Stadium führt zu Purpura.

Z rot, dünner gelber Belag

P überflutend, schnell

H *Shi Gao*/Gypsum zuerst 20 Minuten lang kochen. *Xi Jiao*/Rhinoceros zu Pulver vermahlen und dem abgeseihten Dekokt zufügen. *Shui Niu Jiao*/Bubalus sollte statt *Xi Jiao* verwendet werden.

HUA BAN TANG

Dekokt, das Ausschläge transformiert

Shi Gao	*Gypsum*	30 g
Zhi Mu	*Anemarrhena*	12 g
Xuan Shen	*Scrophularia*	10 g
Xi Jiao	*Rhinoceros*	2–6 g
Jing Mi	*Oryza*	9 g
Gan Cao	*Glycyrrhiza*	10 g

Wind-Hitze mit Fieber, eventuell Schwitzen, Durst, Dyspnoe, Asthma: Hitze im *Qi*-Stadium.

Z rote Spitze oder rote Ränder, gelber Belag

P schnell, überflutend

MA XING SHI GAN TANG

Herba Ephedrae, Semen Pruni Armeniacae, Gypsum fibrosum und in Honig gebratene Radix Glycyrrhizae Uralensis Dekokt

Ma Huang	*Ephedra*	6–15 g
Xing Ren	*Prunus*	6–9 g
Shi Gao	*Gypsum*	6–20 g
Gan Cao	*Glycyrrhiza*	3–6 g

Leichte Sommer-Hitze dringt in das *Qi*-Stadium vor, wobei pathogene Faktoren zurückbleiben und zu leichten Oberflächen- und Feuchtigkeits-Symptomen führen. Der Patient hat Durst, kann aber Flüssigkeiten nur schluckweise zu sich nehmen und leidet unter Diarrhö, Darmgasen, Erbrechen oder kalten Extremitäten.

Z rot, dünner weißer Belag

P schnell, eventuell oberflächlich

H Es wird die vorbehandelte Form von *Xi Gua*/Citrullus verwendet.

H Statt *Si Gua Pi*/Luffa wird meist *Si Gua Luo*/Luffa verwendet.

QING LUO YIN

Dekokt, das die Nebengefäße klärt

Bian Dou Hua	*Dolichos*	6–9 g
Xi Gua Shuang	*Citrullus*	6–9 g
Si Gua Pi	*Luffa*	6–9 g
Jin Yin Hua	*Lonicera*	6–9 g
He Ye	*Nelumbo*	6 g
Dan Zhu Ye	*Lophatherum*	6–9 g

Hitze im *Qi*- und Blut-*Xue*-Stadium: Hitze im *Qi*-Stadium führt zu hohem Fieber, Durst, Schwitzen; Hitze im Blut-*Xue*-Stadium führt zu Blutungen, Koma oder Ruhelosigkeit. Diese Rezeptur ist auch wirksam bei toxischer Hitze.

Z dunkelrot, trocken, gelber Belag

P überflutend, schnell

H *Shi Gao*/Gypsum zuerst 20 Minuten lang kochen. *Xi Jiao*/Rhinoceros zu Pulver vermahlen und dem abgeseihten Dekokt zufügen. *Xi Jiao*/Rhinoceros sollte durch 6–9 g *Shui Niu Jiao*/Bubalus oder 30 g *Bai Mao Gen*/Imperata ersetzt werden.

QING WEN BAI DU YIN

Dekokt, das Epidemien beseitigt und Toxin überwältigt

Shi Gao	*Gypsum*	40–100 g
Zhi Mu	*Anemarrhena*	9–12 g
Xuan Shen	*Scrophularia*	6–9 g
Dan Zhu Ye	*Lophatherum*	3–6 g
Xi Jiao	*Rhinoceros*	1–3 g
Chi Shao Yao	*Paeonia*	6–9 g
Huang Qin	*Scutellaria*	6–9 g
Huang Lian	*Coptis*	3–6 g
Mu Dan Pi	*Paeonia*	6–9 g
Sheng Di Huang	*Rehmannia*	6–12 g
Zhi Zi	*Gardenia*	3–6 g
Jie Geng	*Platycodon*	3–6 g
Lian Qiao	*Forsythia*	6–9 g
Gan Cao	*Glycyrrhiza*	3–6 g

Hitze im *Qi*-Stadium mit Toxin im oberen Körperbereich führt zu Schwellungen in der Kehle, Fieber, Schwitzen und Durst mit Verlangen nach kalten Flüssigkeiten.

Z rot, gelber Belag

P überflutend, schnell

QING XIN LIANG GE SAN

Pulver, das das Herz klärt und das Diaphragma kühlt

Lian Qiao	*Forsythia*	6–15 g
Huang Qin	*Scutellaria*	6–9 g
Zhi Zi	*Gardenia*	3–6 g
Bo He	*Mentha*	3–6 g
Jie Geng	*Platycodon*	3–6 g
Shi Gao	*Gypsum*	12–15 g
Gan Cao	*Glycyrrhiza*	3–6 g

Hitze oder Feuchte-Hitze ist in den Magen eingedrungen und führt zu Fieber, Durst, Übelkeit und Erbrechen und Spannungsgefühl im mittleren Erwärmer.

Z rot

P schnell

ZHEN NI BAI HU TANG

Weißer Tiger Dekokt, das Rebellion unterdrückt

Shi Gao	*Gypsum*	20–35 g
Zhi Mu	*Anemarrhena*	12–18 g
Zhu Ru	*Bambusa*	6–9 g
Ban Xia	*Pinellia*	6–12 g

Hitze in Thorax und Lunge infolge einer *Taiyang*-Störung; oder zurückbleibende Hitze im *Qi*-Stadium manifestiert sich in der *Yangming*-Meridian-Schicht. Bei manchen Patienten kann diese Rezeptur Erbrechen auslösen, worauf die Symptome verschwinden.

Z rot, vor allem an der Spitze, gelber Belag

P schnell, voll, oberflächlich

X Diese Rezeptur kann Erbrechen auslösen.

ZHI ZI DOU CHI TANG

Fructus Gardeniae Jasminoidis und Semen Sojae Praeparatum Dekokt

Zhi Zi	*Gardenia*	6–9 g
Dan Dou Chi	*Glycine*	6–9 g

Hitze im *Qi*-Stadium schädigt das *Qi* und das *Yin*. Daraus resultieren Resthitze und leichtes Fieber, Mundtrockenheit und Reizbarkeit.

Z rot

P schnell, schwach, dünn

ZHU YE SHI GAO TANG

Herba Lophatheri Gracilis und Gypsum Dekokt

Dan Zhu Ye	*Lophatherum*	6–15 g
Shi Gao	*Gypsum*	20–30 g
Ban Xia	*Pinellia*	6–9 g
Ren Shen	*Panax*	3–6 g
Zhi Gan Cao	*Glycyrrhiza*	3–6 g
Jing Mi	*Oryza*	9–15 g
Mai Men Dong	*Ophiopogon*	12–15 g

Hitze im Nähr-*Ying*-Stadium

- innere Ruhelosigkeit
- Mundtrockenheit ohne Verlangen zu trinken
- nächtliches Fieber
- Hautausschläge

Z dunkelrot, ohne Belag
P dünn, schnell

Hitze im *Ying*-Stadium mit *Yin*-Mangel führt zu hohem Fieber, das sich nachts verschlimmert, Delirium oder leichter Purpura.

Z dunkelrot und trocken

P schnell, dünn

H *Xi Jiao*/Rhinoceros sollte durch 9 g *Shui Niu Jiao*/Bubalus oder 30 g *Bai Mao Gen*/Imperata ersetzt werden.

QING YING TANG

Dekokt, das die Nähr-Ebene klärt

Xi Jiao	*Rhinoceros*	3–6 g
Sheng Di Huang	*Rehmannia*	9–12 g
Mai Men Dong	*Ophiopogon*	6–9 g
Huang Lian	*Coptis*	3–6 g
Xuan Shen	*Scrophularia*	6–9 g
Dan Zhu Ye	*Lophatherum*	6 g
Lian Qiao	*Forsythia*	6 g
Dan Shen	*Salvia*	6–9 g
Jin Yin Hua	*Lonicera*	6–9 g

Hitze im Blut-*Xue*-Stadium

- Hautausschläge, Purpura
- Hämatemesis, Meläna
- hohes Fieber
- Manie

Z dunkelrot
P schnell, drahtig

Hitze im *Qi*- und Blut-*Xue*-Stadium führt zu Purpura.

Z rot, dünner gelber Belag

P überflutend, schnell

H *Shi Gao*/Gypsum zuerst 20 Minuten lang kochen. *Xi Jiao*/Rhinoceros zu Pulver vermahlen und dem abgeseihten Dekokt zufügen. Statt *Xi Jiao* sollte *Shui Niu Jiao*/Bubalus verwendet werden.

HUA BAN TANG

Dekokt, das Ausschläge transformiert

Shi Gao	*Gypsum*	30 g
Zhi Mu	*Anemarrhena*	12 g
Xuan Shen	*Scrophularia*	10 g
Xi Jiao	*Rhinoceros*	2–6 g
Jing Mi	*Oryza*	9 g
Gan Cao	*Glycyrrhiza*	10 g

Hitze im Blut-*Xue*-Stadium und *Taiyin*-Störung mit sich hinziehender Sommer-Hitze führt zu Durst und starkem Schwitzen.

Z rot oder dunkelrot

P schnell

JIA JIAN SHENG MAI SAN

Modifiziertes Pulver, das den Puls erzeugt

Mai Men Dong	*Ophiopogon*	6–12 g
Wu Wei Zi	*Schisandra*	6–12 g
Bei Sha Shen	*Glehnia*	6–12 g
Mu Dan Pi	*Paeonia*	6–12 g
Sheng Di Huang	*Rehmannia*	6–12 g

Hitze im Blut-*Xue*-Stadium führt zu Menorrhagie, wobei das *Yin* bereits verletzt wurde. Symptome sind u. a. Durst, Mundtrockenheit und Ruhelosigkeit.

Z rot, gelber Belag

P schnell, dünn, voll

H *Ce Bai Ye Tan*/Biota schwarz braten, um die blutstillende Wirkung zu verstärken.

QING RE ZHI BENG TANG

Dekokt, das Hitze beseitigt und übermäßige Uterusblutungen stoppt

Huang Qin	*Scutellaria*	9–15 g
Huang Bai	*Phellodendron*	9–12 g
Zhi Zi	*Gardenia*	6–9 g
Mu Dan Pi	*Paeonia*	6–9 g
Chun Pi	*Ailanthus*	9–25 g
Sheng Di Huang	*Rehmannia*	9–18 g
Bai Shao Yao	*Paeonia*	9–25 g
Ce Bai Ye Tan	*Biota*	9–25 g
Gui Ban	*Chinemys*	9–15 g
Di Yu	*Sanguisorba*	9–18 g

Hitze im *Qi*- und Blut-*Xue*-Stadium: Hitze im *Qi*-Stadium führt zu hohem Fieber, Durst, Schwitzen; Hitze im Blut-*Xue*-Stadium führt zu Blutungen, Koma oder Ruhelosigkeit. Diese Rezeptur ist auch wirksam bei toxischer Hitze.

Z dunkelrot, trocken, gelber Belag

P überflutend, schnell

H *Shi Gao*/Gypsum zuerst 20 Minuten lang kochen. *Xi Jiao*/Rhinoceros zu Pulver vermahlen und dem abgeseihten Dekokt zufügen. Es sollte durch 6–9 g *Shui Niu Jiao*/Bubalus oder 30 g *Bai Mao Gen*/Imperata ersetzt werden.

QING WEN BAI DU YIN

Dekokt, das Epidemien beseitigt und Toxin überwältigt

Shi Gao	*Gypsum*	40–100 g
Zhi Mu	*Anemarrhena*	9–12 g
Xuan Shen	*Scrophularia*	6–9 g
Dan Zhu Ye	*Lophatherum*	3–6 g
Xi Jiao	*Rhinoceros*	1–3 g
Chi Shao Yao	*Paeonia*	6–9 g
Huang Qin	*Scutellaria*	6–9 g
Huang Lian	*Coptis*	3–6 g
Mu Dan Pi	*Paeonia*	6–9 g
Sheng Di Huang	*Rehmannia*	6–12 g
Zhi Zi	*Gardenia*	3–6 g
Jie Geng	*Platycodon*	3–6 g
Lian Qiao	*Forsythia*	6–9 g
Gan Cao	*Glycyrrhiza*	3–6 g

Starke Toxine, epidemische Sommer-Hitze und Hitze im Blut-*Xue*-Stadium führen zu Delirium, Purpura oder geröteten Augen. Diese Rezeptur öffnet die Sinne.

Z scharlachrot

P schnell oder überflutend

H Die Kräuter zu Pillen formen. *Xi Jiao*/Rhinoceros sollte durch *Shui Niu Jiao*/Bubalus ersetzt werden.

SHEN XI DAN

Magische besondere Rhinozerospille

Xi Jiao	*Rhinoceros*	60–90 g
Jin Yin Hua	*Lonicera*	200–225 g
Ban Lan Gen	*Isatis*	100–135 g
Huang Qin	*Scutellaria*	60–90 g
Sheng Di Huang	*Rehmannia*	200–225 g
Lian Qiao	*Forsythia*	125–150 g
Xuan Shen	*Scrophularia*	90–105 g
Dan Dou Chi	*Glycine*	100–120 g
Shi Chang Pu	*Acorus*	60–90 g
Tian Hua Fen	*Trichosanthes*	40–60 g
Zi Cao	*Lithospermum*	40–60 g

Hitze im Blut-*Xue* führt zu verschiedenen Arten von Blutungen im Bereich des oberen Erwärmers wie z. B. Hämoptysis oder Epistaxis.

Z rot oder dunkelrot

P drahtig, voll, schnell

SI SHENG WAN

Vier frische Arzneien Pille

Ce Bai Ye	*Biota*	9–12 g
Sheng Di Huang	*Rehmannia*	15–20 g
He Ye	*Nelumbo*	9–12 g
Ai Ye	*Artemisia*	6–9 g

Hitze im Blut-*Xue*-Stadium mit Blut-*Xue*-Stase (*Xue Yu*) führt zu unterschiedlichen Störungen mit Blutungen wie z. B. Meläna, Hämaturie, Hämatemesis, Purpura oder Durst ohne Verlangen zu trinken.

Z dunkelrot oder violett, trocken, gelber Belag

P schnell, dünn

H *Xi Jiao*/Rhinoceros zu Pulver vermahlen und dem abgeseihten Dekokt zufügen. *Xi Jiao*/Rhinoceros sollte durch 60 g *Shui Niu Jiao*/Bubalus ersetzt werden. Zu Pulver vermahlen und getrennt 20 Minuten lang kochen, bevor die übrigen Kräuter zugefügt werden. Kann auch durch 30–60 g *Bai Mao Gen*/Imperata ersetzt werden.

* **Wichtige Rezeptur**

XI JIAO DI HUANG TANG

Cornu Rhinoceri und Radix Rehmanniae Glutinosae Dekokt

Xi Jiao	*Rhinoceros*	3–9 g
Sheng Di Huang	*Rehmannia*	15–30 g
Mu Dan Pi	*Paeonia*	9–15 g
Chi Shao Yao	*Paeonia*	9–15 g

Innere Erkrankungen und verschiedene Syndrome

妇科病症

Gynäkologische Störungen/ Menstruationsstörungen

- vorzeitige, verzögerte, unregelmäßige, ausbleibende oder schmerzhafte Menstruationsblutung
- Uterusblutungen
- *Dysmenorrhö, Amenorrhö, Menorrhagie, prämenstruelles Syndrom, Zervixdysplasie, Myome, Ovarialzysten, zystische Mastopathie, häufige Fehlgeburten, Tubenobstruktion, Endometriose, Zervixkarzinom, Endometriumkarzinom, Mammakarzinom*

Z abhängig vom jeweiligen Syndrom

P abhängig vom jeweiligen Syndrom

Verspätete Menstruationsblutungen aufgrund von *Yang*-Mangel oder Kälte im Uterus. Diese Rezeptur ist auch günstig während der Schwangerschaft zum Wärmen des Uterus.

Z blass, weißer Belag

P kraftlos

H Die Kräuter zu Pulver vermahlen und mit Reisessig zu Pillen von 6 g formen.

AI FU NUAN GONG WAN

Folium Artemisiae Argyi und Rhizoma Cyperi Rotundi Pille zur Wärmung des Schoßes

Ai Ye	*Artemisia*	60–90 g
Xiang Fu	*Cyperus*	150–180 g
Wu Zhu Yu	*Evodia*	40–60 g
Bai Shao Yao	*Paeonia*	40–60 g
Huang Qi	*Astragalus*	40–60 g
Dang Gui	*Angelica*	60–90 g
Xu Duan	*Dipsacus*	30–45 g
Shu Di Huang	*Rehmannia*	15–30 g
Chuan Xiong	*Ligusticum*	40–60 g
Rou Gui	*Cinnamomum*	9–15 g

***Qi*- und Blut-*Xue*-Mangel mit Blut-*Xue*-Stase (*Xue Yu*). Diese Rezeptur ist günstig bei unruhigem Fötus, Unfruchtbarkeit, unregelmäßiger Menstruation, Appetitmangel, Schwäche oder Müdigkeit.**

Z blass, dünner weißer Belag

P schwach, eventuell drahtig

BA ZHEN YI MU WAN

Acht Schätze Pille für Mütter

Shu Di Huang	*Rehmannia*	6–15 g
Chuan Xiong	*Ligusticum*	3–9 g
Dang Gui	*Angelica*	6–9 g
Bai Shao Yao	*Paeonia*	6–12 g
Ren Shen	*Panax*	6–12 g
Bai Zhu	*Atractylodes*	3–9 g
Fu Ling	*Poria*	6–9 g
Yi Mu Cao	*Leonurus*	6–18 g
Gan Cao	*Glycyrrhiza*	3–6 g

Nieren-*Qi*-/-*Yin*-Mangel führt zu Menorrhagie. Weitere Symptome sind u. a. Schmerzen im unteren Rücken, häufige Blasenentleerung oder Schwäche in den Knien.

Z rot oder normale Farbe, dünner weißer Belag

P schwach, vor allem in den beiden *Chi*-Positionen, etwas schnell

BAO YIN JIAN

Dekokt, das das *Yin* vermehrt

Huang Qin	*Scutellaria*	9–12 g
Huang Bai	*Phellodendron*	9–12 g
Sheng Di Huang	*Rehmannia*	9–15 g
Shu Di Huang	*Rehmannia*	9–15 g
Shan Yao	*Dioscorea*	6–9 g
Bai Shao Yao	*Paeonia*	6–12 g
Xu Duan	*Dipsacus*	6–9 g
Gan Cao	*Glycyrrhiza*	3–6 g

Milz-/Magen-*Qi*-Mangel mit sinkendem Milz-*Qi* oder Milz kontrolliert das Blut-*Xue* nicht. Der *Qi*-Mangel kann zu (morgendlichem) Fieber, vorzeitiger Menstruation, Schwäche, Diarrhö oder Blässe führen.

Z blass, geschwollen, mit Zahnabdrücken, dünner weißer Belag

P schwach

BU ZHONG YI QI TANG

Dekokt, das die Mitte tonisiert und das *Qi* vermehrt

Ren Shen	*Panax*	6–12 g
Huang Qi	*Astragalus*	9–15 g
Dang Gui	*Angelica*	6–9 g
Chen Pi	*Citrus*	3–6 g
Sheng Ma	*Cimicifuga*	3–6 g
Chai Hu	*Bupleurum*	3–9 g
Bai Zhu	*Atractylodes*	3–9 g
Zhi Gan Cao	*Glycyrrhiza*	3–6 g

Starke Schleim-Feuchte-Retention führt zu Schwindel, Kopfschmerzen, zähem, schleimigem Auswurf oder Amenorrhö infolge von Schleim-Obstruktion.

Z dicker, klebriger weißer oder leicht gelblicher Belag

P schlüpfrig

CANG FU DAO TAN TANG

Rhizoma Atractylodis, Rhizoma Cyperi Rotundi und Dekokt, das Schleim ausleitet*

Ban Xia	*Pinellia*	6–9 g
Chen Pi	*Citrus*	3–6 g
Fu Ling	*Poria*	6–9 g
Tian Nan Xing	*Arisaema*	1–3 g
Zhi Shi	*Citrus*	3–9 g
Gan Cao	*Glycyrrhiza*	3–6 g
Cang Zhu	*Atractylodes*	3–9 g
Xiang Fu	*Cyperus*	3–9 g
Sheng Jiang	*Zingiber*	6–9 g

Yin- und Blut-_Xue_-Mangel mit Blut-_Xue_-Stase (_Xue Yu_) führt zu Auszehrung, Appetitlosigkeit, Amenorrhö, undulierendem Fieber (tidal) oder abdominalem Spannungsgefühl.

Z rot, blass, violett oder violette Flecken

P dünn, rau

X Nicht während der Schwangerschaft einsetzen.

DA HUANG ZHE CHONG WAN

Radix et Rhizoma Rhei und Eupolyphaga seu Opisthoplatia Pille

Da Huang	*Rheum*	12–18 g
Tu Bie Chong	*Eupolyphaga*	3 g
Xing Ren	*Prunus*	3–6 g
Gan Qi	*Rhus*	3 g
Sheng Di Huang	*Rehmannia*	12–18 g
Bai Shao Yao	*Paeonia*	6–12 g
Meng Chong	*Tabanus*	3–6 g
Qi Cao	*Holotrichia*	3–6 g
Tao Ren	*Prunus*	6–9 g
Shui Zhi	*Hirudo*	3–6 g
Huang Qin	*Scutellaria*	6 g
Gan Cao	*Glycyrrhiza*	3–6 g

Leber-/Milz-Disharmonie mit Hitze. Symptome sind u. a. unregelmäßige Menstruation, gerötete oder blutunterlaufene Augen, Reizbarkeit.

Z rote Ränder, blass-violett, dünner weißer Belag

P drahtig, schnell

DAN ZHI XIAO YAO SAN (JIA WEI XIAO YAO SAN)

Cortex Moutan Radicis, Fructus Gardeniae Jasminoidis und Umherstreifen Pulver

Mu Dan Pi	*Paeonia*	6–9 g
Zhi Zi	*Gardenia*	3–6 g
Chai Hu	*Bupleurum*	6–9 g
Bo He	*Mentha*	3–6 g
Dang Gui	*Angelica*	6–9 g
Bai Shao Yao	*Paeonia*	6–9 g
Bai Zhu	*Atractylodes*	3–9 g
Fu Ling	*Poria*	6–9 g
Gan Cao	*Glycyrrhiza*	3–6 g
[Sheng Jiang	*Zingiber*	3–6 g]

_Qi_-/Blut-_Xue_-Mangel mit Blutungen, Fieber, Hitzegefühl in den Muskeln, Durst mit Verlangen nach warmen Flüssigkeiten oder unregelmäßige Menstruation.

Z blass, dünner Belag

P leer

DANG GUI BU XUE TANG

Radix Angelicae Sinensis Dekokt zur Tonisierung des Blutes

Huang Qi	*Astragalus*	30 g
Dang Gui	*Angelica*	6 g

Nieren- und Leber-_Yin_-Mangel führen zu unregelmäßiger Menstruation, spärlicher Blutung, Tinnitus, Schwindel oder Nachtschweiß.

Z rot, spärlicher Belag

P dünn, schnell

DANG GUI DI HUANG YIN

Radix Angelicae Sinensis und Radix Rehmanniae Glutinosae Conquitae Dekokt

Dang Gui	*Angelica*	6–9 g
Shu Di Huang	*Rehmannia*	6–12 g
Huai Niu Xi	*Achyranthes*	6–9 g
Shan Yao	*Dioscorea*	6–9 g
Du Zhong	*Eucommia*	6–9 g
Shan Zhu Yu	*Cornus*	6–9 g
Zhi Gan Cao	*Glycyrrhiza*	3–6 g

Hitze im _Yangming_-Meridian mit bereits bestehender schwerer Blut-_Xue_-Stase (_Xue Yu_) im unteren Erwärmer greift den Uterus und den Darmtrakt an. Symptome sind u. a. Ikterus, Manie, Fieber, Meläna mit trockenen Stühlen, die relativ leicht zu defäkieren sind, Dysmenorrhö, Amenorrhö, abdominalem Druckgefühl oder Magenblutungen. Diese Rezeptur ist stärker als _Di Dang Wan_/'Widerstand Pille'.

Z rot, dunkelviolett

P drahtig, schnell

X Nicht während der Schwangerschaft einsetzen. Nur für einen kurzen Zeitraum verwenden.

DI DANG TANG

Widerstand Dekokt

Da Huang	*Rheum*	6–12 g
Tao Ren	*Prunus*	6–9 g
Shui Zhi	*Hirudo*	1–3 g
Meng Chong	*Tabanus*	1–3 g

Chronische Uterusblutungen aufgrund von Blut-*Xue*-Mangel und Kälte. Diese Rezeptur ist auch günstig bei Spotting oder klarer Leukorrhö.

Z blass, weißer Belag

P schwach, dünn

H *E Jiao*/Equus in das abgeseihte Dekokt einrühren.

DING XIANG JIAO AI TANG

Flos Caryophylli, Gelatinum Corii Asini und Folium Artemisiae Argyi Dekokt

Ding Xiang	*Syzygium*	3–6 g
E Jiao	*Equus*	3–9 g
Ai Ye	*Artemisia*	6 g
Shu Di Huang	*Rehmannia*	6–9 g
Dang Gui	*Angelica*	6–9 g
Bai Shao Yao	*Paeonia*	6–9 g
Chuan Xiong	*Ligusticum*	3–9 g

Nieren-*Yin*- und -*Yang*-Mangel mit Feuer führt zu Menopause, Hitzewallungen oder Pollakisurie.

Z rot

P schnell oder normale Rate, dünn

ER XIAN TANG

Zwei Unsterbliche Dekokt

Yin Yang Huo	*Epimedium*	9–15 g
Xian Mao	*Curculigo*	9–15 g
Dang Gui	*Angelica*	6–9 g
Huang Bai	*Phellodendron*	6–9 g
Zhi Mu	*Anemarrhena*	6–9 g
Ba Ji Tian	*Morinda*	6–9 g

_Qi_-Stagnation/Blut-_Xue_-Stase (_Qi Zhi Xue Yu_) unterhalb von Diaphragma und Epigastrium oder Gewebsverdichtungen in Abdomen oder Epigastrium.

Z violett

P drahtig oder rau

X Nicht während der Schwangerschaft einsetzen.

GE XIA ZHU YU TANG

Dekokt, das Blut-*Xue*-Stasen unterhalb des Diaphragmas eliminiert

Dang Gui	*Angelica*	6–9 g
Chuan Xiong	*Ligusticum*	6–9 g
Tao Ren	*Prunus*	6–9 g
Hong Hua	*Carthamus*	3–6 g
Mu Dan Pi	*Paeonia*	6–9 g
Chi Shao Yao	*Paeonia*	6–9 g
Yan Hu Suo	*Corydalis*	3–6 g
Xiang Fu	*Cyperus*	3–9 g
Zhi Ke	*Citrus*	3–6 g
Wu Ling Zhi	*Trogopterus*	6–9 g
Wu Yao	*Lindera*	3–6 g
Gan Cao	*Glycyrrhiza*	6–9 g

Milz-_Qi_-Mangel führt zu unkontrollierter Menstruationsblutung mit hellem und wässrigem Blut (_Beng-Lou_-Syndrom).

Z blass, geschwollen, mit Zahnabdrücken, dünner Belag

P hohl oder dünn, tief, schwach

GU BEN ZHI BENG TANG

Dekokt, das die Wurzel stabilisiert und übermäßige Uterusblutungen stoppt

Shu Di Huang	*Rehmannia*	6–20 g
Bai Zhu	*Atractylodes*	6–15 g
Huang Qi	*Astragalus*	6–15 g
Dang Gui	*Angelica*	6–9 g
Ren Shen	*Panax*	6–9 g
Pao Jiang	*Zingiber*	3–6 g

Milz-*Qi*-Mangel führt zu *Beng-Lou*-Syndrom – exzessive Uterusblutungen oder Spotting.

Z blass, geschwollen, mit leichten Zahnabdrücken, dünner weißer Belag

P schwach, dünn

GU BEN ZHI LOU TANG

Dekokt, das die Wurzel stabilisiert und Spotting stoppt*

Ren Shen	*Panax*	9–15 g
Bai Zhu	*Atractylodes*	6–12 g
Gan Jiang	*Zingiber*	3–6 g
Shu Di Huang	*Rehmannia*	9–12 g
Dang Gui	*Angelica*	9–12 g
Sheng Ma	*Cimicifuga*	6–9 g
Shan Yao	*Dioscorea*	6–12 g
Da Zao	*Ziziphus*	3–4 St.

Menorrhagie oder Spotting infolge von Nieren- und Leber-*Yin*-Mangel, leerer Hitze, Blut-*Xue*-Stase (*Xue Yu*) oder Milz-*Qi*-Mangel.

Z blass, dünner Belag

P schwach, dünn

H *Zong Lu Pi Tan*/Trachycarpus schwarz braten, um die blutstillende Wirkung zu maximieren.

GU CHONG TANG

Dekokt, das das sich Ergießende stabilisiert

Bai Zhu	*Atractylodes*	9–30 g
Shan Zhu Yu	*Cornus*	9–24 g
Long Gu	*Os Draconis*	12–24 g
Mu Li	*Ostrea*	12–24 g
Zong Lu Pi Tan	*Trachycarpus*	3–6 g
Huang Qi	*Astragalus*	9–18 g
Bai Shao Yao	*Paeonia*	9–12 g
Qian Cao Gen	*Rubia*	6–9 g
Hai Piao Xiao	*Sepia*	9–12 g
Wu Bei Zi	*Melaphis*	1–2 g

Leber-*Qi*-Stagnation mit Hitze führt zu Uterusblutungen, die das *Yin* erschöpfen (*Beng-Lou*-Syndrom).

Z schnell, kein Belag

P dünn, schnell

GU JING WAN

Pille, die die Menses stabilisiert

Gui Ban	*Chinemys*	15–30 g
Chun Pi	*Ailanthus*	6–12 g
Bai Shao Yao	*Paeonia*	15–30 g
Huang Bai	*Phellodendron*	6–9 g
Huang Qin	*Scutellaria*	15–30 g
Xiang Fu	*Cyperus*	3–6 g

Nieren-*Qi*-/-*Yin*-Mangel führt zu unregelmäßiger Menstruation, Leukorrhö oder einem nach unten ziehenden Gefühl.

Z rot, dünner weißer Belag

P schwach, vor allem in den beiden *Chi*-Positionen

GU YIN JIAN

Dekokt, das das *Yin* stabilisiert

Shu Di Huang	*Rehmannia*	6–12 g
Shan Yao	*Dioscorea*	6–9 g
Wu Wei Zi	*Schisandra*	6–9 g
Shan Zhu Yu	*Cornus*	6–9 g
Tu Si Zi	*Cuscuta*	6–9 g
Ren Shen	*Panax*	6–9 g
Yuan Zhi	*Polygala*	3 g
Zhi Gan Cao	*Glycyrrhiza*	3–6 g

Blut-*Xue*-Mangel mit *Yang*-Mangel und Kälte führt zu Kälte im Uterus mit Dysmenorrhö. Die Blutung ist spärlich, blass und wässrig. Die Patientin leidet bei Menstruationsbeginn unter starken Krämpfen.

Z blass, blass-violett, einige Furchen, dünner weißer Belag

P langsam, dünn, schwach

GUI FU SI WU TANG

Cortex Cinnamomi Cassiae, Radix Lateralis Aconiti Carmichaeli Praeparata und Vier Arzneien Dekokt

Sheng Di Huang	*Rehmannia*	6–12 g
Dang Gui	*Angelica*	6–9 g
Chuan Xiong	*Ligusticum*	3–9 g
Bai Shao Yao	*Paeonia*	6–9 g
Rou Gui	*Cinnamomum*	3–9 g
Fu Zi	*Aconitum*	1–6 g

Nieren-*Qi*-Mangel mit Nieren-/Leber-*Yin*-Mangel führt zu Amenorrhö oder Schmerzen in Rücken und Knien.

Z blass oder rot, dünner weißer oder spärlicher Belag

P schwach, eventuell dünn, vor allem in der linken *Chi*-Position

GUI SHEN TANG

Dekokt, das die Niere wiederherstellt

Shu Di Huang	*Rehmannia*	6–15 g
Shan Yao	*Dioscorea*	9–15 g
Shan Zhu Yu	*Cornus*	9–12 g
Gou Qi Zi	*Lycium*	9–15 g
Dang Gui	*Angelica*	9–12 g
Du Zhong	*Eucommia*	6–12 g
Fu Ling	*Poria*	6–12 g
Tu Si Zi	*Cuscuta*	9–12 g

Blut-*Xue*-Stase (*Xue Yu*) und Schleim-Stagnation im Uterus führt zur Bildung von Gewebsverdichtungen oder Klumpen, Amenorrhö, Dysmenorrhö oder unruhigem Fötus.

Z violett, klebriger Belag

P drahtig, schlüpfrig, rau

GUI ZHI FU LING WAN

Ramulus Cinnamomi Cassiae und Sclerotium Poriae Cocos Pille

Gui Zhi	*Cinnamomum*	6–12 g
Fu Ling	*Poria*	6–12 g
Mu Dan Pi	*Paeonia*	6–12 g
Tao Ren	*Prunus*	6–12 g
Chi Shao Yao	*Paeonia*	9–12 g

Leber-*Qi*-Stagnation mit Blut-*Xue*-Mangel führt zu verspäteter Menstruation mit Bildung von Klumpen.

Z blass, violett

P rau, drahtig

GUO QI YIN

Dekokt für verspätete Menstruation

Shu Di Huang	*Rehmannia*	6–9 g
Dang Gui	*Angelica*	6–9 g
Bai Shao Yao	*Paeonia*	6–9 g
Chuan Xiong	*Ligusticum*	3–6 g
Hong Hua	*Carthamus*	3–6 g
Tao Ren	*Prunus*	3–6 g
Xiang Fu	*Cyperus*	3–6 g
Mu Tong	*Akebia*	3–6 g
E Zhu	*Curcuma*	3–6 g
Rou Gui	*Cinnamomum*	1–3 g
Gan Cao	*Glycyrrhiza*	3–6 g

Epistaxis oder Hämatemesis während der Menstruation durch Magen-Mangel und rebellierendes Qi.

Z blass

P schwach, dünn

JIA WEI MAI MEN DONG TANG

Erweitertes Tuber Ophiopogonis Japonici Dekokt

Mai Men Dong	*Ophiopogon*	9–15 g
Shan Yao	*Dioscorea*	9–12 g
Ren Shen	*Panax*	9–12 g
Dan Shen	*Salvia*	9–12 g
Ban Xia	*Pinellia*	6–9 g
Bai Shao Yao	*Paeonia*	6–9 g
Tao Ren	*Prunus*	3–6 g
Da Zao	*Ziziphus*	3–5 St.
Gan Cao	*Glycyrrhiza*	3–6 g

Kalter Uterus mit zugrundeliegendem Blut-Xue-Mangel führt zu übermäßigen Uterusblutungen mit blassem wässrigem Blut.

Z blass

P schwach

JIAO AI SI WU TANG

Gelatine, Artemisia und Vier Arzneien Dekokt

Shu Di Huang	*Rehmannia*	6–12 g
Bai Shao Yao	*Paeonia*	9–9 g
Chuan Xiong	*Ligusticum*	3–6 g
Dang Gui	*Angelica*	6–9 g
E Jiao	*Equus*	3–9 g
Ai Ye	*Artemisia*	6–9 g
Gan Cao	*Glycyrrhiza*	3–9 g

***Chong*- und *Ren*-Ungleichgewicht mit Blut-*Xue*-Mangel führt zu unruhigem Fötus, hellroten Blutungen nach der Entbindung, abdominalen Schmerzen, Schwäche im unteren Rücken oder kaltem Uterus.**

Z blass

P kraftlos, langsam

H *E Jiao*/Equus in das abgeseihte Dekokt einrühren.

JIAO AI TANG

Gelatinum Corii Asini und Folium Artemisiae Argyi Dekokt

E Jiao	*Equus*	6–9 g
Ai Ye	*Artemisia*	6–9 g
Dang Gui	*Angelica*	6–9 g
Sheng Di Huang	*Rehmannia*	18 g
Bai Shao Yao	*Paeonia*	12 g
Chuan Xiong	*Ligusticum*	6 g
Gan Cao	*Glycyrrhiza*	3–6 g

Milz-*Qi*-Mangel führt zu starken Uterusblutungen mit blassrotem Blut, vorzeitiger oder unregelmäßiger Menstruation. Unruhiger Fötus infolge von sinkendem Milz-*Qi*.

Z blass, geschwollen, mit Zahnabdrücken, dünner weißer Belag

P schwach

JU YUAN JIAN

Dekokt, das die Quelle hebt

Ren Shen	*Panax*	6–9 g
Huang Qi	*Astragalus*	9–12 g
Sheng Ma	*Cimicifuga*	3–6 g
Bai Zhu	*Atractylodes*	3–6 g
Gan Cao	*Glycyrrhiza*	3–6 g

Leber-*Qi*-Stagnation mit Kälte im Magen führt zu abdominalen Schmerzen, die durch Wärme gelindert werden. Diese Rezeptur ist auch wirksam bei Dysmenorrhö.

Z blass, weißer Belag

P schwach, langsam oder drahtig

LIANG FU WAN

Rhizoma Alpiniae Officinari und Rhizoma Cyperi Rotundi Pille

Gao Liang Jiang	*Alpinia*	6–9 g
Xiang Fu	*Cyperus*	6–9 g

Blut-*Xue*-Mangel mit Mangel- oder Fülle-Hitze führt zu violetter Menstruationsblutung, vorzeitiger Menstruation oder dicker Leukorrhö mit undulierendem Fieber (tidal).

Z blass

P schnell, dünn, schwach

QIN LIAN SI WU TANG

Vier Arzneien Dekokt mit Radix Scutellariae und Rhizoma Coptidis

Huang Qin	*Scutellaria*	6–9 g
Huang Lian	*Coptis*	3–6 g
Chuan Xiong	*Ligusticum*	3–6 g
Bai Shao Yao	*Paeonia*	6–9 g
Dang Gui	*Angelica*	6–9 g
Mai Men Dong	*Ophiopogon*	6–9 g
Sheng Di Huang	*Rehmannia*	9–12 g

***Yin*-Mangel mit leerer Hitze führt zu vorzeitiger Menstruationsblutung oder Obstipation.**

Z rot, spärlicher gelblicher Belag

P dünn, schnell

QING JING SAN

Pulver, das die Menses klärt

Shu Di Huang	*Rehmannia*	6–12 g
Mu Dan Pi	*Paeonia*	6–9 g
Di Gu Pi	*Lycium*	6–9 g
Qing Hao	*Artemisia*	3–6 g
Bai Shao Yao	*Paeonia*	6–9 g
Fu Ling	*Poria*	6 g
Huang Bai	*Phellodendron*	3 g

Fülle-Hitze oder Hitze im Blut-*Xue* führt zu starken, unkontrollierten Uterusblutungen.

Z rot, gelber Belag

P voll, schnell, schlüpfrig

H *Zong Lu Pi Tan*/Trachycarpus schwarz braten, um die blutstillende Wirkung zu maximieren.

QING JING ZHI XUE TANG

Dekokt, das die Menses kühlt und Blutungen stoppt

Sheng Di Huang	*Rehmannia*	6–25 g
Huang Bai	*Phellodendron*	6–12 g
Huang Qin	*Scutellaria*	9–15 g
Di Yu	*Sanguisorba*	9–25 g
Yi Mu Cao	*Leonurus*	9–15 g
Bai Mao Gen	*Imperata*	12–25 g
Mu Dan Pi	*Paeonia*	6–9 g
Pu Huang	*Typha*	9–15 g
Zong Lu Pi Tan	*Trachycarpus*	9–18 g

Hitze im Blut-*Xue* führt zu starken Uterusblutungen oder übermäßig starker Menstruationsblutung. Die Blutung ist hellrot, stark und unkontrolliert (*Beng*-Syndrom).

Z rot

P schnell, voll

H *Zong Lu Pi Tan*/Trachycarpus und *Di Yu Tan*/Sanguisorba schwarz braten, um die blutstillende Wirkung zu verstärken. *E Jiao*/Equus in das abgeseihte Dekokt einrühren.

QING RE GU JING TANG I

Dekokt, das Hitze beseitigt und die Menses stabilisiert I

Di Gu Pi	*Lycium*	6–9 g
Huang Qin	*Scutellaria*	6–9 g
Zhi Zi	*Gardenia*	6–9 g
Bai Mao Gen	*Imperata*	6–9 g
Mu Dan Pi	*Paeonia*	6–12 g
Sheng Di Huang	*Rehmannia*	6–12 g
Zong Lu Pi Tan	*Trachycarpus*	6–9 g
Di Yu Tan	*Sanguisorba*	6–9 g
Gan Cao	*Glycyrrhiza*	6–9 g
Ou Jie	*Nelumbo*	6–9 g
Gui Ban	*Chinemys*	12 g
Mu Li	*Ostrea*	12 g
E Jiao	*Equus*	12 g

Feuchte-Hitze-Obstruktion führt zu Dysmenorrhö, Schmerzen unmittelbar vor Einsetzen der Menstruation, Krämpfen oder Leukorrhö.

Z blass-violett oder rot, dicker, klebriger gelber Belag

P schlüpfrig, etwas schnell oder drahtig

QING RE GU JING TANG II

Dekokt, das Hitze beseitigt und die Menses stabilisiert II

Huang Bai	*Phellodendron*	6–9 g
Huang Lian	*Coptis*	3–9 g
Mu Dan Pi	*Paeonia*	6–12 g
Sheng Di Huang	*Rehmannia*	6–12 g
Dang Gui	*Angelica*	6–9 g
Chi Shao Yao	*Paeonia*	6–9 g
Chuan Xiong	*Ligusticum*	3–9 g
Yan Hu Suo	*Corydalis*	6–9 g

Hitze im Blut-*Xue*-Stadium führt zu Menorrhagie, wobei das *Yin* bereits verletzt wurde. Symptome sind u. a. Durst, Mundtrockenheit und Ruhelosigkeit.

Z rot, gelber Belag

P schnell, dünn, voll

H *Ce Bai Ye Tan*/Biota schwarz braten, um die blutstillende Wirkung zu verstärken.

QING RE ZHI BENG TANG

Dekokt, das Hitze beseitigt und übermäßige Uterusblutungen stoppt

Huang Qin	*Scutellaria*	9–15 g
Huang Bai	*Phellodendron*	9–12 g
Zhi Zi	*Gardenia*	6–9 g
Mu Dan Pi	*Paeonia*	6–9 g
Chun Pi	*Ailanthus*	9–25 g
Sheng Di Huang	*Rehmannia*	9–18 g
Bai Shao Yao	*Paeonia*	9–25 g
Ce Bai Ye Tan	*Biota*	9–25 g
Gui Ban	*Chinemys*	9–15 g
Di Yu	*Sanguisorba*	9–18 g

Milz-/Lungen-*Qi*- und -Blut-*Xue*-Mangel mit Herz-*Yang*-Mangel oder Mangel im *Ying*-Stadium. Der Patient ist schreckhaft, leidet unter Kurzatmigkeit, Schlaflosigkeit, Palpitationen oder mangelndem Geschmacksempfinden. Diese Rezeptur ist auch wirksam bei unregelmäßiger Menstruation oder uterinen Blutungen.

Z blass, geschwollen

P schwach

REN SHEN YANG YING TANG

Radix Ginseng Dekokt zur Nährung des Nähr-*Qi*

Bai Shao Yao	*Paeonia*	9–15 g
Chen Pi	*Citrus*	3–6 g
Dang Gui	*Angelica*	3–9 g
Ren Shen	*Panax*	6–9 g
Huang Qi	*Astragalus*	6–12 g
Bai Zhu	*Atractylodes*	6–9 g
Shu Di Huang	*Rehmannia*	3–6 g
Wu Wei Zi	*Schisandra*	3–6 g
Fu Ling	*Poria*	3–6 g
Yuan Zhi	*Polygala*	2–6 g
Rou Gui	*Cinnamomum*	6–9 g
Gan Cao	*Glycyrrhiza*	3–6 g
[Da Zao	*Ziziphus*	2 St.]
[Gan Jiang	*Zingiber*	3 St.]

Herz-Feuer und Fülle-Hitze führen zu Nasenbluten oder prämenstruellem Erbrechen.

Z rot, gelber Belag

P schnell oder leer

X Vorsicht während der Schwangerschaft.

SAN HUANG SI WU TANG

Dreimal Gelb und Vier Arzneien Dekokt

Shu Di Huang	*Rehmannia*	6–15 g
Bai Shao Yao	*Paeonia*	6–9 g
Chuan Xiong	*Ligusticum*	3–9 g
Dang Gui	*Angelica*	6–9 g
Huang Lian	*Coptis*	3–9 g
Da Huang	*Rheum*	6–12 g
Huang Qin	*Scutellaria*	6–9 g

Schwerer *Qi*-Mangel mit *Yang*- und Blut-*Xue*-Mangel und Kälte-Symptomen. Unregelmäßige Menstruation mit blassem und wässrigem Blutfluss, Schwindel, blasser oder fahlgelber Gesichtsfarbe, kalten Extremitäten oder Frösteln.

Z blass, nass, dünner weißer Belag

P tief, schwach, fadenförmig

SHAN HE YIN

Berg und Fluss Dekokt

Shu Di Huang	*Rehmannia*	15–25 g
Dang Gui	*Angelica*	6–9 g
Bai Shao Yao	*Paeonia*	6–9 g
Chuan Xiong	*Ligusticum*	3–9 g
Rou Gui	*Cinnamomum*	3–9 g
Huang Qi	*Astragalus*	6–15 g

Blut-*Xue*-Stase (*Xue Yu*) und Kälte-Stagnation im unteren Erwärmer mit Bildung von Raumforderungen, Blutklumpen und Dysmenorrhö. Auch wirksam bei Leberzirrhose.

Z blass, violett

P drahtig oder rau

X Nicht während der Schwangerschaft einsetzen.

SHAO FU ZHU YU TANG

Dekokt, das Blut-*Xue*-Stasen im unteren Abdomen eliminiert

Yan Hu Suo	*Corydalis*	3–6 g
Dang Gui	*Angelica*	6–9 g
Mo Yao	*Commiphora*	3–6 g
Rou Gui	*Cinnamomum*	3–6 g
Xiao Hui Xiang	*Foeniculum*	1,5–3 g
Gan Jiang	*Zingiber*	3–6 g
Pu Huang	*Typha*	6–9 g
Chi Shao Yao	*Paeonia*	6–9 g
Wu Ling Zhi	*Trogopterus*	6–9 g
Chuan Xiong	*Ligusticum*	3–9 g

Milz-*Qi*-Mangel mit Feuchtigkeit führt zu Diarrhö und unregelmäßiger Menstruation. Weitere Symptome sind Müdigkeit, Gewichtsverlust, Appetitmangel oder Blässe.

Z blass, weißer Belag

P schwach oder dünn, langsam

SHEN LING BAI ZHU SAN

Radix Ginseng, Sclerotium Poriae Cocos und Rhizoma Atractylodis Macrocephalae Pulver

Ren Shen	*Panax*	9–15 g
Fu Ling	*Poria*	9–12 g
Bai Zhu	*Atractylodes*	3–9 g
Gan Cao	*Glycyrrhiza*	6–9 g
Lian Zi	*Nelumbo*	3–9 g
Yi Yi Ren	*Coix*	6–15 g
Shan Yao	*Dioscorea*	9–15 g
Bian Dou	*Dolichos*	6–9 g
Jie Geng	*Platycodon*	3–6 g
Sha Ren	*Amomum*	3 g

Postpartale Stauung des Wochenflusses infolge Blut-*Xue*-Stase (*Xue Yu*) und Kälte-Stagnation.

Z blass, violett

P rau

H Reiswein zum Dekokt hinzufügen.

SHENG HUA TANG

Dekokt zur Erzeugung und Transformation

Dang Gui	*Angelica*	15–28 g
Tao Ren	*Prunus*	6–9 g
Pao Jiang	*Zingiber*	3–6 g
Chuan Xiong	*Ligusticum*	6–9 g
Gan Cao	*Glycyrrhiza*	3–6 g

Milz-*Qi*-/-Blut-*Xue*-Mangel führt zu langsamer Blutzirkulation mit abdominalen Schmerzen vom Mangel-Typ während der Menstruation oder zu blutenden Geschwüren.

Z blass, blass-violett, dünner weißer Belag

P dünn, schwach

SHENG YU TANG

Dekokt, das wie ein Weiser heilt

Shu Di Huang	*Rehmannia*	15–25 g
Ren Shen	*Panax*	12–15 g
Dang Gui	*Angelica*	12–15 g
Huang Qi	*Astralagus*	15–20 g
Chuan Xiong	*Ligusticum*	6–9 g
Bai Shao Yao	*Paeonia*	15–20 g

***Qi*-/*Yang*-/Blut-*Xue*-Mangel. Symptome sind u. a. Appetitmangel, allgemeines Unwohlsein, leichte Kälte-Symptome, schwerer Mangel, Hautausschläge, Dysmenorrhö, uterine Blutungen oder postpartale Mangelerscheinungen.**

Z blass, dünner weißer Belag

P schwach, dünn, tief

SHI QUAN DA BU TANG

Allumfassendes großes Tonisierungsdekokt

Ren Shen	*Panax*	6–9 g
Fu Ling	*Poria*	9–12 g
Bai Zhu	*Atractylodes*	9–12 g
Gan Cao	*Glycyrrhiza*	3–6 g
Dang Gui	*Angelica*	12–15 g
Shu Di Huang	*Rehmannia*	15–20 g
Bai Shao Yao	*Paeonia*	12–15 g
Chuan Xiong	*Ligusticum*	3–9 g
Rou Gui	*Cinnamomum*	6–9 g
Huang Qi	*Astragalus*	15–20 g
[Da Zao	*Ziziphus*	1–3 g]
[Sheng Jiang	*Zingiber*	3–6 g]

Postpartale Stauung von Blut (Lochia) mit dunklen Klumpen und heftigen abdominalen Schmerzen. Die Stagnation betrifft den *Chong*- und *Ren*-Meridian.

Z violett

P drahtig

X Nicht während der Schwangerschaft einsetzen.

SHI XIAO SAN

Plötzliches Lächeln Pulver

Pu Huang	*Typha*	6–12 g
Wu Ling Zhi	*Trogopterus*	6–9 g

Milz-*Qi*-Mangel führt zu starken, unkontrollierten Uterusblutungen (*Beng*-Syndrom).

Z blass

P schwach

SHOU PI JIAN

Dekokt, das die Milz konsolidiert*

Cang Zhu	*Atractylodes*	3–6 g
Lian Zi	*Nelumbo*	3–9 g
Ren Shen	*Panax*	6–9 g
Suan Zao Ren	*Ziziphus*	6–12 g
Dang Gui	*Angelica*	3–9 g
Shan Yao	*Dioscorea*	6–9 g
Yuan Zhi	*Polygala*	3–6 g
Sheng Jiang	*Zingiber*	3–6 g
Zhi Gan Cao	*Glycyrrhiza*	3–6 g

Lungen-/Nieren-*Yin*-Mangel mit starkem Feuer führt zu Nasenbluten oder Hämoptysis während oder kurz vor der Menstruation.

Z rot, Furchen

P schnell, leer

SHUN JING TANG

Besänftige die Menses Dekokt

Shu Di Huang	*Rehmannia*	9–15 g
Mu Dan Pi	*Paeonia*	6–9 g
Dang Gui	*Angelica*	6–9 g
Bai Shao Yao	*Paeonia*	6–9 g
Bei Shao Shen	*Glehnia*	6–12 g
Jing Jie	*Schizonepeta*	6–9 g
Fu Ling	*Poria*	6–9 g

Blut-*Xue*-Stase (*Xue Yu*) mit Feuer im unteren Erwärmer führt zu Obstipation, plötzlichen abdominalen Schmerzen, Dysmenorrhö, Darmblockaden oder Meläna. Kann in schweren Fällen Ruhelosigkeit oder sogar Delirium verursachen.

Z violett

P rau oder voll

H *Da Huang*/Rheum während der letzten 3–5 Minuten des Kochprozesses zugeben. *Mang Xiao*/Mirabilitum dem abgeseihten Tee hinzufügen.

X Nicht während der Schwangerschaft einsetzen.

TAO HE CHENG QI TANG

Semen Persicae Dekokt, das das *Qi* ordnet

Tao Ren	*Prunus*	9–15 g
Gui Zhi	*Cinnamomum*	6–9 g
Mang Xiao	*Mirabilitum*	3–6 g
Da Huang	*Rheum*	9–12 g
Gan Cao	*Glycyrrhiza*	3–6 g

Leichter Blut-*Xue*-Mangel mit schwerer Blut-*Xue*-Stase (*Xue Yu*) führt zu vorzeitiger Menstruation oder Dysmenorrhö.

Z blass oder violett

P rau oder drahtig

X Nicht während der Schwangerschaft einsetzen.

TAO HONG SI WU TANG

Vier Arzneien Dekokt mit Flos Carthami Tinctorii und Semen Persicae

Shu Di Huang	*Rehmannia*	6–12 g
Bai Shao Yao	*Paeonia*	6–9 g
Chuan Xiong	*Ligusticum*	3–6 g
Dang Gui	*Angelica*	6–9 g
Tao Ren	*Prunus*	3–9 g
Hong Hua	*Carthamus*	3–6 g

Nieren- und Leber-*Yin*-Mangel führt zu Amenorrhö, Kältegefühl im Abdomen, Wachstumsverzögerungen in der Pubertät oder klarer Leukorrhö.

Z blass oder leicht rot

P schwach, dünn

H *E Jiao*/Equus am Schluss in das abgeseihte Dekokt einrühren.

TIAO GAN TANG

Dekokt, das die Leber reguliert

Shan Yao	*Dioscorea*	9–12 g
E Jiao	*Equus*	6–12 g
Ba Ji Tian	*Morinda*	6–9 g
Dang Gui	*Angelica*	6–9 g
Ze Lan	*Lycopus*	6–12 g
Shan Zhu Yu	*Cornus*	6–9 g
Bai Shao Yao	*Paeonia*	6–9 g
Dan Shen	*Salvia*	6–9 g
Gan Cao	*Glycyrrhiza*	3–6 g

Mangel-Kälte und Blut-*Xue*-Stase (*Xue Yu*) führen zu Menstruationsstörungen, Spotting zwischen den Monatsblutungen (*Lou*-Syndrom), Blutklumpen gegen Ende der Blutung, Kälte im unteren Abdomen oder leichtem Fieber während der Nacht.

Z blass, violett, dunkelviolette Flecken

P tief, langsam oder straff

H *E Jiao*/Equus in das abgeseihte Dekokt einrühren.

WEN JING TANG

Wärme die Menses Dekokt

Gui Zhi	*Cinnamomum*	6–9 g
Wu Zhu Yu	*Evodia*	6–9 g
Bai Shao Yao	*Paeonia*	6–9 g
Mai Men Dong	*Ophiopogon*	6–9 g
Mu Dan Pi	*Paeonia*	6–9 g
Ban Xia	*Pinellia*	6–9 g
Ren Shen	*Panax*	6–9 g
Dang Gui	*Angelica*	6–9 g
E Jiao	*Equus*	6–9 g
Chuan Xiong	*Ligusticum*	6 g
Sheng Jiang	*Zingiber*	3–6 g
Gan Cao	*Glycyrrhiza*	3–6 g

Leber-*Qi*-Stagnation führt zu verspäteter Menstruation, Reizbarkeit, prämenstruellem Syndrom oder Spannungsgefühl im Harntrakt.

Z blass-violett, dünner Belag

P drahtig

WU YAO TANG

Radix Linderae Strychnifoliae Dekokt

Wu Yao	*Lindera*	3–6 g
Dang Gui	*Angelica*	6–9 g
Xiang Fu	*Cyperus*	3–9 g
Mu Xiang	*Saussurea*	3–9 g
Gan Cao	*Glycyrrhiza*	3–6 g

Fülle-Hitze führt zu vorzeitiger Menstruation, starken Regelblutungen mit Blutklumpen, Gesichtsrötung, Mundtrockenheit, Durst oder Reizbarkeit.

Z rot, Furchen, rau, gelber Belag

P schnell, voll

H *E Jiao*/Equus in das abgeseihte Dekokt einrühren.

XIANG QI TANG

Frühere Zeit Dekokt*

Dang Gui	*Angelica*	6–9 g
Chuan Xiong	*Ligusticum*	3–9 g
Bai Shao Yao	*Paeonia*	6–9 g
Ai Ye	*Artemisia*	6–9 g
E Jiao	*Equus*	3–6 g
Huang Bai	*Phellodendron*	6–9 g
Huang Qin	*Scutellaria*	6–9 g
Huang Lian	*Coptis*	3–6 g
Zhi Mu	*Anemarrhena*	6–12 g
Xiang Fu	*Cyperus*	6–9 g
Gan Cao	*Glycyrrhiza*	3–6 g

Leber-*Qi*-Stagnation, die sich vor allem in unregelmäßiger Menstruation manifestiert. Die Blutung ist manchmal verfrüht oder verspätet und die Patientin leidet unter starkem prämenstruellem Syndrom, Krämpfen vor dem Einsetzen der Blutung oder Spannungsgefühl in den Brüsten.

Z blass-violett, dünner Belag

P drahtig

XIANG WU SAN

Rhizoma Cyperi Rotundi und Radix Linderae Strychnifoliae Pulver

Xiang Fu	*Cyperus*	6–12 g
Wu Yao	*Lindera*	3–9 g
Chai Hu	*Bupleurum*	6–9 g
Bai Zhu	*Atractylodes*	3–9 g
Bai Shao Yao	*Paeonia*	6–9 g
Dang Gui	*Angelica*	6–9 g
Fu Ling	*Poria*	6–9 g

Blut-*Xue*-Mangel führt zu verspäteter Menstruation, blassem, wässrigem, spärlichem Blutfluss, Schwindel, Vergesslichkeit, verschwommenem Sehen.

Z blass

P schwach, dünn

XIAO YIN JIAN

Kleineres *Yin* Dekokt

Dang Gui	*Angelica*	6–9 g
Sheng Di Huang	*Rehmannia*	12–25 g
Bai Shao Yao	*Paeonia*	6–12 g
Gou Qi Zi	*Lycium*	6–12 g
Shan Yao	*Dioscorea*	6–9 g
Gan Cao	*Glycyrrhiza*	3–6 g

Blut-*Xue*-Stase (*Xue Yu*) im Bereich von Kopf, Thorax und Diaphragma führt zu Angina pectoris, Palpitationen, Schlaflosigkeit, Alpträumen oder Dysmenorrhö.

Z violett oder violette Flecken

P drahtig

X Nicht während der Schwangerschaft einsetzen.

XUE FU ZHU YU TANG

Dekokt, das Stasen aus dem Haus des Blutes treibt

Dang Gui	*Angelica*	6–9 g
Chuan Xiong	*Ligusticum*	3–9 g
Sheng Di Huang	*Rehmannia*	6–9 g
Chi Shao Yao	*Paeonia*	6–9 g
Tao Ren	*Prunus*	6–12 g
Hong Hua	*Carthamus*	6–9 g
Chuan Niu Xi	*Cyathula*	9–12 g
Jie Geng	*Platycodon*	3–6 g
Zhi Ke	*Citrus*	3–6 g
Chai Hu	*Bupleurum*	3–9 g
Gan Cao	*Glycyrrhiza*	3–6 g

Blut-*Xue*-Stase (*Xue Yu*) mit abdominalen Schmerzen, starken Krämpfen und unregelmäßiger Menstruation.

Z violett oder violette Flecken

P rau, drahtig

X Nicht während der Schwangerschaft einsetzen.

YAN HU SUO TANG

Rhizoma Corydalis Yanhusuo Dekokt

Yan Hu Suo	*Corydalis*	30–45 g
Chi Shao Yao	*Paeonia*	9–15 g
Rou Gui	*Cinnamomum*	9–15 g
Ru Xiang	*Boswellia*	60–90 g
Mo Yao	*Commiphora*	60–90 g
Jiang Huang	*Curcuma*	60–90 g
Dang Gui	*Angelica*	9–15 g
Mu Xiang	*Saussurea*	60–90 g
Pu Huang	*Typha*	9–15 g
Gan Cao	*Glycyrrhiza*	6–9 g
[Sheng Jiang	*Zingiber*	3–6 g]

Milz-*Qi*-Mangel führt zu Feuchtigkeit, die sich erhitzt. Dies resultiert in Leukorrhö vom Hitze-Typ mit fischartigem Geruch oder zu verspäteter Menstruation infolge *Qi*- und Blut-*Xue*-Mangel.

Z blass, dünner, klebriger gelber oder weißer Belag

P schlüpfrig, schwach

YI HUANG TANG

Dekokt, das den Gelben (Ausfluss) ändert

Shan Yao	*Dioscorea*	9–30 g
Huang Bai	*Phellodendron*	6–9 g
Qian Shi	*Euryale*	9–30 g
Bai Guo	*Ginkgo*	6–10 St.
Che Qian Zi	*Plantago*	3–6 g

Nieren-*Yang*- und -Essenz-Jing-Mangel führt zu Amenorrhö, Unfruchtbarkeit, Kältegefühl in Rücken oder Knien, Ödemen im Bereich der Füße oder Impotenz.

Z blass, geschwollen, mit Zahnabdrücken, dünner weißer Belag

P verschwindend

YOU GUI WAN

Pille, die die Rechte (Niere) wiederherstellt

Rou Gui	*Cinnamomum*	6–9 g
Fu Zi	*Aconitum*	3–6 g
Gou Qi Zi	*Lycium*	6–9 g
Shan Yao	*Dioscorea*	6–9 g
Shu Di Huang	*Rehmannia*	12–20 g
Shan Zhu Yu	*Cornus*	6–9 g
Du Zhong	*Eucommia*	6–9 g
Dang Gui	*Angelica*	6–9 g
Tu Si Zi	*Cuscuta*	6–9 g
Lu Jiao Jiao	*Cervus*	6–9 g

Blut-*Xue*-Mangel mit innerer Fülle-Hitze führt zu Obstipation; oder Blut-*Xue*-Stase (*Xue Yu*) mit Fülle-Hitze führt zu Amenorrhö.

Z rot oder violett, gelber Belag

P schnell

X Nicht während der Schwangerschaft einsetzen.

YU ZHU SAN

Jadekerzen Pulver

Chuan Xiong	*Ligusticum*	3–9 g
Shu Di Huang	*Rehmannia*	6–12 g
Dang Gui	*Angelica*	6–9 g
Bai Shao Yao	*Paeonia*	6–9 g
Da Huang	*Rheum*	6–9 g
Mang Xiao	*Mirabilitum*	3–6 g
Gan Cao	*Glycyrrhiza*	3–6 g

Mangel-Kälte mit Blut-*Xue*-Stase (*Xue Yu*) führt zu uterinen Blutungen mit Schmerzen, die sich durch den Abgang von Klumpen bessern.

Z blass, dunkelviolett

P rau oder drahtig

H Die ersten sieben Zutaten (die calziniert werden können) vermahlen und mit Glutinreis und Wasser zu Pillen formen (9–12 g). Die Pillen sollten mit *Zhu Sha*/Cinnabaris überzogen werden. Die empfohlene Dosis ist 1 Pille täglich, mit Wein eingenommen.

X Nicht während der Schwangerschaft einsetzen. *Zhu Sha*/Cinnabaris ist toxisch und sollte nicht langfristig eingenommen werden.

ZHEN LING DAN

Besondere Pille, die den Geist erhebt

Zi Shi Ying	*Fluoritum*	60 g
Yu Liang Shi	*Limonitum*	60 g
Dai Zhe Shi	*Hematitum*	60 g
Wu Ling Zhi	*Trogopterus*	30 g
Ru Xiang	*Boswellia*	30 g
Chi Shi Zhi	*Halloysitum Rubrum*	60 g
Mo Yao	*Commiphora*	30 g
Zhu Sha	*Cinnabaris*	15 g

Leber-/Nieren-*Yin*- und -Essenz-Jing-Mangel führt zu verlangsamter Entwicklung bei Kindern oder vorzeitigem Altern bei Erwachsenen; außerdem zu den üblichen *Yin*-Mangel-Anzeichen und -Symptomen. Diese Rezeptur ist auch wirksam bei vorzeitiger Menopause, Spermatorrhö, schwacher Libido, Unfruchtbarkeit oder Oligozoospermie.

Z rot, spärlicher Belag

P dünn, schnell

ZUO GUI YIN

Dekokt, das die Linke (Niere) wiederherstellt

Shu Di Huang	*Rehmannia*	6–15 g
Shan Zhu Yu	*Cornus*	6–9 g
Shan Yao	*Dioscorea*	6–9 g
Gou Qi Zi	*Lycium*	6–9 g
Fu Ling	*Poria*	6–9 g
Zhi Gan Cao	*Glycyrrhiza*	3–6 g

Leukorrhö

- Fluor vaginalis
- *Trichomonadeninfektion, Gonorrhö, Candida-Infektionen, Vaginitis*

Z in der Regel klebriger Belag
P in der Regel schlüpfrig

Chronische Uterusblutungen aufgrund von Blut-*Xue*-Mangel und Kälte. Diese Rezeptur ist auch günstig bei Spotting oder klarer Leukorrhö.

Z blass, weißer Belag

P schwach, dünn

H *E Jiao*/Equus in das abgeseihte Dekokt einrühren.

DING XIANG JIAO AI TANG

Flos Caryophylli, Gelatinum Corii Asini und Folium Artemisiae Argyi Dekokt

Ding Xiang	*Syzygium*	3–6 g
E Jiao	*Equus*	3–9 g
Ai Ye	*Artemisia*	6 g
Shu Di Huang	*Rehmannia*	6–9 g
Dang Gui	*Angelica*	6–9 g
Bai Shao Yao	*Paeonia*	6–9 g
Chuan Xiong	*Ligusticum*	3–9 g

Feuchte-Hitze im unteren Erwärmer führt zu Schmerzen im unteren Rücken, heißen, geschwollenen Knien oder Füßen oder übel riechender Leukorrhö.

Z klebriger gelber Belag

P schlüpfrig, schnell

ER MIAO SAN

Zwei Wunder Pulver

Cang Zhu	*Atractylodes*	15 g
Huang Bai	*Phellodendron*	15 g

Trübe Leukorrhö infolge Nieren-*Qi*-/-*Yang*-Mangel. Die Nieren sind nicht in der Lage, ihre adstringierende Funktion zu übernehmen.

Z blass, geschwollen, mit leichten Zahnabdrücken, nass, dünner weißer Belag

P verschwindend oder kraftlos

FEN QING YIN

Pulver, das das Reine vom Unreinen trennt

Bei Xie	*Dioscorea*	6–9 g
Yi Yi Ren	*Coix*	12–15 g
Wu Yao	*Lindera*	6–9 g
Shi Chang Pu	*Acorus*	6–9 g
Fu Ling	*Poria*	6–9 g
Chen Pi	*Citrus*	3–6 g
Gan Cao	*Glycyrrhiza*	3–6 g

Nieren-*Qi*-/-*Yin*-Mangel führt zu unregelmäßiger Menstruation, Leukorrhö oder einem nach unten ziehenden Gefühl.

Z rot, dünner weißer Belag

P schwach, vor allem in den beiden *Chi*-Positionen

GU YIN JIAN

Dekokt, das das *Yin* stabilisiert

Shu Di Huang	*Rehmannia*	6–12 g
Shan Yao	*Dioscorea*	6–9 g
Wu Wei Zi	*Schisandra*	6–9 g
Shan Zhu Yu	*Cornus*	6–9 g
Tu Si Zi	*Cuscuta*	6–9 g
Ren Shen	*Panax*	6–9 g
Yuan Zhi	*Polygala*	3 g
Zhi Gan Cao	*Glycyrrhiza*	3–6 g

Feuchte-Hitze führt zu Leukorrhö mit Schmerzen im unteren Rücken, Hitzesensationen an den Beinen oder Ekzemen.

Z rot, klebriger gelber Belag

P drahtig, schnell, schlüpfrig

JIA WEI ER MIAO SAN

Erweitertes Zwei Wunder Pulver

Huang Bai	*Phellodendron*	6–12 g
Cang Zhu	*Atractylodes*	9–15 g
Dang Gui Wei	*Angelica*	6–9 g
Bei Xie	*Dioscorea*	6–9 g
Han Fang Ji	*Stephania*	6–9 g
Chuan Niu Xi	*Cyathula*	6–9 g
Gui Ban	*Chinemys*	6–9 g

Weiße, trübe Leukorrhö infolge von Kälte und Mangel im unteren Erwärmer. Diese Rezeptur ist auch wirksam bei Spermatorrhö.

Z blass

P schwach

H Von diesem Rezept ein zweifaches Dekokt herstellen. Den Tee zu einer dicken Paste einkochen. Mit 3 EL kochendem Wasser auf leeren Magen einnehmen.

JIN YING GAO

Fructus Rosae Laevigatae Paste*

Jin Ying Zi	*Rosa*	60 g
Ren Shen	*Panax*	60 g
Sang Piao Xiao	*Paratenodera*	60 g
Shan Yao	*Dioscorea*	60 g
Du Zhong	*Eucommia*	60 g
Yi Zhi Ren	*Alpinia*	30 g
Yi Yi Ren	*Coix*	30 g
Wu Zhu Yu	*Evodia*	30 g
Qian Shi	*Euryale*	30 g
Gou Qi Zi	*Lycium*	120 g
ohne Pinyin-Bezeichnung	*Kaliumchlorid*	9 g

Schwarz gefärbte Leukorrhö aufgrund starker Hitze mit abdominalen Schmerzen, Dysurie, genitalen Schwellungen, Durst, gesteigertem Appetit; Purgativum.

Z sehr rot, trocken, klebriger gelber Belag

P schnell

X Vorsicht während der Schwangerschaft.

LI HUO TANG

Dekokt, das Feuer bewegt

Da Huang	*Rheum*	9 g
Bai Zhu	*Atractylodes*	15 g
Fu Ling	*Poria*	9 g
Che Qian Zi	*Plantago*	9 g
Huang Lian	*Coptis*	3 g
Zhi Zi	*Gardenia*	9 g
Bei Mu	*Fritillaria*	6 g
Wang Bu Liu Xing	*Vaccaria*	9 g

Feuchte-Hitze im unteren Erwärmer oder Leber-Feuer. Symptome sind u. a. gerötete und juckende Augen, Schläfenkopfschmerzen, übel riechende Leukorrhö oder Pruritus.

Z rot, klebriger gelber Belag

P drahtig, schnell, schlüpfrig

LONG DAN XIE GAN TANG

Radix Gentianae Longdancao Dekokt, das die Leber entlastet

Long Dan Cao	*Gentiana*	6–9 g
Zhi Zi	*Gardenia*	3–9 g
Mu Tong	*Akebia*	6–9 g
Huang Qin	*Scutellaria*	6–9 g
Ze Xie	*Alisma*	6–9 g
Che Qian Zi	*Plantago*	6–9 g
Dang Gui	*Angelica*	6–9 g
Sheng Di Huang	*Rehmannia*	6–12 g
Chai Hu	*Bupleurum*	6–9 g
Gan Cao	*Glycyrrhiza*	3–6 g

Nieren-*Qi*-Mangel führt zu weißer Leukorrhö.

Z dünner weißer Belag

P schwach

NEI BU WAN

Innerlich tonisierende Pille*

Lu Rong	*Cervus*	1–3 g
Rou Cong Rong	*Cistanche*	6–9 g
Tu Si Zi	*Cuscuta*	6–9 g
Huang Qi	*Astragalus*	6–15 g
Rou Gui	*Cinnamomum*	6–9 g
Fu Zi	*Aconitum*	3–6 g
Sha Yuan Ji Li	*Astragalus*	6–9 g
Zi Wan	*Aster*	6–9 g
Sang Piao Xiao	*Paratenodera*	6–9 g

Schleim-Feuchtigkeit führt zu Unfruchtbarkeit oder Leukorrhö.

Z dicker, klebriger weißer Belag

P schlüpfrig oder sanft

QI GONG WAN

Offener Uterus Pille*

Ban Xia	*Pinellia*	6–9 g
Fu Ling	*Poria*	6–9 g
Cang Zhu	*Atractylodes*	6–9 g
Shen Qu	*Massa Fermentata*	6–12 g
Chen Pi	*Citrus*	3–6 g
Xiang Fu	*Cyperus*	6–9 g
Chuan Xiong	*Ligusticum*	3–6 g

Blut-*Xue*-Mangel mit Mangel- oder Fülle-Hitze führt zu violetter Menstruationsblutung, vorzeitiger Menstruation oder dicker Leukorrhö mit undulierendem Fieber (tidal).

Z blass

P schnell, dünn, schwach

QIN LIAN SI WU TANG

Vier Arzneien Dekokt mit Radix Scutellariae und Rhizoma Coptidis

Huang Qin	*Scutellaria*	6–9 g
Huang Lian	*Coptis*	3–6 g
Chuan Xiong	*Ligusticum*	3–6 g
Bai Shao Yao	*Paeonia*	6–9 g
Dang Gui	*Angelica*	6–9 g
Mai Men Dong	*Ophiopogon*	6–9 g
Sheng Di Huang	*Rehmannia*	9–12 g

Milz-*Qi*-Mangel führt zu Leukorrhö mit dünnem, klarem oder rötlichem Ausfluss und Schmerzen im unteren Rücken.

Z blass, dünner weißer Belag

P tief, dünn, schlüpfrig

QING DAI TANG

Dekokt, das Ausfluss beseitigt

Shan Yao	*Dioscorea*	9–30 g
Mu Li	*Ostrea*	9–15 g
Long Gu	*Os Draconis*	9–15 g
Qian Cao Gen	*Rubia*	6–9 g
Hai Piao Xiao	*Sepia*	9–12 g

Leber-*Qi*-Stagnation attackiert die Milz. Das führt zu Feuchtigkeit, die sich erhitzt und dann rote Leukorrhö verursacht. Oder die Leber kann das Blut-*Xue* nicht speichern, was sich ebenfalls in Form roter Leukorrhö manifestiert.

Z violett oder blass

P drahtig oder schwach, dünn

H *E Jiao*/Equus in das abgeseihte Dekokt einrühren.

QING GAN ZHI LIN TANG

Dekokt, das die Leber klärt und Leukorrhö stoppt

Bai Shao Yao	*Paeonia*	30 g
Dang Gui	*Angelica*	30 g
Shu Di Huang	*Rehmannia*	15 g
E Jiao	*Equus*	9 g
Mu Dan Pi	*Paeonia*	9 g
Huang Bai	*Phellodendron*	6 g
Huai Niu Xi	*Achyranthes*	6 g
Xiang Fu	*Cyperus*	3 g
Da Zao	*Ziziphus*	7–10 St.
ohne Pinyin-Bezeichnung	*kleine schwarze Bohnen*	30 g

Feuchte-Hitze-Obstruktion führt zu Dysmenorrhö, Schmerzen unmittelbar vor Einsetzen der Menstruation, Krämpfen oder Leukorrhö.

Z blass-violett oder rot, dicker, klebriger gelber Belag

P schlüpfrig, leicht schnell oder drahtig

QING RE GU JING TANG II

Dekokt, das Hitze beseitigt und die Menses stabilisiert II

Huang Bai	*Phellodendron*	6–9 g
Huang Lian	*Coptis*	3–9 g
Mu Dan Pi	*Paeonia*	6–12 g
Sheng Di Huang	*Rehmannia*	6–12 g
Dang Gui	*Angelica*	6–9 g
Chi Shao Yao	*Paeonia*	6–9 g
Chuan Xiong	*Ligusticum*	3–9 g
Yan Hu Suo	*Corydalis*	6–9 g

Gelbe Leukorrhö mit dunkelgelbem Urin durch Hitze und Feuchtigkeit im unteren Erwärmer.

Z rot, klebriger gelblicher Belag

P schlüpfrig, schnell

QING XIN LIAN ZI YIN

Dekokt, das das Herz klärt mit Semen Nelumbinis

Huang Qin	*Scutellaria*	6–9 g
Mai Men Dong	*Ophiopogon*	6–9 g
Ren Shen	*Panax*	6–9 g
Huang Qi	*Astragalus*	6–15 g
Di Gu Pi	*Lycium*	6–9 g
Che Qian Zi	*Plantago*	6–9 g
Lian Zi	*Nelumbo*	3–9 g
Chai Hu	*Bupleurum*	6–9 g
Fu Ling	*Poria*	6–9 g

Trichomonaden infolge von Feuchtigkeit. Nur zum äußerlichen Spülen verwenden!

Z nicht von Bedeutung

P nicht von Bedeutung

H Die Zutaten zu Pulver vermahlen und als Trunk zubereiten.

X Nur zur äußerlichen Anwendung.

SHE CHUANG ZI SAN

Semen Cnidii Monnieri Pulver

She Chuang Zi	*Cnidium*	9–15 g
Bai Bu	*Stemona*	9–15 g
Chuan Jiao	*Zanthoxylum*	9–15 g
Ming Fan	*Alumen*	9–15 g
Ku Shen	*Sophora*	9–15 g

Leukorrhö oder trübe Spermatorrhö infolge von Nieren-*Yang*-Mangel.

Z blass

P kraftlos

SHUI LU ER XIAN DAN

Besondere Pille der Wasser- und Erdgeister

Qian Shi	*Euryale*	10 g
Jin Ying Zi	*Rosa*	10 g

Äußere Kälte verursacht Stagnation im Leber-Meridian. Dies führt bei Männern zu Schmerzen und Schwellungen im Hodenbereich, bei Frauen zu klarer Leukorrhö.

Z blass, violett, dünner weißer Belag

P langsam, drahtig oder straff

H *Ba Dou*/Croton und *Chuan Lian Zi*/Melia 5–10 Minuten trocken rösten. *Ba Dou* anschließend entfernen und wie üblich ein Dekokt herstellen. Auf diese Weise wirkt *Chuan Lian Zi* wärmend auf den Leber-Meridian.

TIAN TAI WU YAO SAN

Radix Linderae Strychnifoliae Pulver der besten Qualität

Wu Yao	*Lindera*	6–9 g
Xiao Hui Xiang	*Foeniculum*	3–6 g
Gao Liang Jiang	*Alpinia*	3–6 g
Mu Xiang	*Saussurea*	3–6 g
Qing Pi	*Citrus*	3–6 g
Chuan Lian Zi	*Melia*	6–9 g
Bing Lang	*Areca*	6–9 g
Ba Dou	*Croton*	6–15 g

Milz-*Qi*-Mangel mit Leber-*Qi*-Stagnation führt zu Leukorrhö. Der Ausfluss ist dünn, wässrig oder weiß. Weitere Symptome sind weiche Stühle, Appetitmangel und eventuell Reizbarkeit.

Z blass, blass-violett, geschwollen, klebriger weißer Belag

P schlüpfrig, langsam

WAN DAI TANG

Dekokt, das Ausfluss beendet

Bai Zhu	*Atractylodes*	20–30 g
Cang Zhu	*Atractylodes*	3–6 g
Shan Yao	*Dioscorea*	20–30 g
Chen Pi	*Citrus*	3–6 g
Bai Shao Yao	*Paeonia*	6–12 g
Chai Hu	*Bupleurum*	3–6 g
Jing Jie	*Schizonepeta*	6–9 g
Che Qian Zi	*Plantago*	6–9 g
Ren Shen	*Panax*	6–9 g
Gan Cao	*Glycyrrhiza*	3–6 g

Milz-*Qi*-Mangel mit Feuchtigkeit und wässriger Leukorrhö, Ödemen oder krampfartigen Schmerzen. Weitere Symptome sind weiche Stühle und Harnverhalt.

Z klebriger weißer Belag

P schwach, schlüpfrig

WEI LING TANG

Beruhige den Magen und Sclerotium Poriae Cocos Dekokt

Ze Xie	*Alisma*	6–12 g
Zhu Ling	*Polyporus*	6–9 g
Fu Ling	*Poria*	6–9 g
Bai Zhu	*Atractylodes*	3–9 g
Gui Zhi	*Cinnamomum*	3–9 g
Hou Po	*Magnolia*	6–12 g
Cang Zhu	*Atractylodes*	3–9 g
Chen Pi	*Citrus*	3–6 g
Sheng Jiang	*Zingiber*	3–6 g
Da Zao	*Ziziphus*	3–6 St.
Gan Cao	*Glycyrrhiza*	3–6 g

Trichomonas-Infektion: Feuchte-Hitze führt zu gelber, übel riechender Leukorrhö und starkem Juckreiz.

Z rot, klebriger gelber Belag

P schnell, schlüpfrig

WU MEI YIN CHEN TANG

Fructus Pruni Mume und Herba Artemisiae Yinchenhao Dekokt

Wu Mei	*Prunus*	20–30 g
Yin Chen Hao	*Artemisia*	9–15 g
Chuan Jiao	*Zanthoxylum*	6–9 g
Jin Yin Hua	*Lonicera*	6–12 g
Bian Xu	*Polygonum*	6–9 g
Bai Zhu	*Atractylodes*	6–9 g
Fu Ling	*Poria*	6–15 g
Long Dan Cao	*Gentiana*	6–9 g
Huang Bai	*Phellodendron*	6–9 g

Milz-*Qi*-Mangel führt zu Feuchtigkeit, die sich erhitzt. Dies resultiert in Leukorrhö vom Hitze-Typ mit fischartigem Geruch oder zu verspäteter Menstruation infolge *Qi*- und Blut-*Xue*-Mangel.

Z blass, dünner, klebriger gelber oder weißer Belag

P schlüpfrig, schwach

YI HUANG TANG

Dekokt, das den Gelben (Ausfluss) ändert

Shan Yao	*Dioscorea*	9–30 g
Huang Bai	*Phellodendron*	6–9 g
Qian Shi	*Euryale*	9–30 g
Bai Guo	*Ginkgo*	6–10 St.
Che Qian Zi	*Plantago*	3–6 g

Nieren-*Qi*-Mangel führt zu Spermatorrhö oder zu weißer Leukorrhö bei Frauen.

Z blass oder normale Farbe, dünner weißer Belag

P schwach

YI YUAN JIAN

Dekokt, das die Grundlage fördert

Yuan Zhi	*Polygala*	3 g
Shan Yao	*Dioscorea*	6 g
Qian Shi	*Euryale*	6 g
Suan Zao Ren	*Ziziphus*	6 g
Bai Zhu	*Atractylodes*	4,5 g
Fu Ling	*Poria*	4,5 g
Ren Shen	*Panax*	3–6 g
Wu Wei Zi	*Schisandra*	14 St.
Jin Ying Zi	*Rosa*	6 g
Gan Cao	*Glycyrrhiza*	3 g

Feuchtigkeitsretention fließt nach unten ab und verursacht klare weiße Leukorrhö.

Z geschwollen, dicker weißer Belag

P schlüpfrig

YI ZHI TANG

Dekokt, das die Weisheit fördert*

Bai Zhu	*Atractylodes*	9 g
Fu Ling	*Poria*	9 g
Chen Pi	*Citrus*	6 g
Cang Zhu	*Atractylodes*	6 g
Yi Yi Ren	*Coix*	6 g
Chai Hu	*Bupleurum*	6 g
Sheng Ma	*Cimicifuga*	2 g
Zhi Gan Cao	*Glycyrrhiza*	3 g

Feuchte-Hitze-Retention führt zu Leukorrhö, die fischähnlich riecht und von dicker gelber oder rötlicher Beschaffenheit ist.

Z rot, klebriger gelber Belag

P schnell, schlüpfrig

H Die Kräuter mahlen und mit Glutinreis zu Pillen von 3 g formen. Ein- oder zweimal täglich 2–3 Pillen einnehmen. *Huang Bai*/Phellodendron und *Gao Liang Jiang*/Alpinia schwarz braten.

YU DAI WAN

Pille, die Ausfluss hält

Bai Shao Yao	*Paeonia*	20–30 g
Chun Pi	*Ailanthus*	60–90 g
Huang Bai	*Phellodendron*	9–12 g
Gao Liang Jiang	*Alpinia*	9–18 g

Feuchte-Hitze-Retention führt zu Leukorrhö mit besonders übel riechendem, gelbem, dickem und möglicherweise reichlichem Ausfluss.

Z rot, dicker, klebriger gelber Belag

P schlüpfrig, schnell

ZHI DAI TANG

Dekokt, das Leukorrhö stoppt

Fu Ling	*Poria*	6–9 g
Zhu Ling	*Polyporus*	6–9 g
Ze Xie	*Alisma*	6–9 g
Che Qian Zi	*Plantago*	3–9 g
Yin Chen Hao	*Artemisia*	15 g
Zhi Zi	*Gardenia*	3–6 g
Huang Bai	*Phellodendron*	3–9 g
Mu Dan Pi	*Paeonia*	6–12 g
Chi Shao Yao	*Paeonia*	6–9 g
Huai Niu Xi	*Achyranthes*	3–6 g

Schwangerschaftsstörungen und Unfruchtbarkeit

Bei Frauen:

- Unfruchtbarkeit
- häufige Fehlgeburten, drohende Fehlgeburt
- morgendliche Übelkeit oder Gewichtsverlust während der Schwangerschaft
- Spotting während der Schwangerschaft
- unruhiger Fötus
- nicht ausreichende Milchbildung
- *Anovulation, Veränderung der Basaltemperaturkurve, Lutealphasenstörung, polyzystisches Ovarialsyndrom, Salpingitis, Endometriose, Fibrome, Spermienantigene, Präeklampsie, Gestose, Anämie während der Schwangerschaft, Stimulation der Wehentätigkeit*
- postpartale Wochenflussretention, postpartale Blutungen, postpartale Depression

bei Männern:

- Impotenz
- *gestörte Spermiogenese, verringerte Spermienzahl oder -motilität, Antikörper gegen Spermien*

Z abhängig vom jeweiligen Syndrom

P abhängig vom jeweiligen Syndrom

Verspätete Menstruationsblutungen aufgrund von *Yang*-Mangel oder Kälte im Uterus. Diese Rezeptur ist auch günstig während der Schwangerschaft zum Wärmen des Uterus.

Z blass, weißer Belag

P kraftlos

H Die Kräuter zu Pulver vermahlen und mit Reisessig zu Pillen von 6 g formen.

AI FU NUAN GONG WAN

Folium Artemisiae Argyi und Rhizoma Cyperi Rotundi Pille zur Wärmung des Schoßes

Ai Ye	*Artemisia*	60–90 g
Xiang Fu	*Cyperus*	150–180 g
Wu Zhu Yu	*Evodia*	40–60 g
Bai Shao Yao	*Paeonia*	40–60 g
Huang Qi	*Astragalus*	40–60 g
Dang Gui	*Angelica*	60–90 g
Xu Duan	*Dipsacus*	30–45 g
Shu Di Huang	*Rehmannia*	15–30 g
Chuan Xiong	*Ligusticum*	40–60 g
Rou Gui	*Cinnamomum*	9–15 g

Nieren-/Leber-*Yin*-Mangel mit Blut-*Xue*-Mangel führt zu postpartalem Schwitzen oder Nachtschweiß.

Z rot, dünner gelber Belag

P dünn, schnell

BA WEI DI HUANG WAN

Acht Bestandteile Pille mit Radix Rehmanniae Glutinosae Conquitae

Sheng Di Huang	*Rehmannia*	6–12 g
Shan Zhu Yu	*Cornus*	6–9 g
Shan Yao	*Dioscorea*	6–9 g
Fu Ling	*Poria*	6–9 g
Ze Xie	*Alisma*	6–9 g
Mu Dan Pi	*Paeonia*	6–9 g
Wu Wei Zi	*Schisandra*	6–9 g
Huang Qi	*Astragalus*	9–15 g

***Qi*- und Blut-*Xue*-Mangel mit Blut-*Xue*-Stase (*Xue Yu*). Diese Rezeptur ist günstig bei unruhigem Fötus, Unfruchtbarkeit, unregelmäßiger Menstruation, Appetitmangel, Schwäche oder Müdigkeit.**

Z blass, dünner weißer Belag

P schwach, eventuell drahtig

BA ZHEN YI MU WAN

Acht Schätze Pille für Mütter

Shu Di Huang	*Rehmannia*	6–15 g
Chuan Xiong	*Ligusticum*	3–9 g
Dang Gui	*Angelica*	6–9 g
Bai Shao Yao	*Paeonia*	6–12 g
Ren Shen	*Panax*	6–12 g
Bai Zhu	*Atractylodes*	3–9 g
Fu Ling	*Poria*	6–9 g
Yi Mu Cao	*Leonurus*	6–18 g
Gan Cao	*Glycyrrhiza*	3–6 g

Milz-*Qi*-Mangel führt zu morgendlicher Übelkeit, unruhigem Fötus, weichen Stühlen oder Appetitmangel.

Z blass, geschwollen, weißer Belag

P schwach

BAO TAI ZI SHENG WAN

Pille, die den Fötus schützt und das Leben unterstützt

Ren Shen	*Panax*	6–9 g
Fu Ling	*Poria*	6–9 g
Bai Zhu	*Atractylodes*	6–9 g
Gan Cao	*Glycyrrhiza*	3–6 g
Lian Zi	*Nelumbo*	6–9 g
Bian Dou	*Dolichos*	6–9 g
Huo Xiang	*Agastache*	6–9 g
Bai Dou Kou	*Amomum*	3–6 g
Chen Pi	*Citrus*	3–6 g
Jie Geng	*Platycodon*	3–6 g
Shan Yao	*Dioscorea*	6–9 g
Yi Yi Ren	*Coix*	6–12 g
Ze Xie	*Alisma*	6–9 g
Mai Ya	*Hordeum*	12–20 g
Qian Shi	*Euryale*	6–9 g
Shan Zha	*Crataegus*	6–12 g
Huang Lian	*Coptis*	3 g

Postpartale Unterleibsschmerzen vom Mangel-Typ nach *Qi*- und Blut-*Xue*-Verlust durch die Entbindung.

Z blass

P kraftlos

H *E Jiao*/Equus in das abgeseihte Dekokt einrühren.

CHANG NING TANG

Dekokt für intestinale Gelassenheit

Shu Di Huang	*Rehmannia*	6–12 g
Dang Gui	*Angelica*	6–12 g
Mai Men Dong	*Ophiopogon*	6–9 g
Ren Shen	*Panax*	6–9 g
Xu Duan	*Dipsacus*	6–9 g
Rou Gui	*Cinnamomum*	3 g
E Jiao	*Equus*	6–9 g
Shan Yao	*Dioscorea*	6–9 g
Gan Cao	*Glycyrrhiza*	3–6 g

Nieren-*Yin*- und Milz-*Qi*-/-Blut-*Xue*-Mangel führt zu Uterusprolaps mit Schmerzen im unteren Rücken, Nykturie oder Gehörverlust und Tinnitus.

Z rot oder blass

P kraftlos

DA BU YUAN JIAN

Dekokt, das das Quellen-(grundlegende) *Qi* großartig tonisiert

Ren Shen	*Panax*	6–12 g
Shu Di Huang	*Rehmannia*	9–25 g
Shan Yao	*Dioscorea*	6–9 g
Shan Zhu Yu	*Cornus*	3–6 g
Gou Qi Zi	*Lycium*	6–9 g
Dang Gui	*Angelica*	6–9 g
Du Zhong	*Eucommia*	6–9 g
Gan Cao	*Glycyrrhiza*	3–6 g

Milz-*Qi*- und -Blut-*Xue*-Mangel mit leichter Kälte führt zu krampfartigen Schmerzen oder postpartaler Auszehrung.

Z blass, weißer Belag

P schwach

H *Yi Tang*/Saccharum Granorum dem abgeseihten Tee hinzufügen.

DANG GUI JIAN ZHONG TANG

Radix Angelicae Sinensis Dekokt, das die Mitte aufbaut

Yi Tang	*Saccharum Granorum*	6–20 g
Gui Zhi	*Cinnamomum*	3–9 g
Bai Shao Yao	*Paeonia*	6–9 g
Sheng Jiang	*Zingiber*	3–6 g
Da Zao	*Ziziphus*	3–6 St.
Gan Cao	*Glycyrrhiza*	3–6 g
Dang Gui	*Angelica*	6–9 g

Milz-*Qi*- und -Blut-*Xue*-Mangel mit *Yin*-Mangel und unruhigem Fötus. Dieses Rezept kann als vorbeugendes Mittel während der Schwangerschaft eingenommen werden.

Z blass oder rot

P dünn, schwach

DANG GUI SAN

Radix Angelicae Sinensis Pulver

Dang Gui	*Angelica*	6–12 g
Huang Qin	*Scutellaria*	6–12 g
Chuan Xiong	*Ligusticum*	3 g
Bai Zhu	*Atractylodes*	3–9 g
Bai Shao Yao	*Paeonia*	6–9 g

Leber attackiert die Milz und verursacht leichte abdominale Krämpfe mit Leber-Blut-*Xue*-Mangel und etwas Feuchtigkeitsretention. Symptome sind u. a. Harnverhalt und Ödeme im unteren Körperbereich. Tritt häufig während der Schwangerschaft auf.

Z blass, orangefarbene Ränder

P schwach, dünn oder leicht drahtig

DANG GUI SHAO YAO SAN

Radix Angelicae Sinensis und Radix Paeoniae Pulver

Dang Gui	*Angelica*	6–9 g
Bai Shao Yao	*Paeonia*	3–9 g
Bai Zhu	*Atractylodes*	3–9 g
Fu Ling	*Poria*	6–9 g
Chuan Xiong	*Ligusticum*	3–6 g
Ze Xie	*Alisma*	6–9 g

Blut-*Xue*-Mangel mit äußerer Kälte nach der Entbindung. Dies führt zu Spasmen oder Hernia-Schmerzen, die sich durch Druck lindern lassen.

Z blass

P tief, drahtig, schwach

H Dieses Rezept als Suppe mit 8 Tassen Wasser zubereiten und kochen, bis die Flüssigkeit auf 3–4 Tassen reduziert ist.

DANG GUI SHENG JIANG YANG ROU TANG

Hammelfleischsuppe mit Radix Angelicae Sinensis and Rhizoma Zingiberis Officinalis Recens

Dang Gui	*Angelica*	9–12 g
Sheng Jiang	*Zingiber*	9–15 g
Yang Rou	*Hammelfleisch*	40–50 g

Milz-/Magen-*Qi*-Mangel und Kälte führen zu Erbrechen während der Schwangerschaft.

Z blass, dünner weißer Belag

P schwach

GAN JIANG REN SHEN BAN XIA WAN

Rhizoma Zingiberis Officinalis, Radix Ginseng und Rhizoma Pinelliae Ternatae Pille

Gan Jiang	*Zingiber*	3 g
Ren Shen	*Panax*	3 g
Ban Xia	*Pinellia*	6 g
[Sheng Jiang	*Zingiber*	1–3 g]

Milz-*Qi*-Mangel während der Schwangerschaft mit Lethargie, Spotting oder Schmerzen im unteren Rücken.

Z blass, geschwollen, mit Zahnabdrücken, dünner weißer Belag

P schwach, dünn

H *E Jiao*/Equus in das abgeseihte Dekokt einrühren.

JIA JIAN BU ZHONG YI QI TANG

Modifiziertes Dekokt, das die Mitte tonisiert und das *Qi* vermehrt

Ren Shen	*Panax*	6–9 g
Huang Qi	*Astragalus*	6–12 g
Chen Pi	*Citrus*	3–6 g
Bai Zhu	*Atractylodes*	3–9 g
Sheng Ma	*Cimicifuga*	3–6 g
Chai Hu	*Bupleurum*	3–9 g
E Jiao	*Equus*	3–9 g
Ai Ye	*Artemisia*	3–9 g
Gan Cao	*Glycyrrhiza*	3–6 g

***Chong*- und *Ren*-Ungleichgewicht mit Blut-*Xue*-Mangel führt zu unruhigem Fötus, hellroten Blutungen nach der Entbindung, abdominalen Schmerzen, Schwäche im unteren Rücken oder kaltem Uterus.**

Z blass

P kraftlos, langsam

H *E Jiao*/Equus in das abgeseihte Dekokt einrühren.

JIAO AI TANG

Gelatinum Corii Asini und Folium Artemisiae Argyi Dekokt

E Jiao	*Equus*	6–9 g
Ai Ye	*Artemisia*	6–9 g
Dang Gui	*Angelica*	6–9 g
Sheng Di Huang	*Rehmannia*	18 g
Bai Shao Yao	*Paeonia*	12 g
Chuan Xiong	*Ligusticum*	6 g
Gan Cao	*Glycyrrhiza*	3–6 g

Milz-*Qi*-Mangel führt zu starken Uterusblutungen mit blassrotem Blut, vorzeitiger oder unregelmäßiger Menstruation. Unruhiger Fötus infolge von sinkendem Milz-*Qi*.

Z blass, geschwollen, mit Zahnabdrücken, dünner weißer Belag

P schwach

JU YUAN JIAN

Dekokt, das die Quelle hebt

Ren Shen	*Panax*	6–9 g
Huang Qi	*Astragalus*	9–12 g
Sheng Ma	*Cimicifuga*	3–6 g
Bai Zhu	*Atractylodes*	3–6 g
Gan Cao	*Glycyrrhiza*	3–6 g

Schleim-Feuchtigkeit führt zu Unfruchtbarkeit oder Leukorrhö.

Z dicker, klebriger weißer Belag

P schlüpfrig oder sanft

QI GONG WAN

Offener Uterus Pille*

Ban Xia	*Pinellia*	6–9 g
Fu Ling	*Poria*	6–9 g
Cang Zhu	*Atractylodes*	6–9 g
Shen Qu	*Massa Fermentata*	6–12 g
Chen Pi	*Citrus*	3–6 g
Xiang Fu	*Cyperus*	6–9 g
Chuan Xiong	*Ligusticum*	3–6 g

Postpartale Stauung des Wochenflusses infolge Blut-*Xue*-Stase (*Xue Yu*) und Kälte-Stagnation.

Z blass, violett

P rau

H Reiswein zum Dekokt hinzufügen.

SHENG HUA TANG

Dekokt zur Erzeugung und Transformation

Dang Gui	*Angelica*	15–28 g
Tao Ren	*Prunus*	6–9 g
Pao Jiang	*Zingiber*	3–6 g
Chuan Xiong	*Ligusticum*	6–9 g
Gan Cao	*Glycyrrhiza*	3–6 g

Nieren-*Qi*-Mangel führt zu unruhigem Fötus mit Spotting, Abortgefahr oder Pollakisurie.

Z blass

P kraftlos

H *E Jiao*/Equus in Wasser auflösen und damit aus den übrigen Zutaten 6 g schwere Pillen herstellen.

SHOU TAI WAN

Fötus Langlebigkeit Pille

E Jiao	*Equus*	30 g
Sang Ji Sheng	*Loranthus*	30 g
Tu Si Zi	*Cuscuta*	60 g
Xu Duan	*Dipsacus*	30 g

Milz-*Qi*-/-Blut-*Xue*-Mangel während der Schwangerschaft führt zu unruhigem Fötus. Dieses Rezept ist auch günstig bei Frauen mit einem Hintergrund von Fehlgeburten oder Unfruchtbarkeit.

Z blass, dünner weißer Belag

P schwach, dünn, schlüpfrig

TAI SHAN PAN SHI SAN

Pulver, das die Stabilität des Berges Tai verleiht

Ren Shen	*Panax*	6–9 g
Huang Qi	*Astragalus*	12–15 g
Shu Di Huang	*Rehmannia*	9–12 g
Chuan Xiong	*Ligusticum*	3–6 g
Bai Zhu	*Atractylodes*	9–12 g
Sha Ren	*Amomum*	1–3 g
Huang Qin	*Scutellaria*	6–9 g
Xu Duan	*Dipsacus*	3–6 g
Bai Shao Yao	*Paeonia*	6–9 g
Zhi Gan Cao	*Glycyrrhiza*	3–6 g
Nuo Mi	*Glutinous Oryza*	3–6 g

Nieren-*Qi*-Mangel führt zu Unfruchtbarkeit, Pollakisurie oder Inkontinenz.

Z blass oder normale Farbe, dünner weißer Belag

P schwach

H Bei Unfruchtbarkeit und für eine stärkere *Qi* und Blut-*Xue* tonisierende Wirkung *Dang Gui Bu Xue Tang*/'Radix Angelicae Sinensis Dekokt zur Tonisierung des Blutes' und *Si Jun Zi Tang*/'Vier Gentlemen Dekokt' zufügen.

WU ZI YAN ZONG WAN

Fünf Samen Pille zur Normalisierung*

Wu Wei Zi	*Schisandra*	6–12 g
Fu Pen Zi	*Rubus*	6–9 g
Tu Si Zi	*Cuscuta*	6–9 g
Che Qian Zi	*Plantago*	6–9 g
Gou Qi Zi	*Lycium*	6–12 g

Milz-/Magen-*Qi*-Mangel mit *Qi*-Stagnation und Feuchte-Kälte im mittleren Erwärmer führt zu abdominalem Völlegefühl oder morgendlicher Übelkeit.

Z blass, blass-violett, geschwollen, klebriger weißer Belag

P schlüpfrig, schwach

XIANG SHA LIU JUN ZI TANG

Sechs Gentlemen Dekokt mit Radix Aucklandiae Lappae und Fructus Amomi

Ren Shen	*Panax*	6–9 g
Fu Ling	*Poria*	6–9 g
Bai Zhu	*Atractylodes*	3–9 g
Chen Pi	*Citrus*	3–6 g
Ban Xia	*Pinellia*	6–9 g
Sha Ren	*Amomum*	3 g
Mu Xiang	*Saussurea*	3–6 g
Zhi Gan Cao	*Glycyrrhiza*	3–6 g

Ausgeprägte Wind-Kälte mit leichter *Qi*-Stagnation oder Wind-Kälte-Invasion während der Schwangerschaft.

Z dünner weißer Belag

P oberflächlich, straff

XIANG SU CONG CHI TANG

Rhizoma Cyperi Rotundi, Folium Perillae Frutescentis, Bulbus Allii Fistulosi Recens und Semen Sojae Praeparatum Dekokt

Zi Su Ye	*Perilla*	6–9 g
Xiang Fu	*Cyperus*	6–9 g
Cong Bai	*Allium*	2–4 St.
Dan Dou Chi	*Glycine*	9–12 g
Chen Pi	*Citrus*	3–6 g
Zhi Gan Cao	*Glycyrrhiza*	3–6 g

Nieren-*Yang*- und -Essenz-Jing-Mangel führt zu Amenorrhö, Unfruchtbarkeit, Kältegefühl in Rücken oder Knien, Ödemen im Bereich der Füße oder Impotenz.

Z blass, geschwollen, mit Zahnabdrücken, dünner weißer Belag

P verschwindend

YOU GUI WAN

Pille, die die Rechte (Niere) wiederherstellt

Rou Gui	*Cinnamomum*	6–9 g
Fu Zi	*Aconitum*	3–6 g
Gou Qi Zi	*Lycium*	6–9 g
Shan Yao	*Dioscorea*	6–9 g
Shu Di Huang	*Rehmannia*	12–20 g
Shan Zhu Yu	*Cornus*	6–9 g
Du Zhong	*Eucommia*	6–9 g
Dang Gui	*Angelica*	6–9 g
Tu Si Zi	*Cuscuta*	6–9 g
Lu Jiao Jiao	*Cervus*	6–9 g

Unfruchtbarkeit infolge von Nieren-*Qi*-Mangel.

Z normale Farbe oder blass, dünner weißer Belag

P schwach, vor allem in den beiden *Chi*-Positionen

YU LIN WAN

Pille, die das kluge Tier nährt*

Lu Jiao Shuang	*Cervus*	6–9 g
Tu Si Zi	*Cuscuta*	6–9 g
Du Zhong	*Eucommia*	6–12 g
Chuan Jiao	*Zanthoxylum*	3–6 g
Zi He Che	*Placenta Hominis*	3–9 g
Xiang Fu	*Cyperus*	6–9 g

Impotenz oder Unfruchtbarkeit infolge von Nieren-*Yang*-Mangel mit gleichzeitigem *Qi*- und Blut-*Xue*-Mangel. Symptome sind u. a. verschwommenes Sehen, Schmerzen im unteren Rücken und Vergesslichkeit.

Z blass, dünner weißer Belag

P kraftlos

ZAN YU DAN

Besondere Pille, die die Fruchtbarkeit unterstützt

Rou Cong Rong	*Cistanche*	6–12 g
Fu Zi	*Aconitum*	6 g
Ba Ji Tian	*Morinda*	6–12 g
Rou Gui	*Cinnamomum*	6 g
She Chuang Zi	*Cnidium*	6 g
Xian Mao	*Curculigo*	6–12 g
Dang Gui	*Angelica*	9–15 g
Bai Zhu	*Atractylodes*	12–18 g
Gou Qi Zi	*Lycium*	9–15 g
Yin Yang Huo	*Epimedium*	6–12 g
Shan Zhu Yu	*Cornus*	6–12 g
Shu Di Huang	*Rehmannia*	6–12 g
Jiu Zi	*Allium*	6–12 g
Du Zhong	*Eucommia*	6–12 g

Leber-/Nieren-*Yin*- und – Essenz-Jing-Mangel führt zu verlangsamter Entwicklung bei Kindern oder vorzeitigem Altern bei Erwachsenen; außerdem zu den üblichen *Yin*-Mangel-Anzeichen und -Symptomen. Diese Rezeptur ist auch wirksam bei vorzeitiger Menopause, Spermatorrhö, schwacher Libido, Unfruchtbarkeit oder Oligozoospermie.

Z rot, spärlicher Belag

P dünn, schnell

ZUO GUI YIN

Dekokt, das die Linke (Niere) wiederherstellt

Shu Di Huang	*Rehmannia*	6–15 g
Shan Zhu Yu	*Cornus*	6–9 g
Shan Yao	*Dioscorea*	6–9 g
Gou Qi Zi	*Lycium*	6–9 g
Fu Ling	*Poria*	6–9 g
Zhi Gan Cao	*Glycyrrhiza*	3–6 g

Wind-Feuchtigkeits-*Bi*-Syndrom

- Gelenkschmerzen
- Gelenkdeformierungen
- Schweregefühl
- Taubheitsgefühl oder Paralyse in den Extremitäten
- Kopfschmerzen
- *myofasziales Schmerzsyndrom, Arthrose, rheumatoide Arthritis, Psoriasis-Arthropathie, systemischer Lupus erythematodes, Polymyalgia rheumatica, Polyneuropathie, Sudeck-Syndrom*

Z klebriger Belag
P schlüpfrig

Fiebrige Erkrankung durch Feuchte-Hitze oder Feuchtigkeits-*Bi*-Syndrom mit Hitze führt zu starkem Schwitzen und Gelenkschmerzen mit Schwellungen und Rötung. Die Gelenke fühlen sich bei Berührung heiß an.

Z rot, klebriger gelber Belag

P schlüpfrig, schnell oder überflutend

H Die ersten vier Zutaten kochen, dann zum Schluss den Reis zufügen. Er saugt das Wasser auf, sodass eine dicke Flüssigkeit entsteht.

BAI HU JIA CANG ZHU TANG

Weißer Tiger Dekokt mit Rhizoma Atractylodis

Shi Gao	*Gypsum*	20–30 g
Zhi Mu	*Anemarrhena*	9–12 g
Gan Cao	*Glycyrrhiza*	3–6 g
Cang Zhu	*Atractylodes*	3–9 g
Jing Mi	*Oryza*	15–30 g

Hitze im *Yangming*-Meridian mit leichter äußerer Kälte und Feuchtigkeit verursacht Blockaden in den Meridianen, was zu Gelenkschmerzen führt.

Z rot, gelber Belag

P schnell, drahtig

H Die ersten vier Zutaten kochen, dann zum Schluss den Reis zufügen. Er saugt das Wasser auf, sodass eine dicke Flüssigkeit entsteht.

BAI HU JIA GUI ZHI TANG

Weißer Tiger Dekokt mit Ramulus Cinnamomi Cassiae

Shi Gao	*Gypsum*	20–30 g
Zhi Mu	*Anemarrhena*	9–12 g
Gan Cao	*Glycyrrhiza*	3–9 g
Gui Zhi	*Cinnamomum*	3–9 g
Jing Mi	*Oryza*	15–30 g

Dysenterie schwächt die Beine und verursacht große Schwierigkeiten beim Gehen; oder Wind dringt in die Knie ein und führt zu Atrophie in den Beinen mit starken Schwellungen und Schmerzen in einem oder beiden Knien.

Z blass, klebriger Belag

P schlüpfrig

DA FANG FENG TANG

Größeres Radix Saposhnikoviae Dekokt

Fu Zi	*Aconitum*	6–9 g
Chuan Xiong	*Ligusticum*	6–9 g
Fang Feng	*Ledebouriella*	6–12 g
Shu Di Huang	*Rehmannia*	6–12 g
Qiang Huo	*Notopterygium*	6–12 g
Bai Shao Yao	*Paeonia*	6–12 g
Dang Gui	*Angelica*	6–12 g
Bai Zhu	*Atractylodes*	3–9 g
Huang Qi	*Astragalus*	6–12 g
Ren Shen	*Panax*	3–9 g
Du Zhong	*Eucommia*	6–12 g
Huai Niu Xi	*Achyranthes*	3–9 g
Gan Jiang	*Zingiber*	3 g
Da Zao	*Ziziphus*	1–3 St.
Zhi Gan Cao	*Glycyrrhiza*	3–6 g

Äußerer Wind greift die Meridiane an, in denen bereits ein *Qi*- und Blut-*Xue*-Mangel besteht. Wind-Kälte verwandelt sich in Hitze und führt zu chronischer Hemiplegie, Spasmen, Taubheitsgefühlen und Schmerzen oder undeutlichem Sprechen.

Z rot, gelber Belag, Deviation

P drahtig, schnell

DA QIN JIAO TANG

Größeres Radix Gentianae Qinjiao Dekokt

Qin Jiao	*Gentiana*	9–12 g
Chuan Xiong	*Ligusticum*	6–9 g
Dang Gui	*Angelica*	6–9 g
Bai Shao Yao	*Paeonia*	6–9 g
Shu Di Huang	*Rehmannia*	9–15 g
Sheng Di Huang	*Rehmannia*	9–15 g
Fu Ling	*Poria*	6–9 g
Bai Zhu	*Atractylodes*	6–9 g
Qiang Huo	*Notopterygium*	6–9 g
Du Huo	*Angelica*	6–9 g
Fang Feng	*Ledebouriella*	6–9 g
Bai Zhi	*Angelica*	3–6 g
Xi Xin	*Asarum*	3–6 g
Huang Qin	*Scutellaria*	6–12 g
Shi Gao	*Gypsum*	6–9 g
Gan Cao	*Glycyrrhiza*	3–6 g

Hitze-*Bi*-Syndrom: Wind-Feuchte-Hitze führt zu Rötungen und Hitze in den Gelenken, stechenden Schmerzen oder starkem Spannungsgefühl oder Ruhelosigkeit. Die Symptome sind besser bei kaltem Wetter. Diese Rezeptur ist auch wirksam bei Hautproblemen durch Feuchte-Hitze.

Z normale Farbe oder rot, trocken, raue Oberfläche, gelber Belag

P schnell, oberflächlich, leicht schlüpfrig

DANG GUI LIAN TONG TANG

Radix Angelicae Sinensis und Rhizoma Anemarrhenae Asphodeloidis Dekokt

Ren Shen	*Panax*	6–9 g
Huang Qin	*Scutellaria*	9–12 g
Bai Zhu	*Atractylodes*	6–9 g
Cang Zhu	*Atractylodes*	3–9 g
Dang Gui	*Angelica*	6–9 g
Ze Xie	*Alisma*	6–9 g
Zhu Ling	*Polyporus*	6–9 g
Yin Chen Hao	*Artemisia*	6–12 g
Ge Gen	*Pueraria*	6–12 g
Zhi Mu	*Anemarrhena*	9–12 g
Sheng Ma	*Cimicifuga*	6–9 g
Qiang Huo	*Notopterygium*	6–12 g
Fang Feng	*Ledebouriella*	6–12 g
Ku Shen	*Sophora*	6–9 g
Gan Cao	*Glycyrrhiza*	3–6 g

Blut-*Xue*- und *Yin*-Mangel-Patient mit kaltem, pathogenem *Qi*, das Blockaden der Meridiane verursacht und Schmerzen hervorruft. Der Patient fühlt sich subjektiv kalt und ist eventuell auch kalt bei Berührung. Raynaud-Syndrom.

Z blass, weißer Belag

P tief, dünn oder verschwindend

DANG GUI SI NI TANG

Radix Angelicae Sinensis Dekokt für kalte Extremitäten

Dang Gui	*Angelica*	6–12 g
Gui Zhi	*Cinnamomum*	3–9 g
Bai Shao Yao	*Paeonia*	6–9 g
Mu Tong	*Akebia*	6–9 g
Xi Xin	*Asarum*	3–6 g
Da Zao	*Ziziphus*	3–5 St.
Gan Cao	*Glycyrrhiza*	3–6 g

Knochen-*Bi*-Syndrom: Wind-Kälte-Feuchtigkeit mit Nieren-*Yang*-Mangel sowie *Yin*- und -Blut-*Xue*-Mangel. Symptome sind u.a. chronische Gelenkschmerzen, kalte Knie, Gelenkdeformierungen oder Steifheit und Schwäche der Gelenke.

Z blass, dünner weißer Belag

P kraftlos

* **Wichtige Rezeptur**

DU HUO JI SHENG TANG

Radix Angelicae Pubescentis und Ramulus Sangjisheng Dekokt

Du Huo	*Angelica*	6–9 g
Sang Ji Sheng	*Loranthus*	6–12 g
Qin Jiao	*Gentiana*	6–9 g
Fang Feng	*Ledebouriella*	6–9 g
Dang Gui	*Angelica*	6–9 g
Rou Gui	*Cinnamomum*	6 g
Ren Shen	*Panax*	6–9 g
Huai Niu Xi	*Achyranthes*	6–9 g
Du Zhong	*Eucommia*	6–9 g
Sheng Di Huang	*Rehmannia*	6–9 g
Fu Ling	*Poria*	6–9 g
Chuan Xiong	*Ligusticum*	3–6 g
Bai Shao Yao	*Paeonia*	6–9 g
Xi Xin	*Asarum*	3–6 g
Gan Cao	*Glycyrrhiza*	3–6 g

Wind-*Bi*-Syndrom: Wind-Kälte-Feuchtigkeit führt zu wandernden Gelenkschmerzen.

Z blass, klebriger weißer Belag, nass

P eventuell oberflächlich, langsam, schlüpfrig

FANG FENG TANG

Radix Saposhnikoviae Dekokt

Fang Feng	*Ledebouriella*	12 g
Qin Jiao	*Gentiana*	9–12 g
Dang Gui	*Angelica*	6–9 g
Fu Ling	*Poria*	6–9 g
Xing Ren	*Prunus*	6–9 g
Qiang Huo	*Notopterygium*	3–6 g
Gui Zhi	*Cinnamomum*	3–6 g
Ge Gen	*Pueraria*	9–12 g
Sheng Jiang	*Zingiber*	3–6 g
Da Zao	*Ziziphus*	3–4 St.
Gan Cao	*Glycyrrhiza*	3–6 g
Für die unteren Gliedmaßen zufügen:		
Du Huo	*Angelica*	6–9 g
Huai Niu Xi	*Achyranthes*	6–12 g
Bei Xie	*Dioscorea*	6–9 g
Für die oberen Gliedmaßen zufügen:		
Bai Zhi	*Angelica*	6–9 g
Wei Ling Xian	*Clematis*	6–9 g
Chuan Xiong	*Ligusticum*	3–9 g
Jiang Huang	*Curcuma*	6–9 g
Für den unteren Rücken zufügen:		
Du Zhong	*Eucommia*	6–12 g
Sang Ji Sheng	*Loranthus*	6–12 g
Xu Duan	*Dipsacus*	6–9 g
Ba Ji Tian	*Morinda*	6–9 g

Starker Nieren-*Yang*-Mangel, wobei das *Yang* die Extremitäten nicht ernähren kann. Führt zu Ödemen und starken Gliederschmerzen mit Kälte- und Feuchtigkeits-Symptomen: Kälte-*Bi*-Syndrom.

Z blass, feuchter weißer Belag

P tief, verschwindend oder rau

FU ZI TANG

Radix Lateralis Aconiti Carmichaeli Praeparata Dekokt

Fu Zi	*Aconitum*	9–15 g
Ren Shen	*Panax*	3–6 g
Fu Ling	*Poria*	9–12 g
Bai Zhu	*Atractylodes*	3–12 g
Bai Shao Yao	*Paeonia*	6–9 g

Chronische Wind-Kälte-Feuchtigkeit führt zu Hitze, schlimmer bei Nacht, oder geschwollenen, heißen und schmerzenden Gelenken.

Z klebriger weißer Belag

P schlüpfrig, drahtig

GUI ZHI SHAO YAO ZHI MU TANG

Ramulus Cinnamomi Cassiae, Radix Paeoniae und Radix Anemarrhenae Asphodeloidis Dekokt

Gui Zhi	*Cinnamomum*	9–12 g
Bai Shao Yao	*Paeonia*	9–12 g
Zhi Mu	*Anemarrhena*	9–12 g
Ma Huang	*Ephedra*	3–6 g
Bai Zhu	*Atractylodes*	12–15 g
Fu Zi	*Aconitum*	3–6 g
Fang Feng	*Ledebouriella*	9–12 g
Sheng Jiang	*Zingiber*	12–15 g
Gan Cao	*Glycyrrhiza*	3–6 g

Nieren- und Leber-*Yin*-Mangel führt zu Knochen-*Bi*-Syndrom oder *Wei*-Syndrom. Das *Yin* kann die Sehnen nicht ernähren und leere Hitze verbrennt Sehnen und Muskeln. Das führt zu Atrophien, Schwellungen oder Deformierungen der Gelenke. Die Schmerzen sind meist fixiert.

Z rot, spärlicher Belag

P dünn, schnell, schwach

H Alle Zutaten zu Pulver vermahlen. Zweimal täglich je 10 g einnehmen.

* **Wichtige Rezeptur**

HU QIAN WAN

Pille des auf der Lauer liegenden Tigers

Gui Ban	*Chinemys*	120 g
Huang Bai	*Phellodendron*	150 g
Shu Di Huang	*Rehmannia*	60 g
Zhi Mu	*Anemarrhena*	60 g
Bai Shao Yao	*Paeonia*	60 g
Suo Yang	*Cynomorium*	45 g
Hu Gu	*Panthera*	30 g
Chen Pi	*Citrus*	60 g
Gan Jiang	*Zingiber*	15 g

Blut-*Xue*-Stase (*Xue Yu*) in den Meridianen mit leichter Wind-Invasion. Führt zu oberflächlichen Taubheitsgefühlen ohne Schmerzen.

Z violett oder blass

P rau oder straff

HUANG QI GUI ZHI WU WU TANG

Radix Astragali Membranacei und Ramulus Cinnamomi Cassiae Dekokt mit fünf Arzneien

Huang Qi	*Astragalus*	9 g
Gui Zhi	*Cinnamomum*	9 g
Bai Shao Yao	*Paeonia*	9 g
Sheng Jiang	*Zingiber*	18 g
Da Zao	*Ziziphus*	9–12 St.

Kälte-Feuchte-Stagnation in den Meridianen der Beine führt zu Schwäche in den Beinen, Schwierigkeiten beim Gehen, Spasmen, Taubheit, Polio oder Kälteaversion.

Z klebriger weißer Belag

P schlüpfrig, langsam

JI MING SAN

Pulver, das man beim Hahnenschrei einnimmt

Bing Lang	*Areca*	15 g
Wu Zhu Yu	*Evodia*	1–3 g
Mu Gua	*Chaenomeles*	9 g
Chen Pi	*Citrus*	9 g
Zi Su Ye	*Perilla*	3 g
Jie Geng	*Platycodon*	5 g
Sheng Jiang	*Zingiber*	5 g

Schwächegefühl in den Extremitäten mit Schwierigkeiten beim Gehen und Muskelatrophie aufgrund von Blut-*Xue*-Mangel und Feuchtigkeits-Stagnation.

Z blass, klebriger Belag

P dünn, schlüpfrig

JIA WEI SI WU TANG

Erweitertes Vier Arzneien Dekokt

Dang Gui	*Angelica*	6–9 g
Huang Bai	*Phellodendron*	6–9 g
Mai Men Dong	*Ophiopogon*	6–9 g
Shu Di Huang	*Rehmannia*	9–12 g
Cang Zhu	*Atractylodes*	3–9 g
Du Zhong	*Eucommia*	3–6 g
Bai Shao Yao	*Paeonia*	3–9 g
Ren Shen	*Panax*	3 g
Wu Wei Zi	*Schisandra*	3–6 g
Zhi Mu	*Anemarrhena*	6–9 g
Huai Niu Xi	*Achyranthes*	3–9 g
Huang Lian	*Coptis*	3 g
Chuan Xiong	*Ligusticum*	3–6 g

Wind-Kälte-Feuchte mit bereits vorliegender innerer Feuchtigkeit führt zu Muskelschmerzen; oder äußere Wind-Feuchte-Kälte und innere Hitze führen zu Wind- und Kälteaversion, Gelenk- oder Gliederschmerzen, Schweißlosigkeit oder Durst.

Z normale Farbe oder rot, dünner gelblicher Belag

P oberflächlich, schnell, eventuell schlüpfrig

JIU WEI QIANG HUO TANG

Neun Arzneien Dekokt mit Radix et Rhizoma Notopterygii

Qiang Huo	*Notopterygium*	3–6 g
Cang Zhu	*Atractylodes*	3–6 g
Xi Xin	*Asarum*	1–3 g
Fang Feng	*Ledebouriella*	3–6 g
Chuan Xiong	*Ligusticum*	3–6 g
Huang Qin	*Scutellaria*	3–9 g
Bai Zhi	*Angelica*	3–6 g
Sheng Di Huang	*Rehmannia*	3–9 g
Gan Cao	*Glycyrrhiza*	3–6 g

Wind-Feuchte-Kälte-*Bi*-Syndrom mit *Qi*-Mangel führt zu Taubheit, Schweregefühlen, Kälte- und Windaversion, leichten Schwellungen der Gelenke oder akutem rheumatischem Fieber.

Z blass, dünner weißer Belag

P oberflächlich, etwas langsam

JUAN BI TANG I

Dekokt, das schmerzhafte Blockaden beseitigt aus Selected Formulas

Qiang Huo	*Notopterygium*	6–15 g
Huang Qi	*Astragalus*	6–15
Dang Gui	*Angelica*	6–12 g
Chi Shao Yao	*Paeonia*	6–12 g
Fang Feng	*Ledebouriella*	6–9 g
Jiang Huang	*Curcuma*	6–9 g
Sheng Jiang	*Zingiber*	3–6 g
Da Zao	*Ziziphus*	3–6 St.
Gan Cao	*Glycyrrhiza*	3–6 g

Wind-Feuchte-Kälte-*Bi*-Syndrom mit Taubheit, Schweregefühlen, wandernden Gelenkschmerzen oder Kälte- und Windaversion.

Z klebriger weißer Belag

P schlüpfrig, langsam

JUAN BI TANG II

Dekokt, das schmerzhafte Blockaden beseitigt aus Medical Revelations

Qiang Huo	*Notopterygium*	6–12 g
Du Huo	*Angelica*	6–12 g
Sang Zhi	*Morus*	9–18 g
Dang Gui	*Angelica*	6–12 g
Mu Xiang	*Saussurea*	3–9 g
Hai Feng Teng	*Piper*	9–18 g
Gui Zhi	*Cinnamomum*	6–9 g
Qin Jiao	*Gentiana*	6–12 g
Chuan Xiong	*Ligusticum*	3–9 g
Ru Xiang	*Boswellia*	3–6 g
Gan Cao	*Glycyrrhiza*	3–6 g

Akute Wind-Feuchte-Kälte hat sich in den Meridianen festgesetzt und führt zu akutem *Bi*-Syndrom. Symptome sind u. a. Schweregefühl und Schmerzen im ganzen Körper, Kopfschmerzen, die sich wie ein Band um den Kopf anfühlen, oder Schweißlosigkeit.

Z normale Farbe, dünner weißer Belag

P oberflächlich

* **Wichtige Rezeptur**

QIANG HUO SHENG SHI TANG

Radix et Rhizoma Notopterygii Dekokt, das Nässe überwindet

Qiang Huo	*Notopterygium*	3–6 g
Gao Ben	*Ligusticum*	3–6 g
Fang Feng	*Ledebouriella*	6–9 g
Du Huo	*Angelica*	6–9 g
Chuan Xiong	*Ligusticum*	3–9 g
Man Jing Zi	*Vitex*	3–9 g
Gan Cao	*Glycyrrhiza*	3–6 g

_Qi_-Stagnation und Blut-_Xue_-Stase (_Qi Zhi Xue Yu_) mit zugrunde liegendem Nieren- und Leber-_Yin_-Mangel und _Qi_-/Blut-_Xue_-Mangel manifestiert sich als Wind-Feuchte-_Bi_-Syndrom. Symptome sind u. a. Tremor und Schwäche in den Extremitäten.

Z blass

P drahtig, schwach, dünn

SAN BI TANG

Drei schmerzhafte Blockaden Dekokt

Xu Duan	*Dipsacus*	6–9 g
Fang Feng	*Ledebouriella*	6–9 g
Rou Gui	*Cinnamomum*	6–9 g
Dang Gui	*Angelica*	6–9 g
Xi Xin	*Asarum*	3 g
Fu Ling	*Poria*	6–9 g
Qin Jiao	*Gentiana*	6–9 g
Du Zhong	*Eucommia*	6–9 g
Ren Shen	*Panax*	3–6 g
Huai Niu Xi	*Achyranthes*	6–9 g
Bai Shao Yao	*Paeonia*	6–9 g
Huang Qi	*Astragalus*	6–9 g
Du Huo	*Angelica*	6–9 g
Chuan Xiong	*Ligusticum*	3–9 g
Sheng Di Huang	*Rehmannia*	6–9 g
Gan Cao	*Glycyrrhiza*	3–6 g
Gan Jiang	*Zingiber*	3–6 g

Nieren- und Leber-_Yin_-Mangel mit Blut-_Xue_-Mangel und Wind-Feuchtigkeit. Führt zu verschwommenem Sehen, Husten, Obstipation oder _Bi_-Syndrom.

Z rot, spärlicher gelber Belag

P dünn

H Aus den Zutaten 9 g schwere Pillen herstellen. Erwachsene nehmen zweimal täglich 1 Pille.

SANG MA WAN

Folium Mori Albae und Semen Sesami Pille

Sang Ye	*Morus*	250–300 g
Hei Zhi Ma	*Sesamum*	100–120 g
Feng Mi	*Mel*	250–300 g

_Qi_-Stagnation und Blut-_Xue_-Stase (_Qi Zhi Xue Yu_) in den Meridianen führt zu Schmerzen in Gliedmaßen oder Muskeln.

Z violett

P drahtig

SHEN TONG ZHU YU TANG

Dekokt, das Blut-*Xue*-Stasen aus einem schmerzenden Körper treibt

Chuan Xiong	*Ligusticum*	3–9 g
Tao Ren	*Prunus*	6–9 g
Hong Hua	*Carthamus*	6–9 g
Qin Jiao	*Gentiana*	6–9 g
Qiang Huo	*Notopterygium*	3–6 g
Dang Gui	*Angelica*	6–9 g
Chuan Niu Xi	*Cyathula*	6–12 g
Mo Yao	*Commiphora*	6–9 g
Wu Ling Zhi	*Trogopterus*	6–9 g
Di Long	*Pheretima*	6–9 g
Xiang Fu	*Cyperus*	3–6 g
Gan Cao	*Glycyrrhiza*	3–6 g

Wind-Feuchtigkeits-_Bi_-Syndrom mit Schleim und Blut-_Xue_-Stase (_Xue Yu_) führt zu scharfen, stechenden Schmerzen in allen Gelenken.

Z violett, klebriger Belag

P drahtig, schlüpfrig

SHU FENG HUO XUE TANG

Dekokt, das Wind zerstreut und das Blut belebt

Dang Gui	*Angelica*	6–9 g
Han Fang Ji	*Stephania*	6–9 g
Chuan Xiong	*Ligusticum*	3–9 g
Bai Zhi	*Angelica*	6–9 g
Wei Ling Xian	*Clematis*	3–9 g
Cang Zhu	*Atractylodes*	3–9 g
Hong Hua	*Carthamus*	3–9 g
Dan Nan Xing	*Arisaema*	3 g
Huang Bai	*Phellodendron*	6–9 g
Gui Zhi	*Cinnamomum*	3–9 g
Qiang Huo	*Notopterygium*	6–9 g
Gan Jiang	*Zingiber*	3–6 g

Wind-Kälte-Feuchte-*Bi*-Syndrom mit Blut-*Xue*-Stase (*Xue Yu*) im unteren Körperbereich führt zu Schmerzen im unteren Rücken, Muskelschmerzen, Ischias oder Hemiplegie.

Z violett

P drahtig, schlüpfrig

X Nicht während der Schwangerschaft einsetzen.

SHU JING HUO XUE TANG

Dekokt, das die Meridiane entspannt und das Blut belebt

Bai Shao Yao	*Paeonia*	6–9 g
Chuan Xiong	*Ligusticum*	3–9 g
Sheng Di Huang	*Rehmannia*	6–9 g
Dang Gui	*Angelica*	6–9 g
Cang Zhu	*Atractylodes*	3–6 g
Fu Ling	*Poria*	6–9 g
Long Dan Cao	*Gentiana*	6–9 g
Tao Ren	*Prunus*	3–6 g
Wei Ling Xian	*Clematis*	3–6 g
Huai Niu Xi	*Achyranthes*	6–9 g
Qiang Huo	*Notopterygium*	3–6 g
Chen Pi	*Citrus*	3–6 g
Fang Feng	*Ledebouriella*	6–9 g
Han Fang Ji	*Stephania*	6–9 g
Bai Zhi	*Angelica*	3–6 g
Sheng Jiang	*Zingiber*	3–6 g
Gan Cao	*Glycyrrhiza*	3–6 g

Blut-*Xue*-Stase (*Xue Yu*) im Bereich von Kopf, Gesicht und Nacken führt zu Migräne oder Lippenzyanose.

Z violett oder blauviolette Flecken

P drahtig oder rau

H Alle Zutaten bis auf *She Xiang*/Moschus 15 Minuten kochen. 230 ml Reiswein zufügen und weitere 5–10 Minuten kochen lassen, dann den gemahlenen *She Xiang*/Moschus zufügen und im Tee auflösen.

X Nicht während der Schwangerschaft einsetzen.

TONG QIAO HUO XUE TANG

Dekokt, das Blockaden in den Sinnesorganen auflöst und das Blut belebt

Hong Hua	*Carthamus*	6–9 g
Tao Ren	*Prunus*	6–9 g
Chuan Xiong	*Ligusticum*	3–9 g
Chi Shao Yao	*Paeonia*	6–9 g
Cong Bai	*Allium*	3–6 g
She Xiang	*Moschus*	0,1–0,3 g
Da Zao	*Ziziphus*	3–6 St.
Sheng Jiang	*Zingiber*	3–6 g

Starke Gelenkschmerzen aufgrund von Wind-Feuchte-Kälte-*Bi*-Syndrom mit signifikanten Schmerzen in Händen und Füßen.

Z feucht, weißer Belag

P langsam, schlüpfrig

H *Chuan Wu*/Aconitum 1 Stunde lang kochen, dann die übrigen Kräuter zufügen. Die vorbehandelte Form von Radix Lateralis Aconiti Carmichaeli Praeparata verwenden.

X Dieses Rezept kann leicht toxisch sein. Vorsicht während der Schwangerschaft.

WU TOU TANG

Radix Lateralis Aconiti Carmichaeli Praeparata Dekokt

Zhi Chuan Wu	*Aconitum*	6–15 g
Huang Qi	*Astragalus*	9–12 g
Ma Huang	*Ephedra*	6–9 g
Bai Shao Yao	*Paeonia*	6–9 g
Gan Cao	*Glycyrrhiza*	3–6 g

Wind-Schlaganfall führt zu Paralyse und Taubheitsgefühlen; oder Wind-Kälte-Feuchtigkeit in den Meridianen resultiert in wandernden oder fixierten Schmerzen in Gelenken und Muskeln. Der Patient hat infolge von Schwäche und Spasmen Schwierigkeiten, die Muskeln zu kontrollieren.

Z feucht, weißer Belag

P langsam, schlüpfrig

H Das Rezept sollte als Pulver eingenommen werden. Die vorbehandelten Formen von Radix Lateralis Aconiti Carmichaeli Praeparata verwenden.

X Nicht während der Schwangerschaft anwenden. Es handelt sich um ein sehr stark wirksames Rezept. Nur für einen kurzen Zeitraum einsetzen.

XIAO HUO LUO DAN

Kleine besondere Pille zur Belebung der Kollateralen

Cao Wu	*Aconitum*	60 g
Chuan Wu	*Aconitum*	60 g
Tian Nan Xing	*Arisaema*	60 g
Di Long	*Pheretima*	60 g
Ru Xiang	*Boswellia*	30 g
Mo Yao	*Commiphora*	30 g

Feuchte-Hitze-Obstruktion in den Meridianen führt zu Gelenkschmerzen mit Fieber und Frösteln.

Z rot, klebriger Belag

P schlüpfrig, schnell

XUAN BI TANG

Dekokt, das schmerzhafte Blockaden auflöst.

Guang Fang Ji	*Aristolochia*	9–15 g
Lian Qiao	*Forsythia*	6–9 g
Xing Ren	*Prunus*	9–15 g
Yi Yi Ren	*Coix*	9–15 g
Zhi Zi	*Gardenia*	6–9 g
Hua Shi	*Talcum*	9–15 g
Ban Xia	*Pinellia*	6–9 g
Can Sha	*Bombyx*	6–9 g
Chi Xiao Dou	*Phaseolus*	6–9 g

Wind-Feuchte-Hitze führt zu Gelenkschmerzen mit Schwellungen und Schmerzen in Händen und Füßen sowie Fieber.

Z rot, klebriger Belag

P schnell, schlüpfrig

YI YI REN TANG II

Semen Coicis Lachryma-jobi Dekokt aus Enlightened Physicians

Yi Yi Ren	*Coix*	9–20 g
Dang Gui	*Angelica*	6–9 g
Ma Huang	*Ephedra*	6–9 g
Cang Zhu	*Atractylodes*	6–9 g
Bai Shao Yao	*Paeonia*	6–9 g
Gui Zhi	*Cinnamomum*	6–9 g
Zhi Gan Cao	*Glycyrrhiza*	3–6 g

Blut-*Xue*-Stase (*Xue Yu*) infolge von Traumata

- Schmerzen nach einer traumatischen Verletzung
- Schwellungen und/oder Hämatome

Z violett oder unauffällig

P tendenziell drahtig

Trauma führt zu *Qi*-Stagnation und Blut-*Xue*-Stase (*Qi Zhi Xue Yu*) mit Quetschungen und Schwellungen.

Z violett

P drahtig

H Die Kräuter mit Honig zu 3 g schweren Pillen formen. Erwachsene nehmen zweimal täglich 1 oder 2 Pillen.

X Nicht während der Schwangerschaft einsetzen.

* **Wichtige Rezeptur**

DIE DA WAN

Trauma Pille

Chuan Xiong	*Ligusticum*	20–30 g
Dang Gui	*Angelica*	20–30 g
Mo Yao	*Commiphora*	20–30 g
Tu Bie Chong	*Eupolyphaga*	20–30 g
Ma Huang	*Ephedra*	50–60 g
Ru Xiang	*Boswellia*	20–30 g
Xue Jie	*Daemonorops*	20–30 g
Zi Ran Tong	*Pyritum*	20–30 g

Blut-*Xue*-Stase (*Xue Yu*) infolge von Trauma. Schmerzen vor allem in Brust und Flanken. Symptome sind u.a. großflächige Quetschungen oder stechende Schmerzen.

Z violett

P drahtig, schlüpfrig

H Zum Schluss einige Tropfen Wein zufügen.

X Nicht während der Schwangerschaft einsetzen.

FU YUAN HUO XUE TANG

Dekokt, das die Gesundheit wiederherstellt, indem es das Blut belebt

Tao Ren	*Prunus*	6–9 g
Hong Hua	*Carthamus*	6–9 g
Da Huang	*Rheum*	9–30 g
Chai Hu	*Bupleurum*	6–15 g
Tian Hua Fen	*Trichosanthes*	9–12 g
Dang Gui	*Angelica*	6–9 g
Chuan Shan Jia	*Manis*	6–9 g
Gan Cao	*Glycyrrhiza*	3–6 g

***Qi*-Stagnation und Blut-*Xue*-Stase (*Qi Zhi Xue Yu*) in den Meridianen führt zu Schmerzen, Geschwüren oder Schwellungen.**

Z violett

P drahtig, rau

X Nicht während der Schwangerschaft einsetzen.

HUO LUO XIAO LING DAN

Phantastisch effektiv wirkende Pille zur Belebung der Kollateralen

Dan Shen	*Salvia*	15 g
Dang Gui	*Angelica*	15 g
Mo Yao	*Commiphora*	15 g
Ru Xiang	*Boswellia*	15 g

***Qi*-Stagnation/Blut-*Xue*-Stase (*Qi Zhi Xue Yu*) infolge äußerer oder innerer Verletzungen aller Art mit Schmerzen und Blutungen.**

Z violett

P drahtig oder rau

H Die Zutaten zu Pulver vermahlen und in einer Dosierung von 0,2–1,5 g einnehmen. Für die äußerliche Anwendung mit Wein vermischen.

X Nicht während der Schwangerschaft einsetzen. *Zhu Sha*/Cinnabaris ist toxisch und sollte nur kurzfristig angewandt werden.

* **Wichtige Rezeptur**

QI LI SAN

Sieben Tausendstel eines Tael Pulver

Xue Jie	*Daemonorops*	30 g
Ru Xiang	*Boswellia*	3–6 g
Hong Hua	*Carthamus*	3–6 g
Mo Yao	*Commiphora*	3–6 g
Er Cha	*Acacia*	6–9 g
Zhu Sha	*Cinnabaris*	3–5 g
She Xiang	*Moschus*	0,5 g
Bing Pian	*Dryobalanops*	0,5 g

Toxische Hitze

- Fieber
- Blutungen
- wunde, geschwollene Kehle oder Diphtherie
- Furunkel, Karbunkel
- Sepsis

Z rot, gelber Belag

P schnell, voll

Herz-/Perikard-Feuer mit toxischer Hitze und Fieber verwandelt sich in Schleim. Dies führt zu Delirium, Koma, Aphasie oder bei Kindern zu Krämpfen.

Z dunkelrot, klebriger gelber Belag

P schnell, voll, drahtig

H Die Zutaten mahlen und zu 3 g schweren Pillen formen. Die Dosis für Erwachsene ist 1 Pille zwei- bis dreimal täglich. *Xi Jiao*/Rhinoceros sollte durch *Shui Niu Jiao*/Bubalus ersetzt werden.

X Nicht während der Schwangerschaft einsetzen. *Zhu Sha*/Cinnabaris ist toxisch und sollte nicht über einen längeren Zeitraum eingenommen werden.

AN GONG NIU HUANG WAN

Pille, die den Palast beruhigt, mit Calculus Bovis

Niu Huang	*Bos*	25–30 g
Xi Jiao	*Rhinoceros*	25–30 g
She Xiang	*Moschus*	7,5 g
Huang Lian	*Coptis*	25–30 g
Zhi Zi	*Gardenia*	25–30 g
Huang Qin	*Scutellaria*	25–30 g
Bing Pian	*Dryobalanops*	7,5 g
Zhen Zhu Mu	*Pteria*	12–15 g
Yu Jin	*Curcuma*	25–30 g
Xiong Huang	*Realgar*	25–30 g
Zhu Sha	*Cinnabaris*	25–30 g

Hitze im *Qi*-Stadium/*Yangming*-Meridian-Syndrom führt zu hohem Fieber, epidemischer fiebriger Erkrankung, akuter Entzündung, Enzephalitis oder Meningitis.

Z rot, trockener gelber Belag

P überflutend, schnell

H Die ersten fünf Zutaten kochen, dann zum Schluss den Reis zufügen. Er saugt das Wasser auf, sodass eine dicke Flüssigkeit entsteht.

BAI HU JIA YIN QIAO TANG

Weißer Tiger mit Flos Lonicerae Japonicae und Fructus Forsythiae Suspensae Dekokt

Shi Gao	*Gypsum*	20–30 g
Zhi Mu	*Anemarrhena*	9–12 g
Gan Cao	*Glycyrrhiza*	3–6 g
Jin Yin Hua	*Lonicera*	6–9 g
Lian Qiao	*Forsythia*	6–9 g
Jing Mi	*Oryza*	15–30 g

Toxische Hitze im *Yangming*-Meridian führt zu Dysenterie oder Eiter oder Blut im Stuhl.

Z rot, gelber Belag

P drahtig, schnell, schlüpfrig

BAI TOU WENG TANG

Radix Pulsatillae *Chi*nensis Dekokt

Bai Tou Weng	*Pulsatilla*	20–40 g
Huang Bai	*Phellodendron*	9–12 g
Qin Pi	*Fraxinus*	9–15 g
Huang Lian	*Coptis*	6–9 g

Feuchtigkeitsretention mit Hitze-Toxin im *Qi*-Stadium führt zu Gastritis, Hepatitis, Fieber, Gliederschmerzen, Diarrhö oder Erbrechen.

Z klebriger gelber Belag

P schnell, sanft

H Alle Zutaten an der Sonne trocknen lassen und zu Pulver vermahlen. Zweimal täglich je 9 g einnehmen.

GAN LU XIAO DU DAN

Besondere Süße Tau Pille zur Eliminierung von Toxin

She Gan	*Belamcanda*	120 g
Lian Qiao	*Forsythia*	120 g
Hua Shi	*Talcum*	450 g
Chuan Bei Mu	*Fritillaria*	150 g
Bo He	*Mentha*	120 g
Huang Qin	*Scutellaria*	300 g
Bai Dou Kou	*Amomum*	120 g
Yin Chen Hao	*Artemisia*	330 g
Shi Chang Pu	*Acorus*	180 g
Huo Xiang	*Agastache*	120 g
Mu Tong	*Akebia*	150 g

Hitze führt zu Feuer, dann Toxin, das die drei Erwärmer angreift. Die Hitze kann innerlich oder äußerlich sein. Symptome sind u. a. hohes Fieber, Manie, Delirium oder Blutungen im oberen Körperbereich.

Z rot, trocken, rau

P schnell, voll

* **Wichtige Rezeptur**

HUANG LIAN JIE DU TANG

Rhizoma Coptidis Dekokt, das toxische Wirkungen lindert

Huang Lian	*Coptis*	3–9 g
Huang Bai	*Phellodendron*	6 g
Huang Qin	*Scutellaria*	6 g
Zhi Zi	*Gardenia*	9 g

Toxische Hitze mit zugrunde liegendem Nieren- und Lungen-*Yin*-Mangel führt zu Diphtherie, Laryngitis oder Tonsillitis. Der Patient leidet unter Halsschmerzen mit Schwellungen, trockener Nase, trockenen Lippen, Husten oder Keuchatmung.

Z rot, spärlicher gelber Belag

P schnell

KANG BAI HOU HE JI

Dekokt zur Behandlung von Diphtherie

Sheng Di Huang	*Rehmannia*	12–30 g
Huang Qin	*Scutellaria*	6–18 g
Lian Qiao	*Forsythia*	6–18 g
Mai Men Dong	*Ophiopogon*	6–9 g
Xuan Shen	*Scrophularia*	6–9 g

Toxische Hitze und Schleim infolge chronischer Hitze im mittleren Erwärmer, kompliziert durch Wind-Hitze, greift die Kehle an und führt zu Tonsillitis mit Eiterbildung und Schluckbeschwerden.

Z rot, klebriger gelber Belag

P schnell, voll

H Die Kräuter vermahlen und mit Wein vermischen. Erwachsene nehmen jeweils 3–8 kleine Pillen.

X Nicht während der Schwangerschaft einsetzen.

LIU SHEN WAN

Sechs Wunder Pille

Niu Huang	*Bos*	3–6 g
Xiong Huang	*Realgar*	2–3 g
Chan Su	*Bufo*	2–3 g
Bing Pian	*Dryobalanops*	2–3 g
She Xiang	*Moschus*	3–6 g
Zhen Zhu	*Pteria*	3–6 g

Toxische Hitze führt zu Schwellungen und Abszessen, Fieber, Durst oder spärlichem Urin.

Z rot oder dunkelrot, gelber Belag

P schnell, voll

X Dieses Rezept ist sehr alt. Während der Schwangerschaft mit Vorsicht einsetzen.

NEI SHU HUANG LIAN TANG

Innerlich zerstreuendes Dekokt mit Rhizoma Coptidis

Huang Lian	*Coptis*	3–9 g
Zhi Zi	*Gardenia*	3–9 g
Huang Qin	*Scutellaria*	6–9 g
Da Huang	*Rheum*	3–6 g
Lian Qiao	*Forsythia*	3–9 g
Dang Gui	*Angelica*	6–9 g
Bing Lang	*Areca*	3–6 g
Bo He	*Mentha*	6–9 g
Bai Shao Yao	*Paeonia*	3–9 g
Mu Xiang	*Saussurea*	3–6 g
Jie Geng	*Platycodon*	3–6 g
Gan Cao	*Glycyrrhiza*	3–6 g

Wind-Hitze mit toxischem Feuer führt zu Schwellungen im Hals, geschwollenem Zahnfleisch oder Geschwüren im Mund.

Z rot oder dunkelrot, Furchen

P schnell, voll

X Nicht während der Schwangerschaft einsetzen.

NIU HUANG SHANG QING WAN

Rindergallensteinpille zum Aufsteigen und Beseitigen

Huang Lian	*Coptis*	3–9 g
Huang Bai	*Phellodendron*	6–9 g
Zhi Zi	*Gardenia*	3–6 g
Huang Qin	*Scutellaria*	6–9 g
Da Huang	*Rheum*	9–20 g
Fang Feng	*Ledebouriella*	6–9 g
Jing Jie	*Schizonepeta*	6–9 g
Chuan Xiong	*Ligusticum*	3–6 g
Niu Huang	*Bos*	2–3 g
Shi Gao	*Gypsum*	9–20 g
Bing Pian	*Dryobalanops*	3–9 g
Bai Zhi	*Angelica*	3–6 g
Bo He	*Mentha*	3–6 g
Dang Gui	*Angelica*	6–9 g
Chi Shao Yao	*Paeonia*	6–12 g
Lian Xin	*Nelumbo*	9–15 g
Lian Qiao	*Forsythia*	6–9 g
Xiong Huang	*Realgar*	3–6 g
Ju Hua	*Chrysanthemum*	6–9 g
Jie Geng	*Platycodon*	3 g
Gan Cao	*Glycyrrhiza*	3 g

Toxische Hitze mit Wind-Hitze führt zu Halsschmerzen mit Schwellungen und Gesichtsödemen.

Z rot, trockener gelber Belag

P voll, schnell

PU JI XIAO DU YIN

Universell nützliches Dekokt zur Eliminierung von Toxin

Huang Qin	*Scutellaria*	6–18 g
Huang Lian	*Coptis*	6–18 g
Ban Lan Gen	*Isatis*	3–6 g
Lian Qiao	*Forsythia*	3–6 g
Niu Bang Zi	*Arctium*	3–6 g
Chen Pi	*Citrus*	3–6 g
Sheng Ma	*Cimicifuga*	1–3 g
Jiang Can	*Bombyx*	1–3 g
Bo He	*Mentha*	3–6 g
Ma Bo	*Lasiosphaera*	3–6 g
Chai Hu	*Bupleurum*	3–6 g
Xuan Shen	*Scrophularia*	3–6 g
Jie Geng	*Platycodon*	3–6 g
Gan Cao	*Glycyrrhiza*	3–6 g

Wind-Hitze mit Toxin greift Hals und Kopf an und führt zu Halsschmerzen, Drüsenschwellungen, Tonsillitis oder Pharyngitis.

Z rot

P schnell

QIANG LAN TANG

Radix et Rhizoma Notopterygii und Radix Isatidis seu Baphicacanthi Dekokt

Qiang Huo	*Notopterygium*	9–12 g
Ban Lan Gen	*Isatis*	12–20 g

Hitze im *Qi*- und Blut-*Xue*-Stadium: Hitze im *Qi*-Stadium führt zu hohem Fieber, Durst, Schwitzen; Hitze im Blut-*Xue*-Stadium führt zu Blutungen, Koma oder Ruhelosigkeit. Diese Rezeptur ist auch wirksam bei toxischer Hitze.

Z dunkelrot, trocken, gelber Belag

P überflutend, schnell

H *Shi Gao*/Gypsum zuerst 20 Minuten lang kochen. *Xi Jiao*/Rhinoceros zu Pulver vermahlen und dem abgeseihten Dekokt hinzufügen. *Xi Jiao* sollte durch 6–9 g *Shui Niu Jiao*/Bubalus oder 30 g *Bai Mao Gen*/Imperata ersetzt werden.

QING WEN BAI DU YIN

Dekokt, das Epidemien beseitigt und Toxin überwältigt

Shi Gao	*Gypsum*	40–100 g
Zhi Mu	*Anemarrhena*	9–12 g
Xuan Shen	*Scrophularia*	6–9 g
Dan Zhu Ye	*Lophatherum*	3–6 g
Xi Jiao	*Rhinoceros*	1–3 g
Chi Shao Yao	*Paeonia*	6–9 g
Huang Qin	*Scutellaria*	6–9 g
Huang Lian	*Coptis*	3–6 g
Mu Dan Pi	*Paeonia*	6–9 g
Sheng Di Huang	*Rehmannia*	6–12 g
Zhi Zi	*Gardenia*	3–6 g
Jie Geng	*Platycodon*	3–6 g
Lian Qiao	*Forsythia*	6–9 g
Gan Cao	*Glycyrrhiza*	3–6 g

Hitze im *Qi*-Stadium mit Toxin im oberen Körperbereich führt zu Schwellungen in der Kehle, Fieber, Schwitzen und Durst mit Verlangen nach kalten Flüssigkeiten.

Z rot, gelber Belag

P überflutend, schnell

QING XIN LIANG GE SAN

Pulver, das das Herz klärt und das Diaphragma kühlt

Lian Qiao	*Forsythia*	6–15 g
Huang Qin	*Scutellaria*	6–9 g
Zhi Zi	*Gardenia*	3–6 g
Bo He	*Mentha*	3–6 g
Jie Geng	*Platycodon*	3–6 g
Shi Gao	*Gypsum*	12–15 g
Gan Cao	*Glycyrrhiza*	3–6 g

_Qi_- und Blut-_Xue_-Mangel mit toxischem Abszess führt zu Mastitis, Darmabszess oder Fieber und Schüttelfrost.

Z blass oder rot, gelber Belag

P schnell

SHEN XIAO TUO LI SAN

Wunderbares Pulver zur Unterstützung des Inneren

Ren Dong Cao	*Lonicera*	15 g
Dang Gui	*Angelica*	9 g
Huang Qi	*Astragalus*	15 g
Gan Cao	*Glycyrrhiza*	15–20 g

Toxische Hitze mit Blut-_Xue_-Stase (_Xue Yu_) führt zu Gangrän oder Geschwüren an den Extremitäten.

Z rot oder violette Flecken

P schnell, drahtig

SI MIAO YONG AN TANG

Dekokt der vier Tapferen für das Wohlbefinden

Jin Yin Hua	*Lonicera*	60–90 g
Dang Gui	*Angelica*	35 g
Xuan Shen	*Scrophularia*	60–90 g
Gan Cao	*Glycyrrhiza*	20 g

Schleim-Hitze-Toxine und Blut-_Xue_-Stase (_Xue Yu_) mit Eiter führen zu Lungenabszessen, Masern, Keuchhusten, Husten mit blutig-tingiertem Sputum, Blockaden im Thorax oder niedriggradigem Fieber.

Z rot, klebriger gelber Belag

P schnell, schlüpfrig

WEI JING TANG

Rhizoma Phragmitis Communis Dekokt

Lu Gen	*Phragmites*	40–60 g
Dong Gua Ren	*Benincasa*	15–25 g
Yi Yi Ren	*Coix*	15–20 g
Tao Ren	*Prunus*	6–9 g

Feuchte-Hitze mit Toxin führt zu Abszessen, Hautausschlägen an den unteren Gliedmaßen oder Erysipel.

Z rot, klebriger Belag

P schnell, schlüpfrig

WU SHEN TANG

Fünf Wunder Dekokt

Jin Yin Hua	*Lonicera*	30–60 g
Zi Hua Di Ding	*Viola*	15–20 g
Fu Ling	*Poria*	9–12 g
Huai Niu Xi	*Achyranthes*	3–6 g
Che Qian Zi	*Plantago*	6–9 g

Hitze oder Toxin in einem beliebigen Organ führt zu Furunkeln oder Geschwüren. Sie sind schmerzhaft, heiß, geschwollen und fühlen sich möglicherweise hart an.

Z rot oder dunkelrot, gelber, trockener Belag

P schnell

WU WEI XIAO DU YIN

Fünf Bestandteile Dekokt zur Eliminierung von Toxinen

Jin Yin Hua	*Lonicera*	12–15 g
Zi Hua Di Ding	*Viola*	9–15 g
Pu Gong Ying	*Taraxacum*	9–15 g
Zi Bei Tian Kuei	*Begonia*	9–15 g
Ye Ju Hua	*Chrysanthemum*	9–15 g

Schleim-Feuer oder toxisches Feuer führt zu *Qi*-Stagnation und Blut-*Xue*-Stase (*Qi Zhi Xue Yu*). Dies manifestiert sich in Form von Karbunkeln und Furunkeln mit Rötung, leichtem Schüttelfrost und starkem Fieber.

Z rot, dünner gelber Belag

P schnell, voll

H Die Rezeptur sollte mit 50% Wein und 50% Wasser gekocht werden. Kann auch topisch angewandt werden.

X *Zao Jiao Ci*/Gleditsia ist leicht toxisch und sollte nicht während der Schwangerschaft eingesetzt werden.

XIAN FANG HUO MING YIN

Erhabenes Rezept zur Erhaltung des Lebens

Jin Yin Hua	*Lonicera*	6–9 g
Zhe Bei Mu	*Fritillaria*	3–6 g
Dang Gui Wei	*Angelica*	9–12 g
Tian Hua Fen	*Trichosanthes*	3–6 g
Ru Xiang	*Boswellia*	2–3 g
Zao Jiao Ci	*Gleditsia*	2–3 g
Fang Feng	*Ledebouriella*	3–6 g
Chi Shao Yao	*Paeonia*	6 g
Mo Yao	*Commiphora*	3–6 g
Bai Zhi	*Angelica*	3 g
Chuan Shan Jia	*Manis*	3–6 g
Chen Pi	*Citrus*	3–6 g
Gan Cao	*Glycyrrhiza*	3–6 g

Äußerliche Invasion mit toxischer Hitze führt zu Karbunkeln, Mastitis oder Hautausschlag mit Rötungen.

Z rot, dünner gelber Belag

P oberflächlich, schnell

XIAO YAN JIE DU WAN

Pille, die Entzündungen vermindert und toxische Wirkungen lindert

Jin Yin Hua	*Lonicera*	9–20 g
Pu Gong Ying	*Taraxacum*	9–20 g
Fang Feng	*Ledebouriella*	6–9 g
Lian Qiao	*Forsythia*	9–15 g
Gan Cao	*Glycyrrhiza*	3–6 g

Wind-Hitze und Toxine führen zu Masern, Schweißlosigkeit, Husten, dunklem Urin oder starken Halsschmerzen.

Z rote Spitze

P oberflächlich, schnell

XUAN DU FA BIAO TANG

Dekokt, das Toxine zerstreut und das Äußere entlastet

Sheng Ma	*Cimicifuga*	6–9 g
Ge Gen	*Pueraria*	6–9 g
Xing Ren	*Prunus*	6–9 g
Qian Hu	*Peucedanum*	6–9 g
Jie Geng	*Platycodon*	3–6 g
Bo He	*Mentha*	3–6 g
Fang Feng	*Ledebouriella*	3–6 g
Jing Jie	*Schizonepeta*	3–6 g
Lian Qiao	*Forsythia*	3–9 g
Niu Bang Zi	*Arctium*	3–6 g
Dan Zhu Ye	*Lophatherum*	3–6 g
Zhi Ke	*Citrus*	3–6 g
Mu Tong	*Akebia*	6–9 g
Gan Cao	*Glycyrrhiza*	3–6 g

Lungen-/Nieren-*Yin*-Mangel mit Toxinen führt zu Diphtherie, Laryngitis, Heiserkeit oder trockenem Husten.

Z rot, trocken, gelber Belag

P dünn, schnell oder leer

YANG YIN QING FEI TANG

Dekokt, das die Lunge klärt und das *Yin* nährt

Sheng Di Huang	*Rehmannia*	6–12 g
Xuan Shen	*Scrophularia*	6–9 g
Bai Shao Yao	*Paeonia*	6–9 g
Mai Men Dong	*Ophiopogon*	6–12 g
Bo He	*Mentha*	3–6 g
Chuan Bei Mu	*Fritillaria*	3–6 g
Mu Dan Pi	*Paeonia*	6–9 g
Gan Cao	*Glycyrrhiza*	3–6 g

Feuer-Toxin infolge von Wind-Feuchte-Hitze führt zu Hautläsionen mit Eiter und Rötung.

Z rot

P schnell, schlüpfrig

H *Xi Jiao*/Rhinoceros sollte durch 6–9 g *Shui Niu Jiao*/Bubalus oder 30 g *Bai Mao Gen*/Imperata ersetzt werden.

YIN HUA JIE DU TANG

Flos Lonicerae Japonicae Dekokt, das toxische Wirkungen lindert

Jin Yin Hua	*Lonicera*	9–20 g
Zi Hua Di Ding	*Viola*	9–20 g
Lian Qiao	*Forsythia*	6–18 g
Huang Lian	*Coptis*	6 g
Xia Ku Cao	*Prunella*	6–18 g
Xi Jiao	*Rhinoceros*	2–3 g
Mu Dan Pi	*Paeonia*	6–9 g
Chi Fu Ling	*Poria*	6–9 g

Wind-Hitze/toxische Hitze mit Feuchtigkeit und *Qi*-Mangel führt zu geröteten, geschwollenen Läsionen oder Karbunkeln.

Z dünner, klebriger weißer Belag

P oberflächlich

YIN QIAO BAI DU SAN

Flos Lonicerae Japonicae und Fructus Forsythiae Suspensae Pulver zur Überwindung pathogener Einflüsse

Qiang Huo	*Notopterygium*	6–9 g
Chuan Xiong	*Ligusticum*	3–6 g
Du Huo	*Angelica*	3–6 g
Chai Hu	*Bupleurum*	6–9 g
Qian Hu	*Peucedanum*	6–9 g
Ren Shen	*Panax*	6–9 g
Jie Geng	*Platycodon*	3–6 g
Zhi Ke	*Citrus*	3–6 g
Fu Ling	*Poria*	3–6 g
Gan Cao	*Glycyrrhiza*	3–6 g
Jin Yin Hua	*Lonicera*	6–9 g
Lian Qiao	*Forsythia*	6–9 g

Feuchte-Hitze in den Lungen führt zu Toxin im Hals mit Blockaden und Schmerzen.

Z rot, klebriger gelber Belag

P schnell, schlüpfrig

YIN QIAO MA BO SAN

Flos Lonicerae Japonicae, Fructus Forsythiae Suspensae und Fructificato Lasiosphaerae seu Calvatiae Pulver

Lian Qiao	*Forsythia*	15–25 g
Jin Yin Hua	*Lonicera*	9–12 g
Niu Bang Zi	*Arctium*	12–15 g
Ma Bo	*Lasiosphaera*	6–9 g
She Gan	*Belamcanda*	6–9 g
[*Lu Gen*	*Phragmites*	12–20 g]

Sommer-Hitze-Invasion

- Fieber und Frösteln nach Sonnenexposition
- Übelkeit und Erbrechen
- Durst
- Schwitzen

Z rote Spitze, gelber Belag
P oberflächlich, schnell

Sommer-Hitze mit Feuchtigkeit und Hitze im *Yangming*-Meridian/im *Qi*-Stadium. Führt zu starkem Schwitzen, Übelkeit, Erbrechen, Durst oder Fieber.

Z rot, klebriger gelber Belag

P schlüpfrig, schnell

H Die ersten vier Zutaten kochen, dann zum Schluss den Reis zufügen. Er saugt das Wasser auf, sodass eine dicke Flüssigkeit entsteht.

BAI HU JIA ZHU TANG

Weißer Tiger Dekokt mit Rhizoma Atractylodis Macrocephalae*

Shi Gao	*Gypsum*	20–30 g
Zhi Mu	*Anemarrhena*	9–12 g
Gan Cao	*Glycyrrhiza*	3–6 g
Bai Zhu	*Atractylodes*	3–9 g
Jing Mi	*Oryza*	15–30 g

Lange anhaltende Sommer-Feuchte-Hitze mit Harnstörungen und Fieber.

Z rot, dünner gelber Belag

P schnell

CHUN ZE TANG

Frühlingsteich Dekokt

Fu Ling	*Poria*	6–9 g
Zhu Ling	*Polyporus*	6–9 g
Ze Xie	*Alisma*	6–9 g
Gui Zhi	*Cinnamomum*	3–9 g
Bai Zhu	*Atractylodes*	6–9 g
Chai Hu	*Bupleurum*	6–9 g
Mai Men Dong	*Ophiopogon*	6–9 g
Ren Shen	*Panax*	6–9 g

Sommer-Hitze mit innerer Wasser- und Feuchtigkeitsretention führt zu Kopfschmerzen und Fieber. Das resultiert in einer Erschöpfung von *Qi* und *Yin*. Symptome sind u.a. Übelkeit und Erbrechen, Durst und Mundtrockenheit, Diarrhö oder Ruhelosigkeit.

Z rot, klebriger gelblicher Belag

P schnell, oberflächlich

GUI LING GAN LU YIN

Süßer Tau Dekokt mit Cortex Cinnamomi Loureiroi und Sclerotium Poriae Cocos

Hua Shi	*Talcum*	15–30 g
Shi Gao	*Gypsum*	15–30 g
Han Shui Shi	*Calcitum*	12–30 g
Rou Gui	*Cinnamomum*	6–9 g
Fu Ling	*Poria*	12–30 g
Ze Xie	*Alisma*	9–15 g
Zhu Ling	*Polyporus*	9–15 g
Bai Zhu	*Atractylodes*	9–12 g
Gan Cao	*Glycyrrhiza*	6–9 g
Sheng Jiang	*Zingiber*	1–3 g

Sommer-Feuchte-Hitze manifestiert sich vor allem im oberen Erwärmer mit Fieber, Frösteln, Schwitzen oder Schwindelgefühl.

Z dünner klebriger Belag

P schnell, schlüpfrig

LEI SHI QING LIANG DI SHU TANG

Meister Lei's Dekokt zur Beseitigung und Kühlung der Sommer-Hitze

Hua Shi	*Talcum*	12–15 g
Qing Hao	*Artemisia*	3–6 g
Bian Dou	*Dolichos*	6–9 g
Lian Qiao	*Forsythia*	6–9 g
Tong Cao	*Tetrapanax*	3–9 g
Fu Ling	*Poria*	6–9 g
Gan Cao	*Glycyrrhiza*	3–6 g
Xi Gua	*Citrullus*	1 St.

Sommer-Hitze- und Feuchtigkeits-Invasion bei Patient mit bereits bestehendem *Qi*-Mangel führt zu Schwindel, Kopfschmerzen, Diarrhö, Schweregefühl sowie Fieber und Schüttelfrost.

Z rot oder normale Farbe

P schnell, schwach

LI SHI QING SHU YI QI TANG

Meister Li's Dekokt zur Beseitigung von Sommer-Hitze und zur Vermehrung des *Qi*

Ren Shen	*Panax*	6–9 g
Cang Zhu	*Atractylodes*	3–9 g
Bai Zhu	*Atractylodes*	6–9 g
Huang Qi	*Astragalus*	6–12 g
Ge Gen	*Pueraria*	6–9 g
Mai Men Dong	*Ophiopogon*	6–9 g
Wu Wei Zi	*Schisandra*	3–9 g
Qing Pi	*Citrus*	3–6 g
Chen Pi	*Citrus*	3–6 g
Sheng Ma	*Cimicifuga*	3–6 g
Dang Gui	*Angelica*	3–6 g
Shen Qu	*Massa Fermentata*	6–9 g
Ze Xie	*Alisma*	6–9 g
Huang Bai	*Phellodendron*	6–9 g
Gan Cao	*Glycyrrhiza*	3–6 g

Sommer-Hitze mit Feuchtigkeit führt zu Übelkeit und Erbrechen, Durst, Druckgefühl im Thorax oder Diarrhö.

Z klebriger Belag

P schlüpfrig, oberflächlich

LIU HE TANG

Dekokt, das die Sechs harmonisiert

Huo Xiang	*Agastache*	6–9 g
Sha Ren	*Amomum*	3–9 g
Hou Po	*Magnolia*	6–9 g
Dang Shen	*Codonopsis*	6–9 g
Xing Ren	*Prunus*	3–6 g
Bian Dou	*Dolichos*	6–9 g
Ban Xia	*Pinellia*	6–9 g
Mu Gua	*Chaenomeles*	6–9 g
Bai Zhu	*Atractylodes*	6–9 g
Chi Fu Ling	*Poria*	6–9 g
Gan Cao	*Glycyrrhiza*	3–6 g

Sommer-Hitze mit Feuchtigkeit führt zu Fieber, Übelkeit, Erbrechen, Durst, Reizbarkeit oder Schwitzen.

Z klebriger gelber Belag

P schnell, schlüpfrig

* **Wichtige Rezeptur**

LIU YI SAN

Sechs zu eins Pulver

Hua Shi	*Talcum*	6 Teile
Zhi Gan Cao	*Glycyrrhiza*	1 Teil

Leichte Sommer-Hitze dringt in das *Qi*-Stadium vor, wobei pathogene Faktoren zurückbleiben und zu leichten Oberflächen- und Feuchtigkeits-Symptomen führen. Der Patient hat Durst, kann aber Flüssigkeiten nur schluckweise zu sich nehmen und leidet unter Diarrhö, Darmgasen, Erbrechen oder kalten Extremitäten.

Z rot, dünner weißer Belag

P schnell, eventuell oberflächlich

H Die vorbehandelte Form von *Xi Gua*/Citrullus verwenden. Statt *Si Gua Pi*/Luffa wird meist *Si Gua Luo*/Luffa verwendet.

QING LUO YIN

Dekokt, das die Nebengefäße klärt

Bian Dou Hua	*Dolichos*	6–9 g
Xi Gua Shuang	*Citrullus*	6–9 g
Si Gua Pi	*Luffa*	6–9 g
Jin Yin Hua	*Lonicera*	6–9 g
He Ye	*Nelumbo*	6 g
Dan Zhu Ye	*Lophatherum*	6–9 g

Sommer-Hitze öffnet die Poren und führt zu Schweißbildung, was in *Qi*- und *Yin*-Mangel resultiert; oder Patient mit *Yin*-Mangel erleidet Sommer-Hitze-Invasion. Symptome sind u. a. Durst, hohes Fieber oder starkes Schwitzen.

Z rot

P kraftlos, schnell

QING SHU YI QI TANG

Dekokt, das Sommer-Hitze beseitigt und das *Qi* vermehrt

Xi Gua Pi	*Citrullus*	20–30 g
Xi Yang Shen	*Panax*	6–9 g
Mai Men Dong	*Ophiopogon*	6–9 g
Lian Geng	*Nelumbo*	6–9 g
Shi Hu	*Dendrobium*	6–9 g
Dan Zhu Ye	*Lophatherum*	3–6 g
Fu Ling	*Poria*	6–9 g
Huang Lian	*Coptis*	3–6 g
Zhi Mu	*Anemarrhena*	6–9 g
Gan Cao	*Glycyrrhiza*	3–6 g
Jing Mi	*Oryza*	10–15 g

Bereits bestehender Milz-*Qi*-Mangel führt zu Feuchtigkeit und Wasser im mittleren Erwärmer. Dies verursacht Feuchte-Hitze. Das Rezept wird auch gegen Sommer-Hitze-Invasionen eingesetzt. Symptome sind u. a. Fieber und Schüttelfrost, Appetitmangel und Kopfschmerzen.

Z dünner weißer Belag

P sanft, drahtig, dünn

SAN REN TANG

Drei Nüsse Dekokt

Xing Ren	*Prunus*	6–12 g
Yi Yi Ren	*Coix*	12–15 g
Bai Dou Kou	*Amomum*	3–6 g
Hou Po	*Magnolia*	6–9 g
Ban Xia	*Pinellia*	6–9 g
Dan Zhu Ye	*Lophatherum*	6–9 g
Tong Cao	*Tetrapanax*	3 g
Hua Shi	*Talcum*	12–15 g

Starke Toxine, epidemische Sommer-Hitze und Hitze im Blut-*Xue*-Stadium führen zu Delirium, Purpura oder geröteten Augen. Diese Rezeptur öffnet die Sinne.

Z scharlachrot

P schnell oder überflutend

H Die Zutaten zu Pillen formen. *Xi Jiao*/Rhinoceros sollte durch *Shui Niu Jiao*/Bubalus ersetzt werden.

SHEN XI DAN

Magische besondere Rhinozerospille

Xi Jiao	*Rhinoceros*	60–90 g
Jin Yin Hua	*Lonicera*	200–225 g
Ban Lan Gen	*Isatis*	100–135 g
Huang Qin	*Scutellaria*	60–90 g
Sheng Di Huang	*Rehmannia*	200–225 g
Lian Qiao	*Forsythia*	125–150 g
Xuan Shen	*Scrophularia*	90–105 g
Dan Dou Chi	*Glycine*	100–120 g
Shi Chang Pu	*Acorus*	60–90 g
Tian Hua Fen	*Trichosanthes*	40–60 g
Zi Cao	*Lithospermum*	40–60 g

Starke Sommer-Hitze im Frühstadium (Fülle-Typ) führt zu Schweißlosigkeit, Übelkeit und Erbrechen oder hohem Fieber.

Z dünner, klebriger weißer Belag

P oberflächlich, schnell

XIN JIA XIANG RU YIN

Neues erweitertes Herba Elsholtziae seu Moslae Dekokt

Bian Dou Hua	*Dolichos*	6–9 g
Xiang Ru	*Elsholtzia*	6–9 g
Jin Yin Hua	*Lonicera*	6–9 g
Lian Qiao	*Forsythia*	6–9 g
Hou Po	*Magnolia*	6–12 g

Sommer-Feuchte-Hitze in allen drei Erwärmern führt zu Schwitzen, Diarrhö, Übelkeit, spärlichem Urin oder undulierendem Fieber (tidal).

Z rote Spitze, klebriger gelber Belag

P oberflächlich, schnell, schlüpfrig

XING REN HUA SHI TANG

Semen Pruni Armeniacae und Talcum Dekokt

Xing Ren	*Prunus*	6–9 g
Hua Shi	*Talcum*	9–12 g
Huang Lian	*Coptis*	3–6 g
Huang Qin	*Scutellaria*	6–9 g
Hou Po	*Magnolia*	6–12 g
Chen Pi	*Citrus*	3–6 g
Ban Xia	*Pinellia*	6–9 g
Tong Cao	*Tetrapanax*	3–6 g
Yu Jin	*Curcuma*	6–9 g

Öffnung der Sinne, Koma

- Paralyse
- Koma oder Delirium
- Aphasie
- Schock, Manie

Z abhängig vom jeweiligen Syndrom

P abhängig vom jeweiligen Syndrom

Herz-/Perikard-Feuer mit toxischer Hitze und Fieber verwandelt sich in Schleim. Dies führt zu Delirium, Koma, Aphasie oder bei Kindern zu Krämpfen.

Z dunkelrot, klebriger gelber Belag

P schnell, voll, drahtig

H Die Kräuter mahlen und zu 3 g schweren Pillen formen. Die Dosis für Erwachsene ist 1 Pille zwei- bis dreimal täglich. *Xi Jiao*/Rhinoceros sollte durch *Shui Niu Jiao*/Bubalus ersetzt werden.

X Nicht während der Schwangerschaft einsetzen. *Zhu Sha*/Cinnabaris ist toxisch und sollte nicht über einen längeren Zeitraum eingenommen werden.

* **Wichtige Rezeptur**

AN GONG NIU HUANG WAN

Pille, die den Palast beruhigt, mit Calculus Bovis

Niu Huang	*Bos*	25–30 g
Xi Jiao	*Rhinoceros*	25–30 g
She Xiang	*Moschus*	7,5 g
Huang Lian	*Coptis*	25–30 g
Zhi Zi	*Gardenia*	25–30 g
Huang Qin	*Scutellaria*	25–30 g
Bing Pian	*Dryobalanops*	7,5 g
Zhen Zhu Mu	*Pteria*	12–15 g
Yu Jin	*Curcuma*	25–30 g
Xiong Huang	*Realgar*	25–30 g
Zhu Sha	*Cinnabaris*	25–30 g

***Qi*-Stagnation und Blut-*Xue*-Stase (*Qi Zhi Xue Yu*) mit *Qi*-Mangel und Blockaden in den Meridianen führt zu Wind-Schlaganfall, Hemiplegie und Atrophie in den unteren Gliedmaßen. Der Patient leidet unter Schwierigkeiten beim Gehen.**

Z violett, dünner weißer Belag

P drahtig, schwach, langsam

BU YANG HUAN WU TANG

Dekokt, das das *Yang* tonisiert, um die Fünf (Zehntel) wiederherzustellen

Huang Qi	*Astragalus*	60–120 g
Chuan Xiong	*Ligusticum*	3–6 g
Chi Shao Yao	*Paeonia*	3–6 g
Dang Gui Wei	*Angelica*	6–9 g
Hong Hua	*Carthamus*	3–6 g
Tao Ren	*Prunus*	3–6 g
Di Long	*Pheretima*	3–6 g

Nieren-*Yin*-/-*Yang*-Mangel mit falschem Feuer und Schleim führt zu einer Erschöpfung des Herz-*Qi*. Symptome sind u.a. Paraplegie, Aphasie und Blockierung der Sinnesorgane.

Z rot oder normale Farbe, klebriger gelber Belag

P schlüpfrig, etwas schnell, schwach oder dünn, tief

DI HUANG YIN ZI

Radix Rehmanniae Glutinosae Conquitae Dekokt

Shu Di Huang	*Rehmannia*	12–15 g
Shan Zhu Yu	*Cornus*	6–9 g
Ba Ji Tian	*Morinda*	6–9 g
Rou Cong Rong	*Cistanche*	6–9 g
Rou Gui	*Cinnamomum*	3–9 g
Shi Hu	*Dendrobium*	6–9 g
Shi Chang Pu	*Acorus*	6–9 g
Yuan Zhi	*Polygala*	3–6 g
Mai Men Dong	*Ophiopogon*	6–9 g
Fu Ling	*Poria*	6–9 g
Wu Wei Zi	*Schisandra*	6–9 g
Fu Zi	*Aconitum*	3–6 g
[Bo He	*Mentha*	1–3 g]
[Sheng Jiang	*Zingiber*	3–6 g]
[Da Zao	*Ziziphus*	1 g]

Wind und Schleimretention führen zu Hypertonie, Vertigo und Aphasie.

Z steif, klebriger weißer oder gelblicher Belag

P schlüpfrig

DI TAN TANG

Dekokt, das Schleim ausleitet

Ban Xia	*Pinellia*	6–9 g
Fu Ling	*Poria*	6–9 g
Zhi Shi	*Citrus*	3–6 g
Chen Pi	*Citrus*	3–6 g
Zhu Ru	*Bambusa*	1–3 g
Dan Nan Xing	*Arisaema*	1–3 g
Ren Shen	*Panax*	3–6 g
Shi Chang Pu	*Acorus*	6 g
Gan Cao	*Glycyrrhiza*	3–6 g
[Sheng Jiang	*Zingiber*	3–6 g]
[Da Zao	*Ziziphus*	1–3 St.]

Schleim-Feuer blockiert die Herzöffnungen und führt zu Manie, starken Palpitationen, Husten mit reichlich Schleim, Schwindel, Keuchatmung, Angstzuständen, Alpträumen oder Klumpen im Halsbereich.

Z rot, dicker gelber, klebriger Belag

P drahtig, schnell, voll

H Aus den Zutaten 6–9 g schwere Pillen herstellen. Erwachsene nehmen ein- oder zweimal täglich1 Pille.

X Nicht während der Schwangerschaft oder postpartal einsetzen.

GUN TAN WAN

Pille, die Schleim verdampft

Da Huang	*Rheum*	200–240 g
Huang Qin	*Scutellaria*	200–240 g
Meng Shi	*Lapis Micae seu Chloriti*	20–30 g
Chen Xiang	*Aquilaria*	9–15 g

Schleim-Hitze dringt in das Perikard ein und führt zu aufkommendem Wind. Symptome sind u. a. Spasmen, Konvulsionen, Bewusstseinsverlust oder Übelkeit und Erbrechen infolge von Schleim im mittleren Erwärmer. Tritt häufig bei kleinen Kindern und Säuglingen auf.

Z rot, klebriger gelber Belag

P schnell, drahtig, schlüpfrig

H Die Kräuter mahlen und zu sehr kleinen Pillen formen. Die Dosis für Kleinkinder ist zwei- bis dreimal täglich 1 Pille.

X Nicht während der Schwangerschaft anwenden. *Zhu Sha*/Cinnabaris ist toxisch. Die Rezeptur sollte nicht über einen längeren Zeitraum eingenommen werden.

HUI CHUN DAN (XIAO ER HUI CHUN DAN)

Besondere Pille der Rückkehr des Frühlings

Niu Huang	*Bos*	9–12 g
Dan Nan Xing	*Arisaema*	50–60 g
Tian Zhu Huang	*Bambusa*	35–40 g
Chuan Bei Mu	*Fritillaria*	35–40 g
Ban Xia	*Pinellia*	35–40 g
Chen Xiang	*Aquilaria*	35–40 g
Jiang Can	*Bombyx*	35–40 g
Quan Xie	*Buthus*	35–40 g
She Xiang	*Moschus*	9–12 g
Gou Teng	*Uncaria*	20–25 g
Tian Ma	*Gastrodia*	35–40 g
Zhu Sha	*Cinnabaris*	0,2–1,5 g
Bai Dou Kou	*Amomum*	35–40 g
Tan Xiang	*Santalum*	35–40 g
Da Huang	*Rheum*	50–60 g
Mu Xiang	*Saussurea*	35–40 g
Chen Pi	*Citrus*	35–40 g
Zhi Ke	*Citrus*	35–40 g
Gan Cao	*Glycyrrhiza*	25–27 g

Hitze setzt sich im Perikard fest und führt zu Reizbarkeit, Delirium oder Konvulsionen bei Kindern.

Z dunkelrot

P schnell, drahtig

H Die Zutaten zu Pulver vermahlen und Pillen von 3 g formen. Zwei- bis dreimal täglich 1 Pille einnehmen.

X *Zhu Sha*/Cinnabaris ist toxisch und sollte nur kurzfristig eingesetzt werden.

NIU HUANG QING XIN WAN

Calculus Bovis Pille, die das Herz klärt

Niu Huang	*Bos*	0,5–0,75 g
Huang Lian	*Coptis*	9–15 g
Zhi Zi	*Gardenia*	6–9 g
Huang Qin	*Scutellaria*	6–9 g
Yu Jin	*Curcuma*	6–9 g
Zhu Sha	*Cinnabaris*	3–5 g

Wind-Schleim greift die Meridiane an, vor allem im Kopf- und Gesichtsbereich, mit bereits bestehendem *Qi*- und *Yang*-Mangel. Das führt zu Paralyse, fazialen Zuckungen, Muskelsteife, Spasmen oder weichen Stühlen.

Z blass, geschwollen, mit Zahnabdrücken, dicker, klebriger Belag

P schlüpfrig, tief, kraftlos

X Die Rezeptur ist toxisch und sollte nicht über einen längeren Zeitraum eingenommen werden. Nicht während der Schwangerschaft anwenden.

QIAN ZHENG SAN

Pulver, das zu Symmetrie führt

Jiang Can	*Bombyx*	6 g
Bai Fu Zi	*Typhonium*	6 g
Quan Xie	*Buthus*	6 g

Wind-Hitze mit Wind-Schlaganfall führt zu Paraplegie oder Gesichtslähmung mit starken Hitze-Symptomen.

Z rot, gelber Belag

P schnell

X Vorsicht während der Schwangerschaft.

QU FENG ZHI BAO DAN

Größte besondere Schatzpille zur Zerstreuung von Wind

Hua Shi	*Talcum*	12–15 g
Dang Gui	*Angelica*	9–12 g
Chuan Xiong	*Ligusticum*	9 g
Gan Cao	*Glycyrrhiza*	6 g
Fang Feng	*Ledebouriella*	6–9 g
Bai Shao Yao	*Paeonia*	6–9 g
Bai Zhu	*Atractylodes*	6 g
Du Huo	*Angelica*	6 g
Ren Shen	*Panax*	3 g
Qiang Huo	*Notopterygium*	3–6 g
Shu Di Huang	*Rehmannia*	6 g
Tian Ma	*Gastrodia*	6 g
Shi Gao	*Gypsum*	6 g
Huang Qin	*Scutellaria*	6 g
Jie Geng	*Platycodon*	3 g
Zhi Zi	*Gardenia*	1–3 g
Jing Jie	*Schizonepeta*	6 g
Bo He	*Mentha*	3 g
Da Huang	*Rheum*	6 g
Mang Xiao	*Mirabilitum*	6 g
Lian Qiao	*Forsythia*	3–6 g
Ma Huang	*Ephedra*	6 g
Huang Lian	*Coptis*	3 g
Huang Bai	*Phellodendron*	3 g
Xi Xin	*Asarum*	3 g
Quan Xie	*Buthus*	3 g

Wind-Schlaganfall mit Schleimretention führt zu Hemiplegie, Fazialisparese, Aphasie oder Anfällen durch Wind-Schleim.

Z klebriger Belag

P schlüpfrig, voll

H Die Kräuter zu Pulver vermahlen und als Trunk einnehmen. Die Dosierung von *Li Lu*/Veratrum ist von der Konstitution des Patienten abhängig.

X Diese Rezeptur löst Erbrechen aus.

SAN SHENG SAN

Drei Weise Pulver

Gua Di	*Cucumis*	100–150 g
Li Lu	*Veratrum*	6–25 g
Fang Feng	*Ledebouriella*	100–150 g

Feuchte-Kälte und Schleim führen zu plötzlichem Kollaps, Kieferstarre oder Koma; oder *Qi*-Stagnation oder Feuchte-Kälte resultieren in Kälte in Thorax und Abdomen oder Brustschmerzen und Koma; oder *Qi*-Stagnation infolge epidemischer Faktoren manifestiert sich als Druckgefühl im Thorax. Der Patient hat den vergeblichen Drang zu erbrechen oder zu defäkieren, was dann zu plötzlichem Bewusstseinsverlust führen kann.

Z blass

P langsam, schlüpfrig

H Aus den Zutaten Pillen herstellen. *Xi Jiao*/Rhinoceros sollte durch *Shui Niu Jiao*/Bubalus ersetzt werden.

X Nicht während der Schwangerschaft einsetzen. *Zhu Sha*/Cinnabaris ist toxisch und sollte nur kurzfristig eingenommen werden.

* **Wichtige Rezeptur**

SU HE XIANG WAN

Styrax Liquidis Pille

Su He Xiang	*Liquidambar*	30 g
She Xiang	*Moschus*	60 g
Bing Pian	*Dryobalanops*	30 g
An Xi Xiang	*Styrax*	60 g
Ru Xiang	*Boswellia*	30 g
Tan Xiang	*Santalum*	60 g
Ding Xiang	*Syzygium*	60 g
Bi Ba	*Piper*	60 g
Xiang Fu	*Cyperus*	60 g
Xi Jiao	*Rhinoceros*	60 g
Bai Zhu	*Atractylodes*	60 g
He Zi	*Terminalia*	60 g
Zhu Sha	*Cinnabaris*	60 g
Mu Xiang	*Saussurea*	60 g
Chen Xiang	*Aquilaria*	60 g

Schlechte Gerüche mit Schleim-Obstruktion führen zu Kieferstarre, Problemen beim Atmen und Bewusstseinsverlust. Es kann sich dabei um eine lebensbedrohliche Störung handeln.

Z dicker klebriger Belag

P schlüpfrig

H Gleiche Mengen der beiden Kräuter zu Pulver vermahlen. Eine sehr kleine Menge davon in die Nase blasen, wobei Inhalation in die Lungen vermieden werden sollte.

X Nicht während der Schwangerschaft einsetzen. Nicht bei Bewusstseinsverlust infolge zerebraler Hämorrhagie oder traumatischer Kopfverletzungen anwenden.

TONG GUAN SAN

Pulver, das das Tor freimacht

Zao Jiao	*Gleditsia*	10 g
Xi Xin	*Asarum*	10 g

Leber-Wind infolge von Feuer im Perikard oder Schleim-Hitze, die die Sinnesöffnungen blockiert, führt zu Schlaganfall, hohem Fieber, Reizbarkeit, Bewusstlosigkeit oder krächzender Stimme.

Z dunkelrot, klebriger gelb-grauer Belag

P schnell, schlüpfrig

H Die Kräuter getrennt mahlen, dann zusammen durchsieben. Zu Pillen von 3 g formen. Erwachsene nehmen zwei- bis dreimal täglich 1 Pille. *Xi Jiao*/Rhinoceros sollte durch *Shui Niu Jiao*/Bubalus oder 50–60 g *Bai Mao Gen*/Imperata ersetzt werden.

X Nicht während der Schwangerschaft einsetzen. *Zhu Sha*/Cinnabaris ist toxisch und sollte nicht über einen längeren Zeitraum eingenommen werden.

ZHI BAO DAN

Größte besondere Schatzpille

Xi Jiao	*Rhinoceros*	20–30 g
Niu Huang	*Bos*	12–15 g
She Xiang	*Moschus*	0,1–0,3 g
Dai Mao	*Eretmochelydis*	20–30 g
An Xi Xiang	*Styrax*	30–45 g
Hu Po	*Succinum*	20–30 g
Xiong Huang	*Realgar*	20–30 g
Zhu Sha	*Cinnabaris*	20–30 g
Bing Pian	*Dryobalanops*	0,1–0,3 g

Starke Hitze dringt in das Perikard ein und verursacht Leber-Wind, der zu Delirium, Fieber, Zuckungen und Konvulsionen führt.

Z rot, gelber Belag

P drahtig, schnell, voll

H Als Fertigpräparat erhältlich.

X Nicht während der Schwangerschaft anwenden. *Zhu Sha*/Cinnabaris ist toxisch und sollte nicht über einen längeren Zeitraum eingenommen werden.

ZI XUE DAN

Besondere lilafarbene Schneepille

Han Shui Shi	*Calcitum*	6–9 g
Hua Shi	*Talcum*	9–15 g
Ling Yang Jiao	*Saiga*	0,5–1 g
She Xiang	*Moschus*	0,3 g
Chen Xiang	*Aquilaria*	1–3 g
Qing Mu Xiang	*Aristolochia*	3–6 g
Xi Jiao	*Rhinoceros*	0,5–1 g
Shi Gao	*Gypsum*	6–9 g
Xuan Shen	*Scrophularia*	9–15 g
Sheng Ma	*Cimicifuga*	6–9 g
Zhu Sha	*Cinnabaris*	1 g
Ci Shi	*Magnetitum*	6–9 g
Ding Xiang	*Syzygium*	2 g
Xiao Shi	*Niter*	9–15 g
Mang Xiao	*Mirabilitum*	9–15 g
Huang Jin	*Aurum*	9–15 g
Zhi Gan Cao	*Glycyrrhiza*	3–6 g

Auflösung von Tumoren oder Knoten

- Raumforderungen oder Klumpen an beliebigen Stellen im Körper
- subkutane Knoten
- *Lipome, Ovarialzysten, Struma, Lymphome, Neoplasmen, Karzinome*

Z abhängig vom jeweiligen Syndrom

P abhängig vom jeweiligen Syndrom

Blut-*Xue*-Stase und Schleim-Stagnation im Uterus führt zur Bildung von Gewebsverdichtungen oder Klumpen, Amenorrhö, Dysmenorrhö oder unruhigem Fötus.

Z violett, klebriger Belag

P drahtig, schlüpfrig, rau

GUI ZHI FU LING WAN

Ramulus Cinnamomi Cassiae und Sclerotium Poriae Cocos Pille

Gui Zhi	*Cinnamomum*	6–12 g
Fu Ling	*Poria*	6–12 g
Mu Dan Pi	*Paeonia*	6–12 g
Tao Ren	*Prunus*	6–12 g
Chi Shao Yao	*Paeonia*	9–12 g

Schleimretention führt zu Verhärtungen; oder Leber-*Qi*-Stagnation führt zu Struma oder Krebs.

Z klebriger Belag

P schlüpfrig, drahtig

* **Wichtige Rezeptur**

HAI ZAO YU HU TANG

Herba Sargassi Dekokt für die Jade-Flasche

Hai Zao	*Sargassum*	3–6 g
Kun Bu	*Laminaria*	3–6 g
Hai Dai	*Laminaria*	1,5 g
Du Huo	*Angelica*	3–6 g
Lian Qiao	*Forsythia*	3–6 g
Zhe Bei Mu	*Fritillaria*	3–6 g
Chuan Xiong	*Ligusticum*	3–6 g
Ban Xia	*Pinellia*	3–6 g
Dang Gui	*Angelica*	3–6 g
Chen Pi	*Citrus*	3–6 g
Qing Pi	*Citrus*	3–6 g
Gan Cao	*Glycyrrhiza*	3–6 g

Blut-*Xue*- und Schleimretention führt zu Skrofulose infolge von Leber-*Yang*-Fülle mit leichtem Hitze-Aspekt.

Z rot, klebriger gelber Belag

P drahtig, schnell

H *Xia Ku Cao*/Prunella kochen, bis die Flüssigkeit sehr dick ist. Die übrigen Kräuter dem abgeseihten Tee hinzufügen und kochen, bis die Flüssigkeit sirupartig wird.

XIA KU CAO GAO

Spica Prunellae Vulgaris Sirup

Xia Ku Cao	*Prunella*	500–700 g
Wu Yao	*Lindera*	9–15 g
Xuan Shen	*Scrophularia*	9–15 g
Dang Gui	*Angelica*	9–15 g
Zhe Bei Mu	*Fritillaria*	9–15 g
Kun Bu	*Laminaria*	9–15 g
Jie Geng	*Platycodon*	6–9 g
Bai Shao Yao	*Paeonia*	9–15 g
Jiang Can	*Bombyx*	9–15 g
Chuan Xiong	*Ligusticum*	6–9 g
Chen Pi	*Citrus*	6–9 g
Xiang Fu	*Cyperus*	20–25 g
Hong Hua	*Carthamus*	6–9 g
Da Zao	*Ziziphus*	200–230 g
Gan Cao	*Glycyrrhiza*	6–9 g

***Qi*- und Blut-*Xue*-Mangel mit *Qi*-Stagnation/Blut-*Xue*-Stase (*Qi Zhi Xue Yu*) und Schleimretention führt zur Bildung von Raumforderungen im Bereich von Hals, Brüsten oder Achselhöhlen.**

Z blass oder violett

P schwach oder rau

XIANG BEI YANG YING TANG

Rhizoma Cyperi Rotundi und Bulbus Fritillariae Dekokt zur Nährung des Nähr-*Qi*

Ren Shen	*Panax*	6–9 g
Bai Zhu	*Atractylodes*	3–6 g
Fu Ling	*Poria*	6–9 g
Chuan Xiong	*Ligusticum*	3–6 g
Chen Pi	*Citrus*	3–6 g
Dang Gui	*Angelica*	6–9 g
Xiang Fu	*Cyperus*	6–9 g
Shu Di Huang	*Rehmannia*	6–12 g
Bei Mu	*Fritillaria*	3–6 g
Bai Shao Yao	*Paeonia*	6–9 g
Jie Geng	*Platycodon*	3–6 g
Da Zao	*Ziziphus*	3–6 St.
Sheng Jiang	*Zingiber*	3–6 g
Gan Cao	*Glycyrrhiza*	1–3 g

Struma, Skrofulose und Klumpen infolge von *Yin*-Mangel mit leerer Hitze. Die leere Hitze trocknet die Körperflüssigkeiten aus und führt zu Schleimretention.

Z rot, Belag

P schnell, schlüpfrig oder drahtig

XIAO LUO WAN

Pille, die Skrofulose vermindert

Chuan Bei Mu	*Fritillaria*	6–12 g
Mu Li	*Ostrea*	6–12 g
Xuan Shen	*Scrophularia*	6–12 g

Wind greift die Meridiane oder die Haut an

- Hautausschläge, die von Region zu zu Region wandern
- juckende Hautausschläge
- Muskelspasmen
- Paralyse

- *Ekzeme, Urtikaria, Kontaktdermatitis, atopische Dermatitis*

Z zeigt noch keine Veränderung
P oberflächlich

Wind-Schleim greift die Meridiane an, vor allem im Kopf- und Gesichtsbereich, mit bereits bestehendem *Qi*- und *Yang*-Mangel. Das führt zu Paralyse, fazialen Zuckungen, Muskelsteife, Spasmen oder weichen Stühlen, Urtikaria, Kontaktekzem, atopisches Ekzem

Z blass, geschwollen, mit Zahnabdrücken, dicker, klebriger Belag

P schlüpfrig, tief, kraftlos

X Die Rezeptur ist toxisch und sollte nicht für einen längeren Zeitraum eingenommen werden. Nicht während der Schwangerschaft anwenden.

QIAN ZHENG SAN

Pulver, das zu Symmetrie führt

Jiang Can	*Bombyx*	6 g
Bai Fu Zi	*Typhonium*	6 g
Quan Xie	*Buthus*	6 g

Blut-*Xue*-Mangel führt zu aufkommendem Wind und verursacht einen juckenden, trockenen, hellroten Hautausschlag.

Z blass oder violett

P dünn

SI WU XIAO FENG YIN

Vier Arzneien Dekokt, das Wind eliminiert

Sheng Di Huang	*Rehmannia*	6–9 g
Dang Gui	*Angelica*	6–9 g
Chi Shao Yao	*Paeonia*	3–6 g
Chuan Xiong	*Ligusticum*	3–6 g
Jing Jie	*Schizonepeta*	3–6 g
Fang Feng	*Ledebouriella*	3–6 g
Bai Xian Pi	*Dictamnus*	3–6 g
Bo He	*Mentha*	3–6 g
Chai Hu	*Bupleurum*	2 g
Du Huo	*Angelica*	3 g
Chan Tui	*Cryptotympana*	3–6 g
Da Zao	*Ziziphus*	2–3 St.

Wind-Schleim in den Meridianen mit starken Spasmen, Kieferstarre oder Rigidität des ganzen Körpers. Diese Rezeptur ist ein starkes Antispasmodikum.

Z Deviation, klebriger weißer Belag

P unterschiedlich

H *Zhu Sha*/Cinnabaris und 60 ml Reiswein zum Schluss dem abgeseihten Tee zufügen.

X Nicht während der Schwangerschaft einsetzen. Nicht über einen langen Zeitraum verwenden. *Tian Nan Xing*/Arisaema ist leicht toxisch und *Zhu Sha*/Cinnabaris stark toxisch.

WU HU ZHUI FENG SAN

Fünf Tiger Pulver, das den Wind jagt

Chan Tui	*Cryptotympana*	30 g
Tian Ma	*Gastrodia*	6 g
Tian Nan Xing	*Arisaema*	3–6 g
Jiang Can	*Bombyx*	6 g
Quan Xie	*Buthus*	7–9 g
Zhu Sha	*Cinnabaris*	1 g

Leber-Wind oder äußerer Wind mit Schleimretention in den Meridianen führt zu Apoplexie, Aphasie, zerebraler Hämorrhagie oder Taubheitsgefühl; oder Kälte, die Thorax und Achselhöhlen angreift, führt zu starken lokalen Schmerzen in den Flanken.

Z klebriger weißer Belag

P schlüpfrig oder drahtig

WU YAO SHUN QI SAN

Radix Linderae Strychnifoliae Pulver zum Glätten des *Qi*-Flusses

Wu Yao	*Lindera*	9–15 g
Chen Pi	*Citrus*	9–15 g
Ma Huang	*Ephedra*	6–9 g
Bai Zhi	*Angelica*	3–9 g
Zhi Ke	*Citrus*	3–6 g
Jiang Can	*Bombyx*	3 g
Jie Geng	*Platycodon*	3 g
Chuan Xiong	*Ligusticum*	3–9 g
Pao Jiang	*Zingiber*	3–6 g
Gan Cao	*Glycyrrhiza*	3–6 g
[*Da Zao*	*Ziziphus*	3–8 St.]
[*Sheng Jiang*	*Zingiber*	3–6 g]

Wind-Hitze und Feuchtigkeit mit bereits bestehender Feuchte-Hitze in Haut und Muskeln. Dies führt zu juckenden, nässenden Hautausschlägen oder Blutungen unterhalb der Haut (Purpura) mit Hitze- oder Kälteaversion.

Z rote Spitze oder rote Ränder, weißer oder gelber Belag

P oberflächlich, schnell

* **Wichtige Rezeptur**

XIAO FENG SAN I

Pulver, das Wind eliminiert aus True Lineage

Fang Feng	*Ledebouriella*	3–6 g
Jing Jie	*Schizonepeta*	3–6 g
Chan Tui	*Cryptotympana*	3 g
Ku Shen	*Sophora*	3 g
Niu Bang Zi	*Arctium*	3 g
Hei Zhi Ma	*Sesamum*	3 g
Shi Gao	*Gypsum*	3 g
Zhi Mu	*Anemarrhena*	3 g
Cang Zhu	*Atractylodes*	3 g
Sheng Di Huang	*Rehmannia*	3 g
Dang Gui	*Angelica*	3 g
Mu Tong	*Akebia*	2 g
Gan Cao	*Glycyrrhiza*	2 g

Wind-Feuchtigkeit mit *Qi*-Stagnation führt zu Kopfschmerzen, Schwindel, Hautausschlag und Taubheitsgefühlen der Haut.

Z klebriger Belag

P schlüpfrig

XIAO FENG SAN II

Pulver, das Wind eliminiert aus Imperial Grace Formulary

Jing Jie	*Schizonepeta*	6–9 g
Bo He	*Mentha*	6 g
Chan Tui	*Cryptotympana*	6 g
Jiang Can	*Bombyx*	6 g
Hou Po	*Magnolia*	3–6 g
Qiang Huo	*Notopterygium*	6 g
Fang Feng	*Ledebouriella*	6 g
Ren Shen	*Panax*	6 g
Chuan Xiong	*Ligusticum*	6 g
Fu Ling	*Poria*	6 g
Chen Pi	*Citrus*	3–6 g

Wind-Hitze mit bereits vorliegender Hitze und Klumpen führt zu Schwindel während der Schwangerschaft oder Schwellungen im Bereich von Kiefer und Hals.

Z rote Spitze und roter Zungenkörper, klebriger Belag

P schnell

XIAO FENG SAN III

Pulver, das Wind eliminiert aus Effective Formulas

Shi Gao	*Gypsum*	20 g
Chuan Xiong	*Ligusticum*	3–9 g
Jing Jie	*Schizonepeta*	3–6 g
Ju Hua	*Chrysanthemum*	3–6 g
Fang Feng	*Ledebouriella*	6–9 g
Dang Gui	*Angelica*	6–9 g
Bai Zhi	*Angelica*	3–9 g
Qiang Huo	*Notopterygium*	6–9 g
Dou Juan	*Glycine*	3–6 g
Ling Yang Jiao	*Saiga*	6 g
Gan Cao	*Glycyrrhiza*	6–15 g

Wind-Schlaganfall führt zu Paralyse und Taubheitsgefühlen; oder Wind-Kälte-Feuchtigkeit in den Meridianen resultiert in wandernden oder fixierten Schmerzen in Gelenken und Muskeln. Der Patient hat infolge von Schwäche und Spasmen Schwierigkeiten, die Muskeln zu kontrollieren.

Z feucht, weißer Belag

P langsam, schlüpfrig

H Die Rezeptur sollte als Pulver eingenommen werden. Die zubereitete Form von Radix Lateralis Aconiti Carmichaeli Praeparata verwenden.

X Nicht während der Schwangerschaft anwenden. Es handelt sich um eine sehr stark wirksame Rezeptur. Nur für kurze Zeit einsetzen.

XIAO HUO LUO DAN

Kleine besondere Pille zur Belebung der Kollateralen

Cao Wu	*Aconitum*	60 g
Chuan Wu	*Aconitum*	60 g
Tian Nan Xing	*Arisaema*	60 g
Di Long	*Pheretima*	60 g
Ru Xiang	*Boswellia*	30 g
Mo Yao	*Commiphora*	30 g

Wind-Schlaganfall mit Wind-Kälte-Invasion und bereits bestehendem *Qi*-Mangel führt zu Fieber und Schüttelfrost, Hemiplegie, Aphasie oder fazialer Paralyse.

Z blass, Deviation, dünner weißer Belag

P oberflächlich oder tief, kraftlos

H *Fu Zi*/Aconitum 30–60 Minuten kochen, bevor die übrigen Kräuter hinzugefügt werden.

XIAO XU MING TANG

Kleineres Dekokt zur Verlängerung des Lebens

Chuan Xiong	*Ligusticum*	3–6 g
Ma Huang	*Ephedra*	3–6 g
Bai Shao Yao	*Paeonia*	6–12 g
Guang Fang Ji	*Aristolochia*	6–12 g
Fang Feng	*Ledebouriella*	9–12 g
Ren Shen	*Panax*	3–6 g
Fu Zi	*Aconitum*	3–6 g
Rou Gui	*Cinnamomum*	3–6 g
Huang Qin	*Scutellaria*	3–9 g
Xing Ren	*Prunus*	9–12 g
Sheng Jiang	*Zingiber*	9–12 St.
Gan Cao	*Glycyrrhiza*	3–6 g

Äußerer Wind greift die Meridiane an, mit bereits bestehendem *Qi*-/Blut-*Xue*-Mangel; oder Leber-Wind mit Hitze führt zu Hemiplegie, Aphasie oder leichtem Fieber. Außerdem kann leichte geistige Verwirrung vorliegen.

Z klebriger gelber Belag

P drahtig, kräftig oder schnell, schlüpfrig

XU MING TANG

Dekokt zur Verlängerung des Lebens

Gui Zhi	*Cinnamomum*	6–9 g
Ma Huang	*Ephedra*	6–9 g
Chuan Xiong	*Ligusticum*	3–6 g
Xing Ren	*Prunus*	6–9 g
Shi Gao	*Gypsum*	6–9 g
Ren Shen	*Panax*	6–9 g
Dang Gui	*Angelica*	6–9 g
Gan Jiang	*Zingiber*	6–9 g
Gan Cao	*Glycyrrhiza*	3–9 g

Wind mit Schleim führt zu Muskelspasmen, Kiefersperre, Tetanus, Kyphose oder Spasmen der Trachea.

Z Deviation oder Steifheit

P straff oder drahtig

X Nicht während der Schwangerschaft einsetzen. Die Rezeptur ist toxisch und sollte nicht über einen längeren Zeitraum eingenommen werden.

YU ZHEN SAN

Pulver der echten Jade

Tian Nan Xing	*Arisaema*	10 g
Bai Fu Zi	*Typhonium*	10 g
Qiang Huo	*Notopterygium*	10 g
Tian Ma	*Gastrodia*	10 g
Fang Feng	*Ledebouriella*	10 g
Bai Zhi	*Angelica*	10 g

Starke Hitze führt zu Leber-Wind und verursacht Muskelzuckungen, Konvulsionen oder Spasmen.

Z rot, Deviation, gelber Belag

P voll

X Nicht während der Schwangerschaft anwenden. Die Rezeptur ist toxisch und sollte nicht über einen längeren Zeitraum eingenommen werden.

ZHI JING SAN

Pulver, das Spasmen stoppt

Wu Gong	*Scolopendra*	10 g
Quan Xie	*Buthus*	10 g

Ba Zhen Tang (Acht Schätze Dekokt) → S. 108

1. Reihe v. links: Bai Zhu (Atractylodes), Fu Ling (Poria), Gan Cao (Glycyrrhiza)
2. Reihe v. links: Bai Shao (Paeonia), Chuan Xiong (Ligusticum), Dang Gui (Angelica)
3. Reihe v. links: Shu Di Huang (Rehmannia), Dang Shen (Codonopsis)
[in 50% der Originalgröße]

Cang Er Zi San (Fructus Xanthii Sibirici Pulver) → S. 25

1. Reihe v. links: Bai Zhi (Angelica), Cang Er Zi (Xanthium)
2. Reihe v. links: Bo He (Mentha), Xin Yi Hua (Magnolia)
[in 50% der Originalgröße]

Da Qing Long Tang (Größeres blaugrüner Drachen Dekokt) → S. 5

1. Reihe v. links: Ma Huang (Ephedra)
2. Reihe v. links: Gui Zhi (Cinnamomum), Xing Ren (Prunus)
3. Reihe v. links: Shi Gao (Gypsum), Sheng Jiang (Zingiber), Da Zao (Ziziphus), Gan Cao (Glycyrrhiza)
[in 50% der Originalgröße]

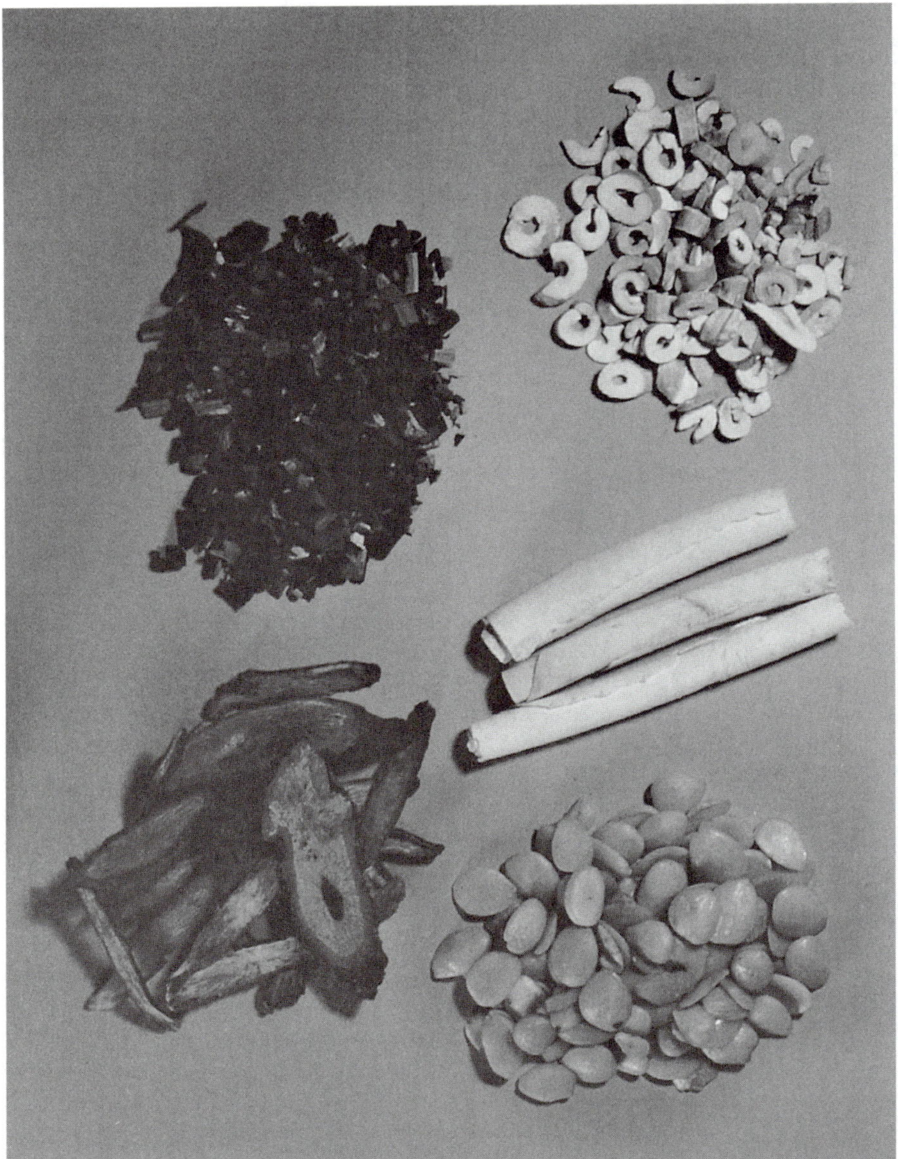

Gui Zhi Fu Ling Wan (Ramulus Cinnamomi Cassiae und Sclerotium Poriae Cocos Pille) → S. 207

1. Reihe v. links: Gui Zhi (Cinnamomum), Mu Dan Pi (Paeonia)
2. Reihe v. links: Chi Shao Yao (Paeonia), Fu Ling (Poria)
3. Reihe rechts: Tao Ren (Prunus)
[in 50% der Originalgröße]

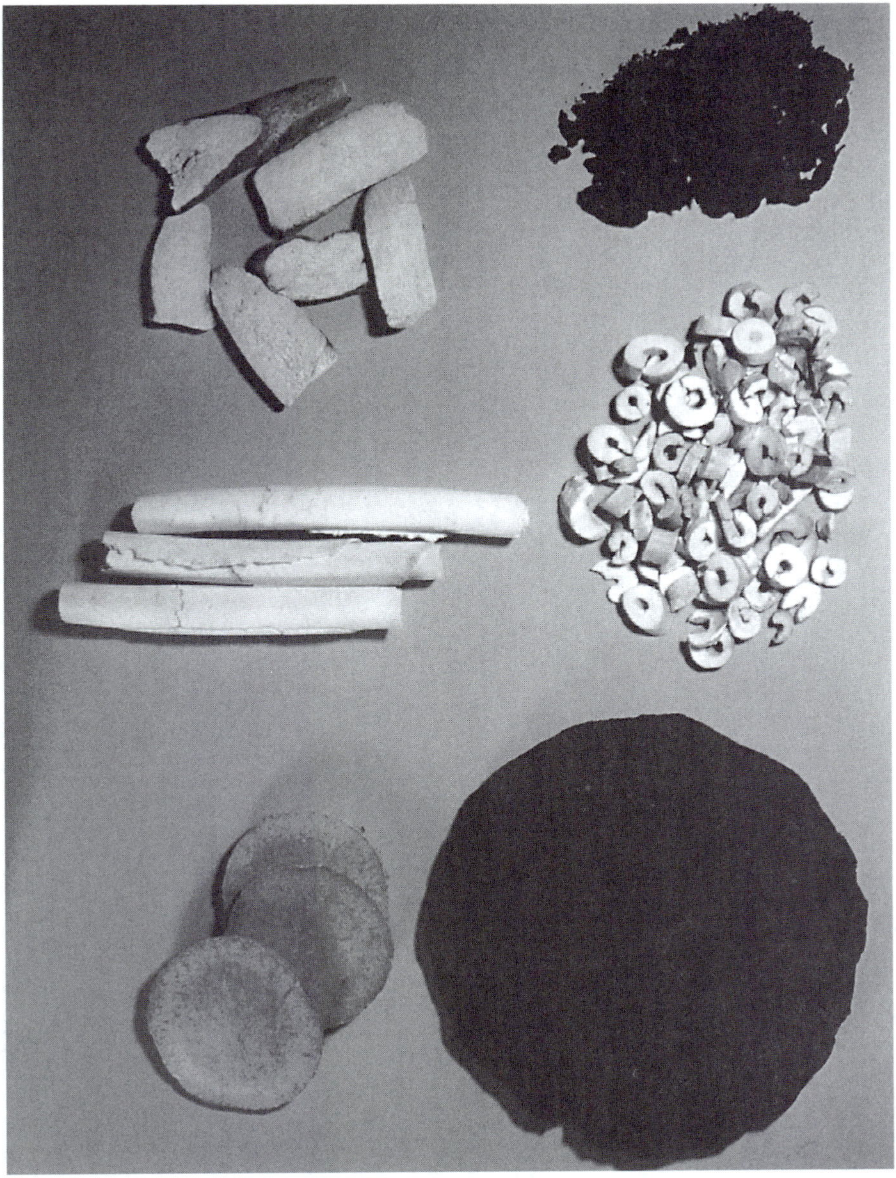

Liu Wei Di Huang Wan (Sechs Bestandteile Pille mit Radix Rehmanniae Glutinosae Conquitae) → S. 316

1. Reihe v. links: Shan Yao (Dioscorea), Shan Zhu Yu (Cornus)
2. Reihe v. links: Fu Ling (Poria), Mu Dan Pi (Paeonia)
3. Reihe v. links: Ze Xie (Alisma), Shu Di Huang (Rehmannia)
[in 50% der Originalgröße]

Mai Men Dong Tang (Tuber Ophiopogonis Japonici Dekokt) **→ S. 177**

1. Reihe v. links: Mai Men Dong (Ophiopogon), Da Zao (Ziziphus), Jing Mi (Oryza)
2. Reihe v. links: Ban Xia (Pinellia), Gan Cao (Glycyrrhiza)
3. Reihe v. links: Ren Shen (Panax)
[in 50% der Originalgröße]

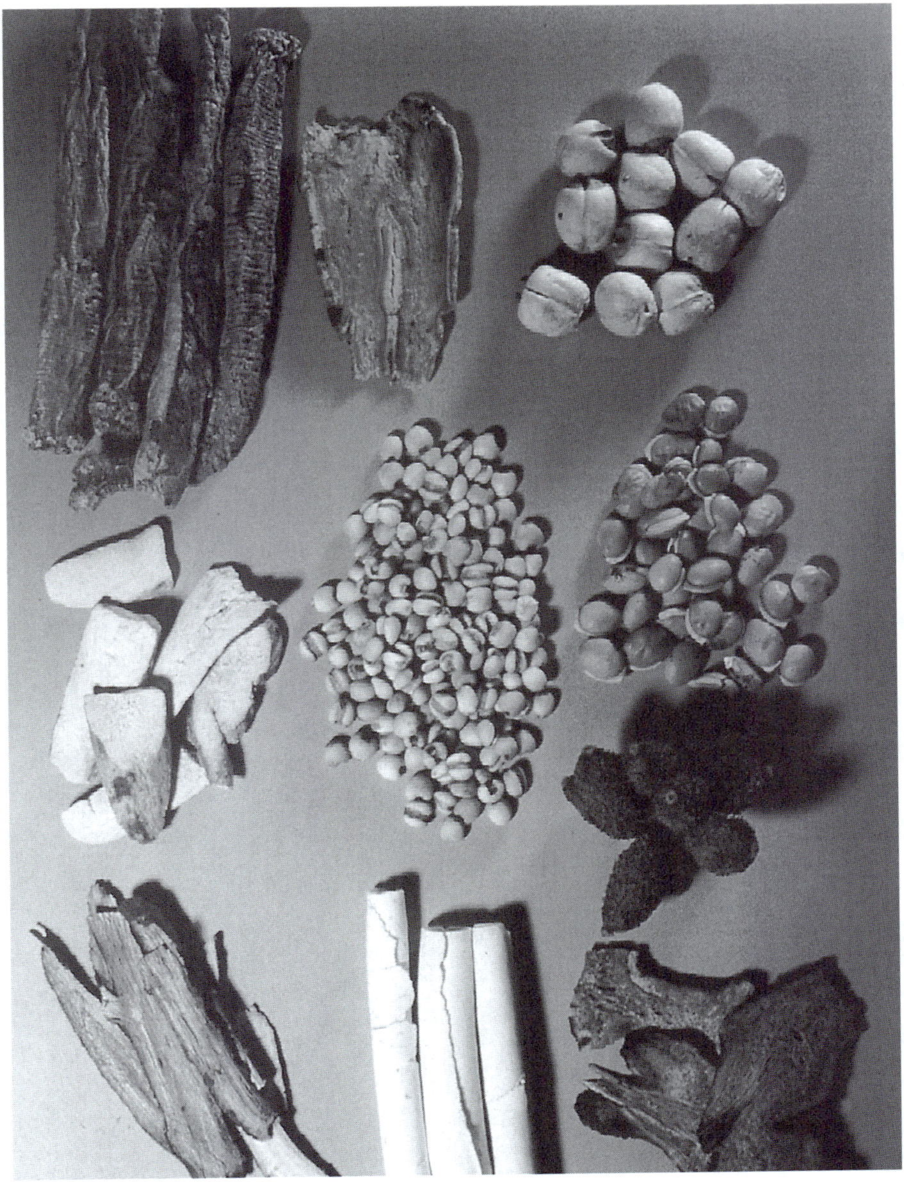

Shen Ling Bai Zhu San (Radix Ginseng, Sclerotium Poriae Cocos und Rhizoma Atractylodis Macrocephalae Pulver) → S. 101

1. Reihe v. links: Dang Shen (Codonopsis), Jie Geng (Platycodon, Lian Zi (Nelumbo)
2. Reihe v. links: Shan Yao (Dioscorea), Yi Yi Ren (Coix, Bian Dou (Dolichos)
3. Reihe v. links: Gan Cao (Glycyrrhiza), Fu Ling (Poria), Sha Ren (Amomum), Bai Zhu (Atractylodes) [in 50% der Originalgröße]

Xiang Sha Liu Jun Zi Tang (Sechs Gentlemen Dekokt mit Radix Aucklandiae Lappae und Fructus Amomi) → S. 154

1. Reihe v. links: Bai Zhu (Atractylodes), Fu Ling (Poria), Gan Cao (Glycyrrhiza)
2. Reihe v. links: Sha Ren (Amomum), Chen Pi (Citrus), Ban Xia (Pinellia)
3. Reihe v. links: Mu Xiang (Saussurea), Ren Shen (Panax)
[in 50% der Originalgröße]

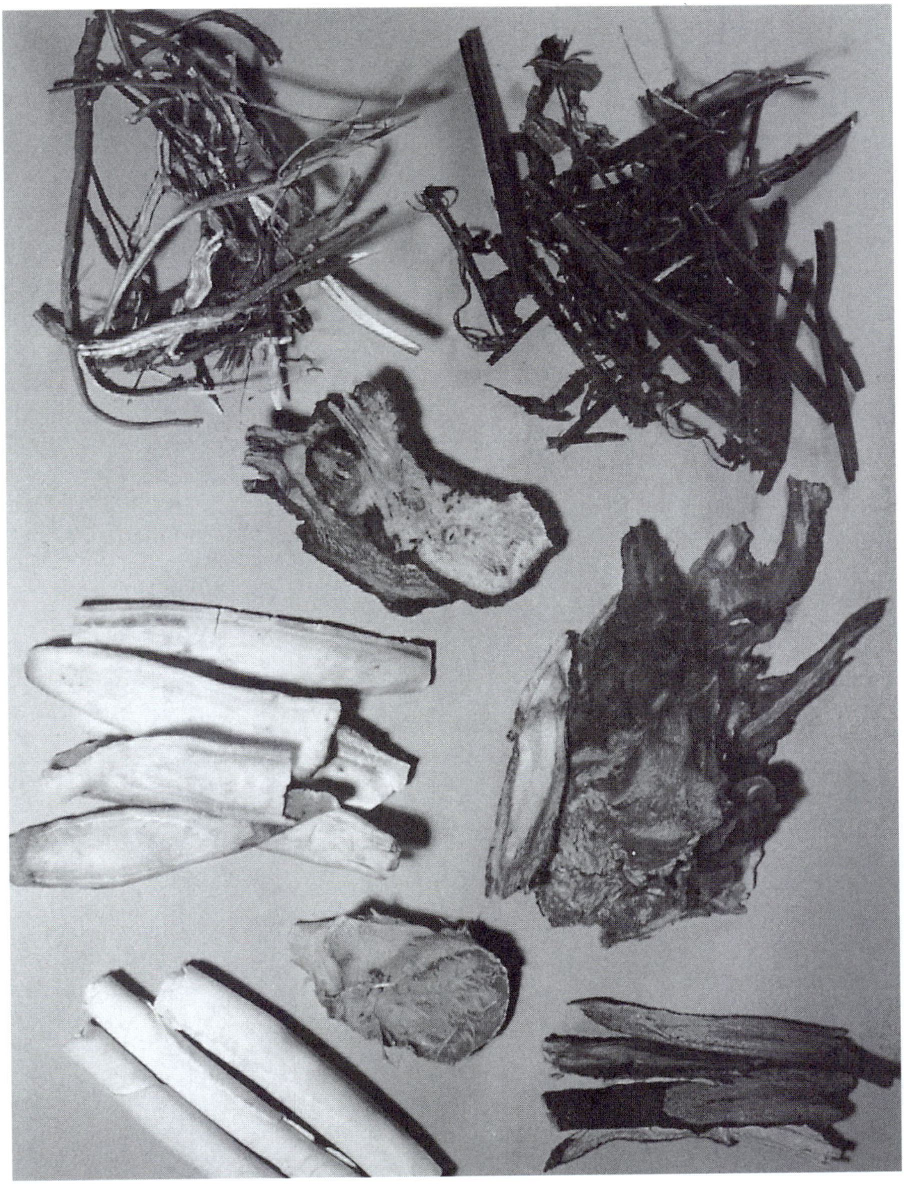

Xiao Yao San (Umherstreifen Pulver) → S. 204

1. Reihe v. links: Chai Hu (Bupleurum), Bo He (Mentha)
2. Reihe v. links: Bai Shao (Paeonia), Bai Zhu (Atractylodes), Dang Gui (Angelica)
3. Reihe v. links: Fu Ling (Poria), Sheng Jiang (Zingiber), Gan Cao (Glycyrrhiza)
[in 50% der Originalgröße]

Yin Qiao San (Flos Lonicerae Japonicae und Fructus Forsythia Suspensae Pulver) → S. 34

1. Reihe v. links: Lian Qiao (Forsythia), Jie Geng (Platycodon), Jin Yin Hua (Lonicera)
2. Reihe v. links: Bo He (Mentha), Lu Gen (Phragmites)
3. Reihe v. links: Niu Bang Zi (Arctium), Jing Jie (Schizonepeta), Dan Dou Chi (Glycine)
4. Reihe v. links: Dan Zhu Ye (Lophatherum, Gan Cao (Glycyrrhiza)
[in 50% der Originalgröße]

You Gui Yin (Dekokt), das die Rechte (Niere) wiederherstellt → S. 303

1. Reihe v. links: Fu Zi (Aconitum), Rou Gui (Cinnamomum)
2. Reihe v. links: Shan Zhu Yu (Cornus), Du Zhong (Eucommia), Gou Qi Zi (Lycium)
3. Reihe v. links: Shu Di Huang (Rehmannia), Shan Yao (Dioscorea), Gan Cao (Glycyrrhiza)
[in 50% der Originalgröße]

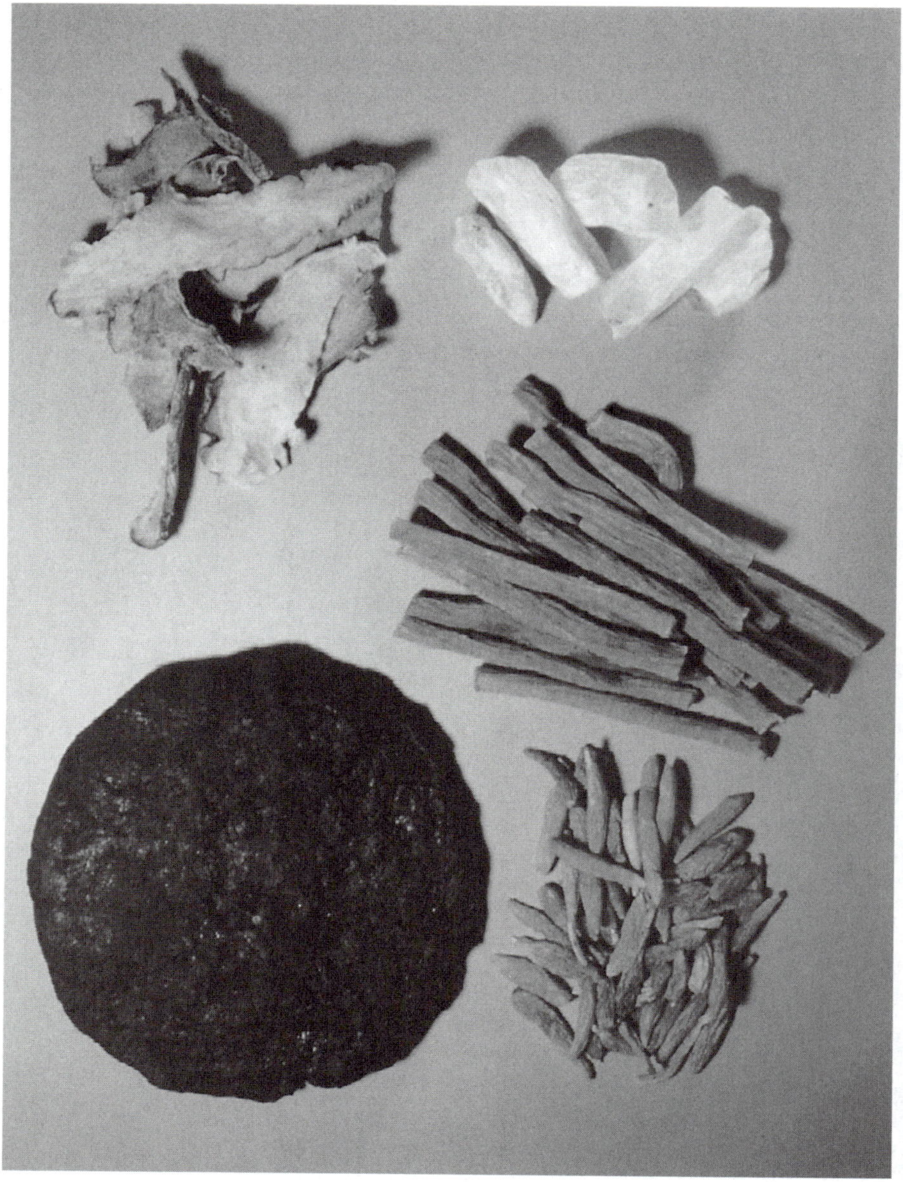

Yu Nu Jian (Jade-Frau Dekokt) → S. 186

1. Reihe v. links: Zhi Mu (Anemarrhena), Shi Gao (Gypsum)
2. Reihe v. links: Shu Di Huang (Rehmannia), Huai Niu Xi (Achyranthes), Mai Men Dong (Ophiopogon)
[in 50% der Originalgröße]

Teil 2

Kurzcharakteristik der Einzelkräuter

Therapeuten, die mit der chinesischen Arzneimitteltherapie noch wenig Erfahrung haben, verwenden meist Standardrezepte. Das ist gleichzeitig bedauerlich und richtig. Es braucht solide Kenntnisse der Kräuter und viel klinische Erfahrung, um Rezepte zu modifizieren und individuell anzupassen. Doch maßgeschneiderte Rezepte können in ihrer Wirksamkeit jede Standardrezeptur weit übertreffen.

In diesem Kapitel sind ausgewählte Einzelkräuter nach den traditionellen Kategorien aufgelistet. Innerhalb dieser Kategorien haben wir jedoch neue, zusätzliche Untergruppen eingeführt, um den Therapeuten bei der Auswahl der Mittel, die zu Rezepturen hinzugefügt oder weggelassen werden sollten, zu unterstützen.

Die Anzahl der hier aufgeführten Mittel ist absichtlich begrenzt. Innerhalb jeder Untergruppe wurden nur die wichtigsten oder am häufigsten verwendeten Kräuter für die jeweilige energetische Wirkung aufgenommen. Außerdem sind die Mittel nur dort aufgeführt, wo sie von besonderer Relevanz sind (zweitrangige Anwendungen sind nicht berücksichtigt). Die in jeder Kategorie aufgelisteten Mittel besitzen spezifische Eigenschaften, die ihren Einsatz in diesem Bereich besonders geeignet erscheinen lassen.

Therapeuten mit wenig Erfahrung in der Anwendung von Einzelkräutern empfehlen wir, die Auswahl der Mittel zur Modifizierung eines Rezepts durch eine kurze Überprüfung in diesem Kapitel einzuengen. Anschließend ist es sinnvoll, in einer Materia Medica nachzuschlagen, um mit Hilfe dieser ausführlichen Informationen die endgültige Wahl zu treffen.

Dieser Teil enthält keine Details zu den vielen komplexen Wirkungen und Anwendungen einzelner Arzneimittel. Er ist als Werkzeug zum Erlernen der grundlegenden energetischen Wirkungen der Einzelkräuter gedacht. Tiefergehende Erläuterungen würden den Rahmen dieses Handbuchs sprengen. Ein besseres Verständnis für die vollständigen Wirkungen und Indikationen jeder einzelnen Substanz vermittelt eine Materia Medica.

Bitte beachten Sie, dass die Wirkungen und Anwendungsbereiche eines Mittels dadurch beeinflusst werden können, wie es in einer Rezeptur eingesetzt wird. Der synergistische Komplex der übrigen Substanzen eines Rezepts kann die Wirkungsweise eines Mittels verändern. So kann zum Beispiel ein Heilkraut, das energetisch warm ist und Wind-Feuchte-Kälte vertreibt, in einem Rezept eingesetzt werden, das Wind-Feuchte-Hitze behandelt, wenn dieses andere Substanzen enthält, die insgesamt für ein kühles oder kaltes Temperaturverhalten sorgen.

Schließlich ist es auch noch wichtig, daran zu denken, dass es in der chinesischen Medizin häufig viele verschiedene subjektive Interpretationen zur Anwendung der Arzneimittel gibt. Mit der Zeit entwickelt der Therapeut ein intuitives Gefühl für spezifische Kräuter, für die Beziehungen zwischen ihnen und dafür, welche Mittel für die Bedürfnisse eines speziellen Patienten am besten geeignet sind.

Substanzen, die die Oberfläche befreien (Diaphoretika)

Warme, scharfe Substanzen, die die Oberfläche befreien

Zur Behandlung von Wind-Kälte-Fülle (starke Wind-Kälte zerstreuende Wirkung)

Ma Huang/Ephedra
Xi Xin/Asarum
Zi Su Ye/Perilla
Gui Zhi/Cinnamomum

Zur Behandlung von Wind-Kälte-Mangel (sanfte, mäßige Wind-Kälte zerstreuende Wirkung)

Jing Jie/Schizonepeta
Fang Feng/Ledebouriella
Gui Zhi/Cinnamomum

Zerstreut Wind-Kälte-Feuchtigkeit und lindert Kopfschmerzen

Qiang Huo/Notopterygium
Gao Ben/Ligusticum
Bai Zhi/Angelica
Xi Xin/Asarum

Zerstreut Wind-Kälte und öffnet die Nase

Xin Yi Hua/Magnolia
Cang Er Zi/Xanthium
Xi Xin/Asarum

Warme Substanzen mit vielfältiger Wirkung und breitem Anwendungsbereich

Sheng Jiang/Zingiber
Cong Bai/Allium
Xiang Ru/Elsholtzia
E Bu Shi Cao/Centipeda
Sheng Liu/Tamarix

Kühle, scharfe Substanzen, die die Oberfläche befreien

Zerstreut Wind-Hitze und bringt Ausschläge an die Oberfläche

Bo He/Mentha
Niu Bang Zi/Arctium
Chan Tui/Cryptotympana

Zerstreut Wind-Hitze und klärt die Sicht

Mu Zei/Equisetum
Gu Jing Cao/Eriocaulon

Zerstreut Wind-Hitze, klärt die Sicht und klärt die Leber

Sang Ye/Morus
(Huang) Ju Hua/Chrysanthemum

Zerstreut Wind-Hitze und hebt das *Yang-Qi*

Chai Hu/Bupleurum
Sheng Ma/Cimicifuga

Zerstreut Wind-Hitze, die in den Muskeln gefangen ist

Ge Gen/Pueraria

Ge Gen (Pueraria)

Kühle Substanzen mit vielfältiger Wirkung und breitem Anwendungsbereich

Fu Ping/Spirodela
Dan Dou Chi/Glycine
Man Jing Zi/Vitex
Chai Hu/Bupleurum
Ge Gen/Pueraria

Substanzen, die Hitze klären

Substanzen, die Feuer löschen, indem sie innere Hitze klären

Hitze im *Qi-* (*Yangming-*)Stadium klären

Klärt Hitze in Lunge und Magen
Shi Gao/Gypsum
Zhi Mu/Anemarrhena
Lu Gen/Phragmites
Ya Zhi Cao/Commelina

Klärt Hitze in Herz und Magen
Dan Zhu Ye/Lophatherum

Klärt Herz-Feuer
Lian Xin/Nelumbo

Klärt Hitze (und Feuchtigkeit) in der Leber und im *San Jiao*
Zhi Zi/Gardenia

Klärt Feuer und Sommer-Hitze
Han Shui Shi/Calcitum

Klärt Hitze, Spasmen und Feuer-Toxin
Xiong Dan/Ursus
Niu Dan/Bos

Hitze klären und die Augen stärken

Klärt Fülle-Hitze in der Leber sowie Wind-Hitze und stärkt die Augen
Jue Ming Zi/Cassia
Qing Xiang Zi/Celosia

Klärt Fülle- sowie Mangel-Hitze in der Leber und stärkt die Augen
Xia Ku Cao/Prunella
Mi Meng Hua/Buddleia
Chong Wei Zi/Leonurus
(Bai) Ju Hua/Chrysanthemum

Klärt nur Fülle-Hitze in der Leber
Ye Ming Sha/Vespertilio

Substanzen, die Hitze klären und das Blut-*Xue* kühlen

Kühlt das Blut-*Xue* und klärt Herz-Feuer

Xi Jiao/Rhinoceros
Shui Niu Jiao/Bubalus

Kühlt das Blut-*Xue* und klärt Hitze in Dickdarm und Leber

Huai Jiao/Sophora

Kühlt das Blut-Xue und entgiftet Feuer-Toxin

Zi Cao/Lithospermum
Mu Dan Pi/Paeonia

Mu Dan Pi (Paeonia)

Kühlt das Blut-*Xue* und klärt *Yin*-Mangel-Hitze

Di Gu Pi/Lycium
Yin Chai Hu/Stellaria
Bai Wei/Cynanchum

Kühlt das Blut-*Xue*, nährt das *Yin* und bildet Körpersäfte

Sheng Di Huang/Rehmannia
Xuan Shen/Scrophularia

Zusätzliches Mittel mit vielfacher Wirkung und breitem Anwendungsbereich

Mu Dan Pi/Paeonia

Substanzen, die Hitze klären und Feuchtigkeit trocknen

Im Bereich des *San Jiao*

Oberer Erwärmer
Huang Qin/Scutellaria
Tang Song Cao/Thalictrum

Mittlerer Erwärmer
Huang Lian/Coptis
Xiao Nie/Berberis
Shi Da Gong Lao/Mahonia

Unterer Erwärmer
Huang Bai/Phellodendron

Im Bereich von Leber/Gallenblase

Long Dan Cao/Gentiana

Im Bereich von Leber und Dickdarm

Qin Pi/Fraxinus

Im Bereich von Dickdarm und Haut

Ku Shen/Sophora

Klärt Hitze, trocknet Feuchtigkeit und klärt *Yin*-Mangel-Hitze

Hu Huang Lian/Picrorhiza

Substanzen, die Hitze und Toxine klären

Zur Behandlung fiebriger Erkrankungen und epidemischer Toxine

Insbesondere Hals und Lungen-Feuer-Toxin

Da Qing Ye/Isatis
Ban Lan Gen/Isatis

Insbesondere toxische Abszesse und Schwellungen

Jin Yin Hua/Lonicera
Lian Qiao/Forsythia

Zur Behandlung vielfältiger Hitzemuster einschließlich Feuer-Toxinen, toxischer Abszesse und Schwellungen

Pu Gong Ying/Taraxacum
Chuan Xin Lian/Andrographis
Zao Xiu/Paris
Qing Mu Xiang/Aristolochia
Zi Bei Tian Kuei/Begonia

Zur Behandlung toxischer Schwellungen: innere und äußere Abszesse, Knoten, Geschwüre, Karbunkeln, Furunkeln etc. (einschließlich mancher Tumorarten)

Vor allem innerlich angewandt

Ban Zhi Lian/Scutellaria
Tu Fu Ling/Smilax

Brustabszess

Lou Lu/Rhaponticum

Lungenabszess

Yu Xing Cao/Houttuynia

Darmabszess

Bai Hua She She Cao/Oldenlandia
Hong Teng/Sargentodoxa

Innerlich und äußerlich angewandt

Bai Xian Pi/Dictamnus
Bai Lian/Ampelopsis
Lu Jiao/Cervus
Si Ji Qing/Ilex
Zao Jiao Ci/Gleditsia

Lungenabszess

Hu Er Cao/Saxifraga

Darmabszess

Bai Jiang Cao/Patrinia

Brust- oder Darmabszess

Pu Gong Ying/Taraxacum

Den Hals beruhigen und Halsentzündung klären

Klärt Hitze und Feuer-Toxin

Jin Sha Teng/Lygodium
Ma Bo/Lasiosphaera
Shan Dou Gen/Sophora
Qing Dai/Indigo
Dian Di Mei/Androsace
Zhu Sha Gen/Ardisia
Jin Guo Lan/Tinospora
Wan Nian Qing/Rhodea

Klärt Hitze, Feuer-Toxin und heißen, giftigen Schleim (z. B. Diphtherie)

She Gan/Belamcanda
Suan Jiang/Physalis

Halsentzündung und toxische Abszesse behandeln

Ye Ju Hua/Chrysanthemum
Zi Hua Di Ding/Viola
Tu Niu Xi/Achyranthes
Shi Shang Bai/Selaginella
Qian Li Guang/Senecio
Guan Ye Liao/Polygonum
Jin Qiao Mai/Fagopyrum

Toxische, dysenterie-ähnliche Störungen behandeln

Zur Behandlung akuter Störungen: epidemische Feuchte-Hitze, Feuer-Toxin und Blutungen

Bai Tou Weng/Pulsatilla
Ma Chi Xian/Portulaca
Tie Xian/Acalypha
Feng Wei Cao/Pteris
Fan Bai Cao/Potentilla

Zur Behandlung chronischer, wiederkehrender und Kälte-Stagnations-Störungen

Ya Dan Zi/Brucea

Substanzen, die Sommer-Hitze klären und lindern

Sommer-Hitze mit Durst

Lu Dou/Phaseolus
Ren Shen Ye/Panax

Sommer-Hitze mit Durst und spärlichem Urin

Xi Gua/Citrullus
Dong Gua Pi/Benincasa

Sommer-Hitze mit Unbehagen im Brustkorb

Lian Geng/Nelumbo

Sommer-Hitze mit Diarrhö

He Ye/Nelumbo

Sommer-Hitze mit Diarrhö und Erbrechen
Bian Dou/Dolichos

Sommer-Hitze mit vielfältigen Anzeichen und Symptomen von Feuchte-Hitze
Dou Juan/Glycine

Klärt Sommer-Hitze, kühlt das Blut-*Xue* und klärt Blut-*Xue*-Mangel oder *Yin*-Fieber
Qing Hao/Artemisia

Substanzen, die Malaria behandeln
Chang Shan/Dichroa
Shu Qi/Dichroa
Qing Hao/Artemisia
Ma Bian Cao/Verbena
Ya Dan Zi/Brucea
Yan Fu Mu/Rhus
Tian Ming Jing/Carpesium
Ba Xian Hua/Hydrangea

Substanzen, die nach unten ableiten

Purgativa

Zur Behandlung akuter Fülle-Hitze-Anhäufung

Da Huang/Rheum
Mang Xiao/Mirabilitum
Fan Xie Ye/Cassia

Da Huang (Rheum)

Zur Behandlung chronischer Hitze-Anhäufung

Lu Hui/Aloe

Feuchte Laxativa

Sanfte, nährende feuchte Laxativa für Mangel-Zustände

Huo Ma Ren/Cannabis
Feng Mi/Mel

Starkes feuchtes Laxativum für Fülle-Zustände

Yu Li Ren/Prunus

Stark abführende Substanzen (Kathartika)

Mäßig abführendes Mittel, das längerfristig eingesetzt werden kann

Qian Niu Zi/Pharbitis

Stark abführende Mittel, die nur kurzfristig eingesetzt werden sollten

Shang Lu/Phytolacca
Yuan Hua/Daphne
Gan Sui/Euphorbia
Jing Da Ji/Euphorbia
Xu Sui Zi/Euphorbia
Wu Jiu Gen Pi/Sapium

Stark abführendes Mittel für Kälte-Zustände, das nur kurzfristig eingesetzt werden sollte

Ba Dou/Croton

Substanzen, die Feuchtigkeit ausleiten (Diuretika)

Diuretische Substanzen, die den Wasserhaushalt regulieren

Fördert die Blasenentleerung und leitet Feuchtigkeit aus

Fu Ling/Poria
Fu Ling Pi/Poria
Ze Xie/Alisma
Zhu Ling/Polyporus
Dong Gua Pi/Benincasa
Sheng Jiang Pi/Zingiber
Pu Hui/Typha

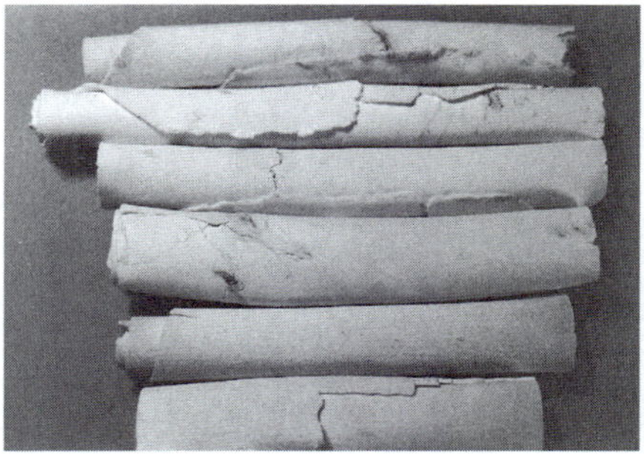

Fu Ling (Poria)

Ze Xie (Alisma)

Fördert die Blasenentleerung, leitet Feuchtigkeit aus und stärkt die Milz

Fu Ling/Poria
Shu Yi Ren/Coix

Klärt Hitze und leitet Feuchtigkeit aus

Chi Fu Ling/Poria
Yi Yi Ren/Coix
Han Fang Ji/Stephania
Guang Fang Ji/Aristolochia
Dong Gua Ren/Benincasa
Chi Xiao Dou/Phaseolus
Ban Bian Lian/Lobelia
Lu Ying/Sambucus
San Bai Cao/Saururus

Substanzen, die den Harntrakt beruhigen und schmerzhafte Blasenerkrankungen behandeln

Mit gleichermaßen Hitze und Feuchtigkeit

Mu Tong/Akebia
Tong Cao/Tetrapanax
Di Fu Zi/Kochia
Bian Xu/Polygonum

Mit vorwiegend Hitze

Shi Wei/Pyrrosia
Deng Xin Cao/Juncus
Qu Mai/Dianthus
Che Qian Cao/Plantago
Hai Jin Sha/Lygodium

Mit vorwiegend Feuchtigkeit

Bei Xie/Dioscorea

Mit Steinen

Jin Qian Cao/Lysimachia
Yu Mi Xu/Zea
Hai Jin Sha/Lygodium
Lou Gu/Gryllotalpa

Mit gleichzeitiger Diarrhö

Che Qian Zi/Plantago
Hua Shi/Talcum

Mit gleichzeitiger Obstipation

Dong Kui Zi/Malva oder Abutilon

Substanzen, die Ikterus lindern

Yin Chen Hao/Artemisia
Jin Qian Cao/Lysimachia
Yu Mi Xu/Zea
Hu Zhang/Polygonum
Chui Pen Cao/Sedum

Substanzen, die Schleim transformieren und Husten beseitigen

Substanzen, die Schleim transformieren

Kühle Substanzen, die Schleim-Hitze umwandeln

Schleim-Hitze-Retention in der Lunge

Chuan Bei Mu/Fritillaria
Qian Hu/Peucedanum
Gua Lou/Trichosanthes
Gua Lua Ren/Trichosanthes
Tian Hua Fen/Trichosanthes
Tian Zhu Huang/Bambusa
Pang Da Hai/Sterculia
Bai Mao Xia Ku Cao/Ajuga
Gan Jie Geng/Adenophora

Schleim-Hitze-Retention im Magen

Zhu Ru/Bambusa

Zhu Ru (Bambusa)

Trüber Schleim blockiert die Meridiane

Kun Bu/Laminaria
Hai Dai/Laminaria
Hai Zao/Sargassum
Zhe Bei Mu/Fritillaria
Fu Hai Shi/Pumice
Ze Qi/Euphorbia
Huang Yao Zi/Dioscorea

Zhe Bei Mu (Fritillaria)

Trüber Schleim blockiert die Sinnesorgane

Zhu Li/Bambusa
Hou Zao/Macaque

Warme Substanzen, die Schleim-Kälte umwandeln

Schleim-Kälte-Retention in der Lunge

Bai Qian/Cynanchum
Ju Hong/Citrus

Schleim-Kälte-Feuchtigkeits-Retention in Magen/Milz

(Fa) Ban Xia/Pinellia
Xuan Fu Hua/Inula
Jin Fei Cao/Inula

Trüber Schleim blockiert die Meridiane

Bai Jie Zi/Brassica

Trüber Schleim blockiert die Sinnesorgane

Bai Fu Zi/Typhonium
Zao Jiao/Gleditsia
Zhi Nan Xing/Arisaema

Substanzen mit neutralem Temperaturverhalten, die Schleim-Hitze und Schleim-Kälte umwandeln

Schleim-Retention in der Lunge

(Ku) Jie Geng/Platycodon
Han Cai/Rorippa

Trüber Schleim blockiert die Meridiane

Hai Ge Ke/Cyclina
Wa Leng Zi/Arca
Mao Zhao Cao/Ranunculus

Trüber Schleim blockiert die Sinnesorgane

Meng Shi/Lapis Micae seu Chloriti

Substanzen, die Husten und Keuchatmung lindern

Husten unterschiedlicher Ätiologie

(Bei) Xing Ren/Prunus
Zi Wan/Aster
Kuan Dong Hua/Tussilago

Äußerlich verursachter Husten

Kuan Dong Hua/Tussilago
(Bei) Xing Ren/Prunus
Gua Lou Pi/Trichosanthes

Kälte-induzierter Husten

Zi Wan/Aster
Zi Su Zi/Perilla
Hu Tui Ye/Eleagnus
(Bei)Xing Ren/Prunus

Hitze-induzierter Husten

Sang Bai Pi/Morus
Pi Pa Ye/Eriobotrya
Ma Dou Ling/Aristolochia
Bao Ma Zi/Syringa
(Bei) Xing Ren/Prunus
Da Juan Hua Ye/Rhododendron
Ji Ning/Salvia

Husten mit Schleim-Retention in der Lunge
Kuan Dong Hua/Tussilago
Zi Su Zi/Perilla
Zi Wan/Aster
(Bei) Xing Ren/Prunus
Zi Jin Niu/Ardisia
Da Juan Hua Ye/Rhododendron
Ji Ning/Salvia
Bao Ma Zi/Syringa

Husten mit Schleim-Retention in Magen und/oder Lunge
Pi Pa Ye/Eriobotrya

Trockener Husten
Kuan Dong Hua/Tussilago
Pi Pa Ye/Eriobotrya
(Nan) Xing Ren/Prunus
Gua Lou Pi/Trichosanthes
Nan Wu Wei Zi/Schisandra

Husten mit Keuchatmung
Kuan Dong Hua/Tussilago
Zi Su Zi/Perilla
Sang Bai Pi/Morus
Ma Dou Ling/Aristolochia
(Bei) Xing Ren/Prunus
Sha Ren Hua/Amomum
Fo Shou Hua/Citrus
Ting Li Zi/Lepidium

Chronischer Mangel-Husten infolge einer inneren Störung

Kälte-Mangel-Husten
Zi Wan/Aster
Bai Bu/Stemona
Hu Tui Ye/Eleagnus

Lungen-Mangel-Husten mit Schleim-Hitze
Ma Dou Ling/Aristolochia
Ba Mao Zi/Syringa

Yin-Mangel-Husten
Bai Bu/Stemona
Nan Sha Shen/Adenophora

Husten mit Heiserkeit
Mu Hu Die/Oroxylum
Ren Shen Ye/Panax

Husten mit Beklemmungsgefühlen im Brustkorb
Zi Su Zi/Perilla
Zi Su Geng/Perilla

Husten in Begleitung von Ödemen
Sang Bai Pi/Morus
Zi Jin Niu/Ardisia
Jiao Mu/Zanthoxylum

Substanzen, die durch Erbrechen Schleim ausleiten (Emetika)
Li Lu/Veratrum
Gua Di/Cucumis
Chang Shan/Dichroa
Shu Qi/Dichroa
Ren Shen Lu/Panax

Substanzen, die Wind-Feuchtigkeit vertreiben (Antirheumatika)

Schmerzlindernde Substanzen, die auf die Muskelschicht wirken

Wind-Feuchte-Kälte im oberen Körperbereich
Qiang Huo/Notopterygium

Wind-Feuchte-Kälte im unteren Körperbereich
Du Huo/Angelica
Can Sha/Bombyx

Wind-Feuchte-Kälte im oberen und unteren Körperbereich
Fang Feng/Ledebouriella
Wei Ling Xian/Clematis
Cang Er Zi/Xanthium
Song Jie/Pinus
Cang Er Zi Zi/Xanthium
Chuan Wu/Aconitum
Wu Tou/Aconitum
Cao Wu/Aconitum

Wind-Feuchte-Hitze im oberen und unteren Körperbereich
Guang Fang Ji/Aristolochia

Substanzen mit neutralem Temperaturverhalten, die Wind-Feuchtigkeit im oberen und unteren Körperbereich vertreiben
Qin Jiao/Gentiana
She Tui/Zaocys
Chuan Shan Long/Dioscorea
Xun Gu Feng/Aristolochia
Ba Qia/Smilax

Stärkende Substanzen, die auf die Meridianschicht wirken

Wind-Feuchte-Kälte im unteren Körperbereich
Mu Gua/Chaenomeles

Wind-Feuchte-Kälte im oberen und unteren Körperbereich
Hai Feng Teng/Piper
Wei Ling Xian/Clematis
Bai Hua She/Agkistrodon
Shen Jin Cao/Lycopodium

Wind-Feuchte-Hitze im oberen und unteren Körperbereich

Xi Xian Cao/Siegesbeckia
Luo Shi Teng/Trachelospermum
Kuan Jin Teng/Tinospora
Si Gua Luo/Luffa
Chou Wu Tong/Clerodendron
Ren Dong Teng/Lonicera

Substanzen mit neutralem Temperaturverhalten, die Wind-Feuchtigkeit im oberen Körperbereich vertreiben

Sang Zhi/Morus

Substanzen mit neutralem Temperaturverhalten, die Wind-Feuchtigkeit im unteren Körperbereich vertreiben

Lu Lu Tong/Liquidambar
Chuan Niu Xi/Cyathula
Hai Tong Pi/Erythrina

Sang Zhi (Morus)

Substanzen mit neutralem Temperaturverhalten, die Wind-Feuchtigkeit im oberen und unteren Körperbereich vertreiben

Wu Shao She/Zaocys
Lao Guan Cao/Erodium

Stärkende Substanzen, die auf die Knochen- und Sehnenschicht wirken

Wind-Feuchte-Kälte im unteren Körperbereich

Xu Duan/Dipsacus
Lu Xian Cao/Pyrola
Gou Ji/Cibotium
Sang Ji Sheng/Loranthus
Du Huo/Angelica

Wind-Feuchte-Kälte im oberen und unteren Körperbereich

Wu Jia Pi/Acanthopanax
Hu Gu/Panthera
Bao Gu/Panthera
Gou Gu/Canis
Qian Nian Jian/Homalomena
Chang Chun Teng/Hedera

Aromatische Substanzen, die Feuchtigkeit im mittleren Erwärmer umwandeln

Löst äußere Feuchte-Sommer-Hitze-Muster mit Verdauungssymptomen auf

Huo Xiang/Agastache
Pei Lan/Eupatorium

Löst Feuchtigkeit auf, die den mittleren Erwärmer angreift

Huo Xiang/Agastache
Hou Po/Magnolia
Hou Po Hua/Magnolia
Cang Zhu/Atractylodes
Bai Dou Kou/Amomum
Sha Ren/Amomum
Sha Ren Ke/Amomum

Vertreibt Kälte und trocknet Feuchtigkeit infolge Mangel-Kälte im mittleren Erwärmer

Cao Guo/Amomum
Cao Dou Kou/Alpinia

Substanzen, die Nahrungsstagnation lindern

Lindert Nahrungsstagnation und Stauungen durch Fleisch

Shan Zha/Crataegus

Lindert Nahrungsstagnation und Stauungen durch Getreide

Heiße Nahrungsstagnation

Gu Ya/Oryza

Kalte Nahrungsstagnation und Mangel im mittleren Erwärmer

Mai Ya/Hordeum

Löst Nahrungsstagnation durch Mangel-Kälte im mittleren Erwärmer

Shen Qu/Massa Fermentata
Ji Nei Jin/Gallus
E Wei/Ferula
Ji Shi Teng/Paederia
Ge Shan Xiang/Cynanchum

Löst Nahrungs- und Schleimstagnation

Lai Fu Zi/Raphanus

Substanzen, die das Innere wärmen und Kälte vertreiben

Wärmt endogene Milz-Mangel-Kälte

Fu Zi/Aconitum
Rou Gui/Cinnamomum
Gan Jiang/Zingiber

Wärmt die Nieren und stärkt das *Yang*

Fu Zi/Aconitum
Rou Gui/Cinnamomum

Rou Gui (Cinnamomum)

Zerstreut kalte pathogene Einflüsse im Magen

Bi Ba/Piper
Hu Jiao/Piper
Litsea/Piper

Zerstreut kalte pathogene Einflüsse im mittleren Erwärmer

Chuan Jiao/Zanthoxylum
Ding Xiang/Caryophyllum
Gao Liang Jiang/Alpinia
Ba Jiao Hui Xiang/Illicium

Zerstreut kalte pathogene Einflüsse in Magen/Leber und ihren Meridianen

Wu Zhu Yu/Evodia
Xiao Hui Xiang/Foeniculum

Lindert Schmerzen durch kalte pathogene Einflüsse im unteren Rücken und Abdomen

Dou Chi Jiang/Litsea

Substanzen, die das *Qi* regulieren

Reguliert *Qi*-Stagnation im mittleren Erwärmer

Zhi Shi/Citrus
Zhi Ke/Citrus
Da Fu Pi/Areca
Bing Lang/Areca
Shi Di/Diospyros

Reguliert Leber-*Qi*-Stagnation

Qing Pi/Citrus
Ju He/Citrus
Mei Gui Hua/Rosa
Xiang Fu/Cyperus
Chuan Lian Zi/Melia

Chuan Lian Zi (Melia)

Reguliert gemischte *Qi*-Stagnation

Lungen-, Milz- und Magen-*Qi*-Stagnation

Chen Pi/Citrus
Chen Xiang/Aquilaria

Leber- und Magen-*Qi*-Stagnation

Qi Li Zhi He/Litchi
Ba Yue Zha/Akebia

Leber- und Milz-/Magen-*Qi*-Stagnation
Mu Xiang/Saussurea
Fo Shou/Citrus

Mehrfache gemischte *Qi*-Stagnation
Tan Xiang/Santalum
Xie Bai/Allium
Wu Yao/Lindera
Yan Hu Suo/Corydalis

Substanzen, die das Blut-*Xue* regulieren

Substanzen, die Blutungen stoppen (Hämostatika)

Hämostatische Substanzen mit adstringierender Wirkung

Stoppt Husten und Hämatemesis
Bai Ji/Bletilla

Beendet exzessive uterine Blutungen
Xue Yu Tan/Homo Sapiens

Beendet Hämaturie
Zi Zhu/Callicarpa

Beendet blutige Diarrhö bei chronischen dysenterie-ähnlichen Störungen
Shan Zha Tan/Crataegus
Shi Bing/Diospyros

Beendet Blutungen in unterschiedlichen Bereichen
Xian He Cao/Agrimonia
Zong Lu Pi Tan/Trachycarpus
Hua Sheng Yi/Arachis
Ji Mu/Loropetalum

Hämostatische Substanzen mit adstringierender und belebender Wirkung, die Blut-*Xue*-Stasen auflösen

Stoppt Husten und Erbrechen von Blut
Ou Jie/Nelumbo

Stoppt exzessive Menstruationsblutung oder uterine Blutungen
Chong Wei Zi/Leonurus

Stoppt posttraumatische Blutungen
Jiang Xiang/Dalbergia

Beendet Blutungen in unterschiedlichen Bereichen
Pu Huang Tan/Typha
Lian Fang/Nelumbo
Hua Rui Shi/Ophicalcitum
Jing Tian San Qi/Sedum
Mao Mei/Rubus

Hämostatische Substanzen, die keine Blockaden verursachen und Blut-Stasen auflösen

San Qi/Panax
Ju Ye San Qi/Gynura

Hämostatische Substanzen, die das Blut-*Xue* kühlen

Beendet Nasenbluten
Bai Mao Gen/Imperata
Bai Mao Hua/Imperata

Stoppt Husten und Erbrechen von Blut
Qian Cao Gen/Rubia

Beendet exzessive uterine Blutungen
Zhu Ma Gen/Boehmeria

Beendet Hämaturie
Xiao Ji/Cephalanoplos

Stoppt Blut im Stuhl
Di Yu/Sanguisorba
Huai Hua Mi/Sophora
Ji Guan Hua/Celosia

Beendet Blutungen in unterschiedlichen Bereichen
Ce Bai Ye/Biota
Da Ji/Cirsium
Ji Cai/Capsella

Wärmende hämostatische Substanzen, die Kälte-induzierte Blutungen beenden

Kälte-induzierte Magen- und Darmblutungen
Pao Jiang/Zingiber
Fu Long Gan/Terra Flava Usta

Uterine Blutungen infolge von Mangel-Kälte
Lu Jiao Shuang/Cervus

Hämostatika, die die Meridiane wärmen, für Kälte-induzierte uterine und menstruelle Blutungen
Ai Ye/Artemisia

Substanzen, die das Blut-*Xue* beleben

Harmonisiert das Blut-*Xue* und fördert die Menstruation

Ji Xue Teng/Millettia

Belebt das Blut-*Xue* und fördert die Menstruation

Chuan Xiong/Ligusticum
Yi Mu Cao/Leonurus
Wang Bu Liu Xing/Vaccaria
Yue Ji Hua/Rosa
(Sheng) Pu Huang/Typha

Löst Blut-Stasen und fördert die Menstruation

Dan Shen/Salvia
Ze Lan/Lycopus
Chi Shao Yao/Paeonia
Tao Ren/Prunus
Hong Hua/Carthamus
Huai Niu Xi/Achyranthes

Tao Ren (Prunus)

Löst Blut-Stasen und Gewebeverdichtungen und bewegt das *Qi*

Yu Jin/Curcuma
Jiang Huang/Curcuma
San Leng/Sparganium
E Zhu/Curcuma
Gan Qi/Rhus

Starke tierische Substanzen, die Blut-Stasen und Tumore (Massen) auflösen

Shui Zhi/Hirudo
Tu Bie Chong/Eupolyphaga
Meng Chong/Tabanus

Lindert innere Schmerzen

Yan Hu Suo/Corydalis
Wu Ling Zhi/Trogopterus
Lu Jiao/Cervus

Reduziert posttraumatische Schwellungen und Schmerzen

Ru Xiang/Boswellia
Mo Yao/Commiphora
Zi Ran Tong/Pyritum
Xue Jie/Dracaena
Su Mu/Caesalpinia
Liu Ji Nu/Artemisia

Blut-*Xue* belebende Substanzen mit vielfältiger Wirkung

Wa Leng Zi/Arca
Chuan Niu Xi/Cyathula
Lu Lu Tong/Liquidambar
Chuan Shan Jia/Manis
Mao Dong Qing/Ilex
Hu Zhang/Polygonum

Stärkende (tonisierende) Substanzen

Substanzen, die das *Qi* stärken

Stärkt das *Qi* des mittleren Erwärmers (Milz/Magen)

Bai Zhu/Atractylodes
Da Zao/Ziziphus
Hong Zao/Ziziphus
Zhi Gan Cao/Glycyrrhiza
Jing Mi/Oryza

Stärkt das *Qi* des mittleren und oberen Erwärmers (Milz/Lunge)

Dang Shen/Codonopsis
Huang Qi/Astragalus
Gan Cao/Glycyrrhiza
Yi Tang/Saccharum Granorum
Feng Mi/Mel
Mian Hua Gen/Gossypium

Qi und *Yang* des mittleren und oberen Erwärmers

(Hong) Ren Shen/Panax
Ye Shan Shen/Panax
Ji Lin Shen/Panax

Qi und *Yin* des mittleren und oberen Erwärmers

Tai Zi Shen/Pseudostellaria
Huang Jing/Polygonatum
Bai Shen/Panax
Shen Xu/Panax

Stärkt das *Qi* des oberen, mittleren und unteren Erwärmers (Lunge/Magen/Milz/Nieren)

Shan Yao/Dioscorea

Substanzen, die das Blut-*Xue* nähren

Nährt das Blut-*Xue* und stärkt Herz und Milz

Long Yan Rou/Euphoria

Nährt das Leber-Blut-*Xue*

He Shou Wu/Polygonum

Nährt das Blut-*Xue* und das Nieren-*Yin*

Shu Di Huang/Rehmannia

Shan Yao (Dioscorea)

Nährt Leber- und Nieren-Blut-*Xue* und -*Yin*

Gou Qi Zi/Lycium
Sang Shen/Morus
Chu Shi Zi/Broussonetia

Nährt, belebt und harmonisiert Blut-*Xue*

Dang Gui/Angelica
Dang Gui Tou/Angelica
Dang Gui Wei/Angelica

Nährt Blut-*Xue*, erhält das *Yin* und beruhigt die Leber

Bai Shao Yao/Paeonia

Bai Shao (Paeonia)

Nährt Blut-*Xue*, *Yin* oder Essenz-*Jing* und beendet Blutungen

E Jiao/Equus
Lu Jiao Jiao/Cervus

Substanzen, die das *Yin* nähren

Nährt das Lungen-*Yin*

Bai He/Lilium
Luo Han Guo/Momordica
Luo Han Ye/Momordica

Nährt das Lungen- und Magen-*Yin*

Bei Sha Shen/Glehnia
Mai Men Dong/Ophiopogon
Yu Zhu/Polygonatum
Shi Hu/Dendrobium
Ming Dang Shen/Changium
Tian Hua Fen/Trichosanthes

Nährt das Lungen- und Nieren-*Yin*

Tian Men Dong/Asparagus

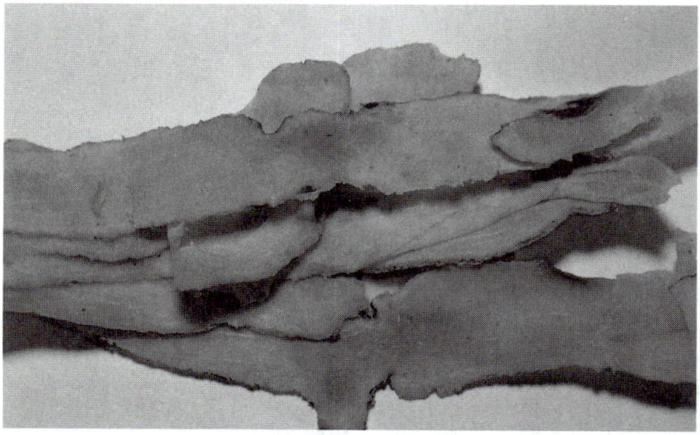

Yu Zhu (Polygonatum)

Nährt das Leber- und Nieren-Yin
Nu Zhen Zi/Ligustrum
Han Lian Cao/Eclipta
Sang Ji Sheng/Loranthus
Hei Zhi Ma/Sesamum
Gui Ban/Chinemys
Bie Jia Jiao/Amyda

Nährt *Yin* und *Qi*
Xi Yang Shen/Panax
Sheng Shai Shen/Panax
Nan Sha Shen/Adenophora

Nährt das *Yin*, führt aufsteigendes *Yang* hinunter
Gui Ban/Chinemys
Bie Jia/Amyda
Bai Mu Er/Tremella
Huai Niu Xi/Achyranthes

Substanzen, die das *Yang* ergänzen

Ergänzt Nieren und Lunge
Dong Chong Xia Cao/Cordyceps
Hu Tao Ren/Juglans
Ge Jie/Gekko
E Guan Shi/Stalactitum
Zi He Che/Placenta Hominis

Ergänzt die Nieren, wärmt das Milz-*Yang* und behandelt Harninkontinenz und Diarrhö infolge Mangel-Kälte
Bu Gu Zhi/Psoralea
Yi Zhi Ren/Alpinia
Jiu Xiang Chong/Aspongopus

Wärmt die Nieren bei Mangel-Kälte
Hu Lu Ba/Trigonella
Jiu Zi/Allium
Yang Qi Shi/Actinolitum

Ergänzt das Nieren-*Yang*, nährt die Essen und befeuchtet den Darm
Rou Cong Rong/Cistanche
Suo Yang/Cynomorium

Ergänzt das Nieren-*Yang*, stärkt die Sehnen und vertreibt Wind-Kälte-Feuchtigkeit

Ba Ji Tian/Morinda
Yin Yang Huo/Epimedium
Xian Mao/Curculigo

Nährt Leber und Nieren, Sehnen und Knochen und behandelt Schmerzen und Schwäche im unteren Rücken und in den Knien

Du Zhong/Eucommia
Xu Duan/Dipsacus
Gou Ji/Cibotium
Gu Sui Bu/Drynaria

Nährt die Leber- und Nieren-Essenz und belebt die Augen

Tu Si Zi/Cuscuta
Sha Yuan Ji Li/Astragalus

Tierische Substanzen, die die Nieren ergänzen, das *Yang* und die Essenz nähren und die sexuelle Kraft beleben

Guang Gou Shen/Canis
Hai Gou Shen/Phoca
Hei Lu Shen/Equus
Hua Lu Shen/Cervus
Hai Ma/Hippocampus
Hai Long/Solenognathus
Hai Shen/Strichopus

Tierische Substanzen, die *Yang*, Essenz-*Jing*, Blut-*Xue* und *Qi* stark ergänzen

Lu Rong/Cervus
Zi He Che/Homo Sapiens

Adstringentien

Vor allem für den oberen Erwärmer

Verhindert und stoppt exzessives Schwitzen

Fu Xiao Mai/Triticum
Ma Huang Gen/Ephedra
Nuo Dao Gen/Oryza

Hält das Lungen-*Qi* zurück und unterdrückt Husten

Bai Guo/Ginkgo
Yin Guo Ye/Ginkgo

Vor allem für den mittleren Erwärmer

Stoppt chronische Diarrhö

Rou Dou Kou/Myristica
Chun Pi/Ailanthus
Shi Liu Pi/Punica

Stoppt chronische Diarrhö, hält das Lungen-*Qi* zurück und unterdrückt Husten

He Zi/Terminalia
Wu Mei/Prunus
Ying Su Ke/Papaver
Wu Bei Zi/Rhus/Melaphis

Stoppt chronische Diarrhö, stabilisiert die Menstruation und beendet abnormale uterine Blutungen

Chi Shi Zhi/Halloysitum Rubrum
Yu Liang Shi/Limonitum

Vor allem für den unteren Erwärmer

Bewahrt die Essenz, stabilisiert die Menstruation und beendet abnormale uterine Blutungen

Hai Piao Xiao/Sepia

Unterstützt und stabilisiert die Nieren, bewahrt die Essenz und stoppt häufige Blasenentleerung und Harninkontinenz

Sang Piao Xiao/Paratenodera
Fu Pen Zi/Rubus
Lian Xu/Nelumbo

Bewahrt die Essenz und stoppt chronische Diarrhö

Qian Shi/Euryale
Jin Ying Zi/Rosa
Lian Zi/Nelumbo

Lian Zi (Nelumbo)

Adstringentien mit vielfältiger Wirkung und weitem Anwendungsbereich

Shan Zhu Yu/Cornus
Wu Wei Zi/Schisandra

Substanzen, die den Geist beruhigen (Tranquilizer)

Substanzen, die das Herz nähren, den Geist beruhigen und:

Das Herz-Blut-*Xue* nähren

Bai Zi Ren/Biota

Das Leber-*Yin* nähren

Suan Zao Ren/Ziziphus

Blut-*Xue* und *Yin* stärken und *Yin* und *Yang* ausgleichen

Ye Jiao Teng/Polygonum

Das *Qi* stärken und das Blut-*Xue* nähren

Ling Zhi/Ganoderma

Feuchtigkeit ausleiten
Fu Shen/Poria

Zurückgehaltene Emotionen infolge von Leber-*Qi*-Stauung lösen
He Huan Pi/Albizzia
He Huan Hua/Albizzia

Zurückgehaltene Emotionen lösen und Schleim ausleiten
Yuan Zhi/Polygala

Substanzen, die den Geist beruhigen, das Leber-*Yang* besänftigen und:

Aufsteigendes Leber-*Yang* besänftigen
Dai Zhe Shi/Hematitum
Ci Shi/Magnetitum
Zhen Zhu Mu/Pteria
Sheng Tie Luo/Frusta Ferri

Aufsteigendes Leber-*Yang* besänftigen, mit adstringierender Wirkung
Long Gu/Os Draconis
Mu Li/Ostrea
Long Chi/Dens Draconis
Duan Mu Li/Ostrea
Duan Long Gu/Os Draconis

Das Herz beruhigen und Palpitationen, emotionalen Aufruhr, Anfälle und Konvulsionen behandeln
Zi Shi Ying/Fluoritum
Hu Po/Succinum
Zhen Zhu/Pteria
Zhu Sha/Cinnabaris

Substanzen, die Wind beseitigen, Tremor stoppen und das Leber-*Yang* besänftigen

Stark beruhigende und krampflösende Substanzen

Behandelt Wind, beruhigt Konvulsionen und Anfälle infolge extremer Hitze

Klärt lodernde Hitze, beruhigt die Leber und besänftigt aufsteigendes Leber-*Yang*

Ling Yang Jiao/Saiga
Shan Yang Jiao/Naemorhedis
Gou Teng/Uncaria
Dai Mao/Eretmochelydis
Ren Gong Niu Huang/Bos

Gou Teng (Uncaria)

Klärt lodernde Hitze, beseitigt Wind und öffnet bei Wind-Schlaganfall die Meridiane

Di Long/Pheretima

Behandelt Wind und Krämpfe bei Wind-Schleim-Hitze-Mustern

Quan Xie/Buthus
Jiang Can/Bombyx
Meng Shi/Lapis Micae seu Chloriti
Dan Nan Xing/Arisaema

Behandelt Wind und Krämpfe bei Wind-Kälte-Mustern

Wu Gong/Scolopendra

Beruhigt die Leber und besänftigt aufsteigendes Leber-*Yang* und Feuer

Bai Ji Li/Tribulus
Shi Jue Ming/Haliotis
San Qi Hua/Panax
Luo Bu Ma/Apocynum

Besänftigt die Leber und vertreibt Wind bei Hitze-Mustern, Blut-*Xue*-Mangel, Wind-Schleim und Wind-Schlaganfall

Tian Ma/Gastrodia

Aromatische Substanzen, die die Sinne öffnen

Besonders stark wirksam zur Öffnung der Sinne
She Xiang/Moschus

Öffnet die Sinne und klärt Hitze
Niu Huang/Bos
Bing Pian/Dryobalanops

Öffnet die Sinne und durchdringt trüben Schleim
Su He Xiang/Liquidambar
Shi Chang Pu/Acorus
Jiu Jie Chang Pu/Anemone

Öffnet die Sinne und belebt *Qi* und Blut-*Xue*
An Xi Xiang/Styrax

Substanzen, die Parasiten vertreiben (Anthelmintika)

Rundwürmer

Shi Jun Zi/Quisqualis
Ku Lian Gen Pi/Melia
Ku Lian Mu Pi/Melia
Wu Yi/Ulmus
Nan Gua Zi/Cucurbita
Shi Liu Gen Pi/Punica
Fei Zi/Torreya
He Shi/Carpesium

Bandwürmer

Bing Lang/Areca
Lei Wan/Omphalia
Wu Yi/Ulmus
Nan Gua Zi/Cucurbita
Shi Liu Gen Pi/Punica
Fei Zi/Torreya
He Shi/Carpesium

Hakenwürmer

Guan Zhong/Dryopteris
Da Suan/Allium
Fei Zi/Torreya
He Shi/Carpesium

Fadenwürmer

Da Suan/Allium
Fei Zi/Torreya
He Shi/Carpesium

Substanzen für äußere Anwendung

Tötet Parasiten und behandelt feuchte Hautausschläge

Ming Fan/Alumen
Ku Fan/Alumen

Trocknet Feuchtigkeit, tötet Parasiten und stärkt das *Yang*

Liu Huang/Sulphur
She Chuang Zi/Cnidium

Vertreibt Wind-Feuchtigkeit und tötet Parasiten

Da Feng Zi/Hydnocarpus
Zhang Nao/Cinnamomum
Zao Jiao Ci/Gleditsia

Entgiftet Toxine und tötet Parasiten

Qing Fen/Calomelas
Xiong Huang/Realgar
Shui Yin/Hydrargyrum

Entgiftet Toxine und belebt das Blut-*Xue*

Mu Bie Zi/Momordica
Ban Mao/Mylabris

Entgiftet Toxine und vermindert Schwellungen

Peng Sha/Borax
Chan Su/Bufo
Xuan Ming Fan/Mirabilitum
(Sheng) Ban Xia/Pinellia
(Sheng) Tian Nan Xing/Arisaema

Entgiftet Toxine, vertreibt Wind und Feuchtigkeit und stoppt Schmerzen

Lu Feng Fang/Polistes

Leitet Gifte aus und regeneriert das Fleisch

Lu Gan Shi/Smithsonitum
Qian Dan/Minium
Pi Shi/Arsenolite
Dan Fan/Chalcanthitum

Klärt Hitze, entgiftet Feuer-Toxine und behandelt Knoten

Shan Ci Gu/Tulipa

Aktiviert die Meridiane, stoppt Schmerz, bewegt das Blut-*Xue* und vermindert Schwellungen

Ma Qian Zi/Strychnos

Absorbiert aussickernde Flüssigkeit und lindert Blutungen und chronische Dysenterie

Mi Tuo Seng/Lithargyrum
Er Cha/Acacia
Chen Shi Huei/Calcaria

Teil 3

Übersicht über die Zubereitungsmethoden

Teil 3 ist eine Tabelle der Zubereitungsmethoden für die klinische Anwendung. Sie soll beim Zubereiten und Mischen der Kräuterrezepturen unterstützen. Sie ist aus traditionellen Quellen sowie den eigenen Erfahrungen der Autoren mit der chinesischen Arzneimitteltherapie zusammengestellt.

Die Tabelle ist alphabetisch nach den *Pinyin*-Namen der Arzneimittel sortiert. Bei Kräutern ist der botanische Gattungsname ergänzend angefügt, bei tierischen Substanzen der zoologische Name und bei mineralischen Substanzen die pharmazeutische Bezeichnung. Die entsprechenden deutschen Bezeichnungen finden Sie in Teil 4.

Komplizierte *Pao-Zhi*-Methoden sowie pharmazeutische Verarbeitungs- und Zubereitungsmethoden sind nicht mit erfasst.

Im Anschluss an die Tabelle sind die Warnhinweise aufgelistet, die bezüglich der Kombination bestimmter Mittel üblicherweise gegeben werden. Auf diese Hinweise wird, nach Nummern geordnet, in der vorletzten Spalte der Tabelle verwiesen.

In der letzten Spalte sind die Standarddosierungen für Erwachsene aufgeführt. Wo keine Dosierung angegeben ist, gibt es entweder keine Standarddosis oder das Mittel wird nur äußerlich angewandt.

Name des Mittels	Dekokt	Pulver/Pillen zum Einnehmen ❍ eventuell ❂ üblicherweise ● immer	Verwendung mit Wein oder als Extrakt	Ganze Substanz wird oft getrennt eingenommen	Äußerliche Anwendung: ❍ möglich ❂ hauptsächlich (Vorsicht bei innerer Anwendung) ● ausschließlich	❂ Nicht kochen ● Im Kühlschrank aufbewahren	Gegen Ende des Kochprozesses zugeben – in den letzten: ❍ 5 Min. ❂ 10 Min. ● 15 Min.	30–60 Min. kochen, bevor die übrigen Kräuter zugegeben werden	Im fertigen, abgeseihten Dekokt auflösen/ziehen lassen	Zum Kochen in ein durchlässiges Tuch einwickeln (Mulltuch)	Schneiden oder zerkleinern: ❂ kleine Stücke ● Pulver	Verwendung: ❂ frisch oder getrocknet ● nur frisch	Als Fertigpräparat erhältlich – in dieser Form weniger toxisch oder stärker wirksam	In karbonisierter Form erhältlich	❂ Leicht toxisch ● stark toxisch	Kontraindiziert während der Schwangerschaft: ❂ Vorsicht ● auf keinen Fall verwenden	Warnhinweise – siehe S. 620	Standarddosis in Gramm
Ai Ye/Artemisia	✓				❍									✓				*3–8*
An Xi Xiang/ Styrax	✓	❂																*0,3–1*
Ba Dou/Croton		●													●	❂	*2*	*0,1–0,3*
Ba Jiao Hui Xiang/Illicium	✓	❍																*3–8*
Ba Ji Tian/ Morinda	✓																	*6–15*
Ba Qia/Smilax	✓				❍													*12–30*
Ba Xian Hua/ Hydrangea	✓														❂			*9–12*
Bai Bu/ Stemona	✓				❍													*3–9*
Bai Dou Kou/ Amomum	✓	❂					❂				❂							*1,5–10*
Bai Fu Zi/ Typhonium	✓				❍										●	●		*1,5–5*
Bai Guo/ Ginkgo	✓														❂			*4,5–9*
Bai He/Lilium	✓																	*15–30*
Bai Hua She/ Agkistrodon	✓	❍	✓	✓											❂			*1–10*
Bai Hua She She Cao/ Oldenlandia	✓											❂				❂		*15–60*
Bai Ji/Bletilla	✓				❍												*1*	*5–15*
Bai Ji Li/Tribulus	✓															❂		*5–12*
Bai Jiang Cao/ Patrinia	✓				❍							❂						*6–15*

Name des Mittels	Dekokt	Pulver/Pillen zum Einnehmen ○ eventuell ❂ üblicherweise ● immer	Verwendung mit Wein oder als Extrakt	Ganze Substanz wird oft getrennt eingenommen	Äußerliche Anwendung: ○ möglich ❂ hauptsächlich (Vorsicht bei innerer Anwendung) ● ausschließlich	❂ Nicht kochen ● Im Kühlschrank aufbewahren	Gegen Ende des Kochprozesses zugeben – in den letzten: ○ 5 Min. ❂ 10 Min. ● 15 Min.	30–60 Min. kochen, bevor die übrigen Kräuter zugegeben werden	Im fertigen, abgeseihten Dekokt auflösen/ziehen lassen	Zum Kochen in ein durchlässiges Tuch einwickeln (Mulltuch)	Schneiden oder zerkleinern: ❂ kleine Stücke ● Pulver	Verwendung: ❂ frisch oder getrocknet ● nur frisch	Als Fertigpräparat erhältlich – in dieser Form weniger toxisch oder stärker wirksam	In karbonisierter Form erhältlich	❂ Leicht toxisch ● stark toxisch	Kontraindiziert während der Schwangerschaft: ❂ Vorsicht ● auf keinen Fall verwenden	Warnhinweise – siehe S. 620	Standarddosis in Gramm
Bai Jie Zi/ Brassica	✓																	*3–9*
Bai Lian/ Ampelopsis	✓				○												*9*	*3–10*
Bai Mao Gen/ Imperata	✓											❂						*15–30*
Bai Mao Hua/ Imperata	✓																	*10–20*
Bai Mao Xia Ku Cao Ajuga	✓																	*15–30*
Bai Mu Er/ Tremella	✓			✓														*5–10*
Bai Qian/ Cynanchum	✓																	*3–9*
Bai Shao Yao/ Paeonia	✓																*28*	*9–18*
Bai Tou Weng/ Pulsatilla	✓				○													*6–15*
Bai Wei/ Cynanchum	✓		✓														*39*	*3–9*
Bai Xian Pi/ Dictamnus	✓				○													*4–10*
Bai Zhi/ Angelica	✓	○			○												*34*	*3–10*
Bai Zhu/ Atractylodes	✓																	*3–12*
Bai Zi Ren/ Biota	✓				○	●												*9–18*
Ban Bian Lian/ Lobelia	✓				○							❂						*9–30*

Name des Mittels	Dekokt	Pulver/Pillen zum Einnehmen ❍ eventuell ✪ üblicherweise ● immer	Verwendung mit Wein oder als Extrakt	Ganze Substanz wird oft getrennt eingenommen	Äußerliche Anwendung: ❍ möglich ✪ hauptsächlich ● ausschließlich (Vorsicht bei innerer Anwendung)	✪ Nicht kochen ● Im Kühlschrank aufbewahren	Gegen Ende des Kochprozesses zugeben – in den letzten: ❍ 5 Min. ✪ 10 Min. ● 15 Min.	30–60 Min. kochen, bevor die übrigen Kräuter zugegeben werden	Im fertigen, abgeseihten Dekokt auflösen/ziehen lassen	Zum Kochen in ein durchlässiges Tuch einwickeln (Mulltuch)	Schneiden oder zerkleinern: ✪ kleine Stücke ● Pulver	Verwendung: ✪ frisch oder getrocknet ● nur frisch	Als Fertigpräparat erhältlich – in dieser Form weniger toxisch oder stärker wirksam	In karbonisierter Form erhältlich	✪ Leicht toxisch ● stark toxisch	Kontraindiziert während der Schwangerschaft: ✪ Vorsicht ● auf keinen Fall verwenden	Warnhinweise – siehe S. 620	Standarddosis in Gramm
Ban Lan Gen/ Isatis	✓																	*15–30*
Ban Mao/ Mylabris	✓	✪			✪										●	●	*8*	*0,03–0,06*
(Fa) Ban Xia/ Pinellia	✓												✓		✪	●	*9*	*5–9*
(Sheng) Ban Xia/Pinellia					●										●			
Ban Zhi Lian/ Scutellaria	✓				❍							✪				✪		*15–60*
Bao Gu/ Panthera	✓	✪	✓	✓							✪							*9–15*
Bao Ma Zi/ Syringa	✓											✪						*20–50*
Bei Sha Shen/ Glehnia	✓																*4*	*9–30*
Bei Xie/ Dioscorea	✓																	*9–15*
Bi Ba/Piper	✓	✪			❍						✪							*2–5*
Bi Cheng Qie/ Litsea	✓																	*2–5*
Bian Dou/ Dolichos	✓											✪						*9–18*
Bian Xu/ Polygonum	✓				❍													*9–15*
Bie Jia/Amyda	✓							✓			✪					●	*63*	*9–30*
Bing Lang/ Areca	✓			✓											✪	✪		*6–15*
Bing Pian/ Dryobalanops		●			❍											✪		*0,3–0,9*

Name des Mittels	Dekokt	Pulver/Pillen zum Einnehmen ❍ eventuell ❂ üblicherweise ● immer	Verwendung mit Wein oder als Extrakt	Ganze Substanz wird oft getrennt eingenommen	Äußerliche Anwendung: ❍ möglich ❂ hauptsächlich (Vorsicht bei innerer Anwendung) ● ausschließlich	❂ Nicht kochen ● Im Kühlschrank aufbewahren	Gegen Ende des Kochprozesses zugeben – in den letzten: ❍ 5 Min. ❂ 10 Min. ● 15 Min.	30–60 Min. kochen, bevor die übrigen Kräuter zugegeben werden	Im fertigen, abgeseihten Dekokt auflösen/ziehen lassen	Zum Kochen in ein durchlässiges Tuch einwickeln (Mulltuch)	Schneiden oder zerkleinern: ❂ kleine Stücke ● Pulver	Verwendung: ❂ frisch oder getrocknet ● nur frisch	Als Fertigpräparat erhältlich – in dieser Form weniger toxisch oder stärker wirksam	In karbonisierter Form erhältlich	❂ Leicht toxisch ● stark toxisch	Kontraindiziert während der Schwangerschaft: ❂ Vorsicht ● auf keinen Fall verwenden	Warnhinweise – siehe S. 620	Standarddosis in Gramm
Bo He/Mentha	✓						❍											*2–10*
Bu Gu Zhi/ Psoralea	✓				❍												*8*	*3–10*
Can Sha/ Bombyx	✓			✓	❍					✓								*3–10*
Cang Er Zi/ Xanthium	✓				❍										❂			*3–10*
Cang Zhu/ Atractylodes	✓																	*3–10*
Cao Dou Kou/ Alpinia	✓						❂				❂							*2–6*
Cao Guo/ Amomum	✓						❂				❂				❂			*3–6*
Ce Bai Ye/ Biota	✓				❍									✓				*10–15*
Chai Hu/ Bupleurum	✓																	*3–10*
Chan Su/ Bufo		●			❂										●	●		*0,02–0,03*
Chan Tui/ Cryptotympana	✓															❂		*3–10*
Chang Chun Teng/Hedera	✓				❍													*9–15*
Chang Shan/ Dichroa	✓												✓		●	❂		*4–9*
Che Qian Cao/ Plantago	✓			✓	❍							❂						*9–20*
Che Qian Zi/ Plantago	✓									✓						●		*3–12*
Chen Pi/Citrus	✓						●											*3–9*

Name des Mittels	Dekokt	Pulver/Pillen zum Einnehmen ○ eventuell ❂ üblicherweise ● immer	Verwendung mit Wein oder als Extrakt	Ganze Substanz wird oft getrennt eingenommen	Äußerliche Anwendung: ○ möglich ❂ hauptsächlich (Vorsicht bei innerer Anwendung) ● ausschließlich	❂ Nicht kochen ● Im Kühlschrank aufbewahren	Gegen Ende des Kochprozesses zugeben – in den letzten: ○ 5 Min. ❂ 10 Min. ● 15 Min.	30 – 60 Min. kochen, bevor die übrigen Kräuter zugegeben werden	Im fertigen, abgeseihten Dekokt auflösen/ziehen lassen	Zum Kochen in ein durchlässiges Tuch einwickeln (Mulltuch)	Schneiden oder zerkleinern: ❂ kleine Stücke ● Pulver	Verwendung: ❂ frisch oder getrocknet ● nur frisch	Als Fertigpräparat erhältlich – in dieser Form weniger toxisch oder stärker wirksam	In karbonisierter Form erhältlich	❂ Leicht toxisch ● stark toxisch	Kontraindiziert während der Schwangerschaft: ❂ Vorsicht ● auf keinen Fall verwenden	Warnhinweise – siehe S. 620	Standarddosis in Gramm
Chen Shi Huei/ Calcaria		○			❂										●			
Chen Xiang/ Aquilaria		❂							✓		❂							*1–3*
Cheng Liu/ Tamarix	✓																	*3–10*
Chi Fu Ling/ Poria	✓																	*6–18*
Chi Shao Yao/ Paeonia	✓																*4*	*6–9*
Chi Shi Zhi/ Halloysitum Rubrum	✓				○			✓			❂		✓			❂	*66*	*9–30*
Chi Xiao Dou/ Phaseolus	✓			✓	○													*9–30*
Chong Wei Zi/ Leonurus	✓															●		*3–9*
Chou Wu Tong/ Clerodendron	✓						○											*10–30*
Chu Shi Zi/ Broussonetia	✓																	*9–15*
Chuan Bei Mu/ Fritillaria	✓	○							✓		❂						*30*	*3–9*
Chuan Jiao/ Zanthoxylum	✓				○										❂	❂	*56*	*2–5*
Chuan Lian Zi/ Melia	✓				○						❂				❂			*3–9*
Chuan Niu Xi/ Cyathula	✓															●		*6–12*

Name des Mittels	Dekokt	Pulver/Pillen zum Einnehmen ❍ eventuell ❂ üblicherweise ● immer	Verwendung mit Wein oder als Extrakt	Ganze Substanz wird oft getrennt eingenommen	Äußerliche Anwendung: ❍ möglich ❂ hauptsächlich (Vorsicht bei innerer Anwendung) ● ausschließlich	❂ Nicht kochen ● Im Kühlschrank aufbewahren	Gegen Ende des Kochprozesses zugeben – in den letzten: ❍ 5 Min. ❂ 10 Min. ● 15 Min.	30–60 Min. kochen, bevor die übrigen Kräuter zugegeben werden	Im fertigen, abgeseihten Dekokt auflösen/ziehen lassen	Zum Kochen in ein durchlässiges Tuch einwickeln (Mulltuch)	Schneiden oder zerkleinern: ❂ kleine Stücke ● Pulver	Verwendung: ❂ frisch oder getrocknet ● nur frisch	Als Fertigpräparat erhältlich – in dieser Form weniger toxisch oder stärker wirksam	In karbonisierter Form erhältlich	❂ Leicht toxisch ● stark toxisch	Kontraindiziert während der Schwangerschaft: ❂ Vorsicht ● auf keinen Fall verwenden	Warnhinweise – siehe S. 620	Standarddosis in Gramm
Chuan Shan Jia/Manis	✓	❂			❍											●		*1–9*
Chuan Shan Long/Dioscorea	✓																	*9–20*
Chuan Xin Lian/ Andrographis	✓	❍			❍							❂						*1–15*
Chuan Xiong/ Ligusticum	✓															●		*3–9*
Chui Pen Cao/ Sedum	✓				❍							❂						*15–30*
Chun Pi/ Ailanthus	✓				❍													*3–15*
Ci Shi/ Magnetitum	✓							✓			●		✓					*9–30*
Cong Bai/Allium	✓				❍	●	●					❂						*3–10*
Da Feng Zi/ Hydnocarpus	✓	❍			❂										●			*0,3–0,9*
Da Fu Pi/ Areca	✓																	*3–9*
Da Huang/ Rheum	✓	❍			❍		❍									❂		*3–12*
Da Ji/Cirsium	✓				❍							❂						*4,5–15*
Da Qing Ye/ Isatis	✓											❂						*10–30*
Da Suan/Allium	✓				❍							❂						*5–15*
Da Zao/ Ziziphus	✓																	*10–30*
Dai Mao/ Eretmochelys	✓							✓			❂							*3–6*

Name des Mittels	Dekokt	Pulver/Pillen zum Einnehmen ❍ eventuell ❂ üblicherweise ● immer	Verwendung mit Wein oder als Extrakt	Ganze Substanz wird oft getrennt eingenommen	Äußerliche Anwendung: ❍ möglich ❂ hauptsächlich (Vorsicht bei innerer Anwendung) ● ausschließlich	❂ Nicht kochen ● Im Kühlschrank aufbewahren	Gegen Ende des Kochprozesses zugeben – in den letzten: ❍ 5 Min. ❂ 10 Min. ● 15 Min.	30–60 Min. kochen, bevor die übrigen Kräuter zugegeben werden	Im fertigen, abgeseihten Dekokt auflösen/ziehen lassen	Zum Kochen in ein durchlässiges Tuch einwickeln (Mulltuch)	Schneiden oder zerkleinern: ❂ kleine Stücke ● Pulver	Verwendung: ❂ frisch oder getrocknet ● nur frisch	Als Fertigpräparat erhältlich – in dieser Form weniger toxisch oder stärker wirksam	In karbonisierter Form erhältlich	❂ Leicht toxisch ● stark toxisch	Kontraindiziert während der Schwangerschaft: ❂ Vorsicht ● auf keinen Fall verwenden	Warnhinweise – siehe S. 620	Standarddosis in Gramm
Dai Zhe Shi/ Haematitum	✓							✓			❂		✓			❂		*10–30*
Dan Dou Chi/ Glycine	✓												✓					*10–15*
Dan Fan/ Chalcanthitum					●										●			*0,1–0,3*
Dan Nan Xing/ Arisaema	✓												✓		❂	●		*3–6*
Dan Shen/ Salvia	✓																*4*	*3–15*
Dan Zhu Ye/ Lophatherum	✓															❂		*10–15*
Dang Gui/ Angelica	✓																	*3–15*
Dang Gui Tou/ Angelica	✓																	*3–15*
Dang Gui Wei/ Angelica	✓																	*3–15*
Dang Shen/ Codonopsis	✓																*4*	*9–15*
Deng Xin Cao/ Juncus	✓																	*1,5–3*
Di Er Cao/ Hypericum	✓				❍							❂						*20–50*
Di Feng/Illicium	✓																	
Di Fu Zi/ Kochia	✓				❍												*46*	*6–15*
Di Gu Pi/ Lycium	✓				❍													*6–15*
Di Long/ Pheretima	✓	❍									●							*5–15*

Name des Mittels	Dekokt	Pulver/Pillen zum Einnehmen ❍ eventuell ❂ üblicherweise ● immer	Verwendung mit Wein oder als Extrakt	Ganze Substanz wird oft getrennt eingenommen	Äußerliche Anwendung: ❍ möglich ❂ hauptsächlich (Vorsicht bei innerer Anwendung) ● ausschließlich	❂ Nicht kochen ● Im Kühlschrank aufbewahren	Gegen Ende des Kochprozesses zugeben – in den letzten: ❍ 5 Min. ❂ 10 Min. ● 15 Min.	30–60 Min. kochen, bevor die übrigen Kräuter zugegeben werden	Im fertigen, abgeseihten Dekokt auflösen/ziehen lassen	Zum Kochen in ein durchlässiges Tuch einwickeln (Mulltuch)	Schneiden oder zerkleinern: ❂ kleine Stücke ● Pulver	Verwendung: ❂ frisch oder getrocknet ● nur frisch	Als Fertigpräparat erhältlich – in dieser Form weniger toxisch oder stärker wirksam	In karbonisierter Form erhältlich	❂ Leicht toxisch ● stark toxisch	Kontraindiziert während der Schwangerschaft: ❂ Vorsicht ● auf keinen Fall verwenden	Warnhinweise – siehe S. 620	Standarddosis in Gramm
Di Yu/ Sanguisorba	✓				❍									✓				*10–15*
Dian Di Mai/ Androsace	✓																	*3–9*
Ding Xiang/ Eugenia	✓	❍															*3*	*0,5–4,5*
Dong Bei Guan Zhong/Dryopteris	✓														❂	●		*6–15*
Dong Chong Xia Cao/Cordyceps	✓	❍		✓														*3–9*
Dong Gua Pi/ Benincasa	✓																	*15–30*
Dong Gua Ren/ Benincasa	✓										❂							*3–12*
Dong Kui Zi/ Malva	✓															❂		*9–15*
Dou Chi Jiang/ Litsea	✓																	*1,5–6*
Dou Juan/ Glycine	✓																*5*	*9–15*
Du Huo/ Angelica	✓																	*3–9*
Du Zhong/ Eucommia	✓																	*9–15*
E Bu Shi Cao/ Centipeda	✓																	*3–6*
E Guan Shi/ Stalactitum	✓							✓			❂							*9–30*
E Jiao/ Equus		❍	✓			❂			✓		●						*57*	*6–15*

Name des Mittels	Dekokt	Pulver/Pillen zum Einnehmen ❍ eventuell ❂ üblicherweise ● immer	Verwendung mit Wein oder als Extrakt	Ganze Substanz wird oft getrennt eingenommen	Äußerliche Anwendung: ❍ möglich ❂ hauptsächlich (Vorsicht bei innerer Anwendung) ● ausschließlich	❂ Nicht kochen ● Im Kühlschrank aufbewahren	Gegen Ende des Kochprozesses zugeben – in den letzten: ❍ 5 Min. ❂ 10 Min. ● 15 Min.	30 – 60 Min. kochen, bevor die übrigen Kräuter zugegeben werden	Im fertigen, abgeseihten Dekokt auflösen/ziehen lassen	Zum Kochen in ein durchlässiges Tuch einwickeln (Mulltuch)	Schneiden oder zerkleinern: ❂ kleine Stücke ● Pulver	Verwendung: ❂ frisch oder getrocknet ● nur frisch	Als Fertigpräparat erhältlich – in dieser Form weniger toxisch oder stärker wirksam	In karbonisierter Form erhältlich	❂ Leicht toxisch ● stark toxisch	Kontraindiziert während der Schwangerschaft: ❂ Vorsicht ● auf keinen Fall verwenden	Warnhinweise – siehe S. 620	Standarddosis in Gramm
E Wei/Ferula	✓															●		*1 – 2*
E Zhu/ Curcuma	✓															●		*3 – 9*
Er Cha/ Acacia		●			❂						●							*0,1 – 0,9*
Fan Bai Cao/ Potentilla	✓				❍							❂						*9 – 15*
Fan Xie Ye/ Cassia	✓						●									●		*3 – 9*
Fang Feng/ Ledebouriella	✓																*33*	*5 – 9*
Fei Zi/Torreya	✓	❂																*9 – 15*
Feng Mi/Mel	✓			✓														*15 – 50*
Feng Wei Cao/ Pteris	✓				❍							❂						*9 – 18*
Fo Shou/Citrus	✓																	*3 – 9*
Fo Shou Hua/ Citrus	✓																	*3 – 6*
Fu Hai Shi/ Pumice	✓	❍								✓								*9 – 15*
Fu Ling/Poria	✓																*44*	*9 – 15*
Fu Ling Pi/ Poria	✓																	*9 – 15*
Fu Long Gan/ Terra Flava Usta	✓									✓								*15 – 60*
Fu Pen Zi/ Rubus	✓																	*4,5 – 9*
Fu Ping/ Spirodela	✓				❍													*3 – 6*

Name des Mittels	Dekokt	Pulver/Pillen zum Einnehmen ❍ eventuell ❂ üblicherweise ● immer	Verwendung mit Wein oder als Extrakt	Ganze Substanz wird oft getrennt eingenommen	Äußerliche Anwendung: ❍ möglich ❂ hauptsächlich (Vorsicht bei innerer Anwendung) ● ausschließlich	❂ Nicht kochen ● Im Kühlschrank aufbewahren	Gegen Ende des Kochprozesses zugeben – in den letzten: ❍ 5 Min. ❂ 10 Min. ● 15 Min.	30–60 Min. kochen, bevor die übrigen Kräuter zugegeben werden	Im fertigen, abgeseihten Dekokt auflösen/ziehen lassen	Zum Kochen in ein durchlässiges Tuch einwickeln (Mulltuch)	Schneiden oder zerkleinern: ❂ kleine Stücke ● Pulver	Verwendung: ❂ frisch oder getrocknet ● nur frisch	Als Fertigpräparat erhältlich – in dieser Form weniger toxisch oder stärker wirksam	In karbonisierter Form erhältlich	❂ Leicht toxisch ● stark toxisch	Kontraindiziert während der Schwangerschaft: ❂ Vorsicht ● auf keinen Fall verwenden	Warnhinweise – siehe S. 620	Standarddosis in Gramm
Fu Shen/Poria	✓																	*9–15*
Fu Xiao Mai/ Triticum	✓																	*9–30*
(Hei) Fu Zi/ Aconitum	✓							✓					✓		●	●	*6*	*3–15*
Gan Cao/ Glycyrrhiza	✓				❍												*7*	*3–9*
Gan Jiang/ Zingiber	✓															❂		*3–9*
Gan Sui/ Euphorbia	✓	❂			❍								✓		●	●	*43*	*0,5–1*
Gao Ben/ Ligusticum	✓																	*2–10*
Gao Liang Jiang/ Alpinia	✓																	*1,5–9*
Ge Gen/ Pueraria	✓																	*5–20*
Ge Hua/ Pueraria	✓																	*5–9*
Ge Jie/Gekko	✓	❂																*3–15*
Ge Shan Xiang/ Cynanchum	✓																	
Gou Gu/Canis	✓	❂	✓	✓				✓										*9–15*
Gou Ji/ Cibotium	✓																*59*	*5–9*
Gou Qi Zi/ Lycium	✓																	*6–18*
Gou Teng/ Uncaria	✓						❂											*6–15*

Name des Mittels	Dekokt	Pulver/Pillen zum Einnehmen ❍ eventuell ❂ üblicherweise ● immer	Verwendung mit Wein oder als Extrakt	Ganze Substanz wird oft getrennt eingenommen	Äußerliche Anwendung: ❍ möglich ❂ hauptsächlich (Vorsicht bei innerer Anwendung) ● ausschließlich	❂ Nicht kochen ● Im Kühlschrank aufbewahren	Gegen Ende des Kochprozesses zugeben – in den letzten: ❍ 5 Min. ❂ 10 Min. ● 15 Min.	30–60 Min. kochen, bevor die übrigen Kräuter zugegeben werden	Im fertigen, abgeseihten Dekokt auflösen/ziehen lassen	Zum Kochen in ein durchlässiges Tuch einwickeln (Mulltuch)	Schneiden oder zerkleinern: ❂ kleine Stücke ● Pulver	Verwendung: ❂ frisch oder getrocknet ● nur frisch	Als Fertigpräparat erhältlich – in dieser Form weniger toxisch oder stärker wirksam	In karbonisierter Form erhältlich	❂ Leicht toxisch ● stark toxisch	Kontraindiziert während der Schwangerschaft: ❂ Vorsicht ● auf keinen Fall verwenden	Warnhinweise – siehe S. 620	Standarddosis in Gramm
Gu Jing Cao/ Eriocaulon	✓																	*6–15*
Gu Sui Bu/ Drynaria	✓				❍													*9–15*
Gu Ya/Oryza						❂			✓		●							*9–15*
Gua Di/Cucumis	✓	❍			❍										❂	●		*0,3–1,0*
Gua Lou/ Trichosanthes	✓										❂						*10*	*9–30*
Gua Lou Pi/ Trichosanthes	✓																*10*	*6–12*
Gua Lou Ren/ Trichosanthes	✓										❂						*10*	*9–15*
Guan Ye Liao/ Polygonum	✓																	
Guan Zhong/ Dryopteris	✓														❂	●		*6–16*
Guang Fang Ji/ Aristolochia	✓																	*3–15*
Guang Gou Shen/Canis		●		✓							●							*3–15*
Gui Ban/ Chinemys	✓							✓			❂					●	*62*	*9–30*
Gui Zhi/ Cinnamomum	✓															❂		*3–15*
Hai Dai/ Laminaria	✓																	*5–15*
Hai Feng Teng/ Piper	✓															●		*6–15*
Hai Ge Ke/ Cyclina	✓	❍								✓	●		✓					*1–15*

Name des Mittels	Dekokt	Pulver/Pillen zum Einnehmen ○ eventuell ❂ üblicherweise ● immer	Verwendung mit Wein oder als Extrakt	Ganze Substanz wird oft getrennt eingenommen	Äußerliche Anwendung: ○ möglich ❂ hauptsächlich (Vorsicht bei innerer Anwendung) ● ausschließlich	❂ Nicht kochen ● Im Kühlschrank aufbewahren	Gegen Ende des Kochprozesses zugeben – in den letzten: ○ 5 Min. ❂ 10 Min. ● 15 Min.	30 – 60 Min. kochen, bevor die übrigen Kräuter zugegeben werden	Im fertigen, abgeseihten Dekokt auflösen/ziehen lassen	Zum Kochen in ein durchlässiges Tuch einwickeln (Mulltuch)	Schneiden oder zerkleinern: ❂ kleine Stücke ● Pulver	Verwendung: ❂ frisch oder getrocknet ● nur frisch	Als Fertigpräparat erhältlich – in dieser Form weniger toxisch oder stärker wirksam	In karbonisierter Form erhältlich	❂ Leicht toxisch ● stark toxisch	Kontraindiziert während der Schwangerschaft: ❂ Vorsicht ● auf keinen Fall verwenden	Warnhinweise – siehe S. 620	Standarddosis in Gramm
Hai Gou Shen/ Phoca		●		✓							●							*3–15*
Hai Jin Sha/ Lygodium	✓									✓								*6–15*
Hai Long/ Solenognathus	✓	❂		✓							❂					●		*1,5–2,4*
Hai Ma/ Hippocampus	✓	❂	✓	✓							❂					●		*3–9*
Hai Piao Xiao/ Sepia	✓				○						❂						*11*	*5–9*
Hai Tong Pi/ Erythrina	✓				○						❂							*6–12*
Hai Zao/ Sargassum	✓																*8*	*5–15*
Han Cai/ Rorippa	✓			✓								❂					*27*	*20–50*
Han Fang Ji/ Stephania	✓																	*5–9*
Han Lian Cao/ Eclipta	✓											❂						*9–30*
Han Shui Shi/ Calcitum	✓				○			✓			●							*9–30*
He Huan Hua/ Albizzia	✓																	*3–9*
He Huan Pi/ Albizzia	✓																	*9–15*
He Shi/ Carpesium	✓	❂													❂			*9–15*
He Shou Wu/ Polygonum	✓																*12*	*9–30*

Name des Mittels	Dekokt	Pulver/Pillen zum Einnehmen ❍ eventuell ❂ üblicherweise ● immer	Verwendung mit Wein oder als Extrakt	Ganze Substanz wird oft getrennt eingenommen	Äußerliche Anwendung: ❍ möglich ❂ hauptsächlich (Vorsicht bei innerer Anwendung) ● ausschließlich	❂ Nicht kochen ● Im Kühlschrank aufbewahren	Gegen Ende des Kochprozesses zugeben – in den letzten: ❍ 5 Min. ❂ 10 Min. ● 15 Min.	30 – 60 Min. kochen, bevor die übrigen Kräuter zugegeben werden	Im fertigen, abgeseihten Dekokt auflösen/ziehen lassen	Zum Kochen in ein durchlässiges Tuch einwickeln (Mulltuch)	Schneiden oder zerkleinern: ❂ kleine Stücke ● Pulver	Verwendung: ❂ frisch oder getrocknet ● nur frisch	Als Fertigpräparat erhältlich – in dieser Form weniger toxisch oder stärker wirksam	In karbonisierter Form erhältlich	❂ Leicht toxisch ● stark toxisch	Kontraindiziert während der Schwangerschaft: ❂ Vorsicht ● auf keinen Fall verwenden	Warnhinweise – siehe S. 620	Standarddosis in Gramm
He Zi/ Terminalia	✓										❂							*3–9*
Hei Lu Shen/ Equus		●		✓							●							*3–15*
Hei Zhi Ma/ Sesamum	✓																	*9–30*
Hong Hua/ Carthamus	✓						●									●		*3–9*
Hong Teng/ Sargentodoxa	✓		✓													❂		*15–30*
Hou Po/ Magnolia	✓															❂	*50*	*3–9*
Hou Po Hua/ Magnolia	✓																	*3–6*
Hou Zao/ Macaca		●		✓							●							*0,3–1*
Hu Er Cao/ Saxifraga	✓				❍							❂			❂			*9–15*
Hu Gu/ Panthera	✓	❂	✓	✓	❍						❂							*3–6*
Hu Huang Lian/ Picrorhiza	✓																	*3–9*
Hu Jiao/Piper	✓																	*2–3*
Hu Lu Ba/ Trigonella	✓															●		*3–9*
Hu Po/ Succinum		●			❍						●							*1,5–3*
Hu Tao Ren/ Juglans	✓			✓														*9–30*
Hu Tui Ye/ Eleagnus	✓																	*9–15*

Name des Mittels	Dekokt	Pulver/Pillen zum Einnehmen ❍ eventuell ❂ üblicherweise ● immer	Verwendung mit Wein oder als Extrakt	Ganze Substanz wird oft getrennt eingenommen	Äußerliche Anwendung: ❍ möglich ❂ hauptsächlich (Vorsicht bei innerer Anwendung) ● ausschließlich	❂ Nicht kochen ● Im Kühlschrank aufbewahren	Gegen Ende des Kochprozesses zugeben – in den letzten: ❍ 5 Min. ❂ 10 Min. ● 15 Min.	30–60 Min. kochen, bevor die übrigen Kräuter zugegeben werden	Im fertigen, abgeseihten Dekokt auflösen/ziehen lassen	Zum Kochen in ein durchlässiges Tuch einwickeln (Mulltuch)	Schneiden oder zerkleinern: ❂ kleine Stücke ● Pulver	Verwendung: ❂ frisch oder getrocknet ● nur frisch	Als Fertigpräparat erhältlich – in dieser Form weniger toxisch oder stärker wirksam	In karbonisierter Form erhältlich	❂ Leicht toxisch ● stark toxisch	Kontraindiziert während der Schwangerschaft: ❂ Vorsicht ● auf keinen Fall verwenden	Warnhinweise – siehe S. 620	Standarddosis in Gramm
Hu Zhang/ Polygonum	✓				❍							❂				●		*6–12*
Hua Lu Shen/ Cervus		●		✓							●							*6–15*
Hua Rui Shi/ Ophicalcitum		❂	✓		❍	❂					●					●		*3–9*
Hua Sheng Yi/ Arachis	✓																	*6–10*
Hua Shi/ Talcum	✓				❍					✓	●					❂		*9–12*
Huai Hua Mi/ Sophora	✓													✓				*6–15*
Huai Jiao/ Sophora	✓															●		*6–15*
Huai Niu Xi/ Achyranthes	✓	❍	✓													●	*54*	*9–15*
Huang Bai/ Phellodendron	✓				❍													*3–12*
Huang Jing/ Polygonatum	✓																	*9–15*
Huang Lian/ Coptis	✓	❍			❍												*41*	*1,5–9*
Huang Qi/ Astragalus	✓				❍													*9–25*
Huang Qin/ Scutellaria	✓																*40*	*6–15*
Huang Yao Zi/ Dioscorea	✓	❂	✓		❍										❂			*4,5–9*
Huo Ma Ren/ Cannabis	✓										❂							*9–15*

Name des Mittels	Dekokt	Pulver/Pillen zum Einnehmen ❍ eventuell ❂ üblicherweise ● immer	Verwendung mit Wein oder als Extrakt	Ganze Substanz wird oft getrennt eingenommen	Äußerliche Anwendung: ❍ möglich ❂ hauptsächlich (Vorsicht bei innerer Anwendung) ● ausschließlich	❂ Nicht kochen ● Im Kühlschrank aufbewahren	Gegen Ende des Kochprozesses zugeben – in den letzten: ❍ 5 Min. ❂ 10 Min. ● 15 Min.	30–60 Min. kochen, bevor die übrigen Kräuter zugegeben werden	Im fertigen, abgeseihten Dekokt auflösen/ziehen lassen	Zum Kochen in ein durchlässiges Tuch einwickeln (Mulltuch)	Schneiden oder zerkleinern: ❂ kleine Stücke ● Pulver	Verwendung: ❂ frisch oder getrocknet ● nur frisch	Als Fertigpräparat erhältlich – in dieser Form weniger toxisch oder stärker wirksam	In karbonisierter Form erhältlich	❂ Leicht toxisch ● stark toxisch	Kontraindiziert während der Schwangerschaft: ❂ Vorsicht ● auf keinen Fall verwenden	Warnhinweise – siehe S. 620	Standarddosis in Gramm
Huo Xiang/ Agastache	✓						●											*4,5–9*
Ji Cai/Capsella	✓											❂						*9–15*
Ji Gu Cao/ Abrus	✓											❂						*9–15*
Ji Guan Hua/ Celosia	✓																	*10–15*
Ji Mu/ Loropetalum	✓																	*20–100*
Ji Nei Jin/ Gallus	✓	❂																*1,5–9*
Ji Ning/Salvia	✓																	*9–15*
Ji Shi Teng/ Paederia	✓				❍													*9–15*
Ji Xue Teng/ Millettia	✓																	*9–15*
Jiang Can/ Bombyx	✓	❂									●							*1–9*
Jiang Huang/ Curcuma	✓				❍											❂		*3–9*
Jiang Xiang/ Dalbergia	✓	❍			❍													*1,5–9*
(Ku) Jie Geng/ Platycodon	✓																*5*	*3–6*
Jin Guo Lan/ Tinospora	✓				❍													*3–9*
Jin Qian Cao/ Lysimachia	✓			✓								❂						*15–60*
Jin Sha Teng/ Lygodium	✓				❍													*15–60*

Name des Mittels	Dekokt	Pulver/Pillen zum Einnehmen ○ eventuell ❂ üblicherweise ● immer	Verwendung mit Wein oder als Extrakt	Ganze Substanz wird oft getrennt eingenommen	Äußerliche Anwendung: ○ möglich ❂ hauptsächlich (Vorsicht bei innerer Anwendung) ● ausschließlich	❂ Nicht kochen ● Im Kühlschrank aufbewahren	Gegen Ende des Kochprozesses zugeben – in den letzten: ○ 5 Min. ❂ 10 Min. ● 15 Min.	30–60 Min. kochen, bevor die übrigen Kräuter zugegeben werden	Im fertigen, abgeseihten Dekokt auflösen/ziehen lassen	Zum Kochen in ein durchlässiges Tuch einwickeln (Mulltuch)	Schneiden oder zerkleinern: ❂ kleine Stücke ● Pulver	Verwendung: ❂ frisch oder getrocknet ● nur frisch	Als Fertigpräparat erhältlich – in dieser Form weniger toxisch oder stärker wirksam	In karbonisierter Form erhältlich	❂ Leicht toxisch ● stark toxisch	Kontraindiziert während der Schwangerschaft: ❂ Vorsicht ● auf keinen Fall verwenden	Warnhinweise – siehe S. 620	Standarddosis in Gramm
Jin Yin Hua/ Lonicera	✓																	*9–15*
Jin Yin Teng/ Lonicera	✓																	*15–30*
Jin Ying Zi/ Rosa	✓																	*5–9*
Jing Da Ji/ Euphorbia	✓	❂													●	●	*13*	*1–3*
Jing Jie/ Schizonepeta	✓						❂											*4,5–9*
Jing Mi/ Oryza	✓			✓														*50–100*
Jing Tian San Qi/Sedum	✓				○							❂						*9–15*
Jiu Jie Chang Pu/Anemone	✓																	*2–4,5*
Jiu Xiang Chong/ Aspongopus	✓										●							*3–6*
Jiu Zi/Allium	✓																	*3–9*
Ju He/Citrus	✓																	*3–9*
Ju Hong/Citrus	✓																	*2–4,5*
Ju Hua/ Chrysanthemum	✓																	*4,5–15*
Ju Ye San Qi/ Gynura	✓	○			○													*6–9*
Jue Ming Zi/ Cassia	✓																*14*	*9–15*
Ku Lian Gen Pi/ Melia	✓				○										❂			*6–15*

Name des Mittels	Dekokt	Pulver/Pillen zum Einnehmen ○ eventuell ❂ üblicherweise ● immer	Verwendung mit Wein oder als Extrakt	Ganze Substanz wird oft getrennt eingenommen	Äußerliche Anwendung: ○ möglich ❂ hauptsächlich (Vorsicht bei innerer Anwendung) ● ausschließlich	❂ Nicht kochen ● Im Kühlschrank aufbewahren	Gegen Ende des Kochprozesses zugeben – in den letzten: ○ 5 Min. ❂ 10 Min. ● 15 Min.	30–60 Min. kochen, bevor die übrigen Kräuter zugegeben werden	Im fertigen, abgeseihten Dekokt auflösen/ziehen lassen	Zum Kochen in ein durchlässiges Tuch einwickeln (Mulltuch)	Schneiden oder zerkleinern: ❂ kleine Stücke ● Pulver	Verwendung: ❂ frisch oder getrocknet ● nur frisch	Als Fertigpräparat erhältlich – in dieser Form weniger toxisch oder stärker wirksam	In karbonisierter Form erhältlich	❂ Leicht toxisch ● stark toxisch	Kontraindiziert während der Schwangerschaft: ❂ Vorsicht ● auf keinen Fall verwenden	Warnhinweise – siehe S. 620	Standarddosis in Gramm
Ku Lian Mu Pi/ Melia	✓				○										❂			*6–15*
Ku Shen/ Sophora	✓	❂	✓		○												*42*	*3–15*
Kuan Dong Hua/Tussilago	✓																*49*	*3–9*
Kuan Jin Teng/ Tinospora	✓				○											●		*15–30*
Kun Bu/ Laminaria	✓																	*4,5–15*
Lai Fu Zi/ Raphanus	✓																	*6–12*
Lao Guan Cao/ Geranium	✓				○													*9–30*
Lei Wan/ Omphalia		❂		✓							●				❂		*68*	*6–9*
Li Lu/ Veratrum		●			❂										●	●	*15*	*0,3–0,9*
Li Pi/Pyrus	✓		✓									❂						*9–15*
Li Zhi He/Litchi	✓										❂							*6–15*
Lian Fang/ Nelumbo	✓											❂		✓				*4,5–9*
Lian Geng/ Nelumbo	✓																	*9–15*
Lian Qiao/ Forsythia	✓																	*6–16*
Lian Xin/ Nelumbo	✓																	*1,5–6*
Lian Xu/ Nelumbo	✓																*16*	*1,5–9*

K/L

Name des Mittels	Dekokt	Pulver/Pillen zum Einnehmen ❍ eventuell ❂ üblicherweise ● immer	Verwendung mit Wein oder als Extrakt	Ganze Substanz wird oft getrennt eingenommen	Äußerliche Anwendung: ❍ möglich ❂ hauptsächlich (Vorsicht bei innerer Anwendung) ● ausschließlich	❂ Nicht kochen ● Im Kühlschrank aufbewahren	Gegen Ende des Kochprozesses zugeben – in den letzten: ❍ 5 Min. ❂ 10 Min. ● 15 Min.	30–60 Min. kochen, bevor die übrigen Kräuter zugegeben werden	Im fertigen, abgeseihten Dekokt auflösen/ziehen lassen	Zum Kochen in ein durchlässiges Tuch einwickeln (Mulltuch)	Schneiden oder zerkleinern: ❂ kleine Stücke ● Pulver	Verwendung: ❂ frisch oder getrocknet ● nur frisch	Als Fertigpräparat erhältlich – in dieser Form weniger toxisch oder stärker wirksam	In karbonisierter Form erhältlich	❂ Leicht toxisch ● stark toxisch	Kontraindiziert während der Schwangerschaft: ❂ Vorsicht ● auf keinen Fall verwenden	Warnhinweise – siehe S. 620	Standarddosis in Gramm
Lian Zi/ Nelumbo	✓										❂							*6–15*
Ling Yang Jiao/ Saiga	✓	❂						✓			❂							*1,5–3*
Ling Zhi/ Ganoderma	✓	❂	✓	✓							❂							*3–15*
Liu Huang/ Sulphur		●			❂	❂									❂	●	*52*	*0,15–0,6*
Liu Ji Nu/ Artemisia	✓				❍													*5–9*
Long Chi/ Dens Draconis	✓							✓			❂							*9–15*
Long Dan Cao/ Gentiana	✓																	*3–9*
Long Gu/ Os Draconis	✓				❍			✓			❂		✓					*9–30*
Long Yan Rou/ Euphoria	✓			✓														*6–15*
Lou Gu/ Gryllotalpa	✓	❍	✓								●				❂			*3–4,5*
Lou Lu/ Rhaponticum	✓															●		*3–12*
Lu Dou/Phaseolus	✓			✓	❍													*25–50*
Lu Feng Fang/ Polistes	✓				❂										●		*65*	*1,5–3*
Lu Gan Shi/ Smithsonitum					●								✓		●			
Lu Gen/ Phragmites	✓											❂						*15–30*
Lu Hui/Aloe		●			❍	❂					●					●		*0,3–1,5*

Name des Mittels	Dekokt	Pulver/Pillen zum Einnehmen ○ eventuell ❂ üblicherweise ● immer	Verwendung mit Wein oder als Extrakt	Ganze Substanz wird oft getrennt eingenommen	Äußerliche Anwendung: ○ möglich ❂ hauptsächlich (Vorsicht bei innerer Anwendung) ● ausschließlich	❂ Nicht kochen ● Im Kühlschrank aufbewahren	Gegen Ende des Kochprozesses zugeben – in den letzten: ○ 5 Min. ❂ 10 Min. ● 15 Min.	30 – 60 Min. kochen, bevor die übrigen Kräuter zugegeben werden	Im fertigen, abgeseihten Dekokt auflösen/ziehen lassen	Zum Kochen in ein durchlässiges Tuch einwickeln (Mulltuch)	Schneiden oder zerkleinern: ❂ kleine Stücke ● Pulver	Verwendung: ❂ frisch oder getrocknet ● nur frisch	Als Fertigpräparat erhältlich – in dieser Form weniger toxisch oder stärker wirksam	In karbonisierter Form erhältlich	❂ Leicht toxisch ● stark toxisch	Kontraindiziert während der Schwangerschaft: ❂ Vorsicht ● auf keinen Fall verwenden	Warnhinweise – siehe S. 620	Standarddosis in Gramm
Lu Jiao/Cervus	✓	❂		✓	○			✓			❂							*4,5 – 9*
Lu Jiao Jiao/ Cervus		❂	✓	✓		❂			✓		●							*6 – 12*
Lu Jiao Shuang/ Cervus	✓				○						●		✓					*15 – 30*
Lu Lu Tong/ Liquidambar	✓				○											●		*3 – 9*
Lu Rong/ Cervus	✓	❂	✓	✓							❂							*1 – 4,5*
Lu Xian Cao/ Pyrola	✓				○													*15 – 30*
Lu Ying/ Sambucus	✓				○													*9 – 15*
Luo Bu Ma/ Apocynum	✓																	*6 – 9*
Luo Han Guo/ Momordica	✓			✓														*9 – 15*
Luo Han Ye/ Momordica																		
Luo Shi Teng/ Trachelo-spermum	✓																*47*	*6 – 15*
Ma Bian Cao/ Verbena	✓				○							❂				●		*9 – 30*
Ma Bo/ Lasiosphaera	✓				○					✓								*1,5 – 3*
Ma Chi Xian/ Portulaca	✓				○							❂				●		*15 – 60*
Ma Dou Ling/ Aristolochia	✓																	*3 – 9*

Name des Mittels	Dekokt	Pulver/Pillen zum Einnehmen ❍ eventuell ✪ üblicherweise ● immer	Verwendung mit Wein oder als Extrakt	Ganze Substanz wird oft getrennt eingenommen	Äußerliche Anwendung: ❍ möglich ✪ hauptsächlich (Vorsicht bei innerer Anwendung) ● ausschließlich	✪ Nicht kochen ● Im Kühlschrank aufbewahren	Gegen Ende des Kochprozesses zugeben – in den letzten: ❍ 5 Min. ✪ 10 Min. ● 15 Min.	30–60 Min. kochen, bevor die übrigen Kräuter zugegeben werden	Im fertigen, abgeseihten Dekokt auflösen/ziehen lassen	Zum Kochen in ein durchlässiges Tuch einwickeln (Mulltuch)	Schneiden oder zerkleinern: ✪ kleine Stücke ● Pulver	Verwendung: ✪ frisch oder getrocknet ● nur frisch	Als Fertigpräparat erhältlich – in dieser Form weniger toxisch oder stärker wirksam	In karbonisierter Form erhältlich	✪ Leicht toxisch ● stark toxisch	Kontraindiziert während der Schwangerschaft: ✪ Vorsicht ● auf keinen Fall verwenden	Warnhinweise – siehe S. 620	Standarddosis in Gramm
Ma Huang/ Ephedra	✓																	*3–9*
Ma Huang Gen/ Ephedra	✓																	*3–9*
Ma Qian Zi/ Strychnos		❍			✪						●				●	●		*0,3–0,6*
Mai Men Dong/ Ophiopogon	✓																*61*	*6–12*
Mai Ya/ Hordeum	✓	✪							✓									*9–30*
Man Jing Zi/ Vitex	✓		✓														*36*	*6–9*
Man Shan Hong/ Rhododendron	✓				❍													*25–50*
Mang Xiao/ Mirabilitum	✓	❍			❍				✓							●		*4,5–9*
Mao Dong Qing/Ilex	✓																	*30–60*
Mao Mei/ Rubus	✓				❍							✪						*15–60*
Mao Zhao Cao/ Ranunculus	✓																	*20–50*
Mei Gui Hua/ Rosa	✓		✓															*3–6*
Meng Chong/ Tabanus	✓	❍									●				✪	●		*1,5–3*
Meng Shi/ Lapis Micae seu Chloriti	✓	❍						✓		✓	●		✓			●		*1,5–3*

Name des Mittels	Dekokt	Pulver/Pillen zum Einnehmen ❍ eventuell ❂ üblicherweise ● immer	Verwendung mit Wein oder als Extrakt	Ganze Substanz wird oft getrennt eingenommen	Äußerliche Anwendung: ❍ möglich ❂ hauptsächlich (Vorsicht bei innerer Anwendung) ● ausschließlich	❂ Nicht kochen ● Im Kühlschrank aufbewahren	Gegen Ende des Kochprozesses zugeben – in den letzten: ❍ 5 Min. ❂ 10 Min. ● 15 Min.	30 – 60 Min. kochen, bevor die übrigen Kräuter zugegeben werden	Im fertigen, abgeseihten Dekokt auflösen/ziehen lassen	Zum Kochen in ein durchlässiges Tuch einwickeln (Mulltuch)	Schneiden oder zerkleinern: ❂ kleine Stücke ● Pulver	Verwendung: ❂ frisch oder getrocknet ● nur frisch	Als Fertigpräparat erhältlich – in dieser Form weniger toxisch oder stärker wirksam	In karbonisierter Form erhältlich	❂ Leicht toxisch ● stark toxisch	Kontraindiziert während der Schwangerschaft: ❂ Vorsicht ● auf keinen Fall verwenden	Warnhinweise – siehe S. 620	Standarddosis in Gramm
Mi Meng Hua/ Buddleia	✓																	*3–9*
Mi Tuo Seng/ Lithargyrum		❍			❂										●			*0,3–1*
Mian Hua Gen/ Gossypium	✓															●		*50–100*
Ming Dang Shen/Changium	✓															●		*6–9*
Ming Fan/ Alumen		❍			❂						●				❂		*67*	*0,5–3*
Mo Yao/ Commiphora	✓				❍											●		*3–12*
Mu Bie Zi/ Momordica		❍			❂										●	●		*0,6–1,2*
Mu Dan Pi/ Paeonia	✓															●	*38*	*6–12*
Mu Gua/ Chaenomeles	✓																	*4,5–12*
Mu Hu Die/ Oroxylum	✓				❍													*1,5–6*
Mu Li/ Ostrea	✓							✓			❂		✓				*17*	*15–30*
Mu Tong/ Akebia	✓															●		*3–9*
Mu Xiang/ Saussurea	✓						❍											*1,5–9*
Mu Zei/ Equisetum	✓				❍											❂		*3–9*
Nan Gua Zi/ Cucurbita	✓	❍										❂						*30–60*

Name des Mittels	Dekokt	Pulver/Pillen zum Einnehmen ❍ eventuell ❂ üblicherweise ● immer	Verwendung mit Wein oder als Extrakt	Ganze Substanz wird oft getrennt eingenommen	Äußerliche Anwendung: ❍ möglich ❂ hauptsächlich (Vorsicht bei innerer Anwendung) ● ausschließlich	❂ Nicht kochen ● Im Kühlschrank aufbewahren	Gegen Ende des Kochprozesses zugeben – in den letzten: ❍ 5 Min. ❂ 10 Min. ● 15 Min.	30–60 Min. kochen, bevor die übrigen Kräuter zugegeben werden	Im fertigen, abgeseihten Dekokt auflösen/ziehen lassen	Zum Kochen in ein durchlässiges Tuch einwickeln (Mulltuch)	Schneiden oder zerkleinern: ❂ kleine Stücke ● Pulver	Verwendung: ❂ frisch oder getrocknet ● nur frisch	Als Fertigpräparat erhältlich – in dieser Form weniger toxisch oder stärker wirksam	In karbonisierter Form erhältlich	❂ Leicht toxisch ● stark toxisch	Kontraindiziert während der Schwangerschaft: ❂ Vorsicht ● auf keinen Fall verwenden	Warnhinweise – siehe S. 620	Standarddosis in Gramm
Nan Sha Shen/ Adenophora	✓																4	9–15
Niu Bang Zi/ Arctium	✓																	4,5–9
Niu Dan/Bos		●			❍													
Niu Huang/Bos		●		✓	❍	❂					●					●	20	0,15–1
Nu Zhen Zi/ Ligustrum	✓																	4,5–15
Nuo Dao Gen/ Oryza	✓																	25–50
Ou Jie/ Nelumbo	✓											❂						9–15
Pang Da Hai/ Sterculia	✓				❍													4,5–9
Pao Jiang/ Zingiber	✓															❂		3–6
Pei Lan/ Eupatorium	✓																	5–9
Peng Sha/ Borax		❍			❂						●					●		1,5–3
Pi Pa Ye/ Eriobotrya	✓											❂						4,5–9
Pi Shi/ Arsenolite					●										●	●		0,03–0,08
Pu Gong Ying/ Taraxacum	✓				❍							❂						9–30
Pu Huang/ Typha	✓			✓	❍					✓	●			✓		❂		4,5–9
Pu Hui/Typha	✓													✓				

Name des Mittels	Dekokt	Pulver/Pillen zum Einnehmen ○ eventuell ❂ üblicherweise ● immer	Verwendung mit Wein oder als Extrakt	Ganze Substanz wird oft getrennt eingenommen	Äußerliche Anwendung: ○ möglich ❂ hauptsächlich (Vorsicht bei innerer Anwendung) ● ausschließlich	❂ Nicht kochen ● Im Kühlschrank aufbewahren	Gegen Ende des Kochprozesses zugeben – in den letzten: ○ 5 Min. ❂ 10 Min. ● 15 Min.	30–60 Min. kochen, bevor die übrigen Kräuter zugegeben werden	Im fertigen, abgeseihten Dekokt auflösen/ziehen lassen	Zum Kochen in ein durchlässiges Tuch einwickeln (Mulltuch)	Schneiden oder zerkleinern: ❂ kleine Stücke ● Pulver	Verwendung: ❂ frisch oder getrocknet ● nur frisch	Als Fertigpräparat erhältlich – in dieser Form weniger toxisch oder stärker wirksam	In karbonisierter Form erhältlich	❂ Leicht toxisch ● stark toxisch	Kontraindiziert während der Schwangerschaft: ❂ Vorsicht ● auf keinen Fall verwenden	Warnhinweise – siehe S. 620	Standarddosis in Gramm
Qian Cao Gen/ Rubia	✓																	*6–9*
Qian Dan/ Minium		○			❂										●			*0,3–0,6*
Qian Hu/ Peucedanum	✓																*4*	*4,5–9*
Qian Li Guang/ Senecio	✓											❂						*9–15*
Qian Niu Zi/ Pharbitis	✓	○													❂	●		*1,5–9*
Qian Shi/ Euryale	✓										❂							*9–15*
Qiang Huo/ Notopterygium	✓																	*6–15*
Qiao Mai/ Fagopyrum	✓																	*3–50*
Qin Jiao/ Gentiana	✓																	*4,5–9*
Qin Pi/Fraxinus	✓																	*4,5–9*
Qing Dai/ Indigo		❂			○				✓									*1,5–2,5*
Qing Fen/ Calomelas		○			❂						●				●	●		*0,06–0,15*
Qing Hao/ Artemisia	✓																*18*	*4,5–9*
Qing Mu Xiang/ Aristolochia	✓																	*3–9*
Qing Pi/Citrus	✓						●											*3–9*
Qing Xiang Zi/ Celosia	✓																	*9–15*

Name des Mittels	Dekokt	Pulver/Pillen zum Einnehmen ❍ eventuell ❂ üblicherweise ● immer	Verwendung mit Wein oder als Extrakt	Ganze Substanz wird oft getrennt eingenommen	Äußerliche Anwendung: ❍ möglich ❂ hauptsächlich (Vorsicht bei innerer Anwendung) ● ausschließlich	❂ Nicht kochen ● Im Kühlschrank aufbewahren	Gegen Ende des Kochprozesses zugeben – in den letzten: ❍ 5 Min. ❂ 10 Min. ● 15 Min.	30–60 Min. kochen, bevor die übrigen Kräuter zugegeben werden	Im fertigen, abgeseihten Dekokt auflösen/ziehen lassen	Zum Kochen in ein durchlässiges Tuch einwickeln (Mulltuch)	Schneiden oder zerkleinern: ❂ kleine Stücke ● Pulver	Verwendung: ❂ frisch oder getrocknet ● nur frisch	Als Fertigpräparat erhältlich – in dieser Form weniger toxisch oder stärker wirksam	In karbonisierter Form erhältlich	❂ Leicht toxisch ● stark toxisch	Kontraindiziert während der Schwangerschaft: ❂ Vorsicht ● auf keinen Fall verwenden	Warnhinweise – siehe S. 620	Standarddosis in Gramm
Qu Mai/ Dianthus	✓															●	*45*	*6–12*
Quan Xie/ Buthus	✓	❂			❍						●				●			*0,6–0,9*
Ren Shen/ Panax	✓	❍		✓									✓				*19*	*1,5–9*
Ren Shen Lu/ Panax	✓																	*3–9*
Ren Shen Ye/ Panax	✓																	*3–9*
Rou Cong Rong/ Cistanche	✓																	*9–21*
Rou Dou Kou/ Myristica	✓										❂				❂			*1,5–9*
Rou Gui/ Cinnamomum	✓	❂	✓				❍		✓		●					❂	*31*	*1,5–4,5*
Ru Xiang/ Boswellia	✓				❍											●		*3–9*
San Bai Cao/ Saururus	✓				❍													*9–15*
San Leng/ Sparganium	✓															●	*53*	*4,5–9*
San Qi/ Panax	✓	❂		✓	❍											●		*1–9*
San Qi Hua/ Panax	✓																	*6–15*
Sang Bai Pi/ Morus	✓																	*6–15*
Sang Ji Sheng/ Loranthus	✓																	*9–30*

Name des Mittels	Dekokt	Pulver/Pillen zum Einnehmen ○ eventuell ❂ üblicherweise ● immer	Verwendung mit Wein oder als Extrakt	Ganze Substanz wird oft getrennt eingenommen	Äußerliche Anwendung: ○ möglich ❂ hauptsächlich (Vorsicht bei innerer Anwendung) ● ausschließlich	❂ Nicht kochen ● Im Kühlschrank aufbewahren	Gegen Ende des Kochprozesses zugeben – in den letzten: ○ 5 Min. ❂ 10 Min. ● 15 Min.	30–60 Min. kochen, bevor die übrigen Kräuter zugegeben werden	Im fertigen, abgeseihten Dekokt auflösen/ziehen lassen	Zum Kochen in ein durchlässiges Tuch einwickeln (Mulltuch)	Schneiden oder zerkleinern: ❂ kleine Stücke ● Pulver	Verwendung: ❂ frisch oder getrocknet ● nur frisch	Als Fertigpräparat erhältlich – in dieser Form weniger toxisch oder stärker wirksam	In karbonisierter Form erhältlich	❂ Leicht toxisch ● stark toxisch	Kontraindiziert während der Schwangerschaft: ❂ Vorsicht ● auf keinen Fall verwenden	Warnhinweise – siehe S. 620	Standarddosis in Gramm
Sang Piao Xiao/ Paratenodera	✓	❂															34	5–9
Sang Shen/ Morus	✓																	9–15
Sang Ye/ Morus	✓				○													5–15
Sang Zhi/ Morus	✓																	10–30
Sha Ren/ Amomum	✓						○				❂							1,5–6
Sha Ren Ke/ Amomum	✓				○		○				❂							2,5–4,5
Sha Yuan Ji Li/ Astragalus	✓																	6–15
Shan Ci Gu/ Tulipa	✓				❂						❂				●			3–9
Shan Dou Gen/ Sophora	✓				○													3–9
Shan Li Hong/ Crataegus	✓																	3–9
Shan Yang Jiao/ Naemorhedis	✓	❂		✓				✓			❂							9–15
Shan Yao/ Dioscorea	✓																	9–30
Shan Zha/ Crataegus	✓																	9–15
Shan Zha Rou/ Crataegus	✓																	12–15
Shan Zha Tan/ Crataegus	✓													✓				12–15

Name des Mittels	Dekokt	Pulver/Pillen zum Einnehmen ❍ eventuell ❂ üblicherweise ● immer	Verwendung mit Wein oder als Extrakt	Ganze Substanz wird oft getrennt eingenommen	Äußerliche Anwendung: ❍ möglich ❂ hauptsächlich ● ausschließlich (Vorsicht bei innerer Anwendung)	❂ Nicht kochen ● Im Kühlschrank aufbewahren	Gegen Ende des Kochprozesses zugeben – in den letzten: ❍ 5 Min. ❂ 10 Min. ● 15 Min.	30–60 Min. kochen, bevor die übrigen Kräuter zugegeben werden	Im fertigen, abgeseihten Dekokt auflösen/ziehen lassen	Zum Kochen in ein durchlässiges Tuch einwickeln (Mulltuch)	Schneiden oder zerkleinern: ❂ kleine Stücke ● Pulver	Verwendung: ❂ frisch oder getrocknet ● nur frisch	Als Fertigpräparat erhältlich – in dieser Form weniger toxisch oder stärker wirksam	In karbonisierter Form erhältlich	❂ Leicht toxisch ● stark toxisch	Kontraindiziert während der Schwangerschaft: ❂ Vorsicht ● auf keinen Fall verwenden	Warnhinweise – siehe S. 620	Standarddosis in Gramm
Shan Zhu Yu/ Cornus	✓																*64*	*3–12*
Shang Lu/ Phytolacca	✓				❍							❂			●	●		*4,5–9*
She Chuang Zi/ Cnidium	✓	❍			❂												*69*	*3–9*
She Gan/ Belamcanda	✓															●		*1,5–9*
She Xiang/ Moschus		●		✓	❍	❂					●					●		*0,06–0,15*
She Tui/ Zaocys	✓	❍														●		*0,3–3*
Shen Jin Cao/ Lycopodium	✓															●		*9–15*
Shen Qu/Massa Fermentata	✓	❍											✓			❂		*6–12*
Sheng Di Huang/ Rehmannia	✓											❂				❂		*9–30*
Sheng Jiang/ Zingiber	✓				❍							●						*3–9*
Sheng Jiang Pi/ Zingiber	✓											●						*3–9*
Sheng Ma/ Cimicifuga	✓																	*1,5–9*
Sheng Tie Luo/ Frusta Ferri	✓							✓			❂							*9–30*
Shi Chang Pu/ Acorus	✓	❍			❍							❂					*67*	*3–9*
Shi Da Gong Lao/Mahonia	✓																	*6–9*

Name des Mittels	Dekokt	Pulver/Pillen zum Einnehmen ❍ eventuell ❂ üblicherweise ● immer	Verwendung mit Wein oder als Extrakt	Ganze Substanz wird oft getrennt eingenommen	Äußerliche Anwendung: ❍ möglich ❂ hauptsächlich (Vorsicht bei innerer Anwendung) ● ausschließlich	❂ Nicht kochen ● Im Kühlschrank aufbewahren	Gegen Ende des Kochprozesses zugeben – in den letzten: ❍ 5 Min. ❂ 10 Min. ● 15 Min.	30–60 Min. kochen, bevor die übrigen Kräuter zugegeben werden	Im fertigen, abgeseihten Dekokt auflösen/ziehen lassen	Zum Kochen in ein durchlässiges Tuch einwickeln (Mulltuch)	Schneiden oder zerkleinern: ❂ kleine Stücke ● Pulver	Verwendung: ❂ frisch oder getrocknet ● nur frisch	Als Fertigpräparat erhältlich – in dieser Form weniger toxisch oder stärker wirksam	In karbonisierter Form erhältlich	❂ Leicht toxisch ● stark toxisch	Kontraindiziert während der Schwangerschaft: ❂ Vorsicht ● auf keinen Fall verwenden	Warnhinweise – siehe S. 620	Standarddosis in Gramm
Shi Di/ Diospyros	✓																	*6–12*
Shi Gao/ Gypsum	✓				❍			✓			❂							*9–30*
Shi Hu/ Dendrobium	✓																*32*	*6–15*
Shi Jue Ming/ Haliotis	✓	❍			❍			✓			❂						*34*	*9–30*
Shi Jun Zi/ Quisqualis	✓										❂	❂			❂			*4,5–12*
Shi Liu Gen Pi/ Punica	✓														❂			*1,5–9*
Shi Liu Pi/ Punica	✓														❂		*21*	*3–9*
Shi Shang Bai/ Selaginella	✓			✓														*15–30*
Shi Wei/ Pyrrosia	✓																	*4,5–9*
Shu Di Huang/ Rehmannia	✓																	*9–30*
Shu Qi/Dichroa	✓														❂			*3–6*
Shu Yi Ren/ Coix	✓																	*9–30*
Shui Niu Jiao/ Bubalus	✓	❂		✓				✓								❂		*6–120*
Shui Yin/ Hydrargyrum					●										●	●	*22*	
Shui Zhi/Hirudo		●									●				❂	●		*1,5–3*
Si Gua Luo/ Luffa	✓																	*6–12*

S

Name des Mittels	Dekokt	Pulver/Pillen zum Einnehmen ○ eventuell ❂ üblicherweise ● immer	Verwendung mit Wein oder als Extrakt	Ganze Substanz wird oft getrennt eingenommen	Äußerliche Anwendung: ○ möglich ❂ hauptsächlich (Vorsicht bei innerer Anwendung) ● ausschließlich	❂ Nicht kochen ● Im Kühlschrank aufbewahren	Gegen Ende des Kochprozesses zugeben – in den letzten: ○ 5 Min. ❂ 10 Min. ● 15 Min.	30–60 Min. kochen, bevor die übrigen Kräuter zugegeben werden	Im fertigen, abgeseihten Dekokt auflösen/ziehen lassen	Zum Kochen in ein durchlässiges Tuch einwickeln (Mulltuch)	Schneiden oder zerkleinern: ❂ kleine Stücke ● Pulver	Verwendung: ❂ frisch oder getrocknet ● nur frisch	Als Fertigpräparat erhältlich – in dieser Form weniger toxisch oder stärker wirksam	In karbonisierter Form erhältlich	❂ Leicht toxisch ● stark toxisch	Kontraindiziert während der Schwangerschaft: ❂ Vorsicht ● auf keinen Fall verwenden	Warnhinweise – siehe S. 620	Standarddosis in Gramm
Song Jie/Pinus	✓										❂							*9–15*
Su He Xiang/ Liquidambar		●			○													*0,3–1*
Su Mu/ Caesalpinia	✓										❂					●		*3–9*
Suan Jiang/ Physalis	✓				○							❂				❂		*9–15*
Suan Zao Ren/ Ziziphus	✓	○									❂							*1,5–18*
Suo Yang/ Cynomorium	✓	○																*5–15*
Tai Zi Shen/ Pseudostellaria	✓																*4*	*9–30*
Tan Xiang/ Santalum	✓	○					●				❂							*1,5–9*
Tang Song Cao/ Thalictrum	✓																	*3–9*
Tao Ren/ Prunus	✓										❂					●		*5–9*
Tian Hua Fen/ Trichosanthes	✓				○											●		*9–15*
Tian Ma/ Gastrodia	✓	○																*0,9–9*
Tian Men Dong/ Asparagus	✓																	*6–15*
Tian Nan Xing/ Arisaema	✓	●			❂						●				●	●	*23*	*0,3–1*
Tian Zhu Huang/ Bambusa	✓	○																*0,6–9*

Name des Mittels	Dekokt	Pulver/Pillen zum Einnehmen ❍ eventuell ❂ üblicherweise ● immer	Verwendung mit Wein oder als Extrakt	Ganze Substanz wird oft getrennt eingenommen	Äußerliche Anwendung: ❍ möglich ❂ hauptsächlich (Vorsicht bei innerer Anwendung) ● ausschließlich	❂ Nicht kochen ● Im Kühlschrank aufbewahren	Gegen Ende des Kochprozesses zugeben – in den letzten: ❍ 5 Min. ❂ 10 Min. ● 15 Min.	30–60 Min. kochen, bevor die übrigen Kräuter zugegeben werden	Im fertigen, abgeseihten Dekokt auflösen/ziehen lassen	Zum Kochen in ein durchlässiges Tuch einwickeln (Mulltuch)	Schneiden oder zerkleinern: ❂ kleine Stücke ● Pulver	Verwendung: ❂ frisch oder getrocknet ● nur frisch	Als Fertigpräparat erhältlich – in dieser Form weniger toxisch oder stärker wirksam	In karbonisierter Form erhältlich	❂ Leicht toxisch ● stark toxisch	Kontraindiziert während der Schwangerschaft: ❂ Vorsicht ● auf keinen Fall verwenden	Warnhinweise – siehe S. 620	Standarddosis in Gramm
Tie Xian/ Acalypha	✓				❍							❂				●		*9–15*
Ting Li Zi/ Lepidium	✓									✓								*4,5–9*
Tong Cao/ Tetrapanax	✓															❂		*3–6*
Tu Bie Chong/ Eupolyphaga	✓	❍			❍						●				❂	●		*1–6*
Tu Fu Ling/ Smilax	✓																	*15–60*
Tu Niu Xi/ Achyranthes	✓															●		*15–30*
Tu Si Zi/ Cuscuta	✓															❂		*9–15*
Wa Leng Zi/ Arca	✓							✓			❂							*9–15*
Wan Nian Qing/Rhodea	✓											❂			❂			*3–9*
Wang Bu Liu Xing/Vaccaria	✓															●		*4,5–9*
Wei Jiang/ Zingiber	✓															❂		*6–12*
Wei Ling Xian/ Clematis	✓		✓															*6–12*
Wu Bei Zi/Rhus Melaphis	✓	❂			❍													*1–6*
Wu Gong/ Scolopendra	✓	❂			❍						●				●	●		*0,6–3*
Wu Jia Pi/ Acanthopanax	✓		✓															*4,5–15*

Name des Mittels	Dekokt	Pulver/Pillen zum Einnehmen ❍ eventuell ❂ üblicherweise ● immer	Verwendung mit Wein oder als Extrakt	Ganze Substanz wird oft getrennt eingenommen	Äußerliche Anwendung: ❍ möglich ❂ hauptsächlich (Vorsicht bei innerer Anwendung) ● ausschließlich	❂ Nicht kochen ● Im Kühlschrank aufbewahren	Gegen Ende des Kochprozesses zugeben – in den letzten: ❍ 5 Min. ❂ 10 Min. ● 15 Min.	30 – 60 Min. kochen, bevor die übrigen Kräuter zugegeben werden	Im fertigen, abgeseihten Dekokt auflösen/ziehen lassen	Zum Kochen in ein durchlässiges Tuch einwickeln (Mulltuch)	Schneiden oder zerkleinern: ❂ kleine Stücke ● Pulver	Verwendung: ❂ frisch oder getrocknet ● nur frisch	Als Fertigpräparat erhältlich – in dieser Form weniger toxisch oder stärker wirksam	In karbonisierter Form erhältlich	❂ Leicht toxisch ● stark toxisch	Kontraindiziert während der Schwangerschaft: ❂ Vorsicht ● auf keinen Fall verwenden	Warnhinweise – siehe S. 620	Standarddosis in Gramm
Wu Jiu Gen Pi/ Sapium	✓														❂	●		*4,5–9*
Wu Ling Zhi/ Trogopterus	✓									✓						❂	*24*	*4,5–9*
Wu Mei/Prunus	✓				❍													*3–9*
Wu Shao She/ Zaocys	✓	❂		✓														*3–9*
Wu Tou/ Aconitum	✓				❍			✓					✓		●	●	*25*	*3–9*
Wu Wei Zi/ Schisandra	✓		✓															*1,5–9*
Wu Yao/ Lindera	✓																	*4,5–9*
Wu Zhi Mao Tao/Ficus	✓																	
Wu Zhu Yu/ Evodia	✓														❂		*55*	*3–9*
Xi Gua/ Citrullus	✓					❂						●						*1 Tasse Saft*
Xi Hong Hua/ Crocus	✓															●		*0,9–1,5*
Xi Jiao/ Rhinoceros		●		✓												❂	*9*	*1–2*
Xi Xian Cao/ Siegesbeckia	✓		✓															*9–15*
Xi Xin/Asarum	✓				❍												*35*	*1–3*
Xi Yang Shen/ Panax	✓			✓													*4*	*2,5–9*
Xia Ku Cao/ Prunella	✓																	*6–15*

Name des Mittels	Dekokt	Pulver/Pillen zum Einnehmen ○ eventuell ❂ üblicherweise ● immer	Verwendung mit Wein oder als Extrakt	Ganze Substanz wird oft getrennt eingenommen	Äußerliche Anwendung: ○ möglich ❂ hauptsächlich ● ausschließlich (Vorsicht bei innerer Anwendung)	❂ Nicht kochen ● Im Kühlschrank aufbewahren	Gegen Ende des Kochprozesses zugeben – in den letzten: ○ 5 Min. ❂ 10 Min. ● 15 Min.	30–60 Min. kochen, bevor die übrigen Kräuter zugegeben werden	Im fertigen, abgeseihten Dekokt auflösen/ziehen lassen	Zum Kochen in ein durchlässiges Tuch einwickeln (Mulltuch)	Schneiden oder zerkleinern: ❂ kleine Stücke ● Pulver	Verwendung: ❂ frisch oder getrocknet ● nur frisch	Als Fertigpräparat erhältlich – in dieser Form weniger toxisch oder stärker wirksam	In karbonisierter Form erhältlich	❂ Leicht toxisch ● stark toxisch	Kontraindiziert während der Schwangerschaft: ❂ Vorsicht ● auf keinen Fall verwenden	Warnhinweise – siehe S. 620	Standarddosis in Gramm
Xian He Cao/ Agrimonia	✓				○							❂						*9–15*
Xian Mao/ Curculigo	✓		✓												❂			*4,5–9*
Xiang Fu/ Cyperus	✓																	*4,5–12*
Xiang Ru/ Elsholtzia	✓						○											*3–9*
Xiao Hui Xiang/ Foeniculum	✓				○													*3–9*
Xiao Ji/ Cephalanoplos	✓				○							❂						*10–15*
Xie Bai/Allium	✓											❂						*4,5–9*
Xin Yi Hua/ Magnolia	✓	○			○					✓								*3–9*
(Ku) Xing Ren/ Prunus	✓										❂				❂		*48*	*3–9*
(Tian) Xing Ren/ Prunus	✓										❂				❂			*3–9*
Xiong Dan/ Ursus		●		✓	○						●						*26*	*1–2,5*
Xiong Huang/ Realgar		●			❂						●				●	●		*0,15–0,6*
Xu Duan/ Dipsacus	✓				○												*58*	*6–21*
Xu Sui Zi/ Euphorbia		●													❂	●		*1,5–3*
Xuan Fu Hua/ Inula	✓									✓								*3–12*

Name des Mittels	Dekokt	Pulver/Pillen zum Einnehmen ○ eventuell ◎ üblicherweise ● immer	Verwendung mit Wein oder als Extrakt	Ganze Substanz wird oft getrennt eingenommen	Äußerliche Anwendung: ○ möglich ◎ hauptsächlich (Vorsicht bei innerer Anwendung) ● ausschließlich	◎ Nicht kochen ● Im Kühlschrank aufbewahren	Gegen Ende des Kochprozesses zugeben – in den letzten: ○ 5 Min. ◎ 10 Min. ● 15 Min.	30–60 Min. kochen, bevor die übrigen Kräuter zugegeben werden	Im fertigen, abgeseihten Dekokt auflösen/ziehen lassen	Zum Kochen in ein durchlässiges Tuch einwickeln (Mulltuch)	Schneiden oder zerkleinern: ◎ kleine Stücke ● Pulver	Verwendung: ◎ frisch oder getrocknet ● nur frisch	Als Fertigpräparat erhältlich – in dieser Form weniger toxisch oder stärker wirksam	In karbonisierter Form erhältlich	◎ Leicht toxisch ● stark toxisch	Kontraindiziert während der Schwangerschaft: ◎ Vorsicht ● auf keinen Fall verwenden	Warnhinweise – siehe S. 620	Standarddosis in Gramm
Xuan Ming Fen/ Mirabilitum					●	◎												
Xuan Shen/ Scrophularia	✓																*29*	*9–30*
Xue Jie/ Dracaena		●			○											●		*0,3–1,5*
Xue Yu Tan/ HomoSapiens	✓	◎			○									✓				*1,5–9*
Xun Gu Feng/ Aristolochia	✓																	*9–15*
Ya Dan Zi/ Brucea		●			○										●	◎		*10–30 Stück*
Ya Zhi Cao/ Commelina	✓				○							◎						*9–15*
Yan Fu Mu/ Rhus	✓				○													*9–15*
Yan Hu Suo/ Corydalis	✓	○														●		*4,5–12*
Yang Qi Shi/ Actinolitum		●											✓				*60*	*3–4,5*
Ye Jiao Teng/ Polygonum	✓				○													*9–30*
Ye Ju Hua/ Chrysanthemum	✓				○													*6–12*
Ye Ming Sha/ Vespertilio	✓															◎	*37*	*3–9*
Yi Mu Cao/ Leonurus	✓															●		*9–30*
Yi Tang/Saccharum Granorum						◎			✓									*30–60*

Name des Mittels	Dekokt	Pulver/Pillen zum Einnehmen ❍ eventuell ❂ üblicherweise ● immer	Verwendung mit Wein oder als Extrakt	Ganze Substanz wird oft getrennt eingenommen	Äußerliche Anwendung: ❍ möglich ❂ hauptsächlich (Vorsicht bei innerer Anwendung) ● ausschließlich	❂ Nicht kochen ● Im Kühlschrank aufbewahren	Gegen Ende des Kochprozesses zugeben – in den letzten: ❍ 5 Min. ❂ 10 Min. ● 15 Min.	30–60 Min. kochen, bevor die übrigen Kräuter zugegeben werden	Im fertigen, abgeseihten Dekokt auflösen/ziehen lassen	Zum Kochen in ein durchlässiges Tuch einwickeln (Mulltuch)	Schneiden oder zerkleinern: ❂ kleine Stücke ● Pulver	Verwendung: ❂ frisch oder getrocknet ● nur frisch	Als Fertigpräparat erhältlich – in dieser Form weniger toxisch oder stärker wirksam	In karbonisierter Form erhältlich	❂ Leicht toxisch ● stark toxisch	Kontraindiziert während der Schwangerschaft: ❂ Vorsicht ● auf keinen Fall verwenden	Warnhinweise – siehe S. 620	Standarddosis in Gramm
Yi Yi Ren/Coix	✓										❂					❂		*9–30*
Yi Zhi Ren/ Alpinia	✓										❂							*3–9*
Yin Chai Hu/ Stellaria	✓																	*3–9*
Yin Chen Hao/ Artemisia	✓																	*9–15*
Yin Yang Huo/ Epimedium	✓		✓															*6–15*
Ying Su Ke/ Papaver	✓														●			*1,5–6*
Yu Jin/ Curcuma	✓															❂	*51*	*4,5–9*
Yu Li Ren/ Prunus	✓										❂					❂		*3–9*
Yu Mi Xu/Zea	✓																	*15–30*
Yu Xing Cao/ Houttuynia	✓				❍							❂						*15–30*
Yu Zhu/ Polygonatum	✓																	*9–15*
Yuan Hua/ Daphne	✓	❂			❍										❂	●	*8*	*1,5–3*
Yuan Zhi/ Polygala	✓		✓		❍													*3–9*
Yue Ji Hua/ Rosa	✓		✓													●		*3–6*
Zao Jiao/ Gleditsia		●			❍						●				❂	●		*0,6–1,5*
Zao Jiao Ci/ Gleditsia	✓	❍			❍										❂	●		*3–9*

Name des Mittels	Dekokt	Pulver/Pillen zum Einnehmen ○ eventuell ❂ üblicherweise ● immer	Verwendung mit Wein oder als Extrakt	Ganze Substanz wird oft getrennt eingenommen	Äußerliche Anwendung: ○ möglich ❂ hauptsächlich (Vorsicht bei innerer Anwendung) ● ausschließlich	❂ Nicht kochen ● Im Kühlschrank aufbewahren	Gegen Ende des Kochprozesses zugeben – in den letzten: ○ 5 Min. ❂ 10 Min. ● 15 Min.	30–60 Min. kochen, bevor die übrigen Kräuter zugegeben werden	Im fertigen, abgeseihten Dekokt auflösen/ziehen lassen	Zum Kochen in ein durchlässiges Tuch einwickeln (Mulltuch)	Schneiden oder zerkleinern: ❂ kleine Stücke ● Pulver	Verwendung: ❂ frisch oder getrocknet ● nur frisch	Als Fertigpräparat erhältlich – in dieser Form weniger toxisch oder stärker wirksam	In karbonisierter Form erhältlich	❂ Leicht toxisch ● stark toxisch	Kontraindiziert während der Schwangerschaft: ❂ Vorsicht ● auf keinen Fall verwenden	Warnhinweise – siehe S. 620	Standarddosis in Gramm
Zao Xiu/Paris	✓				○										❂	●		*3–9*
Ze Lan/Lycopus	✓				○											❂		*4,5–9*
Ze Qi/ Euphorbia	✓				○										❂			*3–15*
Ze Xie/Alisma	✓																	*6–15*
Zhang Nao/ Cinnamomum		○	✓		❂										●	●		*0,06–0,15*
Zhe Bei Mu/ Fritillaria	✓																*9*	*4,5–9*
Zhen Zhu/ Pteria		●		✓	○			✓			●							*0,6–1*
Zhen Zhu Mu/ Pteria	✓	○						✓			❂							*15–30*
Zhi Gan Cao/ Glycyrrhiza	✓												✓					*2–12*
Zhi Ke/Citrus	✓															❂		*3–9*
Zhi Mu/ Anemarrhena	✓																	*6–15*
Zhi Shi/Citrus	✓															❂		*3–9*
Zhi Nan Xing/ Arisaema	✓														❂	●		*4,5–9*
Zhi Zi/ Gardenia	✓				○						❂							*6–12*
Zhu Ling/ Polyporus	✓																	*6–15*
Zhu Li/ Bambusa		❂		✓								❂						*9–60*
Zhu Ma Gen/ Boehmeria	✓				○													*5–15*

Name des Mittels	Dekokt	Pulver/Pillen zum Einnehmen ❍ eventuell ✪ üblicherweise ● immer	Verwendung mit Wein oder als Extrakt	Ganze Substanz wird oft getrennt eingenommen	Äußerliche Anwendung: ❍ möglich ✪ hauptsächlich (Vorsicht bei innerer Anwendung) ● ausschließlich	✪ Nicht kochen ● Im Kühlschrank aufbewahren	Gegen Ende des Kochprozesses zugeben – in den letzten: ❍ 5 Min. ✪ 10 Min. ● 15 Min.	30–60 Min. kochen, bevor die übrigen Kräuter zugegeben werden	Im fertigen, abgeseihten Dekokt auflösen/ziehen lassen	Zum Kochen in ein durchlässiges Tuch einwickeln (Mulltuch)	Schneiden oder zerkleinern: ✪ kleine Stücke ● Pulver	Verwendung: ✪ frisch oder getrocknet ● nur frisch	Als Fertigpräparat erhältlich – in dieser Form weniger toxisch oder stärker wirksam	In karbonisierter Form erhältlich	✪ Leicht toxisch ● stark toxisch	Kontraindiziert während der Schwangerschaft: ✪ Vorsicht ● auf keinen Fall verwenden	Warnhinweise – siehe S. 620	Standarddosis in Gramm
Zhu Ru/ Bambusa	✓																	*4,5–9*
Zhu Sha/ Cinnabaris		✪			❍	✪			✓		●				●	●		*0,3–1*
Zhu Sha Gen/ Ardisia	✓				❍													*9–15*
Zi Cao/ Lithospermum	✓				❍													*3–9*
Zi He Che/ Homo Sapiens		✪		✓							●							*2,5–4,5*
Zi Hua Di Ding/ Viola	✓				❍							✪						*10–16*
Zi Ran Tong/ Pyritum	✓	❍			❍			✓			✪							*0,3–9*
Zi Shi Ying/ Fluoritum	✓							✓			●							*6–15*
Zi Su Geng/ Perilla	✓																	*4,5–9*
Zi Su Ye/ Perilla	✓						●											*6–9*
Zi Su Zi/ Perilla	✓										●							*4,5–9*
Zi Wan/ Aster	✓																	*1,5–9*
Zi Zhu / Callicarpa	✓	❍			❍													*1,5–30*
Zong Lu Pi Tan/ Trachycarpus	✓	❍												✓				*1–15*

Warnhinweise zu den Seiten 585 bis 619

1. Nicht zusammen mit *Fu Zi*/Aconitum oder *Wu Tou*/Aconitum verwenden.
2. Nicht zusammen mit *Qian Niu Zi*/Pharbitis verwenden.
3. Nicht zusammen mit *Yu Jin*/Curcuma verwenden.
4. Nicht zusammen mit *Li Lu*/Veratrum verwenden.
5. Nicht zusammen mit *Long Dan Cao*/Gentiana verwenden.
6. Nicht zusammen mit *Bai Ji*/Bletilla, *(Fa) Ban Xia*/Pinellia, *Bei Mu*/Fritillaria, *Gua Lou*/Trichosanthes, *Xi Jiao*/Rhinoceros, *Wu Gong*/Scolopendra, *Bai Wei*/Cynanchum oder *Lu Dou*/Phaseolus verwenden.
7. Nicht zusammen mit *Jing Da Ji*/Euphorbia, *Yuan Hua*/Daphne, *Gan Sui*/Euphorbia, *Hai Zao*/Sargassum oder *Yuan Zhi*/Polygala verwenden.
8. Nicht zusammen mit *Gan Cao*/Glycyrrhiza verwenden.
9. Nicht zusammen mit *Wu Tou*/Aconitum verwenden.
10. Nicht zusammen mit *Gan Jiang*/Zingiber, *Huai Niu Xi*/Achyranthes oder *Wu Tou*/Aconitum verwenden.
11. Nicht zusammen mit *Fu Zi*/Aconitum oder *Bai Ji*/Bletilla verwenden.
12. Nicht in Stahl- oder Eisentöpfen kochen.
13. Nicht zusammen mit *Gan Cao*/Glycyrrhiza, *Yuan Hua*/Daphne oder *Hai Zao*/Sargassum verwenden.
14. Nicht zusammen mit *Huo Ma Ren*/Cannabis oder *Li Lu*/Veratrum verwenden.
15. Nicht zusammen mit *Xi Xin*/Asarum, *Bai Shao Yao*/Paeonia, *Dan Shen*/Salvia, *Dang Shen*/Codonopsis, *Ren Shen*/Panax, *Ku Shen*/Sophora, *Nan Sha Shen*/Adenophora oder *Bei Sha Shen*/Glehnia verwenden.
16. Nicht zusammen mit *Sheng Di Huang*/Rehmannia, *Cong Bai*/Allium oder *Da Suan*/Allium verwenden.
17. Nicht zusammen mit *Ma Huang*/Ephedra, *Wu Zhu Yu*/Evodia oder *Xi Xin*/Asarum verwenden.
18. Nicht zusammen mit *Sheng Di Huang*/Rehmannia oder *Dang Gui*/Angelica verwenden.
19. Nicht zusammen mit *Wu Ling Zhi*/Trogopterus oder *Li Lu*/Veratrum verwenden. Achtung: Dieses Mittel wird gewöhnlich separat gekocht.
20. Nicht zusammen mit *Long Dan Cao*/Gentiana, *Huai Niu Xi*/Achyranthes, *Chang Shan*/Dichroa, *Long Gu*/Os Draconis oder *Sheng Di Huang*/Rehmannia verwenden.
21. Nicht zusammen mit Fett oder Öl verwenden.
22. Nicht zusammen mit *Pi Shi*/Arsenolitum verwenden.
23. Nicht zusammen mit *Fu Zi*/Aconitum, *Gan Jiang*/Zingiber oder *Sheng Jiang*/Zingiber verwenden.
24. Nicht zusammen mit *Ren Shen*/Panax verwenden.
25. Nicht zusammen mit *Gua Lou*/Trichosanthes, *Bai Lian*/Ampelopsis, *Bei Mu*/Fritillaria, *Bai Ji*/Bletilla oder *(Fa) Ban Xia*/Pinellia verwenden.
26. Nicht zusammen mit *Sheng Di Huang*/Rehmannia oder *Han Fang Ji*/Stephania verwenden.
27. Nicht zusammen mit *Huang Jing Ye*/Polygonatum verwenden.

28. Nicht zusammen mit *Shi Hu*/Dendrobium, *Mang Xiao*/Mirabilitum, *Bie Jia*/Amyda, *Xiao Ji*/Cephalanoplos oder *Li Lu*/Veratrum verwenden.
29. Nicht zusammen mit *Gan Jiang*/Zingiber, *Li Lu*/Veratrum, *Huang Qi*/Astragalus, *Da Zao*/Ziziphus oder *Shan Zhu Yu*/Cornus verwenden.
30. Nicht zusammen mit *Wu Tou*/Aconitum oder *Qin Jiao*/Gentiana verwenden.
31. Nicht zusammen mit *Chi Shi Zi*/Halloysitum Rubrum verwenden.
32. Nicht zusammen mit *Ba Dou*/Croton oder *Lei Wan*/Omphalia verwenden.
33. Nicht zusammen mit *Li Lu*/Veratrum, *Gan Jiang*/Zingiber oder *Bei Xie*/Dioscorea verwenden.
34. Nicht zusammen mit *Xuan Fu Hua*/Inula verwenden.
35. Nicht zusammen mit *Hua Shi*/Talcum, *Shan Zhu Yu*/Cornus oder *Huang Qi*/Astragalus verwenden.
36. Nicht zusammen mit *Shi Gao*/Gypsum oder *Wu Tou*/Aconitum verwenden.
37. Nicht zusammen mit *Bai Wei*/Cynanchum verwenden.
38. Nicht zusammen mit *Tu Si Zi*/Cuscuta, *Bei Mu*/Fritillaria oder *Da Huang*/Rheum verwenden.
39. Nicht zusammen mit *Jing Da Ji*/Euphorbia, *Da Huang*/Rheum, *Huang Qi*/Astragalus, *Da Zao*/Ziziphus, *Shan Zhu Yu*/Cornus oder *Gan Jiang*/Zingiber verwenden.
40. Nicht zusammen mit *Li Lu*/Veratrum oder *Mu Dan Pi*/Paeonia verwenden.
41. Nicht zusammen mit *Huai Niu Xi*/Achyranthes, *Bai Xian Pi*/Dictamnus, *Ju Hua*/Chrysanthemum, *Xuan Shen*/Scrophularia, *Jiang Can*/Bombyx oder *Kuan Dong Hua*/Tussilago verwenden.
42. Nicht zusammen mit *Li Lu*/Veratrum, *Bei Mu*/Fritillaria oder *Tu Si Zi*/Cuscuta verwenden.
43. Nicht zusammen mit *Gan Cao*/Glycyrrhiza oder *Yuan Zhi*/Polygala verwenden.
44. Nicht zusammen mit *Bie Jia*/Amyda, *Qin Jiao*/Gentiana oder *Di Yu*/Sanguisorba verwenden.
45. Nicht zusammen mit *Sang Piao Xiao*/Paratenodera verwenden.
46. Nicht zusammen mit *Hai Piao Xiao*/Sepia verwenden.
47. Nicht zusammen mit *Bei Mu*/Fritillaria oder *Shi Chang Pu*/Acorus verwenden.
48. Nicht zusammen mit *Huang Qin*/Scutellaria, *Ge Gen*/Pueraria oder *Huang Qi*/Astragalus verwenden.
49. Nicht zusammen mit *Ma Huang*/Ephedra, *Huang Qin*/Scutellaria, *Xuan Shen*/Scrophularia, *Bei Mu*/Fritillaria, *Huang Lian*/Coptis, *Huang Qi*/Astragalus oder *Xin Yi Hua*/Magnolia verwenden.
50. Nicht zusammen mit *Ze Xie*/Alisma oder *Han Shui Shi*/Calcitum verwenden.
51. Nicht zusammen mit *Ding Xiang*/Syzygium verwenden.
52. Nicht zusammen mit *Po Xiao*/Sal Glauberis verwenden.
53. Nicht zusammen mit *Ya Xiao*/Nitrum verwenden.
54. Nicht zusammen mit *Bai Qian*/Cynanchum verwenden.
55. Nicht zusammen mit *Dan Shen*/Salvia oder *Zi Shi Ying*/Fluoritum verwenden.

56. Nicht zusammen mit *Kuan Dong Hua*/Tussilago, *Gua Lou*/Trichosanthes, *Fang Feng*/Ledebouriella oder *Fu Zi*/Aconitum verwenden.
57. Nicht zusammen mit *Da Huang*/Rheum verwenden.
58. Nicht zusammen mit *Lei Wan*/Omphalia verwenden.
59. Nicht zusammen mit *Bai Jiang Cao*/Patrinia verwenden.
60. Nicht zusammen mit *Lei Wan*/Omphalia, *Ze Xie*/Alisma, *Tu Si Zi*/Cuscuta oder *Chan Tui*/Cryptotympana verwenden.
61. Nicht zusammen mit *Bai Mu Er*/Tremella, *Ku Shen*/Sophora oder *Kuan Dong Hua*/Tussilago verwenden.
62. Nicht zusammen mit *Ren Shen*/Panax, *Nan Sha Shen*/Adenophora oder *Bei Sha Shen*/Glehnia verwenden.
63. Nicht zusammen mit *Ming Fan*/Alumen verwenden.
64. Nicht zusammen mit *Fang Feng*/Ledebouriella, *Guang Fang Ji*/Aristolochia oder *Jie Geng*/Platycodon verwenden.
65. Nicht zusammen mit *Dan Shen*/Salvia, *Mu Li*/Ostrea, *Shao Yao*/Paeonia oder *Gan Jiang*/Zingiber verwenden.
66. Nicht zusammen mit *Rou Gui*/Cinnamomum, *Huang Qin*/Scutellaria, *Yuan Hua*/Daphne oder *Da Huang*/Rheum verwenden.
67. Nicht zusammen mit *Ma Huang*/Ephedra verwenden.
68. Nicht zusammen mit *Ge Gen*/Pueraria oder *Bian Xu*/Polygonum verwenden.
69. Nicht zusammen mit *Mu Dan Pi*/Paeonia, *Ba Dou*/Croton oder *Bei Mu*/Fritillaria verwenden.

Teil 4

Index der Bezeichnungen

Dieser Teil ermöglicht eine sofortige Zuordnung nach botanischen, pharmazeutischen, deutschen und Pinyin-Bezeichnungen für über 480 chinesische Arzneimittel.

Da es bisher keine standardisierte Nomenklatur der östlichen Medizin gibt, herrscht bei Therapeuten und Schülern häufig Verwirrung. Manche Ausbildungsprogramme lehren nur die landläufigen und botanischen Namen, andere verwenden Pinyin- und pharmazeutische Bezeichnungen. Therapeuten sind oft hilflos, wenn Arzneimittel nach einer Nomenklatur benannt werden, mit der sie nicht vertraut sind.

Dieses Kapitel enthält alphabetisch sortierte Tabellen aller im Buch erwähnten Mittel nach den vier hierzulande am häufigsten verwendeten Nomenklatursystemen (botanisch, pharmazeutisch, deutsch und Pinyin). Die Mittelnamen in der ersten Spalte sind jeweils alphabetisch sortiert, wobei jedes Nomenklatursystem einmal in der ersten Spalte auftaucht.

Die Pinyin-Bezeichnungen der Mittel sind relativ standardisiert. Die botanischen Namen sind auf die Gattungsbezeichnung verkürzt und geben keine Artunterscheidungen an. Die pharmazeutische Nomenklatur besteht aus dem verwendeten Pflanzenteil, dem Gattungsbegriff, dem Artnamen sowie zusätzlichen Informationen, wie z.B. dem Entdeckungsort. Da die pharmazeutische Nomenklatur am spezifischsten ist, könnte man sie als die nützlichste betrachten, doch sie ist nicht unbedingt die am häufigsten verwendete. Landläufige Bezeichnungen sind aufgrund der unterschiedlichen Namen für dieselbe Pflanze an verschiedenen Orten oder in verschiedenen Ländern am unzuverlässigsten. Häufig gibt es zwei oder drei landläufige Bezeichnungen für eine Pflanze, in denen sich geographische und volkskundliche Unterschiede spiegeln.

Bei Arzneimitteln, die keine pflanzlichen Substanzen sind, gelten einige Besonderheiten: Tierische Substanzen werden in der Spalte der botanischen Bezeichnungen mit ihrem zoologischen Namen aufgeführt, mineralische Substanzen mit ihrem pharmazeutischen Namen.

In der Spalte der pharmazeutischen Bezeichnungen sind einige Arzneimittel mit einem Stern (*) gekennzeichnet. Dabei handelt es sich um umstrittene oder aus unklaren Quellen stammende Bezeichnungen. Die Autoren haben sich entschlossen, lieber umstrittene pharmazeutische Namen aufzunehmen, als die entsprechenden Arzneimittel komplett aus den Tabellen auszuschließen.

Kräuternamen nach Pinyin sortiert

Pinyin	Botanisch	Pharmazeutisch	Englisch	Deutsch
Ai Ye	*Artemisia*	*Folium Artemisiae Argyi*	*Mugwort Leaf*	*Gemeiner Beifuß, Beifußblätter*
An Xi Xiang	*Styrax*	*Benzoinum*	*Processed Resin of Styrax Benzoin*	*Harz des Benzoe-Storaxbaums*
Ba Dou	*Croton*	*Semen Croton Tiglii*	*Croton Seed*	*Krotonsamen*
Ba Ji Tian	*Morinda*	*Radix Morindae Officinalis*	*Morinda Root*	*Morinda-Wurzel*
Ba Jiao Hui Xiang	*Illicium*	*Fructus Illicii**	*Star Anise Fruit*	*Sternanissamen*
Ba Qia	*Smilax*	*Rhizoma Smilacis China**	*Smilax Rhizome*	*Chinawurzel*
Ba Xian Hua	*Hydrangea*	*Flos Hydrangeae Macrophyllae**	*Hydrangea Flower*	*Hortensienblüten*
Ba Yue Zha	*Akebia*	*Fructus Akebiae*	*Akebia Fruit*	*Akebia-Früchte*
Bai Bu	*Stemona*	*Radix Stemonae*	*Stemona Root*	*Stemona-Wurzel*
Bai Dou Kou	*Amomum*	*Fructus Amomi Kravanh*	*Round Cardamon Fruit; Cluster Fruit*	*Kardamom*
Bai Fu Zi	*Typhonium*	*Rhizoma Typhonii Gigantei*	*Typhonium Rhizome*	*Typhonium-Wurzelstock*
Bai Guo	*Ginkgo*	*Semen Ginkgo Bilobae*	*Ginkgo Nut*	*Ginkgosamen*
Bai He	*Lilium*	*Bulbus Lilii*	*Lily Bulb*	*Lilienzwiebel*
Bai Hua She	*Agkistrodon*	*Agkistrodon seu Bungarus*	*Long-noded Pit Viper Snake*	*Dreieckskopfotter oder Bungar*
Bai Hua She She Cao	*Oldenlandia*	*Herba Oldenlandiae Diffusae*	*Oldenlandia*	*Oldenlandia-Kraut*
Bai Ji	*Bletilla*	*Rhizoma Bletillae Striatae*	*Bletilla Rhizome*	*Bletilla-Wurzelstock*
Bai Ji Li	*Tribulus*	*Fructus Tribuli Terrestris*	*Puncture Vine Fruit; Caltrop Fruit*	*Burzeldornfrüchte*
Bai Jiang Cao	*Patrinia oder Thiaspi*	*Herba cum Radice Patriniae*	*Patrinia; Thiaspi*	*Patrinia/Goldbaldrian oder Thiaspi*
Bai Jie Zi	*Sinapis*	*Semen Sinapis Albae*	*White Mustard Seed*	*Weiße Senfkörner*
Bai Lian	*Ampelopsis*	*Radix Ampelopsis Japonicae**	*Ampelopsis Root*	*Ampelopsis-Wurzel*
Bai Mao Gen	*Imperata*	*Rhizoma Imperatae Cylindricae*	*Woolly Grass Rhizome; White Grass Rhizome*	*Alang-Alang-Graswurzelstock*
Bai Mao Hua	*Imperata*	*Flos Imperatae Cylindricae*	*Wooly Grass Flower; White Grass Flower*	*Alang-Alang-Grasblüten*
Bai Mao Xia Ku Cao	*Ajuga*	*Herba Ajugae Decumbentis**	*Ajuga*	*Günsel*
Bai Mu Er	*Tremella*	*Fructificatio Tremellae Fucitormis*	*Tremella Fungus Fruiting Body*	*Tremella-Pilzfruchtkörper*

Pinyin	Botanisch	Pharmazeutisch	Englisch	Deutsch
Bai Qian	*Cynanchum*	*Rhizoma Radix et Cynanchi Baiqian*	*Cynanchum Rhizome and Root*	*Cynanchum-Wurzelstock*
Bai Shao	*Paeonia*	*Radix Paeoniae Lactiflorae*	*White Peony Root*	*Weiße Pfingstrosenwurzel*
Bai Shen	*Panax*	*Radix Ginseng*	*Rock Candy cured White Ginseng Root*	*Ginsengwurzel in Kandiszucker*
Bai Tou Weng	*Pulsatilla*	*Radix Pulsatillae Chinensis*	*Pulsatilla Root; Anemone Root*	*Chinesische Küchenschellenwurzel*
Bai Wei	*Cynanchum*	*Radix Cynanchi Baiwei*	*Swallowort Root*	*Cynanchum-Wurzel*
Bai Xian Pi	*Dictamnus*	*Cortex Dictamni Dasycarpi Radicis*	*Dittany Root Bark*	*Dictamwurzelrinde*
Bai Zhi	*Angelica*	*Radix Angelicae Dahuricae*	*Angelica Root*	*Angelika-Dahurica-Wurzel, Engelwurz*
Bai Zhu	*Atractylodes*	*Rhizoma Atractylodis Macrocephalae*	*White Atractylodes Rhizome*	*Großköpfige Atractylodeswurzel*
Bai Zi Ren	*Biota*	*Semen Biotae Orientalis*	*Arbor-Vitae Seed*	*Orientalischer Lebensbaumsamen*
Ban Bian Lian	*Lobelia*	*Herba Lobeliae Chinensis cum Radice*	*Chinese Lobelia*	*Chinesische Lobelie (Kraut und Wurzel)*
Ban Lan Gen	*Isatis*	*Radix Isatidis seu Baphicacanthi*	*Isatis Root; Woad Root*	*Färberwaidwurzel*
Ban Mao	*Mylabris*	*Mylabris*	*Cantharides; Chinese Blistering Beetle*	*Chinesischer Blasenkäfer*
(Fa) Ban Xia	*Pinellia*	*Rhizoma Pinelliae Ternatae*	*Prepared Pinellia Rhizome*	*Vorbehandelte Pinellia-Knollen*
(Sheng) Ban Xia	*Pinellia*	*Rhizoma Pinelliae Ternatae*	*Raw Pinellia Rhizome*	*Unbehandelte Pinellia-Knollen*
Ban Zhi Lian	*Scutellaria*	*Herba Scutellariae Barbatae*	*Barbat Scullcap*	*Helmkraut*
Bao Gu	*Panthera*	*Os Leopardis*	*Leopard Bone*	*Leopardenknochen*
Bao Ma Zi	*Syringa*	*Cortex Syringae**	*Manchurian Lilac Bark*	*Mandschurische Fliederbaumrinde*
Bei Sha Shen	*Glehnia*	*Radix Glehniae Littoralis*	*Beech Silver-top Root; Northern Sand Root*	*Becherglockenwurzel*
Bei Xie	*Dioscorea*	*Rhizoma Dioscoreae Hypoglaucae*	*Hypoglauca Yam Rhizome; Fish-poison Yam Rhizome*	*Hypoglauca-Yamswurzel*
Bi Ba	*Piper*	*Fructus Piperis Longi*	*Long Pepper Fruit*	*Langkornpfeffer*
Bi Cheng Qie	*Piper*	*Fructus Piperis Cubebae*	*Cubeba Fruit*	*Kubebenpfeffer*
Bian Dou	*Dolichos*	*Semen Dolichoris Lablab*	*Hyacinth Bean*	*Helmbohnensamen*
Bian Dou Hua	*Dolichos*	*Flos Dolichoris Lablab*	*Hyacinth Bean Flower*	*Helmbohnenblüten*
Bian Xu	*Polygonum*	*Herba Polygoni Avicularis*	*Avicularis; Knotweed*	*Vogelknöterichkraut*
Bie Jia	*Amyda*	*Carapax Amydae Sinensis*	*Chinese Soft-shell Turtle Shell*	*Panzer der China-Weichschildkröte*
Bing Lang	*Areca*	*Semen Arecae Catechu*	*Betel Nut*	*Betelnuss*

Pinyin	Botanisch	Pharmazeutisch	Englisch	Deutsch
Bing Pian	*Dryobalanops*	*Borneol*	*Processed Resin of Borneol Camphor*	*Borneol (kristallines, kampferähnliches Harz)*
Bo He	*Mentha*	*Herba Menthae Haplocalycis*	*Peppermint; Spearmint; Field Mint*	*Chinesische Ackerminze*
Bu Gu Zhi	*Psoralea*	*Fructus Psoraleae Corylifoliae*	*Scurfy Pea Fruit*	*Asphaltkleefrüchte*
Can Sha	*Bombyx*	*Excrementum Bombycis Mori*	*Silkworm Feces*	*Seidenwurmkot*
Cang Er Zi	*Xanthium*	*Fructus Xanthii Sibirici*	*Xanthium Fruit; Cocklebur Fruit*	*Sibirische Spitzklettenfrüchte*
Cang Zhu	*Atractylodes*	*Rhizoma Atractylodis*	*Atractylodes Rhizome*	*Mastixdistelwurzel, Atractylodes-Wurzel*
Cao Dou Kou	*Alpinia*	*Semen Alpiniae Katsumadai*	*Wild Cardamon Seed; Katsumada's Galangal Seed*	*Alpinia-Samen, Katsumada-Galgant-Samen*
Cao Guo	*Amomum*	*Fructus Amomi Tsao-Ko*	*Chinese Cardamon Fruit*	*Chinesischer Kardamom*
Cao Wu	*Aconitum*	*Radix Aconiti Kusnezoffii*	*Wild Aconite*	*Wilde Eisenhutwurzel*
Ce Bai Ye	*Biota*	*Cacumen Biotae Orientalis*	*Arborvitae Leafy Twig*	*Orientalische Lebensbaumtriebspitzen*
Chai Hu	*Bupleurum*	*Radix Bupleuri*	*Thorowax Root; Hare's Ear Root*	*Chinesische Hasenohrwurzel*
Chan Su	*Bufo*	*Secretio Bufonis*	*Dried Skin Secretion of Toad*	*Getrocknetes Krötenhautsekret*
Chan Tui	*Cryptotympana*	*Periostracum Cicadae*	*Cicada Skin; Cicada Moulting*	*Zikadenkleid*
Chang Chun Teng	*Hedera*	*Herba Hederae Nepalensis**	*Ivy*	*Nepalensischer Efeu*
Chang Shan	*Dichroa*	*Radix Dichroae Febrifugae*	*Dichroa Root*	*Dichroa-Wurzel*
Che Qian Cao	*Plantago*	*Herba Plantaginis*	*Plantago; Plantain*	*Asiatisches Wegerichkraut*
Che Qian Zi	*Plantago*	*Semen Plantaginis*	*Plantago Seed; Plantain Seed*	*Asiatische Wegerichsamen*
Chen Pi	*Citrus*	*Pericarpium Citri Reticulatae*	*Tangerine Peel*	*Mandarinenschale*
Chen Shi Huei	*Calcaria*	*Calcaria**	*Calcium Hydroxide*	*Calciumhydroxid*
Chen Xiang	*Aquilaria*	*Lignum Aquilariae*	*Aloeswood Secretion or Sap*	*Aquilaria-Holz*
Cheng Liu	*Tamarix*	*Cacumen Tamaricis Chinensis**	*Tamarisk*	*Chinesische Tamariskentriebspitzen*
Chi Fu Ling	*Poria*	*Sclerotium Poriae Cocos Rubrae*	*Red Hoelen; Red Tuckahoe*	*Roter Kokospilz*
Chi Shao	*Paeonia*	*Radix Paeoniae Rubrae*	*Red Peony Root*	*Pfingstrosenwurzel*
Chi Shi Zhi	*Halloysitum Rubrum*	*Halloysitum Rubrum*	*Halloysite; Red Kaolin*	*Halloysit, roter Kaolin*
Chi Xiao Dou	*Phaseolus*	*Semen Phaseoli Calcarati*	*Aduki Bean*	*Adzukibohne*

Pinyin	Botanisch	Pharmazeutisch	Englisch	Deutsch
Chong Wei Zi	*Leonurus*	*Semen Leonuri Heterophylli*	*Motherwort Seed*	*Herzgespannsamen*
Chou Wu Tong	*Clerodendron*	*Folium Clerodendri Trichotomi*	*Glorybower Leaf*	*Clerodendrum-Blätter*
Chu Shi Zi	*Broussonetia*	*Semen Broussonetiae Papyriferae**	*Broussonetia Seed*	*Papiermaulbeer-baumsamen*
Chuan Bei Mu	*Fritillaria*	*Bulbus Fritillariae Cirrhosae*	*Tendrilled Fritillary Bulb*	*Szechuan-Schachblumenzwiebel*
Chuan Jiao	*Zanthoxylum*	*Pericarpium Zanthoxyli Bungeani*	*Sichuan Pepper Fruit*	*Szechuan-Pfefferschoten*
Chuan Jiao Mu	*Zanthoxylum*	*Semen Zanthoxyli Bungeani*	*Sichuan Pepper Seed*	*Szechuan-Pfeffersamen*
Chuan Lian Zi	*Melia*	*Fructus Meliae Toosendan*	*Sichuan Chinaberry Fruit; Sichuan Pagoda Tree Fruit; Neem Fruit*	*Paternoster-Baum-Früchte*
Chuan Niu Xi	*Cyathula*	*Radix Cyathulae Officinalis*	*Cyathula Root*	*Cyathula-Wurzel*
Chuan Shan Jia	*Manis*	*Squama Manitis Pentadactylae*	*Anteater-Scales; Pangolin Scales*	*Schuppen des China-Ohrenschuppentiers*
Chuan Shan Long	*Dioscorea*	*Rhizoma Dioscoreae Nipponicae**	*Japanese Dioscorea Rhizome*	*Japanische Yamswurzelknollen*
Chuan Wu	*Aconitum*	*Radix Aconiti Carmichaeli*	*Sichuan Aconite*	*Carmichaeli-Eisenhutwurzel*
Chuan Xin Lian	*Andrographis*	*Herba Andrographitis Paniculatae*	*Kariyat; Green Chiretta*	*Andrographis-Kraut*
Chuan Xiong	*Ligusticum*	*Radix Ligustici Chuanxiong*	*Sichuan Lovage Root*	*Mutterwurz*
Chui Pen Cao	*Sedum*	*Herba Sedi Sarmentosi**	*Stonecrop*	*Fetthennenkraut*
Chun Pi	*Ailanthus*	*Cortex Ailanthi Altissimae*	*Tree of Heaven Bark*	*Götterbaumrinde*
Ci Shi	*Magnetitum*	*Magnetitum*	*Magnetite; Magnetic Iron Ore; Loadstone*	*Magnetit, Magneteisenstein*
Cong Bai	*Allium*	*Bulbus Allii Fistulosi*	*White Bulb of Green Onion or Scallion*	*Winterzwiebel*
Da Feng Zi	*Hydnocarpus*	*Semen Hydnocarpi Anthelminticae*	*Chaulmoogra Seed*	*Hydnocarpus-Samen*
Da Fu Pi	*Areca*	*Pericarpium Arecae Catechu*	*Betelnut Husk*	*Betelnussschale*
Da Huang	*Rheum*	*Radix et Rhizoma Rhei*	*Rhubarb Root and Rhizome*	*Rhabarberwurzel*
Da Ji	*Cirsium*	*Herba seu Radix Cirsii Japonici*	*Japanese Thistle*	*Japanische Kratzdistel*
Da Qing Ye	*Isatis*	*Folium Daqingye*	*Isatis Leaf; Woad Leaf*	*Färberwaidblätter*
Da Suan	*Allium*	*Bulbus Allii Sativi*	*Garlic Bulb*	*Knoblauchknolle*
Da Zao	*Ziziphus*	*Fructus Ziziphi Jujubae*	*Jujube Fruit; Chinese Black Date*	*Jujubenfrüchte, Dattelfrüchte*
Dai Mao	*Eretmochelys*	*Carapax Eretmochelydis Imbricatae**	*Hawksbill Turtle Shell*	*Panzer der Echten Karettschildkröte*

Pinyin	Botanisch	Pharmazeutisch	Englisch	Deutsch
Dai Zhe Shi	*Haematitum*	*Haematitum*	*Hematite; Iron Ore*	*Hämatit, Eisenglanz*
Dan Dou Chi	*Glycine*	*Semen Glycinis Praeparatum*	*Prepared (Fermented) Soybean*	*Vorbehandelte (fermentierte) Sojabohnen*
Dan Fan	*Chalcanthitum*	*Chalcanthitum**	*Copper Sulphate; Blue Vitriol*	*Kupfersulfat, Kupfervitriol*
Dan Nan Xing	*Arisaema*	*Pulvis Arisaemae cum Felle Bovis*	*Powdered Jack-in-the-Pulpit Rhizome mixed with Cow Bile*	*Feuerkolben-wurzelknollen mit Rindergalle*
Dan Shen	*Salvia*	*Radix Salviae Miltiorrhizae*	*Red Sage Root*	*Salvia-Wurzel*
Dan Zhu Ye	*Lophatherum*	*Herba Lophatheri Gracilis*	*Bland Bamboo Leaf and Stem*	*Lophatherum-Bambusblätter*
Dang Gui	*Angelica*	*Radix Angelicae Sinensis*	*Tangkuei Root*	*Chinesische Angelikawurzel, Engelwurz*
Dang Gui Tou	*Angelica*	*Caput Radicis Angelicae Sinensis*	*Tangkuei Head*	*Angelikawurzelkopf*
Dang Gui Wei	*Angelica*	*Extremas Radicis Angelicae Sinensis*	*Tangkuei Tail*	*Angelikawurzelspitze*
Dang Shen	*Codonopsis*	*Radix Codonopsitis Pilosulae*	*Asiabell Root*	*Glockenwindenwurzel*
Deng Xin Cao	*Juncus*	*Medulla Junci Effusi*	*Rush Pith*	*Binsenmark*
Di Fu Zi	*Kochia*	*Fructus Kochiae Scopariae*	*Broom Cyperus Seed*	*Besenkrautfrüchte*
Di Gu Pi	*Lycium*	*Cortex Lycii Radicis*	*Matrimony-vine Root-bark, Wolfberry Bark*	*Bocksdornrinde*
Di Long	*Pheretima*	*Lumbricus*	*Earthworm*	*Regenwurm*
Di Yu	*Sanguisorba*	*Radix Sanguisorbae Officinalis*	*Burnet-bloodwort Root*	*Wiesenknopfwurzel*
Dian Di Mei	*Androsace*	*Herba Androsacae Umbellatae**	*Androsace*	*Mannsschildkraut*
Ding Xiang	*Syzygium*	*Flos Caryophylli aromatici*	*Clove Flower-bud*	*Gewürznelke*
Dong Bei Guan Zhong	*Dryopteris*	*Rhizoma Dryopteridis*	*Dryopteris Rhizome*	*Wurmfarnwurzelstock*
Dong Chong Xia Cao	*Cordyceps*	*Cordyceps Sinensis*	*Chinese Caterpillar Fungus*	*Pilzlicher Parasit, der Raupen befällt*
Dong Gua Pi	*Benincasa*	*Epicarpium Benincasae Hispidae*	*Wintermelon Fruit Peel; Wax Gourd Fruit Peel*	*Wachskürbisfruchtschale*
Dong Gua Ren	*Benincasa*	*Semen Benincasae Hispidae*	*Wintermelon Seed; Wax Gourd Seed*	*Wachskürbissamen*
Dong Kui Zi	*Malva oder Abutilon*	*Semen Abutili seu Malvae*	*Musk Mallow Seed; Malva Seed*	*Malvensamen, Schönmalvensamen*
Dou Chi Jiang	*Litsea*	*Radix et Ramus Litseae Cubebae*	*Aromatic Litsea Root and Stem*	*Talgbaumsamen und -zweige*
Dou Juan	*Glycine*	*Semen Glycinis Germinatum*	*Young Soybean Sprout*	*Gekeimte Sojabohnen*

Pinyin	Botanisch	Pharmazeutisch	Englisch	Deutsch
Du Huo	Angelica	Radix Angelicae Pubescentis	Pubescent Angelica Root	Angelika-Pubescens-Wurzel
Du Zhong	Eucommia	Cortex Eucommiae Ulmoidis	Eucommia Bark	Chinesische Guttapercharinde
Duan Long Gu	Os Draconis	Os Draconis	Calcined Dragon Bone; Calcined Fossilized Bone	Calciniertes Os Draconis
Duan Mu Li	Ostrea	Concha Ostreae	Calcined Oyster Shell	Calcinierte Austernschale
E Bu Shi Cao	Centipeda	Herba Centipedae Minimae*	Centipeda Herb	Centipeda-Kraut
E Guan Shi	Stalactitum	Stalactitum	Stalactite Tubular Tip	Stalaktitenspitze
E Jiao	Equus	Gelatinum Corii Asini	Donkey Hide Gelatin; Ass Skin Glue	Eselshaut-Gelatine
E Wei	Ferula	Resina Asafoetidae*	Asafoetida Gum-resin; Devil's Dung	Stinkasant, Teufelsdreck
E Zhu	Curcuma	Rhizoma Curcumae	Zedoary Tumeric Rhizome	Zitwerwurzelstock
Er Cha	Acacia oder Uncaria	Pasta Acacia seu Uncaria	Dried Paste of Concentrated Decoction of Black or White Cutch	Getrocknete Paste aus Acacia- oder Uncaria-Dekokt
Fan Bai Cao	Potentilla	Herba Potentillae Discoloris*	Potentilla	Fingerkraut
Fan Xie Ye	Cassia	Folium Sennae	Senna Leaf	Sennablätter
Fang Feng	Ledebouriella	Radix Ledebouriellae Divaricatae	Siler Root; Ledebouriella Root	Windschutzwurzel
Fei Zi	Torreya	Semen Torreyae Grandis	Torrreya Seed	Nusseibensamen
Feng Mi	Mel	Mel*	Honey	Honig
Feng Wei Cao	Pteris	Herba Pterii*	Pteris	Saumfarnkraut
Fo Shou	Citrus	Fructus Citri Sarcodactylis	Finger Citron Fruit	Buddhas-Hand-Früchte
Fo Shou Hua	Citrus	Flos Citri Sarcodactylis	Finger Citron Flower	Buddhas-Hand-Blüten
Fu Hai Shi	Lapis Pumicis	Lapis Pumicis	Pumice	Bimsstein
Fu Ling	Poria	Sclerotium Poriae Cocos	Hoelen; China Root; Tuckahoe; Indian Bread	Kokospilz
Fu Ling Pi	Poria	Cortex Poriae Cocos	Tuckahoe Skin	Kokospilzhaut
Fu Long Gan	Terra Flava Usta	Terra Flava Usta	Ignited Wood Stove Earth	Terra Flava Usta, Verbrannte Gelbe Erde
Fu Pen Zi	Rubus	Fructus Rubi Chingii	Raspberry Fruit Bud	Chinesische Himbeere
Fu Ping	Spirodela oder Lemna	Herba Lemnae seu Spirodelae	Duckweed	Teichlinse oder Wasserlinse
Fu Shen	Poria Cocos	Sclerotium Poriae Cocos Pararadicis	Tuckahoe Spirit	Kokospilz
Fu Xiao Mai	Triticum	Semen Tritici Aestivi Levis	Wheat Chaff/Grain	Weizenspreu/-körner
(Hei) Fu Zi	Aconitum	Radix Lateralis Aconiti Carmichaeli Praeparata	Prepared Sichuan Aconite Root	Vorbehandelte Eisenhutseitenwurzel

Pinyin	Botanisch	Pharmazeutisch	Englisch	Deutsch
Gan Cao	*Glycyrrhiza*	*Radix Glycyrrhizae Uralensis*	*Licorice Root*	*Ural-Süßholzwurzel*
Gan Jiang	*Zingiber*	*Rhizoma Zingiberis Officinalis*	*Dried Ginger Rhizome*	*Getrocknete Ingwerwurzel*
Gan Jie Geng	*Adenophora*	*Radix Adenophorae Trachelioidis*	*Sweet Jie Geng*	*Schellenblumenwurzel*
Gan Qi	*Rhus*	*Lacca Sinica Exsiccata*	*Laquer*	*Lacksumachsaft*
Gan Sui	*Euphorbia*	*Radix Euphorbiae Kansui*	*Kansui Spurge Root*	*Kansui-Wolfsmilchwurzel*
Gao Ben	*Ligusticum*	*Rhizoma et Radix Ligustici*	*Straw Weed Rhizome and Root; Chinese Lovage Rhizome and Root*	*Chinesischer Liebstöckelwurzelstock*
Gao Liang Jiang	*Alpinia*	*Rhizoma Alpiniae Officinari*	*Lesser Galangal Rhizome*	*Galgantwurzelstock*
Ge Gen	*Pueraria*	*Radix Puerariae*	*Kudzu Root*	*Kopoubohnenwurzel*
Ge Hua	*Pueraria*	*Flos Puerariae*	*Kudzu Flower*	*Kopoubohnenblüten*
Ge Jie	*Gekko*	*Gekko*	*Gecko Lizard*	*Gecko*
Ge Shan Xiang	*Cynanchum*	*Radix Cynanchi Auriculati*	*Cynanchum Root*	*Cynanchum-Wurzel*
Gou Gu	*Canis*	*Os Canine*	*Dog Bone*	*Hundeknochen*
Gou Ji	*Cibotium*	*Rhizoma Cibotii Barometz*	*Chain Fern Rhizome*	*Cibotium-Wurzelstock, Vegetabilisches Lamm*
Gou Qi Zi	*Lycium*	*Fructus Lycii*	*Matrimony Vine Fruit; Wolfberry Fruit*	*Bocksdornfrüchte*
Gou Teng	*Uncaria*	*Ramulus cum Uncis Uncariae*	*Gambir vine Stems and Hooks*	*Uncariazweige und -dornen*
Gu Jing Cao	*Eriocaulon*	*Scapus et Inflorescentia Eriocaulonis Buergeriani*	*Pipewort Scapus*	*Eriocaulon-Blütenstand*
Gu Sui Bu	*Drynaria*	*Rhizoma Drynariae*	*Drynaria Rhizome*	*Drynaria-Wurzelstock*
Gu Ya	*Oryza*	*Fructus Oryzae Sativae Germinatus*	*Rice Sprout*	*Gekeimter Reis*
Gua Di	*Cucumis*	*Pedicellus Cucumeris*	*Melon Pedicle*	*Melonen-Blütenstiele*
Gua Lou	*Trichosanthes*	*Fructus Trichosanthis*	*Snakegourd Fruit*	*Schlangenkürbisfrüchte*
Gua Lou Pi	*Trichosanthes*	*Pericarpium Trichosanthis*	*Snakegourd Peel*	*Schlangenkürbisschale*
Gua Lou Ren	*Trichosanthes*	*Semen Trichosanthis*	*Snakegourd Seed*	*Schlangenkürbissamen*
Guan Gui	*Cinnamomum*	*Cortex Tubiformis Cinnamomi Cassiae*	*Thin Cinnamon Bark from Young Trees*	*Dünne Zimtrinde von jungen Bäumen*
Guan Ye Liao	*Polygonum*	*Herba Polygoni Perfoliati**	*Polygonum*	*Knöterich-Kraut*
Guan Zhong	*Dryopteris*	*Rhizoma Guanzhong*	*Shield-fern Rhizome*	*Dryopteris-Wurzelstock*
Guang Fang Ji	*Aristolochia oder Cocculus*	*Radix Aristolochiae Fangchi*	*Aristolochia Root*	*Aristolochia-Wurzel oder Kokkelstrauchwurzel*
Guang Gou Shen	*Canis*	*Testis et Penis Canis**	*Male Dog Sexual Organs*	*Sexualorgane eines männlichen Hundes*

Pinyin	Botanisch	Pharmazeutisch	Englisch	Deutsch
Gui Ban	*Chinemys*	*Plastrum Testudinis*	*Fresh Water Turtle Shell*	*Panzer der China-Sumpfschildkröte*
Gui Zhi	*Cinnamomum*	*Ramulus Cinnamomi Cassiae*	*Cinnamon Twig*	*Zimtzweige, Cassia-Zimtzweige*
Hai Dai	*Laminaria*	*Herba Laminariae Japonicae*	*Algae*	*Kombu-Algen*
Hai Feng Teng	*Piper*	*Caulis Piperis Futokadsurae*	*Kadsura Stem*	*Pfeffersprossachse*
Hai Ge Ke	*Cyclina*	*Concha Cyclinae Sinensis*	*Clam Shell*	*Venusmuschelschale*
Hai Gou Shen	*Phoca*	*Testis et Penis Otariae**	*Male Seal Sexual Organs*	*Sexualorgane einer männlichen Robbe*
Hai Jin Sha	*Lygodium*	*Spora Lygodii Japonici*	*Japanese Climbing Fern Spore*	*Japanische Kletterfarnsporen*
Hai Long	*Solenognathus*	*Hailong*	*Pipe-fish*	*Pfeifenfisch*
Hai Ma	*Hippocampus*	*Hippocampus*	*Sea Horse*	*Seepferdchen*
Hai Piao Xiao	*Sepia oder Sepiella*	*Os Sepiae seu Sepiellae*	*Cuttle-fish Bone*	*Tintenfischschale (Schulp)*
Hai Shen	*Strichopus*	*Strichopus Japonicus*	*Sea Cucumber, Sea Slug*	*Seegurke, Seewalze*
Hai Tong Pi	*Erythrina*	*Cortex Erythrinae*	*Coral-bean Bark*	*Korallenstrauchrinde*
Hai Zao	*Sargassum*	*Herba Sargassi*	*Sargassum Seaweed*	*Sargassum-Tang*
Han Cai	*Rorippa*	*Herba Rorippae**	*Rorippa*	*Brunnenkresse*
Han Fang Ji	*Stephania*	*Radix Stephaniae Tetrandrae*	*Stephania Root*	*Stephania-Wurzel*
Han Lian Cao	*Eclipta*	*Herba Ecliptae Prostratae*	*Eclipta*	*Ecliptenkraut*
Han Shui Shi	*Calcitum*	*Calcitum*	*Calcite*	*Calcit, Kalkspat*
He Huan Hua	*Albizia*	*Flos Albiziae Julibrissin**	*Mimosa Tree Flower; Silktree Flower*	*Seidenbaumblüten*
He Huan Pi	*Albizia*	*Cortex Albiziae Julibrissin*	*Mimosa Tree Bark; Silktree Bark*	*Seidenbaumrinde*
He Shi	*Carpesium oder Daucus*	*Fructus Carpesii seu Daucusi*	*Carpesium Fruit*	*Carpesium-Früchte oder Möhrenfrüchte*
He Shou Wu	*Polygonum*	*Radix Polygoni Multiflori*	*Fleeceflower Root; Fo-Ti Root*	*Vielblütige Knöterichwurzel*
He Ye	*Nelumbo*	*Folium Nelumbinis Nuciferae*	*Lotus Leaf*	*Indische Lotosblumenblätter*
He Zi	*Terminalia*	*Fructus Terminaliae Chebulae*	*Myrobalan Fruit*	*Terminalia-Früchte, Haritaki-Früchte*
Hei Lu Shen	*Equus*	*Testis et Penis Equi**	*Male Horse Sexual Organs*	*Sexualorgane eines männlichen Pferdes*
Hei Zhi Ma	*Sesamum*	*Semen Sesami Indici*	*Black Sesame Seed*	*Sesamsamen*
Hong Hua	*Carthamus*	*Flos Carthami Tinctorii*	*Safflower*	*Saflorblüten*
Hong Teng	*Sargentodoxa*	*Caulis Sargentodoxae Cuneatae*	*Sargentodoxa Stem*	*Sargentodoxa-Sprossachse*
Hong Zao	*Ziziphus*	*Fructus Ziziphi Jujubae*	*Jujube Fruit; Chinese Red Date*	*Jujubenfrüchte, Dattelfrüchte*

Pinyin	Botanisch	Pharmazeutisch	Englisch	Deutsch
Hou Po	*Magnolia*	*Cortex Magnoliae Officinalis*	*Magnolia Bark*	*Magnolienrinde*
Hou Po Hua	*Magnolia*	*Flos Magnoliae Officinalis*	*Magnolia Flower*	*Magnolienblüten*
Hou Zao	*Macaca*	*Calculus Macacae Mulattae*	*Macaque Gallstone*	*Rhesusaffengalle*
Hu Er Cao	*Saxifraga*	*Herba Saxifragae Stoloniferae**	*Saxifrage*	*Judenbartkraut*
Hu Gu	*Panthera*	*Os Tigris*	*Tiger Bone*	*Tigerknochen*
Hu Huang Lian	*Picrorhiza*	*Rhizoma Picrorhizae*	*Picrorhiza Rhizome*	*Picrorhiza-Wurzelstock*
Hu Jiao	*Piper*	*Fructus Piperis Nigri*	*Black Pepper Fruit*	*Pfeffersamen*
Hu Lu Ba	*Trigonella*	*Semen Trigonellae Foeni-graeci*	*Fenugreek Seed*	*Bockshornkleesamen*
Hu Po	*Succinum*	*Succinum*	*Amber; Fossilized Resin of Pine Tree*	*Bernstein*
Hu Tao Ren	*Juglans*	*Semen Juglandis Regiae*	*Walnut*	*Walnuss*
Hu Tui Ye	*Elaeagnus*	*Folium Elaeagni Pungentis*	*Eleagnus Leaf*	*Ölweidenblätter*
Hu Zhang	*Polygonum*	*Radix et Rhizoma Polygoni Cuspidati*	*Giant Knotweed Rhizome*	*Reynoutria-Wurzelstock*
Hua Lu Shen	*Cervus*	*Testis et Penis Cervi**	*Male Deer Sexual Organs*	*Sexualorgane eines Hirschs*
Hua Rui Shi	*Ophicalcitum*	*Ophicalcitum*	*Ophicalcite*	*Ophicalcit*
Hua Sheng Yi	*Arachis*	*Pericarpium Arachi**	*Peanut Skin*	*Erdnussschale*
Hua Shi	*Talcum*	*Talcum*	*Talc; Soapstone*	*Talcum, Talkum*
Huai Hua Mi	*Sophora*	*Flos Sophorae Japonicae Immaturus*	*Pagoda Tree Flower Bud*	*Schnurbaum-blütenknospen*
Huai Jiao	*Sophora*	*Fructus Sophorae Japonicae*	*Pagoda Tree Fruit*	*Schnurbaumfrüchte*
Huai Niu Xi	*Achyranthes*	*Radix Achyranthis Bidentatae*	*Achyranthes Root*	*Achyranthis-Spreublumen-Wurzel*
Huang Bai	*Phellodendron*	*Cortex Phellodendri*	*Amur Cork-tree Bark*	*Korkbaumrinde*
Huang Jin	*Aurum*	*Aurum**	*Gold*	*Gold*
Huang Jing	*Polygonatum*	*Rhizoma Polygonati*	*Siberian Solomon Seal Rhizome*	*Siberischer Salomons-siegelwurzelstock*
Huang Lian	*Coptis*	*Rhizoma Coptidis*	*Coptis; Golden Thread Rhizome*	*Goldfadenwurzelstock*
Huang Qi	*Astragalus*	*Radix Astragali Membranaceae*	*Yellow Milk-vetch Root*	*Astragaluswurzel, Tragant*
Huang Qin	*Scutellaria*	*Radix Scutellariae Baicalensis*	*Scute; Baical Skullcap Root*	*Baikal-Helmkrautwurzel*
Huang Yao Zi	*Dioscorea*	*Tuber Dioscoreae Bulbiferae*	*Dioscorea Tuber*	*Yamswurzel*
Huo Ma Ren	*Cannabis*	*Semen Cannabis Sativae*	*Hemp Seed; Marihuana Seed*	*Hanfsamen*
Huo Xiang	*Agastache oder Pogostemon*	*Herba Agastaches seu Pogostemi*	*Patchouli, Agastache*	*Patchouli-Kraut*

Pinyin	Botanisch	Pharmazeutisch	Englisch	Deutsch
Ji Cai	Capsella	Herba Capsellae*	Shepherd's Purse	Hirtentäschelkraut
Ji Guan Hua	Celosia	Flos Celosiae Cristatae	Cockscomb Flower	Hahnenkammblüten
Ji Lin Shen	Panax	Radix Ginseng	Jilin Wild Ginseng	Jilin-Ginsengwurzel
Ji Mu	Loropetalum	Cortex Loropetali*	Loropetalum Bark	Riemenblumenrinde
Ji Nei Jin	Gallus	Endothelium Corneum Gigeriae Galli	Chicken Gizard Lining	Hühnermagenendothel
Ji Ning	Salvia	Herba Salviae Plebeiae*	Salvia	Salbeikraut
Ji Shi Teng	Paederia	Caulis Paederiae*	Paederia Stem	Paederia-Sprossachse
Ji Xue Teng	Millettia	Radix et Caulis Jixueteng	Millettia Root and Vine; Chicken Blood Vine	Wengé-Wurzel und -Stängel
Jiang Can	Bombyx	Bombyx Batryticatus	Dead Stiff Body of Sick Silkworm Larvae	Tote Seidenspinnerraupen
Jiang Huang	Curcuma	Rhizoma Curcumae Longae	Tumeric Rhizome	Kurkumawurzelstock
Jiang Xiang	Dalbergia	Lignum Dalbergiae Odoriferae	Dalbergia Heartwood	Dalbergia-Holz
(Chuan) Jiao Mu	Zanthoxylum	Semen Zanthoxyli Bungeani	Sichuan Pepper Seed	Szechuanpfeffer
(Ku) Jie Geng	Platycodon	Radix Platycodi Grandiflori	Ballonflower Root; Bellflower Root; Bitter Jie Geng	Ballonblumenwurzel
Jin Fei Cao	Inula	Herba Inulae	Elecampane	Alant
Jin Guo Lan	Tinospora	Radix Tinosporae Capillipes*	Tinospora Root	Tinospora-Wurzel
Jin Qian Cao	Lysimachia	Herba Lysimachiae	Lysimachia	Felberich
Jin Qiao Mai	Fagopyrum	Rhizoma Fagopyri Cynosi*	Wild Buckwheat Rhizome	Buchweizenwurzelstock
Jin Sha Teng	Lygodium	Herba Lygodii Japonici	Japanese Climbing Fern	Japanischer Kletterfarn
Jin Yin Hua	Lonicera	Flos Lonicerae Japonicae	Honeysuckle Flower	Geißblattblüten
Jin Yin Teng	Lonicera	Ramus Lonicerae Japonicae	Honeysuckle Stem	Geißblattsprosse
Jin Ying Zi	Rosa	Fructus Rosae Laevigatae	Cherokee Rose Fruit/ Rosehip	Hagebutten (von Rosa Laevigata)
Jing Da Ji	Euphorbia oder Knoxia	Radix Euphorbiae seu Knoxiae	Peking Spurge Root	Wolfsmilchwurzel oder Knoxia-Wurzel
Jing Jie	Schizonepeta	Herba Schizonepetae Tenuifoliae	Schizonepeta Stem or Bud	Katzenminze
Jing Mi	Oryza	Semen Oryzae Sativae*	Rice Grain	Reiskörner
Jing Tian San Qi	Sedum	Herba Sedi*	Sedum	Fetthenne, Sedum
Jiu Jie Chang Pu	Anemone	Rhizoma Anemoni Aetaicae*	Altaica Rhizome	Anemonenwurzelstock
Jiu Xiang Chong	Aspongopus	Aspongopus*	Stink Bug	Wanze
Jiu Zi	Allium	Semen Allii Tuberosi	Chinese Leek Seed	Chinesische Lauchsamen
Ju He	Citrus	Semen Citri Reticulatae*	Tangerine Seed	Mandarinensamen
Ju Hong	Citrus	Pars Rubra Epicarpii Citri Erythrocarpae	Red Tangerine Peel	Rote Mandarinenschale

Pinyin	Botanisch	Pharmazeutisch	Englisch	Deutsch
(Bai) Ju Hua	*Chrysanthe-mum*	*Flos Chrysanthemi Morifolii*	*White Chrysanthemum Flower*	*Weiße Chrysanthemenblüten*
(Huang) Ju Hua	*Chrysanthe-mum*	*Flos Chrysanthemi Morifolii*	*Yellow Chrysanthemum Flower*	*Gelbe Chrysanthemenblüten*
Ju Ye San Qi	*Gynura*	*Folium Gynurae**	*Gynura Leaf*	*Gynura-Blätter*
Jue Ming Zi	*Cassia*	*Semen Cassiae*	*Cassia Seed*	*Kassiesamen*
Ku Fan	*Alumen Praeparatum*	*Alumen Praeparatum*	*Prepared Alum*	*Vorbehandelter Alaun*
Ku Lian Gen Pi	*Melia*	*Cortex Meliae Radicis*	*Sichuan Chinaberry Root Bark; Sichuan Pagoda Tree Root Bark; Neem Root Bark*	*Zedrachbaum-wurzelrinde, Neembaumwurzelrinde*
Ku Lian Mu Pi	*Melia*	*Cortex Meliae*	*Sichuan Chinaberry Tree Bark; Sichuan Pagoda Tree Bark; Neem Tree Bark*	*Zedrachbaumrinde, Neembaumrinde*
Ku Shen	*Sophora*	*Radix Sophorae Flavescentis*	*Bitter Ginseng Root*	*Schnurbaumwurzel*
Kuan Dong Hua	*Tussilago*	*Flos Tussilaginis Farfarae*	*Coltsfoot Flower*	*Huflattichblüten*
Kuan Jin Teng	*Tinospora*	*Ramus Tinosporae Sinensis*	*Tinospora Stem*	*Tinospora-Sprosse*
Kun Bu	*Laminaria oder Ecklonia*	*Thallus Algae*	*Kelp Thallus; Kombu Thallus*	*Kombu-Algen, Seetang*
Lai Fu Zi	*Raphanus*	*Semen Raphani Sativi*	*Radish Seed*	*Rettichsamen*
Lao Guan Cao	*Erodium oder Geranium*	*Herba Erodii seu Geranii**	*Geranium; Heronbill; Cranebill*	*Reiherschnabel oder Storchschnabel*
Lei Wan	*Omphalia*	*Sclerotium Omphaliae Lapidescentis*	*Omphalia Fungus Fruiting Body*	*Omphalia-Pilzfruchtkörper*
Li Lu	*Veratrum*	*Radix et Rhizoma Veratri*	*Veratrum Root*	*Germerwurzel*
Li Pi	*Pyrus*	*Pericarpium Pyri**	*Pear Peel*	*Birnenschale*
Li Zhi He	*Litchi*	*Semen Litchi Chinensis*	*Leechee Nut*	*Litschifrüchte*
Lian Fang	*Nelumbo*	*Receptaculum Nelumbinis Nuciferae*	*Mature Lotus Receptacle*	*Lotusblütenachse*
Lian Geng	*Nelumbo*	*Ramulus Nelumbinis Nuciferae*	*Lotus Stem*	*Lotusstengel*
Lian Qiao	*Forsythia*	*Fructus Forsythiae Suspensae*	*Forsythia Fruit; Golden Bells*	*Forsythienfrüchte*
Lian Xin	*Nelumbo*	*Plumula Nelumbinis Nuciferae*	*Lotus Plumule*	*Lotuskeimsprosse*
Lian Xu	*Nelumbo*	*Stamen Nelumbinis Nuciferae*	*Lotus Stamen*	*Lotusstaubblätter*
Lian Zi	*Nelumbo*	*Semen Nelumbinis Nuciferae*	*Lotus Seed*	*Lotussamen*
Ling Yang Jiao	*Saiga*	*Cornu Antelopis*	*Antelope Horn*	*Antilopenhorn*
Ling Zhi	*Ganoderma*	*Fructificatio Ganodermae Lucidi**	*Lucid Ganoderma; Reishi*	*Glänzender Lacksporling (Pilzfruchtkörper)*

Pinyin	Botanisch	Pharmazeutisch	Englisch	Deutsch
Liu Huang	*Sulphur*	*Sulphur*	*Sulphur*	*Schwefel*
Liu Ji Nu	*Artemisia*	*Herba Artemisiae Anomalae*	*Artemisia*	*Artemisia-Kraut*
Long Chi	*Dens Draconis*	*Dens Draconis*	*Dragon Tooth; Fossilized Tooth*	*Versteinerte fossile Zähne*
Long Dan Cao	*Gentiana*	*Radix Gentianae Longdancao*	*Chinese Gentian Root*	*Chinesische Enzianwurzel*
Long Gu	*Os Draconis*	*Os Draconis*	*Dragon Bone; Fossilized Bone*	*Versteinerte fossile Knochen*
Long Yan Rou	*Euphoria*	*Arillus Euphoriae Longanae*	*Longan Fruit Flesh*	*Drachenaugenfrüchte*
Lou Lu	*Rhaponticum oder Echinops*	*Radix Rhapontici seu Echinops*	*Rhaponticum Root, Kugeldistel*	*Bergscharte oder*
Lu Dou	*Phaseolus*	*Semen Phaseoli Radiati*	*Mung Bean*	*Mungbohne*
Lu Feng Fang	*Polistes*	*Nidus Vespae*	*Hornet Nest; Wasp Nest*	*Hornissennest, Wespennest*
Lu Gan Shi	*Smithsonitum*	*Smithsonitum*	*Smithsonite; Calamine*	*Smithsonit, Zinkspat*
Lu Gen	*Phragmites*	*Rhizoma Phragmitis Communis*	*Reed Rhizome; Corrizo Rhizome*	*Schilfrohrwurzelstock*
Lu Hui	*Aloe*	*Herba Aloes*	*Aloe Vera Leaf*	*Aloeblätter*
Lu Jiao	*Cervus*	*Cornu Cervi*	*Antler; Deerhorn; Ossified Horn of the Mature Male Deer*	*Hirschhorn*
Lu Jiao Jiao	*Cervus*	*Colla Cornu Cervi*	*Mature Antler Glue; Mature Antler Gelatin*	*Hirschhorn-Gelatine*
Lu Jiao Shuang	*Cervus*	*Cornu Cervi Degelatinatium*	*Antler Powder from the dregs of cooking Antler Glue*	*Hirschhorn-Pulver (aus dem Satz beim Kochen der Gelatine)*
Lu Lu Tong	*Liquidambar*	*Fructus Liquidambaris Taiwanianae*	*Sweetgum Fruit*	*Amberbaumfrüchte*
Lu Rong	*Cervus*	*Cornu Cervi Parvum*	*Young Deer Antler Velvet*	*Hirschhornbast*
Lu Xian Cao	*Pyrola*	*Herba Pyrolae**	*Pyrola*	*Wintergrün*
Lu Ying	*Sambucus*	*Cortex Sambuci**	*Japanese Elder Bark*	*Japanische Holunderrinde*
Luo Bu Ma	*Apocynum*	*Herba seu Folium Apocyni Veneti**	*Red Dogbane Whole Herb or Leaf*	*Hundsgiftkraut oder -blätter*
Luo Han Guo	*Momordica*	*Fructus Momordicae Grosvenori*	*Momordica Fruit*	*Momordica-Früchte*
Luo Huo Guo Ye	*Momordica*	*Folium Momordicae Grosvenori*	*Momordica Leaf*	*Momordica-Blätter*
Luo Shi Teng	*Trachelo-spermum*	*Caulis Trachelospermi Jasminoidis*	*Star Jasmine Stem*	*Sternjasmin*
Ma Bian Cao	*Verbena*	*Herba Verbenae**	*Vervain*	*Eisenkraut*
Ma Bo	*Lasiosphaera*	*Fructificatio Lasiosphaerae seu Calvatiae*	*Puffball Fruiting Body*	*Stäubling-Pilzfruchtkörper*

Pinyin	Botanisch	Pharmazeutisch	Englisch	Deutsch
Ma Chi Xian	*Portulaca*	*Herba Portulacae Oleraceae*	*Purslane*	*Portulak*
Ma Dou Ling	*Aristolochia*	*Fructus Aristolochiae*	*Birthwort Fruit*	*Aristolochiafrüchte, Pfeifenblumenfrüchte*
Ma Huang	*Ephedra*	*Herba Ephedrae*	*Ephedra Stem*	*Meerträubchenkraut*
Ma Huang Gen	*Ephedra*	*Radix Ephedrae*	*Ephedra Root*	*Meerträubchenwurzel*
Ma Qian Zi	*Strychnos*	*Semen Strychni*	*Nux-vomica Seed*	*Brechnuss*
Mai Men Dong	*Ophiopogon*	*Tuber Ophiopogonis Japonici*	*Creeping Lily-turf Tuber*	*Schlangenbartknollen*
Mai Ya	*Hordeum*	*Fructus Hordei Vulgaris Germinatus*	*Barley Sprout, Malted Barley*	*Gekeimte Gerste*
Man Jing Zi	*Vitex*	*Fructus Viticis*	*Vitex Fruit*	*Mönchspfeffer*
Man Shan Hong	*Rhododendron*	*Folium Rhododendri**	*Rhododendron Leaf*	*Rhododendronblätter*
Mang Xiao	*Mirabilitum*	*Mirabilitum*	*Mirabilite; Glauber's Salt*	*Glaubersalz*
Mao Dong Qing	*Ilex*	*Radix Ilicis Pubescentis**	*Pubescent Holly Root*	*Stechpalmenwurzel*
Mao Mei	*Rubus*	*Herba Rubi Parvifolii**	*Thimbleberry*	*Sandbrombeere*
Mao Zhao Cao	*Ranunculus*	*Radix Ranunculi Ternati**	*Buttercup Root*	*Hahnenfußwurzel*
Mei Gui Hua	*Rosa*	*Flos Rosae Rugosae*	*Young Chinese Rose Flower*	*Kartoffelrosenblüten*
Meng Chong	*Tabanus*	*Tabani Bivittati**	*Gadfly*	*Bremse*
Meng Shi	*Lapis Micae seu Chloriti*	*Lapis Micae seu Chloriti*	*Chlorite Schist; Lapis*	*Chlorit*
Mi Meng Hua	*Buddleia*	*Flos Buddleiae Officinalis Immaturus*	*Buddleia Flower*	*Schmetterlings-strauchblüten*
Mi Tuo Seng	*Lithargyrum*	*Lithargyrum*	*Litharge; Galena*	*Bleiglätte, Bleioxid*
Mian Hua Gen	*Gossypium*	*Radix Gossypii Hirsuti**	*Cotton Root*	*Baumwollwurzel*
Ming Dang Shen	*Changium*	*Radix Changii**	*Changium Root*	*Changium-Wurzel*
Ming Fan	*Alumen*	*Alumen*	*Alum; Potassium Aluminum Sulfate*	*Alaun, Kaliumaluminiumsulfat*
Mo Yao	*Commiphora*	*Resina Myrrhae*	*Myrrh Gum-resin*	*Räuchermyrrhe*
Mu Bie Zi	*Momordica*	*Semen Momordicae Cochinchinensis*	*Momordica Seed*	*Momordica-Samen*
Mu Dan Pi	*Paeonia*	*Cortex Moutan Radicis*	*Tree Peony Rootbark*	*Strauchpaeonien-wurzelrinde*
Mu Gua	*Chaenomeles*	*Fructus Chaenomelis*	*Chinese Quince Fruit*	*Chinesische Quittenfrüchte*
Mu Hu Die	*Oroxylum*	*Semen Oroxyli Indici*	*Oroxylum Seed*	*Oroxylum-Samen*
Mu Li	*Ostrea*	*Concha Ostreae*	*Oyster Shell*	*Austernschale*
Mu Tong	*Akebia*	*Caulis Mutong*	*Akebia Stem*	*Chinesische Osterluzei*
Mu Xiang	*Saussurea*	*Radix Saussureae Lappae*	*Costus Root, Aucklandia*	*Echte Kostwurzel*

Pinyin	Botanisch	Pharmazeutisch	Englisch	Deutsch
Mu Zei	*Equisetum*	*Herba Equiseti Hiemalis*	*Horsetail, Scouring Rush; Shavegrass*	*Schachtelhalm*
Nan Gua Zi	*Cucurbita*	*Semen Cucurbitae Moschatae*	*Pumpkin Seed and Husk*	*Moschuskürbissamen*
Nan Sha Shen	*Adenophora*	*Radix Adenophorae*	*Ladybell Root, Southern Sand Root*	*Schellenblumenwurzel*
Nan Wu Wei Zi	*Schisandra*	*Fructus Schisandrae Sphenantherae*	*Southern Schisandra Fruit*	*Schisandrafrüchte*
Niu Bang Zi	*Arctium*	*Fructus Arctii Lappae*	*Burdock Seed*	*Klettenfrüchte*
Niu Dan	*Bos*	*Vesica Fellea Bovis*	*Cow Gallbladder*	*Rindergallenblase*
Niu Huang	*Bos oder Bubalus*	*Calculus Bovis seu Calculus Bubali*	*Ox or Water Buffalo Gallstone*	*Gallenstein vom Rind oder Wasserbüffel*
Nu Zhen Zi	*Ligustrum*	*Fructus Ligustri Lucidi*	*Privet Fruit; Waxtree Fruit*	*Ligusterfrüchte*
Nuo Dao Gen Xu	*Oryza*	*Radix et Rhizoma Oryzae Glutinosae*	*Sweet Rice Root and Rhizome*	*Reiswurzel*
Ou Jie	*Nelumbo*	*Nodus Nelumbinis Nuciferae Rhizomatis*	*Lotus Rhizome Node*	*Lotusrhizomknoten*
Pang Da Hai	*Sterculia*	*Semen Sterculiae Scaphigerae*	*Sterculia Seed*	*Sterculia-Samen*
Pao Jiang	*Zingiber*	*Rhizoma Zingiberis**	*Quick-fried Ginger Rhizome*	*Gebratene Ingwerwurzel*
Pei Lan	*Eupatorium*	*Herba Eupatorii Fortunei*	*Boneset; Thoroughwort; Feverwort*	*Wasserdost*
Peng Sha	*Borax*	*Borax*	*Borax; Sodium Tetraborate*	*Borax, Natriumborat*
Pi Pa Ye	*Eriobotrya*	*Folium Eriobotryae Japonicae*	*Loquat Leaf*	*Wollmispelblätter*
Pi Shi	*Arsenolith*	*Arseolitum*	*White Arsenic*	*Arsenolith, Arsenit*
Pu Gong Ying	*Taraxacum*	*Herba Taraxaci Mongolici cum Radice*	*Dandelion*	*Mongolisches Löwenzahnkraut*
(Sheng) Pu Huang	*Typha*	*Pollen Typhae*	*Raw Cattail Pollen*	*Rundkolbenpollen*
Pu Huang Tan	*Typha*	*Pollen Typhae Carbonisatus*	*Charred Cattail Pollen*	*Karbonisierte Rundkolbenpollen*
Pu Hui	*Typha*	*Folium Typhae*	*Cattail Leaves*	*Rundkolbenblätter*
Qian Cao Gen	*Rubia*	*Radix Rubiae Cordifoliae*	*Madder Root*	*Krappwurzel*
Qian Dan	*Minium*	*Minium*	*Red Lead Oxide*	*Mennige, rotes Bleioxid*
Qian Hu	*Peucedanum*	*Radix Peucedani*	*Hogfennel Root*	*Haarstrangwurzel*
Qian Li Guang	*Senecio*	*Herba Senecionis Scandentis**	*Groundsel*	*Kreuzkraut, Greiskraut*
Qian Nian Jian	*Homalomena*	*Rhizoma Homalomenae Occultae*	*Homalomena Rhizome*	*Homalomena-Wurzelstock*
Qian Niu Zi	*Pharbitis*	*Semen Pharbitidis*	*Morning Glory Seed*	*Trichterwindensamen*
Qian Shi	*Euryale*	*Semen Euryales Ferocis*	*Euryale Seed*	*Euryale-Samen*
Qiang Huo	*Notopterygium*	*Rhizoma et Radix Notopterygii*	*Notopterygium Rhizome and Root*	*Notopterygium-Wurzel*

Pinyin	Botanisch	Pharmazeutisch	Englisch	Deutsch
Qin Jiao	*Gentiana*	*Radix Gentianae Qinjiao*	*Large-Leaf Gentian Root*	*Großblättrige Enzianwurzel*
Qin Pi	*Fraxinus*	*Cortex Fraxini*	*Korean Ash Bark*	*Koreanische Eschenrinde*
Qing Dai	*Indigo*	*Indigo Pulverata Levis*	*Indigo*	*Indigo*
Qing Fen	*Calomelas*	*Calomelas*	*Calomel; Mercurous Chloride*	*Kalomel, Quecksilberchlorid*
Qing Hao	*Artemisia*	*Herba Artemisiae Annuae*	*Sweet Wormwood; Southernwood*	*Einjähriges Beifußkraut*
Qing Mu Xiang	*Aristolochia*	*Radix Aristolochiae*	*Birthwort Root*	*Aristolochia-Wurzel*
Qing Pi	*Citrus*	*Pericarpium Citri Reticulatae Viride*	*Immature (Green) Tangerine Peel*	*Frühe Mandarinenschale*
Qing Xiang Zi	*Celosia*	*Semen Celosiae Argenteae*	*Celosia Seed*	*Hahnenkammsamen*
Qu Mai	*Dianthus*	*Herba Dianthi*	*Pink Flower Herb*	*Nelkenkraut*
Quan Xie	*Buthus*	*Buthus Martensi*	*Scorpion*	*Skorpion*
Ren Gong Niu Huang	*Bos*	*Calculus Artificialis*	*Artificially Induced Cow Gallstons*	*Künstlich induzierte Rindergallensteine*
(Hong) Ren Shen	*Panax*	*Radix Ginseng*	*Ginseng Root steamed until red*	*Ginsengwurzel (rot gedünstet)*
Ren Shen Lu	*Panax*	*Cervix Ginseng*	*Ginseng Root Neck*	*Ginsengwurzelhals*
Ren Shen Ye	*Panax*	*Folium Ginseng*	*Ginseng Leaf*	*Ginsengblätter*
Rou Cong Rong	*Cistanche*	*Herba Cistanches Deserticolae*	*Broomrape Fleshy Stem*	*Cistanche*
Rou Dou Kou	*Myristica*	*Semen Myristicae Fragrantis*	*Nutmeg Seed*	*Muskatnuss*
Rou Gui	*Cinnamomum*	*Cortex Cinnamomi Cassiae*	*Cinnamon Bark*	*Cassia-Zimtrinde*
Ru Xiang	*Boswellia*	*Gummi Olibanum*	*Frankincense Gum-resin*	*Harz des Weihrauchbaumes*
San Bai Cao	*Saururus*	*Herba Saururi Chinensis**	*Saururus*	*Molchschwanzkraut*
San Leng	*Sparganium*	*Rhizoma Sparganii Stoloniferi*	*Bur-reed Rhizome*	*Igelkolbenwurzelstock*
San Qi	*Panax*	*Radix Pseudoginseng*	*Pseudoginseng Root; Notoginseng Root*	*Notoginsengwurzel, Sanchiwurzel*
San Qi Hua	*Panax*	*Flos Pseudoginseng*	*Pseudoginseng Flower; Notoginseng Flower*	*Notoginsengblüten*
Sang Bai Pi	*Morus*	*Cortex Mori Albae Radicis*	*Mulberry Rootbark*	*Maulbeerwurzelrinde*
Sang Ji Sheng	*Loranthus oder Viscum*	*Ramulus Sangjisheng*	*Mulberry Mistletoe Stem*	*Riemenblume oder Mistel*
Sang Piao Xiao	*Paratenodera*	*Ootheca Mantidis*	*Praying Mantis Egg Case*	*Eipaket der Gottesanbeterin*
Sang Shen	*Morus*	*Fructus Mori Albae*	*Mulberry Fruit Bud*	*Maulbeerfrüchte*
Sang Ye	*Morus*	*Folium Mori Albae*	*Mulberry Leaf*	*Maulbeerblätter*
Sang Zhi	*Morus*	*Ramulus Mori Albae*	*Mulberry Twig*	*Maulbeerzweige*

Pinyin	Botanisch	Pharmazeutisch	Englisch	Deutsch
Sha Ren	*Amomum*	*Fructus seu Semen Amomi*	*Grains-of-Paradise Fruit or Seeds*	*Amomum-Sharen-Früchte*
Sha Ren Hua	*Amomum*	*Flos Amomi*	*Grains-of-Paradise Flower*	*Amomum-Sharen-Blüten*
Sha Ren Ke	*Amomum*	*Pericarpium Amomi*	*Grains-of-Paradise Shell*	*Amomum-Sharen-Schalen*
Sha Yuan Ji Li	*Astragalus*	*Semen Astragali Complanati*	*Flattened Milk-vetch Seed*	*Astragalussamen, Tragantsamen*
Shan Ci Gu	*Tulipa*	*Pseudobulbus Shancigu*	*Chinese Tulip Bulb*	*Chinesische Tulpenzwiebeln*
Shan Dou Gen	*Sophora*	*Radix Sophorae Tonkinensis*	*Pigeon Pea Root*	*Schnurbaumwurzel*
Shan Yang Jiao	*Naemorhedis*	*Cornu Naemorhedis*	*Goat Horn*	*Ziegenhorn*
Shan Yao	*Dioscorea*	*Radix Dioscoreae Oppositae*	*Chinese Wild Yam Root*	*Yamswurzelknollen*
Shan Zha	*Crataegus*	*Fructus Crataegi*	*Hawthorn Unripe Fruit or Berry*	*Frühe Fliederweißdornbeeren*
Shan Zha Rou	*Crataegus*	*Fructus Crataegi*	*Hawthorn Ripe Fruit or Berry*	*Fliederweißdornbeeren*
Shan Zha Tan	*Crataegus*	*Fructus Crataegi Carbonisatus*	*Charred Hawthorn Fruit or Berry*	*Karbonisierte Fliederweißdornbeeren*
Shan Zhu Yu	*Cornus*	*Fructus Corni Officinalis*	*Dogwood Fruit; Asiatic Cornelian Cherry Fruit*	*Japanische Kornelkirschenfrüchte*
Shang Lu	*Phytolacca*	*Radix Phytolaccae*	*Poke Root*	*Kermesbeerwurzel*
She Chuang Zi	*Cnidium*	*Fructus Cnidii Monnieri*	*Cnidium Seed*	*Cnidium-Samen*
She Gan	*Belamcanda*	*Rhizoma Belamcandae Chinensis*	*Belamcanda Rhizome; Blackberry Lily Rhizome*	*Leopardenblumen-Wurzelstock*
She Tui	*Zaocys*	*Exuviae Serpentis*	*Snake Skin Slough*	*Schlangenhaut*
She Xiang	*Moschus*	*Secretio Moschus*	*Musk; Musk Deer Navel Gland Secretion*	*Sekret des Moschushirschs*
Shen Jin Cao	*Lycopodium*	*Herba Lycopodii Clavati**	*Clubmoss*	*Bärlapp*
Shen Qu	*Massa Fermentata*	*Massa Fermentata*	*Medicated Leaven*	*Medizinisches Treibmittel*
Shen Xu	*Panax*	*Radix Ginseng*	*Rock Candy cured White Ginseng Root Tail*	*Ginsengwurzel in Kandiszucker*
Sheng Di Huang	*Rehmannia*	*Radix Rehmanniae Glutinosae*	*Fresh Chinese Foxglove Root*	*Frische Rehmanniawurzel*
Sheng Jiang	*Zingiber*	*Rhizoma Zingiberis Officinalis Recens*	*Fresh Ginger Rhizome*	*Frische Ingwerwurzel*
Sheng Jiang Pi	*Zingiber*	*Cortex Zingiberis Officinalis Recens*	*Fresh Ginger Skin*	*Frische Ingwerrinde*
Sheng Ma	*Cimicifuga*	*Rhizoma Cimicifugae*	*Black Cohosh Rhizome; Bugbane Rhizome*	*Silberkerzenwurzelstock*
Sheng Shai Shen	*Panax*	*Radix Ginseng*	*Fresh Dried Ginseng Root*	*Getrocknete Ginsengwurzel*
Sheng Tie Luo	*Frusta Ferri*	*Frusta Ferri*	*Iron Filing*	*Eisenspäne*
Shi Bing	*Diospyros*	*Fructus Diospyri Kaki**	*Dried Persimmon Fruit*	*Getrocknete Kakipflaume*

Pinyin	Botanisch	Pharmazeutisch	Englisch	Deutsch
Shi Chang Pu	*Acorus*	*Rhizoma Acori Graminei*	*Sweetflag Rhizome*	*Acorus-Wurzelstock*
Shi Da Gong Lao	*Mahonia*	*Folium Mahoniae**	*Mahonia Leaf*	*Mahonienblätter*
Shi Di	*Diospyros*	*Calyx Diospyri Kaki*	*Persimmon Calyx*	*Kakipflaumenkelch*
Shi Gao	*Gypsum*	*Gypsum Fibrosum*	*Gypsum; Calcium Sulphate*	*Mineralischer Gips*
Shi Hu	*Dendrobium*	*Herba Dendrobii*	*Dendrobium Stem*	*Dendrobium*
Shi Jue Ming	*Haliotis*	*Concha Haliotidis*	*Abalone Shell*	*Seeohrenschale, Abaloneschale*
Shi Jun Zi	*Quisqualis*	*Fructus Quisqualis Indicae*	*Rangoon Creeper Fruit*	*Quisqualis-Früchte*
Shi Liu Gen Pi	*Punica*	*Cortex Punicae Granati Radicis*	*Pomegranate Root Bark*	*Granatapfelwurzelrinde*
Shi Liu Pi	*Punica*	*Pericarpium Punicae Granati*	*Pomegranate Husk or Rind*	*Granatapfelschale*
Shi Shang Bai	*Selaginella*	*Herba Selaginellae Doederleinii*	*Selaginella*	*Mooskraut, Moosfarn*
Shi Wei	*Pyrrosia*	*Folium Pyrrosiae*	*Pyrrosia Leaf*	*Pyrrosiablätter*
Shu Di Huang	*Rehmannia*	*Radix Rehmanniae Glutinosae Conquitae*	*Wine-cooked Chinese Foxglove Root*	*Rehmanniawurzel, in Wein gekocht*
Shu Qi	*Dichroa*	*Folium Dichroae Febrifugae*	*Dichroa Leaf*	*Dichroa-Blätter*
Shu Yi Ren	*Coix*	*Semen Coicis Lachryma-jobi*	*Dry-Fried Coix Seed*	*Hiobstränensamen, trocken geröstet*
Shui Niu Jiao	*Bubalus*	*Cornu Bubali*	*Waterbuffalo Horn*	*Wasserbüffelhorn*
Shui Yin	*Hydrargyrum*	*Hydrargyrum*	*Mercury*	*Quecksilber*
Shui Zhi	*Hirudo*	*Hirudo seu Whitmania*	*Leech*	*Blutegel*
Si Gua Lou	*Luffa*	*Fasciculus Vascularis Luffae*	*Dried Skeleton of Luffa Sponge*	*Luffa-Schwamm*
Si Gua Pi	*Luffa*	*Pericarpium Luffae acutangulae*	*Luffa Skin*	*Luffa-Schale*
Si Ji Qing	*Ilex*	*Folium Ilicis Chinensis**	*Holly Leaf*	*Stechpalmenblätter*
Song Jie	*Pinus*	*Lignum Pini Nodi*	*Knotty Pine Wood*	*Knotenkieferholz*
Su He Xiang	*Liquidambar*	*Styrax Liquidis*	*Rose Maloes Resin*	*Harz des Amberbaums*
Su Mu	*Caesalpinia*	*Lignum Sappan*	*Sappan Heartwood*	*Sappanholz*
Suan Jiang	*Physalis*	*Calyx seu Fructus Physalis**	*Wintercherry Calyx or Fruit*	*Physalis-Kelch oder Frucht*
Suan Zao Ren	*Ziziphus*	*Semen Ziziphi Spinosae*	*Sour Jujube Seed; Zizyphus*	*Stacheljujubensamen*
Suo Yang	*Cynomorium*	*Herba Cynomorii Songarici*	*Cynomorium Fleshy Stem*	*Cynomorium*
Tai Zi Shen	*Pseudostellaria*	*Radix Pseudostellariae Heterophyllae*	*Prince Ginseng Root*	*Pseudostellariawurzel*
Tan Xiang	*Santalum*	*Lignum Santali Albi*	*Sandalwood Heartwood*	*Sandelholz*
Tang Song Cao	*Thalictrum*	*Herba Thalictri Foliolosi**	*Thalictrum*	*Thalictrum, Wiesenraute*
Tao Ren	*Prunus*	*Semen Persicae*	*Peach Seed (Kernel)*	*Pfirsichsamen*

Pinyin	Botanisch	Pharmazeutisch	Englisch	Deutsch
Tian Hua Fen	*Trichosanthes*	*Radix Trichosanthis Kirilowii*	*Snakegourd Root*	*Schlangenkürbiswurzel*
Tian Ma	*Gastrodia*	*Rhizoma Gastrodiae Elatae*	*Gastrodia Rhizome*	*Gastrodienwurzelstock*
Tian Men Dong	*Asparagus*	*Tuber Asparagi Cochinchinensis*	*Chinese Asparagus Tuber*	*Chinesische Spargelwurzel*
Tian Ming Jing	*Carpesium*	*Herba Carpesii*	*Carpesium*	*Carpesium*
(Sheng) Tian Nan Xing	*Arisaema*	*Rhizoma Arisaematis*	*Raw Jack-in-the-Pulpit Rhizome*	*Feuerkolbenwurzel-knollen*
Tian Zhu Huang	*Bambusa*	*Concretio Silicea Bambusae Textillis*	*Siliceous Secretions of Bamboo*	*Silikathaltige Bambussekrete*
Tie Xian	*Acalypha*	*Herba Acalyphae Australis**	*Acalypha*	*Acalypha*
Ting Li Zi	*Lepidium oder Descurainia*	*Semen Lepidii seu Descurainiae*	*Tansy Mustard Seed*	*Besenrauke*
Tong Cao	*Tetrapanax*	*Medulla Tetrapanacis Papyriferi*	*Rice Paper Pith*	*Mark des Reispapierbaums*
Tu Bie Chong	*Eupolyphaga*	*Eupolyphaga seu Opisthoplatia*	*Wingless Cockroach*	*ungeflügelte Schabe*
Tu Fu Ling	*Smilax*	*Rhizoma Smilacis Glabrae*	*Glabrous Greenbrier Rhizome*	*Stechwindenwurzelstock*
Tu Niu Xi	*Achyranthes*	*Radix Achyranthis Asperae*	*Achyranthes Root*	*Achyranthes-Wurzel*
Tu Si Zi	*Cuscuta*	*Semen Cuscutae Chinensis*	*Dodder Seed*	*Chinesische Teufelszwirnsamen*
Wa Leng Zi	*Arca*	*Concha Arcae*	*Cockle Shell; Ark Shell*	*Archenmuschelschale*
Wan Nian Qing	*Rhodea*	*Herba Rhodeae Japonicae**	*Rhodea*	*Rhodea*
Wang Bu Liu Xing	*Vaccaria*	*Semen Vaccariae Segetalis*	*Cow Soapwort Seed*	*Kuhkrautsamen*
Wei Ling Xian	*Clematis*	*Radix Clematidis*	*Clematis Root*	*Chinesische Waldrebenwurzel*
Wu Bei Zi	*Rhus/Melaphis*	*Galla Rhois Chinensis*	*Gallnut of Chinese Sumac*	*Gallen des Chinesischen Giftsumach*
Wu Gong	*Scolopendra*	*Scolopendra Subspinipes*	*Centipede*	*Hundertfüßer, Skolopender*
Wu Jia Pi	*Acanthopanax*	*Cortex Acanthopanacis Gracilistyli Radicis*	*Acanthopanax Rootbark.*	*Stachelpanaxwurzelrinde*
Wu Jiu Gen Pi	*Sapium*	*Cortex Sapii Sebiferi Radicis**	*Tallow Tree Root Bark*	*Talgbaumwurzelrinde*
Wu Ling Zhi	*Trogopterus oder Pteromys*	*Excrementum Trogopteri seu Pteromi*	*Flying Squirrel Feces*	*Flughörnchenkot*
Wu Mei	*Prunus*	*Fructus Pruni Mume*	*Ume Plum Fruit; Black Plum Fruit*	*Japanaprikosenfrüchte*
Wu Shao She	*Zaocys*	*Zaocys Dhumnades*	*Black-striped Snake*	*Rattennatter*
Wu Tou	*Aconitum*	*Radix Aconiti*	*Aconite Root*	*Eisenhutwurzel*
Wu Wei Zi	*Schisandra*	*Fructus Schisandrae Chinensis*	*Northern Schisandra Fruit*	*Schisandra-Früchte*

Pinyin	Botanisch	Pharmazeutisch	Englisch	Deutsch
Wu Yao	*Lindera*	*Radix Linderae Strychnifoliae*	*Spicebush Root*	*Fieberstrauchwurzel*
Wu Yi	*Ulmus*	*Praeparatio Fructus Ulmi Macrocarpi*	*Stinking Elm Fruit Paste*	*Stinkulmenfruchtpaste*
Wu Zhu Yu	*Evodia*	*Fructus Evodiae Rutaecarpae*	*Evodia Fruit*	*Stinkeschenfrüchte*
Xi Gua	*Citrullus*	*Fructus Citrulli Vulgaris*	*Watermelon Fruit and Peel or Rind*	*Wassermelone*
Xi Hong Hua	*Crocus*	*Stigma Croci Sativae*	*Stigma of the True Saffron Flower*	*Echter Safran, Narben des Safrankrokus*
Xi Jiao	*Rhinoceros*	*Cornu Rhinoceri*	*Rhinoceros Horn*	*Rhinozeroshorn*
Xi Xian Cao	*Siegesbeckia*	*Herba Siegesbeckiae*	*St. Paul's Wort*	*Siegesbeckienkraut*
Xi Xin	*Asarum*	*Herba cum Radice Asari*	*Asarum; Chinese Wild Ginger*	*Chinesisches Halswurzelkraut*
Xi Yang Shen	*Panax*	*Radix Panacis Quinquefolii*	*American Ginseng Root*	*Amerikanische Kraftwurz*
Xia Ku Cao	*Prunella*	*Spica Prunellae Vulgaris*	*Selfheal Spike; Heal all Spike*	*Braunellenähren*
Xian He Cao	*Agrimonia*	*Herba Agrimoniae Pilosae*	*Agrimony*	*Odermenningkraut*
Xian Mao	*Curculigo*	*Rhizoma Curculiginis Orchioidis*	*Golden Eye-grass Rhizome*	*Curculigo-Wurzelstock, Rüssellilie*
Xiang Fu	*Cyperus*	*Rhizoma Cyperi Rotundi*	*Cyperus Rhizome; Nut-grass Rhizome; Sedge Rhizome*	*Nusswurzelstock*
Xiang Ru	*Elsholtzia*	*Herba Elsholtziae seu Moslae*	*Aromatic Madder*	*Elsholtzia*
Xiao Hui Xiang	*Foeniculum*	*Fructus Foeniculi Vulgaris*	*Fennel Fruit*	*Fenchelsamen*
Xiao Ji	*Cephalanoplos*	*Herba Cephalanoplos*	*Small Thistle; Field Thistle*	*Cephalanoplos-Kraut*
Xiao Shi	*Niter*	*Niter**	*Silver*	*Silber*
Xie Bai	*Allium*	*Bulbus Allii*	*Chinese Chive Bulb*	*Lauchzwiebel*
Xin Yi Hua	*Magnolia*	*Flos Magnoliae*	*Magnolia Flower*	*Magnolienblüten*
(Bei) Xing Ren	*Prunus*	*Semen Pruni Armeniacae*	*(Northern) Apricot Seed*	*Bittere Aprikosensamen (nördlicher Provenienz)*
(Nan) Xing Ren	*Prunus*	*Semen Pruni Armeniacae*	*(Southern) Apricot Seed*	*Bittere Aprikosensamen (südlicher Provenienz)*
Xiong Dan	*Ursus*	*Vesica Fellea Ursi*	*Bear Gallbladder*	*Gallenblase eines Bären*
Xiong Huang	*Realgar*	*Realgar*	*Realgar; Arsenic Disulfide*	*Realgar, Arsendisulfid*
Xu Duan	*Dipsacus*	*Radix Dipsaci Asperi*	*Teasel Root*	*Chinesische Kardenwurzel*
Xu Sui Zi	*Euphorbia*	*Semen Euphorbiae Lathyridis**	*Caper Spurge Seed; Moleplant Seed*	*Wolfsmilchsamen*
Xuan Fu Hua	*Inula*	*Flos Inulae*	*Elecampane Flower*	*Alantblüten*

Pinyin	Botanisch	Pharmazeutisch	Englisch	Deutsch
Xuan Ming Fen	*Mirabilitum*	*Mirabilitum Purum*	*Pure Mirabilite; Pure Sodium Sulphate; Pure Glauber's Salt*	*Glaubersalz*
Xuan Shen	*Scrophularia*	*Radix Scrophulariae Ningpoensis*	*Figwort Root*	*Ningpo-Braunwurzwurzel*
Xue Jie	*Daemonorops*	*Sanguis Draconis*	*Dragon's Blood Resin*	*Harz der Drachenblutpalme*
Xue Yu Tan	*Homo Sapiens*	*Crinis Carbonisatus Hominis*	*Charred Human Hair*	*Karbonisierte Haare (vom Menschen)*
Ya Dan Zi	*Brucea*	*Fructus Bruceae Javanicae*	*Brucea Fruit*	*Brucea-Früchte*
Ya Zhi Cao	*Commelina*	*Herba Commelinae**	*Commelina*	*Commelina*
Yan Fu Mu	*Rhus*	*Cortex Rhois Chinensis**	*Chinese Sumac Bark*	*Chinesische Giftsumachrinde*
Yan Hu Suo	*Corydalis*	*Rhizoma Corydalis Yanhusuo*	*Corydalis Rhizome*	*Lerchenspornwurzelstock*
Yang Qi Shi	*Actinolitum*	*Actinolitum*	*Actinolite*	*Aktinolith*
Ye Jiao Teng	*Polygonum*	*Caulis Polygoni Multiflori*	*Fleeceflower Stem; Fo-Ti Stem*	*Vielblütiger Knöterich*
Ye Ju Hua	*Chrysanthe-mum*	*Flos Chrysanthemi Indici*	*Wild Chrysanthemum Flower*	*Chrysanthemenblüten*
Ye Ming Sha	*Vespertilio*	*Excrementum Vespertilionis Murini*	*Bat Dung or Feces*	*Fledermauskot*
Ye Shan Shen	*Panax*	*Radix Ginseng*	*Wild Ginseng*	*Ginsengwurzel*
Yi Mu Cao	*Leonurus*	*Herba Leonuri Heterophylli*	*Motherwort*	*Chinesisches Mutter-kraut*
Yi Tang	*Saccharum Granorum*	*Saccharum Granorum*	*Barley Malt Sugar/ Syrup*	*Gerstenmalzzucker*
Yi Yi Ren	*Coix*	*Semen Coicis Lachryma-jobi*	*Coix Seed; Job's Tears Seed*	*Hiobstränensamen*
Yi Zhi Ren	*Alpinia*	*Fructus Alpiniae Oxyphyllae*	*Black Cardamon Fruit*	*Alpinia-Früchte*
Yin Chai Hu	*Stellaria*	*Radix Stellariae Dichotomae*	*Stellaria Root*	*Stellaria-Wurzel*
Yin Chen Hao	*Artemisia*	*Herba Artemisiae Yinchenhao*	*Oriental Wormwood*	*Besenbeifußkraut*
Yin Guo Ye	*Ginkgo*	*Folium Ginkgo Bilobae*	*Ginkgo Leaf*	*Ginkgoblätter*
Yin Yang Huo	*Epimedium*	*Herba Epimedii*	*Epimedium*	*Elfenblumenkraut*
Ying Su Ke	*Papaver*	*Pericarpium Papaveris Somniferi*	*Opium Poppy Husk*	*Schlafmohnsamenkapsel*
Yu Jin	*Curcuma*	*Tuber Curcumae*	*Tumeric Tuber*	*Gelbwurzknolle*
Yu Li Ren	*Prunus*	*Semen Pruni*	*Bush Cherry Seed*	*Japanische Kirschensamen*
Yu Liang Shi	*Limonite*	*Limonite*	*Limonite*	*Limonit, Brauneisen*
Yu Mi Xu	*Zea*	*Stylus Zeae Mays*	*Cornsilk*	*Maisbart, Maisgriffel*
Yu Xing Cao	*Houttuynia*	*Herba cum Radice Houttuyniae Cordatae*	*Houttuynia; Fish Smell Plant*	*Houttuynia-Kraut, „Eidechsenschwanz"*

Pinyin	Botanisch	Pharmazeutisch	Englisch	Deutsch
Yu Zhu	*Polygonatum*	*Rhizoma Polygonati Odorati*	*Fragrant Solomon's Seal Rhizome; Polygonatum*	*Salomonssiegelwurzel-stock*
Yuan Hua	*Daphne*	*Flos Daphnes Genkwa*	*Daphne Flower*	*Chinesische Seidelbastblüten*
Yuan Zhi	*Polygala*	*Radix Polygalae Tenuifoliae*	*Chinese Senega Root; Seneca Snakeroot*	*Sibirische Kreuzblumenwurzel*
Yue Ji Hua	*Rosa*	*Flos et Fructus Rosae Chinensis*	*Partially-blossoming Chinese Tea Rose Flower*	*Chinesische Teerosenblüten*
Zao Jiao	*Gleditsia*	*Fructus Gleditsiae Sinensis*	*Honeylocust Fruit; Soap Bean Fruit*	*Lederhülsenbaumfrüchte*
Zao Jiao Ci	*Gleditsia*	*Spina Gleditsiae Sinensis*	*Honeylocust Spine; Soap Bean Spine*	*Lederhülsenbaum-stacheln*
Zao Xiu	*Paris*	*Rhizoma Paridis Polyphyllae**	*Paris Rhizome*	*Einbeerenwurzelstock*
Ze Lan	*Lycopus*	*Herba Lycopi Lucidi*	*Bugleweed*	*Wolfstrappkraut*
Ze Qi	*Euphorbia*	*Herba Euphorbiae Helioscopiae*	*Pill-bearing Spurge*	*Wolfsmilchkraut*
Ze Xie	*Alisma*	*Rhizoma Alismatis Orientalitis*	*Water Plantain Rhizome*	*Orient-Froschlöffelknolle*
Zhang Nao	*Cinnamomum*	*Camphora*	*Crystalized Volatile Oil of the Camphor Tree*	*Kampfer, weiße Kristalle im Öl des Kampferbaums*
Zhe Bei Mu	*Fritillaria*	*Bulbus Fritillariae Thunbergii*	*Thunberg Fritillary Bulb*	*Zhekiang-Fritillaria-Zwiebel*
Zhen Zhu	*Pteria*	*Margarita*	*Pearl*	*Perlmutt*
Zhen Zhu Mu	*Pteria*	*Concha Margaritiferae*	*Mother-of-Pearl Shell*	*Perlmuschelschale*
Zhi Gan Cao	*Glycyrrhiza*	*Radix Glycyrrhizae Praeparata**	*Honey-fried Licorice Root*	*In Honig gebratene Ural-Süßholzwurzel*
Zhi Ke	*Citrus oder Poncirus*	*Fructus Citri Aurantii*	*Bitter Orange Fruit*	*Bitterorange*
Zhi Mu	*Anemarrhena*	*Radix Anemarrhenae Asphodeloidis*	*Anemarrhena Root*	*Muttergedenken-Wurzelstock*
Zhi Nan Xing	*Arisaema*	*Rhizoma Arisaematis Praeparata*	*Prepared Jack-in-the-Pulpit Rhizome*	*Vorbehandelter Feuer-kolbenwurzelknollen*
Zhi Shi	*Citrus oder Poncirus*	*Fructus Immaturus Citri Aurantii*	*Immature Bitter Orange Fruit*	*Frühe Bitterorange*
Zhi Zi	*Gardenia*	*Fructus Gardeniae Jasminoidis*	*Gardenia Fruit*	*Gardenienfrüchte*
Zhu Li	*Bambusa*	*Succus Bambusae*	*Dried Bamboo Sap*	*Getrockneter Bambussaft*
Zhu Ling	*Polyporus*	*Sclerotium Polypori Umbellati*	*Polyporus Sclerotium*	*Porling*
Zhu Ma Gen	*Boehmeria*	*Radix Boehmeriae Niveae**	*Ramie Root*	*Ramiewurzel*
Zhu Ru	*Bambusa*	*Caulis Bambusae in Taeniis*	*Bamboo Shavings*	*Bambusrohrstreifen*
Zhu Sha	*Cinnabaris*	*Cinnabaris*	*Cinnabar; Red Mercury Sulfide*	*Zinnober, Cinnabarit, Quecksilbersulfid*
Zhu Sha Gen	*Ardisia*	*Radix Ardisiae Crenatae**	*Ardisia Root*	*Ardisia-Wurzel*

Pinyin	Botanisch	Pharmazeutisch	Englisch	Deutsch
Zi Bei Tian Kuei	*Begonia*	*Herba Begoniae Fimbristipulatae*	*Begonia*	*Begonia-Kraut*
Zi Cao	*Lithospermum*	*Radix Lithospermi seu Arnebiae*	*Groomwell Root*	*Steinsamenwurzel*
Zi He Che	*Homo Sapiens*	*Placenta Hominis*	*Human Placenta*	*Plazenta (des Menschen)*
Zi Hua Di Ding	*Viola*	*Herba cum Radice Violae Yedoensitis*	*Viola*	*Wildes Chinesisches Veilchen*
Zi Ran Tong	*Pyritum*	*Pyritum*	*Pyrite*	*Pyrit, Schwefelkies, Eisenkies*
Zi Shi Ying	*Fluoritum*	*Fluoritum*	*Fluorite*	*Fluorit, Flussspat*
Zi Su Geng	*Perilla*	*Ramulus Perillae**	*Perilla Stem*	*Schwarznesselstängel*
Zi Su Ye	*Perilla*	*Folium Perillae Frutescentis*	*Perilla Leaf*	*Schwarznesselblätter*
Zi Su Zi	*Perilla*	*Semen Perillae Frutescentis*	*Perilla Seed*	*Schwarznesselsamen*
Zi Wan	*Aster*	*Radix Asteris Tatarici*	*Purple Aster Root*	*Asternwurzel*
Zi Zhu	*Callicarpa*	*Folium Callicarpae*	*Callicarpa Leaf*	*Schönfruchtstrauch-Frutescentis*
Zong Lu Pi Tan	*Trachycarpus*	*Fibra Stipulae Trachycarpi Carbonisatus*	*Charred Windmill Palm Petiole*	*Karbonisierte Stipelfasern der Hanfpalme*

Kräuternamen nach botanischer Bezeichnung sortiert

Botanisch	Pinyin	Pharmazeutisch	Englisch	Deutsch
Acacia oder Uncaria	*Er Cha*	*Pasta Acacia seu Uncaria*	*Dried Paste of Concentrated Decoction of Black or White Cutch*	*Getrocknete Paste aus Acacia- oder Uncaria-Dekokt*
Acalypha	*Tie Xian*	*Herba Acalyphae Australis**	*Acalypha*	*Acalypha*
Acanthopanax	*Wu Jia Pi*	*Cortex Acanthopanacis Gracilistyli Radicis*	*Acanthopanax Rootbark.*	*Stachelpanaxwurzelrinde*
Achyranthes	*Huai Niu Xi*	*Radix Achyranthis Bidentatae*	*Achyranthes Root*	*Achyranthis-Spreublumen-Wurzel*
Achyranthes	*Tu Niu Xi*	*Radix Achyranthis Asperae*	*Achyranthes Root*	*Achyranthes-Wurzel*
Aconitum	*(Hei) Fu Zi*	*Radix Lateralis Aconiti Carmichaeli Praeparata*	*Prepared Sichuan Aconite Root*	*Vorbehandelte Eisenhutseitenwurzel*
Aconitum	*Cao Wu*	*Radix Aconiti Kusnezoffii*	*Wild Aconite*	*Wilde Eisenhutwurzel*
Aconitum	*Chuan Wu*	*Radix Aconiti Carmichaeli*	*Sichuan Aconite*	*Carmichaeli-Eisenhutwurzel*
Aconitum	*Wu Tou*	*Radix Aconiti*	*Aconite Root*	*Eisenhutwurzel*
Acorus	*Shi Chang Pu*	*Rhizoma Acori Graminei*	*Sweetflag Rhizome*	*Acorus-Wurzelstock*
Actinolitum	*Yang Qi Shi*	*Actinolitum*	*Actinolite*	*Aktinolith*
Adenophora	*Gan Jie Geng*	*Radix Adenophorae Trachelioidis*	*Sweet Jie Geng*	*Schellenblumenwurzel*
Adenophora	*Nan Sha Shen*	*Radix Adenophorae*	*Ladybell Root, Southern Sand Root*	*Schellenblumenwurzel*
Agastache oder Pogostemon	*Huo Xiang*	*Herba Agastaches seu Pogostemi*	*Patchouli, Agastache*	*Patchouli-Kraut*
Agkistrodon	*Bai Hua She*	*Agkistrodon seu Bungarus*	*Long-noded Pit Viper Snake*	*Dreieckskopfotter oder Bungar*
Agrimonia	*Xian He Cao*	*Herba Agrimoniae Pilosae*	*Agrimony*	*Odermenningkraut*
Ailanthus	*Chun Pi*	*Cortex Ailanthi Altissimae*	*Tree of Heaven Bark*	*Götterbaumrinde*
Ajuga	*Bai Mao Xia Ku Cao*	*Herba Ajugae Decumbentis**	*Ajuga*	*Günsel*
Akebia	*Ba Yue Zha*	*Fructus Akebiae*	*Akebia Fruit*	*Akebia-Früchte*
Akebia	*Mu Tong*	*Caulis Mutong*	*Akebia Stem*	*Chinesische Osterluzei*
Albizia	*He Huan Hua*	*Flos Albiziae Julibrissin**	*Mimosa Tree Flower Silktree Flower*	*Seidenbaumblüten*
Albizia	*He Huan Pi*	*Cortex Albiziae Julibrissin*	*Mimosa Tree Bark Silktree Bark*	*Seidenbaumrinde*
Alisma	*Ze Xie*	*Rhizoma Alismatis Orientalitis*	*Water Plantain Rhizome*	*Orient-Froschlöffelknolle*

Botanisch	**Pinyin**	**Pharmazeutisch**	**Englisch**	**Deutsch**
Allium	*Cong Bai*	*Bulbus Allii Fistulosi*	*White Bulb of Green Onion or Scallion*	*Winterzwiebel*
Allium	*Da Suan*	*Bulbus Allii Sativi*	*Garlic Bulb*	*Knoblauchknolle*
Allium	*Jiu Zi*	*Semen Allii Tuberosi*	*Chinese Leek Seed*	*Chinesische Lauchsamen*
Allium	*Xie Bai*	*Bulbus Allii*	*Chinese Chive Bulb*	*Lauchzwiebel*
Aloe	*Lu Hui*	*Herba Aloes*	*Aloe Vera Leaf*	*Aloeblätter*
Alpinia	*Cao Dou Kou*	*Semen Alpiniae Katsumadai*	*Wild Cardamon Seed Katsumada's Galangal Seed*	*Alpinia-Samen, Katsumada-Galgant-Samen*
Alpinia	*Gao Liang Jiang*	*Rhizoma Alpiniae Officinari*	*Lesser Galangal Rhizome*	*Galgantwurzelstock*
Alpinia	*Yi Zhi Ren*	*Fructus Alpiniae Oxyphyllae*	*Black Cardamon Fruit*	*Alpinia-Früchte*
Alumen	*Ming Fan*	*Alumen*	*Alum Potassium Aluminum Sulfate*	*Alaun, Kaliumaluminiumsulfat*
Alumen Praeparatum	*Ku Fan*	*Alumen Praeparatum*	*Prepared Alum*	*Vorbehandelter Alaun*
Amomum	*Bai Dou Kou*	*Fructus Amomi Kravanh*	*Round Cardamon Fruit Cluster Fruit*	*Kardamom*
Amomum	*Cao Guo*	*Fructus Amomi Tsao-Ko*	*Chinese Cardamon Fruit*	*Chinesischer Kardamom*
Amomum	*Sha Ren*	*Fructus seu Semen Amomi*	*Grains-of-Paradise Fruit or Seeds*	*Amomum-Sharen-Früchte*
Amomum	*Sha Ren Hua*	*Flos Amomi*	*Grains-of-Paradise Flower*	*Amomum-Sharen-Blüten*
Amomum	*Sha Ren Ke*	*Pericarpium Amomi*	*Grains-of-Paradise Shell*	*Amomum-Sharen-Schalen*
Ampelopsis	*Bai Lian*	*Radix Ampelopsis Japonicae**	*Ampelopsis Root*	*Ampelopsis-Wurzel*
Amyda	*Bie Jia*	*Carapax Amydae Sinensis*	*Chinese Soft-shell Turtle Shell*	*Panzer der China-Weichschildkröte*
Andrographis	*Chuan Xin Lian*	*Herba Andrographitis Paniculatae*	*Kariyat Green Chiretta*	*Andrographis-Kraut*
Androsace	*Dian Di Mei*	*Herba Androsacae Umbellatae**	*Androsace*	*Mannsschildkraut*
Anemarrhena	*Zhi Mu*	*Radix Anemarrhenae Asphodeloidis*	*Anemarrhena Root*	*Muttergedenken-Wurzelstock*
Anemone	*Jiu Jie Chang Pu*	*Rhizoma Anemoni Aetaicae**	*Altaica Rhizome*	*Anemonenwurzelstock*
Angelica	*Bai Zhi*	*Radix Angelicae Dahuricae*	*Angelica Root*	*Angelika-Dahurica-Wurzel, Engelwurz*
Angelica	*Dang Gui*	*Radix Angelicae Sinensis*	*Tangkuei Root*	*Chinesische Angelikawurzel, Engelwurz*
Angelica	*Dang Gui Tou*	*Caput Radicis Angelicae Sinensis*	*Tangkuei Head*	*Angelikawurzelkopf*
Angelica	*Dang Gui Wei*	*Extremas Radicis Angelicae Sinensis*	*Tangkuei Tail*	*Angelikawurzelspitze*

Botanisch	Pinyin	Pharmazeutisch	Englisch	Deutsch
Angelica	*Du Huo*	*Radix Angelicae Pubescentis*	*Pubescent Angelica Root*	*Angelika-Pubescens-Wurzel*
Apocynum	*Luo Bu Ma*	*Herba seu Folium Apocyni Veneti**	*Red Dogbane Whole Herb or Leaf*	*Hundsgiftkraut oder -blätter*
Aquilaria	*Chen Xiang*	*Lignum Aquilariae*	*Aloeswood Secretion or Sap*	*Aquilaria-Holz*
Arachis	*Hua Sheng Yi*	*Pericarpium Arachi**	*Peanut Skin*	*Erdnussschale*
Arca	*Wa Leng Zi*	*Concha Arcae*	*Cockle Shell Ark Shell*	*Archenmuschelschale*
Arctium	*Niu Bang Zi*	*Fructus Arctii Lappae*	*Burdock Seed*	*Klettenfrüchte*
Ardisia	*Zhu Sha Gen*	*Radix Ardisiae Crenatae**	*Ardisia Root*	*Ardisia-Wurzel*
Areca	*Bing Lang*	*Semen Arecae Catechu*	*Betel Nut*	*Betelnuss*
Areca	*Da Fu Pi*	*Pericarpium Arecae Catechu*	*Betelnut Husk*	*Betelnussschale*
Arisaema	*(Sheng) Tian Nan Xing*	*Rhizoma Arisaematis*	*Raw Jack-in-the-Pulpit Rhizome*	*Feuerkolbenwurzel-knollen*
Arisaema	*Dan Nan Xing*	*Pulvis Arisaemae cum Felle Bovis*	*Powdered Jack-in-the-Pulpit Rhizome mixed with Cow Bile*	*Feuerkolben-wurzelknollen mit Rindergalle*
Arisaema	*Zhi Nan Xing*	*Rhizoma Arisaematis Praeparata*	*Prepared Jack-in-the-Pulpit Rhizome*	*Vorbehandelter Feuer-kolbenwurzelknollen*
Aristolochia	*Ma Dou Ling*	*Fructus Aristolochiae*	*Birthwort Fruit*	*Aristolochiafrüchte, Pfeifenblumenfrüchte*
Aristolochia	*Qing Mu Xiang*	*Radix Aristolochiae*	*Birthwort Root*	*Aristolochia-Wurzel*
Aristolochia oder Cocculus	*Guang Fang Ji*	*Radix Aristolochiae Fangchi*	*Aristolochia Root*	*Aristolochia-Wurzel oder Kokkelstrauchwurzel*
Arsenolith	*Pi Shi*	*Arseolitum*	*White Arsenic*	*Arsenolith, Arsenit*
Artemisia	*Ai Ye*	*Folium Artemisiae Argyi*	*Mugwort Leaf*	*Gemeiner Beifuß, Beifußblätter*
Artemisia	*Liu Ji Nu*	*Herba Artemisiae Anomalae*	*Artemisia*	*Artemisia-Kraut*
Artemisia	*Qing Hao*	*Herba Artemisiae Annuae*	*Sweet Wormwood; Southernwood*	*Einjähriges Beifußkraut*
Artemisia	*Yin Chen Hao*	*Herba Artemisiae Yinchenhao*	*Oriental Wormwood*	*Besenbeifußkraut*
Asarum	*Xi Xin*	*Herba cum Radice Asari*	*Asarum; Chinese Wild Ginger*	*Chinesisches Halswurzelkraut*
Asparagus	*Tian Men Dong*	*Tuber Asparagi Cochinchinensis*	*Chinese Asparagus Tuber*	*Chinesische Spargelwurzel*
Aspongopus	*Jiu Xiang Chong*	*Aspongopus**	*Stink Bug*	*Wanze*
Aster	*Zi Wan*	*Radix Asteris Tatarici*	*Purple Aster Root*	*Asternwurzel*
Astragalus	*Huang Qi*	*Radix Astragali Membranaceae*	*Yellow Milk-vetch Root*	*Astragaluswurzel, Tragant*
Astragalus	*Sha Yuan Ji Li*	*Semen Astragali Complanati*	*Flattened Milk-vetch Seed*	*Astragalussamen, Tragantsamen*
Atractylodes	*Bai Zhu*	*Rhizoma Atractylodis Macrocephalae*	*White Atractylodes Rhizome*	*Großköpfige Atractylodeswurzel*

Botanisch	Pinyin	Pharmazeutisch	Englisch	Deutsch
Atractylodes	*Cang Zhu*	*Rhizoma Atractylodis*	*Atractylodes Rhizome*	*Mastixdistelwurzel, Atractylodes-Wurzel*
Aurum	*Huang Jin*	*Aurum**	*Gold*	*Gold*
Bambusa	*Tian Zhu Huang*	*Concretio Silicea Bambusae Textillis*	*Siliceous Secretions of Bamboo*	*Silikathaltige Bambussekrete*
Bambusa	*Zhu Li*	*Succus Bambusae*	*Dried Bamboo Sap*	*Getrockneter Bambussaft*
Bambusa	*Zhu Ru*	*Caulis Bambusae in Taeniis*	*Bamboo Shavings*	*Bambusrohrstreifen*
Begonia	*Zi Bei Tian Kuei*	*Herba Begoniae Fimbristipulatae*	*Begonia*	*Begonia-Kraut*
Belamcanda	*She Gan*	*Rhizoma Belamcandae Chinensis*	*Belamcanda Rhizome; Blackberry Lily Rhizome*	*Leopardenblumen-Wurzelstock*
Benincasa	*Dong Gua Pi*	*Epicarpium Benincasae Hispidae*	*Wintermelon Fruit Peel; Wax Gourd Fruit Peel*	*Wachskürbisfruchtschale*
Benincasa	*Dong Gua Ren*	*Semen Benincasae Hispidae*	*Wintermelon Seed; Wax Gourd Seed*	*Wachskürbissamen*
Biota	*Bai Zi Ren*	*Semen Biotae Orientalis*	*Arbor-Vitae Seed*	*Orientalischer Lebensbaumsamen*
Biota	*Ce Bai Ye*	*Cacumen Biotae Orientalis*	*Arborvitae Leafy Twig*	*Orientalische Lebensbaumtriebspitzen*
Bletilla	*Bai Ji*	*Rhizoma Bletillae Striatae*	*Bletilla Rhizome*	*Bletilla-Wurzelstock*
Boehmeria	*Zhu Ma Gen*	*Radix Boehmeriae Niveae**	*Ramie Root*	*Ramiewurzel*
Bombyx	*Can Sha*	*Excrementum Bombycis Mori*	*Silkworm Feces*	*Seidenwurmkot*
Bombyx	*Jiang Can*	*Bombyx Batryticatus*	*Dead Stiff Body of Sick Silkworm Larvae*	*Tote Seidenspinnerraupen*
Borax	*Peng Sha*	*Borax*	*Borax; Sodium Tetraborate*	*Borax, Natriumborat*
Bos	*Niu Dan*	*Vesica Fellea Bovis*	*Cow Gallbladder*	*Rindergallenblase*
Bos	*Ren Gong Niu Huang*	*Calculus Artificialis*	*Artificially Induced Cow Gallstons*	*Künstlich induzierte Rindergallensteine*
Bos oder Bubalus	*Niu Huang*	*Calculus Bovis seu Calculus Bubali*	*Ox or Water Buffalo Gallstone*	*Gallenstein vom Rind oder Wasserbüffel*
Boswellia	*Ru Xiang*	*Gummi Olibanum*	*Frankincense Gum-resin*	*Harz des Weihrauchbaumes*
Broussonetia	*Chu Shi Zi*	*Semen Broussonetiae Papyriferae**	*Broussonetia Seed*	*Papiermaulbeer-baumsamen*
Brucea	*Ya Dan Zi*	*Fructus Bruceae Javanicae*	*Brucea Fruit*	*Brucea-Früchte*
Bubalus	*Shui Niu Jiao*	*Cornu Bubali*	*Waterbuffalo Horn*	*Wasserbüffelhorn*
Buddleia	*Mi Meng Hua*	*Flos Buddleiae Officinalis Immaturus*	*Buddleia Flower*	*Schmetterlings-strauchblüten*
Bufo	*Chan Su*	*Secretio Bufonis*	*Dried Skin Secretion of Toad*	*Getrocknetes Krötenhautsekret*
Bupleurum	*Chai Hu*	*Radix Bupleuri*	*Thorowax Root; Hare's Ear Root*	*Chinesische Hasenohrwurzel*

Botanisch	Pinyin	Pharmazeutisch	Englisch	Deutsch
Buthus	*Quan Xie*	*Buthus Martensi*	*Scorpion*	*Skorpion*
Caesalpinia	*Su Mu*	*Lignum Sappan*	*Sappan Heartwood*	*Sappanholz*
Calcaria	*Chen Shi Huei*	*Calcaria**	*Calcium Hydroxide*	*Calciumhydroxid*
Calcitum	*Han Shui Shi*	*Calcitum*	*Calcite*	*Calcit, Kalkspat*
Callicarpa	*Zi Zhu*	*Folium Callicarpae*	*Callicarpa Leaf*	*Schönfruchtstrauch-Frutescentis*
Calomelas	*Qing Fen*	*Calomelas*	*Calomel; Mercurous; Chloride*	*Kalomel, Quecksilberchlorid*
Canis	*Gou Gu*	*Os Canine*	*Dog Bone*	*Hundeknochen*
Canis	*Guang Gou Shen*	*Testis et Penis Canis**	*Male Dog Sexual Organs*	*Sexualorgane eines männlichen Hundes*
Cannabis	*Huo Ma Ren*	*Semen Cannabis Sativae*	*Hemp Seed; Marihuana Seed*	*Hanfsamen*
Capsella	*Ji Cai*	*Herba Capsellae**	*Shepherd's Purse*	*Hirtentäschelkraut*
Carpesium	*Tian Ming Jing*	*Herba Carpesii*	*Carpesium*	*Carpesium*
Carpesium oder Daucus	*He Shi*	*Fructus Carpesii seu Daucusi*	*Carpesium Fruit*	*Carpesium-Früchte oder Möhrenfrüchte*
Carthamus	*Hong Hua*	*Flos Carthami Tinctorii*	*Safflower*	*Saflorblüten*
Cassia	*Fan Xie Ye*	*Folium Sennae*	*Senna Leaf*	*Sennablätter*
Cassia	*Jue Ming Zi*	*Semen Cassiae*	*Cassia Seed*	*Kassiesamen*
Celosia	*Ji Guan Hua*	*Flos Celosiae Cristatae*	*Cockscomb Flower*	*Hahnenkammblüten*
Celosia	*Qing Xiang Zi*	*Semen Celosiae Argenteae*	*Celosia Seed*	*Hahnenkammsamen*
Centipeda	*E Bu Shi Cao*	*Herba Centipedae Minimae**	*Centipeda Herb*	*Centipeda-Kraut*
Cephalanoplos	*Xiao Ji*	*Herba Cephalanoplos*	*Small Thistle Field; Thistle*	*Cephalanoplos-Kraut*
Cervus	*Hua Lu Shen*	*Testis et Penis Cervi**	*Male Deer Sexual Organs*	*Sexualorgane eines Hirschs*
Cervus	*Lu Jiao*	*Cornu Cervi*	*Antler; Deerhorn; Ossified Horn of the Mature Male Deer*	*Hirschhorn*
Cervus	*Lu Jiao Jiao*	*Colla Cornu Cervi*	*Mature Antler Glue; Mature Antler Gelatin*	*Hirschhorn-Gelatine*
Cervus	*Lu Jiao Shuang*	*Cornu Cervi Degelatinatium*	*Antler Powder from the dregs of cooking Antler Glue*	*Hirschhorn-Pulver (aus dem Satz beim Kochen der Gelatine)*
Cervus	*Lu Rong*	*Cornu Cervi Parvum*	*Young Deer Antler Velvet*	*Hirschhornbast*
Chaenomeles	*Mu Gua*	*Fructus Chaenomelis*	*Chinese Quince Fruit*	*Chinesische Quittenfrüchte*
Chalcanthitum	*Dan Fan*	*Chalcanthitum**	*Copper Sulphate; Blue Vitriol*	*Kupfersulfat, Kupfervitriol*
Changium	*Ming Dang Shen*	*Radix Changii**	*Changium Root*	*Changium-Wurzel*
Chinemys	*Gui Ban*	*Plastrum Testudinis*	*Fresh Water Turtle Shell*	*Panzer der China-Sumpfschildkröte*

Botanisch	Pinyin	Pharmazeutisch	Englisch	Deutsch
Chrysanthemum	*(Bai) Ju Hua*	*Flos Chrysanthemi Morifolii*	*White Chrysanthemum Flower*	*Weiße Chrysanthemenblüten*
Chrysanthemum	*(Huang) Ju Hua*	*Flos Chrysanthemi Morifolii*	*Yellow Chrysanthemum Flower*	*Gelbe Chrysanthemenblüten*
Chrysanthemum	*Ye Ju Hua*	*Flos Chrysanthemi Indici*	*Wild Chrysanthemum Flower*	*Chrysanthemenblüten*
Cibotium	*Gou Ji*	*Rhizoma Cibotii Barometz*	*Chain Fern Rhizome*	*Cibotium-Wurzelstock, Vegetabilisches Lamm*
Cimicifuga	*Sheng Ma*	*Rhizoma Cimicifugae*	*Black Cohosh Rhizome; Bugbane Rhizome*	*Silberkerzenwurzelstock*
Cinnabaris	*Zhu Sha*	*Cinnabaris*	*Cinnabar; Red Mercury Sulfide*	*Zinnober, Cinnabarit, Quecksilbersulfid*
Cinnamomum	*Guan Gui*	*Cortex Tubiformis Cinnamomi Cassiae*	*Thin Cinnamon Bark from Young Trees*	*Dünne Zimtrinde von jungen Bäumen*
Cinnamomum	*Gui Zhi*	*Ramulus Cinnamomi Cassiae*	*Cinnamon Twig*	*Zimtzweige, Cassia-Zimtzweige*
Cinnamomum	*Rou Gui*	*Cortex Cinnamomi Cassiae*	*Cinnamon Bark*	*Cassia-Zimtrinde*
Cinnamomum	*Zhang Nao*	*Camphora*	*Crystalized Volatile Oil of the Camphor Tree*	*Kampfer, weiße Kristalle im Öl des Kampferbaums*
Cirsium	*Da Ji*	*Herba seu Radix Cirsii Japonici*	*Japanese Thistle*	*Japanische Kratzdistel*
Cistanche	*Rou Cong Rong*	*Herba Cistanches Deserticolae*	*Broomrape Fleshy Stem*	*Cistanche*
Citrullus	*Xi Gua*	*Fructus Citrulli Vulgaris*	*Watermelon Fruit and Peel or Rind*	*Wassermelone*
Citrus	*Chen Pi*	*Pericarpium Citri Reticulatae*	*Tangerine Peel*	*Mandarinenschale*
Citrus	*Fo Shou*	*Fructus Citri Sarcodactylis*	*Finger Citron Fruit*	*Buddhas-Hand-Früchte*
Citrus	*Fo Shou Hua*	*Flos Citri Sarcodactylis*	*Finger Citron Flower*	*Buddhas-Hand-Blüten*
Citrus	*Ju He*	*Semen Citri Reticulatae**	*Tangerine Seed*	*Mandarinensamen*
Citrus	*Ju Hong*	*Pars Rubra Epicarpii Citri Erythrocarpae*	*Red Tangerine Peel*	*Rote Mandarinenschale*
Citrus	*Qing Pi*	*Pericarpium Citri Reticulatae Viride*	*Immature (Green) Tangerine Peel*	*Frühe Mandarinenschale*
Citrus oder Poncirus	*Zhi Ke*	*Fructus Citri Aurantii*	*Bitter Orange Fruit*	*Bitterorange*
Citrus oder Poncirus	*Zhi Shi*	*Fructus Immaturus Citri Aurantii*	*Immature Bitter Orange Fruit*	*Frühe Bitterorange*
Clematis	*Wei Ling Xian*	*Radix Clematidis*	*Clematis Root*	*Chinesische Waldrebenwurzel*
Clerodendron	*Chou Wu Tong*	*Folium Clerodendri Trichotomi*	*Glorybower Leaf*	*Clerodendrum-Blätter*
Cnidium	*She Chuang Zi*	*Fructus Cnidii Monnieri*	*Cnidium Seed*	*Cnidium-Samen*
Codonopsis	*Dang Shen*	*Radix Codonopsitis Pilosulae*	*Asiabell Root*	*Glockenwindenwurzel*

Botanisch	Pinyin	Pharmazeutisch	Englisch	Deutsch
Coix	*Shu Yi Ren*	*Semen Coicis Lachryma-jobi*	*Dry-Fried Coix Seed*	*Hiobstränensamen, trocken geröstet*
Coix	*Yi Yi Ren*	*Semen Coicis Lachryma-jobi*	*Coix Seed; Job's Tears Seed*	*Hiobstränensamen*
Commelina	*Ya Zhi Cao*	*Herba Commelinae**	*Commelina*	*Commelina*
Commiphora	*Mo Yao*	*Resina Myrrhae*	*Myrrh Gum-resin*	*Räuchermyrrhe*
Coptis	*Huang Lian*	*Rhizoma Coptidis*	*Coptis; Golden Thread Rhizome*	*Goldfadenwurzelstock*
Cordyceps	*Dong Chong Xia Cao*	*Cordyceps Sinensis*	*Chinese Caterpillar Fungus*	*Pilzlicher Parasit, der Raupen befällt*
Cornus	*Shan Zhu Yu*	*Fructus Corni Officinalis*	*Dogwood Fruit; Asiatic Cornelian Cherry Fruit*	*Japanische Kornelkirschenfrüchte*
Corydalis	*Yan Hu Suo*	*Rhizoma Corydalis Yanhusuo*	*Corydalis Rhizome*	*Lerchenspornwurzelstock*
Crataegus	*Shan Zha*	*Fructus Crataegi*	*Hawthorn Unripe Fruit or Berry*	*Frühe Fliederweißdornbeeren*
Crataegus	*Shan Zha Rou*	*Fructus Crataegi*	*Hawthorn Ripe Fruit or Berry*	*Fliederweißdornbeeren*
Crataegus	*Shan Zha Tan*	*Fructus Crataegi Carbonisatus*	*Charred Hawthorn Fruit or Berry*	*Karbonisierte Fliederweißdornbeeren*
Crocus	*Xi Hong Hua*	*Stigma Croci Sativae*	*Stigma of the True Saffron Flower*	*Echter Safran, Narben des Safrankrokus*
Croton	*Ba Dou*	*Semen Croton Tiglii*	*Croton Seed*	*Krotonsamen*
Cryptotympana	*Chan Tui*	*Periostracum Cicadae*	*Cicada Skin; Cicada Moulting*	*Zikadenkleid*
Cucumis	*Gua Di*	*Pedicellus Cucumeris*	*Melon Pedicle*	*Melonen-Blütenstiele*
Cucurbita	*Nan Gua Zi*	*Semen Cucurbitae Moschatae*	*Pumpkin Seed and Husk*	*Moschuskürbissamen*
Curculigo	*Xian Mao*	*Rhizoma Curculiginis Orchioidis*	*Golden Eye-grass Rhizome*	*Curculigo-Wurzelstock, Rüssellilie*
Curcuma	*E Zhu*	*Rhizoma Curcumae*	*Zedoary Tumeric Rhizome*	*Zitwerwurzelstock*
Curcuma	*Jiang Huang*	*Rhizoma Curcumae Longae*	*Tumeric Rhizome*	*Kurkumawurzelstock*
Curcuma	*Yu Jin*	*Tuber Curcumae*	*Tumeric Tuber*	*Gelbwurzknolle*
Cuscuta	*Tu Si Zi*	*Semen Cuscutae Chinensis*	*Dodder Seed*	*Chinesische Teufelszwirnsamen*
Cyathula	*Chuan Niu Xi*	*Radix Cyathulae Officinalis*	*Cyathula Root*	*Cyathula-Wurzel*
Cyclina	*Hai Ge Ke*	*Concha Cyclinae Sinensis*	*Clam Shell*	*Venusmuschelschale*
Cynanchum	*Bai Qian*	*Rhizoma Radix et Cynanchi Baiqian*	*Cynanchum Rhizome and Root*	*Cynanchum-Wurzelstock*
Cynanchum	*Bai Wei*	*Radix Cynanchi Baiwei*	*Swallowort Root*	*Cynanchum-Wurzel*
Cynanchum	*Ge Shan Xiang*	*Radix Cynanchi Auriculati*	*Cynanchum Root*	*Cynanchum-Wurzel*
Cynomorium	*Suo Yang*	*Herba Cynomorii Songarici*	*Cynomorium Fleshy Stem*	*Cynomorium*

Botanisch	Pinyin	Pharmazeutisch	Englisch	Deutsch
Cyperus	*Xiang Fu*	*Rhizoma Cyperi Rotundi*	*Cyperus Rhizome; Nut-grass Rhizome; Sedge Rhizome*	*Nusswurzelstock*
Daemonorops	*Xue Jie*	*Sanguis Draconis*	*Dragon's Blood Resin*	*Harz der Drachenblutpalme*
Dalbergia	*Jiang Xiang*	*Lignum Dalbergiae Odoriferae*	*Dalbergia Heartwood*	*Dalbergia-Holz*
Daphne	*Yuan Hua*	*Flos Daphnes Genkwa*	*Daphne Flower*	*Chinesische Seidelbastblüten*
Dendrobium	*Shi Hu*	*Herba Dendrobii*	*Dendrobium Stem*	*Dendrobium*
Dens Draconis	*Long Chi*	*Dens Draconis*	*Dragon Tooth; Fossilized Tooth*	*Versteinerte fossile Zähne*
Dianthus	*Qu Mai*	*Herba Dianthi*	*Pink Flower Herb*	*Nelkenkraut*
Dichroa	*Chang Shan*	*Radix Dichroae Febrifugae*	*Dichroa Root*	*Dichroa-Wurzel*
Dichroa	*Shu Qi*	*Folium Dichroae Febrifugae*	*Dichroa Leaf*	*Dichroa-Blätter*
Dictamnus	*Bai Xian Pi*	*Cortex Dictamni Dasycarpi Radicis*	*Dittany Root Bark*	*Dictamwurzelrinde*
Dioscorea	*Bei Xie*	*Rhizoma Dioscoreae Hypoglaucae*	*Hypoglauca Yam Rhizome; Fish-poison Yam Rhizome*	*Hypoglauca-Yamswurzel*
Dioscorea	*Chuan Shan Long*	*Rhizoma Dioscoreae Nipponicae**	*Japanese Dioscorea Rhizome*	*Japanische Yamswurzelknollen*
Dioscorea	*Huang Yao Zi*	*Tuber Dioscoreae Bulbiferae*	*Dioscorea Tuber*	*Yamswurzel*
Dioscorea	*Shan Yao*	*Radix Dioscoreae Oppositae*	*Chinese Wild Yam Root*	*Yamswurzelknollen*
Diospyros	*Shi Bing*	*Fructus Diospyri Kaki**	*Dried Persimmon Fruit*	*Getrocknete Kakipflaume*
Diospyros	*Shi Di*	*Calyx Diospyri Kaki*	*Persimmon Calyx*	*Kakipflaumenkelch*
Dipsacus	*Xu Duan*	*Radix Dipsaci Asperi*	*Teasel Root*	*Chinesische Kardenwurzel*
Dolichos	*Bian Dou*	*Semen Dolichoris Lablab*	*Hyacinth Bean*	*Helmbohnensamen*
Dolichos	*Bian Dou Hua*	*Flos Dolichoris Lablab*	*Hyacinth Bean Flower*	*Helmbohnenblüten*
Drynaria	*Gu Sui Bu*	*Rhizoma Drynariae*	*Drynaria Rhizome*	*Drynaria-Wurzelstock*
Dryobalanops	*Bing Pian*	*Borneol*	*Processed Resin of Borneol Camphor*	*Borneol (kristallines, kampferähnliches Harz)*
Dryopteris	*Dong Bei Guan Zhong*	*Rhizoma Dryopteridis*	*Dryopteris Rhizome*	*Wurmfarnwurzelstock*
Dryopteris	*Guan Zhong*	*Rhizoma Guanzhong*	*Shield-fern Rhizome*	*Dryopteris-Wurzelstock*
Eclipta	*Han Lian Cao*	*Herba Ecliptae Prostratae*	*Eclipta*	*Ecliptenkraut*
Elaeagnus	*Hu Tui Ye*	*Folium Elaeagni Pungentis*	*Eleagnus Leaf*	*Ölweidenblätter*
Elsholtzia	*Xiang Ru*	*Herba Elsholtziae seu Moslae*	*Aromatic Madder*	*Elsholtzia*
Ephedra	*Ma Huang*	*Herba Ephedrae*	*Ephedra Stem*	*Meerträubchenkraut*

Botanisch	Pinyin	Pharmazeutisch	Englisch	Deutsch
Ephedra	*Ma Huang Gen*	*Radix Ephedrae*	*Ephedra Root*	*Meerträubchenwurzel*
Epimedium	*Yin Yang Huo*	*Herba Epimedii*	*Epimedium*	*Elfenblumenkraut*
Equisetum	*Mu Zei*	*Herba Equiseti Hiemalis*	*Horsetail; Scouring Rush; Shavegrass*	*Schachtelhalm*
Equus	*E Jiao*	*Gelatinum Corii Asini*	*Donkey Hide Gelatin; Ass Skin Glue*	*Eselshaut-Gelatine*
Equus	*Hei Lu Shen*	*Testis et Penis Equi**	*Male Horse Sexual Organs*	*Sexualorgane eines männlichen Pferdes*
Eretmochelys	*Dai Mao*	*Carapax Eretmochelydis Imbricatae**	*Hawksbill Turtle Shell*	*Panzer der Echten Karettschildkröte*
Eriobotrya	*Pi Pa Ye*	*Folium Eriobotryae Japonicae*	*Loquat Leaf*	*Wollmispelblätter*
Eriocaulon	*Gu Jing Cao*	*Scapus et Inflorescentia Eriocaulonis Buergeriani*	*Pipewort Scapus*	*Eriocaulon-Blütenstand*
Erodium oder Geranium	*Lao Guan Cao*	*Herba Erodii seu Geranii**	*Geranium; Heronbill; Cranebill*	*Reiherschnabel oder Storchschnabel*
Erythrina	*Hai Tong Pi*	*Cortex Erythrinae*	*Coral-bean Bark*	*Korallenstrauchrinde*
Eucommia	*Du Zhong*	*Cortex Eucommiae Ulmoidis*	*Eucommia Bark*	*Chinesische Guttapercharinde*
Eupatorium	*Pei Lan*	*Herba Eupatorii Fortunei*	*Boneset; Thoroughwort; Feverwort*	*Wasserdost*
Euphorbia	*Gan Sui*	*Radix Euphorbiae Kansui*	*Kansui Spurge Root*	*Kansui-Wolfsmilchwurzel*
Euphorbia	*Xu Sui Zi*	*Semen Euphorbiae Lathyridis**	*Caper Spurge Seed; Moleplant Seed*	*Wolfsmilchsamen*
Euphorbia	*Ze Qi*	*Herba Euphorbiae Helioscopiae*	*Pill-bearing Spurge*	*Wolfsmilchkraut*
Euphorbia oder Knoxia	*Jing Da Ji*	*Radix Euphorbiae seu Knoxiae*	*Peking Spurge Root*	*Wolfsmilchwurzel oder Knoxia-Wurzel*
Euphoria	*Long Yan Rou*	*Arillus Euphoriae Longanae*	*Longan Fruit Flesh*	*Drachenaugenfrüchte*
Eupolyphaga	*Tu Bie Chong*	*Eupolyphaga seu Opisthoplatia*	*Wingless Cockroach*	*ungeflügelte Schabe*
Euryale	*Qian Shi*	*Semen Euryales Ferocis*	*Euryale Seed*	*Euryale-Samen*
Evodia	*Wu Zhu Yu*	*Fructus Evodiae Rutaecarpae*	*Evodia Fruit*	*Stinkeschenfrüchte*
Fagopyrum	*Jin Qiao Mai*	*Rhizoma Fagopyri Cynosi**	*Wild Buckwheat Rhizome*	*Buchweizenwurzelstock*
Ferula	*E Wei*	*Resina Asafoetidae**	*Asafoetida Gum-resin; Devil's Dung*	*Stinkasant, Teufelsdreck*
Fluoritum	*Zi Shi Ying*	*Fluoritum*	*Fluorite*	*Fluorit, Flussspat*
Foeniculum	*Xiao Hui Xiang*	*Fructus Foeniculi Vulgaris*	*Fennel Fruit*	*Fenchelsamen*
Forsythia	*Lian Qiao*	*Fructus Forsythiae Suspensae*	*Forsythia Fruit; Golden Bells*	*Forsythienfrüchte*
Fraxinus	*Qin Pi*	*Cortex Fraxini*	*Korean Ash Bark*	*Koreanische Eschenrinde*

Botanisch	Pinyin	Pharmazeutisch	Englisch	Deutsch
Fritillaria	*Chuan Bei Mu*	*Bulbus Fritillariae Cirrhosae*	*Tendrilled Fritillary Bulb*	*Szechuan-Schachblumenzwiebel*
Fritillaria	*Zhe Bei Mu*	*Bulbus Fritillariae Thunbergii*	*Thunberg Fritillary Bulb*	*Zhekiang-Fritillaria-Zwiebel*
Frusta Ferri	*Sheng Tie Luo*	*Frusta Ferri*	*Iron Filing*	*Eisenspäne*
Gallus	*Ji Nei Jin*	*Endothelium Corneum Gigeriae Galli*	*Chicken Gizard Lining*	*Hühnermagenendothel*
Ganoderma	*Ling Zhi*	*Fructificatio Ganodermae Lucidi**	*Lucid Ganoderma; Reishi*	*Glänzender Lacksporling (Pilzfruchtkörper)*
Gardenia	*Zhi Zi*	*Fructus Gardeniae Jasminoidis*	*Gardenia Fruit*	*Gardenienfrüchte*
Gastrodia	*Tian Ma*	*Rhizoma Gastrodiae Elatae*	*Gastrodia Rhizome*	*Gastrodienwurzelstock*
Gekko	*Ge Jie*	*Gekko*	*Gecko Lizard*	*Gecko*
Gentiana	*Long Dan Cao*	*Radix Gentianae Longdancao*	*Chinese Gentian Root*	*Chinesische Enzianwurzel*
Gentiana	*Qin Jiao*	*Radix Gentianae Qinjiao*	*Large-Leaf Gentian Root*	*Großblättrige Enzianwurzel*
Ginkgo	*Bai Guo*	*Semen Ginkgo Bilobae*	*Ginkgo Nut*	*Ginkgosamen*
Ginkgo	*Yin Guo Ye*	*Folium Ginkgo Bilobae*	*Ginkgo Leaf*	*Ginkgoblätter*
Gleditsia	*Zao Jiao*	*Fructus Gleditsiae Sinensis*	*Honeylocust Fruit; Soap Bean Fruit*	*Lederhülsenbaumfrüchte*
Gleditsia	*Zao Jiao Ci*	*Spina Gleditsiae Sinensis*	*Honeylocust Spine; Soap Bean Spine*	*Lederhülsenbaum-stacheln*
Glehnia	*Bei Sha Shen*	*Radix Glehniae Littoralis*	*Beech Silver-top Root; Northern Sand Root*	*Becherglockenwurzel*
Glycine	*Dan Dou Chi*	*Semen Glycinis Praeparatum*	*Prepared (Fermented) Soybean*	*Vorbehandelte (fermentierte) Sojabohnen*
Glycine	*Dou Juan*	*Semen Glycinis Germinatum*	*Young Soybean Sprout*	*Gekeimte Sojabohnen*
Glycyrrhiza	*Gan Cao*	*Radix Glycyrrhizae Uralensis*	*Licorice Root*	*Ural-Süßholzwurzel*
Glycyrrhiza	*Zhi Gan Cao*	*Radix Glycyrrhizae Praeparata**	*Honey-fried Licorice Root*	*In Honig gebratene Ural-Süßholzwurzel*
Gossypium	*Mian Hua Gen*	*Radix Gossypii Hirsuti**	*Cotton Root*	*Baumwollwurzel*
Gynura	*Ju Ye San Qi*	*Folium Gynurae**	*Gynura Leaf*	*Gynura-Blätter*
Gypsum	*Shi Gao*	*Gypsum Fibrosum*	*Gypsum; Calcium Sulphate*	*Mineralischer Gips*
Haematitum	*Dai Zhe Shi*	*Haematitum*	*Hematite; Iron Ore*	*Hämatit, Eisenglanz*
Haliotis	*Shi Jue Ming*	*Concha Haliotidis*	*Abalone Shell*	*Seeohrenschale, Abaloneschale*
Halloysitum Rubrum	*Chi Shi Zhi*	*Halloysitum Rubrum*	*Halloysite; Red Kaolin*	*Halloysit, roter Kaolin*
Hedera	*Chang Chun Teng*	*Herba Hederae Nepalensis**	*Ivy*	*Nepalensischer Efeu*
Hippocampus	*Hai Ma*	*Hippocampus*	*Sea Horse*	*Seepferdchen*

Botanisch	Pinyin	Pharmazeutisch	Englisch	Deutsch
Hirudo	Shui Zhi	Hirudo seu Whitmania	Leech	Blutegel
Homalomena	Qian Nian Jian	Rhizoma Homalomenae Occultae	Homalomena Rhizome	Homalomena-Wurzelstock
Homo Sapiens	Xue Yu Tan	Crinis Carbonisatus Hominis	Charred Human Hair	Karbonisierte Haare (vom Menschen)
Homo Sapiens	Zi He Che	Placenta Hominis	Human Placenta	Plazenta (des Menschen)
Hordeum	Mai Ya	Fructus Hordei Vulgaris Germinatus	Barley Sprout, Malted Barley	Gekeimte Gerste
Houttuynia	Yu Xing Cao	Herba cum Radice Houttuyniae Cordatae	Houttuynia; Fish Smell Plant	Houttuynia-Kraut, „Eidechsenschwanz"
Hydnocarpus	Da Feng Zi	Semen Hydnocarpi Anthelminticae	Chaulmoogra Seed	Hydnocarpus-Samen
Hydrangea	Ba Xian Hua	Flos Hydrangeae Macrophyllae*	Hydrangea Flower	Hortensienblüten
Hydrargyrum	Shui Yin	Hydrargyrum	Mercury	Quecksilber
Ilex	Mao Dong Qing	Radix Ilicis Pubescentis*	Pubescent Holly Root	Stechpalmenwurzel
Ilex	Si Ji Qing	Folium Ilicis Chinensis*	Holly Leaf	Stechpalmenblätter
Illicium	Ba Jiao Hui Xiang	Fructus Illicii*	Star Anise Fruit	Sternanissamen
Imperata	Bai Mao Gen	Rhizoma Imperatae Cylindricae	Woolly Grass Rhizome; White Grass Rhizome	Alang-Alang-Graswurzelstock
Imperata	Bai Mao Hua	Flos Imperatae Cylindricae	Wooly Grass Flower; White Grass Flower	Alang-Alang-Grasblüten
Indigo	Qing Dai	Indigo Pulverata Levis	Indigo	Indigo
Inula	Jin Fei Cao	Herba Inulae	Elecampane	Alant
Inula	Xuan Fu Hua	Flos Inulae	Elecampane Flower	Alantblüten
Isatis	Ban Lan Gen	Radix Isatidis seu Baphicacanthi	Isatis Root; Woad Root	Färberwaidwurzel
Isatis	Da Qing Ye	Folium Daqingye	Isatis Leaf; Woad Leaf	Färberwaidblätter
Juglans	Hu Tao Ren	Semen Juglandis Regiae	Walnut	Walnuss
Juncus	Deng Xin Cao	Medulla Junci Effusi	Rush Pith	Binsenmark
Kochia	Di Fu Zi	Fructus Kochiae Scopariae	Broom Cyperus Seed	Besenkrautfrüchte
Laminaria	Hai Dai	Herba Laminariae Japonicae	Algae	Kombu-Algen
Laminaria oder Ecklonia	Kun Bu	Thallus Algae	Kelp Thallus; Kombu Thallus	Kombu-Algen, Seetang
Lapis Micae seu Chloriti	Meng Shi	Lapis Micae seu Chloriti	Chlorite Schist; Lapis	Chlorit
Lapis Pumicis	Fu Hai Shi	Lapis Pumicis	Pumice	Bimsstein
Lasiosphaera	Ma Bo	Fructificatio Lasiosphaerae seu Calvatiae	Puffball Fruiting Body	Stäubling-Pilzfruchtkörper
Ledebouriella	Fang Feng	Radix Ledebouriellae Divaricatae	Siler Root; Ledebouriella Root	Windschutzwurzel

Botanisch	Pinyin	Pharmazeutisch	Englisch	Deutsch
Leonurus	*Chong Wei Zi*	*Semen Leonuri Heterophylli*	*Motherwort Seed*	*Herzgespannsamen*
Leonurus	*Yi Mu Cao*	*Herba Leonuri Heterophylli*	*Motherwort*	*Chinesisches Mutterkraut*
Lepidium oder Descurainia	*Ting Li Zi*	*Semen Lepidii seu Descurainiae*	*Tansy Mustard Seed*	*Besenrauke*
Ligusticum	*Chuan Xiong*	*Radix Ligustici Wallichii*	*Sichuan Lovage Root*	*Mutterwurz*
Ligusticum	*Gao Ben*	*Rhizoma et Radix Ligustici*	*Straw Weed Rhizome and Root; Chinese Lovage Rhizome and Root*	*Chinesischer Liebstöckelwurzelstock*
Ligustrum	*Nu Zhen Zi*	*Fructus Ligustri Lucidi*	*Privet Fruit; Waxtree Fruit*	*Ligusterfrüchte*
Lilium	*Bai He*	*Bulbus Lilii*	*Lily Bulb*	*Lilienzwiebel*
Limonite	*Yu Liang Shi*	*Limonite*	*Limonite*	*Limonit, Brauneisen*
Lindera	*Wu Yao*	*Radix Linderae Strychnifoliae*	*Spicebush Root*	*Fieberstrauchwurzel*
Liquidambar	*Lu Lu Tong*	*Fructus Liquidambaris Taiwanianae*	*Sweetgum Fruit*	*Amberbaumfrüchte*
Liquidambar	*Su He Xiang*	*Styrax Liquidis*	*Rose Maloes Resin*	*Harz des Amberbaums*
Litchi	*Li Zhi He*	*Semen Litchi Chinensis*	*Leechee Nut*	*Litschifrüchte*
Lithargyrum	*Mi Tuo Seng*	*Lithargyrum*	*Litharge; Galena*	*Bleiglätte, Bleioxid*
Lithospermum	*Zi Cao*	*Radix Lithospermi seu Arnebiae*	*Groomwell Root*	*Steinsamenwurzel*
Litsea	*Dou Chi Jiang*	*Radix et Ramus Litseae Cubebae*	*Aromatic Litsea Root and Stem*	*Talgbaumsamen und -zweige*
Lobelia	*Ban Bian Lian*	*Herba Lobeliae Chinensis cum Radice*	*Chinese Lobelia*	*Chinesische Lobelie (Kraut und Wurzel)*
Lonicera	*Jin Yin Hua*	*Flos Lonicerae Japonicae*	*Honeysuckle Flower*	*Geißblattblüten*
Lonicera	*Jin Yin Teng*	*Ramus Lonicerae Japonicae*	*Honeysuckle Stem*	*Geißblattsprosse*
Lophatherum	*Dan Zhu Ye*	*Herba Lophatheri Gracilis*	*Bland Bamboo Leaf and Stem*	*Lophatherum-Bambusblätter*
Loranthus oder Viscum	*Sang Ji Sheng*	*Ramulus Sangjisheng*	*Mulberry Mistletoe Stem*	*Riemenblume oder Mistel*
Loropetalum	*Ji Mu*	*Cortex Loropetali**	*Loropetalum Bark*	*Riemenblumenrinde*
Luffa	*Si Gua Lou*	*Fasciculus Vascularis Luffae*	*Dried Skeleton of Luffa Sponge*	*Luffa-Schwamm*
Luffa	*Si Gua Pi*	*Pericarpium Luffae acutangulae*	*Luffa Skin*	*Luffa-Schale*
Lycium	*Di Gu Pi*	*Cortex Lycii Radicis*	*Matrimony-vine Root-bark, Wolfberry Bark*	*Bocksdornrinde*
Lycium	*Gou Qi Zi*	*Fructus Lycii*	*Matrimony Vine Fruit; Wolfberry Fruit*	*Bocksdornfrüchte*
Lycopodium	*Shen Jin Cao*	*Herba Lycopodii Clavati**	*Clubmoss*	*Bärlapp*
Lycopus	*Ze Lan*	*Herba Lycopi Lucidi*	*Bugleweed*	*Wolfstrappkraut*

Botanisch	Pinyin	Pharmazeutisch	Englisch	Deutsch
Lygodium	*Hai Jin Sha*	*Spora Lygodii Japonici*	*Japanese Climbing Fern Spore*	*Japanische Kletterfarnsporen*
Lygodium	*Jin Sha Teng*	*Herba Lygodii Japonici*	*Japanese Climbing Fern*	*Japanischer Kletterfarn*
Lysimachia	*Jin Qian Cao*	*Herba Lysimachiae*	*Lysimachia*	*Felberich*
Macaca	*Hou Zao*	*Calculus Macacae Mulattae*	*Macaque Gallstone*	*Rhesusaffengalle*
Magnetitum	*Ci Shi*	*Magnetitum*	*Magnetite; Magnetic; Iron Ore; Loadstone*	*Magnetit, Magneteisenstein*
Magnolia	*Hou Po*	*Cortex Magnoliae Officinalis*	*Magnolia Bark*	*Magnolienrinde*
Magnolia	*Hou Po Hua*	*Flos Magnoliae Officinalis*	*Magnolia Flower*	*Magnolienblüten*
Magnolia	*Xin Yi Hua*	*Flos Magnoliae*	*Magnolia Flower*	*Magnolienblüten*
Mahonia	*Shi Da Gong Lao*	*Folium Mahoniae**	*Mahonia Leaf*	*Mahonienblätter*
Malva oder Abutilon	*Dong Kui Zi*	*Semen Abutili seu Malvae*	*Musk Mallow Seed; Malva Seed*	*Malvensamen, Schönmalvensamen*
Manis	*Chuan Shan Jia*	*Squama Manitis Pentadactylae*	*Anteater-Scales; Pangolin Scales*	*Schuppen des China-Ohrenschuppentiers*
Massa Fermentata	*Shen Qu*	*Massa Fermentata*	*Medicated Leaven*	*Medizinisches Treibmittel*
Mel	*Feng Mi*	*Mel**	*Honey*	*Honig*
Melia	*Chuan Lian Zi*	*Fructus Meliae Toosendan*	*Sichuan Chinaberry Fruit; Sichuan Pagoda Tree Fruit; Neem Fruit*	*Paternoster-Baum-Früchte*
Melia	*Ku Lian Gen Pi*	*Cortex Meliae Radicis*	*Sichuan Chinaberry Root Bark; Sichuan Pagoda Tree Root Bark; Neem Root Bark*	*Zedrachbaum-wurzelrinde, Neembaumwurzelrinde*
Melia	*Ku Lian Mu Pi*	*Cortex Meliae*	*Sichuan Chinaberry Tree Bark; Sichuan Pagoda Tree Bark; Neem Tree Bark*	*Zedrachbaumrinde, Neembaumrinde*
Mentha	*Bo He*	*Herba Menthae Haplocalycis*	*Peppermint; Spearmint; Field Mint*	*Chinesische Ackerminze*
Millettia	*Ji Xue Teng*	*Radix et Caulis Jixueteng*	*Millettia Root and Vine; Chicken Blood Vine*	*Wengé-Wurzel und -Stängel*
Minium	*Qian Dan*	*Minium*	*Red Lead Oxide*	*Mennige, rotes Bleioxid*
Mirabilitum	*Mang Xiao*	*Mirabilitum*	*Mirabilite; Glauber's Salt*	*Glaubersalz*
Mirabilitum	*Xuan Ming Fen*	*Mirabilitum Purum*	*Pure Mirabilite; Pure Sodium Sulphate; Pure Glauber's Salt*	*Glaubersalz*
Momordica	*Luo Han Guo*	*Fructus Momordicae Grosvenori*	*Momordica Fruit*	*Momordica-Früchte*
Momordica	*Luo Huo Guo Ye*	*Folium Momordicae Grosvenori*	*Momordica Leaf*	*Momordica-Blätter*
Momordica	*Mu Bie Zi*	*Semen Momordicae Cochinchinensis*	*Momordica Seed*	*Momordica-Samen*

Botanisch	Pinyin	Pharmazeutisch	Englisch	Deutsch
Morinda	*Ba Ji Tian*	*Radix Morindae Officinalis*	*Morinda Root*	*Morinda-Wurzel*
Morus	*Sang Bai Pi*	*Cortex Mori Albae Radicis*	*Mulberry Rootbark*	*Maulbeerwurzelrinde*
Morus	*Sang Shen*	*Fructus Mori Albae*	*Mulberry Fruit Bud*	*Maulbeerfrüchte*
Morus	*Sang Ye*	*Folium Mori Albae*	*Mulberry Leaf*	*Maulbeerblätter*
Morus	*Sang Zhi*	*Ramulus Mori Albae*	*Mulberry Twig*	*Maulbeerzweige*
Moschus	*She Xiang*	*Secretio Moschus*	*Musk; Musk Deer Navel Gland Secretion*	*Sekret des Moschushirschs*
Mylabris	*Ban Mao*	*Mylabris*	*Cantharides; Chinese Blistering Beetle*	*Chinesischer Blasenkäfer*
Myristica	*Rou Dou Kou*	*Semen Myristicae Fragrantis*	*Nutmeg Seed*	*Muskatnuss*
Naemorhedis	*Shan Yang Jiao*	*Cornu Naemorhedis*	*Goat Horn*	*Ziegenhorn*
Nelumbo	*He Ye*	*Folium Nelumbinis Nuciferae*	*Lotus Leaf*	*Indische Lotosblumenblätter*
Nelumbo	*Lian Fang*	*Receptaculum Nelumbinis Nuciferae*	*Mature Lotus Receptacle*	*Lotusblütenachse*
Nelumbo	*Lian Geng*	*Ramulus Nelumbinis Nuciferae*	*Lotus Stem*	*Lotusstengel*
Nelumbo	*Lian Xin*	*Plumula Nelumbinis Nuciferae*	*Lotus Plumule*	*Lotuskeimsprosse*
Nelumbo	*Lian Xu*	*Stamen Nelumbinis Nuciferae*	*Lotus Stamen*	*Lotusstaubblätter*
Nelumbo	*Lian Zi*	*Semen Nelumbinis Nuciferae*	*Lotus Seed*	*Lotussamen*
Nelumbo	*Ou Jie*	*Nodus Nelumbinis Nuciferae Rhizomatis*	*Lotus Rhizome Node*	*Lotusrhizomknoten*
Niter	*Xiao Shi*	*Niter**	*Silver*	*Silber*
Notopterygium	*Qiang Huo*	*Rhizoma et Radix Notopterygii*	*Notopterygium Rhizome and Root*	*Notopterygium-Wurzel*
Oldenlandia	*Bai Hua She She Cao*	*Herba Oldenlandiae Diffusae*	*Oldenlandia*	*Oldenlandia-Kraut*
Omphalia	*Lei Wan*	*Sclerotium Omphaliae Lapidescentis*	*Omphalia Fungus Fruiting Body*	*Omphalia-Pilzfruchtkörper*
Ophicalcitum	*Hua Rui Shi*	*Ophicalcitum*	*Ophicalcite*	*Ophicalcit*
Ophiopogon	*Mai Men Dong*	*Tuber Ophiopogonis Japonici*	*Creeping Lily-turf Tuber*	*Schlangenbartknollen*
Oroxylum	*Mu Hu Die*	*Semen Oroxyli Indici*	*Oroxylum Seed*	*Oroxylum-Samen*
Oryza	*Gu Ya*	*Fructus Oryzae Sativae Germinatus*	*Rice Sprout*	*Gekeimter Reis*
Oryza	*Jing Mi*	*Semen Oryzae Sativae**	*Rice Grain*	*Reiskörner*
Oryza	*Nuo Dao Gen Xu*	*Radix et Rhizoma Oryzae Glutinosae*	*Sweet Rice Root and Rhizome*	*Reiswurzel*
Os Draconis	*Duan Long Gu*	*Os Draconis*	*Calcined Dragon Bone; Calcined Fossilized Bone*	*Calciniertes Os Draconis*

Botanisch	Pinyin	Pharmazeutisch	Englisch	Deutsch
Os Draconis	*Long Gu*	*Os Draconis*	*Dragon Bone; Fossilized Bone*	*Versteinerte fossile Knochen*
Ostrea	*Duan Mu Li*	*Concha Ostreae*	*Calcined Oyster Shell*	*Calcinierte Austernschale*
Ostrea	*Mu Li*	*Concha Ostreae*	*Oyster Shell*	*Austernschale*
Paederia	*Ji Shi Teng*	*Caulis Paederiae**	*Paederia Stem*	*Paederia-Sprossachse*
Paeonia	*Bai Shao*	*Radix Paeoniae Lactiflorae*	*White Peony Root*	*Weiße Pfingstrosenwurzel*
Paeonia	*Chi Shao*	*Radix Paeoniae Rubrae*	*Red Peony Root*	*Pfingstrosenwurzel*
Paeonia	*Mu Dan Pi*	*Cortex Moutan Radicis*	*Tree Peony Rootbark*	*Strauchpaeonien-wurzelrinde*
Panax	*(Hong) Ren Shen*	*Radix Ginseng*	*Ginseng Root steamed until red*	*Ginsengwurzel (rot gedünstet)*
Panax	*Bai Shen*	*Radix Ginseng*	*Rock Candy cured White Ginseng Root*	*Ginsengwurzel in Kandiszucker*
Panax	*Ji Lin Shen*	*Radix Ginseng*	*Jilin Wild Ginseng*	*Jilin-Ginsengwurzel*
Panax	*Ren Shen Lu*	*Cervix Ginseng*	*Ginseng Root Neck*	*Ginsengwurzelhals*
Panax	*Ren Shen Ye*	*Folium Ginseng*	*Ginseng Leaf*	*Ginsengblätter*
Panax	*San Qi*	*Radix Pseudoginseng*	*Pseudoginseng Root; Notoginseng Root*	*Notoginsengwurzel, Sanchiwurzel*
Panax	*San Qi Hua*	*Flos Pseudoginseng*	*Pseudoginseng Flower; Notoginseng Flower*	*Notoginsengblüten*
Panax	*Shen Xu*	*Radix Ginseng*	*Rock Candy cured White Ginseng Root Tail*	*Ginsengwurzel in Kandiszucker*
Panax	*Sheng Shai Shen*	*Radix Ginseng*	*Fresh Dried Ginseng Root*	*Getrocknete Ginsengwurzel*
Panax	*Xi Yang Shen*	*Radix Panacis Quinquefolii*	*American Ginseng Root*	*Amerikanische Kraftwurz*
Panax	*Ye Shan Shen*	*Radix Ginseng*	*Wild Ginseng*	*Ginsengwurzel*
Panthera	*Bao Gu*	*Os Leopardis*	*Leopard Bone*	*Leopardenknochen*
Panthera	*Hu Gu*	*Os Tigris*	*Tiger Bone*	*Tigerknochen*
Papaver	*Ying Su Ke*	*Pericarpium Papaveris Somniferi*	*Opium Poppy Husk*	*Schlafmohnsamenkapsel*
Paratenodera	*Sang Piao Xiao*	*Ootheca Mantidis*	*Praying Mantis Egg Case*	*Eipaket der Gottesanbeterin*
Paris	*Zao Xiu*	*Rhizoma Paridis Polyphyllae**	*Paris Rhizome*	*Einbeerenwurzelstock*
Patrinia oder Thiaspi	*Bai Jiang Cao*	*Herba cum Radice Patriniae*	*Patrinia; Thiaspi*	*Patrinia/Goldbaldrian oder Thiaspi*
Perilla	*Zi Su Geng*	*Ramulus Perillae**	*Perilla Stem*	*Schwarznesselstängel*
Perilla	*Zi Su Ye*	*Folium Perillae Frutescentis*	*Perilla Leaf*	*Schwarznesselblätter*
Perilla	*Zi Su Zi*	*Semen Perillae Frutescentis*	*Perilla Seed*	*Schwarznesselsamen*
Peucedanum	*Qian Hu*	*Radix Peucedani*	*Hogfennel Root*	*Haarstrangwurzel*
Pharbitis	*Qian Niu Zi*	*Semen Pharbitidis*	*Morning Glory Seed*	*Trichterwindensamen*

Botanisch	Pinyin	Pharmazeutisch	Englisch	Deutsch
Phaseolus	*Chi Xiao Dou*	*Semen Phaseoli Calcarati*	*Aduki Bean*	*Adzukibohne*
Phaseolus	*Lu Dou*	*Semen Phaseoli Radiati*	*Mung Bean*	*Mungbohne*
Phellodendron	*Huang Bai*	*Cortex Phellodendri*	*Amur Cork-tree Bark*	*Korkbaumrinde*
Pheretima	*Di Long*	*Lumbricus*	*Earthworm*	*Regenwurm*
Phoca	*Hai Gou Shen*	*Testis et Penis Otariae**	*Male Seal Sexual Organs*	*Sexualorgane einer männlichen Robbe*
Phragmites	*Lu Gen*	*Rhizoma Phragmitis Communis*	*Reed Rhizome; Corrizo Rhizome*	*Schilfrohrwurzelstock*
Physalis	*Suan Jiang*	*Calyx seu Fructus Physalis**	*Wintercherry Calyx or Fruit*	*Physalis-Kelch oder Frucht*
Phytolacca	*Shang Lu*	*Radix Phytolaccae*	*Poke Root*	*Kermesbeerwurzel*
Picrorhiza	*Hu Huang Lian*	*Rhizoma Picrorhizae*	*Picrorhiza Rhizome*	*Picrorhiza-Wurzelstock*
Pinellia	*(Fa) Ban Xia*	*Rhizoma Pinelliae Ternatae*	*Prepared Pinellia Rhizome*	*Vorbehandelte Pinellia-Knollen*
Pinellia	*(Sheng) Ban Xia*	*Rhizoma Pinelliae Ternatae*	*Raw Pinellia Rhizome*	*Unbehandelte Pinellia-Knollen*
Pinus	*Song Jie*	*Lignum Pini Nodi*	*Knotty Pine Wood*	*Knotenkieferholz*
Piper	*Bi Ba*	*Fructus Piperis Longi*	*Long Pepper Fruit*	*Langkornpfeffer*
Piper	*Bi Cheng Qie*	*Fructus Piperis Cubebae*	*Cubeba Fruit*	*Kubebenpfeffer*
Piper	*Hai Feng Teng*	*Caulis Piperis Futokadsurae*	*Kadsura Stem*	*Pfeffersprossachse*
Piper	*Hu Jiao*	*Fructus Piperis Nigri*	*Black Pepper Fruit*	*Pfeffersamen*
Plantago	*Che Qian Cao*	*Herba Plantaginis*	*Plantago; Plantain*	*Asiatisches Wegerichkraut*
Plantago	*Che Qian Zi*	*Semen Plantaginis*	*Plantago Seed; Plantain Seed*	*Asiatische Wegerichsamen*
Platycodon	*(Ku) Jie Geng*	*Radix Platycodi Grandiflori*	*Ballonflower Root; Bellflower Root; Bitter Jie Geng*	*Ballonblumenwurzel*
Polistes	*Lu Feng Fang*	*Nidus Vespae*	*Hornet Nest; Wasp Nest*	*Hornissennest, Wespennest*
Polygala	*Yuan Zhi*	*Radix Polygalae Tenuifoliae*	*Chinese Senega Root; Seneca Snakeroot*	*Sibirische Kreuzblumenwurzel*
Polygonatum	*Huang Jing*	*Rhizoma Polygonati*	*Siberian Solomon Seal Rhizome*	*Siberischer Salomons-siegelwurzelstock*
Polygonatum	*Yu Zhu*	*Rhizoma Polygonati Odorati*	*Fragrant Solomon's Seal Rhizome; Polygonatum*	*Salomonssiegelwurzel-stock*
Polygonum	*Bian Xu*	*Herba Polygoni Avicularis*	*Avicularis; Knotweed*	*Vogelknöterichkraut*
Polygonum	*Guan Ye Liao*	*Herba Polygoni Perfoliati**	*Polygonum*	*Knöterich-Kraut*
Polygonum	*Hu Zhang*	*Radix et Rhizoma Polygoni Cuspidati*	*Giant Knotweed Rhizome*	*Reynoutria-Wurzelstock*
Polygonum	*Ye Jiao Teng*	*Caulis Polygoni Multiflori*	*Fleeceflower Stem; Fo-Ti Stem*	*Vielblütiger Knöterich*

Botanisch	Pinyin	Pharmazeutisch	Englisch	Deutsch
Polygonum	*He Shou Wu*	*Radix Polygoni Multiflori*	*Fleeceflower Root; Fo-Ti Root*	*Vielblütige Knöterichwurzel*
Polyporus	*Zhu Ling*	*Sclerotium Polypori Umbellati*	*Polyporus Sclerotium*	*Porling*
Poria	*Chi Fu Ling*	*Sclerotium Poriae Cocos Rubrae*	*Red Hoelen; Red Tuckahoe*	*Roter Kokospilz*
Poria	*Fu Ling*	*Sclerotium Poriae Cocos*	*Hoelen; China Root; Tuckahoe; Indian Bread*	*Kokospilz*
Poria	*Fu Ling Pi*	*Cortex Poriae Cocos*	*Tuckahoe Skin*	*Kokospilzhaut*
Poria Cocos	*Fu Shen*	*Sclerotium Poriae Cocos Pararadicis*	*Tuckahoe Spirit*	*Kokospilz*
Portulaca	*Ma Chi Xian*	*Herba Portulacae Oleraceae*	*Purslane*	*Portulak*
Potentilla	*Fan Bai Cao*	*Herba Potentillae Discoloris**	*Potentilla*	*Fingerkraut*
Prunella	*Xia Ku Cao*	*Spica Prunellae Vulgaris*	*Selfheal Spike; Heal all Spike*	*Braunellenähren*
Prunus	*(Bei) Xing Ren*	*Semen Pruni Armeniacae*	*(Northern) Apricot Seed*	*Bittere Aprikosensamen (nördlicher Provenienz)*
Prunus	*(Nan) Xing Ren*	*Semen Pruni Armeniacae*	*(Southern) Apricot Seed*	*Bittere Aprikosensamen (südlicher Provenienz)*
Prunus	*Tao Ren*	*Semen Persicae*	*Peach Seed (Kernel)*	*Pfirsichsamen*
Prunus	*Wu Mei*	*Fructus Pruni Mume*	*Ume Plum Fruit; Black Plum Fruit*	*Japanaprikosenfrüchte*
Prunus	*Yu Li Ren*	*Semen Pruni*	*Bush Cherry Seed*	*Japanische Kirschensamen*
Pseudostellaria	*Tai Zi Shen*	*Radix Pseudostellariae Heterophyllae*	*Prince Ginseng Root*	*Pseudostellariawurzel*
Psoralea	*Bu Gu Zhi*	*Fructus Psoraleae Corylifoliae*	*Scurfy Pea Fruit*	*Asphaltkleefrüchte*
Pteria	*Zhen Zhu*	*Margarita*	*Pearl*	*Perlmutt*
Pteria	*Zhen Zhu Mu*	*Concha Margaritiferae*	*Mother-of-Pearl Shell*	*Perlmuschelschale*
Pteris	*Feng Wei Cao*	*Herba Pterii**	*Pteris*	*Saumfarnkraut*
Pueraria	*Ge Gen*	*Radix Puerariae*	*Kudzu Root*	*Kopoubohnenwurzel*
Pueraria	*Ge Hua*	*Flos Puerariae*	*Kudzu Flower*	*Kopoubohnenblüten*
Pulsatilla	*Bai Tou Weng*	*Radix Pulsatillae Chinensis*	*Pulsatilla Root; Anemone Root*	*Chinesische Küchenschellenwurzel*
Punica	*Shi Liu Gen Pi*	*Cortex Punicae Granati Radicis*	*Pomegranate Root Bark*	*Granatapfelwurzelrinde*
Punica	*Shi Liu Pi*	*Pericarpium Punicae Granati*	*Pomegranate Husk or Rind*	*Granatapfelschale*
Pyritum	*Zi Ran Tong*	*Pyritum*	*Pyrite*	*Pyrit, Schwefelkies, Eisenkies*
Pyrola	*Lu Xian Cao*	*Herba Pyrolae**	*Pyrola*	*Wintergrün*
Pyrrosia	*Shi Wei*	*Folium Pyrrosiae*	*Pyrrosia Leaf*	*Pyrrosiablätter*
Pyrus	*Li Pi*	*Pericarpium Pyri**	*Pear Peel*	*Birnenschale*

Botanisch	Pinyin	Pharmazeutisch	Englisch	Deutsch
Quisqualis	*Shi Jun Zi*	*Fructus Quisqualis Indicae*	*Rangoon Creeper Fruit*	*Quisqualis-Früchte*
Ranunculus	*Mao Zhao Cao*	*Radix Ranunculi Ternati**	*Buttercup Root*	*Hahnenfußwurzel*
Raphanus	*Lai Fu Zi*	*Semen Raphani Sativi*	*Radish Seed*	*Rettichsamen*
Realgar	*Xiong Huang*	*Realgar*	*Realgar; Arsenic Disulfide*	*Realgar, Arsendisulfid*
Rehmannia	*Sheng Di Huang*	*Radix Rehmanniae Glutinosae*	*Fresh Chinese Foxglove Root*	*Frische Rehmanniawurzel*
Rehmannia	*Shu Di Huang*	*Radix Rehmanniae Glutinosae Conquitae*	*Wine-cooked Chinese Foxglove Root*	*Rehmanniawurzel, in Wein gekocht*
Rhaponticum oder Echinops	*Lou Lu*	*Radix Rhapontici seu Echinops*	*Rhaponticum Root, Kugeldistel*	*Bergscharte oder*
Rheum	*Da Huang*	*Radix et Rhizoma Rhei*	*Rhubarb Root and Rhizome*	*Rhabarberwurzel*
Rhinoceros	*Xi Jiao*	*Cornu Rhinoceri*	*Rhinoceros Horn*	*Rhinozeroshorn*
Rhodea	*Wan Nian Qing*	*Herba Rhodeae Japonicae**	*Rhodea*	*Rhodea*
Rhododendron	*Man Shan Hong*	*Folium Rhododendri**	*Rhododendron Leaf*	*Rhododendronblätter*
Rhus	*Gan Qi*	*Lacca Sinica Exsiccata*	*Laquer*	*Lacksumachsaft*
Rhus	*Yan Fu Mu*	*Cortex Rhois Chinensis**	*Chinese Sumac Bark*	*Chinesische Giftsumachrinde*
Rhus/Melaphis	*Wu Bei Zi*	*Galla Rhois Chinensis*	*Gallnut of Chinese Sumac*	*Gallen des Chinesischen Giftsumach*
Rorippa	*Han Cai*	*Herba Rorippae**	*Rorippa*	*Brunnenkresse*
Rosa	*Jin Ying Zi*	*Fructus Rosae Laevigatae*	*Cherokee Rose Fruit/ Rosehip*	*Hagebutten (von Rosa Laevigata)*
Rosa	*Mei Gui Hua*	*Flos Rosae Rugosae*	*Young Chinese Rose Flower*	*Kartoffelrosenblüten*
Rosa	*Yue Ji Hua*	*Flos et Fructus Rosae Chinensis*	*Partially-blossoming Chinese Tea Rose Flower*	*Chinesische Teerosenblüten*
Rubia	*Qian Cao Gen*	*Radix Rubiae Cordifoliae*	*Madder Root*	*Krappwurzel*
Rubus	*Fu Pen Zi*	*Fructus Rubi Chingii*	*Raspberry Fruit Bud*	*Chinesische Himbeere*
Rubus	*Mao Mei*	*Herba Rubi Parvifolii**	*Thimbleberry*	*Sandbrombeere*
Saccharum Granorum	*Yi Tang*	*Saccharum Granorum*	*Barley Malt Sugar/ Syrup*	*Gerstenmalzzucker*
Saiga	*Ling Yang Jiao*	*Cornu Antelopis*	*Antelope Horn*	*Antilopenhorn*
Salvia	*Dan Shen*	*Radix Salviae Miltiorrhizae*	*Red Sage Root*	*Salvia-Wurzel*
Salvia	*Ji Ning*	*Herba Salviae Plebeiae**	*Salvia*	*Salbeikraut*
Sambucus	*Lu Ying*	*Cortex Sambuci**	*Japanese Elder Bark*	*Japanische Holunderrinde*
Sanguisorba	*Di Yu*	*Radix Sanguisorbae Officinalis*	*Burnet-bloodwort Root*	*Wiesenknopfwurzel*
Santalum	*Tan Xiang*	*Lignum Santali Albi*	*Sandalwood Heartwood*	*Sandelholz*
Sapium	*Wu Jiu Gen Pi*	*Cortex Sapii Sebiferi Radicis**	*Tallow Tree Root Bark*	*Talgbaumwurzelrinde*

Botanisch	Pinyin	Pharmazeutisch	Englisch	Deutsch
Sargassum	*Hai Zao*	*Herba Sargassi*	*Sargassum Seaweed*	*Sargassum-Tang*
Sargentodoxa	*Hong Teng*	*Caulis Sargentodoxae Cuneatae*	*Sargentodoxa Stem*	*Sargentodoxa-Sprossachse*
Saururus	*San Bai Cao*	*Herba Saururi Chinensis**	*Saururus*	*Molchschwanzkraut*
Saussurea	*Mu Xiang*	*Radix Saussureae Lappae*	*Costus Root, Aucklandia*	*Echte Kostwurzel*
Saxifraga	*Hu Er Cao*	*Herba Saxifragae Stoloniferae**	*Saxifrage*	*Judenbartkraut*
Schisandra	*Nan Wu Wei Zi*	*Fructus Schisandrae Sphenantherae*	*Southern Schisandra Fruit*	*Schisandrafrüchte*
Schisandra	*Wu Wei Zi*	*Fructus Schisandrae Chinensis*	*Northern Schisandra Fruit*	*Schisandra-Früchte*
Schizonepeta	*Jing Jie*	*Herba Schizonepetae Tenuifoliae*	*Schizonepeta Stem or Bud*	*Katzenminze*
Scolopendra	*Wu Gong*	*Scolopendra Subspinipes*	*Centipede*	*Hundertfüßer, Skolopender*
Scrophularia	*Xuan Shen*	*Radix Scrophulariae Ningpoensis*	*Figwort Root*	*Ningpo-Braunwurzwurzel*
Scutellaria	*Ban Zhi Lian*	*Herba Scutellariae Barbatae*	*Barbat Scullcap*	*Helmkraut*
Scutellaria	*Huang Qin*	*Radix Scutellariae Baicalensis*	*Scute; Baical Skullcap Root*	*Baikal-Helmkrautwurzel*
Sedum	*Chui Pen Cao*	*Herba Sedi Sarmentosi**	*Stonecrop*	*Fetthennenkraut*
Sedum	*Jing Tian San Qi*	*Herba Sedi**	*Sedum*	*Fetthenne, Sedum*
Selaginella	*Shi Shang Bai*	*Herba Selaginellae Doederleinii*	*Selaginella*	*Mooskraut, Moosfarn*
Senecio	*Qian Li Guang*	*Herba Senecionis Scandentis**	*Groundsel*	*Kreuzkraut, Greiskraut*
Sepia oder Sepiella	*Hai Piao Xiao*	*Os Sepiae seu Sepiellae*	*Cuttle-fish Bone*	*Tintenfischschale (Schulp)*
Sesamum	*Hei Zhi Ma*	*Semen Sesami Indici*	*Black Sesame Seed*	*Sesamsamen*
Siegesbeckia	*Xi Xian Cao*	*Herba Siegesbeckiae*	*St. Paul's Wort*	*Siegesbeckienkraut*
Sinapis	*Bai Jie Zi*	*Semen Sinapis Albae*	*White Mustard Seed*	*Weiße Senfkörner*
Smilax	*Ba Qia*	*Rhizoma Smilacis China**	*Smilax Rhizome*	*Chinawurzel*
Smilax	*Tu Fu Ling*	*Rhizoma Smilacis Glabrae*	*Glabrous Greenbrier Rhizome*	*Stechwindenwurzelstock*
Smithsonitum	*Lu Gan Shi*	*Smithsonitum*	*Smithsonite; Calamine*	*Smithsonit, Zinkspat*
Solenognathus	*Hai Long*	*Hailong*	*Pipe-fish*	*Pfeifenfisch*
Sophora	*Huai Hua Mi*	*Flos Sophorae Japonicae Immaturus*	*Pagoda Tree Flower Bud*	*Schnurbaum-blütenknospen*
Sophora	*Huai Jiao*	*Fructus Sophorae Japonicae*	*Pagoda Tree Fruit*	*Schnurbaumfrüchte*
Sophora	*Ku Shen*	*Radix Sophorae Flavescentis*	*Bitter Ginseng Root*	*Schnurbaumwurzel*

Botanisch	Pinyin	Pharmazeutisch	Englisch	Deutsch
Sophora	*Shan Dou Gen*	*Radix Sophorae Tonkinensis*	*Pigeon Pea Root*	*Schnurbaumwurzel*
Sparganium	*San Leng*	*Rhizoma Sparganii Stoloniferi*	*Bur-reed Rhizome*	*Igelkolbenwurzelstock*
Spirodela oder Lemna	*Fu Ping*	*Herba Lemnae seu Spirodelae*	*Duckweed*	*Teichlinse oder Wasserlinse*
Stalactitum	*E Guan Shi*	*Stalactitum*	*Stalactite Tubular Tip*	*Stalaktitenspitze*
Stellaria	*Yin Chai Hu*	*Radix Stellariae Dichotomae*	*Stellaria Root*	*Stellaria-Wurzel*
Stemona	*Bai Bu*	*Radix Stemonae*	*Stemona Root*	*Stemona-Wurzel*
Stephania	*Han Fang Ji*	*Radix Stephaniae Tetrandrae*	*Stephania Root*	*Stephania-Wurzel*
Sterculia	*Pang Da Hai*	*Semen Sterculiae Scaphigerae*	*Sterculia Seed*	*Sterculia-Samen*
Strichopus	*Hai Shen*	*Strichopus Japonicus*	*Sea Cucumber, Sea Slug*	*Seegurke, Seewalze*
Strychnos	*Ma Qian Zi*	*Semen Strychni*	*Nux-vomica Seed*	*Brechnuss*
Styrax	*An Xi Xiang*	*Benzoinum*	*Processed Resin of Styrax Benzoin*	*Harz des Benzoe-Storaxbaums*
Succinum	*Hu Po*	*Succinum*	*Amber; Fossilized Resin of Pine Tree*	*Bernstein*
Sulphur	*Liu Huang*	*Sulphur*	*Sulphur*	*Schwefel*
Syringa	*Bao Ma Zi*	*Cortex Syringae**	*Manchurian Lilac Bark*	*Mandschurische Fliederbaumrinde*
Syzygium	*Ding Xiang*	*Flos Caryophylli aromatici*	*Clove Flower-bud*	*Gewürznelke*
Tabanus	*Meng Chong*	*Tabani Bivittati**	*Gadfly*	*Bremse*
Talcum	*Hua Shi*	*Talcum*	*Talc; Soapstone*	*Talcum, Talkum*
Tamarix	*Cheng Liu*	*Cacumen Tamaricis Chinensis**	*Tamarisk*	*Chinesische Tamariskentriebspitzen*
Taraxacum	*Pu Gong Ying*	*Herba Taraxaci Mongolici cum Radice*	*Dandelion*	*Mongolisches Löwenzahnkraut*
Terminalia	*He Zi*	*Fructus Terminaliae Chebulae*	*Myrobalan Fruit*	*Terminalia-Früchte, Haritaki-Früchte*
Terra Flava Usta	*Fu Long Gan*	*Terra Flava Usta*	*Ignited Wood Stove Earth*	*Terra Flava Usta, Verbrannte Gelbe Erde*
Tetrapanax	*Tong Cao*	*Medulla Tetrapanacis Papyriferi*	*Rice Paper Pith*	*Mark des Reispapierbaums*
Thalictrum	*Tang Song Cao*	*Herba Thalictri Foliolosi**	*Thalictrum*	*Thalictrum, Wiesenraute*
Tinospora	*Jin Guo Lan*	*Radix Tinosporae Capillipes**	*Tinospora Root*	*Tinospora-Wurzel*
Tinospora	*Kuan Jin Teng*	*Ramus Tinosporae Sinensis*	*Tinospora Stem*	*Tinospora-Sprosse*
Torreya	*Fei Zi*	*Semen Torreyae Grandis*	*Torrreya Seed*	*Nusseibensamen*
Trachelo-spermum	*Luo Shi Teng*	*Caulis Trachelospermi Jasminoidis*	*Star Jasmine Stem*	*Sternjasmin*

Botanisch	Pinyin	Pharmazeutisch	Englisch	Deutsch
Trachycarpus	*Zong Lu Pi Tan*	*Fibra Stipulae Trachycarpi Carbonisatus*	*Charred Windmill Palm Petiole*	*Karbonisierte Stipelfasern der Hanfpalme*
Tremella	*Bai Mu Er*	*Fructificatio Tremellae Fucitormis*	*Tremella Fungus Fruiting Body*	*Tremella-Pilzfruchtkörper*
Tribulus	*Bai Ji Li*	*Fructus Tribuli Terrestris*	*Puncture Vine Fruit; Caltrop Fruit*	*Burzeldornfrüchte*
Trichosanthes	*Gua Lou*	*Fructus Trichosanthis*	*Snakegourd Fruit*	*Schlangenkürbisfrüchte*
Trichosanthes	*Gua Lou Pi*	*Pericarpium Trichosanthis*	*Snakegourd Peel*	*Schlangenkürbisschale*
Trichosanthes	*Gua Lou Ren*	*Semen Trichosanthis*	*Snakegourd Seed*	*Schlangenkürbissamen*
Trichosanthes	*Tian Hua Fen*	*Radix Trichosanthis Kirilowii*	*Snakegourd Root*	*Schlangenkürbiswurzel*
Trigonella	*Hu Lu Ba*	*Semen Trigonellae Foeni-graeci*	*Fenugreek Seed*	*Bockshornkleesamen*
Triticum	*Fu Xiao Mai*	*Semen Tritici Aestivi Levis*	*Wheat Chaff/Grain*	*Weizenspreu/-körner*
Trogopterus oder Pteromys	*Wu Ling Zhi*	*Excrementum Trogopteri seu Pteromi*	*Flying Squirrel Feces*	*Flughörnchenkot*
Tulipa	*Shan Ci Gu*	*Pseudobulbus Shancigu*	*Chinese Tulip Bulb*	*Chinesische Tulpenzwiebeln*
Tussilago	*Kuan Dong Hua*	*Flos Tussilaginis Farfarae*	*Coltsfoot Flower*	*Huflattichblüten*
Typha	*(Sheng) Pu Huang*	*Pollen Typhae*	*Raw Cattail Pollen*	*Rundkolbenpollen*
Typha	*Pu Huang Tan*	*Pollen Typhae Carbonisatus*	*Charred Cattail Pollen*	*Karbonisierte Rundkolbenpollen*
Typha	*Pu Hui*	*Folium Typhae*	*Cattail Leaves*	*Rundkolbenblätter*
Typhonium	*Bai Fu Zi*	*Rhizoma Typhonii Gigantei*	*Typhonium Rhizome*	*Typhonium-Wurzelstock*
Ulmus	*Wu Yi*	*Praeparatio Fructus Ulmi Macrocarpi*	*Stinking Elm Fruit Paste*	*Stinkulmenfruchtpaste*
Uncaria	*Gou Teng*	*Ramulus cum Uncis Uncariae*	*Gambir vine Stems and Hooks*	*Uncariazweige und -dornen*
Ursus	*Xiong Dan*	*Vesica Fellea Ursi*	*Bear Gallbladder*	*Gallenblase eines Bären*
Vaccaria	*Wang Bu Liu Xing*	*Semen Vaccariae Segetalis*	*Cow Soapwort Seed*	*Kuhkrautsamen*
Veratrum	*Li Lu*	*Radix et Rhizoma Veratri*	*Veratrum Root*	*Germerwurzel*
Verbena	*Ma Bian Cao*	*Herba Verbenae**	*Vervain*	*Eisenkraut*
Vespertilio	*Ye Ming Sha*	*Excrementum Vespertilionis Murini*	*Bat Dung or Feces*	*Fledermauskot*
Viola	*Zi Hua Di Ding*	*Herba cum Radice Violae Yedoensitis*	*Viola*	*Wildes Chinesisches Veilchen*
Vitex	*Man Jing Zi*	*Fructus Viticis*	*Vitex Fruit*	*Mönchspfeffer*
Xanthium	*Cang Er Zi*	*Fructus Xanthii Sibirici*	*Xanthium Fruit; Cocklebur Fruit*	*Sibirische Spitzklettenfrüchte*

Botanisch	Pinyin	Pharmazeutisch	Englisch	Deutsch
Zanthoxylum	*(Chuan) Jiao Mu*	*Semen Zanthoxyli Bungeani*	*Sichuan Pepper Seed*	*Szechuanpfeffer*
Zanthoxylum	*Chuan Jiao*	*Pericarpium Zanthoxyli Bungeani*	*Sichuan Pepper Fruit*	*Szechuan-Pfefferschoten*
Zanthoxylum	*Chuan Jiao Mu*	*Semen Zanthoxyli Bungeani*	*Sichuan Pepper Seed*	*Szechuan-Pfeffersamen*
Zaocys	*She Tui*	*Exuviae Serpentis*	*Snake Skin Slough*	*Schlangenhaut*
Zaocys	*Wu Shao She*	*Zaocys Dhumnades*	*Black-striped Snake*	*Rattennatter*
Zea	*Yu Mi Xu*	*Stylus Zeae Mays*	*Cornsilk*	*Maisbart, Maisgriffel*
Zingiber	*Gan Jiang*	*Rhizoma Zingiberis Officinalis*	*Dried Ginger Rhizome*	*Getrocknete Ingwerwurzel*
Zingiber	*Pao Jiang*	*Rhizoma Zingiberis**	*Quick-fried Ginger Rhizome*	*Gebratene Ingwerwurzel*
Zingiber	*Sheng Jiang*	*Rhizoma Zingiberis Officinalis Recens*	*Fresh Ginger Rhizome*	*Frische Ingwerwurzel*
Zingiber	*Sheng Jiang Pi*	*Cortex Zingiberis Officinalis Recens*	*Fresh Ginger Skin*	*Frische Ingwerrinde*
Ziziphus	*Da Zao*	*Fructus Ziziphi Jujubae*	*Jujube Fruit; Chinese Black Date*	*Jujubenfrüchte, Dattelfrüchte*
Ziziphus	*Hong Zao*	*Fructus Ziziphi Jujubae*	*Jujube Fruit; Chinese Red Date*	*Jujubenfrüchte, Dattelfrüchte*
Ziziphus	*Suan Zao Ren*	*Semen Ziziphi Spinosae*	*Sour Jujube Seed; Zizyphus*	*Stacheljujubensamen*

Kräuternamen nach pharmazeutischer Bezeichnung sortiert

Pharmazeutisch	Pinyin	Botanisch	Englisch	Deutsch
Actinolitum	*Yang Qi Shi*	*Actinolitum*	*Actinolite*	*Aktinolith*
Agkistrodon seu Bungarus	*Bai Hua She*	*Agkistrodon*	*Long-noded Pit Viper Snake*	*Dreieckskopfotter oder Bungar*
Alumen	*Ming Fan*	*Alumen*	*Alum; Potassium Aluminum Sulfate*	*Alaun, Kaliumaluminiumsulfat*
Alumen Praeparatum	*Ku Fan*	*Alumen Praeparatum*	*Prepared Alum*	*Vorbehandelter Alaun*
Arillus Euphoriae Longanae	*Long Yan Rou*	*Euphoria*	*Longan Fruit Flesh*	*Drachenaugenfrüchte*
Arseolitum	*Pi Shi*	*Arsenolith*	*White Arsenic*	*Arsenolith, Arsenit*
*Aspongopus**	*Jiu Xiang Chong*	*Aspongopus*	*Stink Bug*	*Wanze*
*Aurum**	*Huang Jin*	*Aurum*	*Gold*	*Gold*
Benzoinum	*An Xi Xiang*	*Styrax*	*Processed Resin of Styrax Benzoin*	*Harz des Benzoe-Storaxbaums*
Bombyx Batryticatus	*Jiang Can*	*Bombyx*	*Dead Stiff Body of Sick Silkworm Larvae*	*Tote Seidenspinnerraupen*
Borax	*Peng Sha*	*Borax*	*Borax; Sodium Tetraborate*	*Borax, Natriumborat*
Borneol	*Bing Pian*	*Dryobalanops*	*Processed Resin of Borneol Camphor*	*Borneol (kristallines, kampferähnliches Harz)*
Bulbus Allii	*Xie Bai*	*Allium*	*Chinese Chive Bulb*	*Lauchzwiebel*
Bulbus Allii Fistulosi	*Cong Bai*	*Allium*	*White Bulb of Green Onion or Scallion*	*Winterzwiebel*
Bulbus Allii Sativi	*Da Suan*	*Allium*	*Garlic Bulb*	*Knoblauchknolle*
Bulbus Fritillariae Cirrhosae	*Chuan Bei Mu*	*Fritillaria*	*Tendrilled Fritillary Bulb*	*Szechuan-Schachblumenzwiebel*
Bulbus Fritillariae Thunbergii	*Zhe Bei Mu*	*Fritillaria*	*Thunberg Fritillary Bulb*	*Zhekiang-Fritillaria-Zwiebel*
Bulbus Lilii	*Bai He*	*Lilium*	*Lily Bulb*	*Lilienzwiebel*
Buthus Martensi	*Quan Xie*	*Buthus*	*Scorpion*	*Skorpion*
Cacumen Biotae Orientalis	*Ce Bai Ye*	*Biota*	*Arborvitae Leafy Twig*	*Orientalische Lebensbaumtriebspitzen*
*Cacumen Tamaricis Chinensis**	*Cheng Liu*	*Tamarix*	*Tamarisk*	*Chinesische Tamariskentriebspitzen*
*Calcaria**	*Chen Shi Huei*	*Calcaria*	*Calcium Hydroxide*	*Calciumhydroxid*
Calcitum	*Han Shui Shi*	*Calcitum*	*Calcite*	*Calcit, Kalkspat*
Calculus Artificialis	*Ren Gong Niu Huang*	*Bos*	*Artificially Induced Cow Gallstons*	*Künstlich induzierte Rindergallensteine*
Calculus Bovis seu Calculus Bubali	*Niu Huang*	*Bos oder Bubalus*	*Ox or Water Buffalo Gallstone*	*Gallenstein vom Rind oder Wasserbüffel*

Pharmazeutisch	Pinyin	Botanisch	Englisch	Deutsch
Calculus Macacae Mulattae	*Hou Zao*	*Macaca*	*Macaque Gallstone*	*Rhesusaffengalle*
Calomelas	*Qing Fen*	*Calomelas*	*Calomel; Mercurous Chloride*	*Kalomel, Quecksilberchlorid*
Calyx Diospyri Kaki	*Shi Di*	*Diospyros*	*Persimmon Calyx*	*Kakipflaumenkelch*
*Calyx seu Fructus Physalis**	*Suan Jiang*	*Physalis*	*Wintercherry Calyx or Fruit*	*Physalis-Kelch oder Frucht*
Camphora	*Zhang Nao*	*Cinnamomum*	*Crystalized Volatile Oil of the Camphor Tree*	*Kampfer, weiße Kristalle im Öl des Kampferbaums*
Caput Radicis Angelicae Sinensis	*Dang Gui Tou*	*Angelica*	*Tangkuei Head*	*Angelikawurzelkopf*
Carapax Amydae Sinensis	*Bie Jia*	*Amyda*	*Chinese Soft-shell Turtle Shell*	*Panzer der China-Weichschildkröte*
*Carapax Eretmochelydis Imbricatae**	*Dai Mao*	*Eretmochelys*	*Hawksbill Turtle Shell*	*Panzer der Echten Karettschildkröte*
Caulis Bambusae in Taeniis	*Zhu Ru*	*Bambusa*	*Bamboo Shavings*	*Bambusrohrstreifen*
Caulis Mutong	*Mu Tong*	*Akebia*	*Akebia Stem*	*Chinesische Osterluzei*
*Caulis Paederiae**	*Ji Shi Teng*	*Paederia*	*Paederia Stem*	*Paederia-Sprossachse*
Caulis Piperis Futokadsurae	*Hai Feng Teng*	*Piper*	*Kadsura Stem*	*Pfeffersprossachse*
Caulis Polygoni Multiflori	*Ye Jiao Teng*	*Polygonum*	*Fleeceflower Stem; Fo-Ti Stem*	*Vielblütiger Knöterich*
Caulis Sargentodoxae Cuneatae	*Hong Teng*	*Sargentodoxa*	*Sargentodoxa Stem*	*Sargentodoxa-Sprossachse*
Caulis Trachelospermi Jasminoidis	*Luo Shi Teng*	*Trachelo-spermum*	*Star Jasmine Stem*	*Sternjasmin*
Cervix Ginseng	*Ren Shen Lu*	*Panax*	*Ginseng Root Neck*	*Ginsengwurzelhals*
*Chalcanthitum**	*Dan Fan*	*Chalcanthitum*	*Copper Sulphate; Blue Vitriol*	*Kupfersulfat, Kupfervitriol*
Cinnabaris	*Zhu Sha*	*Cinnabaris*	*Cinnabar; Red Mercury Sulfide*	*Zinnober, Cinnabarit, Quecksilbersulfid*
Colla Cornu Cervi	*Lu Jiao Jiao*	*Cervus*	*Mature Antler Glue; Mature Antler Gelatin*	*Hirschhorn-Gelatine*
Concha Arcae	*Wa Leng Zi*	*Arca*	*Cockle Shell; Ark Shell*	*Archenmuschelschale*
Concha Cyclinae Sinensis	*Hai Ge Ke*	*Cyclina*	*Clam Shell*	*Venusmuschelschale*
Concha Haliotidis	*Shi Jue Ming*	*Haliotis*	*Abalone Shell*	*Seeohrenschale, Abaloneschale*
Concha Margaritiferae	*Zhen Zhu Mu*	*Pteria*	*Mother-of-Pearl Shell*	*Perlmuschelschale*
Concha Ostreae	*Mu Li*	*Ostrea*	*Oyster Shell*	*Austernschale*
Concha Ostreae	*Duan Mu Li*	*Ostrea*	*Calcined Oyster Shell*	*Calcinierte Austernschale*
Concretio Silicea Bambusae Textillis	*Tian Zhu Huang*	*Bambusa*	*Siliceous Secretions of Bamboo*	*Silikathaltige Bambussekrete*
Cordyceps Sinensis	*Dong Chong Xia Cao*	*Cordyceps*	*Chinese Caterpillar Fungus*	*Pilzlicher Parasit, der Raupen befällt*
Cornu Antelopis	*Ling Yang Jiao*	*Saiga*	*Antelope Horn*	*Antilopenhorn*

Pharmazeutisch	Pinyin	Botanisch	Englisch	Deutsch
Cornu Bubali	*Shui Niu Jiao*	*Bubalus*	*Waterbuffalo Horn*	*Wasserbüffelhorn*
Cornu Cervi	*Lu Jiao*	*Cervus*	*Antler; Deerhorn Ossified Horn of the Mature Male Deer*	*Hirschhorn*
Cornu Cervi Degelatinatium	*Lu Jiao Shuang*	*Cervus*	*Antler Powder from the dregs of cooking Antler Glue*	*Hirschhorn-Pulver (aus dem Satz beim Kochen der Gelatine)*
Cornu Cervi Parvum	*Lu Rong*	*Cervus*	*Young Deer Antler Velvet*	*Hirschhornbast*
Cornu Naemorhedis	*Shan Yang Jiao*	*Naemorhedis*	*Goat Horn*	*Ziegenhorn*
Cornu Rhinoceri	*Xi Jiao*	*Rhinoceros*	*Rhinoceros Horn*	*Rhinozeroshorn*
Cortex Acanthopanacis Gracilistyli Radicis	*Wu Jia Pi*	*Acanthopanax*	*Acanthopanax Rootbark.*	*Stachelpanaxwurzelrinde*
Cortex Ailanthi Altissimae	*Chun Pi*	*Ailanthus*	*Tree of Heaven Bark*	*Götterbaumrinde*
Cortex Albiziae Julibrissin	*He Huan Pi*	*Albizia*	*Mimosa Tree Bark; Silktree Bark*	*Seidenbaumrinde*
Cortex Cinnamomi Cassiae	*Rou Gui*	*Cinnamomum*	*Cinnamon Bark*	*Cassia-Zimtrinde*
Cortex Dictamni Dasycarpi Radicis	*Bai Xian Pi*	*Dictamnus*	*Dittany Root Bark*	*Dictamwurzelrinde*
Cortex Erythrinae	*Hai Tong Pi*	*Erythrina*	*Coral-bean Bark*	*Korallenstrauchrinde*
Cortex Eucommiae Ulmoidis	*Du Zhong*	*Eucommia*	*Eucommia Bark*	*Chinesische Guttapercharinde*
Cortex Fraxini	*Qin Pi*	*Fraxinus*	*Korean Ash Bark*	*Koreanische Eschenrinde*
*Cortex Loropetali**	*Ji Mu*	*Loropetalum*	*Loropetalum Bark*	*Riemenblumenrinde*
Cortex Lycii Radicis	*Di Gu Pi*	*Lycium*	*Matrimony-vine Root-bark, Wolfberry Bark*	*Bocksdornrinde*
Cortex Magnoliae Officinalis	*Hou Po*	*Magnolia*	*Magnolia Bark*	*Magnolienrinde*
Cortex Meliae	*Ku Lian Mu Pi*	*Melia*	*Sichuan Chinaberry Tree Bark; Sichuan Pagoda Tree Bark; Neem Tree Bark*	*Zedrachbaumrinde, Neembaumrinde*
Cortex Meliae Radicis	*Ku Lian Gen Pi*	*Melia*	*Sichuan Chinaberry Root Bark; Sichuan Pagoda Tree Root Bark; Neem Root Bark*	*Zedrachbaum-wurzelrinde, Neembaumwurzelrinde*
Cortex Mori Albae Radicis	*Sang Bai Pi*	*Morus*	*Mulberry Rootbark*	*Maulbeerwurzelrinde*
Cortex Moutan Radicis	*Mu Dan Pi*	*Paeonia*	*Tree Peony Rootbark*	*Strauchpaeonien-wurzelrinde*
Cortex Phellodendri	*Huang Bai*	*Phellodendron*	*Amur Cork-tree Bark*	*Korkbaumrinde*
Cortex Poriae Cocos	*Fu Ling Pi*	*Poria*	*Tuckahoe Skin*	*Kokospilzhaut*
Cortex Punicae Granati Radicis	*Shi Liu Gen Pi*	*Punica*	*Pomegranate Root Bark*	*Granatapfelwurzelrinde*
*Cortex Rhois Chinensis**	*Yan Fu Mu*	*Rhus*	*Chinese Sumac Bark*	*Chinesische Giftsumachrinde*

Pharmazeutisch	Pinyin	Botanisch	Englisch	Deutsch
*Cortex Sambuci**	*Lu Ying*	*Sambucus*	*Japanese Elder Bark*	*Japanische Holunderrinde*
*Cortex Sapii Sebiferi Radicis**	*Wu Jiu Gen Pi*	*Sapium*	*Tallow Tree Root Bark*	*Talgbaumwurzelrinde*
*Cortex Syringae**	*Bao Ma Zi*	*Syringa*	*Manchurian Lilac Bark*	*Mandschurische Fliederbaumrinde*
Cortex Tubiformis Cinnamomi Cassiae	*Guan Gui*	*Cinnamomum*	*Thin Cinnamon Bark from Young Trees*	*Dünne Zimtrinde von jungen Bäumen*
Cortex Zingiberis Officinalis Recens	*Sheng Jiang Pi*	*Zingiber*	*Fresh Ginger Skin*	*Frische Ingwerrinde*
Crinis Carbonisatus Hominis	*Xue Yu Tan*	*Homo Sapiens*	*Charred Human Hair*	*Karbonisierte Haare (vom Menschen)*
Dens Draconis	*Long Chi*	*Dens Draconis*	*Dragon Tooth; Fossilized Tooth*	*Versteinerte fossile Zähne*
Endothelium Corneum Gigeriae Galli	*Ji Nei Jin*	*Gallus*	*Chicken Gizard Lining*	*Hühnermagenendothel*
Epicarpium Benincasae Hispidae	*Dong Gua Pi*	*Benincasa*	*Wintermelon Fruit Peel; Wax Gourd Fruit Peel*	*Wachskürbisfruchtschale*
Eupolyphaga seu Opisthoplatia	*Tu Bie Chong*	*Eupolyphaga*	*Wingless Cockroach*	*ungeflügelte Schabe*
Excrementum Bombycis Mori	*Can Sha*	*Bombyx*	*Silkworm Feces*	*Seidenwurmkot*
Excrementum Trogopteri seu Pteromi	*Wu Ling Zhi*	*Trogopterus oder Pteromys*	*Flying Squirrel Feces*	*Flughörnchenkot*
Excrementum Vespertilionis Murini	*Ye Ming Sha*	*Vespertilio*	*Bat Dung or Feces*	*Fledermauskot*
Extremas Radicis Angelicae Sinensis	*Dang Gui Wei*	*Angelica*	*Tangkuei Tail*	*Angelikawurzelspitze*
Exuviae Serpentis	*She Tui*	*Zaocys*	*Snake Skin Slough*	*Schlangenhaut*
Fasciculus Vascularis Luffae	*Si Gua Lou*	*Luffa*	*Dried Skeleton of Luffa Sponge*	*Luffa-Schwamm*
*Flos Albiziae Julibrissin**	*He Huan Hua*	*Albizia*	*Mimosa Tree Flower; Silktree Flower*	*Seidenbaumblüten*
Flos Amomi	*Sha Ren Hua*	*Amomum*	*Grains-of-Paradise Flower*	*Amomum-Sharen-Blüten*
Flos Buddleiae Officinalis Immaturus	*Mi Meng Hua*	*Buddleia*	*Buddleia Flower*	*Schmetterlings-strauchblüten*
Flos Carthami Tinctorii	*Hong Hua*	*Carthamus*	*Safflower*	*Saflorblüten*
Flos Caryophylli aromatici	*Ding Xiang*	*Syzygium*	*Clove Flower-bud*	*Gewürznelke*
Flos Celosiae Cristatae	*Ji Guan Hua*	*Celosia*	*Cockscomb Flower*	*Hahnenkammblüten*
Flos Chrysanthemi Morifolii	*(Bai) Ju Hua*	*Chrysanthe-mum*	*White Chrysanthemum Flower*	*Weiße Chrysanthemenblüten*
Flos Chrysanthemi Morifolii	*(Huang) Ju Hua*	*Chrysanthe-mum*	*Yellow Chrysanthemum Flower*	*Gelbe Chrysanthemenblüten*
Flos Chrysanthemi Indici	*Ye Ju Hua*	*Chrysanthe-mum*	*Wild Chrysanthemum Flower*	*Chrysanthemenblüten*
Flos Citri Sarcodactylis	*Fo Shou Hua*	*Citrus*	*Finger Citron Flower*	*Buddhas-Hand-Blüten*

Pharmazeutisch	Pinyin	Botanisch	Englisch	Deutsch
Flos Daphnes Genkwa	*Yuan Hua*	*Daphne*	*Daphne Flower*	*Chinesische Seidelbastblüten*
Flos Dolichoris Lablab	*Bian Dou Hua*	*Dolichos*	*Hyacinth Bean Flower*	*Helmbohnenblüten*
Flos et Fructus Rosae Chinensis	*Yue Ji Hua*	*Rosa*	*Partially-blossoming Chinese Tea Rose Flower*	*Chinesische Teerosenblüten*
*Flos Hydrangeae Macrophyllae**	*Ba Xian Hua*	*Hydrangea*	*Hydrangea Flower*	*Hortensienblüten*
Flos Imperatae Cylindricae	*Bai Mao Hua*	*Imperata*	*Wooly Grass Flower; White Grass Flower*	*Alang-Alang-Grasblüten*
Flos Inulae	*Xuan Fu Hua*	*Inula*	*Elecampane Flower*	*Alantblüten*
Flos Lonicerae Japonicae	*Jin Yin Hua*	*Lonicera*	*Honeysuckle Flower*	*Geißblattblüten*
Flos Magnoliae	*Xin Yi Hua*	*Magnolia*	*Magnolia Flower*	*Magnolienblüten*
Flos Magnoliae Officinalis	*Hou Po Hua*	*Magnolia*	*Magnolia Flower*	*Magnolienblüten*
Flos Pseudoginseng	*San Qi Hua*	*Panax*	*Pseudoginseng Flower; Notoginseng Flower*	*Notoginsengblüten*
Flos Puerariae	*Ge Hua*	*Pueraria*	*Kudzu Flower*	*Kopoubohnenblüten*
Flos Rosae Rugosae	*Mei Gui Hua*	*Rosa*	*Young Chinese Rose Flower*	*Kartoffelrosenblüten*
Flos Sophorae Japonicae Immaturus	*Huai Hua Mi*	*Sophora*	*Pagoda Tree Flower Bud*	*Schnurbaum-blütenknospen*
Flos Tussilaginis Farfarae	*Kuan Dong Hua*	*Tussilago*	*Coltsfoot Flower*	*Huflattichblüten*
Fluoritum	*Zi Shi Ying*	*Fluoritum*	*Fluorite*	*Fluorit, Flussspat*
Folium Artemisiae Argyi Beifußblätter	*Ai Ye*	*Artemisia*	*Mugwort Leaf*	*Gemeiner Beifuß,*
Folium Callicarpae	*Zi Zhu*	*Callicarpa*	*Callicarpa Leaf*	*Schönfruchtstrauch-Frutescentis*
Folium Clerodendri Trichotomi	*Chou Wu Tong*	*Clerodendron*	*Glorybower Leaf*	*Clerodendrum-Blätter*
Folium Daqingye	*Da Qing Ye*	*Isatis*	*Isatis Leaf; Woad Leaf*	*Färberwaidblätter*
Folium Dichroae Febrifugae	*Shu Qi*	*Dichroa*	*Dichroa Leaf*	*Dichroa-Blätter*
Folium Elaeagni Pungentis	*Hu Tui Ye*	*Elaeagnus*	*Eleagnus Leaf*	*Ölweidenblätter*
Folium Eriobotryae Japonicae	*Pi Pa Ye*	*Eriobotrya*	*Loquat Leaf*	*Wollmispelblätter*
Folium Ginkgo Bilobae	*Yin Guo Ye*	*Ginkgo*	*Ginkgo Leaf*	*Ginkgoblätter*
Folium Ginseng	*Ren Shen Ye*	*Panax*	*Ginseng Leaf*	*Ginsengblätter*
*Folium Gynurae**	*Ju Ye San Qi*	*Gynura*	*Gynura Leaf*	*Gynura-Blätter*
*Folium Ilicis Chinensis**	*Si Ji Qing*	*Ilex*	*Holly Leaf*	*Stechpalmenblätter*
*Folium Mahoniae**	*Shi Da Gong Lao*	*Mahonia*	*Mahonia Leaf*	*Mahonienblätter*
Folium Momordicae Grosvenori	*Luo Huo Guo Ye*	*Momordica*	*Momordica Leaf*	*Momordica-Blätter*
Folium Mori Albae	*Sang Ye*	*Morus*	*Mulberry Leaf*	*Maulbeerblätter*

Pharmazeutisch	Pinyin	Botanisch	Englisch	Deutsch
Folium Nelumbinis Nuciferae	*He Ye*	*Nelumbo*	*Lotus Leaf*	*Indische Lotosblumenblätter*
Folium Perillae Frutescentis	*Zi Su Ye*	*Perilla*	*Perilla Leaf*	*Schwarznesselblätter*
Folium Pyrrosiae	*Shi Wei*	*Pyrrosia*	*Pyrrosia Leaf*	*Pyrrosiablätter*
*Folium Rhododendri**	*Man Shan Hong*	*Rhododendron*	*Rhododendron Leaf*	*Rhododendronblätter*
Folium Sennae	*Fan Xie Ye*	*Cassia*	*Senna Leaf*	*Sennablätter*
Folium Typhae	*Pu Hui*	*Typha*	*Cattail Leaves*	*Rundkolbenblätter*
*Fructificatio Ganodermae Lucidi**	*Ling Zhi*	*Ganoderma*	*Lucid Ganoderma; Reishi*	*Glänzender Lacksporling (Pilzfruchtkörper)*
Fructificatio Lasiosphaerae seu Calvatiae	*Ma Bo*	*Lasiosphaera*	*Puffball Fruiting Body*	*Stäubling-Pilzfruchtkörper*
Fructificatio Tremellae Fucitormis	*Bai Mu Er*	*Tremella*	*Tremella Fungus Fruiting Body*	*Tremella-Pilzfruchtkörper*
Fructus Akebiae	*Ba Yue Zha*	*Akebia*	*Akebia Fruit*	*Akebia-Früchte*
Fructus Alpiniae Oxyphyllae	*Yi Zhi Ren*	*Alpinia*	*Black Cardamon Fruit*	*Alpinia-Früchte*
Fructus Amomi Kravanh	*Bai Dou Kou*	*Amomum*	*Round Cardamon Fruit; Cluster Fruit*	*Kardamom*
Fructus Amomi Tsao-Ko	*Cao Guo*	*Amomum*	*Chinese Cardamon Fruit*	*Chinesischer Kardamom*
Fructus Arctii Lappae	*Niu Bang Zi*	*Arctium*	*Burdock Seed*	*Klettenfrüchte*
Fructus Aristolochiae	*Ma Dou Ling*	*Aristolochia*	*Birthwort Fruit*	*Aristolochiafrüchte, Pfeifenblumenfrüchte*
Fructus Bruceae Javanicae	*Ya Dan Zi*	*Brucea*	*Brucea Fruit*	*Brucea-Früchte*
Fructus Carpesii seu Daucusi	*He Shi*	*Carpesium oder Daucus*	*Carpesium Fruit*	*Carpesium-Früchte oder Möhrenfrüchte*
Fructus Chaenomelis	*Mu Gua*	*Chaenomeles*	*Chinese Quince Fruit*	*Chinesische Quittenfrüchte*
Fructus Citri Sarcodactylis	*Fo Shou*	*Citrus*	*Finger Citron Fruit*	*Buddhas-Hand-Früchte*
Fructus Citri Aurantii	*Zhi Ke*	*Citrus oder Poncirus*	*Bitter Orange Fruit*	*Bitterorange*
Fructus Citrulli Vulgaris	*Xi Gua*	*Citrullus*	*Watermelon Fruit and Peel or Rind*	*Wassermelone*
Fructus Cnidii Monnieri	*She Chuang Zi*	*Cnidium*	*Cnidium Seed*	*Cnidium-Samen*
Fructus Corni Officinalis	*Shan Zhu Yu*	*Cornus*	*Dogwood Fruit; Asiatic Cornelian Cherry Fruit*	*Japanische Kornelkirschenfrüchte*
Fructus Crataegi	*Shan Zha*	*Crataegus*	*Hawthorn Unripe Fruit or Berry*	*Frühe Fliederweißdornbeeren*
Fructus Crataegi	*Shan Zha Rou*	*Crataegus*	*Hawthorn Ripe Fruit or Berry*	*Fliederweißdornbeeren*
Fructus Crataegi Carbonisatus	*Shan Zha Tan*	*Crataegus*	*Charred Hawthorn Fruit or Berry*	*Karbonisierte Fliederweißdornbeeren*
*Fructus Diospyri Kaki**	*Shi Bing*	*Diospyros*	*Dried Persimmon Fruit*	*Getrocknete Kakipflaume*

Pharmazeutisch	Pinyin	Botanisch	Englisch	Deutsch
Fructus Evodiae Rutaecarpae	*Wu Zhu Yu*	*Evodia*	*Evodia Fruit*	*Stinkeschenfrüchte*
Fructus Foeniculi Vulgaris	*Xiao Hui Xiang*	*Foeniculum*	*Fennel Fruit*	*Fenchelsamen*
Fructus Forsythiae Suspensae	*Lian Qiao*	*Forsythia*	*Forsythia Fruit; Golden Bells*	*Forsythienfrüchte*
Fructus Gardeniae Jasminoidis	*Zhi Zi*	*Gardenia*	*Gardenia Fruit*	*Gardenienfrüchte*
Fructus Gleditsiae Sinensis	*Zao Jiao*	*Gleditsia*	*Honeylocust Fruit; Soap Bean Fruit*	*Lederhülsenbaumfrüchte*
Fructus Hordei Vulgaris Germinatus	*Mai Ya*	*Hordeum*	*Barley Sprout, Malted Barley*	*Gekeimte Gerste*
*Fructus Illicii**	*Ba Jiao Hui Xiang*	*Illicium*	*Star Anise Fruit*	*Sternanissamen*
Fructus Immaturus Citri Aurantii	*Zhi Shi*	*Citrus oder Poncirus*	*Immature Bitter Orange Fruit*	*Frühe Bitterorange*
Fructus Kochiae Scopariae	*Di Fu Zi*	*Kochia*	*Broom Cyperus Seed*	*Besenkrautfrüchte*
Fructus Ligustri Lucidi	*Nu Zhen Zi*	*Ligustrum*	*Privet Fruit; Waxtree Fruit*	*Ligusterfrüchte*
Fructus Liquidambaris Taiwanianae	*Lu Lu Tong*	*Liquidambar*	*Sweetgum Fruit*	*Amberbaumfrüchte*
Fructus Lycii	*Gou Qi Zi*	*Lycium*	*Matrimony Vine Fruit; Wolfberry Fruit*	*Bocksdornfrüchte*
Fructus Meliae Toosendan	*Chuan Lian Zi*	*Melia*	*Sichuan Chinaberry Fruit; Sichuan Pagoda Tree Fruit; Neem Fruit*	*Paternoster-Baum-Früchte*
Fructus Momordicae Grosvenori	*Luo Han Guo*	*Momordica*	*Momordica Fruit*	*Momordica-Früchte*
Fructus Mori Albae	*Sang Shen*	*Morus*	*Mulberry Fruit Bud*	*Maulbeerfrüchte*
Fructus Oryzae Sativae Germinatus	*Gu Ya*	*Oryza*	*Rice Sprout*	*Gekeimter Reis*
Fructus Piperis Cubebae	*Bi Cheng Qie*	*Piper*	*Cubeba Fruit*	*Kubebenpfeffer*
Fructus Piperis Longi	*Bi Ba*	*Piper*	*Long Pepper Fruit*	*Langkornpfeffer*
Fructus Piperis Nigri	*Hu Jiao*	*Piper*	*Black Pepper Fruit*	*Pfeffersamen*
Fructus Pruni Mume	*Wu Mei*	*Prunus*	*Ume Plum Fruit; Black Plum Fruit*	*Japanaprikosenfrüchte*
Fructus Psoraleae Corylifoliae	*Bu Gu Zhi*	*Psoralea*	*Scurfy Pea Fruit*	*Asphaltkleefrüchte*
Fructus Quisqualis Indicae	*Shi Jun Zi*	*Quisqualis*	*Rangoon Creeper Fruit*	*Quisqualis-Früchte*
Fructus Rosae Laevigatae	*Jin Ying Zi*	*Rosa*	*Cherokee Rose Fruit/ Rosehip*	*Hagebutten (von Rosa Laevigata)*
Fructus Rubi Chingii	*Fu Pen Zi*	*Rubus*	*Raspberry Fruit Bud*	*Chinesische Himbeere*
Fructus Schisandrae Sphenantherae	*Nan Wu Wei Zi*	*Schisandra*	*Southern Schisandra Fruit*	*Schisandrafrüchte*
Fructus Schisandrae Chinensis	*Wu Wei Zi*	*Schisandra*	*Northern Schisandra Fruit*	*Schisandra-Früchte*

Pharmazeutisch	Pinyin	Botanisch	Englisch	Deutsch
Fructus seu Semen Amomi	*Sha Ren*	*Amomum*	*Grains-of-Paradise Fruit or Seeds*	*Amomum-Sharen-Früchte*
Fructus Sophorae Japonicae	*Huai Jiao*	*Sophora*	*Pagoda Tree Fruit*	*Schnurbaumfrüchte*
Fructus Terminaliae Chebulae	*He Zi*	*Terminalia*	*Myrobalan Fruit*	*Terminalia-Früchte, Haritaki-Früchte*
Fructus Tribuli Terrestris	*Bai Ji Li*	*Tribulus*	*Puncture Vine Fruit; Caltrop Fruit*	*Burzeldornfrüchte*
Fructus Trichosanthis	*Gua Lou*	*Trichosanthes*	*Snakegourd Fruit*	*Schlangenkürbisfrüchte*
Fructus Viticis	*Man Jing Zi*	*Vitex*	*Vitex Fruit*	*Mönchspfeffer*
Fructus Xanthii Sibirici	*Cang Er Zi*	*Xanthium*	*Xanthium Fruit; Cocklebur Fruit*	*Sibirische Spitzklettenfrüchte*
Fructus Ziziphi Jujubae	*Da Zao*	*Ziziphus*	*Jujube Fruit; Chinese Black Date*	*Jujubenfrüchte, Dattelfrüchte*
Fructus Ziziphi Jujubae	*Hong Zao*	*Ziziphus*	*Jujube Fruit; Chinese Red Date*	*Jujubenfrüchte, Dattelfrüchte*
Frusta Ferri	*Sheng Tie Luo*	*Frusta Ferri*	*Iron Filing*	*Eisenspäne*
Galla Rhois Chinensis	*Wu Bei Zi*	*Rhus/Melaphis*	*Gallnut of Chinese Sumac*	*Gallen des Chinesischen Giftsumach*
Gekko	*Ge Jie*	*Gekko*	*Gecko Lizard*	*Gecko*
Gelatinum Corii Asini	*E Jiao*	*Equus*	*Donkey Hide Gelatin; Ass Skin Glue*	*Eselshaut-Gelatine*
Gummi Olibanum	*Ru Xiang*	*Boswellia*	*Frankincense Gum-resin*	*Harz des Weihrauchbaumes*
Gypsum Fibrosum	*Shi Gao*	*Gypsum*	*Gypsum; Calcium Sulphate*	*Mineralischer Gips*
Haematitum	*Dai Zhe Shi*	*Haematitum*	*Hematite; Iron Ore*	*Hämatit, Eisenglanz*
Hailong	*Hai Long*	*Solenognathus*	*Pipe-fish*	*Pfeifenfisch*
Halloysitum Rubrum	*Chi Shi Zhi*	*Halloysitum Rubrum*	*Halloysite; Red Kaolin*	*Halloysit, roter Kaolin*
*Herba Acalyphae Australis**	*Tie Xian*	*Acalypha*	*Acalypha*	*Acalypha*
Herba Agastaches seu Pogostemi	*Huo Xiang*	*Agastache oder Pogostemon*	*Patchouli, Agastache*	*Patchouli-Kraut*
Herba Agrimoniae Pilosae	*Xian He Cao*	*Agrimonia*	*Agrimony*	*Odermenningkraut*
*Herba Ajugae Decumbentis**	*Bai Mao Xia Ku Cao*	*Ajuga*	*Ajuga*	*Günsel*
Herba Aloes	*Lu Hui*	*Aloe*	*Aloe Vera Leaf*	*Aloeblätter*
Herba Andrographitis Paniculatae	*Chuan Xin Lian*	*Andrographis*	*Kariyat; Green Chiretta*	*Andrographis-Kraut*
*Herba Androsacae Umbellatae**	*Dian Di Mei*	*Androsace*	*Androsace*	*Mannsschildkraut*
Herba Artemisiae Anomalae	*Liu Ji Nu*	*Artemisia*	*Artemisia*	*Artemisia-Kraut*
Herba Artemisiae Annuae	*Qing Hao*	*Artemisia*	*Sweet Wormwood; Southernwood*	*Einjähriges Beifußkraut*

Pharmazeutisch	Pinyin	Botanisch	Englisch	Deutsch
Herba Artemisiae Yinchenhao	*Yin Chen Hao*	*Artemisia*	*Oriental Wormwood*	*Besenbeifußkraut*
Herba Begoniae Fimbristipulatae	*Zi Bei Tian Kuei*	*Begonia*	*Begonia*	*Begonia-Kraut*
*Herba Capsellae**	*Ji Cai*	*Capsella*	*Shepherd's Purse*	*Hirtentäschelkraut*
Herba Carpesii	*Tian Ming Jing*	*Carpesium*	*Carpesium*	*Carpesium*
*Herba Centipedae Minimae**	*E Bu Shi Cao*	*Centipeda*	*Centipeda Herb*	*Centipeda-Kraut*
Herba Cephalanoplos	*Xiao Ji*	*Cephalanoplos*	*Small Thistle; Field Thistle*	*Cephalanoplos-Kraut*
Herba Cistanches Deserticolae	*Rou Cong Rong*	*Cistanche*	*Broomrape Fleshy Stem*	*Cistanche*
*Herba Commelinae**	*Ya Zhi Cao*	*Commelina*	*Commelina*	*Commelina*
Herba cum Radice Patriniae	*Bai Jiang Cao*	*Patrinia oder Thiaspi*	*Patrinia; Thiaspi*	*Patrinia/Goldbaldrian oder Thiaspi*
Herba cum Radice Asari	*Xi Xin*	*Asarum*	*Asarum; Chinese Wild Ginger*	*Chinesisches Halswurzelkraut*
Herba cum Radice Houttuyniae Cordatae	*Yu Xing Cao*	*Houttuynia*	*Houttuynia; Fish Smell Plant*	*Houttuynia-Kraut, „Eidechsenschwanz"*
Herba cum Radice Violae Yedoensitis	*Zi Hua Di Ding*	*Viola*	*Viola*	*Wildes Chinesisches Veilchen*
Herba Cynomorii Songarici	*Suo Yang*	*Cynomorium*	*Cynomorium Fleshy Stem*	*Cynomorium*
Herba Dendrobii	*Shi Hu*	*Dendrobium*	*Dendrobium Stem*	*Dendrobium*
Herba Dianthi	*Qu Mai*	*Dianthus*	*Pink Flower Herb*	*Nelkenkraut*
Herba Ecliptae Prostratae	*Han Lian Cao*	*Eclipta*	*Eclipta*	*Ecliptenkraut*
Herba Elsholtziae seu Moslae	*Xiang Ru*	*Elsholtzia*	*Aromatic Madder*	*Elsholtzia*
Herba Ephedrae	*Ma Huang*	*Ephedra*	*Ephedra Stem*	*Meerträubchenkraut*
Herba Epimedii	*Yin Yang Huo*	*Epimedium*	*Epimedium*	*Elfenblumenkraut*
Herba Equiseti Hiemalis	*Mu Zei*	*Equisetum*	*Horsetail, Scouring Rush; Shavegrass*	*Schachtelhalm*
*Herba Erodii seu Geranii**	*Lao Guan Cao*	*Erodium oder Geranium*	*Geranium; Heronbill; Cranebill*	*Reiherschnabel oder Storchschnabel*
Herba Eupatorii Fortunei	*Pei Lan*	*Eupatorium*	*Boneset; Thoroughwort; Feverwort*	*Wasserdost*
Herba Euphorbiae Helioscopiae	*Ze Qi*	*Euphorbia*	*Pill-bearing Spurge*	*Wolfsmilchkraut*
*Herba Hederae Nepalensis**	*Chang Chun Teng*	*Hedera*	*Ivy*	*Nepalensischer Efeu*
Herba Inulae	*Jin Fei Cao*	*Inula*	*Elecampane*	*Alant*
Herba Laminariae Japonicae	*Hai Dai*	*Laminaria*	*Algae*	*Kombu-Algen*
Herba Lemnae seu Spirodelae	*Fu Ping*	*Spirodela oder Lemna*	*Duckweed*	*Teichlinse oder Wasserlinse*

Pharmazeutisch	Pinyin	Botanisch	Englisch	Deutsch
Herba Leonuri Heterophylli	*Yi Mu Cao*	*Leonurus*	*Motherwort*	*Chinesisches Mutter-kraut*
Herba Lobeliae Chinensis cum Radice	*Ban Bian Lian*	*Lobelia*	*Chinese Lobelia*	*Chinesische Lobelie (Kraut und Wurzel)*
Herba Lophatheri Gracilis	*Dan Zhu Ye*	*Lophatherum*	*Bland Bamboo Leaf and Stem*	*Lophatherum-Bambusblätter*
Herba Lycopi Lucidi	*Ze Lan*	*Lycopus*	*Bugleweed*	*Wolfstrappkraut*
*Herba Lycopodii Clavati**	*Shen Jin Cao*	*Lycopodium*	*Clubmoss*	*Bärlapp*
Herba Lygodii Japonici	*Jin Sha Teng*	*Lygodium*	*Japanese Climbing Fern*	*Japanischer Kletterfarn*
Herba Lysimachiae	*Jin Qian Cao*	*Lysimachia*	*Lysimachia*	*Felberich*
Herba Menthae Haplocalycis	*Bo He*	*Mentha*	*Peppermint; Spearmint; Field Mint*	*Chinesische Ackerminze*
Herba Oldenlandiae Diffusae	*Bai Hua She She Cao*	*Oldenlandia*	*Oldenlandia*	*Oldenlandia-Kraut*
Herba Plantaginis	*Che Qian Cao*	*Plantago*	*Plantago; Plantain*	*Asiatisches Wegerichkraut*
Herba Polygoni Avicularis	*Bian Xu*	*Polygonum*	*Avicularis; Knotweed*	*Vogelknöterichkraut*
*Herba Polygoni Perfoliati**	*Guan Ye Liao*	*Polygonum*	*Polygonum*	*Knöterich-Kraut*
Herba Portulacae Oleraceae	*Ma Chi Xian*	*Portulaca*	*Purslane*	*Portulak*
*Herba Potentillae Discoloris**	*Fan Bai Cao*	*Potentilla*	*Potentilla*	*Fingerkraut*
*Herba Pterii**	*Feng Wei Cao*	*Pteris*	*Pteris*	*Saumfarnkraut*
*Herba Pyrolae**	*Lu Xian Cao*	*Pyrola*	*Pyrola*	*Wintergrün*
*Herba Rhodeae Japonicae**	*Wan Nian Qing*	*Rhodea*	*Rhodea*	*Rhodea*
*Herba Rorippae**	*Han Cai*	*Rorippa*	*Rorippa*	*Brunnenkresse*
*Herba Rubi Parvifolii**	*Mao Mei*	*Rubus*	*Thimbleberry*	*Sandbrombeere*
*Herba Salviae Plebeiae**	*Ji Ning*	*Salvia*	*Salvia*	*Salbeikraut*
Herba Sargassi	*Hai Zao*	*Sargassum*	*Sargassum Seaweed*	*Sargassum-Tang*
*Herba Saururi Chinensis**	*San Bai Cao*	*Saururus*	*Saururus*	*Molchschwanzkraut*
*Herba Saxifragae Stoloniferae**	*Hu Er Cao*	*Saxifraga*	*Saxifrage*	*Judenbartkraut*
Herba Schizonepetae Tenuifoliae	*Jing Jie*	*Schizonepeta*	*Schizonepeta Stem or Bud*	*Katzenminze*
Herba Scutellariae Barbatae	*Ban Zhi Lian*	*Scutellaria*	*Barbat Scullcap*	*Helmkraut*
*Herba Sedi Sarmentosi**	*Chui Pen Cao*	*Sedum*	*Stonecrop*	*Fetthennenkraut*
*Herba Sedi**	*Jing Tian San Qi*	*Sedum*	*Sedum*	*Fetthenne, Sedum*
Herba Selaginellae Doederleinii	*Shi Shang Bai*	*Selaginella*	*Selaginella*	*Mooskraut, Moosfarn*
*Herba Senecionis Scandentis**	*Qian Li Guang*	*Senecio*	*Groundsel*	*Kreuzkraut, Greiskraut*

Pharmazeutisch	Pinyin	Botanisch	Englisch	Deutsch
*Herba seu Folium Apocyni Veneti**	*Luo Bu Ma*	*Apocynum*	*Red Dogbane Whole Herb or Leaf*	*Hundsgiftkraut oder -blätter*
Herba seu Radix Cirsii Japonici	*Da Ji*	*Cirsium*	*Japanese Thistle*	*Japanische Kratzdistel*
Herba Siegesbeckiae	*Xi Xian Cao*	*Siegesbeckia*	*St. Paul's Wort*	*Siegesbeckienkraut*
Herba Taraxaci Mongolici cum Radice	*Pu Gong Ying*	*Taraxacum*	*Dandelion*	*Mongolisches Löwenzahnkraut*
*Herba Thalictri Foliolosi**	*Tang Song Cao*	*Thalictrum*	*Thalictrum*	*Thalictrum, Wiesenraute*
*Herba Verbenae**	*Ma Bian Cao*	*Verbena*	*Vervain*	*Eisenkraut*
Hippocampus	*Hai Ma*	*Hippocampus*	*Sea Horse*	*Seepferdchen*
Hirudo seu Whitmania	*Shui Zhi*	*Hirudo*	*Leech*	*Blutegel*
Hydrargyrum	*Shui Yin*	*Hydrargyrum*	*Mercury*	*Quecksilber*
Indigo Pulverata Levis	*Qing Dai*	*Indigo*	*Indigo*	*Indigo*
Lacca Sinica Exsiccata	*Gan Qi*	*Rhus*	*Laquer*	*Lacksumachsaft*
Lapis Micae seu Chloriti	*Meng Shi*	*Lapis Micae seu Chloriti*	*Chlorite Schist; Lapis*	*Chlorit*
Lapis Pumicis	*Fu Hai Shi*	*Lapis Pumicis*	*Pumice*	*Bimsstein*
Lignum Aquilariae	*Chen Xiang*	*Aquilaria*	*Aloeswood Secretion or Sap*	*Aquilaria-Holz*
Lignum Dalbergiae Odoriferae	*Jiang Xiang*	*Dalbergia*	*Dalbergia Heartwood*	*Dalbergia-Holz*
Lignum Pini Nodi	*Song Jie*	*Pinus*	*Knotty Pine Wood*	*Knotenkieferholz*
Lignum Santali Albi	*Tan Xiang*	*Santalum*	*Sandalwood Heartwood*	*Sandelholz*
Lignum Sappan	*Su Mu*	*Caesalpinia*	*Sappan Heartwood*	*Sappanholz*
Limonite	*Yu Liang Shi*	*Limonite*	*Limonite*	*Limonit, Brauneisen*
Lithargyrum	*Mi Tuo Seng*	*Lithargyrum*	*Litharge; Galena*	*Bleiglätte, Bleioxid*
Lumbricus	*Di Long*	*Pheretima*	*Earthworm*	*Regenwurm*
Magnetitum	*Ci Shi*	*Magnetitum*	*Magnetite; Magnetic Iron Ore; Loadstone*	*Magnetit, Magneteisenstein*
Margarita	*Zhen Zhu*	*Pteria*	*Pearl*	*Perlmutt*
Massa Fermentata	*Shen Qu*	*Massa Fermentata*	*Medicated Leaven*	*Medizinisches Treibmittel*
Medulla Junci Effusi	*Deng Xin Cao*	*Juncus*	*Rush Pith*	*Binsenmark*
Medulla Tetrapanacis Papyriferi	*Tong Cao*	*Tetrapanax*	*Rice Paper Pith*	*Mark des Reispapierbaums*
*Mel**	*Feng Mi*	*Mel*	*Honey*	*Honig*
Minium	*Qian Dan*	*Minium*	*Red Lead Oxide*	*Mennige, rotes Bleioxid*
Mirabilitum	*Mang Xiao*	*Mirabilitum*	*Mirabilite; Glauber's Salt*	*Glaubersalz*
Mirabilitum Purum	*Xuan Ming Fen*	*Mirabilitum*	*Pure Mirabilite; Pure Sodium Sulphate; Pure Glauber's Salt*	*Glaubersalz*
Mylabris	*Ban Mao*	*Mylabris*	*Cantharides; Chinese Blistering Beetle*	*Chinesischer Blasenkäfer*

Pharmazeutisch	**Pinyin**	**Botanisch**	**Englisch**	**Deutsch**
Nidus Vespae	*Lu Feng Fang*	*Polistes*	*Hornet Nest; Wasp Nest*	*Hornissennest, Wespennest*
*Niter**	*Xiao Shi*	*Niter*	*Silver*	*Silber*
Nodus Nelumbinis Nuciferae Rhizomatis	*Ou Jie*	*Nelumbo*	*Lotus Rhizome Node*	*Lotusrhizomknoten*
Ootheca Mantidis	*Sang Piao Xiao*	*Paratenodera*	*Praying Mantis Egg Case*	*Eipaket der Gottesanbeterin*
Ophicalcitum	*Hua Rui Shi*	*Ophicalcitum*	*Ophicalcite*	*Ophicalcit*
Os Canine	*Gou Gu*	*Canis*	*Dog Bone*	*Hundeknochen*
Os Draconis	*Duan Long Gu*	*Os Draconis*	*Calcined Dragon Bone; Calcined Fossilized Bone*	*Calciniertes Os Draconis*
Os Draconis	*Long Gu*	*Os Draconis*	*Dragon Bone; Fossilized Bone*	*Versteinerte fossile Knochen*
Os Leopardis	*Bao Gu*	*Panthera*	*Leopard Bone*	*Leopardenknochen*
Os Sepiae seu Sepiellae	*Hai Piao Xiao*	*Sepia oder Sepiella*	*Cuttle-fish Bone*	*Tintenfischschale (Schulp)*
Os Tigris	*Hu Gu*	*Panthera*	*Tiger Bone*	*Tigerknochen*
Pars Rubra Epicarpii Citri Erythrocarpae	*Ju Hong*	*Citrus*	*Red Tangerine Peel*	*Rote Mandarinenschale*
Pasta Acacia seu Uncaria	*Er Cha*	*Acacia oder Uncaria*	*Dried Paste of Concentrated Decoction of Black or White Cutch*	*Getrocknete Paste aus Acacia- oder Uncaria-Dekokt*
Pedicellus Cucumeris	*Gua Di*	*Cucumis*	*Melon Pedicle*	*Melonen-Blütenstiele*
Pericarpium Trichosanthis	*Gua Lou Pi*	*Trichosanthes*	*Snakegourd Peel*	*Schlangenkürbisschale*
Pericarpium Amomi	*Sha Ren Ke*	*Amomum*	*Grains-of-Paradise Shell*	*Amomum-Sharen-Schalen*
*Pericarpium Arachi**	*Hua Sheng Yi*	*Arachis*	*Peanut Skin*	*Erdnussschale*
Pericarpium Arecae Catechu	*Da Fu Pi*	*Areca*	*Betelnut Husk*	*Betelnussschale*
Pericarpium Citri Reticulatae	*Chen Pi*	*Citrus*	*Tangerine Peel*	*Mandarinenschale*
Pericarpium Citri Reticulatae Viride	*Qing Pi*	*Citrus*	*Immature (Green) Tangerine Peel*	*Frühe Mandarinenschale*
Pericarpium Luffae acutangulae	*Si Gua Pi*	*Luffa*	*Luffa Skin*	*Luffa-Schale*
Pericarpium Papaveris Somniferi	*Ying Su Ke*	*Papaver*	*Opium Poppy Husk*	*Schlafmohnsamenkapsel*
Pericarpium Punicae Granati	*Shi Liu Pi*	*Punica*	*Pomegranate Husk or Rind*	*Granatapfelschale*
*Pericarpium Pyri**	*Li Pi*	*Pyrus*	*Pear Peel*	*Birnenschale*
Pericarpium Zanthoxyli Bungeani	*Chuan Jiao*	*Zanthoxylum*	*Sichuan Pepper Fruit*	*Szechuan-Pfefferschoten*
Periostracum Cicadae	*Chan Tui*	*Cryptotympana*	*Cicada Skin; Cicada Moulting*	*Zikadenkleid*
Placenta Hominis	*Zi He Che*	*Homo Sapiens*	*Human Placenta*	*Plazenta (des Menschen)*

Pharmazeutisch	Pinyin	Botanisch	Englisch	Deutsch
Plastrum Testudinis	*Gui Ban*	*Chinemys*	*Fresh Water Turtle Shell*	*Panzer der China-Sumpfschildkröte*
Plumula Nelumbinis Nuciferae	*Lian Xin*	*Nelumbo*	*Lotus Plumule*	*Lotuskeimsprosse*
Pollen Typhae	*(Sheng) Pu Huang*	*Typha*	*Raw Cattail Pollen*	*Rundkolbenpollen*
Pollen Typhae Carbonisatus	*Pu Huang Tan*	*Typha*	*Charred Cattail Pollen*	*Karbonisierte Rundkolbenpollen*
Praeparatio Fructus Ulmi Macrocarpi	*Wu Yi*	*Ulmus*	*Stinking Elm Fruit Paste*	*Stinkulmenfruchtpaste*
Pseudobulbus Shancigu	*Shan Ci Gu*	*Tulipa*	*Chinese Tulip Bulb*	*Chinesische Tulpenzwiebeln*
Pulvis Arisaemae cum Felle Bovis	*Dan Nan Xing*	*Arisaema*	*Powdered Jack-in-the-Pulpit Rhizome mixed with Cow Bile*	*Feuerkolben-wurzelknollen mit Rindergalle*
Pyritum	*Zi Ran Tong*	*Pyritum*	*Pyrite*	*Pyrit, Schwefelkies, Eisenkies*
Radix Achyranthis Bidentatae	*Huai Niu Xi*	*Achyranthes*	*Achyranthes Root*	*Achyranthis-Spreublumen-Wurzel*
Radix Achyranthis Asperae	*Tu Niu Xi*	*Achyranthes*	*Achyranthes Root*	*Achyranthes-Wurzel*
Radix Aconiti	*Wu Tou*	*Aconitum*	*Aconite Root*	*Eisenhutwurzel*
Radix Aconiti Kusnezoffii	*Cao Wu*	*Aconitum*	*Wild Aconite*	*Wilde Eisenhutwurzel*
Radix Aconiti Carmichaeli	*Chuan Wu*	*Aconitum*	*Sichuan Aconite*	*Carmichaeli-Eisenhutwurzel*
Radix Adenophorae	*Nan Sha Shen*	*Adenophora*	*Ladybell Root, Southern Sand Root*	*Schellenblumenwurzel*
Radix Adenophorae Trachelioidis	*Gan Jie Geng*	*Adenophora*	*Sweet Jie Geng*	*Schellenblumenwurzel*
*Radix Ampelopsis Japonicae**	*Bai Lian*	*Ampelopsis*	*Ampelopsis Root*	*Ampelopsis-Wurzel*
Radix Anemarrhenae Asphodeloidis	*Zhi Mu*	*Anemarrhena*	*Anemarrhena Root*	*Muttergedenken-Wurzelstock*
Radix Angelicae Dahuricae	*Bai Zhi*	*Angelica*	*Angelica Root*	*Angelika-Dahurica-Wurzel, Engelwurz*
Radix Angelicae Sinensis	*Dang Gui*	*Angelica*	*Tangkuei Root*	*Chinesische Angelikawurzel, Engelwurz*
Radix Angelicae Pubescentis	*Du Huo*	*Angelica*	*Pubescent Angelica Root*	*Angelika-Pubescens-Wurzel*
*Radix Ardisiae Crenatae**	*Zhu Sha Gen*	*Ardisia*	*Ardisia Root*	*Ardisia-Wurzel*
Radix Aristolochiae	*Qing Mu Xiang*	*Aristolochia*	*Birthwort Root*	*Aristolochia-Wurzel*
Radix Aristolochiae Fangchi	*Guang Fang Ji*	*Aristolochia oder Cocculus*	*Aristolochia Root*	*Aristolochia-Wurzel oder Kokkelstrauchwurzel*
Radix Asteris Tatarici	*Zi Wan*	*Aster*	*Purple Aster Root*	*Asternwurzel*
Radix Astragali Membranaceae	*Huang Qi*	*Astragalus*	*Yellow Milk-vetch Root*	*Astragaluswurzel, Tragant*

Pharmazeutisch	Pinyin	Botanisch	Englisch	Deutsch
*Radix Boehmeriae Niveae**	*Zhu Ma Gen*	*Boehmeria*	*Ramie Root*	*Ramiewurzel*
Radix Bupleuri	*Chai Hu*	*Bupleurum*	*Thorowax Root; Hare's Ear Root*	*Chinesische Hasenohrwurzel*
*Radix Changii**	*Ming Dang Shen*	*Changium*	*Changium Root*	*Changium-Wurzel*
Radix Clematidis	*Wei Ling Xian*	*Clematis*	*Clematis Root*	*Chinesische Waldrebenwurzel*
Radix Codonopsitis Pilosulae	*Dang Shen*	*Codonopsis*	*Asiabell Root*	*Glockenwindenwurzel*
Radix Cyathulae Officinalis	*Chuan Niu Xi*	*Cyathula*	*Cyathula Root*	*Cyathula-Wurzel*
Radix Cynanchi Auriculati	*Ge Shan Xiang*	*Cynanchum*	*Cynanchum Root*	*Cynanchum-Wurzel*
Radix Cynanchi Baiwei	*Bai Wei*	*Cynanchum*	*Swallowort Root*	*Cynanchum-Wurzel*
Radix Dichroae Febrifugae	*Chang Shan*	*Dichroa*	*Dichroa Root*	*Dichroa-Wurzel*
Radix Dioscoreae Oppositae	*Shan Yao*	*Dioscorea*	*Chinese Wild Yam Root*	*Yamswurzelknollen*
Radix Dipsaci Asperi	*Xu Duan*	*Dipsacus*	*Teasel Root*	*Chinesische Kardenwurzel*
Radix Ephedrae	*Ma Huang Gen*	*Ephedra*	*Ephedra Root*	*Meerträubchenwurzel*
Radix et Caulis Jixueteng	*Ji Xue Teng*	*Millettia*	*Millettia Root and Vine; Chicken Blood Vine*	*Wengé-Wurzel und -Stängel*
Radix et Ramus Litseae Cubebae	*Dou Chi Jiang*	*Litsea*	*Aromatic Litsea Root and Stem*	*Talgbaumsamen und*
Radix et Rhizoma Polygoni Cuspidati	*Hu Zhang*	*Polygonum*	*Giant Knotweed Rhizome*	*Reynoutria-Wurzelstock*
Radix et Rhizoma Veratri	*Li Lu*	*Veratrum*	*Veratrum Root*	*Germerwurzel*
Radix et Rhizoma Oryzae Glutinosae	*Nuo Dao Gen Xu*	*Oryza*	*Sweet Rice Root and Rhizome*	*Reiswurzel*
Radix et Rhizoma Rhei	*Da Huang*	*Rheum*	*Rhubarb Root and Rhizome*	*Rhabarberwurzel*
Radix Euphorbiae Kansui	*Gan Sui*	*Euphorbia*	*Kansui Spurge Root*	*Kansui-Wolfsmilchwurzel*
Radix Euphorbiae seu Knoxiae	*Jing Da Ji*	*Euphorbia oder Knoxia*	*Peking Spurge Root*	*Wolfsmilchwurzel oder Knoxia-Wurzel*
Radix Gentianae Longdancao	*Long Dan Cao*	*Gentiana*	*Chinese Gentian Root*	*Chinesische Enzianwurzel*
Radix Gentianae Qinjiao	*Qin Jiao*	*Gentiana*	*Large-Leaf Gentian Root*	*Großblättrige Enzianwurzel*
Radix Ginseng	*(Hong) Ren Shen*	*Panax*	*Ginseng Root steamed until red*	*Ginsengwurzel (rot gedünstet)*
Radix Ginseng	*Bai Shen*	*Panax*	*Rock Candy cured White Ginseng Root*	*Ginsengwurzel in Kandiszucker*
Radix Ginseng	*Ji Lin Shen*	*Panax*	*Jilin Wild Ginseng*	*Jilin-Ginsengwurzel*

Pharmazeutisch	Pinyin	Botanisch	Englisch	Deutsch
Radix Ginseng	*Shen Xu*	*Panax*	*Rock Candy cured White Ginseng Root Tail*	*Ginsengwurzel in Kandiszucker*
Radix Ginseng	*Sheng Shai Shen*	*Panax*	*Fresh Dried Ginseng Root*	*Getrocknete Ginsengwurzel*
Radix Ginseng	*Ye Shan Shen*	*Panax*	*Wild Ginseng*	*Ginsengwurzel*
Radix Glehniae Littoralis	*Bei Sha Shen*	*Glehnia*	*Beech Silver-top Root; Northern Sand Root*	*Becherglockenwurzel*
Radix Glycyrrhizae Uralensis	*Gan Cao*	*Glycyrrhiza*	*Licorice Root*	*Ural-Süßholzwurzel*
*Radix Glycyrrhizae Praeparata**	*Zhi Gan Cao*	*Glycyrrhiza*	*Honey-fried Licorice Root*	*In Honig gebratene Ural-Süßholzwurzel*
*Radix Gossypii Hirsuti**	*Mian Hua Gen*	*Gossypium*	*Cotton Root*	*Baumwollwurzel*
*Radix Ilicis Pubescentis**	*Mao Dong Qing*	*Ilex*	*Pubescent Holly Root*	*Stechpalmenwurzel*
Radix Isatidis seu Baphicacanthi	*Ban Lan Gen*	*Isatis*	*Isatis Root; Woad Root*	*Färberwaidwurzel*
Radix Lateralis Aconiti Carmichaeli Praeparata	*(Hei) Fu Zi*	*Aconitum*	*Prepared Sichuan Aconite Root*	*Vorbehandelte Eisenhutseitenwurzel*
Radix Ledebouriellae Divaricatae	*Fang Feng*	*Ledebouriella*	*Siler Root; Ledebouriella Root*	*Windschutzwurzel*
Radix Ligustici Chuanxiong	*Chuan Xiong*	*Ligusticum*	*Sichuan Lovage Root*	*Mutterwurz*
Radix Linderae Strychnifoliae	*Wu Yao*	*Lindera*	*Spicebush Root*	*Fieberstrauchwurzel*
Radix Lithospermi seu Arnebiae	*Zi Cao*	*Lithospermum*	*Groomwell Root*	*Steinsamenwurzel*
Radix Morindae Officinalis	*Ba Ji Tian*	*Morinda*	*Morinda Root*	*Morinda-Wurzel*
Radix Paeoniae Lactiflorae	*Bai Shao*	*Paeonia*	*White Peony Root*	*Weiße Pfingstrosenwurzel*
Radix Paeoniae Rubrae	*Chi Shao*	*Paeonia*	*Red Peony Root*	*Pfingstrosenwurzel*
Radix Panacis Quinquefolii	*Xi Yang Shen*	*Panax*	*American Ginseng Root*	*Amerikanische Kraftwurz*
Radix Peucedani	*Qian Hu*	*Peucedanum*	*Hogfennel Root*	*Haarstrangwurzel*
Radix Phytolaccae	*Shang Lu*	*Phytolacca*	*Poke Root*	*Kermesbeerwurzel*
Radix Platycodi Grandiflori	*(Ku) Jie Geng*	*Platycodon*	*Ballonflower Root; Bellflower Root; Bitter Jie Geng*	*Ballonblumenwurzel*
Radix Polygalae Tenuifoliae	*Yuan Zhi*	*Polygala*	*Chinese Senega Root; Seneca Snakeroot*	*Sibirische Kreuzblumenwurzel*
Radix Polygoni Multiflori	*He Shou Wu*	*Polygonum*	*Fleeceflower Root; Fo-Ti Root*	*Vielblütige Knöterichwurzel*
Radix Pseudoginseng	*San Qi*	*Panax*	*Pseudoginseng Root; Notoginseng Root*	*Notoginsengwurzel, Sanchiwurzel*
Radix Pseudostellariae Heterophyllae	*Tai Zi Shen*	*Pseudostellaria*	*Prince Ginseng Root*	*Pseudostellariawurzel*
Radix Puerariae	*Ge Gen*	*Pueraria*	*Kudzu Root*	*Kopoubohnenwurzel*
Radix Pulsatillae Chinensis	*Bai Tou Weng*	*Pulsatilla*	*Pulsatilla Root; Anemone Root*	*Chinesische Küchenschellenwurzel*

Pharmazeutisch	Pinyin	Botanisch	Englisch	Deutsch
*Radix Ranunculi Ternati**	*Mao Zhao Cao*	*Ranunculus*	*Buttercup Root*	*Hahnenfußwurzel*
Radix Rehmanniae Glutinosae	*Sheng Di Huang*	*Rehmannia*	*Fresh Chinese Foxglove Root*	*Frische Rehmanniawurzel*
Radix Rehmanniae Glutinosae Conquitae	*Shu Di Huang*	*Rehmannia*	*Wine-cooked Chinese Foxglove Root*	*Rehmanniawurzel, in Wein gekocht*
Radix Rhapontici seu Echinops	*Lou Lu*	*Rhaponticum oder Echinops*	*Rhaponticum Root, Kugeldistel*	*Bergscharte oder*
Radix Rubiae Cordifoliae	*Qian Cao Gen*	*Rubia*	*Madder Root*	*Krappwurzel*
Radix Salviae Miltiorrhizae	*Dan Shen*	*Salvia*	*Red Sage Root*	*Salvia-Wurzel*
Radix Sanguisorbae Officinalis	*Di Yu*	*Sanguisorba*	*Burnet-bloodwort Root*	*Wiesenknopfwurzel*
Radix Saussureae Lappae	*Mu Xiang*	*Saussurea*	*Costus Root, Aucklandia*	*Echte Kostwurzel*
Radix Scrophulariae Ningpoensis	*Xuan Shen*	*Scrophularia*	*Figwort Root*	*Ningpo-Braunwurzwurzel*
Radix Scutellariae Baicalensis	*Huang Qin*	*Scutellaria*	*Scute; Baical Skullcap Root*	*Baikal-Helmkrautwurzel*
Radix Sophorae Flavescentis	*Ku Shen*	*Sophora*	*Bitter Ginseng Root*	*Schnurbaumwurzel*
Radix Sophorae Tonkinensis	*Shan Dou Gen*	*Sophora*	*Pigeon Pea Root*	*Schnurbaumwurzel*
Radix Stellariae Dichotomae	*Yin Chai Hu*	*Stellaria*	*Stellaria Root*	*Stellaria-Wurzel*
Radix Stemonae	*Bai Bu*	*Stemona*	*Stemona Root*	*Stemona-Wurzel*
Radix Stephaniae Tetrandrae	*Han Fang Ji*	*Stephania*	*Stephania Root*	*Stephania-Wurzel*
*Radix Tinosporae Capillipes**	*Jin Guo Lan*	*Tinospora*	*Tinospora Root*	*Tinospora-Wurzel*
Radix Trichosanthis Kirilowii	*Tian Hua Fen*	*Trichosanthes*	*Snakegourd Root*	*Schlangenkürbiswurzel*
Ramulus Cinnamomi Cassiae	*Gui Zhi*	*Cinnamomum*	*Cinnamon Twig*	*Zimtzweige, Cassia-Zimtzweige*
Ramulus cum Uncis Uncariae	*Gou Teng*	*Uncaria*	*Gambir vine Stems and Hooks*	*Uncariazweige und -dornen*
Ramulus Mori Albae	*Sang Zhi*	*Morus*	*Mulberry Twig*	*Maulbeerzweige*
Ramulus Nelumbinis Nuciferae	*Lian Geng*	*Nelumbo*	*Lotus Stem*	*Lotusstengel*
*Ramulus Perillae**	*Zi Su Geng*	*Perilla*	*Perilla Stem*	*Schwarznesselstängel*
Ramulus Sangjisheng	*Sang Ji Sheng*	*Loranthus oder Viscum*	*Mulberry Mistletoe Stem*	*Riemenblume oder Mistel*
Ramus Lonicerae Japonicae	*Jin Yin Teng*	*Lonicera*	*Honeysuckle Stem*	*Geißblattsprosse*
Ramus Tinosporae Sinensis	*Kuan Jin Teng*	*Tinospora*	*Tinospora Stem*	*Tinospora-Sprosse*
Realgar	*Xiong Huang*	*Realgar*	*Realgar; Arsenic Disulfide*	*Realgar, Arsendisulfid*

Pharmazeutisch	Pinyin	Botanisch	Englisch	Deutsch
Receptaculum Nelumbinis Nuciferae	*Lian Fang*	*Nelumbo*	*Mature Lotus Receptacle*	*Lotusblütenachse*
*Resina Asafoetidae**	*E Wei*	*Ferula*	*Asafoetida Gum-resin; Devil's Dung*	*Stinkasant, Teufelsdreck*
Resina Myrrhae	*Mo Yao*	*Commiphora*	*Myrrh Gum-resin*	*Räuchermyrrhe*
Rhizoma Cibotii Barometz	*Gou Ji*	*Cibotium*	*Chain Fern Rhizome*	*Cibotium-Wurzelstock, Vegetabilisches Lamm*
Rhizoma Acori Graminei	*Shi Chang Pu*	*Acorus*	*Sweetflag Rhizome*	*Acorus-Wurzelstock*
Rhizoma Alismatis Orientalitis	*Ze Xie*	*Alisma*	*Water Plantain Rhizome*	*Orient-Froschlöffelknolle*
Rhizoma Alpiniae Officinari	*Gao Liang Jiang*	*Alpinia*	*Lesser Galangal Rhizome*	*Galgantwurzelstock*
*Rhizoma Anemoni Aetaicae**	*Jiu Jie Chang Pu*	*Anemone*	*Altaica Rhizome*	*Anemonenwurzelstock*
Rhizoma Arisaematis	*(Sheng) Tian Nan Xing*	*Arisaema*	*Raw Jack-in-the-Pulpit Rhizome*	*Feuerkolbenwurzel-knollen*
Rhizoma Arisaematis Praeparata	*Zhi Nan Xing*	*Arisaema*	*Prepared Jack-in-the-Pulpit Rhizome*	*Vorbehandelter Feuer-kolbenwurzelknollen*
Rhizoma Atractylodis	*Cang Zhu*	*Atractylodes*	*Atractylodes Rhizome*	*Mastixdistelwurzel, Atractylodes-Wurzel*
Rhizoma Atractylodis Macrocephalae	*Bai Zhu*	*Atractylodes*	*White Atractylodes Rhizome*	*Großköpfige Atractylodeswurzel*
Rhizoma Belamcandae Chinensis	*She Gan*	*Belamcanda*	*Belamcanda Rhizome; Blackberry Lily Rhizome*	*Leopardenblumen-Wurzelstock*
Rhizoma Bletillae Striatae	*Bai Ji*	*Bletilla*	*Bletilla Rhizome*	*Bletilla-Wurzelstock*
Rhizoma Cimicifugae	*Sheng Ma*	*Cimicifuga*	*Black Cohosh Rhizome; Bugbane Rhizome*	*Silberkerzenwurzelstock*
Rhizoma Coptidis	*Huang Lian*	*Coptis*	*Coptis; Golden Thread Rhizome*	*Goldfadenwurzelstock*
Rhizoma Corydalis Yanhusuo	*Yan Hu Suo*	*Corydalis*	*Corydalis Rhizome*	*Lerchenspornwurzelstock*
Rhizoma Curculiginis Orchioidis	*Xian Mao*	*Curculigo*	*Golden Eye-grass Rhizome*	*Curculigo-Wurzelstock, Rüssellilie*
Rhizoma Curcumae	*E Zhu*	*Curcuma*	*Zedoary Tumeric Rhizome*	*Zitwerwurzelstock*
Rhizoma Curcumae Longae	*Jiang Huang*	*Curcuma*	*Tumeric Rhizome*	*Kurkumawurzelstock*
Rhizoma Cyperi Rotundi	*Xiang Fu*	*Cyperus*	*Cyperus Rhizome; Nut-grass Rhizome; Sedge Rhizome*	*Nusswurzelstock*
Rhizoma Dioscoreae Hypoglaucae	*Bei Xie*	*Dioscorea*	*Hypoglauca Yam Rhizome; Fish-poison Yam Rhizome*	*Hypoglauca-Yamswurzel*
*Rhizoma Dioscoreae Nipponicae**	*Chuan Shan Long*	*Dioscorea*	*Japanese Dioscorea Rhizome*	*Japanische Yamswurzelknollen*
Rhizoma Drynariae	*Gu Sui Bu*	*Drynaria*	*Drynaria Rhizome*	*Drynaria-Wurzelstock*
Rhizoma Dryopteridis	*Dong Bei Guan Zhong*	*Dryopteris*	*Dryopteris Rhizome*	*Wurmfarnwurzelstock*

Pharmazeutisch	Pinyin	Botanisch	Englisch	Deutsch
Rhizoma et Radix Ligustici	*Gao Ben*	*Ligusticum*	*Straw Weed Rhizome and Root; Chinese Lovage Rhizome and Root*	*Chinesischer Liebstöckelwurzelstock*
Rhizoma et Radix Notopterygii	*Qiang Huo*	*Notopterygium*	*Notopterygium Rhizome and Root*	*Notopterygium-Wurzel*
*Rhizoma Fagopyri Cynosi**	*Jin Qiao Mai*	*Fagopyrum*	*Wild Buckwheat Rhizome*	*Buchweizenwurzelstock*
Rhizoma Gastrodiae Elatae	*Tian Ma*	*Gastrodia*	*Gastrodia Rhizome*	*Gastrodienwurzelstock*
Rhizoma Guanzhong	*Guan Zhong*	*Dryopteris*	*Shield-fern Rhizome*	*Dryopteris-Wurzelstock*
Rhizoma Homalomenae Occultae	*Qian Nian Jian*	*Homalomena*	*Homalomena Rhizome*	*Homalomena-Wurzelstock*
Rhizoma Imperatae Cylindricae	*Bai Mao Gen*	*Imperata*	*Woolly Grass Rhizome; White Grass Rhizome*	*Alang-Alang-Graswurzelstock*
*Rhizoma Paridis Polyphyllae**	*Zao Xiu*	*Paris*	*Paris Rhizome*	*Einbeerenwurzelstock*
Rhizoma Phragmitis Communis	*Lu Gen*	*Phragmites*	*Reed Rhizome; Corrizo Rhizome*	*Schilfrohrwurzelstock*
Rhizoma Picrorhizae	*Hu Huang Lian*	*Picrorhiza*	*Picrorhiza Rhizome*	*Picrorhiza-Wurzelstock*
Rhizoma Pinelliae Ternatae	*(Fa) Ban Xia*	*Pinellia*	*Prepared Pinellia Rhizome*	*Vorbehandelte Pinellia-Knollen*
Rhizoma Pinelliae Ternatae	*(Sheng) Ban Xia*	*Pinellia*	*Raw Pinellia Rhizome*	*Unbehandelte Pinellia-Knollen*
Rhizoma Polygonati	*Huang Jing*	*Polygonatum*	*Siberian Solomon Seal Rhizome*	*Siberischer Salomons-siegelwurzelstock*
Rhizoma Polygonati Odorati	*Yu Zhu*	*Polygonatum*	*Fragrant Solomon's Seal Rhizome; Polygonatum*	*Salomonssiegelwurzel-stock*
Rhizoma Radix et Cynanchi Baiqian	*Bai Qian*	*Cynanchum*	*Cynanchum Rhizome and Root*	*Cynanchum-Wurzelstock*
*Rhizoma Smilacis China**	*Ba Qia*	*Smilax*	*Smilax Rhizome*	*Chinawurzel*
Rhizoma Smilacis Glabrae	*Tu Fu Ling*	*Smilax*	*Glabrous Greenbrier Rhizome*	*Stechwindenwurzelstock*
Rhizoma Sparganii Stoloniferi	*San Leng*	*Sparganium*	*Bur-reed Rhizome*	*Igelkolbenwurzelstock*
Rhizoma Typhonii Gigantei	*Bai Fu Zi*	*Typhonium*	*Typhonium Rhizome*	*Typhonium-Wurzelstock*
Rhizoma Zingiberis Officinalis	*Gan Jiang*	*Zingiber*	*Dried Ginger Rhizome*	*Getrocknete Ingwerwurzel*
Rhizoma Zingiberis Officinalis Recens	*Sheng Jiang*	*Zingiber*	*Fresh Ginger Rhizome*	*Frische Ingwerwurzel*
*Rhizoma Zingiberis**	*Pao Jiang*	*Zingiber*	*Quick-fried Ginger Rhizome*	*Gebratene Ingwerwurzel*
Saccharum Granorum	*Yi Tang*	*Saccharum Granorum*	*Barley Malt Sugar/ Syrup*	*Gerstenmalzzucker*
Sanguis Draconis	*Xue Jie*	*Daemonorops*	*Dragon's Blood Resin*	*Harz der Drachenblutpalme*

Pharmazeutisch	Pinyin	Botanisch	Englisch	Deutsch
Scapus et Inflorescentia Eriocaulonis Buergeriani	*Gu Jing Cao*	*Eriocaulon*	*Pipewort Scapus*	*Eriocaulon-Blütenstand*
Sclerotium Omphaliae Lapidescentis	*Lei Wan*	*Omphalia*	*Omphalia Fungus Fruiting Body*	*Omphalia-Pilzfruchtkörper*
Sclerotium Polypori Umbellati	*Zhu Ling*	*Polyporus*	*Polyporus Sclerotium*	*Porling*
Sclerotium Poriae Cocos Rubrae	*Chi Fu Ling*	*Poria*	*Red Hoelen; Red Tuckahoe*	*Roter Kokospilz*
Sclerotium Poriae Cocos	*Fu Ling*	*Poria*	*Hoelen; China Root; Tuckahoe; Indian Bread*	*Kokospilz*
Sclerotium Poriae Cocos Pararadicis	*Fu Shen*	*Poria Cocos*	*Tuckahoe Spirit*	*Kokospilz*
Scolopendra Subspinipes	*Wu Gong*	*Scolopendra*	*Centipede*	*Hundertfüßer, Skolopender*
Secretio Bufonis	*Chan Su*	*Bufo*	*Dried Skin Secretion of Toad*	*Getrocknetes Krötenhautsekret*
Secretio Moschus	*She Xiang*	*Moschus*	*Musk; Musk Deer Navel Gland Secretion*	*Sekret des Moschushirschs*
Semen Abutili seu Malvae	*Dong Kui Zi*	*Malva oder Abutilon*	*Musk Mallow Seed; Malva Seed*	*Malvensamen, Schönmalvensamen*
Semen Allii Tuberosi	*Jiu Zi*	*Allium*	*Chinese Leek Seed*	*Chinesische Lauchsamen*
Semen Alpiniae Katsumadai	*Cao Dou Kou*	*Alpinia*	*Wild Cardamon Seed; Katsumada's Galangal Seed*	*Alpinia-Samen, Katsumada-Galgant-Samen*
Semen Arecae Catechu	*Bing Lang*	*Areca*	*Betel Nut*	*Betelnuss*
Semen Astragali Complanati	*Sha Yuan Ji Li*	*Astragalus*	*Flattened Milk-vetch Seed*	*Astragalussamen, Tragantsamen*
Semen Benincasae Hispidae	*Dong Gua Ren*	*Benincasa*	*Wintermelon Seed; Wax Gourd Seed*	*Wachskürbissamen*
Semen Biotae Orientalis	*Bai Zi Ren*	*Biota*	*Arbor-Vitae Seed*	*Orientalischer Lebensbaumsamen*
*Semen Broussonetiae Papyriferae**	*Chu Shi Zi*	*Broussonetia*	*Broussonetia Seed*	*Papiermaulbeer-baumsamen*
Semen Cannabis Sativae	*Huo Ma Ren*	*Cannabis*	*Hemp Seed; Marihuana Seed*	*Hanfsamen*
Semen Cassiae	*Jue Ming Zi*	*Cassia*	*Cassia Seed*	*Kassiesamen*
Semen Celosiae Argenteae	*Qing Xiang Zi*	*Celosia*	*Celosia Seed*	*Hahnenkammsamen*
*Semen Citri Reticulatae**	*Ju He*	*Citrus*	*Tangerine Seed*	*Mandarinensamen*
Semen Coicis Lachryma-jobi	*Shu Yi Ren*	*Coix*	*Dry-Fried Coix Seed*	*Hiobstränensamen, trocken geröstet*
Semen Coicis Lachryma-jobi	*Yi Yi Ren*	*Coix*	*Coix Seed; Job's Tears Seed*	*Hiobstränensamen*
Semen Croton Tiglii	*Ba Dou*	*Croton*	*Croton Seed*	*Krotonsamen*
Semen Cucurbitae Moschatae	*Nan Gua Zi*	*Cucurbita*	*Pumpkin Seed and Husk*	*Moschuskürbissamen*
Semen Cuscutae Chinensis	*Tu Si Zi*	*Cuscuta*	*Dodder Seed*	*Chinesische Teufelszwirnsamen*

Pharmazeutisch	Pinyin	Botanisch	Englisch	Deutsch
Semen Dolichoris Lablab	*Bian Dou*	*Dolichos*	*Hyacinth Bean*	*Helmbohnensamen*
*Semen Euphorbiae Lathyridis**	*Xu Sui Zi*	*Euphorbia*	*Caper Spurge Seed; Moleplant Seed*	*Wolfsmilchsamen*
Semen Euryales Ferocis	*Qian Shi*	*Euryale*	*Euryale Seed*	*Euryale-Samen*
Semen Ginkgo Bilobae	*Bai Guo*	*Ginkgo*	*Ginkgo Nut*	*Ginkgosamen*
Semen Glycinis Praeparatum	*Dan Dou Chi*	*Glycine*	*Prepared (Fermented) Soybean*	*Vorbehandelte (fermentierte) Sojabohnen*
Semen Glycinis Germinatum	*Dou Juan*	*Glycine*	*Young Soybean Sprout*	*Gekeimte Sojabohnen*
Semen Hydnocarpi Anthelminticae	*Da Feng Zi*	*Hydnocarpus*	*Chaulmoogra Seed*	*Hydnocarpus-Samen*
Semen Juglandis Regiae	*Hu Tao Ren*	*Juglans*	*Walnut*	*Walnuss*
Semen Leonuri Heterophylli	*Chong Wei Zi*	*Leonurus*	*Motherwort Seed*	*Herzgespannsamen*
Semen Lepidii seu Descurainiae	*Ting Li Zi*	*Lepidium oder Descurainia*	*Tansy Mustard Seed*	*Besenrauke*
Semen Litchi Chinensis	*Li Zhi He*	*Litchi*	*Leechee Nut*	*Litschifrüchte*
Semen Momordicae Cochinchinensis	*Mu Bie Zi*	*Momordica*	*Momordica Seed*	*Momordica-Samen*
Semen Myristicae Fragrantis	*Rou Dou Kou*	*Myristica*	*Nutmeg Seed*	*Muskatnuss*
Semen Nelumbinis Nuciferae	*Lian Zi*	*Nelumbo*	*Lotus Seed*	*Lotussamen*
Semen Oroxyli Indici	*Mu Hu Die*	*Oroxylum*	*Oroxylum Seed*	*Oroxylum-Samen*
*Semen Oryzae Sativae**	*Jing Mi*	*Oryza*	*Rice Grain*	*Reiskörner*
Semen Perillae Frutescentis	*Zi Su Zi*	*Perilla*	*Perilla Seed*	*Schwarznesselsamen*
Semen Persicae	*Tao Ren*	*Prunus*	*Peach Seed (Kernel)*	*Pfirsichsamen*
Semen Pharbitidis	*Qian Niu Zi*	*Pharbitis*	*Morning Glory Seed*	*Trichterwindensamen*
Semen Phaseoli Calcarati	*Chi Xiao Dou*	*Phaseolus*	*Aduki Bean*	*Adzukibohne*
Semen Phaseoli Radiati	*Lu Dou*	*Phaseolus*	*Mung Bean*	*Mungbohne*
Semen Plantaginis	*Che Qian Zi*	*Plantago*	*Plantago Seed; Plantain Seed*	*Asiatische Wegerichsamen*
Semen Pruni	*Yu Li Ren*	*Prunus*	*Bush Cherry Seed*	*Japanische Kirschensamen*
Semen Pruni Armeniacae	*(Bei) Xing Ren*	*Prunus*	*(Northern) Apricot Seed*	*Bittere Aprikosensamen (nördlicher Provenienz)*
Semen Pruni Armeniacae	*(Nan) Xing Ren*	*Prunus*	*(Southern) Apricot Seed*	*Bittere Aprikosensamen (südlicher Provenienz)*
Semen Raphani Sativi	*Lai Fu Zi*	*Raphanus*	*Radish Seed*	*Rettichsamen*
Semen Sesami Indici	*Hei Zhi Ma*	*Sesamum*	*Black Sesame Seed*	*Sesamsamen*
Semen Sinapis Albae	*Bai Jie Zi*	*Sinapis*	*White Mustard Seed*	*Weiße Senfkörner*
Semen Sterculiae Scaphigerae	*Pang Da Hai*	*Sterculia*	*Sterculia Seed*	*Sterculia-Samen*

Pharmazeutisch	Pinyin	Botanisch	Englisch	Deutsch
Semen Strychni	*Ma Qian Zi*	*Strychnos*	*Nux-vomica Seed*	*Brechnuss*
Semen Torreyae Grandis	*Fei Zi*	*Torreya*	*Torrreya Seed*	*Nusseibensamen*
Semen Trichosanthis	*Gua Lou Ren*	*Trichosanthes*	*Snakegourd Seed*	*Schlangenkürbissamen*
Semen Trigonellae Foeni-graeci	*Hu Lu Ba*	*Trigonella*	*Fenugreek Seed*	*Bockshornkleesamen*
Semen Tritici Aestivi Levis	*Fu Xiao Mai*	*Triticum*	*Wheat Chaff/Grain*	*Weizenspreu/-körner*
Semen Vaccariae Segetalis	*Wang Bu Liu Xing*	*Vaccaria*	*Cow Soapwort Seed*	*Kuhkrautsamen*
Semen Zanthoxyli Bungeani	*(Chuan) Jiao Mu*	*Zanthoxylum*	*Sichuan Pepper Seed*	*Szechuanpfeffer*
Semen Zanthoxyli Bungeani	*Chuan Jiao Mu*	*Zanthoxylum*	*Sichuan Pepper Seed*	*Szechuan-Pfeffersamen*
Semen Ziziphi Spinosae	*Suan Zao Ren*	*Ziziphus*	*Sour Jujube Seed; Zizyphus*	*Stacheljujubensamen*
Smithsonitum	*Lu Gan Shi*	*Smithsonitum*	*Smithsonite; Calamine*	*Smithsonit, Zinkspat*
Spica Prunellae Vulgaris	*Xia Ku Cao*	*Prunella*	*Selfheal Spike; Heal all Spike*	*Braunellenähren*
Spina Gleditsiae Sinensis	*Zao Jiao Ci*	*Gleditsia*	*Honeylocust Spine; Soap Bean Spine*	*Lederhülsenbaum-stacheln*
Spora Lygodii Japonici	*Hai Jin Sha*	*Lygodium*	*Japanese Climbing Fern Spore*	*Japanische Kletterfarnsporen*
Squama Manitis Pentadactylae	*Chuan Shan Jia*	*Manis*	*Anteater-Scales; Pangolin Scales*	*Schuppen des China-Ohrenschuppentiers*
Stalactitum	*E Guan Shi*	*Stalactitum*	*Stalactite Tubular Tip*	*Stalaktitenspitze*
Stamen Nelumbinis Nuciferae	*Lian Xu*	*Nelumbo*	*Lotus Stamen*	*Lotusstaubblätter*
Stigma Croci Sativae	*Xi Hong Hua*	*Crocus*	*Stigma of the True Saffron Flower*	*Echter Safran, Narben des Safrankrokus*
Strichopus Japonicus	*Hai Shen*	*Strichopus*	*Sea Cucumber, Sea Slug*	*Seegurke, Seewalze*
Stylus Zeae Mays	*Yu Mi Xu*	*Zea*	*Cornsilk*	*Maisbart, Maisgriffel*
Styrax Liquidis	*Su He Xiang*	*Liquidambar*	*Rose Maloes Resin*	*Harz des Amberbaums*
Succinum	*Hu Po*	*Succinum*	*Amber; Fossilized Resin of Pine Tree*	*Bernstein*
Succus Bambusae	*Zhu Li*	*Bambusa*	*Dried Bamboo Sap*	*Getrockneter Bambussaft*
Sulphur	*Liu Huang*	*Sulphur*	*Sulphur*	*Schwefel*
*Tabani Bivittati**	*Meng Chong*	*Tabanus*	*Gadfly*	*Bremse*
Talcum	*Hua Shi*	*Talcum*	*Talc; Soapstone*	*Talcum, Talkum*
Terra Flava Usta	*Fu Long Gan*	*Terra Flava Usta*	*Ignited Wood Stove Earth*	*Terra Flava Usta, Verbrannte Gelbe Erde*
*Testis et Penis Canis**	*Guang Gou Shen*	*Canis*	*Male Dog Sexual Organs*	*Sexualorgane eines männlichen Hundes*
*Testis et Penis Cervi**	*Hua Lu Shen*	*Cervus*	*Male Deer Sexual Organs*	*Sexualorgane eines Hirschs*
*Testis et Penis Equi**	*Hei Lu Shen*	*Equus*	*Male Horse Sexual Organs*	*Sexualorgane eines männlichen Pferdes*

Pharmazeutisch	Pinyin	Botanisch	Englisch	Deutsch
*Testis et Penis Otariae**	*Hai Gou Shen*	*Phoca*	*Male Seal Sexual Organs*	*Sexualorgane einer männlichen Robbe*
Thallus Algae	*Kun Bu*	*Laminaria oder Ecklonia*	*Kelp Thallus; Kombu Thallus*	*Kombu-Algen, Seetang*
Tuber Asparagi Cochinchinensis	*Tian Men Dong*	*Asparagus*	*Chinese Asparagus Tuber*	*Chinesische Spargelwurzel*
Tuber Curcumae	*Yu Jin*	*Curcuma*	*Tumeric Tuber*	*Gelbwurzknolle*
Tuber Dioscoreae Bulbiferae	*Huang Yao Zi*	*Dioscorea*	*Dioscorea Tuber*	*Yamswurzel*
Tuber Ophiopogonis Japonici	*Mai Men Dong*	*Ophiopogon*	*Creeping Lily-turf Tuber*	*Schlangenbartknollen*
Vesica Fellea Bovis	*Niu Dan*	*Bos*	*Cow Gallbladder*	*Rindergallenblase*
Vesica Fellea Ursi	*Xiong Dan*	*Ursus*	*Bear Gallbladder*	*Gallenblase eines Bären*
Zaocys Dhumnades	*Wu Shao She*	*Zaocys*	*Black-striped Snake*	*Rattennatter*

Kräuternamen nach deutscher Bezeichnung sortiert

Deutsch	Pinyin	Botanisch	Pharmazeutisch	Englisch
Acalypha	*Tie Xian*	*Acalypha*	*Herba Acalyphae Australis**	*Acalypha*
Achyranthes-Wurzel	*Tu Niu Xi*	*Achyranthes*	*Radix Achyranthis Asperae*	*Achyranthes Root*
Achyranthis-Spreublumen-Wurzel	*Huai Niu Xi*	*Achyranthes*	*Radix Achyranthis Bidentatae*	*Achyranthes Root*
Acorus-Wurzelstock	*Shi Chang Pu*	*Acorus*	*Rhizoma Acori Graminei*	*Sweetflag Rhizome*
Adzukibohne	*Chi Xiao Dou*	*Phaseolus*	*Semen Phaseoli Calcarati*	*Aduki Bean*
Akebia-Früchte	*Ba Yue Zha*	*Akebia*	*Fructus Akebiae*	*Akebia Fruit*
Aktinolith	*Yang Qi Shi*	*Actinolitum*	*Actinolitum*	*Actinolite*
Alang-Alang-Graswurzelstock	*Bai Mao Gen*	*Imperata*	*Rhizoma Imperatae Cylindricae*	*Woolly Grass Rhizome; White Grass Rhizome*
Alang-Alang-Grasblüten	*Bai Mao Hua*	*Imperata*	*Flos Imperatae Cylindricae*	*Wooly Grass Flower; White Grass Flower*
Alant	*Jin Fei Cao*	*Inula*	*Herba Inulae*	*Elecampane*
Alantblüten	*Xuan Fu Hua*	*Inula*	*Flos Inulae*	*Elecampane Flower*
Alaun, Kaliumaluminiumsulfat	*Ming Fan*	*Alumen*	*Alumen*	*Alum;Potassium Aluminum Sulfate*
Aloeblätter	*Lu Hui*	*Aloe*	*Herba Aloes*	*Aloe Vera Leaf*
Alpinia-Früchte	*Yi Zhi Ren*	*Alpinia*	*Fructus Alpiniae Oxyphyllae*	*Black Cardamon Fruit*
Alpinia-Samen, Katsumada-Galgant-Samen	*Cao Dou Kou*	*Alpinia*	*Semen Alpiniae Katsumadai*	*Wild Cardamon Seed; Katsumada's Galangal Seed*
Amberbaumfrüchte	*Lu Lu Tong*	*Liquidambar*	*Fructus Liquidambaris Taiwanianae*	*Sweetgum Fruit*
Amerikanische Kraftwurz	*Xi Yang Shen*	*Panax*	*Radix Panacis Quinquefolii*	*American Ginseng Root*
Amomum-Sharen-Früchte	*Sha Ren*	*Amomum*	*Fructus seu Semen Amomi*	*Grains-of-Paradise Fruit or Seeds*
Amomum-Sharen-Schalen	*Sha Ren Ke*	*Amomum*	*Pericarpium Amomi*	*Grains-of-Paradise Shell*
Amomum-Sharen-Blüten	*Sha Ren Hua*	*Amomum*	*Flos Amomi*	*Grains-of-Paradise Flower*
Ampelopsis-Wurzel	*Bai Lian*	*Ampelopsis*	*Radix Ampelopsis Japonicae**	*Ampelopsis Root*
Andrographis-Kraut	*Chuan Xin Lian*	*Andrographis*	*Herba Andrographitis Paniculatae*	*Kariyat; Green Chiretta*
Anemonenwurzelstock	*Jiu Jie Chang Pu*	*Anemone*	*Rhizoma Anemoni Aetaicae**	*Altaica Rhizome*
Angelika-Dahurica-Wurzel, Engelwurz	*Bai Zhi*	*Angelica*	*Radix Angelicae Dahuricae*	*Angelica Root*

Deutsch	Pinyin	Botanisch	Pharmazeutisch	Englisch
Angelika-Pubescens-Wurzel	*Du Huo*	*Angelica*	*Radix Angelicae Pubescentis*	*Pubescent Angelica Root*
Angelikawurzelkopf	*Dang Gui Tou*	*Angelica*	*Caput Radicis Angelicae Sinensis*	*Tangkuei Head*
Angelikawurzelspitze	*Dang Gui Wei*	*Angelica*	*Extremas Radicis Angelicae Sinensis*	*Tangkuei Tail*
Antilopenhorn	*Ling Yang Jiao*	*Saiga*	*Cornu Antelopis*	*Antelope Horn*
Aquilaria-Holz	*Chen Xiang*	*Aquilaria*	*Lignum Aquilariae*	*Aloeswood Secretion or Sap*
Archenmuschelschale	*Wa Leng Zi*	*Arca*	*Concha Arcae*	*Cockle Shell; Ark Shell*
Ardisia-Wurzel	*Zhu Sha Gen*	*Ardisia*	*Radix Ardisiae Crenatae**	*Ardisia Root*
Aristolochia-Wurzel	*Qing Mu Xiang*	*Aristolochia*	*Radix Aristolochiae*	*Birthwort Root*
Aristolochia-Wurzel oder Kokkelstrauchwurzel	*Guang Fang Ji*	*Aristolochia oder Cocculus*	*Radix Aristolochiae Fangchi*	*Aristolochia Root*
Aristolochiafrüchte, Pfeifenblumenfrüchte	*Ma Dou Ling*	*Aristolochia*	*Fructus Aristolochiae*	*Birthwort Fruit*
Arsenolith, Arsenit	*Pi Shi*	*Arsenolith*	*Arseolitum*	*White Arsenic*
Artemisia-Kraut	*Liu Ji Nu*	*Artemisia*	*Herba Artemisiae Anomalae*	*Artemisia*
Asiatische Wegerichsamen	*Che Qian Zi*	*Plantago*	*Semen Plantaginis*	*Plantago Seed; Plantain Seed*
Asiatisches Wegerichkraut	*Che Qian Cao*	*Plantago*	*Herba Plantaginis*	*Plantago; Plantain*
Asphaltkleefrüchte	*Bu Gu Zhi*	*Psoralea*	*Fructus Psoraleae Corylifoliae*	*Scurfy Pea Fruit*
Asternwurzel	*Zi Wan*	*Aster*	*Radix Asteris Tatarici*	*Purple Aster Root*
Astragalussamen, Tragantsamen	*Sha Yuan Ji Li*	*Astragalus*	*Semen Astragali Complanati*	*Flattened Milk-vetch Seed*
Astragaluswurzel, Tragant	*Huang Qi*	*Astragalus*	*Radix Astragali Membranaceae*	*Yellow Milk-vetch Root*
Austernschale	*Mu Li*	*Ostrea*	*Concha Ostreae*	*Oyster Shell*
Baikal-Helmkrautwurzel	*Huang Qin*	*Scutellaria*	*Radix Scutellariae Baicalensis*	*Scute; Baical Skullcap Root*
Ballonblumenwurzel	*(Ku) Jie Geng*	*Platycodon*	*Radix Platycodi Grandiflori*	*Ballonflower Root; Bellflower Root; Bitter Jie Geng*
Bambusrohrstreifen	*Zhu Ru*	*Bambusa*	*Caulis Bambusae in Taeniis*	*Bamboo Shavings*
Bärlapp	*Shen Jin Cao*	*Lycopodium*	*Herba Lycopodii Clavati**	*Clubmoss*
Baumwollwurzel	*Mian Hua Gen*	*Gossypium*	*Radix Gossypii Hirsuti**	*Cotton Root*
Becherglockenwurzel	*Bei Sha Shen*	*Glehnia*	*Radix Glehniae Littoralis*	*Beech Silver-top Root; Northern Sand Root*
Begonia-Kraut	*Zi Bei Tian Kuei*	*Begonia*	*Herba Begoniae Fimbristipulatae*	*Begonia*

Deutsch	Pinyin	Botanisch	Pharmazeutisch	Englisch
Bergscharte oder	*Lou Lu*	*Rhaponticum oder Echinops*	*Radix Rhapontici seu Echinops*	*Rhaponticum Root, Kugeldistel*
Bernstein	*Hu Po*	*Succinum*	*Succinum*	*Amber; Fossilized Resin of Pine Tree*
Besenbeifußkraut	*Yin Chen Hao*	*Artemisia*	*Herba Artemisiae Yinchenhao*	*Oriental Wormwood*
Besenkrautfrüchte	*Di Fu Zi*	*Kochia*	*Fructus Kochiae Scopariae*	*Broom Cyperus Seed*
Besenrauke	*Ting Li Zi*	*Lepidium oder Descurainia*	*Semen Lepidii seu Descurainiae*	*Tansy Mustard Seed*
Betelnuss	*Bing Lang*	*Areca*	*Semen Arecae Catechu*	*Betel Nut*
Betelnussschale	*Da Fu Pi*	*Areca*	*Pericarpium Arecae Catechu*	*Betelnut Husk*
Bimsstein	*Fu Hai Shi*	*Lapis Pumicis*	*Lapis Pumicis*	*Pumice*
Binsenmark	*Deng Xin Cao*	*Juncus*	*Medulla Junci Effusi*	*Rush Pith*
Birnenschale	*Li Pi*	*Pyrus*	*Pericarpium Pyri**	*Pear Peel*
Bittere Aprikosensamen (nördlicher Provenienz)	*(Bei) Xing Ren*	*Prunus*	*Semen Pruni Armeniacae*	*(Northern) Apricot Seed*
Bittere Aprikosensamen (südlicher Provenienz)	*(Nan) Xing Ren*	*Prunus*	*Semen Pruni Armeniacae*	*(Southern) Apricot Seed*
Bitterorange	*Zhi Ke*	*Citrus oder Poncirus*	*Fructus Citri Aurantii*	*Bitter Orange Fruit*
Bleiglätte, Bleioxid	*Mi Tuo Seng*	*Lithargyrum*	*Lithargyrum*	*Litharge; Galena*
Bletilla-Wurzelstock	*Bai Ji*	*Bletilla*	*Rhizoma Bletillae Striatae*	*Bletilla Rhizome*
Blutegel	*Shui Zhi*	*Hirudo*	*Hirudo seu Whitmania*	*Leech*
Bocksdornfrüchte	*Gou Qi Zi*	*Lycium*	*Fructus Lycii*	*Matrimony Vine Fruit; Wolfberry Fruit*
Bocksdornrinde	*Di Gu Pi*	*Lycium*	*Cortex Lycii Radicis*	*Matrimony-vine Root-bark, Wolfberry Bark*
Bockshornkleesamen	*Hu Lu Ba*	*Trigonella*	*Semen Trigonellae Foeni-graeci*	*Fenugreek Seed*
Borax, Natriumborat	*Peng Sha*	*Borax*	*Borax*	*Borax; Sodium Tetraborate*
Borneol (kristallines, kampferähnliches Harz)	*Bing Pian*	*Dryobalanops*	*Borneol*	*Processed Resin of Borneol Camphor*
Braunellenähren	*Xia Ku Cao*	*Prunella*	*Spica Prunellae Vulgaris*	*Selfheal Spike; Heal all Spike*
Brechnuss	*Ma Qian Zi*	*Strychnos*	*Semen Strychni*	*Nux-vomica Seed*
Bremse	*Meng Chong*	*Tabanus*	*Tabani Bivittati**	*Gadfly*
Brucea-Früchte	*Ya Dan Zi*	*Brucea*	*Fructus Bruceae Javanicae*	*Brucea Fruit*
Brunnenkresse	*Han Cai*	*Rorippa*	*Herba Rorippae**	*Rorippa*
Buchweizenwurzelstock	*Jin Qiao Mai*	*Fagopyrum*	*Rhizoma Fagopyri Cynosi**	*Wild Buckwheat Rhizome*
Buddhas-Hand-Blüten	*Fo Shou Hua*	*Citrus*	*Flos Citri Sarcodactylis*	*Finger Citron Flower*

Deutsch	Pinyin	Botanisch	Pharmazeutisch	Englisch
Buddhas-Hand-Früchte	*Fo Shou*	*Citrus*	*Fructus Citri Sarcodactylis*	*Finger Citron Fruit*
Burzeldornfrüchte	*Bai Ji Li*	*Tribulus*	*Fructus Tribuli Terrestris*	*Puncture Vine Fruit; Caltrop Fruit*
Calcinierte Austernschale	*Duan Mu Li*	*Ostrea*	*Concha Ostreae*	*Calcined Oyster Shell*
Calciniertes Os Draconis	*Duan Long Gu*	*Os Draconis*	*Os Draconis*	*Calcined Dragon Bone; Calcined Fossilized Bone*
Calcit, Kalkspat	*Han Shui Shi*	*Calcitum*	*Calcitum*	*Calcite*
Calciumhydroxid	*Chen Shi Huei*	*Calcaria*	*Calcaria**	*Calcium Hydroxide*
Carmichaeli-Eisenhutwurzel	*Chuan Wu*	*Aconitum*	*Radix Aconiti Carmichaeli*	*Sichuan Aconite*
Carpesium	*Tian Ming Jing*	*Carpesium*	*Herba Carpesii*	*Carpesium*
Carpesium-Früchte oder Möhrenfrüchte	*He Shi*	*Carpesium oder Daucus*	*Fructus Carpesii seu Daucusi*	*Carpesium Fruit*
Cassia-Zimtrinde	*Rou Gui*	*Cinnamomum*	*Cortex Cinnamomi Cassiae*	*Cinnamon Bark*
Centipeda-Kraut	*E Bu Shi Cao*	*Centipeda*	*Herba Centipedae Minimae**	*Centipeda Herb*
Cephalanoplos-Kraut	*Xiao Ji*	*Cephalanoplos*	*Herba Cephalanoplos*	*Small Thistle; Field Thistle*
Changium-Wurzel	*Ming Dang Shen*	*Changium*	*Radix Changii**	*Changium Root*
Chinawurzel	*Ba Qia*	*Smilax*	*Rhizoma Smilacis China**	*Smilax Rhizome*
Chinesische Küchenschellenwurzel	*Bai Tou Weng*	*Pulsatilla*	*Radix Pulsatillae Chinensis*	*Pulsatilla Root; Anemone Root*
Chinesische Hasenohrwurzel	*Chai Hu*	*Bupleurum*	*Radix Bupleuri*	*Thorowax Root; Hare's Ear Root*
Chinesische Tamariskentriebspitzen	*Cheng Liu*	*Tamarix*	*Cacumen Tamaricis Chinensis**	*Tamarisk*
Chinesische Angelikawurzel, Engelwurz	*Dang Gui*	*Angelica*	*Radix Angelicae Sinensis*	*Tangkuei Root*
Chinesische Guttapercharinde	*Du Zhong*	*Eucommia*	*Cortex Eucommiae Ulmoidis*	*Eucommia Bark*
Chinesische Enzianwurzel	*Long Dan Cao*	*Gentiana*	*Radix Gentianae Longdancao*	*Chinese Gentian Root*
Chinesische Quittenfrüchte	*Mu Gua*	*Chaenomeles*	*Fructus Chaenomelis*	*Chinese Quince Fruit*
Chinesische Tulpenzwiebeln	*Shan Ci Gu*	*Tulipa*	*Pseudobulbus Shancigu*	*Chinese Tulip Bulb*
Chinesische Spargelwurzel	*Tian Men Dong*	*Asparagus*	*Tuber Asparagi Cochinchinensis*	*Chinese Asparagus Tuber*
Chinesische Teufelszwirnsamen	*Tu Si Zi*	*Cuscuta*	*Semen Cuscutae Chinensis*	*Dodder Seed*
Chinesische Waldrebenwurzel	*Wei Ling Xian*	*Clematis*	*Radix Clematidis*	*Clematis Root*

Deutsch	Pinyin	Botanisch	Pharmazeutisch	Englisch
Chinesische Kardenwurzel	*Xu Duan*	*Dipsacus*	*Radix Dipsaci Asperi*	*Teasel Root*
Chinesische Giftsumachrinde	*Yan Fu Mu*	*Rhus*	*Cortex Rhois Chinensis**	*Chinese Sumac Bark*
Chinesische Seidelbastblüten	*Yuan Hua*	*Daphne*	*Flos Daphnes Genkwa*	*Daphne Flower*
Chinesische Teerosenblüten	*Yue Ji Hua*	*Rosa*	*Flos et Fructus Rosae Chinensis*	*Partially-blossoming Chinese Tea Rose Flower*
Chinesische Ackerminze	*Bo He*	*Mentha*	*Herba Menthae Haplocalycis*	*Peppermint; Spearmint; Field Mint*
Chinesische Himbeere	*Fu Pen Zi*	*Rubus*	*Fructus Rubi Chingii*	*Raspberry Fruit Bud*
Chinesische Lauchsamen	*Jiu Zi*	*Allium*	*Semen Allii Tuberosi*	*Chinese Leek Seed*
Chinesische Lobelie (Kraut und Wurzel)	*Ban Bian Lian*	*Lobelia*	*Herba Lobeliae Chinensis cum Radice*	*Chinese Lobelia*
Chinesische Osterluzei	*Mu Tong*	*Akebia*	*Caulis Mutong*	*Akebia Stem*
Chinesischer Liebstöckelwurzelstock	*Gao Ben*	*Ligusticum*	*Rhizoma et Radix Ligustici*	*Straw Weed Rhizome and Root; Chinese Lovage Rhizome and Root*
Chinesischer Blasenkäfer	*Ban Mao*	*Mylabris*	*Mylabris*	*Cantharides; Chinese Blistering Beetle*
Chinesischer Kardamom	*Cao Guo*	*Amomum*	*Fructus Amomi Tsao-Ko*	*Chinese Cardamon Fruit*
Chinesisches Halswurzelkraut	*Xi Xin*	*Asarum*	*Herba cum Radice Asari*	*Asarum; Chinese Wild Ginger*
Chinesisches Mutterkraut	*Yi Mu Cao*	*Leonurus*	*Herba Leonuri Heterophylli*	*Motherwort*
Chlorit	*Meng Shi*	*Lapis Micae seu Chloriti*	*Lapis Micae seu Chloriti*	*Chlorite Schist; Lapis*
Chrysanthemenblüten	*Ye Ju Hua*	*Chrysanthemum*	*Flos Chrysanthemi Indici*	*Wild Chrysanthemum Flower*
Cibotium-Wurzelstock, Vegetabilisches Lamm	*Gou Ji*	*Cibotium*	*Rhizoma Cibotii Barometz*	*Chain Fern Rhizome*
Cistanche	*Rou Cong Rong*	*Cistanche*	*Herba Cistanches Deserticolae*	*Broomrape Fleshy Stem*
Clerodendrum-Blätter	*Chou Wu Tong*	*Clerodendron*	*Folium Clerodendri Trichotomi*	*Glorybower Leaf*
Cnidium-Samen	*She Chuang Zi*	*Cnidium*	*Fructus Cnidii Monnieri*	*Cnidium Seed*
Commelina	*Ya Zhi Cao*	*Commelina*	*Herba Commelinae**	*Commelina*
Curculigo-Wurzelstock, Rüssellilie	*Xian Mao*	*Curculigo*	*Rhizoma Curculiginis Orchioidis*	*Golden Eye-grass Rhizome*
Cyathula-Wurzel	*Chuan Niu Xi*	*Cyathula*	*Radix Cyathulae Officinalis*	*Cyathula Root*
Cynanchum-Wurzel	*Bai Wei*	*Cynanchum*	*Radix Cynanchi Baiwei*	*Swallowort Root*
Cynanchum-Wurzel	*Ge Shan Xiang*	*Cynanchum*	*Radix Cynanchi Auriculati*	*Cynanchum Root*
Cynanchum-Wurzelstock	*Bai Qian*	*Cynanchum*	*Rhizoma Radix et Cynanchi Baiqian*	*Cynanchum Rhizome and Root*

Deutsch	Pinyin	Botanisch	Pharmazeutisch	Englisch
Cynomorium	*Suo Yang*	*Cynomorium*	*Herba Cynomorii Songarici*	*Cynomorium Fleshy Stem*
Dalbergia-Holz	*Jiang Xiang*	*Dalbergia*	*Lignum Dalbergiae Odoriferae*	*Dalbergia Heartwood*
Dendrobium	*Shi Hu*	*Dendrobium*	*Herba Dendrobii*	*Dendrobium Stem*
Dichroa-Blätter	*Shu Qi*	*Dichroa*	*Folium Dichroae Febrifugae*	*Dichroa Leaf*
Dichroa-Wurzel	*Chang Shan*	*Dichroa*	*Radix Dichroae Febrifugae*	*Dichroa Root*
Dictamwurzelrinde	*Bai Xian Pi*	*Dictamnus*	*Cortex Dictamni Dasycarpi Radicis*	*Dittany Root Bark*
Drachenaugenfrüchte	*Long Yan Rou*	*Euphoria*	*Arillus Euphoriae Longanae*	*Longan Fruit Flesh*
Dreieckskopfotter oder Bungar	*Bai Hua She*	*Agkistrodon*	*Agkistrodon seu Bungarus*	*Long-noded Pit Viper Snake*
Drynaria-Wurzelstock	*Gu Sui Bu*	*Drynaria*	*Rhizoma Drynariae*	*Drynaria Rhizome*
Dryopteris-Wurzelstock	*Guan Zhong*	*Dryopteris*	*Rhizoma Guanzhong*	*Shield-fern Rhizome*
Dünne Zimtrinde von jungen Bäumen	*Guan Gui*	*Cinnamomum*	*Cortex Tubiformis Cinnamomi Cassiae*	*Thin Cinnamon Bark from Young Trees*
Echte Kostwurzel	*Mu Xiang*	*Saussurea*	*Radix Saussureae Lappae*	*Costus Root, Aucklandia*
Echter Safran, Narben des Safrankrokus	*Xi Hong Hua*	*Crocus*	*Stigma Croci Sativae*	*Stigma of the True Saffron Flower*
Ecliptenkraut	*Han Lian Cao*	*Eclipta*	*Herba Ecliptae Prostratae*	*Eclipta*
Einbeerenwurzelstock	*Zao Xiu*	*Paris*	*Rhizoma Paridis Polyphyllae**	*Paris Rhizome*
Einjähriges Beifußkraut	*Qing Hao*	*Artemisia*	*Herba Artemisiae Annuae*	*Sweet Wormwood; Southernwood*
Eipaket der Gottesanbeterin	*Sang Piao Xiao*	*Paratenodera*	*Ootheca Mantidis*	*Praying Mantis Egg Case*
Eisenhutwurzel	*Wu Tou*	*Aconitum*	*Radix Aconiti*	*Aconite Root*
Eisenkraut	*Ma Bian Cao*	*Verbena*	*Herba Verbenae**	*Vervain*
Eisenspäne	*Sheng Tie Luo*	*Frusta Ferri*	*Frusta Ferri*	*Iron Filing*
Elfenblumenkraut	*Yin Yang Huo*	*Epimedium*	*Herba Epimedii*	*Epimedium*
Elsholtzia	*Xiang Ru*	*Elsholtzia*	*Herba Elsholtziae seu Moslae*	*Aromatic Madder*
Erdnussschale	*Hua Sheng Yi*	*Arachis*	*Pericarpium Arachi**	*Peanut Skin*
Eriocaulon-Blütenstand	*Gu Jing Cao*	*Eriocaulon*	*Scapus et Inflorescentia Eriocaulonis Buergeriani*	*Pipewort Scapus*
Eselshaut-Gelatine	*E Jiao*	*Equus*	*Gelatinum Corii Asini*	*Donkey Hide Gelatin; Ass Skin Glue*
Euryale-Samen	*Qian Shi*	*Euryale*	*Semen Euryales Ferocis*	*Euryale Seed*
Färberwaidblätter	*Da Qing Ye*	*Isatis*	*Folium Daqingye*	*Isatis Leaf; Woad Leaf*
Färberwaidwurzel	*Ban Lan Gen*	*Isatis*	*Radix Isatidis seu Baphicacanthi*	*Isatis Root; Woad Root*

Deutsch	Pinyin	Botanisch	Pharmazeutisch	Englisch
Felberich	*Jin Qian Cao*	*Lysimachia*	*Herba Lysimachiae*	*Lysimachia*
Fenchelsamen	*Xiao Hui Xiang*	*Foeniculum*	*Fructus Foeniculi Vulgaris*	*Fennel Fruit*
Fetthenne, Sedum	*Jing Tian San Qi*	*Sedum*	*Herba Sedi**	*Sedum*
Fetthennenkraut	*Chui Pen Cao*	*Sedum*	*Herba Sedi Sarmentosi**	*Stonecrop*
Feuerkolben-wurzelknollen mit Rindergalle	*Dan Nan Xing*	*Arisaema*	*Pulvis Arisaemae cum Felle Bovis*	*Powdered Jack-in-the-Pulpit Rhizome mixed with Cow Bile*
Feuerkolbenwurzel-knollen	*(Sheng) Tian Nan Xing*	*Arisaema*	*Rhizoma Arisaematis*	*Raw Jack-in-the-Pulpit Rhizome*
Fieberstrauchwurzel	*Wu Yao*	*Lindera*	*Radix Linderae Strychnifoliae*	*Spicebush Root*
Fingerkraut	*Fan Bai Cao*	*Potentilla*	*Herba Potentillae Discoloris**	*Potentilla*
Fledermauskot	*Ye Ming Sha*	*Vespertilio*	*Excrementum Vespertilionis Murini*	*Bat Dung or Feces*
Fliederweißdornbeeren	*Shan Zha Rou*	*Crataegus*	*Fructus Crataegi*	*Hawthorn Ripe Fruit or Berry*
Flughörnchenkot	*Wu Ling Zhi*	*Trogopterus oder Pteromys*	*Excrementum Trogopteri seu Pteromi*	*Flying Squirrel Feces*
Fluorit, Flussspat	*Zi Shi Ying*	*Fluoritum*	*Fluoritum*	*Fluorite*
Forsythienfrüchte	*Lian Qiao*	*Forsythia*	*Fructus Forsythiae Suspensae*	*Forsythia Fruit; Golden Bells*
Frische Rehmanniawurzel	*Sheng Di Huang*	*Rehmannia*	*Radix Rehmanniae Glutinosae*	*Fresh Chinese Foxglove Root*
Frische Ingwerrinde	*Sheng Jiang Pi*	*Zingiber*	*Cortex Zingiberis Officinalis Recens*	*Fresh Ginger Skin*
Frische Ingwerwurzel	*Sheng Jiang*	*Zingiber*	*Rhizoma Zingiberis Officinalis Recens*	*Fresh Ginger Rhizome*
Frühe Fliederweißdornbeeren	*Shan Zha*	*Crataegus*	*Fructus Crataegi*	*Hawthorn Unripe Fruit or Berry*
Frühe Bitterorange	*Zhi Shi*	*Citrus oder Poncirus*	*Fructus Immaturus Citri Aurantii*	*Immature Bitter Orange Fruit*
Frühe Mandarinen-schale	*Qing Pi*	*Citrus*	*Pericarpium Citri Reticulatae Viride*	*Immature (Green) Tangerine Peel*
Galgantwurzelstock	*Gao Liang Jiang*	*Alpinia*	*Rhizoma Alpiniae Officinari*	*Lesser Galangal Rhizome*
Gallen des Chinesischen Giftsumach	*Wu Bei Zi*	*Rhus/Melaphis*	*Galla Rhois Chinensis*	*Gallnut of Chinese Sumac*
Gallenblase eines Bären	*Xiong Dan*	*Ursus*	*Vesica Fellea Ursi*	*Bear Gallbladder*
Gallenstein vom Rind oder Wasserbüffel	*Niu Huang*	*Bos oder Bubalus*	*Calculus Bovis seu Calculus Bubali*	*Ox or Water Buffalo Gallstone*
Gardenienfrüchte	*Zhi Zi*	*Gardenia*	*Fructus Gardeniae Jasminoidis*	*Gardenia Fruit*
Gastrodienwurzelstock	*Tian Ma*	*Gastrodia*	*Rhizoma Gastrodiae Elatae*	*Gastrodia Rhizome*

Deutsch	Pinyin	Botanisch	Pharmazeutisch	Englisch
Gebratene Ingwerwurzel	*Pao Jiang*	*Zingiber*	*Rhizoma Zingiberis**	*Quick-fried Ginger Rhizome*
Gecko	*Ge Jie*	*Gekko*	*Gekko*	*Gecko Lizard*
Geißblattblüten	*Jin Yin Hua*	*Lonicera*	*Flos Lonicerae Japonicae*	*Honeysuckle Flower*
Geißblattsprosse	*Jin Yin Teng*	*Lonicera*	*Ramus Lonicerae Japonicae*	*Honeysuckle Stem*
Gekeimte Gerste	*Mai Ya*	*Hordeum*	*Fructus Hordei Vulgaris Germinatus*	*Barley Sprout, Malted Barley*
Gekeimte Sojabohnen	*Dou Juan*	*Glycine*	*Semen Glycinis Germinatum*	*Young Soybean Sprout*
Gekeimter Reis	*Gu Ya*	*Oryza*	*Fructus Oryzae Sativae Germinatus*	*Rice Sprout*
Gelbe Chrysanthemenblüten	*(Huang) Ju Hua*	*Chrysanthe-mum*	*Flos Chrysanthemi Morifolii*	*Yellow Chrysanthemum Flower*
Gelbwurzknolle	*Yu Jin*	*Curcuma*	*Tuber Curcumae*	*Tumeric Tuber*
Gemeiner Beifuß, Beifußblätter	*Ai Ye*	*Artemisia*	*Folium Artemisiae Argyi*	*Mugwort Leaf*
Germerwurzel	*Li Lu*	*Veratrum*	*Radix et Rhizoma Veratri*	*Veratrum Root*
Gerstenmalzzucker	*Yi Tang*	*Saccharum Granorum*	*Saccharum Granorum*	*Barley Malt Sugar/ Syrup*
Getrocknete Ingwerwurzel	*Gan Jiang*	*Zingiber*	*Rhizoma Zingiberis Officinalis*	*Dried Ginger Rhizome*
Getrocknete Ginsengwurzel	*Sheng Shai Shen*	*Panax*	*Radix Ginseng*	*Fresh Dried Ginseng Root*
Getrocknete Kakipflaume	*Shi Bing*	*Diospyros*	*Fructus Diospyri Kaki**	*Dried Persimmon Fruit*
Getrocknete Paste aus Acacia- oder Uncaria-Dekokt	*Er Cha*	*Acacia oder Uncaria*	*Pasta Acacia seu Uncaria*	*Dried Paste of Concentrated Decoction of Black or White Cutch*
Getrockneter Bambussaft	*Zhu Li*	*Bambusa*	*Succus Bambusae*	*Dried Bamboo Sap*
Getrocknetes Krötenhautsekret	*Chan Su*	*Bufo*	*Secretio Bufonis*	*Dried Skin Secretion of Toad*
Gewürznelke	*Ding Xiang*	*Syzygium*	*Flos Caryophylli aromatici*	*Clove Flower-bud*
Ginkgoblätter	*Yin Guo Ye*	*Ginkgo*	*Folium Ginkgo Bilobae*	*Ginkgo Leaf*
Ginkgosamen	*Bai Guo*	*Ginkgo*	*Semen Ginkgo Bilobae*	*Ginkgo Nut*
Ginsengblätter	*Ren Shen Ye*	*Panax*	*Folium Ginseng*	*Ginseng Leaf*
Ginsengwurzel	*Ye Shan Shen*	*Panax*	*Radix Ginseng*	*Wild Ginseng*
Ginsengwurzel (rot gedünstet)	*(Hong) Ren Shen*	*Panax*	*Radix Ginseng*	*Ginseng Root steamed until red*
Ginsengwurzel in Kandiszucker	*Bai Shen*	*Panax*	*Radix Ginseng*	*Rock Candy cured White Ginseng Root*
Ginsengwurzel in Kandiszucker	*Shen Xu*	*Panax*	*Radix Ginseng*	*Rock Candy cured White Ginseng Root Tail*
Ginsengwurzelhals	*Ren Shen Lu*	*Panax*	*Cervix Ginseng*	*Ginseng Root Neck*

Deutsch	**Pinyin**	**Botanisch**	**Pharmazeutisch**	**Englisch**
Glänzender Lackspor-ling (Pilzfruchtkörper)	*Ling Zhi*	*Ganoderma*	*Fructificatio Ganodermae Lucidi**	*Lucid Ganoderma; Reishi*
Glaubersalz	*Mang Xiao*	*Mirabilitum*	*Mirabilitum*	*Mirabilite; Glauber's Salt*
Glaubersalz	*Xuan Ming Fen*	*Mirabilitum*	*Mirabilitum Purum*	*Pure Mirabilite; Pure Sodium Sulphate; Pure Glauber's Salt*
Glockenwindenwurzel	*Dang Shen*	*Codonopsis*	*Radix Codonopsitis Pilosulae*	*Asiabell Root*
Gold	*Huang Jin*	*Aurum*	*Aurum**	*Gold*
Goldfadenwurzelstock	*Huang Lian*	*Coptis*	*Rhizoma Coptidis*	*Coptis; Golden Thread Rhizome*
Götterbaumrinde	*Chun Pi*	*Ailanthus*	*Cortex Ailanthi Altissimae*	*Tree of Heaven Bark*
Granatapfelschale	*Shi Liu Pi*	*Punica*	*Pericarpium Punicae Granati*	*Pomegranate Husk or Rind*
Granatapfelwurzelrinde	*Shi Liu Gen Pi*	*Punica*	*Cortex Punicae Granati Radicis*	*Pomegranate Root Bark*
Großblättrige Enzianwurzel	*Qin Jiao*	*Gentiana*	*Radix Gentianae Qinjiao*	*Large-Leaf Gentian Root*
Großköpfige Atractylodeswurzel	*Bai Zhu*	*Atractylodes*	*Rhizoma Atractylodis Macrocephalae*	*White Atractylodes Rhizome*
Günsel	*Bai Mao Xia Ku Cao*	*Ajuga*	*Herba Ajugae Decumbentis**	*Ajuga*
Gynura-Blätter	*Ju Ye San Qi*	*Gynura*	*Folium Gynurae**	*Gynura Leaf*
Haarstrangwurzel	*Qian Hu*	*Peucedanum*	*Radix Peucedani*	*Hogfennel Root*
Hagebutten (von Rosa Laevigata)	*Jin Ying Zi*	*Rosa*	*Fructus Rosae Laevigatae*	*Cherokee Rose Fruit/ Rosehip*
Hahnenfußwurzel	*Mao Zhao Cao*	*Ranunculus*	*Radix Ranunculi Ternati**	*Buttercup Root*
Hahnenkammblüten	*Ji Guan Hua*	*Celosia*	*Flos Celosiae Cristatae*	*Cockscomb Flower*
Hahnenkammsamen	*Qing Xiang Zi*	*Celosia*	*Semen Celosiae Argenteae*	*Celosia Seed*
Halloysit, roter Kaolin	*Chi Shi Zhi*	*Halloysitum Rubrum*	*Halloysitum Rubrum*	*Halloysite; Red Kaolin*
Hämatit, Eisenglanz	*Dai Zhe Shi*	*Haematitum*	*Haematitum*	*Hematite; Iron Ore*
Hanfsamen	*Huo Ma Ren*	*Cannabis*	*Semen Cannabis Sativae*	*Hemp Seed; Marihuana Seed*
Harz der Drachenblutpalme	*Xue Jie*	*Daemonorops*	*Sanguis Draconis*	*Dragon's Blood Resin*
Harz des Weihrauchbaumes	*Ru Xiang*	*Boswellia*	*Gummi Olibanum*	*Frankincense Gum-resin*
Harz des Amberbaums	*Su He Xiang*	*Liquidambar*	*Styrax Liquidis*	*Rose Maloes Resin*
Harz des Benzoe-Storaxbaums	*An Xi Xiang*	*Styrax*	*Benzoinum*	*Processed Resin of Styrax Benzoin*
Helmbohnenblüten	*Bian Dou Hua*	*Dolichos*	*Flos Dolichoris Lablab*	*Hyacinth Bean Flower*
Helmbohnensamen	*Bian Dou*	*Dolichos*	*Semen Dolichoris Lablab*	*Hyacinth Bean*
Helmkraut	*Ban Zhi Lian*	*Scutellaria*	*Herba Scutellariae Barbatae*	*Barbat Scullcap*

Deutsch	Pinyin	Botanisch	Pharmazeutisch	Englisch
Herzgespannsamen	*Chong Wei Zi*	*Leonurus*	*Semen Leonuri Heterophylli*	*Motherwort Seed*
Hiobstränensamen	*Yi Yi Ren*	*Coix*	*Semen Coicis Lachryma-jobi*	*Coix Seed; Job's Tears Seed*
Hiobstränensamen, trocken geröstet	*Shu Yi Ren*	*Coix*	*Semen Coicis Lachryma-jobi*	*Dry-Fried Coix Seed*
Hirschhorn	*Lu Jiao*	*Cervus*	*Cornu Cervi*	*Antler; Deerhorn; Ossified Horn of the Mature Male Deer*
Hirschhorn-Gelatine	*Lu Jiao Jiao*	*Cervus*	*Colla Cornu Cervi*	*Mature Antler Glue; Mature Antler Gelatin*
Hirschhorn-Pulver (aus dem Satz beim Kochen der Gelatine)	*Lu Jiao Shuang*	*Cervus*	*Cornu Cervi Degelatinatium*	*Antler Powder from the dregs of cooking Antler Glue*
Hirschhornbast	*Lu Rong*	*Cervus*	*Cornu Cervi Parvum*	*Young Deer Antler Velvet*
Hirtentäschelkraut	*Ji Cai*	*Capsella*	*Herba Capsellae**	*Shepherd's Purse*
Homalomena-Wurzelstock	*Qian Nian Jian*	*Homalomena*	*Rhizoma Homalomenae Occultae*	*Homalomena Rhizome*
Honig	*Feng Mi*	*Mel*	*Mel**	*Honey*
Hornissennest, Wespennest	*Lu Feng Fang*	*Polistes*	*Nidus Vespae*	*Hornet Nest; Wasp Nest*
Hortensienblüten	*Ba Xian Hua*	*Hydrangea*	*Flos Hydrangeae Macrophyllae**	*Hydrangea Flower*
Houttuynia-Kraut, „Eidechsenschwanz"	*Yu Xing Cao*	*Houttuynia*	*Herba cum Radice Houttuyniae Cordatae*	*Houttuynia; Fish Smell Plant*
Huflattichblüten	*Kuan Dong Hua*	*Tussilago*	*Flos Tussilaginis Farfarae*	*Coltsfoot Flower*
Hühnermagenendothel	*Ji Nei Jin*	*Gallus*	*Endothelium Corneum Gigeriae Galli*	*Chicken Gizard Lining*
Hundeknochen	*Gou Gu*	*Canis*	*Os Canine*	*Dog Bone*
Hundertfüßer, Skolopender	*Wu Gong*	*Scolopendra*	*Scolopendra Subspinipes*	*Centipede*
Hundsgiftkraut oder -blätter	*Luo Bu Ma*	*Apocynum*	*Herba seu Folium Apocyni Veneti**	*Red Dogbane Whole Herb or Leaf*
Hydnocarpus-Samen	*Da Feng Zi*	*Hydnocarpus*	*Semen Hydnocarpi Anthelminticae*	*Chaulmoogra Seed*
Hypoglauca-Yams-wurzel	*Bei Xie*	*Dioscorea*	*Rhizoma Dioscoreae Hypoglaucae*	*Hypoglauca Yam Rhizome; Fish-poison Yam Rhizome*
Igelkolbenwurzelstock	*San Leng*	*Sparganium*	*Rhizoma Sparganii Stoloniferi*	*Bur-reed Rhizome*
In Honig gebratene Ural-Süßholzwurzel	*Zhi Gan Cao*	*Glycyrrhiza*	*Radix Glycyrrhizae Praeparata**	*Honey-fried Licorice Root*
Indigo	*Qing Dai*	*Indigo*	*Indigo Pulverata Levis*	*Indigo*
Indische Lotosblumenblätter	*He Ye*	*Nelumbo*	*Folium Nelumbinis Nuciferae*	*Lotus Leaf*
Japanaprikosenfrüchte	*Wu Mei*	*Prunus*	*Fructus Pruni Mume*	*Ume Plum Fruit; Black Plum Fruit*

Deutsch	Pinyin	Botanisch	Pharmazeutisch	Englisch
Japanische Yamswurzelknollen	*Chuan Shan Long*	*Dioscorea*	*Rhizoma Dioscoreae Nipponicae**	*Japanese Dioscorea Rhizome*
Japanische Kletterfarnsporen	*Hai Jin Sha*	*Lygodium*	*Spora Lygodii Japonici*	*Japanese Climbing Fern Spore*
Japanische Holunderrinde	*Lu Ying*	*Sambucus*	*Cortex Sambuci**	*Japanese Elder Bark*
Japanische Kornelkirschenfrüchte	*Shan Zhu Yu*	*Cornus*	*Fructus Corni Officinalis*	*Dogwood Fruit; Asiatic Cornelian Cherry Fruit*
Japanische Kirschensamen	*Yu Li Ren*	*Prunus*	*Semen Pruni*	*Bush Cherry Seed*
Japanische Kratzdistel	*Da Ji*	*Cirsium*	*Herba seu Radix Cirsii Japonici*	*Japanese Thistle*
Japanischer Kletterfarn	*Jin Sha Teng*	*Lygodium*	*Herba Lygodii Japonici*	*Japanese Climbing Fern*
Jilin-Ginsengwurzel	*Ji Lin Shen*	*Panax*	*Radix Ginseng*	*Jilin Wild Ginseng*
Judenbartkraut	*Hu Er Cao*	*Saxifraga*	*Herba Saxifragae Stoloniferae**	*Saxifrage*
Jujubenfrüchte, Dattelfrüchte	*Da Zao*	*Ziziphus*	*Fructus Ziziphi Jujubae*	*Jujube Fruit; Chinese Black Date*
Jujubenfrüchte, Dattelfrüchte	*Hong Zao*	*Ziziphus*	*Fructus Ziziphi Jujubae*	*Jujube Fruit; Chinese Red Date*
Kakipflaumenkelch	*Shi Di*	*Diospyros*	*Calyx Diospyri Kaki*	*Persimmon Calyx*
Kalomel, Quecksilberchlorid	*Qing Fen*	*Calomelas*	*Calomelas*	*Calomel; Mercurous Chloride*
Kampfer, weiße Kristalle im Öl des Kampfer-baums	*Zhang Nao*	*Cinnamomum*	*Camphora*	*Crystalized Volatile Oil of the Camphor Tree*
Kansui-Wolfsmilch-wurzel	*Gan Sui*	*Euphorbia*	*Radix Euphorbiae*	*Kansui Spurge Root Kansui*
Karbonisierte Rundkolbenpollen	*Pu Huang Tan*	*Typha*	*Pollen Typhae Carbonisatus*	*Charred Cattail Pollen*
Karbonisierte Fliederweißdornbeeren	*Shan Zha Tan*	*Crataegus*	*Fructus Crataegi Carbonisatus*	*Charred Hawthorn Fruit or Berry*
Karbonisierte Haare (vom Menschen)	*Xue Yu Tan*	*Homo Sapiens*	*Crinis Carbonisatus Hominis*	*Charred Human Hair*
Kardamom	*Bai Dou Kou*	*Amomum*	*Fructus Amomi Kravanh*	*Round Cardamon Fruit; Cluster Fruit*
Kartoffelrosenblüten	*Mei Gui Hua*	*Rosa*	*Flos Rosae Rugosae*	*Young Chinese Rose Flower*
Kassiesamen	*Jue Ming Zi*	*Cassia*	*Semen Cassiae*	*Cassia Seed*
Katzenminze	*Jing Jie*	*Schizonepeta*	*Herba Schizonepetae Tenuifoliae*	*Schizonepeta Stem or Bud*
Kermesbeerwurzel	*Shang Lu*	*Phytolacca*	*Radix Phytolaccae*	*Poke Root*
Klettenfrüchte	*Niu Bang Zi*	*Arctium*	*Fructus Arctii Lappae*	*Burdock Seed*
Knoblauchknolle	*Da Suan*	*Allium*	*Bulbus Allii Sativi*	*Garlic Bulb*
Knotenkieferholz	*Song Jie*	*Pinus*	*Lignum Pini Nodi*	*Knotty Pine Wood*
Knöterich-Kraut	*Guan Ye Liao*	*Polygonum*	*Herba Polygoni Perfoliati**	*Polygonum*

Deutsch	Pinyin	Botanisch	Pharmazeutisch	Englisch
Kokospilz	*Fu Ling*	*Poria*	*Sclerotium Poriae Cocos*	*Hoelen; China Root; Tuckahoe; Indian Bread*
Kokospilz	*Fu Shen*	*Poria Cocos*	*Sclerotium Poriae Cocos Pararadicis*	*Tuckahoe Spirit*
Kokospilzhaut	*Fu Ling Pi*	*Poria*	*Cortex Poriae Cocos*	*Tuckahoe Skin*
Kombu-Algen	*Hai Dai*	*Laminaria*	*Herba Laminariae Japonicae*	*Algae*
Kombu-Algen, Seetang	*Kun Bu*	*Laminaria oder Ecklonia*	*Thallus Algae*	*Kelp Thallus; Kombu Thallus*
Kopoubohnenblüten	*Ge Hua*	*Pueraria*	*Flos Puerariae*	*Kudzu Flower*
Kopoubohnenwurzel	*Ge Gen*	*Pueraria*	*Radix Puerariae*	*Kudzu Root*
Korallenstrauchrinde	*Hai Tong Pi*	*Erythrina*	*Cortex Erythrinae*	*Coral-bean Bark*
Koreanische Eschenrinde	*Qin Pi*	*Fraxinus*	*Cortex Fraxini*	*Korean Ash Bark*
Korkbaumrinde	*Huang Bai*	*Phellodendron*	*Cortex Phellodendri*	*Amur Cork-tree Bark*
Krappwurzel	*Qian Cao Gen*	*Rubia*	*Radix Rubiae Cordifoliae*	*Madder Root*
Kreuzkraut, Greiskraut	*Qian Li Guang*	*Senecio*	*Herba Senecionis Scandentis**	*Groundsel*
Krotonsamen	*Ba Dou*	*Croton*	*Semen Croton Tiglii*	*Croton Seed*
Kubebenpfeffer	*Bi Cheng Qie*	*Piper*	*Fructus Piperis Cubebae*	*Cubeba Fruit*
Kuhkrautsamen	*Wang Bu Liu Xing*	*Vaccaria*	*Semen Vaccariae Segetalis*	*Cow Soapwort Seed*
Künstlich induzierte Rindergallensteine	*Ren Gong Niu Huang*	*Bos*	*Calculus Artificialis*	*Artificially Induced Cow Gallstons*
Kupfersulfat, Kupfer-vitriol	*Dan Fan*	*Chalcanthitum*	*Chalcanthitum**	*Copper Sulphate; Blue Vitriol*
Kurkumawurzelstock	*Jiang Huang*	*Curcuma*	*Rhizoma Curcumae Longae*	*Tumeric Rhizome*
Lacksumachsaft	*Gan Qi*	*Rhus*	*Lacca Sinica Exsiccata*	*Laquer*
Langkornpfeffer	*Bi Ba*	*Piper*	*Fructus Piperis Longi*	*Long Pepper Fruit*
Lauchzwiebel	*Xie Bai*	*Allium*	*Bulbus Allii*	*Chinese Chive Bulb*
Lederhülsenbaum-stacheln	*Zao Jiao Ci*	*Gleditsia*	*Spina Gleditsiae Sinensis*	*Honeylocust Spine; Soap Bean Spine*
Lederhülsenbaum-früchte	*Zao Jiao*	*Gleditsia*	*Fructus Gleditsiae Sinensis*	*Honeylocust Fruit; Soap Bean Fruit*
Leopardenblumen-Wurzelstock	*She Gan*	*Belamcanda*	*Rhizoma Belamcandae Chinensis*	*Belamcanda Rhizome; Blackberry Lily Rhizome*
Leopardenknochen	*Bao Gu*	*Panthera*	*Os Leopardis*	*Leopard Bone*
Lerchenspornwurzel-stock	*Yan Hu Suo*	*Corydalis*	*Rhizoma Corydalis Yanhusuo*	*Corydalis Rhizome*
Ligusterfrüchte	*Nu Zhen Zi*	*Ligustrum*	*Fructus Ligustri Lucidi*	*Privet Fruit; Waxtree Fruit*
Lilienzwiebel	*Bai He*	*Lilium*	*Bulbus Lilii*	*Lily Bulb*
Limonit, Brauneisen	*Yu Liang Shi*	*Limonite*	*Limonite*	*Limonite*
Litschifrüchte	*Li Zhi He*	*Litchi*	*Semen Litchi Chinensis*	*Leechee Nut*
Lophatherum-Bambusblätter	*Dan Zhu Ye*	*Lophatherum*	*Herba Lophatheri Gracilis*	*Bland Bamboo Leaf and Stem*

Deutsch	Pinyin	Botanisch	Pharmazeutisch	Englisch
Lotusblütenachse	*Lian Fang*	*Nelumbo*	*Receptaculum Nelumbinis Nuciferae*	*Mature Lotus Receptacle*
Lotuskeimsprosse	*Lian Xin*	*Nelumbo*	*Plumula Nelumbinis Nuciferae*	*Lotus Plumule*
Lotusrhizomknoten	*Ou Jie*	*Nelumbo*	*Nodus Nelumbinis Nuciferae Rhizomatis*	*Lotus Rhizome Node*
Lotussamen	*Lian Zi*	*Nelumbo*	*Semen Nelumbinis Nuciferae*	*Lotus Seed*
Lotusstaubblätter	*Lian Xu*	*Nelumbo*	*Stamen Nelumbinis Nuciferae*	*Lotus Stamen*
Lotusstengel	*Lian Geng*	*Nelumbo*	*Ramulus Nelumbinis Nuciferae*	*Lotus Stem*
Luffa-Schale	*Si Gua Pi*	*Luffa*	*Pericarpium Luffae acutangulae*	*Luffa Skin*
Luffa-Schwamm	*Si Gua Lou*	*Luffa*	*Fasciculus Vascularis Luffae*	*Dried Skeleton of Luffa Sponge*
Magnetit, Magneteisenstein	*Ci Shi*	*Magnetitum*	*Magnetitum*	*Magnetite; Magnetic Iron Ore; Loadstone*
Magnolienblüten	*Hou Po Hua*	*Magnolia*	*Flos Magnoliae Officinalis*	*Magnolia Flower*
Magnolienblüten	*Xin Yi Hua*	*Magnolia*	*Flos Magnoliae*	*Magnolia Flower*
Magnolienrinde	*Hou Po*	*Magnolia*	*Cortex Magnoliae Officinalis*	*Magnolia Bark*
Mahonienblätter	*Shi Da Gong Lao*	*Mahonia*	*Folium Mahoniae**	*Mahonia Leaf*
Maisbart, Maisgriffel	*Yu Mi Xu*	*Zea*	*Stylus Zeae Mays*	*Cornsilk*
Malvensamen, Schönmalvensamen	*Dong Kui Zi*	*Malva oder Abutilon*	*Semen Abutili seu Malvae*	*Musk Mallow Seed; Malva Seed*
Mandarinensamen	*Ju He*	*Citrus*	*Semen Citri Reticulatae**	*Tangerine Seed*
Mandarinenschale	*Chen Pi*	*Citrus*	*Pericarpium Citri Reticulatae*	*Tangerine Peel*
Mandschurische Fliederbaumrinde	*Bao Ma Zi*	*Syringa*	*Cortex Syringae**	*Manchurian Lilac Bark*
Mannsschildkraut	*Dian Di Mei*	*Androsace*	*Herba Androsacae Umbellatae**	*Androsace*
Mark des Reispapierbaums	*Tong Cao*	*Tetrapanax*	*Medulla Tetrapanacis Papyriferi*	*Rice Paper Pith*
Mastixdistelwurzel, Atractylodes-Wurzel	*Cang Zhu*	*Atractylodes*	*Rhizoma Atractylodis*	*Atractylodes Rhizome*
Maulbeerblätter	*Sang Ye*	*Morus*	*Folium Mori Albae*	*Mulberry Leaf*
Maulbeerfrüchte	*Sang Shen*	*Morus*	*Fructus Mori Albae*	*Mulberry Fruit Bud*
Maulbeerwurzelrinde	*Sang Bai Pi*	*Morus*	*Cortex Mori Albae Radicis*	*Mulberry Rootbark*
Maulbeerzweige	*Sang Zhi*	*Morus*	*Ramulus Mori Albae*	*Mulberry Twig*
Medizinisches Treibmittel	*Shen Qu*	*Massa Fermentata*	*Massa Fermentata*	*Medicated Leaven*
Meerträubchenkraut	*Ma Huang*	*Ephedra*	*Herba Ephedrae*	*Ephedra Stem*

Deutsch	Pinyin	Botanisch	Pharmazeutisch	Englisch
Meerträubchenwurzel	*Ma Huang Gen*	*Ephedra*	*Radix Ephedrae*	*Ephedra Root*
Melonen-Blütenstiele	*Gua Di*	*Cucumis*	*Pedicellus Cucumeris*	*Melon Pedicle*
Mennige, rotes Bleioxid	*Qian Dan*	*Minium*	*Minium*	*Red Lead Oxide*
Mineralischer Gips	*Shi Gao*	*Gypsum*	*Gypsum Fibrosum*	*Gypsum; Calcium Sulphate*
Molchschwanzkraut	*San Bai Cao*	*Saururus*	*Herba Saururi Chinensis**	*Saururus*
Momordica-Blätter	*Luo Huo Guo Ye*	*Momordica*	*Folium Momordicae Grosvenori*	*Momordica Leaf*
Momordica-Früchte	*Luo Han Guo*	*Momordica*	*Fructus Momordicae Grosvenori*	*Momordica Fruit*
Momordica-Samen	*Mu Bie Zi*	*Momordica*	*Semen Momordicae Cochinchinensis*	*Momordica Seed*
Mongolisches Löwenzahnkraut	*Pu Gong Ying*	*Taraxacum*	*Herba Taraxaci Mongolici cum Radice*	*Dandelion*
Mooskraut, Moosfarn	*Shi Shang Bai*	*Selaginella*	*Herba Selaginellae Doederleinii*	*Selaginella*
Morinda-Wurzel	*Ba Ji Tian*	*Morinda*	*Radix Morindae Officinalis*	*Morinda Root*
Moschuskürbissamen	*Nan Gua Zi*	*Cucurbita*	*Semen Cucurbitae Moschatae*	*Pumpkin Seed and Husk*
Mönchspfeffer	*Man Jing Zi*	*Vitex*	*Fructus Viticis*	*Vitex Fruit*
Mungbohne	*Lu Dou*	*Phaseolus*	*Semen Phaseoli Radiati*	*Mung Bean*
Muskatnuss	*Rou Dou Kou*	*Myristica*	*Semen Myristicae Fragrantis*	*Nutmeg Seed*
Muttergedenken-Wurzelstock	*Zhi Mu*	*Anemarrhena*	*Radix Anemarrhenae Asphodeloidis*	*Anemarrhena Root*
Mutterwurz	*Chuan Xiong*	*Ligusticum*	*Radix Ligustici Chuanxiong*	*Sichuan Lovage Root*
Nelkenkraut	*Qu Mai*	*Dianthus*	*Herba Dianthi*	*Pink Flower Herb*
Nepalensischer Efeu	*Chang Chun Teng*	*Hedera*	*Herba Hederae Nepalensis**	*Ivy*
Ningpo-Braunwurzwurzel	*Xuan Shen*	*Scrophularia*	*Radix Scrophulariae Ningpoensis*	*Figwort Root*
Notoginsengblüten	*San Qi Hua*	*Panax*	*Flos Pseudoginseng*	*Pseudoginseng Flower; Notoginseng Flower*
Notoginsengwurzel, Sanchiwurzel	*San Qi*	*Panax*	*Radix Pseudoginseng*	*Pseudoginseng Root; Notoginseng Root*
Notopterygium-Wurzel	*Qiang Huo*	*Notopterygium*	*Rhizoma et Radix Notopterygii*	*Notopterygium Rhizome and Root*
Nusseibensamen	*Fei Zi*	*Torreya*	*Semen Torreyae Grandis*	*Torrreya Seed*
Nusswurzelstock	*Xiang Fu*	*Cyperus*	*Rhizoma Cyperi Rotundi*	*Cyperus Rhizome; Nut-grass Rhizome; Sedge Rhizome*
Odermenningkraut	*Xian He Cao*	*Agrimonia*	*Herba Agrimoniae Pilosae*	*Agrimony*

Deutsch	Pinyin	Botanisch	Pharmazeutisch	Englisch
Oldenlandia-Kraut	*Bai Hua She She Cao*	*Oldenlandia*	*Herba Oldenlandiae Diffusae*	*Oldenlandia*
Omphalia-Pilzfruchtkörper	*Lei Wan*	*Omphalia*	*Sclerotium Omphaliae Lapidescentis*	*Omphalia Fungus Fruiting Body*
Ophicalcit	*Hua Rui Shi*	*Ophicalcitum*	*Ophicalcitum*	*Ophicalcite*
Orient-Froschlöffelknolle	*Ze Xie*	*Alisma*	*Rhizoma Alismatis Orientalitis*	*Water Plantain Rhizome*
Orientalische Lebensbaumtriebspitzen	*Ce Bai Ye*	*Biota*	*Cacumen Biotae Orientalis*	*Arborvitae Leafy Twig*
Orientalischer Lebensbaumsamen	*Bai Zi Ren*	*Biota*	*Semen Biotae Orientalis*	*Arbor-Vitae Seed*
Oroxylum-Samen	*Mu Hu Die*	*Oroxylum*	*Semen Oroxyli Indici*	*Oroxylum Seed*
Paederia-Sprossachse	*Ji Shi Teng*	*Paederia*	*Caulis Paederiae**	*Paederia Stem*
Panzer der China-Weichschildkröte	*Bie Jia*	*Amyda*	*Carapax Amydae Sinensis*	*Chinese Soft-shell Turtle Shell*
Panzer der China-Sumpfschildkröte	*Gui Ban*	*Chinemys*	*Plastrum Testudinis*	*Fresh Water Turtle Shell*
Panzer der Echten Karettschildkröte	*Dai Mao*	*Eretmochelys*	*Carapax Eretmochelydis Imbricatae**	*Hawksbill Turtle Shell*
Papiermaulbeerbaumsamen	*Chu Shi Zi*	*Broussonetia*	*Semen Broussonetiae Papyriferae**	*Broussonetia Seed*
Patchouli-Kraut	*Huo Xiang*	*Agastache oder Pogostemon*	*Herba Agastaches seu Pogostemi*	*Patchouli, Agastache*
Paternoster-Baum-Früchte	*Chuan Lian Zi*	*Melia*	*Fructus Meliae Toosendan*	*Sichuan Chinaberry Fruit; Sichuan Pagoda Tree Fruit; Neem Fruit*
Patrinia/Goldbaldrian oder Thiaspi	*Bai Jiang Cao*	*Patrinia oder Thiaspi*	*Herba cum Radice Patriniae*	*Patrinia; Thiaspi*
Perlmuschelschale	*Zhen Zhu Mu*	*Pteria*	*Concha Margaritiferae*	*Mother-of-Pearl Shell*
Perlmutt	*Zhen Zhu*	*Pteria*	*Margarita*	*Pearl*
Pfeffersamen	*Hu Jiao*	*Piper*	*Fructus Piperis Nigri*	*Black Pepper Fruit*
Pfeffersprossachse	*Hai Feng Teng*	*Piper*	*Caulis Piperis Futokadsurae*	*Kadsura Stem*
Pfeifenfisch	*Hai Long*	*Solenognathus*	*Hailong*	*Pipe-fish*
Pfingstrosenwurzel	*Chi Shao*	*Paeonia*	*Radix Paeoniae Rubrae*	*Red Peony Root*
Pfirsichsamen	*Tao Ren*	*Prunus*	*Semen Persicae*	*Peach Seed (Kernel)*
Physalis-Kelch oder Frucht	*Suan Jiang*	*Physalis*	*Calyx seu Fructus Physalis**	*Wintercherry Calyx or Fruit*
Picrorhiza-Wurzelstock	*Hu Huang Lian*	*Picrorhiza*	*Rhizoma Picrorhizae*	*Picrorhiza Rhizome*
Pilzlicher Parasit, der Raupen befällt	*Dong Chong Xia Cao*	*Cordyceps*	*Cordyceps Sinensis*	*Chinese Caterpillar Fungus*
Plazenta (des Menschen)	*Zi He Che*	*Homo Sapiens*	*Placenta Hominis*	*Human Placenta*
Ölweidenblätter	*Hu Tui Ye*	*Elaeagnus*	*Folium Elaeagni Pungentis*	*Eleagnus Leaf*
Porling	*Zhu Ling*	*Polyporus*	*Sclerotium Polypori Umbellati*	*Polyporus Sclerotium*

Deutsch	Pinyin	Botanisch	Pharmazeutisch	Englisch
Portulak	*Ma Chi Xian*	*Portulaca*	*Herba Portulacae Oleraceae*	*Purslane*
Pseudostellariawurzel	*Tai Zi Shen*	*Pseudostellaria*	*Radix Pseudostellariae Heterophyllae*	*Prince Ginseng Root*
Pyrit, Schwefelkies, Eisenkies	*Zi Ran Tong*	*Pyritum*	*Pyritum*	*Pyrite*
Pyrrosiablätter	*Shi Wei*	*Pyrrosia*	*Folium Pyrrosiae*	*Pyrrosia Leaf*
Quecksilber	*Shui Yin*	*Hydrargyrum*	*Hydrargyrum*	*Mercury*
Quisqualis-Früchte	*Shi Jun Zi*	*Quisqualis*	*Fructus Quisqualis Indicae*	*Rangoon Creeper Fruit*
Ramiewurzel	*Zhu Ma Gen*	*Boehmeria*	*Radix Boehmeriae Niveae**	*Ramie Root*
Rattennatter	*Wu Shao She*	*Zaocys*	*Zaocys Dhumnades*	*Black-striped Snake*
Räuchermyrrhe	*Mo Yao*	*Commiphora*	*Resina Myrrhae*	*Myrrh Gum-resin*
Realgar, Arsendisulfid	*Xiong Huang*	*Realgar*	*Realgar*	*Realgar; Arsenic Disulfide*
Regenwurm	*Di Long*	*Pheretima*	*Lumbricus*	*Earthworm*
Rehmanniawurzel, in Wein gekocht	*Shu Di Huang*	*Rehmannia*	*Radix Rehmanniae Glutinosae Conquitae*	*Wine-cooked Chinese Foxglove Root*
Reiherschnabel oder Storchschnabel	*Lao Guan Cao*	*Erodium oder Geranium*	*Herba Erodii seu Geranii**	*Geranium; Heronbill; Cranebill*
Reiskörner	*Jing Mi*	*Oryza*	*Semen Oryzae Sativae**	*Rice Grain*
Reiswurzel	*Nuo Dao Gen Xu*	*Oryza*	*Radix et Rhizoma Oryzae Glutinosae*	*Sweet Rice Root and Rhizome*
Rettichsamen	*Lai Fu Zi*	*Raphanus*	*Semen Raphani Sativi*	*Radish Seed*
Reynoutria-Wurzelstock	*Hu Zhang*	*Polygonum*	*Radix et Rhizoma Polygoni Cuspidati*	*Giant Knotweed Rhizome*
Rhabarberwurzel	*Da Huang*	*Rheum*	*Radix et Rhizoma Rhei*	*Rhubarb Root and Rhizome*
Rhesusaffengalle	*Hou Zao*	*Macaca*	*Calculus Macacae Mulattae*	*Macaque Gallstone*
Rhinozeroshorn	*Xi Jiao*	*Rhinoceros*	*Cornu Rhinoceri*	*Rhinoceros Horn*
Rhodea	*Wan Nian Qing*	*Rhodea*	*Herba Rhodeae Japonicae**	*Rhodea*
Rhododendronblätter	*Man Shan Hong*	*Rhododendron*	*Folium Rhododendri**	*Rhododendron Leaf*
Riemenblume oder Mistel	*Sang Ji Sheng*	*Loranthus oder Viscum*	*Ramulus Sangjisheng*	*Mulberry Mistletoe Stem*
Riemenblumenrinde	*Ji Mu*	*Loropetalum*	*Cortex Loropetali**	*Loropetalum Bark*
Rindergallenblase	*Niu Dan*	*Bos*	*Vesica Fellea Bovis*	*Cow Gallbladder*
Rote Mandarinenschale	*Ju Hong*	*Citrus*	*Pars Rubra Epicarpii Citri Erythrocarpae*	*Red Tangerine Peel*
Roter Kokospilz	*Chi Fu Ling*	*Poria*	*Sclerotium Poriae Cocos Rubrae*	*Red Hoelen; Red Tuckahoe*
Rundkolbenblätter	*Pu Hui*	*Typha*	*Folium Typhae*	*Cattail Leaves*
Rundkolbenpollen	*(Sheng) Pu Huang*	*Typha*	*Pollen Typhae*	*Raw Cattail Pollen*

Deutsch	Pinyin	Botanisch	Pharmazeutisch	Englisch
Saflorblüten	*Hong Hua*	*Carthamus*	*Flos Carthami Tinctorii*	*Safflower*
Salbeikraut	*Ji Ning*	*Salvia*	*Herba Salviae Plebeiae**	*Salvia*
Salomonssiegelwurzel-stock	*Yu Zhu*	*Polygonatum*	*Rhizoma Polygonati Odorati*	*Fragrant Solomon's Seal Rhizome; Polygonatum*
Salvia-Wurzel	*Dan Shen*	*Salvia*	*Radix Salviae Miltiorrhizae*	*Red Sage Root*
Sandbrombeere	*Mao Mei*	*Rubus*	*Herba Rubi Parvifolii**	*Thimbleberry*
Sandelholz	*Tan Xiang*	*Santalum*	*Lignum Santali Albi*	*Sandalwood Heartwood*
Sappanholz	*Su Mu*	*Caesalpinia*	*Lignum Sappan*	*Sappan Heartwood*
Sargassum-Tang	*Hai Zao*	*Sargassum*	*Herba Sargassi*	*Sargassum Seaweed*
Sargentodoxa-Sprossachse	*Hong Teng*	*Sargentodoxa*	*Caulis Sargentodoxae Cuneatae*	*Sargentodoxa Stem*
Saumfarnkraut	*Feng Wei Cao*	*Pteris*	*Herba Pterii**	*Pteris*
Schachtelhalm	*Mu Zei*	*Equisetum*	*Herba Equiseti Hiemalis*	*Horsetail, Scouring Rush; Shavegrass*
Schellenblumenwurzel	*Gan Jie Geng*	*Adenophora*	*Radix Adenophorae Trachelioidis*	*Sweet Jie Geng*
Schellenblumenwurzel	*Nan Sha Shen*	*Adenophora*	*Radix Adenophorae*	*Ladybell Root, Southern Sand Root*
Schilfrohrwurzelstock	*Lu Gen*	*Phragmites*	*Rhizoma Phragmitis Communis*	*Reed Rhizome; Corrizo Rhizome*
Schisandra-Früchte	*Wu Wei Zi*	*Schisandra*	*Fructus Schisandrae Chinensis*	*Northern Schisandra Fruit*
Schisandrafrüchte	*Nan Wu Wei Zi*	*Schisandra*	*Fructus Schisandrae Sphenantherae*	*Southern Schisandra Fruit*
Schlafmohnsamen-kapsel	*Ying Su Ke*	*Papaver*	*Pericarpium Papaveris Somniferi*	*Opium Poppy Husk*
Schlangenbartknollen	*Mai Men Dong*	*Ophiopogon*	*Tuber Ophiopogonis Japonici*	*Creeping Lily-turf Tuber*
Schlangenhaut	*She Tui*	*Zaocys*	*Exuviae Serpentis*	*Snake Skin Slough*
Schlangenkürbisfrüchte	*Gua Lou*	*Trichosanthes*	*Fructus Trichosanthis*	*Snakegourd Fruit*
Schlangenkürbissamen	*Gua Lou Ren*	*Trichosanthes*	*Semen Trichosanthis*	*Snakegourd Seed*
Schlangenkürbisschale	*Gua Lou Pi*	*Trichosanthes*	*Pericarpium Trichosanthis*	*Snakegourd Peel*
Schlangenkürbiswurzel	*Tian Hua Fen*	*Trichosanthes*	*Radix Trichosanthis Kirilowii*	*Snakegourd Root*
Schmetterlings-strauchblüten	*Mi Meng Hua*	*Buddleia*	*Flos Buddleiae Officinalis Immaturus*	*Buddleia Flower*
Schnurbaum-blütenknospen	*Huai Hua Mi*	*Sophora*	*Flos Sophorae Japonicae Immaturus*	*Pagoda Tree Flower Bud*
Schnurbaumfrüchte	*Huai Jiao*	*Sophora*	*Fructus Sophorae Japonicae*	*Pagoda Tree Fruit*
Schnurbaumwurzel	*Ku Shen*	*Sophora*	*Radix Sophorae Flavescentis*	*Bitter Ginseng Root*
Schnurbaumwurzel	*Shan Dou Gen*	*Sophora*	*Radix Sophorae Tonkinensis*	*Pigeon Pea Root*

Deutsch	Pinyin	Botanisch	Pharmazeutisch	Englisch
Schönfruchtstrauch-Frutescentis	*Zi Zhu*	*Callicarpa*	*Folium Callicarpae*	*Callicarpa Leaf*
Schuppen des China-Ohrenschuppentiers	*Chuan Shan Jia*	*Manis*	*Squama Manitis Pentadactylae*	*Anteater-Scales; Pangolin Scales*
Schwarznesselblätter	*Zi Su Ye*	*Perilla*	*Folium Perillae Frutescentis*	*Perilla Leaf*
Schwarznesselsamen	*Zi Su Zi*	*Perilla*	*Semen Perillae Frutescentis*	*Perilla Seed*
Schwarznesselstängel	*Zi Su Geng*	*Perilla*	*Ramulus Perillae**	*Perilla Stem*
Schwefel	*Liu Huang*	*Sulphur*	*Sulphur*	*Sulphur*
Seegurke, Seewalze	*Hai Shen*	*Strichopus*	*Strichopus Japonicus*	*Sea Cucumber, Sea Slug*
Seeohrenschale, Abaloneschale	*Shi Jue Ming*	*Haliotis*	*Concha Haliotidis*	*Abalone Shell*
Seepferdchen	*Hai Ma*	*Hippocampus*	*Hippocampus*	*Sea Horse*
Seidenbaumblüten	*He Huan Hua*	*Albizia*	*Flos Albiziae Julibrissin**	*Mimosa Tree Flower; Silktree Flower*
Seidenbaumrinde	*He Huan Pi*	*Albizia*	*Cortex Albiziae Julibrissin*	*Mimosa Tree Bark; Silktree Bark*
Seidenwurmkot	*Can Sha*	*Bombyx*	*Excrementum Bombycis Mori*	*Silkworm Feces*
Sekret des Moschushirschs	*She Xiang*	*Moschus*	*Secretio Moschus*	*Musk; Musk Deer Navel Gland Secretion*
Sennablätter	*Fan Xie Ye*	*Cassia*	*Folium Sennae*	*Senna Leaf*
Sesamsamen	*Hei Zhi Ma*	*Sesamum*	*Semen Sesami Indici*	*Black Sesame Seed*
Sexualorgane einer männlichen Robbe	*Hai Gou Shen*	*Phoca*	*Testis et Penis Otariae**	*Male Seal Sexual Organs*
Sexualorgane eines männlichen Hundes	*Guang Gou Shen*	*Canis*	*Testis et Penis Canis**	*Male Dog Sexual Organs*
Sexualorgane eines männlichen Pferdes	*Hei Lu Shen*	*Equus*	*Testis et Penis Equi**	*Male Horse Sexual Organs*
Sexualorgane eines Hirschs	*Hua Lu Shen*	*Cervus*	*Testis et Penis Cervi**	*Male Deer Sexual Organs*
Siberischer Salomons-siegelwurzelstock	*Huang Jing*	*Polygonatum*	*Rhizoma Polygonati*	*Siberian Solomon Seal Rhizome*
Sibirische Spitzklettenfrüchte	*Cang Er Zi*	*Xanthium*	*Fructus Xanthii Sibirici*	*Xanthium Fruit; Cocklebur Fruit*
Sibirische Kreuzblumenwurzel	*Yuan Zhi*	*Polygala*	*Radix Polygalae Tenuifoliae*	*Chinese Senega Root; Seneca Snakeroot*
Siegesbeckienkraut	*Xi Xian Cao*	*Siegesbeckia*	*Herba Siegesbeckiae*	*St. Paul's Wort*
Silber	*Xiao Shi*	*Niter*	*Niter**	*Silver*
Silberkerzenwurzelstock	*Sheng Ma*	*Cimicifuga*	*Rhizoma Cimicifugae*	*Black Cohosh Rhizome; Bugbane Rhizome*
Silikathaltige Bambussekrete	*Tian Zhu Huang*	*Bambusa*	*Concretio Silicea Bambusae Textillis*	*Siliceous Secretions of Bamboo*
Skorpion	*Quan Xie*	*Buthus*	*Buthus Martensi*	*Scorpion*
Smithsonit, Zinkspat	*Lu Gan Shi*	*Smithsonitum*	*Smithsonitum*	*Smithsonite; Calamine*

Deutsch	Pinyin	Botanisch	Pharmazeutisch	Englisch
Stacheljujubensamen	*Suan Zao Ren*	*Ziziphus*	*Semen Ziziphi Spinosae*	*Sour Jujube Seed; Zizyphus*
Stachelpanaxwurzel-rinde	*Wu Jia Pi*	*Acanthopanax*	*Cortex Acanthopanacis Gracilistyli Radicis*	*Acanthopanax Rootbark.*
Stalaktitenspitze	*E Guan Shi*	*Stalactitum*	*Stalactitum*	*Stalactite Tubular Tip*
Stäubling-Pilzfruchtkörper	*Ma Bo*	*Lasiosphaera*	*Fructificatio Lasiosphaerae seu Calvatiae*	*Puffball Fruiting Body*
Stechpalmenblätter	*Si Ji Qing*	*Ilex*	*Folium Ilicis Chinensis**	*Holly Leaf*
Stechpalmenwurzel	*Mao Dong Qing*	*Ilex*	*Radix Ilicis Pubescentis**	*Pubescent Holly Root*
Stechwindenwurzel-stock	*Tu Fu Ling*	*Smilax*	*Rhizoma Smilacis Glabrae*	*Glabrous Greenbrier Rhizome*
Steinsamenwurzel	*Zi Cao*	*Lithospermum*	*Radix Lithospermi seu Arnebiae*	*Groomwell Root*
Stellaria-Wurzel	*Yin Chai Hu*	*Stellaria*	*Radix Stellariae Dichotomae*	*Stellaria Root*
Stemona-Wurzel	*Bai Bu*	*Stemona*	*Radix Stemonae*	*Stemona Root*
Stephania-Wurzel	*Han Fang Ji*	*Stephania*	*Radix Stephaniae Tetrandrae*	*Stephania Root*
Sterculia-Samen	*Pang Da Hai*	*Sterculia*	*Semen Sterculiae Scaphigerae*	*Sterculia Seed*
Sternanissamen	*Ba Jiao Hui Xiang*	*Illicium*	*Fructus Illicii**	*Star Anise Fruit*
Sternjasmin	*Luo Shi Teng*	*Trachelo-spermum*	*Caulis Trachelospermi Jasminoidis*	*Star Jasmine Stem*
Stinkasant, Teufelsdreck	*E Wei*	*Ferula*	*Resina Asafoetidae**	*Asafoetida Gum-resin; Devil's Dung*
Stinkeschenfrüchte	*Wu Zhu Yu*	*Evodia*	*Fructus Evodiae Rutaecarpae*	*Evodia Fruit*
Stinkulmenfruchtpaste	*Wu Yi*	*Ulmus*	*Praeparatio Fructus Ulmi Macrocarpi*	*Stinking Elm Fruit Paste*
Strauchpaeonien-wurzelrinde	*Mu Dan Pi*	*Paeonia*	*Cortex Moutan Radicis*	*Tree Peony Rootbark*
Szechuan-Schachblumenzwiebel	*Chuan Bei Mu*	*Fritillaria*	*Bulbus Fritillariae Cirrhosae*	*Tendrilled Fritillary Bulb*
Szechuan-Pfeffersamen	*Chuan Jiao Mu*	*Zanthoxylum*	*Semen Zanthoxyli Bungeani*	*Sichuan Pepper Seed*
Szechuan-Pfefferschoten	*Chuan Jiao*	*Zanthoxylum*	*Pericarpium Zanthoxyli Bungeani*	*Sichuan Pepper Fruit*
Szechuanpfeffer	*(Chuan) Jiao Mu*	*Zanthoxylum*	*Semen Zanthoxyli Bungeani*	*Sichuan Pepper Seed*
Talcum, Talkum	*Hua Shi*	*Talcum*	*Talcum*	*Talc; Soapstone*
Talgbaumsamen und -zweige	*Dou Chi Jiang*	*Litsea*	*Radix et Ramus Litseae Cubebae*	*Aromatic Litsea Root and Stem*
Talgbaumwurzelrinde	*Wu Jiu Gen Pi*	*Sapium*	*Cortex Sapii Sebiferi Radicis**	*Tallow Tree Root Bark*

Deutsch	Pinyin	Botanisch	Pharmazeutisch	Englisch
Teichlinse oder Wasserlinse	*Fu Ping*	*Spirodela oder Lemna*	*Herba Lemnae seu Spirodelae*	*Duckweed*
Terminalia-Früchte, Haritaki-Früchte	*He Zi*	*Terminalia*	*Fructus Terminaliae Chebulae*	*Myrobalan Fruit*
Terra Flava Usta, Verbrannte Gelbe Erde	*Fu Long Gan*	*Terra Flava Usta*	*Terra Flava Usta*	*Ignited Wood Stove Earth*
Thalictrum, Wiesenraute	*Tang Song Cao*	*Thalictrum*	*Herba Thalictri Foliolosi**	*Thalictrum*
Tigerknochen	*Hu Gu*	*Panthera*	*Os Tigris*	*Tiger Bone*
Tinospora-Sprosse	*Kuan Jin Teng*	*Tinospora*	*Ramus Tinosporae Sinensis*	*Tinospora Stem*
Tinospora-Wurzel	*Jin Guo Lan*	*Tinospora*	*Radix Tinosporae Capillipes**	*Tinospora Root*
Tintenfischschale (Schulp)	*Hai Piao Xiao*	*Sepia oder Sepiella*	*Os Sepiae seu Sepiellae*	*Cuttle-fish Bone*
Tote Seidenspinnerraupen	*Jiang Can*	*Bombyx*	*Bombyx Batryticatus*	*Dead Stiff Body of Sick Silkworm Larvae*
Tremella-Pilzfrucht-körper	*Bai Mu Er*	*Tremella*	*Fructificatio Tremellae Fucitormis*	*Tremella Fungus Fruiting Body*
Trichterwindensamen	*Qian Niu Zi*	*Pharbitis*	*Semen Pharbitidis*	*Morning Glory Seed*
Typhonium-Wurzelstock	*Bai Fu Zi*	*Typhonium*	*Rhizoma Typhonii Gigantei*	*Typhonium Rhizome*
Unbehandelte Pinellia-Knollen	*(Sheng) Ban Xia*	*Pinellia*	*Rhizoma Pinelliae Ternatae*	*Raw Pinellia Rhizome*
Uncariazweige und -dornen	*Gou Teng*	*Uncaria*	*Ramulus cum Uncis Uncariae*	*Gambir vine Stems and Hooks*
ungeflügelte Schabe	*Tu Bie Chong*	*Eupolyphaga*	*Eupolyphaga seu Opisthoplatia*	*Wingless Cockroach*
Ural-Süßholzwurzel	*Gan Cao*	*Glycyrrhiza*	*Radix Glycyrrhizae Uralensis*	*Licorice Root*
Venusmuschelschale	*Hai Ge Ke*	*Cyclina*	*Concha Cyclinae Sinensis*	*Clam Shell*
Versteinerte fossile Zähne	*Long Chi*	*Dens Draconis*	*Dens Draconis*	*Dragon Tooth; Fossilized Tooth*
Versteinerte fossile Knochen	*Long Gu*	*Os Draconis*	*Os Draconis*	*Dragon Bone; Fossilized Bone*
Vielblütige Knöterichwurzel	*He Shou Wu*	*Polygonum*	*Radix Polygoni Multiflori*	*Fleeceflower Root; Fo-Ti Root*
Vielblütiger Knöterich	*Ye Jiao Teng*	*Polygonum*	*Caulis Polygoni Multiflori*	*Fleeceflower Stem; Fo-Ti Stem*
Vogelknöterichkraut	*Bian Xu*	*Polygonum*	*Herba Polygoni Avicularis*	*Avicularis; Knotweed*
Vorbehandelte Eisenhutseitenwurzel	*(Hei) Fu Zi*	*Aconitum*	*Radix Lateralis Aconiti Carmichaeli Praeparata*	*Prepared Sichuan Aconite Root*
Vorbehandelte (fermentierte) Sojabohnen	*Dan Dou Chi*	*Glycine*	*Semen Glycinis Praeparatum*	*Prepared (Fermented) Soybean*
Vorbehandelte Pinellia-Knollen	*(Fa) Ban Xia*	*Pinellia*	*Rhizoma Pinelliae Ternatae*	*Prepared Pinellia Rhizome*

Deutsch	Pinyin	Botanisch	Pharmazeutisch	Englisch
Vorbehandelter Alaun	*Ku Fan*	*Alumen Praeparatum*	*Alumen Praeparatum*	*Prepared Alum*
Vorbehandelter Feuerkolbenwurzelknollen	*Zhi Nan Xing*	*Arisaema*	*Rhizoma Arisaematis Praeparata*	*Prepared Jack-in-the-Pulpit Rhizome*
Wachskürbisfruchtschale	*Dong Gua Pi*	*Benincasa*	*Epicarpium Benincasae Hispidae*	*Wintermelon Fruit Peel Wax Gourd Fruit Peel*
Wachskürbissamen	*Dong Gua Ren*	*Benincasa*	*Semen Benincasae Hispidae*	*Wintermelon Seed; Wax Gourd Seed*
Walnuss	*Hu Tao Ren*	*Juglans*	*Semen Juglandis Regiae*	*Walnut*
Wanze	*Jiu Xiang Chong*	*Aspongopus*	*Aspongopus**	*Stink Bug*
Wasserbüffelhorn	*Shui Niu Jiao*	*Bubalus*	*Cornu Bubali*	*Waterbuffalo Horn*
Wasserdost	*Pei Lan*	*Eupatorium*	*Herba Eupatorii Fortunei*	*Boneset; Thoroughwort; Feverwort*
Wassermelone	*Xi Gua*	*Citrullus*	*Fructus Citrulli Vulgaris*	*Watermelon Fruit and Peel or Rind*
Weiße Chrysanthemenblüten	*(Bai) Ju Hua*	*Chrysanthemum*	*Flos Chrysanthemi Morifolii*	*White Chrysanthemum Flower*
Weiße Pfingstrosenwurzel	*Bai Shao*	*Paeonia*	*Radix Paeoniae Lactiflorae*	*White Peony Root*
Weiße Senfkörner	*Bai Jie Zi*	*Sinapis*	*Semen Sinapis Albae*	*White Mustard Seed*
Weizenspreu/-körner	*Fu Xiao Mai*	*Triticum*	*Semen Tritici Aestivi Levis*	*Wheat Chaff/Grain*
Wengé-Wurzel und -Stängel	*Ji Xue Teng*	*Millettia*	*Radix et Caulis Jixueteng*	*Millettia Root and Vine; Chicken Blood Vine*
Wiesenknopfwurzel	*Di Yu*	*Sanguisorba*	*Radix Sanguisorbae Officinalis*	*Burnet-bloodwort Root*
Wilde Eisenhutwurzel	*Cao Wu*	*Aconitum*	*Radix Aconiti Kusnezoffii*	*Wild Aconite*
Wildes Chinesisches Veilchen	*Zi Hua Di Ding*	*Viola*	*Herba cum Radice Violae Yedoensitis*	*Viola*
Windschutzwurzel	*Fang Feng*	*Ledebouriella*	*Radix Ledebouriellae Divaricatae*	*Siler Root; Ledebouriella Root*
Wintergrün	*Lu Xian Cao*	*Pyrola*	*Herba Pyrolae**	*Pyrola*
Winterzwiebel	*Cong Bai*	*Allium*	*Bulbus Allii Fistulosi*	*White Bulb of Green Onion or Scallion*
Wolfsmilchkraut	*Ze Qi*	*Euphorbia*	*Herba Euphorbiae Helioscopiae*	*Pill-bearing Spurge*
Wolfsmilchsamen	*Xu Sui Zi*	*Euphorbia*	*Semen Euphorbiae Lathyridis**	*Caper Spurge Seed; Moleplant Seed*
Wolfsmilchwurzel oder Knoxia-Wurzel	*Jing Da Ji*	*Euphorbia oder Knoxia*	*Radix Euphorbiae seu Knoxiae*	*Peking Spurge Root*
Wolfstrappkraut	*Ze Lan*	*Lycopus*	*Herba Lycopi Lucidi*	*Bugleweed*
Wollmispelblätter	*Pi Pa Ye*	*Eriobotrya*	*Folium Eriobotryae Japonicae*	*Loquat Leaf*
Wurmfarnwurzelstock	*Dong Bei Guan Zhong*	*Dryopteris*	*Rhizoma Dryopteridis*	*Dryopteris Rhizome*
Yamswurzel	*Huang Yao Zi*	*Dioscorea*	*Tuber Dioscoreae Bulbiferae*	*Dioscorea Tuber*

Deutsch	Pinyin	Botanisch	Pharmazeutisch	Englisch
Yamswurzelknollen	*Shan Yao*	*Dioscorea*	*Radix Dioscoreae Oppositae*	*Chinese Wild Yam Root*
Zedrachbaum-wurzelrinde, Neembaumwurzelrinde	*Ku Lian Gen Pi*	*Melia*	*Cortex Meliae Radicis*	*Sichuan Chinaberry Root Bark; Sichuan Pagoda Tree Root Bark; Neem Tree Bark*
Zedrachbaumrinde, Neembaumrinde	*Ku Lian Mu Pi*	*Melia*	*Cortex Meliae*	*Sichuan Chinaberry Tree Bark; Sichuan Pagoda Tree Bark; Neem Root Bark*
Zhekiang-Fritillaria-Zwiebel	*Zhe Bei Mu*	*Fritillaria*	*Bulbus Fritillariae Thunbergii*	*Thunberg Fritillary Bulb*
Ziegenhorn	*Shan Yang Jiao*	*Naemorhedis*	*Cornu Naemorhedis*	*Goat Horn*
Zikadenkleid	*Chan Tui*	*Cryptotympana*	*Periostracum Cicadae*	*Cicada Skin; Cicada Moulting*
Zimtzweige, Cassia-Zimtzweige	*Gui Zhi*	*Cinnamomum*	*Ramulus Cinnamomi Cassiae*	*Cinnamon Twig*
Zinnober, Cinnabarit, Quecksilbersulfid	*Zhu Sha*	*Cinnabaris*	*Cinnabaris*	*Cinnabar; Red Mercury Sulfide*
Zitwerwurzelstock	*E Zhu*	*Curcuma*	*Rhizoma Curcumae*	*Zedoary Tumeric Rhizome*

Anhang

Anhang A – Aufbau einer Kräuterapotheke

Wenn Sie eine chinesische Arzneimittelapotheke aufbauen möchten, benötigen Sie einen Apotheker, der über eine gut sortierte sowie qualitativ geprüfte Kräuterauswahl verfügt. Zum Auswiegen der Substanzen ist eine Apothekerwaage empfehlenswert; Mörser und Stößel, vorzugsweise aus Messing oder Marmor, dienen zum Zerkleinern fester Substanzen, ein Mixer zum Zerkleinern weicher Kräuter. Zum Verpacken der Rezepturen für den Patienten sind kleine Papier- oder Plastikbeutel empfehlenswert. Diese sollten mit dem Namen des Patienten, dem Verfallsdatum sowie den Zutaten beschriftet sein.

In Anhang B sind 175 der wichtigsten Kräuter aufgelistet, die am häufigsten in Rezepturen verwendet werden. Bei der Entwicklung einer Auswahl ist es hilfreich, sich ein Budget zu setzen und die Preise verschiedener Lieferanten zu vergleichen. Mögliche Bezugsquellen sind in Anhang C aufgeführt. Die meisten Lieferanten bieten Kataloge an.

In chinesischen Apotheken werden meist Holzschubladenkästen zur Lagerung der Arzneimittel verwendet. In der praktischen Erfahrung hat sich jedoch gezeigt, dass Glasbehälter günstiger sind, da sie die Ausbreitung von Insektenbefall verhindern. Die Behälter sollten entsprechend beschriftet werden. Farbabbildungen der Substanzen sind hilfreich beim Identifizieren gelieferter Kräuter. Die meisten Lieferanten gehen bei der Kennzeichnung der Arzneimittel sehr sorgfältig vor, doch falsche oder fehlende Beschriftungen können vorkommen.

Kräuter haben eine Haltbarkeit von etwa einem Jahr. Einige halten sich auch länger, doch die Wirksamkeit kann mit der Lagerungsdauer abnehmen. Prüfen Sie die Kräuter regelmäßig auf Schimmel- oder Insektenbefall, vor allem in feuchten Klimaten.

Anhang B – 175 Arzneimittel zum Aufbau einer Apotheke

Hier folgt eine Aufstellung von Kräutern, die wir für den Aufbau einer chinesischen Arzneimittelapotheke vorschlagen.

Ai Ye/Artemisia

Ba Ji Tian/Morinda

Bai Dou Kou/Amomum

Bai Jie Zi/Brassica

Bai Mao Gen/Imperata

Bai Shao /Paeonia

Bai Tou Weng/Pulsatilla

Bai Zhi/Angelica

Bai Zhu/Atractylodes

Bai Zi Ren/Biota

Ban Lan Gen/Isatis

Bei Sha Shen/Glehnia

Bei Xie/Dioscorea

Bi Ba/Piper

Bian Dou/Dolichos

Bing Lang/Areca

Bo He/Mentha

Cang Er Zi/Xanthium

Ce Bai Ye/Biota

Chai Hu/Bupleurum

Che Qian Zi/Plantago

Chen Pi/Citrus

Chi Shao/Paeonia

Chi Xiao Dou/Phaseolus

Chuan Lian Zi/Melia

Chuan Niu Xi/Cyathula

Chuan Xiong/Ligusticum

Da Fu Pi/Areca

Da Huang/Rheum

Da Qing Ye/Isatis

Da Zao/Ziziphus

Dan Dou Chi/Glycine

Dan Shen/Salvia

Dan Zhu Ye/Lophatherum

Dang Gui/Angelica

Dang Shen/Codonopsis

Di Fu Zi/Kochia

Di Gu Pi/Lycium

Di Yu/Sanguisorba

Dong Gua Ren/Benincasa

Du Huo/Angelica

Du Zhong/Eucommia

E Jiao/Equus

E Zhu/Curcuma

(Fa) Ban Xia/Pinellia

Fan Xie Ye/Cassia

Fang Feng/Ledebouriella

Fo Shou/Citrus

Fu Ling/Poria

Fu Pen Zi/Rubus

Gan Cao/Glycyrrhiza

Gan Jiang/Zingiber

Gao Ben/Ligusticum

Gao Liang Jiang/Alpinia

Ge Gen/Pueraria

Gou Qi Zi/Lycium

Gou Teng/Uncaria

Gua Lou Pi/Trichosanthes

Gua Lou Ren/Trichosanthes

Gui Zhi/Cinnamomum

Hai Zao/Sargassum

Han Fang Ji/Stephania

He Shou Wu/Polygonum

Hong Hua/Carthamus

Hou Po/Magnolia

Hu Huang Lian/Picrorhiza

Hua Shi/Talcum

Huai Niu Xi/Achyranthes

Huang Bai/Phellodendron

Huang Jing/Polygonatum

Huang Lian/Coptis

Huang Qi/Astragalus

Huang Qin/Scutellaria

Huo Ma Ren/Cannabis

Huo Xiang/Agastache

Ji Nei Jin/Gallus

Ji Xue Teng/Millettia

Jiang Huang/Curcuma

Jie G eng/Platycodon

Jin Qian Cao/Lysimachia

Jin Yin Hua/Lonicera

Jing Jie/Schizonepeta

Ju Hua/Chrysanthemum

Jue Ming Zi/Cassia

Ku Shen/Sophora

Kuan Dong Hua/Tussilago

Kun Bu/Laminaria

Lai Fu Zi/Raphanus

Lian Qiao/Forsythia

Lian Zi/Nelumbo

Ling Zhi/Ganoderma

Long Dan Cao/Gentiana

Long Gu/Os Draconis

Long Yan Rou/Euphoria

Lu Gen/Phragmites

Ma Huang/Ephedra

Mai Men Dong/Ophiopogon

Mai Ya/Hordeum

Man Jing Zi/Vitex

Mang Xiao/Mirabilitum

Mu Dan Pi/Paeonia

Mu Gua/Chaenomeles

Mu Li/Ostrea

Mu Tong/Akebia

Mu Xiang/Saussurea

Nan Sha Shen/Adenophora

Niu Bang Zi/Arctium
Pi Pa Ye/Eriobotrya
Pu Gong Ying/Taraxacum
Qian Cao Gen/Rubia
Qian Hu/Peucedanum
Qian Shi/Euryale
Qiang Huo/Notopterygium
Qin Jiao/Gentiana
Qing Hao/Artemisia
Qing Pi/Citrus
Qu Mai/Dianthus
Rou Cong Rong/Cistanche
Rou Gui/Cinnamonum
Sang Bai Pi/Morus
Sang Ji Sheng/Loranthus
Sang Ye/Morus
Sha Ren/Amomum
Shan Yao/Dioscorea
Shan Zha/Crataegus
Shan Zhu Yu/Cornus
Shen Qu/Massa Fermentata
Sheng Di Huang/Rehmannia
Sheng Ma/Cimicifuga
Shi Chang Pu/Acorus
Shi Gao/Gypsum
Shi Hu/Dendrobium
Shi Wei/Pyrrosia
Shu Di Huang/Rehmannia
Suan Zao Ren/Ziziphus
Tai Zi Shen/Pseudostellaria
Tao Ren/Prunus
Tian Hua Fen/Trichosanthes
Tian Ma/Gastrodia
Tian Nan Xing/Arisaema
Tu Si Zi/Cuscuta
Wei Ling Xian/Clematis
Wu Jia Pi/Acanthopanax
Wu Ling Zi/Trogopterus
Wu Wei Zi/Schisandra
Wu Yao/Lindera
Wu Zhu Yu/Evodia
Xi Xin/Asarum
Xia Ku Cao/Prunella
Xiang Fu/Cyperus
Xiao Hui Xiang/Foeniculum
Xin Yi Hua/Magnolia
Xing Ren/Prunus
Xu Duan/Dipsacus
Xuan Shen/Scrophularia
Yan Hu Suo/Corydalis
Yi Mu Cao/Leonurus
Yi Yi Ren/Coix
Yi Zhi Ren/Alpinia
Yin Chen Hao/Artemisia
Yu Jin/Curcuma
Yu Li Ren/Prunus
Yu Zhu/Polygonatum
Yuan Zhi/Polygala

Ze Xie/Alisma

Zhe Bei Mu/Fritillaria

Zhi Ke/Citrus

Zhi Mu/Anemarrhena

Zhi Shi/Citrus

Zhi Zi/Gardenia

Zhu Ling/Polyporus

Zhu Ru/Bambusa

Zi Su Ye/Perilla

Zi Su Zi/Perilla

Zi Wan/Aster

Anhang C – Bezugsquellen

Biomed, Mühlfeldweg 39
D-86984 Prem in Oberbayern
Tel.: 0 88 62/98 89-0;
Fax: 0 88 62/71 71 und 98 89-16
Chin. Heilkräuter*, Pflanzengranulate*, Literatur, Akupunkturbedarf

China Arzneimittel Agentur,
Hans-Dill-Str. 9,
D-95326 Kulmbach,
Tel.: 0 92 21/8 41 11,
Fax: 0 92 21/8 41 14,
Chinesische Fertigarzneimittel*

Chinamed,
Arzneimittelvertrieb H. Strohhammer,
Holzhausen 10,
D-83317 Teisendorf;
Tel.: 0 86 66/79 51 oder 79 52;
Fax: 0 86 66/79 54;
Akupunkturbedarf,
Chin. Gewürze und Heilkräuter*

China Medica;
Postfach 11;
D-83735 Bayrisch-Zell;
Tel.: 0 80 23/6 53; Fax: 0 80 23/6 07;
Chin. Heilkräuter*

China Purmed,
Sophienstr. 13,
D-76133 Karlsruhe,
Tel.: 07 21/3 60 40,
Fax: 07 21/3 60 80,
Bestellservice (gebührenfrei):
0130-12 23 43;
E-Mail: ChinaPurmed@t-online.de.
Akupunkturbedarf, Chin. Heilkräuter*

East-West Herbs Ltd., England,
Langston Priory Mews,
GB-Kingham, Oxfordshire, OX7 6UP,
Fax: +44/(0) 16 08/65 88 16;
Großvertrieb mit Qualitätskontrolle

Euroherbs BV, (NL) Het Ambacht 19,
NL-6931 EZ Westervoort;
Tel.: +31/(0) 26/3 11 56 60;
Fax: (+31)/(0) 26/3 11 77 52,
E-Mail: Euro.Beeks@net.HCC.nl;
Internet: www.euroherbs.com
und www.euroherbs.nl

FORMULA
Pharmazeutische Produkte GmbH,
Mariannenweg 46,
D-61348 Bad Homburg;
Tel.: 0 61 72/93 88 44/-96 64 50;
Fax: 0 61 72/93 88 55/-96 64 99;
E-Mail: formula@formulapharm.de;
Akupunkturbedarf;
Chinesische Kräuter,
Granulate, Hydrolysate

Harmonia Y Naturaleza,
Principado de Andorra
(Sprache: Franz./Engl.,
auf Anfrage Deutsch),
Bp 117, Andorra la Vella;
Tel.: 01 80/5 25 46 29;
Fax: 01 80/5 25 43 82;
in Deutschland Information Hotline
„Kräutermännchen":
Tel.: 040/4 91 80 05;
Fax: 040/4 91 80 06.
Chin. Heilkräuter*

Herbasin Hilsdorf GmbH,
Hindenburgstr. 19,
D-91126 Schwabach,
Tel.: 0 91 22/88 88 80;
Fax: 0 91 22/88 88 81;
E-Mail: herbasin@t-online.de;
Internet: www.herbasin.de;
Chin. Heilkräuter*, Akupunkturbedarf

HOMEOFAR GmbH,
D-24857 Fahrdorf,
Strandholm 27,
Tel./Fax: 04 31/9 34 01,

in der Schweiz: Bern
(Apotheke Dr. Noyer),
Tel.: +41/(0) 31/3 26 28 28,
Fax: 031/32 63 28 29,
Vertrieb von hydrophilen Konzentraten

Ostasiatischer Heilmittel-Import
GmbH,
Brestlingweg 8,
D-70619 Stuttgart,
Tel.: 07 11/47 49 86,
Fax: 07 11/4 78 01 15

PhytoComm.,
H. König,
Hafenstr. 17,
D-77694 Kehl;
Tel./Fax: 0 78 51/48 32 52;
chinesische Pflanzenextrakte

SinoMed Handelsgesellschaft
für Arzneimittel und Bedarfsartikel der
Chinesischen Medizin mbH & Co KG;
Ludwigstr. 2;
D-93444 Kötzting;
Tel.: 0 99 41/60 91 00;
Fax: 0 99 41/60 91 32.
Akupunkturbedarf, Chin. Heilkräuter*

SinoRes, Habichtweg 17,
D-21337 Lüneburg,
Tel.: 0 41 31/4 92 37,
Fax: 0 41 31/40 46 72;
Akupunkturbedarf, Chin. Heilkräuter*

TCMed, Papenstr. 23,
D-22089 Hamburg,
Fax: 0 40/25 15 33 88,
E-Mail: tcmed@aol.com;
Internet: www.Tcmed.com;
Chin. Heilkräuter

Weinfurth,
Hernerstr. 299, Haus 6,
D-44809 Bochum;
Tel.: 02 34/9 53 66 30;
Fax: 02 34/9 53 69 61;
E-Mail: Peter.Weinfurth@chinesische-medizin.com;
Internet:
www.chinesischemedizin.com;
Akupunkturbedarf, Literatur,
Chin. Heilkräuter*

Apotheken

Aesculap-Apotheke,
Poststr. 24,
D-69115 Heidelberg,
Tel.: 0 62 21/2 76 34;
Fax: 0 62 21/16 37 46

Aesculap-Apotheke,
Albert-Funk-Schacht-Str. 12,
D-09376 Oelsnitz,
Tel.: 03 72 98/1 25 23;
Fax: 03 72 98/1 25 26

Ahorn-Apotheke,
Apothekerin Hang Nga Mai,
Deisenhofener Str. 49,
D-81539 München,
Tel.: 0 89/6 92 84 57;
Fax: 0 89/6 92 53 37

Alte Apotheke,
Hauptstr. 12,
D-58739 Wickede,
Tel.: 0 23 77/40 44;
Fax: 0 23 77/12 26

Apotheke an der Feuerwache;
M. Werner, Moltkestr. 2,
D-40477 Düsseldorf,
Tel.: 02 11/44 58 06,
Fax: 02 11/44 58 05;
E-Mail:
feuer-apotheke.werner@t-online.de

Barer Apotheke,
Blütenstr. 20,
D-80799 München,
Tel.: 0 89/27 32 13-0,
Fax: 0 89/27 32 13-17

Herrenbach-Apotheke,
Friedberger Str. 73,
D-86161 Augsburg,
Tel.: 08 21/5 68 72-0,
Fax: 08 21/5 68 72-29,
E-Mail:
Herrenbach-Apotheke@t-online.de

Hirsch Apotheke,
Fachabteilung TCM,
Bahnstr. 65,
D-47877 Willich,
Tel.: 0 21 54/21 29 11,
Fax: 0 21 54/21 29 12

Kaiser Apotheke,
Kaiser Platz,
D-53113 Bonn,
Tel.: 02 28/63 57 44

Kronen Apotheke,
Langerfelderstr. 115,
D-42389 Wuppertal,
Tel.: 02 02/2 65 25-0,
Fax: 02 02/26 52 52 00

Neumarkt-Apotheke,
Öwer Hawe,
D-49074 Osnabrück,
Tel.: 05 41/3 58 92-0,
Fax: 05 41/3 58 92-20

Park-Apotheke Schwabach,
Hindenburgstr. 30,
D-91126 Schwabach,
Tel.: 0 91 22/1 31 32;
Fax: 0 91 22/83 73 63;
E-mail:
ParkApotheke.Schwabach@t-online.de
Chin. Heilkräuter, Sonderanfertigungen

Rabanus Apotheke,
Vor dem Peterstor 2,
D-36037 Fulda,
Tel.: 06 61/80 24;
Fax: 06 61/24 24 25

Schadow-Apotheke,
Schadowplatz 18,
D-40212 Düsseldorf,
Tel.: 02 11/86 66 00;
Fax: 02 11/8 66 60 33;
Chinesische Heilkräuter

Sonnen-Apotheke,
Marktstr. 11,
D-93444 Kötzting,
Tel.: 0 99 41/9 42 90,
Fax: 0 99 41/94 29 33

St.-Peter-Apotheke,
St.-Peter-Str. 16,
CH-8001 Zürich,
Tel.: +41/(0)1/2 11 44 77*

Anhang D – Patientenanweisung zur Zubereitung loser Kräuter

Das folgende Textbeispiel können Sie als Vorlage für die Erstellung Ihrer eigenen Patientenanweisungen verwenden.

Die Zubereitung loser Kräuter

Verwenden Sie einen Topf aus Glas, Email oder Edelstahl. Aluminium oder Gusseisen sollten vermieden werden, da sie die medizinische Wirkung der Kräuter beeinträchtigen. Fügen Sie dem Tee weder Honig, Zucker und ähnliche Süßungsmittel noch irgendetwas anderes hinzu. Wenn Sie den Geschmack als sehr unangenehm empfinden, können Sie nach der Einnahme einen Tropfen Zitronensaft auf die Zunge geben oder einige Rosinen kauen, um den Nachgeschmack zu vermindern. Während des Kochens sollte nicht zu viel Dampf entweichen, daher den Deckel möglichst geschlossen halten, aber überkochen vermeiden.

Geben Sie einen Beutel mit Kräutern in den Topf und fügen Sie ____ Liter Wasser hinzu. Lassen Sie die Kräuter ____ Minuten lang einweichen. Die Mischung zum Kochen bringen, dann den Herd auf mittlere/kleine Flamme schalten und ____ Minuten lang sieden lassen. Den fertigen Tee in eine ausreichend große Kanne abseihen.

Für den zweiten Kochvorgang ____ Liter Wasser zu den Kräutern geben. Erneut zum Kochen bringen und ____ Minuten lang sieden lassen. Den fertigen Tee in die Kanne abseihen, sodass beide Dekokte gemischt sind. Die Kräuter wegwerfen.

Den Tee im Kühlschrank aufbewahren. Er ist auch gekühlt nur bis zu 8–10 Tagen haltbar.

____ Tasse(n) ____-mal täglich vor/nach jeder Mahlzeit trinken. Sie können jede Tasse einzeln aufwärmen, doch sollte Kräutertee zur medizinischen Anwendung nicht in der Mikrowelle erwärmt werden.

Besondere Anweisungen – nur wenn ausdrücklich angegeben

○ Pro Beutel ____ Scheiben frischen Ingwer mitkochen.
○ Die Kräuter im extra Beutel ____ Minuten vor dem Ende des ersten Kochprozesses zugeben.
○ Die Kräuter im extra Beutel ____ Minuten lang kochen, dann die übrigen Kräuter zugeben.

Bitte beachten Sie, dass chinesische Arzneimittel stark wirksam sind. Manchmal sind Wirkungen unmittelbar spürbar. In chronischen Fällen kann es jedoch auch sein, dass Sie die Kräuter einige Monate lang anwenden müssen. Das Rezept sollte spätestens alle zwei Wochen überprüft werden. Sollten zusätzliche Fragen oder unangenehme Nebenwirkungen wie Reizbarkeit, Übelkeit, Diarrhö, Kopfschmerzen oder Blähungen auftauchen, können Sie jederzeit telefonisch Rücksprache halten.

Bibliografie

Chinese Herbal Medicine – Formulas and Strategies
Bensky, Dan, and Barolet, Randall
Eastland Press, Seattle, WA, 1990

Chinese Herbal Medicine – Materia Medica
Bensky, Dan, and Gamble, Andrew
Eastland Press, Seattle, WA, 1986

Fire in the Valley – The TCM Diagnosis & Treatment of Vaginal Diseases
Flaws, Bob
Blue Poppy Press, Boulder, CO, 1991

Commonly Used Chinese Herb Formulas with Illustrations
Hsu, Hong-Yen
Oriental Healing Arts Institute, Long Beach, CA, 1980

Herbal Formulas – Practical Traditional Chinese Medicine and Pharmacology
Junying et al., Geng
New World Press, Beijing, China, 1991

Medicinal Herbs – Practical Traditional Chinese Medicine and Pharmacology
Junying, Geng; Wenquan, Huang; Tianchi, Ren; Xiufeng, Ma
New World Press, Beijing, China, 1991

Chinese Herbology Vols. 1, 2, and 3
Kim, Bong Dal
Emperor's College of Traditional Oriental Medicine, Santa Monica, CA, 1984, 1985

The Foundations of Chinese Medicine
Maciocia, Giovanni
Churchill Livingston, New York, NY, 1989

Outline Guide to Chinese Herbal Patent Medicines in Pill Form
Naeser, Margaret
Boston Chinese Medicine, Boston, MA, 1990

Chinese Herbology Made Easy
Ni, Maoshing
Union of Tao and Man, Los Angeles, CA

Herb Index
Rutiz, Jan; Karsten, Yuki; Kim, Bong Dal
Emperor's College of Traditional Oriental Medicine, Santa Monica, CA, 1985

Planetary Herbology
Tierra, Michael
Lotus Press, Santa Fe, NM, 1988

The Way of Herbs
Tierra, Michael
Pocket Books, New York, NY, 1990

Handbook of Chinese Herbs and Formulas, Vols. 1 and 2
Yeung, Him-che
Institute of Chinese Medicine, Los Angeles, CA, 1983

Class Notes:
Zeng, Nancy
International Institute of Chinese Medicine, Santa Fe, NM, 1989–1991

Treatise on Febrile Diseases Caused by Cold
Zhongjing, Zhang
New World Press, Beijing, China, 1986

Chinese Prepared Medicines
Zhu, Chun-Han
Paradigm Publications, Brookline, MA, 1989

A Comprehensive Guide to Chinese Herbal Medicine
Chen, Ze-Lin, M. D., Chen, Mei-fang, M. D.
Oriental Healing Arts Institute, Long Beach, CA, 1992

The Chinese Herbal Medicine
Chief Editor, Chengdu Institute of Traditional Chinese Medicine
Published by Shanghai Science and Technology Press
450 Ruijin Road, Shanghai, P. R. of China

Encyclopaedia of Chinese Herbal Medicine, 2nd edition
Jiangsu Institute of New Medicine
Published by Shanghai Science and Technology Press
450 Ruijin Road, Shanghai, P. R. of China, 1986

Chinese Herbal Medicine, 2nd edition
Chief Editor, Gansu Institute of New Medicine and Pharmacology
Published by The People's Medical Press, 10 Tiantan Xili, Beijing, P. R. of China, 1982

Traditional Chinese Internal Medicine, 8th edition
Chief Editor, Zhang Boyu
Published by Shanghai Science and Technology Press, 450 Ruijin Road, Shanghai, P. R. of China, 1985

Chinese Herbal Medicine
Reid, Daniel
Shambalah Publishing, Boston, MA 1987

Huang Ti Nei Ching Su Wen, The Yellow Emporer's Classic of Internal Medicine
Veith, Ilza
University of California Press, Berkeley, CA 1949

Arzneibuch der Chinesischen Medizin
Stoeger, Erich; Friedl, Fritz
Deutscher Apotheker Verlag, Stuttgart 1992

The Illustrated Chinese Materia Medica
Yen, Xen-Ying
SMC Publishing, Taipei, Republic of China 1992

An Illustrated Dictionary of Chinese Medicinal Herbs
Chin, Wee Yeow; Keng, Hsuan
CRCS Publications, Sebastopol, CA 1992

Kräuter

C

D

N

O

P

Z

Rezepte Pinyin

Q

R

S

Y

Z

Rezepte deutsch

S

Syndrome und Register